DICTIONNAIRE de Philosophie

GÉRARD DUROZOI
Agrégé de philosophie

ANDRÉ ROUSSEL
Docteur en sociologie

NATHAN

Couverture : Raphaël, *L'École d'Athènes* (détail),
fresques de la chambre de la Signature, v. 1510, Vatican.
Photo coll. Archives Nathan.

ISBN 2-09-184541-8

AVANT-PROPOS

La philosophie : un langage déroutant…

Un reproche est fréquemment adressé à la philosophie : elle serait peu abordable dans la mesure où elle use et abuse d'un jargon spécialisé. On peut d'ailleurs ajouter que ce vocabulaire particulier varie d'un auteur à l'autre – comme s'il s'agissait de rendre les textes encore moins compréhensibles ! Accusation qu'il ne vient à l'esprit de personne d'énoncer à l'égard des physiciens ou des biologistes, alors même qu'ils ne se privent guère de recourir à des termes fort peu usuels : la science, aujourd'hui peut-être plus que jamais, impose le respect, alors que la philosophie suscite le soupçon, même si, périodiquement, il peut lui arriver de connaître un brutal succès de curiosité. Ce dernier dépend de conditions dont elle n'a guère la maîtrise. Lorsque les discours et idéologies antérieurement dominants s'effondrent et que le public redécouvre la philosophie pour lui demander des réponses, des chemins de réflexion ou des valeurs fiables, elle risque de décevoir son attente, si ce public n'accomplit pas d'abord l'effort de la prendre au sérieux, telle qu'elle s'est constituée, et de s'initier à son usage des concepts.

C'est que la langue des philosophes est dans une position intermédiaire : tout en utilisant les mots de tout le monde, mais en s'efforçant de leur conférer un sens plus précis, elle est obligée, pour assurer la rigueur de ses analyses et démonstrations, d'inventer en effet les concepts qui lui sont nécessaires. On peut dès lors comprendre la surprise et la déception du lecteur non spécialiste : le texte semblait emprunter son langage commun, mais il ne tarde pas à rencontrer des mots à l'évidence pris dans des acceptions peu ordinaires, sinon des vocables totalement inconnus. De cette déception à la rancœur, il n'y a qu'un pas, trop fréquemment franchi.

… mais une langue précise

La philosophie, a-t-on dit, prend le parti du langage contre la violence, et préfère la discussion aux argument frappants. Pour la fonder, mais aussi bien pour que son travail se prolonge inlassablement, il fallait, il faut donc toujours, donner congé aux prouesses verbales des rhétoriques fallacieuses et aux charmes de la persuasion non rationnelle.

Depuis l'Antiquité, l'enseignement philosophique existe sous diverses formes : Académie de Platon, Lycée d'Aristote, écoles postsocratiques, universités du Moyen Âge – et comment oublier que pratiquement tous les grands philosophes depuis Kant ont été des professeurs ? Cet enseignement ne peut avoir lieu qu'à travers une langue précise, méthodique, où le sens des mots, loin de correspondre à ce que chacun imagine ou désire lorsqu'il les utilise, a besoin d'être fixé avec une rigueur qui doit s'imposer à tous.

Un dictionnaire pour aujourd'hui

Tous les dictionnaires de philosophie ont pour tâche de recenser les principales acceptions des termes qui constituent le langage philosophique en fonction des différentes définitions intervenant chez les grands auteurs qui les ont utilisés. Notre ouvrage n'échappe pas à la règle. Mais, dans la mesure où il prétend être utile aussi bien aux élèves des classes terminales ou aux étudiants qu'au public non spécialisé qui ressent le besoin de penser avec rigueur, l'utilisateur y trouvera également des entrées concernant les principaux philosophes et les grands courants philosophiques.

Nous avons privilégié les auteurs inscrits au programme du baccalauréat, en faisant suivre l'exposé de leur pensée de l'examen de l'une ou de plusieurs de leurs œuvres essentielles. Plus qu'un « résumé » nécessairement très insuffisant, cette analyse entend fournir dans la plupart des cas des informations sur l'importance historique des ouvrages.

La volonté qui a été la nôtre de faire de ce dictionnaire un véritable outil pédagogique nous a d'autre part persuadés qu'il pouvait être utile d'y consacrer quelques développements à des notions (par exemple, « cratylisme », « surréalisme »...) et des auteurs – en particulier contemporains (Bataille, Bouveresse, Finkielkraut...) – généralement absents des dictionnaires de philosophie.

De tout temps, la philosophie s'est montrée curieuse de ce qui a lieu dans ses marges, pour s'en enrichir ou s'en distinguer clairement, et il y a par exemple, dans le surréalisme ou les textes de Bataille, des ressources qui ne peuvent que relancer sa réflexion, parce qu'elles commencent par l'inquiéter. A l'inverse, c'est par souci de respecter la spécificité de la philosophie que nous avons laissé de côté les questions et auteurs relevant exclusivement des sciences humaines – à certaines exceptions près, qui se justifient par leur incidence philosophique manifeste. Il est clair qu'on ne peut réfléchir de nos jours en ignorant tout de Freud, de Barthes ou de Marx – quelles que soient par ailleurs les critiques que l'on peut ensuite adresser, d'un point de vue philosophique, à leurs démarches.

Un dictionnaire efficace

C'est toujours en pensant à l'utilisation didactique de ce livre – mais en croyant que de telles indications peuvent également aider l'amateur en général – que nous proposons des tableaux concernant les principaux courants de la philosophie : acquérir une vue globale de la philosophie médiévale ou de la philosophie des Lumières permet, avant de se renseigner sur un auteur particulier, de le situer dans son contexte historique et de mieux cerner ses apports.

Dans la même optique, les entrées concernant des notions particulièrement centrales pour la réflexion – dont une bonne partie figure d'ailleurs au programme des classes terminales – sont accompagnées de diagrammes. Ceux-ci établissent des relations entre la notion et un ensemble de concepts et d'auteurs qui peuvent y être plus ou moins directement liés. Ces diagrammes sont à considérer de façon dynamique : loin de proposer des résumés ou des solutions, ils suggèrent des problématiques, et entendent ouvrir des voies de recherche.

Enfin, le lecteur est invité de deux façons à prolonger, à partir d'une entrée, sa lecture. Dans le corps même de l'article, où les termes clefs sont en gras, l'astérisque accompagnant un concept ou un nom propre signale que le dictionnaire lui consacre une entrée à laquelle on peut se reporter, si nécessaire. De tels renvois sont proposés avec une relative économie, dans la mesure où il paraît inutile de rappeler systématiquement que Platon ou Descartes figurent dans l'ouvrage ! En fin d'article, on trouve de surcroît des renvois thématiques à d'autres notions, liées à celle sur laquelle on s'est informé : le travail de recherche, pour un exposé ou une dissertation, et plus généralement la réflexion, devraient en être l'un comme l'autre facilités.

Pour ce qui est des indications bibliographiques concernant les auteurs et les systèmes, nous avons choisi de les regrouper en fin d'ouvrage. Elles sont de plus, volontairement, limitées aux textes et aux commentaires les plus directement accessibles, tant à l'élève qu'à l'amateur. L'exploration d'une pensée a tout intérêt à s'effectuer par une découverte progressive de sa complexité et, à vouloir accéder immédiatement aux œuvres les plus difficiles sous prétexte qu'elles sont sans doute les plus importantes, on risque, à tout le moins, de s'égarer, au pire, de renoncer trop vite à comprendre.

Cette nouvelle édition – qui célèbre à sa manière le dixième anniversaire d'un ouvrage dont la réputation a suscité un certain nombre de traductions à l'étranger – a été copieusement remaniée, pour répondre plus étroitement encore aux besoins de ses utilisateurs. Outre l'introduction d'une centaine de notices nouvelles, consacrées aussi bien à des concepts qu'à des auteurs, un nombre important des entrées déjà en place a été modifié, dans le sens d'un enrichissement de l'information, et pour éviter l'écueil qui guette tout dictionnaire : qu'il se transforme en un corps d'affirmations au lieu d'autoriser une relance toujours plus précise et efficace des débats.

Les auteurs.

* Les mots suivis d'un astérisque sont traités à leur place alphabétique.

A

ABÉLARD

(Pierre, 1079-1142.) Philosophe français. Il se consacre très tôt à l'étude de la logique et au commentaire des *Écritures.* Installé à Paris, il attire un grand public à ses cours, mais son mariage secret avec Héloïse s'achève par son émasculation sur ordre du chamoine Fulbert. Il entre alors en religion à Saint-Denis (1118), mais continue à enseigner. Sa *Théologie* est condamnée en 1121, elle le sera à nouveau, dans sa dernière version, en 1140, après qu'Abélard aura vécu des années d'errance.

◆ Hostile à toutes les formes de réalisme, Abélard affirme que les universaux* ne peuvent être des choses, ces dernières étant en effet singulières. L'universalité n'appartient donc qu'aux mots, et ce qu'énonce une proposition désigne, non une chose, mais une manière d'être des choses. En herméneutique* comme en morale, Abélard souligne avant tout l'importance de l'intention : un terme change de sens selon celui qui l'utilise.

En théologie, Abélard essaie d'élaborer des modèles logiques qui montrent que l'affirmation d'un dogme n'implique pas d'absurdité. L'ensemble de sa réflexion est ainsi déterminé par une attention à la logique et à la grammaire, tandis qu'il ignore, de son propre aveu, les mathématiques ou les sciences naturelles. Aussi son œuvre est-elle à la fois précise et incomplète : de son vivant, elle est attaquée par les autorités, alors même qu'elle s'inscrit à l'intérieur de la tradition.

ŒUVRES : P. Abélard, *Œuvres choisies*, présentées par M. de Gandillac (1945).

ABSOLU

◆ L'adjectif a pris, historiquement, des sens multiples : il peut désigner aussi bien ce qui ne comporte aucune limitation (« monarchie absolue ») que ce qui apparaît sans défaut (c'est le latin *absolutus*) ou ce qui marque une limite infranchissable (par exemple, le « zéro absolu » en physique).

◆ Le substantif ne désigne un concept philosophique particulier que tardivement, et sous l'influence des grammairiens, pour qui le mot évoque ce qui est compris sans relation ni complément.

Dans cette optique, l'Absolu se confond nécessairement avec Dieu pour les auteurs scolastiques : il est l'Être qui ne dépend de nul autre. S'opposant ainsi à toute existence relative et, en particulier, à la connaissance que nous pouvons construire à son sujet, il apparaît très vite comme impossible à atteindre, notamment chez **Kant***.

Dans la philosophie de **Hegel***, l'« esprit absolu » représente le moment ultime du déploiement de l'Idée, qui se réalise lui-même en trois phases à travers l'art, la religion et le savoir philosophique. L'Absolu, ainsi à la fois « être » et « résultat », connaît là son dernier avatar philosophique important : postérieurement à Hegel, ce concept ne joue plus le rôle éminent qu'il a tenu en métaphysique en raison de l'idée de coupure qu'il impliquait. Chez Levinas, l'absolu désigne cependant autrui* comme étant toujours totalement autre.

➤ IDÉALISME.

ABSTRACTION, ABSTRAIT

◆ L'**abstraction** est une opération intellectuelle consistant à isoler, dans un concept par exemple, un élément à l'exclusion des autres, dont on *fait* alors *abstraction.*

Résultat de cette opération. Dans ce cas, le mot peut prendre une connotation péjorative (« vivre dans l'abstraction ») qui témoigne, chez qui l'utilise en ce sens, d'un attachement exclusif à l'existence empirique.

◆ Le mot **abstrait** qualifie ce qui dérive d'une abstraction. On parle ainsi, en mathématiques, de relations abstraites, pour insister sur le fait qu'elles sont étudiées en elles-mêmes, indépendamment des objets qu'elles peuvent concerner. Semblablement, l'*algèbre abstraite* étudie des relations indéterminées entre quantités indéterminées.

L'appellation particulière d'*art abstrait* a été discutée : elle paraît indiquer qu'il s'agit d'œuvres (peintures, sculptures) dans lesquelles on fait abstraction du « réel » habituellement perçu. Mais certains artistes et critiques ont proposé de lui substituer l'expression « art concret », pour souligner qu'on y insiste sur les matériaux artistiques eux-mêmes et qu'une œuvre ainsi conçue, sans référence à un modèle extérieur, accède à un statut d'objet autonome et concret.

➤ CONCRET.

ABSURDE

Qualifie, au sens strict, ce qui est contraire à la logique. Ainsi, une idée est absurde lorsqu'elle inclut des éléments incompatibles, un raisonnement absurde est formellement irrecevable, etc.

Dans cette optique, on nomme **raisonnement par l'absurde** celui qui montre la vérité d'une proposition en soulignant l'évidente fausseté des conséquences déductibles de la proposition contradictoire. Ce type de raisonnement n'est possible qu'en logique* bivalente.

◆ Dans la philosophie contemporaine, et plus particulièrement dans **l'existentialisme***, le mot a trouvé une autre acception : est alors absurde ce qui n'a pas de sens ou ne saurait en constituer un – par exemple, l'existence humaine est absurde, puisque rien ne peut la justifier dans l'absolu. Plus généralement, on s'est habitué à nommer « littérature de l'absurde » les œuvres littéraires ou théâtrales qui paraissent illustrer cette absence de sens et de valeur (premières pièces de Ionesco, théâtre de Beckett, etc.).

ACADÉMIE

Nom donné à l'école de Platon, par référence au lieu où il enseignait (les jardins d'Académos). On peut distinguer :

– l'ancienne Académie, dirigée, après Platon, par son neveu Speusippe, puis par Xénocrate. La doctrine semble s'y être rapprochée du pythagorisme ;

– la moyenne Académie (Arcésilas, 316-241 av. J.-C.), orientée vers le scepticisme ;

– la nouvelle Académie (Carnéade, 215-126 av. J.-C., Philon de Larisse, etc.) qui se développa en même temps que le stoïcisme et réagit contre le **probabilisme*** antérieur.

ACCIDENT

Traduction d'un terme aristotélicien, très utilisée par la **scolastique***, qui désigne ce qui peut indifféremment être présent ou disparaître sans modifier le sujet auquel il appartient. Par exemple, c'est *par accident* qu'un homme dort ou qu'un tissu est vert (le premier reste homme quand il ne dort pas ; le second, s'il est teint en rouge, est toujours un tissu).

➤ ESSENCE, SUBSTANCE.

ACCULTURATION

◆ Dans une acception neutre, désigne l'apprentissage grâce auquel un individu acquiert progressivement depuis sa naissance les éléments constitutifs de la culture de son groupe. L'acculturation, qui propose au sujet une culture comme la seule légitime, sinon « naturelle », est ainsi à l'origine d'un ethnocentrisme* normal.

◆ Dans une optique différente, on nomme aussi acculturation le déséquilibre subi par un individu ou un groupe obligé de modifier sa culture ou d'en adopter une nouvelle, à la suite soit d'une émigration (Africains transplantés aux États-Unis), soit d'un changement de classe, soit de l'accession à un nouveau statut (cas des anciennes colonies). Elle peut alors être pathogène : elle s'accompagnera par exemple de délinquance ou de symptômes psychopathologiques, dans la mesure où elle entraîne une absence (momentanée, mais dont la durée peut être sensible) de normes collectives capables de diriger le comportement. À long terme, elle peut toutefois être productrice de phénomènes culturels où s'effectuera un « mélange » d'éléments empruntés aux deux cultures en contact (cas du vaudou ou du jazz).

➤ CULTURE, ETHNOCENTRISME.

ACHILLE ET LA TORTUE

Paradoxe développé par le stoïcien Zénon d'Élée*, selon lequel Achille, coureur rapide, ne parviendra jamais à rattraper une tortue à la course : même si elle le devance d'une petite distance, elle aura déjà avancé d'une nouvelle longueur lorsque Achille aura franchi cette distance, et ainsi de suite.

Cet argument est souvent invoqué lors des débats traitant de l'infini et de l'espace. Il symbolise également la possible et paradoxale contradiction du raisonnement (« Achille ne peut pas dépasser la tortue ») avec les faits (Achille dépasse la tortue).

ACQUIS

Qualifie tout ce qui n'est pas présent chez un individu dès sa naissance, et s'oppose ainsi à inné*. L'adjectif peut alors s'appliquer aux idées, connaissances, comportements, etc. On retiendra particulièrement que, dans l'anthropologie contemporaine, le débat sur la proportion relative des caractères acquis et des caractères innés est fondamental pour résoudre la question de la nature humaine.

➤ EMPIRISME, CULTURE, INTELLIGENCE, LAMARCK, NATURE.

ACTE

(Du latin : *actum :* fait accompli, qui renvoie à *agere : agir, faire.*) Volontaire ou non, c'est la manifestation la plus simple des capacités d'un être vivant à agir ; l'acte est qualifié selon sa nature (acte réflexe, instinctif, etc.) ou sa portée morale : dans ce dernier cas, on l'oppose fréquemment à l'intention*.

◆ Du point de vue **ontologique,** Aristote distinguait l'acte de la puissance* pour désigner l'accomplissement ou l'achèvement présent d'un mouvement propre à un être. On dira ainsi que le feu est l'acte du bois qui brûle (mais le bois n'est qu'en puissance le feu tant qu'il ne brûle pas) ; de même, une statue n'est d'abord qu'en puissance dans un bloc de marbre, mais elle devient en acte, ou *actuelle,* après le travail du sculpteur.

ACTION

Opération propre à un être ou agent*, sans intervention d'une cause extérieure et qui s'oppose autant à l'inertie qu'à la passivité, l'action peut désigner en particulier les actes volontaires. Elle implique alors l'intervention d'une conscience, et c'est pourquoi le terme a fréquemment une connotation morale : on parle de bonnes ou mauvaises actions.

◆ L'opposition traditionnelle entre l'action et la théorie paraît, au moins depuis Hegel, particulièrement schématique : mieux vaut concevoir que la pratique* et la réflexion entretiennent des relations dialectiques*.

➤ PRAXIS.

ADORNO

(Theodor, 1903-1969.) Membre fondateur de l'École de Francfort*, il doit s'exiler, en raison de ses origines juives, dès 1933, d'abord en Angleterre, puis aux États-Unis. Revenu à Francfort en 1950, il est jusqu'à la fin de sa vie un porte-parole majeur de la gauche allemande.

◆ Très tôt passionné par la musique, il y consacre d'importantes études (*Philosophie de la nouvelle musique, Essai sur Wagner).* En 1931, il soutient sa thèse sur Kierkegaard, mais sa première œuvre importante, *Recherches sur la personnalité autoritaire,* ne paraît qu'en 1950. Marxiste, mais hostile à tout dogme, il emprunte aussi bien à Max Weber qu'à la psychanalyse ou à un Hegel corrigé (pour Adorno, la totalité n'est pas première ou dernière : elle s'élabore à partir du fragment).

Sa réflexion sur **l'art** constitue sans doute la part la plus originale de son travail. Constatant que l'art moderne risque de n'être qu'une marchandise dans un univers de consommation* d'où disparaît toute authenticité*, Adorno affirme qu'il échappe malgré tout à une intégration totale dans la mesure où la création participe d'une position de négation critique. Quel que soit le degré d'aliénation* de la conscience, l'œuvre artistique témoigne de la réalité du désir et d'une capacité radicale de révolte. Contrairement aux esthéticiens marxistes « orthodoxes », d'abord attentifs au contenu, Adorno considère que c'est par leur forme autonome, étrangère à toute détermination idéologique immédiate, que les œuvres symbolisent **le Non.**

◆ Ce souci de la forme se retrouve en 1965 dans son essai consacré au *Jargon de l'authenticité,* dans lequel il reproche vigoureusement à Heidegger et Jaspers d'utiliser une langue encore imprégnée des vestiges idéologiques du nazisme. Heidegger est à nouveau contesté dans la première partie de la *Dialectique négative* (1966), dont certains brouillons étaient en chantier depuis 1937. C'est, cette fois, parce que l'Être est un concept vide. Les deux autres parties du livre exposent qu'une dialectique authentique ne doit affirmer, contrairement à Hegel, la possibilité d'aucune synthèse mais assurer, au contraire, la **relance de la négativité,** puisque Auschwitz, signifiant le mal absolu, révèle l'échec de la philosophie. Ce qui ne condamne pas à son abandon : il s'agit au contraire de « penser et agir afin qu'Auchwitz ne se répète pas ».

Telle serait désormais la seule version possible d'un impératif catégorique.

AUTRES ŒUVRES : *Dialectique de la raison* (avec Horkheimer, *1947*) ; *Minima Moralia* (1951).

ADULTE

La notion comporte deux sens différents.

Le premier, avec Aristote*, correspond à la maturité biologique, qui se situe entre croissance et déclin.

Le second, notamment chez Kant*, est d'inspiration juridique et désigne la majorité, c'est-à-dire l'autonomie acquise sur le plan affectif et intellectuel.

ADVENTICES (IDÉES)

Descartes désigne ainsi les idées qui nous viennent des sens, qu'il distingue des idées innées* et des idées factices*.

Dans le vocabulaire commun, l'adjectif qualifie ce qui, ne survenant que par hasard, est d'importance secondaire.

AFFECTION

Au sens étymologique, c'est le résultat d'un **affect** (réaction énergétique de l'organisme à un stimulus) : les affections fondamentales sont ainsi le plaisir et la douleur, aussi bien pour la conscience que pour l'inconscient.

Dans un sens plus vague, le mot désigne tout sentiment durable tourné vers autrui et provoqué par une cause extérieure, mais moins intense que la passion.

AFFECTIVITÉ

Ensemble des affects.

Ensemble des émotions, sentiments, passions, etc., relevant du même individu.

➤ SENSIBILITÉ.

AFFIRMATION

En langage courant, c'est l'acte par lequel on pense ou énonce de façon positive ce que l'on tient pour vrai. Synonyme d'**assertion.**

En logique, et par opposition à la négation*, l'affirmation pose l'existence de la relation énoncée dans un jugement.

AGENT

Terme d'origine scolastique qui désigne l'auteur d'une action* en tant qu'il est animé (par opposition à celui d'un acte* qui peut être inanimé).

AGNOSTICISME

Doctrine selon laquelle la connaissance ne peut dépasser les apparences sensibles. On appelle communément agnostique celui qui ne croit pas en Dieu.

➤ RELATIVISME, SCEPTICISME.

AGRESSIVITÉ

Au sens général, c'est l'ensemble des tendances et pulsions* par lesquelles un être vivant s'affirme et s'oppose à l'expansion des autres organismes. Les éthologistes* ont montré qu'elle aboutit notamment à la délimitation d'un territoire propre, marqué de différentes manières (urine, excréments, odeur, etc.). Dans ses manifestations « supérieures », elle prendra par exemple l'aspect de l'« enthousiasme militant », qui serait « une forme particulière de l'agression en commun, nettement distincte des formes plus primitives de la mesquine agression individuelle » (K. Lorenz) et capable de balayer toutes les considérations rationnelles.

◆ Dans la théorie freudienne, la pulsion d'agressivité, considérée comme fondamentale, est liée à la pulsion de mort. Habituellement orientée vers la destruction de l'entourage, elle peut se retourner contre le sujet lui-même (masochisme).

➤ ÉROS ET THANATOS.

ALAIN

(Émile Chartier, dit Alain, 1868-1951.) Philosophe, journaliste et écrivain français. Après avoir enseigné en province, il est de 1909 à 1934 professeur au lycée Henri IV où il a sur ses auditeurs une profonde influence.

◆ Élève de Lagneau, il veut rendre tout son éclat à une philosophie conçue comme instrument de libération, par la maîtrise de l'esprit sur les désordres de la passion et de l'imagination. Rationaliste, il accorde, dans la perception, une importance décisive au **jugement** qui libère des apparences subjectives de la sensation : « un objet est pensé, et non pas senti » ; le monde objectif est alors un ensemble de relations nécessaires conçues par l'entendement. La victoire de la raison passe par la soumission du corps (que l'art réalise d'ailleurs à sa manière en exprimant dans une forme l'émotion disciplinée) : il faut éliminer toutes les inerties qui, si l'on n'y prend garde, prennent le masque de la pensée.

Aussi Alain récuse-t-il l'inconscient freudien qui n'est, pour lui, que « pensée » du corps (donc absence de pensée). Tel est le sens de son volontarisme* – ascèse intellectuelle que peut résumer la formule : **« Penser c'est dire non. »** Alain ne cesse de mettre en garde contre les puissances d'asservissement : méfiant à l'égard du pouvoir politique anonyme, il refuse de s'incliner devant la réalité collective qui ne refléterait que la nécessité. Sa conception de la démocratie (celle du radicalisme libéral contemporain de l'Affaire Dreyfus) est faite de vigilance à l'égard de tout ce qui pourrait remettre en cause la responsabilité et les prérogatives de l'individu. Il faut ainsi « ruser avec le corps social comme je ruse avec mon propre corps ».

◆ *Les Dieux* (1934).

Cet ouvrage, sans doute l'un des plus importants et des plus significatifs d'Alain, rassemble une quarantaine de brefs essais abordant, souvent par le biais d'apologues, les rapports entre vérité et erreur dans les domaines des passions, des idées, des sentiments, des figures mythiques, etc. La pensée de l'auteur s'y montre prête à accueillir des paradoxes, pourvu qu'ils mènent à une vérité, car, dit-il, l'erreur elle-même peut nous aider à découvrir cette dernière. À l'image de Socrate, Alain entend montrer au lecteur qu'il est possible de penser par soi-même, et que philosopher « de la bonne manière » c'est toujours le faire « pour son propre salut ».

Aussi l'analyse critique à laquelle il soumet dans ce volume aussi bien les légendes et croyances populaires que les figures plus orthodoxes du héros, du saint ou du Diable parvient-elle à tout coup à y débusquer une part de vérité sur l'homme lui-même.

AUTRES ŒUVRES : *Propos* (1906-1935) ; *Système des Beaux-Arts* (1920) ; *Mars ou la guerre jugée* (1921) ; *Les Idées et les âges* (1927) ; *Idées* (1932).

➤ RATIONALISME.

ALEMBERT

(Jean Le Rond d', 1717-1783.) Mathématicien et philosophe français né et mort à Paris ; l'un des plus grands savants du XVIIIe siècle, dont le rayonnement s'étendit à toute l'Europe. Ami de Frédéric de Prusse et de Catherine de Russie, il appartenait à de nombreuses académies et sociétés savantes.

◆ Sa contribution à la science se manifeste en mécanique – avec le principe qui porte son nom – et il apparaît comme l'un des fondateurs de la physique mathématique. Ses découvertes en mathématiques sont également de première importance, notamment dans le domaine du calcul différentiel.

Moins original en matière de philosophie, il veut s'inspirer tout à la fois de Bacon, de Descartes, de Newton et de Locke. Il met l'expérience à l'origine de toutes nos connaissances et il affirme que la raison réalisant le progrès du savoir permet de lutter efficacement contre les préjugés et les fanatismes. Volontiers prudent et sceptique quant aux possibilités de la métaphysique, il annonce, en philosophie des sciences, le positivisme que défendra Auguste Comte*.

Cofondateur avec Diderot de l'*Encyclopédie* dont il rédigea le *Discours préliminaire* en 1751, il dirigea la partie scientifique de cette vaste entreprise. Son article sur « Genève » déclencha une vive réplique de Rousseau (*Lettre à d'Alembert sur les spectacles*, 1758).

ŒUVRE PRINCIPALE : *Mélanges de littérature et de philosophie* (1759-1767).

ALEXANDRIE (ÉCOLE D')

L'école de mathématique d'Alexandrie dut son existence à **Euclide***, qui enseigna au Musée, mais dont l'œuvre immense ne nous est parvenue que partiellement.

À partir du Ier siècle, l'intense activité intellectuelle de la cité va se cristalliser d'abord autour de **Philon le Juif** (40 av. J.-C. - 40 ap. J.-C.), qui fut au départ le principal représentant de l'école philosophique d'Alexandrie. La communauté juive installée dans cette ville, très marquée par la culture grecque, fut pour beaucoup dans ce renouveau de la pensée : c'est ainsi qu'on lisait la Bible dans sa traduction grecque. Ce fut le cas de Philon – précurseur du néo-platonisme* – dont l'œuvre philosophique, pleine d'allégories, est à la base de commentaires de la Bible et annonce dans une certaine mesure la scolastique* future, puisque, pour la première fois semble-t-il, la philosophie devient la servante de la théologie.

La pensée de Philon se perpétua dans l'école théologique – le didascalée – fondée à la fin du IIe siècle et dont les maîtres les plus illustres furent Clément et Origène*. Le théologien chrétien **Clément d'Alexandrie** (150-215) mit au service de sa foi une immense culture grecque et hébraïque « De même que la Loi, dit-il, a préparé les Juifs au Christ, la philosophie y a préparé les Grecs ». Son successeur **Origène** (185-254), interprétant l'Écriture dans un sens restrictif, professa l'ascétisme le plus strict ; ses thèses seront d'ailleurs condamnées par le concile de Constantinople en 553.

Dans leur ensemble, les penseurs d'Alexandrie (mathématiciens, astronomes, philosophes) ont servi de relais dans la transmission à l'Occident des idéaux de la culture hellénistique.

ALGÈBRE

(D'un nom arabe.) Généralisation de l'arithmétique, qui traite des relations et des fonctions en représentant les quantités (connues et inconnues) par des signes abstraits, en général alphabétiques.

◆ Au milieu du XIXe siècle, le mathématicien anglais Boole (1815-1864) utilise l'expression *algèbre de la logique* pour désigner la mise en forme de la logique classique au moyen de symboles algébriques. Une telle transposition aboutit à transformer la logique d'Aristote en un « calcul des classes » (qui considère l'extension* des concepts), et à l'élargir dans la mesure où tout raisonnement ne s'y ramène plus au syllogisme* et où l'on applique à la pensée la théorie des probabilités.

➤ LOGISTIQUE.

ALIÉNATION

◆ Initialement, ce terme juridique désigne la cession d'un bien à une autre personne.

◆ La philosophie du XVIIIe siècle en a généralisé le sens, pour évoquer la situation d'un homme qui dépend d'un ou de plusieurs autres. Ainsi **Rousseau*** repère-t-il une aliénation négative, synonyme de socialisation mal faite (deuxième *Discours)* : c'est pour la remplacer, dans le *Contrat social,* par une aliénation féconde qui transforme l'indépendance naturelle de l'individu, limitée dans ses effets, en liberté civile ou politique grâce à laquelle le citoyen, totalement intégré dans le corps social, bénéficie d'une égalité et d'une sécurité réelles.

L'écho de ce double sens se retrouve dans la pensée de **Hegel*** : l'aliénation y marque d'abord le malheur de la conscience séparée d'elle-même, pour être ensuite le mouvement nécessaire, à travers l'extériorité du monde objectif et les réalisations successives de l'art, de la religion et de la philosophie, de la reconquête de sa propre essence.

◆ Dans les textes de jeunesse de Marx*, l'aliénation est radicalement économique et sociale : c'est parce que le prolétaire n'a pas d'autre bien que sa force de travail, que son labeur tombe sous la domination d'autrui ; il est alors séparé de son produit et « le travail aliéné (...) est mortification ». Religion, morale, politique ne seront que des répétitions de cette aliénation fondamentale, qui ne saurait disparaître que par la suppression de l'économie capitaliste, s'il est vrai que « pour nous, dans notre société, avec les formes d'échanges et la division du travail qui y règnent, il n'y a pas de rapport social – rapport avec l'autre – sans une certaine aliénation » (H. Lefebvre).

◆ La psychiatrie du XIXe siècle évoquait volontiers une « aliénation mentale » – trouble profond du psychisme qui rend l'individu indifférent ou insupportable à la société où il vit – mais son repérage était beaucoup plus judiciaire que médical. La réflexion qu'a développée l'antipsychiatrie* sur la « folie » tend en revanche à montrer que, pour penser à fond l'aliénation, on ne devrait pas séparer arbitrairement ses dimensions mentale et sociopolitique.

➤ ANTIPSYCHIATRIE, LIBERTÉ.

PHILOSOPHIE ALLEMANDE

LE MOUVEMENT MYSTIQUE

Jean Eckart (1260-1327) ------- **Jean Tauler** (1300-1361) ------- **Henri Suso** (1300-1365)
• la vertu comme absence de résistance à l'impulsion divine

Nicolas de Cues
(1401-1464)
• transformer notre ignorance en ignorance savante
La Docte Ignorance (1440)

Paracelse
(1493-1541)
• l'homme est un microcosme

Jakob Böhme (1575-1624)
• le monde s'équilibre par une lutte manichéenne

LA RÉFORME

LA RÉFORME — condamne → Jakob Böhme

Martin Luther (1483-1546)
• refus de l'aristotélisme et de la culture classique latine au profit d'un retour à la Bible
• tout ce qui est dans notre intelligence est erreur, l'arbitre est serf
• seule la foi, étrangère à la nature humaine, offre le salut

Traité du serf-arbitre (1525)
↓
LUTHÉRANISME (fin du XVIIe-début du XVIIIe siècle)
Philipp Melanchthon (1494-1525)

LA RÉFLEXION POLITIQUE

Jean Althusius
(1557-1638)
• affirmation de la souveraineté populaire

Samuel Pufendorf
(1632-1694)
• l'État comme personne morale composée à partir d'un contrat social

L'IDÉALISME

Gottfried W. Leibniz (1646-1716)
• métaphysique : l'esprit est la seule réalité
• mathématique : création du calcul différentiel
La Monadologie (1714)

Christian Thomasius
(1655-1728)
• combat pour la liberté de pensée
• nul n'a le monopole de la vérité

Christian Wolff (1679-1754)
• fondation ontologique et logique du leibnizianisme
• l'idéal méthodologique de la philosophie (science du possible) est la mathématique

LE NOUVEL HUMANISME

Gotthold E. Lessing
(1729-1781)
• l'humanité en marche vers la perfectibilité absolue
L'Éducation du genre humain (1780)

LA PHILOSOPHIE CRITIQUE

Emmanuel Kant
(1724-1804)
« La révolution copernicienne »
• l'objet tourne autour du sujet : primat du sujet connaissant sur l'objet à connaître
Critique de la raison pure (1781, rev. en 1787)
• le droit déduit de la morale
Critique de la raison pratique (1788)

Johann G. Fichte
(1762-1814)
• radicalisation du kantisme en idéalisme subjectif
• question de l'intersubjectivité : l'homme n'est homme que parmi les hommes
Principes de la doctrine des sciences (1794)

LE SUBJECTIVISME

J.G. von Herder
(1744-1803)

J.W. Goethe
(1749-1832)

F. von Schiller
(1759-1805)

• fusion du siècle des Lumières français et du kantisme

Friedrich W.J. Schelling (1775-1854)
• l'histoire remplace l'ontologie
Lettres sur le dogmatisme et le criticisme (1795-1796)

Georg W.F. Hegel (1770-1831)
• intégration des philosophies dans un unique mouvement vers la vérité
• l'histoire régie par la logique dialectique (auto-mouvement du contenu)
• l'esprit se donne à connaître en toute réalité concrète
La Phénoménologie de l'esprit (1807)

Arthur Schopenhauer (1788-1860)
• la volonté comme force ordonnatrice d'un monde absurde et aveugle
Le Monde comme volonté et comme représentation (1818)

Max Stirner (1806-1856)
• l'individualisme anarchique contre l'universalisme hégélien
L'Unique et sa propriété (1845)

Wilhelm Dilthey (1833-1911)
• critique de l'hégélianisme au nom du positivisme
• seule l'appréhension du monde importe

Friedrich Nietzsche (1844-1900)
• par la puissance, l'homme peut conférer un sens à un monde sans intérêt
• problématique du nihilisme
Humain, trop humain (1878)

Ludwig Feuerbach (1804-1872)
l'humanisme athée

LE MARXISME

Karl Marx (1818-1883) - **Friedrich Engels** (1820-1895)
• du communisme utopique au matérialisme historique
Le Capital (1868)

L'ÉCOLE DE MARBOURG : le « retour à Kant »
Hermann Cohen (1842-1918), **Paul Natorp** (1854-1924), **Ernst Cassirer** (1874-1945)
• philosophie rattachée aux sciences
• théorie de la connaissance

Herbert Marcuse (1898-1979)
Représentant du « freudo-marxisme »

LA PHÉNOMÉNOLOGIE

Edmond Husserl (1859-1938)
• saisir l'intentionnalité qui lie tout cogito à son contenu
• le phénomène comme être même de l'apparaître
• toute vérité renvoie à l'être-au-monde
Méditations cartésiennes (1929)

Hans G. Gadamer (né en 1900)
• redéfinition de l'interprétation
Vérité et méthode (1960)

Max Scheler (1874-1928)
• philosophie des valeurs à travers une phénoménologie du ressentiment
L'Homme du ressentiment (1915)

Ernst Bloch (1885-1977)
• le redoublement du marxisme par l'insistance sur son aspect « utopique »

L'ÉCOLE DE FRANCFORT
Theodor Adorno (1903-1969)
Max Horkheimer (1895-1973)
Jürgen Habermas (né en 1929)

L'EXISTENTIALISME

Karl Jaspers (1883-1969)
• affirmation du sens chrétien de l'existence pour surmonter la déchirure de l'être
Situation spirituelle de notre époque (1931)

le « premier » **Heidegger** (1889-1976)
• l'expérience du « souci » : exister, c'est « être avec », faire problème pour soi et pour autrui
Être et Temps (1927)

le « second » **Heidegger**
• le nihilisme comme destination de l'être
• le voilement de l'être comme processus libérant la puissance dévastatrice de la technique
Qu'est-ce que la métaphysique ? (1951)

ALLÉGORIE

Terme qui désigne à la fois un type de lecture et une catégorie d'œuvres.

◆ Au premier sens, c'est une méthode d'interprétation, appliquée dès le VIe siècle avant J.-C. aux textes d'Homère (pour l'excuser de ce qu'il dit des dieux) ou à la mythologie grecque, et ultérieurement à la Bible – notamment par les Pères de l'Église, dont saint Augustin* qui définit, de façon traditionnelle, l'allégorie comme la « figure où l'on donne à entendre une chose par une autre ».

◆ L'œuvre allégorique est ainsi celle dont tous les éléments correspondent terme à terme à ceux d'un sens qu'elle sous-entend. Dans cette deuxième acception, on distinguera toutefois l'allégorie du symbole* qui est équivoque* et offre un intérêt esthétique même si l'on n'en perçoit pas le sens ; l'allégorie est le plus souvent univoque, et n'a pas en soi une grande valeur indépendamment de sa signification.

➤ CAVERNE.

ALTÉRITÉ

Caractère de ce qui est autre – ce dernier terme étant pratiquement impossible à définir, mais s'opposant classiquement, jusque dans la métaphysique, au **même :** depuis Platon *(Le Sophiste)* on le comprend de façon plutôt négative. C'est Hegel* qui, le premier, montrera qu'il recèle un aspect positif.

En logique, c'est la négation stricte de l'identité,

➤ AUTRUI, LEVINAS.

ALTERNATIVE

En logique formelle, groupe de propositions dont une seule est vraie. Elle se présente souvent sous la forme (au moins implicite) : « ou bien... ou bien... ».

ALTHUSSER

(Louis, 1918-1990.) Philosophe français qui, après une étude sur *Montesquieu et l'histoire*, a renouvelé la lecture de Marx pour entamer une critique de gauche du stalinisme.

◆ Il a montré que la théorie de Marx implique une rupture avec Hegel (accomplie lors de la « coupure épistémologique » de 1845-46, soit à partir de *L'Idéologie allemande*), et que, une fois en cours, elle aboutissait à un antihumanisme théorique (l'homme demeurant un sujet, mais *dans*, et non *de* l'histoire) – la philosophie devenant non plus reflet de la lutte des classes*, mais un de ses terrains propres : « en dernière instance, lutte des classes dans la théorie ». En raison de l'importance qu'il accorde à la détermination par l'économique Althusser s'est involontairement retrouvé inclus dans la mode du **structuralisme.**

Son apport le plus important, qui prend la suite des travaux de Gramsci* sur les institutions culturelles, est peut-être son analyse des « appareils idéologiques d'État », qui désignent les institutions (enseignement, justice, armée, etc.) imposant à une population l'idéologie de la classe dominante.

ŒUVRES : *Pour Marx* (1965) ; *Lire le Capital* (1965) ; *Lénine et la philosophie* (1968) ; *Réponse à John Lewis* (1973) ; *Positions* (1976).

➤ IDÉOLOGIE, MARXISME.

ALTRUISME

Ce terme créé par A. Comte* désigne le sentiment désintéressé à l'égard d'autrui, par opposition à l'égoïsme*. La morale d'A. Comte (morale positiviste) repose sur le précepte altruiste : « Vivre pour autrui. »

➤ ÉGOÏSME, SYMPATHIE.

AMBIGUÏTÉ

Caractère de ce qui est équivoque et

– dans l'existentialisme* – condition de l'homme dont l'existence n'a pas de sens donné au préalable, mais un sens qui « doit sans cesse se conquérir » grâce à la liberté.

À distinguer de l'absurdité*, qui nie que l'existence puisse se donner un sens.

ÂME

Principe susceptible d'animer la matière, c'est-à-dire de lui conférer la vie.

◆ Tel est le point de vue d'Aristote* qui distingue l'âme *végétative* commune à tous les vivants et assurant les fonctions vitales de base, l'âme *sensitive* qui produit la sensation et la sensibilité chez l'homme et les animaux, et enfin l'âme *raisonnable*, principe de la pensée chez l'homme.

Avec Descartes, l'âme raisonnable subsiste seule sous le nom de **substance pensante** – les autres parties de l'âme étant réduites à l'activité corporelle – ce qui aboutit à une séparation radicale de l'âme et du corps (dualisme).

◆ Certaines philosophies (stoïcisme, Schelling) admettent la notion d'**âme du monde** ou principe de vie et d'unité de l'Univers, de la même manière que l'âme individuelle par rapport au corps.

◆ En psychologie, le terme d'âme – synonyme de conscience ou d'esprit – est parfois employé pour désigner l'ensemble des faits psychiques observables. Signalons que la psychanalyse de Jung reprend les deux notions latines *anima* (souffle vital) et *animus* (pensée, esprit) pour en faire dans l'inconscient les archétypes* complémentaires de la masculinité et de la féminité.

➤ PLOTIN.

ÂME (BELLE)

Selon l'expression de Hegel, la « belle âme » est la « bonne conscience » morale qui se satisfait de sa pureté d'intentions au lieu d'agir. À l'inverse de l'authentique conscience morale capable d'affronter le monde tel qu'il est réellement, la « belle âme » n'est qu'une « vapeur sans forme qui se dissout dans l'air » (*Phénoménologie,* II, 189).

➤ BONNE CONSCIENCE, CONSCIENCE MORALE.

AMICUS PLATO...

« Je suis l'ami de Platon, mais plus encore celui de la vérité » est une phrase employée par Aristote lorsqu'il se voit contraint de critiquer les positions philosophiques de son ancien maître Platon.

L'expression illustre la distinction entre l'ordre humain et psychologique de l'affection et celui, plus métaphysique, de la vérité.

AMITIÉ

Sentiment de sympathie réciproque entre deux ou plusieurs personnes indépendant d'un lien sexuel ou de parenté.

◆ Fruit de l'habitude et de la volonté, l'amitié, selon **Aristote*** – qui l'élève au rang de vertu* – est une disposition permanente découlant d'un choix libre et réciproque. En outre, c'est pour lui-même qu'autrui est aimé et non par calcul plus ou moins égoïste : Aristote disqualifie les amitiés établies sur l'utilité et le simple plaisir.

Cette conception très forte de l'amitié se retrouve chez Montaigne* : « En la vraie amitié, dit-il, je me donne à mon ami plus que je ne le tire à moi. » Sous cette forme, l'amitié est considérée depuis l'Antiquité comme l'expression même du bonheur.

◆ L'intimité propre à l'amitié où les amis se retrouvent à l'écart du monde, conception notamment représentée par Rousseau* à l'époque moderne, ne doit pas masquer son importance politique. Pradines montre qu'il s'agit de dépasser l'ordre de la simple sympathie entre semblables, propre aux sociétés grégaires : l'amitié, dans les sociétés humaines, donne lieu à l'ordre du droit*, grâce, dit-il, à la « collaboration des différences », sous l'égide de la raison.

◆ La dimension politique de l'amitié se retrouve chez **H. Arendt*** qui affirme, avec les Grecs de l'Antiquité, que l'amitié entre citoyens est la condition du bien-être dans la cité : le monde commun doit devenir objet de dialogue*, sans quoi il demeure inhumain. Grâce au « parler-ensemble », observe-t-elle, nous humanisons le monde et apprenons à être humains.

AMNÉSIE

Il faut la distinguer de l'oubli* dans la mesure où elle est pathologique : il s'agit en effet d'une perte partielle ou totale de la mémoire, coexistant avec un état satisfaisant des autres fonctions mentales et dont l'origine peut être aussi bien psychique (refoulement) que physiologique (vieillissement, traumatisme).

◆ On prendra toutefois garde que certaines « amnésies », repérées par Freud (amnésie de réveil, amnésie infantile) font partie du fonctionnement psychique normal et n'ont donc rien de pathologique.

AMORAL, AMORALISME

Est amoral tout ce qui est sans relation avec la morale. En ce sens, on dira par exemple que la science, ou la vie organique, est amorale. Mais le terme, souvent employé pour parler d'une personne dépourvue de sens moral, désigne dans ce cas l'immoralité de celle-ci ou de sa conduite.

Comme doctrine, l'amoralisme rejette toute considération de nature morale.

➤ IMMORALISME.

AMOUR

Ce terme renvoie à une pluralité de sentiments, qui diffèrent tant par leur objet (amour maternel, amour de la patrie...) que par leur finalité (du désir sexuel au « pur amour » des théologiens qui, totalement désintéressé, vise Dieu lui-même). Leur seul point commun serait de porter le sujet vers un « objet » admis comme « bon ».

◆ Freud montre que la sexualité est au fondement de toutes ces manifestations, mais il ne fait là que reprendre une tradition philosophique : Empédocle* voyait déjà dans l'amour sexuel (ou « concorde ») le principe d'union momentanée des éléments du Monde ; Platon*, dans *Le Banquet, y* repère le point de départ des formes les plus intellectualisées ou mystiques de l'amour ; les scolastiques l'isoleront sous l'appellation d'« amour de concupiscence » pour l'opposer à l'« amour de bienveillance » qui a seul, à leurs yeux, une portée morale.

On admet en général que l'amour s'oppose à l'égoïsme (cf. Leibniz : « Aimer, c'est se réjouir du bonheur d'autrui »), mais cela fait évidemment problème dans les cas d'amour captatif ou possessif, où le sujet aimant paraît ne tenir compte que de son propre besoin.

AMOUR-PROPRE

À côté de la signification usuelle – opinion favorable que l'on veut donner de soi-même aux autres –, le sens philosophique de la notion s'amorce avec La Rochefoucauld qui croit voir dans ce sentiment l'origine intéressée de toutes les actions humaines, et se précise avec Pascal* et Rousseau*. L'apparition de l'amour-propre, sentiment égoïste – se substituant au légitime amour de soi –, traduirait, selon Pascal, l'état de péché par la « mort de Dieu » en l'homme, et selon Rousseau, le passage de l'état de nature à l'état de société. Pour ces deux auteurs, l'amour-propre serait, de toute manière, la source de tous les malheurs de l'humanité.

➤ ÉGOÏSME.

ANALOGIE

Au sens propre, c'est l'identité du rapport unissant deux à deux les termes de deux ou plusieurs couples – d'où, par excellence, la proportion mathématique.

Dans un sens plus concret, l'analogie évoque l'identité du rapport entre des êtres ou des phénomènes. Dans les deux cas, le « raisonnement par analogie » conclut, à partir de la connaissance d'un terme et de la relation qui en unit deux autres, à celle du quatrième.

De façon moins stricte, on utilise le mot pour désigner une ressemblance entre deux termes ou objets. Mais pour qu'il y ait analogie véritable il faut au moins quatre éléments, faute de quoi la simple ressemblance n'aboutit qu'à des pseudo-raisonnements sans rigueur.

➤ SYMBOLE.

ANALYSE

(Du verbe grec *analuein,* délier.) Démarche fondamentale de la pensée, qui décompose un tout défini en ses éléments. **Descartes***, en envisageant de « diviser chacune des difficultés que j'examinerais en autant de parcelles qu'il se pourrait, et qu'il serait requis pour les mieux résoudre », en fait le deuxième précepte de sa méthode, qui doit lui permettre de découvrir des idées simples*.

On distingue classiquement une analyse « matérielle » (en chimie par exemple) d'une analyse « idéale » ou « mentale » (analyse d'un concept*).

◆ Par extension, on évoque également l'analyse pour désigner toute méthode cherchant à expliquer un objet ou un événement par ses composants ; on remarquera que dans ce cas, le repérage des éléments constitutifs dépend en général de choix implicites : c'est notamment ce qui a lieu dans l'analyse d'un fait historique, où les principes de l'historien renvoient à différentes conceptions du déterminisme*.

◆ En **mathématiques,** le terme a un double sens : chez les Grecs, il désigne une méthode de démonstration qui part de la conclusion pour adopter une démarche régressive ; en mathématiques contemporaines, il englobe l'ensemble des disciplines qui, par opposition à l'algèbre (elle-même nommée analyse au XVIIe siècle), étudient les relations de dépendance entre diverses grandeurs (calcul infinitésimal, théorie des ensembles, etc.).

◆ En **psychanalyse,** le mot équivaut à une cure « analytique ».

➤ COMPLEXE, SYNTHÈSE.

ANARCHIE, ANARCHISME

L'anarchie est l'état de désorganisation d'une société privée de gouvernement. L'anarchisme, en tant que doctrine, rejette l'autorité de l'État et de l'Église (« Ni Dieu ni maître ») mais ne renvoie pas à l'idée d'anarchie au sens de désordre car celui-ci est alors considéré comme le résultat d'un excès d'autorité. Il affirme la valeur souveraine de l'individu et prétend que les hommes, bons par nature, peuvent s'organiser eux-mêmes, librement, en communautés plus ou moins vastes, selon un mouvement ascendant à partir de l'entreprise jusqu'à la commune et au-delà. Ces associations libres – et révocables – sont à la base du fédéralisme que préconisent par exemple Proudhon*, le « père de l'anarchisme » moderne, et aussi Bakounine*, principal représentant du nihilisme* russe.

➤ BAKOUNINE, INDIVIDUALISME, NIHILISME, PROUDHON, STIRNER...

ANAXAGORE

Philosophe et savant grec (500-428 av. J.-C.) de l'école ionienne, qui enseigna à Athènes, où il eut Périclès et peut-être Socrate pour élèves. Accusé d'impiété, il s'exila et se laissa, dit-on, mourir de faim à Lampsaque.

◆ Anaxagore admet l'existence d'un mélange primitif de germes, ultérieurement organisé par l'intervention d'une intelligence illimitée, éternelle et obéissant à ses propres lois, le *Noûs,* ce qui affirme une finalité en niant le destin et provoqua l'admiration d'Aristote. Dans son traité *Sur la nature,* il explique l'origine des corps sans avoir recours à un élément (eau, feu, etc.) mais par des *homéoméries* (le terme est d'Aristote) : particules matérielles qui s'assemblent pour former chaque corps mais qui, à la différence des atomes*, possèdent les mêmes qualités que les corps qu'elles constituent. Chaque élément est ainsi semblable à chaque autre et au corps global. De surcroît, chaque corps possède des éléments de chaque autre, sa définition dépendant de ceux qui y sont majoritaires.

◆ Cette théorie réapparaîtra chez certains alchimistes du Moyen Âge – et peut être rapprochée de la croyance aux homuncules, petits êtres préformés dont les biologistes des XVIIe et XVIIIe siècles affirmaient l'existence dans l'ovule ou le spermatozoïde.

ANAXIMANDRE

(Né vers 610 av. J.-C., mort vers 546 av. J.-C.) Penseur de l'école ionienne, qui fut peut-être l'élève de Thalès*.

Son poème *De la nature* rend compte de l'univers à partir, non pas d'un élément particulier, mais de ce qu'il nomme l'**apeiron.** Ce terme, qu'il introduit dans la philosophie, désigne étymologiquement ce qui n'a pas de limite, mais il semble difficile de l'assimiler à un infini* auquel la pensée grecque a toujours répugné ; le principe en question serait plutôt un chaos initial, matière informe, éternelle, dont tous les êtres procèdent par une sorte de transformisme élémentaire, mais on devrait lui ajouter une dimension « métaphysique » : illimitation dans laquelle le temps introduit une sorte d'arrangement.

D'autre part, on attribue à Anaximandre – il serait le premier à avoir écrit un texte qui fut recopié – l'invention du cadran solaire et des cartes de géographie.

ANDROGYNE

L'androgyne fait référence, en philosophie, au mythe d'Aristophane rapporté par Platon dans *Le Banquet* : à l'origine, l'humanité comprenait, outre le sexe masculin et le sexe féminin, un troisième genre, l'androgyne, composé d'êtres tenant des deux autres réunis. Doués d'une force prodigieuse, ces êtres bisexués se révoltèrent contre les dieux, et pour les châtier de leur orgueil, Zeus coupa chacun d'eux par la moitié. Désormais, ayant la nostalgie de l'unité perdue, les deux parties – de sexe différent ou de même sexe – des androgynes primitifs vont chercher à retrouver une moitié complémentaire et à s'unir à elle. Ainsi s'expliquerait la naissance des variantes – homosexuelle aussi bien qu'hétérosexuelle – de l'amour, à partir d'une bisexualité originaire que Freud* reprendra d'ailleurs à son compte.

ÂNE DE BURIDAN

Buridan, célèbre philosophe nominaliste du XIVe siècle, illustra les polémiques concernant le libre arbitre par l'exemple d'un âne ayant également faim et soif mais qui, placé à mi-chemin d'un bac d'eau et d'un bac de grain, ne saurait choisir au point de rester immobile et d'en mourir.

Cet argument symbolise désormais la nécessité d'un motif avant tout choix, et illustre à sa façon la thèse de Descartes* selon laquelle « l'indifférence est le plus bas degré de liberté ».

ANGOISSE

(Du latin *angor* : « passage étroit et difficile » et, par extension : « situation critique ».) Phénomène affectif fait de très vive inquiétude et de crainte sans objet déterminé – contrairement à la *peur* qui porte toujours sur un objet plus ou moins précis – et souvent accompagné de modifications neurovégétatives telles que des sensations d'oppression ou d'étouffement, transpiration, troubles digestifs. Ces perturbations physiologiques font, en revanche, défaut dans l'*anxiété* – sentiment moins fort que l'angoisse –, où la pensée intervient davantage.

Alors que la psychanalyse observe dans l'angoisse une ambivalence faite à la fois de désir et de crainte, la philosophie existentielle, depuis Kierkegaard, y voit un sentiment ontologique capable de nous révéler non seulement notre liberté, mais aussi l'insécurité devant le néant* et le caractère absurde de la vie.

➤ HEIDEGGER, KIERKEGAARD, SARTRE.

ANIMAL, ANIMALITÉ

◆ L'animal désigne d'abord l'une des deux grandes classes du vivant, qui se distingue du végétal par la mobilité ou la sensibilité – même si de tels critères ne semblent pas entièrement décisifs lorsqu'on s'intéresse aux formes organiques élémentaires.

Dans cette optique, on peut affirmer, comme Aristote, l'animalité de l'homme, puisqu'elle constitue son genre, ou le fondement (naturel et logique) de sa spécificité.

◆ Il faut attendre le dualisme cartésien pour que s'impose l'idée d'une transcendance de l'esprit relativement à l'ani-

PHILOSOPHIE ANGLAISE

PHILOSOPHIE MÉDIÉVALE
- **Roger Bacon** (1214-1294)
rôle de l'expérience
- **John Duns Scot** (1274-1308)

RENAISSANCE
- **Thomas More** (Morus) (1478-1535)
réflexion politique
L'Utopie (1532)

- **Françis Bacon** (Vérulam) (1561-1626)
« inventeur » de la science moderne
rôle de l'expérience et de l'induction
Novum Organum (1620)

LES QUATRE GRANDS CLASSIQUES

- **Thomas Hobbes** (1588-1679)
pacte social et pouvoir absolu
Léviathan (1651)

- **John Locke** (1632-1704)
empirisme et réflexion politique

- **George Berkeley** (1685-1753) ⟷ • **David Hume** (1711-1776)
immatérialisme

- **David Hume** (1711-1776)
empirisme, associationnisme,
critique de la causalité

- **Jeremy Bentham** (1748-1832)
La répression sociale, le droit pénal

critiqué par **Th. Reid** (1710-1796)
D. Steward (1753-1828)

MATÉRIALISTES
- **J. Toland** (1670-1722)
- **D. Hartley** (1704-1757)
- **J. Priestley** (1733-1804)

RÉFLEXION SUR LA MORALE ET LE SENTIMENT
- **Shaftesbury** (1671-1713)
- **Hutcheson** (1694-1746)
- **A. Smith** (1723-1790)
(connu surtout comme économiste)

- **John Stuart Mill** (1806-1873)
utilitarisme et empirisme

- **Herbert Spencer** (1820-1903)
point culminant du positivisme européen
influence de l'évolutionnisme darwinien

PHILOSOPHE ANALYTIQUE
- **G.E. Moore** (1873-1958)
- **Bertrand Russell** (1872-1970)
analyse du langage; la philosophie comme élucidation des propositions : vers le positivisme logique.
Influence des Viennois (L. Wittgenstein), diffusion vers les États-Unis.

– **G. Ryle** – **Quine**
– **R. Carnap** – **J. Austin**

HÉGÉLIANISME
McTaggart
Bradley

mal machine*, mais dans ce cas, le vivant s'évanouit, puisque l'animalité se dissout dans le mécanisme.

◆ Ultérieurement, l'animalité est bien comprise comme intérieure à l'homme, mais elle est la part qu'il convient de refuser, parce qu'elle désigne le désir, éventuellement « bestial » et d'autant plus immoral, ou ce qui doit au minimum être éduqué. Dans la mesure où l'animal fait partie de la nature, l'anthropologie contemporaine, tout en reconnaissant qu'un fond d'animalité demeure dans l'humain, affirme que l'ordre culturel s'élabore par la négation de cette animalité première.

ANIMAL MACHINE

Appellation désignant le corps animal selon Descartes et certains cartésiens qui, en réservant à l'homme toute forme de pensée, font de l'animal un pur mécanisme dénué de sensibilité et d'activité psychique. Cette théorie eut des conséquences parfois surprenantes – comme la vivisection pratiquée à Port-Royal, où les cris d'un animal prouvaient simplement qu'on avait touché le « ressort » adéquat.

➤ MÉCANISME.

ANIMAL POLITIQUE

(En grec, *zoôn politicon.*) Expression utilisée par Aristote dans sa *Politique* (I, 1) pour définir l'homme. Elle suppose une conception selon laquelle l'homme n'est pas un individu vivant de surcroît et après coup en société, mais bien au contraire un être par essence collectif et politique.

ANIMISME

Théorie admettant qu'une seule âme est à la fois principe de la pensée et de la vie organique.

◆ En **ethnologie,** le mot désigne l'ensemble des croyances religieuses affirmant que tous les êtres (y compris les végétaux ou les corps naturels) sont dotés d'une âme et donc animés d'intentions. Cette forme « primitive » de religion a été décrite au XIXe siècle, en particulier par E. Tylor et dans le cadre général de théories sur l'évolution des sociétés aujourd'hui fortement contestées. Pour sa part, l'anthropologie actuelle renonce prudemment à étudier l'origine des croyances religieuses et préfère une analyse de leurs structures telles qu'elles sont décelables.

◆ On remarquera toutefois :

– que l'animisme entendu classiquement constitue la première étape de l'état théologique d'Auguste Comte*,

– qu'il demeure actif dans la mentalité enfantine, toujours soucieuse, ainsi que l'a montré Piaget*, de trouver les intentions des choses et de la nature,

– qu'il joue un rôle majeur dans la pensée des malades mentaux, et notamment dans leurs expressions artistiques.

ANNALES (ÉCOLE DES)

Voulant dépasser la méthode critique inaugurée par l'école positiviste rassemblant à la fin du XIXe siècle la première génération des historiens qui forgèrent l'histoire « scientifique », essentiellement événementielle au départ, l'École française des Annales – cristallisée autour de la revue *Annales d'Histoire économique et sociale* fondée en 1929 par Lucien Febvre et Marc Bloch – eut pour ambition de renouveler et d'élargir le cadre des recherches historiques.

Cette école de pensée contribua, par exemple, à ouvrir le champ de l'histoire à des activités humaines qui, traditionnellement, n'y avaient pas droit de cité, en substituant notamment au temps bref de l'histoire événementielle la longue durée propre à accueillir et à rendre intelligibles les faits de civilisation.

Cet objectif ne pouvait être atteint qu'en supprimant le cloisonnement – désormais jugé artificiel – entre les sciences sociales (histoire, sociologie, psychologie, économie, géographie humaine...), c'est-à-dire en entrant dans la voie de la pluridisciplinarité. C'est ainsi que les travaux de l'École des Annales ont permis de déboucher à notre époque, sur ce qu'il est convenu d'appeler la **Nouvelle Histoire.**

ANOMIE, ANOMIQUE

L'anomie désigne étymologiquement l'absence de loi et, en sociologie depuis Durkheim*, l'absence d'organisation ; le terme est dans ce dernier cas synonyme de dérèglement. Jean Duvignaud, dans une analyse qui prolonge le sens durkheimien, montre que le comportement anomique est indifférent à la survie de la société en tant que telle : il ne consiste pas simplement à réclamer le contraire de ce qui est admis, dans la mesure où ce contraire est le complémentaire de ce dernier à l'intérieur d'une structure commune ; plus radicalement, l'anomie cherche à échapper au jeu habituel et complice du positif et du négatif pour envisager une éventuelle subversion du système dans son ensemble.

➤ SOLIDARITÉ.

ANORMAL

Étymologiquement, c'est ce qui est simplement étranger à la norme*, et s'éloigne donc des comportements statistiquement les plus nombreux d'un groupe sans être pour autant pathologique*. En raison du relativisme des mœurs et des valeurs, il n'existe donc pas d'anormalité « en soi » ou absolue.

ANSELME (SAINT)

(1033-1109.) Théologien et philosophe, l'un des pères de la scolastique. Né à Aoste (Italie) et mort archevêque de Canterbury.

◆ Reprenant de Platon l'idée que celui qui connaît la lumière du Vrai connaît Dieu, il prend parti dans le débat sur les relations entre la raison et la foi en proposant une solution presque dialectique, assez proche de saint Augustin : si la foi cherche l'intelligence *(fides quaerens intellectum* – c'est le sous-titre de son *Proslogium)*, celle-ci cherche à son tour la foi, et ce va-et-vient fonde l'alliance indissoluble de la foi et de la raison.

◆ On attribue fréquemment à saint Anselme la paternité de l'argument ontologique*, mais en fait, l'argumentation qu'il développe dans son *Proslogium* est orientée moins dans le sens d'une démonstration de l'existence de Dieu que par le souci de précisément montrer la compatibilité de la **foi** avec le plein exercice de la **raison.**

◆ Partant, en effet, d'une définition de Dieu comme « être au-delà duquel rien de plus grand ne peut être conçu », Anselme, jouant sur la distinction traditionnelle entre existence dans le réel et existence en idée, montre que, si l'on affirme que Dieu n'existe pas, on est bien celui que les *Psaumes* qualifient à juste titre d'« insensé », puisque, en comprenant la définition proposée de Dieu, on a dans l'esprit l'idée qui lui correspond (« Dieu » est alors doté de l'existence en idée), alors que d'autre part, en niant l'existence de Dieu, on admet implicitement qu'il pourrait exister un autre Dieu, qui serait ainsi supérieur (puisque doté des deux sortes d'existence) à l'être au-delà duquel on ne peut rien concevoir de plus grand – ce qui est évidemment contradictoire, c'est-à-dire « insensé ».

➤ ARGUMENT ONTOLOGIQUE.

ANTHROPOCENTRISME

Tendance à croire que l'homme est le centre de l'univers et que la finalité de celui-ci est le bien de l'humanité.

ANTHROPOLOGIE

Étymologiquement, c'est la « science de l'homme », mais la formule a historiquement pris des sens divers.

◆ Pour Kant*, elle doit se développer selon trois dimensions : comme anthropologie théorique (connaissance de l'homme en général et de ses facultés, c'est-à-dire psychologie), comme anthropologie pragmatique ou pratique (étude des moyens d'action et théorie de l'habileté), comme anthropologie morale (théorie de la sagesse).

◆ Au XIXᵉ siècle, il s'agit de rassembler dans une discipline unificatrice les données de l'anatomie humaine, de l'archéologie, de l'ethnographie, etc., afin de donner des bases physiologiques à la distinction (et au classement éventuel) des peuples et des races.

◆ Au XXe siècle et sous l'influence des auteurs anglo-saxons, le terme désigne une discipline qui englobe l'ethnographie* et l'ethnologie* classiques : cette anthropologie **culturelle** (A. Kardiner, R. Benedict, M. Mead) a pour objet l'étude comparative des différentes cultures humaines.

Plus récemment, Claude Lévi-Strauss a nommé anthropologie **structurale** l'analyse des structures* sociales considérées comme un système logique auquel l'homme obéit inconsciemment dans ses institutions et ses comportements à l'intérieur des groupes.

ANTINOMIE

Contradiction qui se manifeste entre deux principes ou lois lorsqu'on prétend les appliquer à un cas particulier.

◆ Dans la philosophie de Kant*, les quatre **antinomies de la raison pure** sont particulièrement importantes puisqu'elles repèrent les impasses où la raison aboutit nécessairement lorsqu'elle prétend dépasser les phénomènes* et atteindre l'absolu* dans la connaissance cosmologique. Chacune de ces antinomies est composée d'un couple de propositions contradictoires (thèse et antithèse*) également argumentées (par exemple : d'une part il existe une liberté morale, de l'autre il n'existe qu'un déterminisme physique).

ANTIPSYCHIATRIE

Mouvement, principalement d'origine anglo-saxonne, qui, à partir des années soixante, rompt avec les critères et les méthodes de la psychiatrie* classique, contestant notamment l'internement des schizophrènes. Ronald **Laing** et David **Cooper** en sont les deux initiateurs.

Le premier, subissant d'abord l'influence de Sartre, étudie particulièrement les relations interindividuelles les plus complexes, au niveau des demandes non formulées, rôles d'emprunt, esquives, des réponses nécessairement insatisfaisantes, etc. ; quant à Cooper il dénonce les structures aliénantes de la famille qui, selon lui, se reproduisent dans les structures sociales dans la mesure où elles imposent à l'individu une « normalité » étouffante.

◆ L'antipsychiatrie propose des thérapeutiques qui prennent en charge, au-delà du « malade » lui-même, l'ensemble de son entourage, tant familial que social (relations de quartier, de travail, etc.). Elle aboutit ainsi nécessairement à une remise en cause politique de l'organisation sociale : « Tout délire est une déclaration politique », affirme Cooper.

➤ ALIÉNATION, FOLIE.

ANTITHÈSE

Opposition de sens entre deux termes ou deux propositions.

Chez Kant*, les antithèses sont, dans les antinomies*, les propositions énonçant qu'il n'existe pas de terme premier, et que, par conséquent, la recherche sur le problème considéré (par exemple sur le jeu du déterminisme dans les phénomènes*) serait indéfinie.

Chez Hegel*, on nomme antithèse le second temps du mouvement **dialectique.** Si l'on peut, en simplifiant, admettre qu'elle est la « négation » de la thèse*, on doit au moins préciser que cette négation est partielle et prépare une affirmation de degré supérieur.

APOLLINIEN, DIONYSIAQUE

Chez les Grecs, Apollon était le dieu du soleil et de l'harmonie, Dionysos celui du vin et de l'ivresse. Les deux adjectifs correspondants ont été utilisés par **Nietzsche** pour désigner les deux composantes de l'art grec, et plus généralement les deux aspects contradictoires de l'esprit humain.

La sérénité apollinienne, qui aspire à la perfection plastique et construit le

« monde de la belle apparence », est, en même temps, le principe contemplatif qui, par sa soumission au concept, prétend nous délivrer du devenir. En revanche, le déchaînement dionysiaque – auquel Nietzsche veut revenir –, voilé dans la tragédie grecque par le principe apollinien, assume le devenir dans l'exaltation tragique de la vie et la spontanéité sauvage où se mêlent les instincts de destruction et de création : « les orgies de Dionysos sont des fêtes de délivrance universelle et des jours de transfiguration ».

APORIE

(*A* privatif et *poros*, en grec : ressource.) Désigne, depuis Aristote* qui en distinguait quatorze variétés, l'impossibilité de choisir entre deux opinions également argumentées. Les apories servirent aux pyrrhoniens* pour justifier le scepticisme*, alors qu'initialement, elles ne signalent pas un échec de la pensée, mais plutôt un défi lui proposant un devoir d'examen. En philosophie moderne, et notamment chez Kant*, le mot est pris dans un sens plus fort pour désigner une difficulté logique insoluble. Cette acception se prolonge chez certains auteurs du XXe siècle (Bataille, Derrida) dans une pensée de ce qui est alors repéré comme l'impossible.

A POSTERIORI

➤ A PRIORI.

APPARENCE

Du point de vue ontologique, la dénonciation des apparences comme trompeuses remonte à Socrate* et Platon*, et la question s'est ultérieurement posée, pour la science, de savoir s'il y a bien un « écart » entre ce qui nous apparaît du réel et ce réel en lui-même. En proposant de nommer **phénomène*** ce qui, du monde, se manifeste pour nous, Kant* a fait tomber en désuétude l'usage métaphysique du terme apparence – qui garde aujourd'hui un sens psychologique : il désigne alors la présentation d'un objet admise comme différente de ce qu'est ce dernier en réalité.

➤ ILLUSION.

APPÉTIT

Au sens étroit – ancien, mais qui ressurgit dans la psychologie moderne – désigne la tendance liée à une fonction organique (faim, appétit sexuel). Dans la philosophie scolastique*, synonyme de penchant naturel : *appétit concupiscible* (« celui où domine le désir », avec l'amour, la haine, l'attrait, l'aversion), *appétit irascible* (« celui où domine la colère », avec cette dernière, mais aussi le courage, la crainte, l'espérance et le désespoir). Chez Spinoza*, l'appétit signifie désir et constitue « l'essence même de l'homme ».

➤ DÉSIR, SCOLASTIQUE, SPINOZA.

A PRIORI, A POSTERIORI

Au Moyen Âge, on nomme raisonnement *a priori* celui qui va du principe à la conséquence, et raisonnement *a posteriori* celui qui remonte de la conséquence au principe. Mais cette acception a cédé la place au sens que ces termes ont chez **Kant :** sont *a priori* les éléments de connaissance (intuitions, concepts, jugements) indépendants de toute expérience, et *a posteriori* ceux qui sont déduits d'une expérience sensible ou en dépendent.

➤ INTUITION, JUGEMENT.

ARBITRAIRE

Le substantif désigne toute décision ou volonté apparaissant comme capricieuse et non fondée en raison.

◆ L'adjectif qualifie ce qui dépend d'une décision purement individuelle et implique l'intervention d'un « bon plaisir », et non d'une raison universellement valable. Il est le plus souvent pris dans un sens péjoratif – sauf en mathématiques, où le choix de « données arbitraires » ou d'une « valeur arbitraire » peut être utile à une démonstration. Souvent appliqué à propos d'un pouvoir politique, il sous-entend de surcroît que ce dernier agit sans référence à une légalité.

◆ En **linguistique,** on qualifie, depuis Saussure, le signe d'arbitraire, pour souligner qu'aucune analogie ne le lie à ce qu'il désigne (cf. Kant : « Le mot chien ne mord pas. »)

➤ ACCIDENT, CONTINGENT, NÉCESSAIRE.

ARCHÉTYPE

(Du grec *arché* : commencement et *typos* : modèle.) Modèle idéal, dans la philosophie idéaliste. Il est, par exemple, chez Platon*, synonyme d'Idée, c'est-à-dire de prototype idéal permettant de rendre intelligible la chose sensible qui lui correspond ; chez Malebranche*, les archétypes sont les idées de Dieu ou modèles éternels des êtres créés.

◆ En psychanalyse, la doctrine de Jung* – renouant avec la théorie stoïcienne de l'âme universelle conçue comme lieu d'origine des âmes individuelles – admet l'existence d'archétypes, c'est-à-dire d'images ancestrales et symboliques qui, d'une part, se retrouvent à travers les mythes et légendes appartenant au fond commun de l'humanité, et d'autre part, constituent en tout individu, à côté de son inconscient personnel, l'**inconscient collectif** décelable dans les rêves, les délires et certaines manifestations de l'art.

➤ IDÉE, INCONSCIENT COLLECTIF.

ARCHITECTONIQUE

L'adjectif, chez Aristote, qualifie une science ou une technique qui utilise comme moyens les fins d'une ou de plusieurs autres (par exemple, la stratégie est architectonique par rapport à l'art équestre) ; chez Leibniz, il s'applique à ce qui dépend de causes finales, et non mécaniques.

◆ Pour Kant*, le substantif désigne la méthode qui permet de coordonner en système* les éléments de la connaissance.

ARENDT

(Hannah, 1906-1975.) Initiée très tôt à Kant et Kierkegaard, elle fait ses études entre 1924 et 1929 à l'Université de Marbourg, suit les cours de Husserl et termine sa thèse sur *Le Concept d'amour chez Augustin.* C'est alors qu'elle rencontre Jaspers et Heidegger : l'amour qu'elle lui apporte insuffle à ce dernier un « penser passionné », mais il ne peut durer. Arendt consacre alors ses recherches à la figure de *Rahel Varnhagen. La vie d'une juive allemande à l'époque du romantisme,* mais l'arrivée des nazis au pouvoir la contraint à l'exil. En France d'abord, où elle rencontre R. Aron*, Koyré*, J. Wahl et suit les cours de Kojève sur Hegel - mais elle travaille pour des organisations anti-fascistes et diffère à l'époque les discussions philosophiques ; puis, après son évasion du camp de Gurs où elle est internée en 1940, aux États-Unis, dont elle ne devient citoyenne qu'en 1951, l'année même où paraît *Les Origines du totalitarisme,* initialement pensé comme une étude sur l'antisémitisme et l'impérialisme. L'ouvrage s'achève sur une condamnation d'un monde abritant « le mal radical » - mais les années postérieures sont consacrées à restaurer ce qui peut constituer la **dignité humaine** dans la faculté de jugement et dans l' « être ensemble avec soi-même ».

S'il s'agit d'une part de savoir ce qu'est l'« être juif », il s'agit en même temps de lier l'activité philosophique à l'actualité du monde : dans ses articles, Arendt s'intéresse à la guerre du Vietnam et au Pentagone, à Mai 1968 et à Nathalie Sarraute. Hostile aux nationalismes, elle en appelle volontiers à une fragmentation du pouvoir et aux **vertus initiales du politique** (de la *polis* grecque), trop souvent bafouées par la politique du siècle : le citoyen authentique doit participer activement à la vie publique, et non se contenter d'obéir aux ordres du pouvoir (comme l'ont fait les bourreaux nazis). Il doit agir dans le présent, sans prétendre « faire l'histoire », car nul ne peut connaître à l'avance la fin réelle des actions entreprises, dans la mesure où l'action humaine est imprévisible.

ŒUVRES : *Le Système totalitaire, Sur l'antisémitisme, L'Impérialisme* (1951 – il s'agit des trois parties, séparées en traduction française, des *Origines du totalitarisme*) ; *Eichmann à Jérusalem. Rapport sur la banalité du mal* (1963) ; *Penser l'événement* (articles rédigés entre 1944 et 1975) ; H. Arendt - K. Jaspers, *Correspondance 1926-1969.*

ARGUMENT

Raisonnement plus ou moins développé tendant à prouver ou réfuter une proposition ou une thèse*. On nomme plus précisément argument *en forme* celui qui est conforme aux règles de la **logique** formelle, et argument *ad hominem* celui qui s'en prend à l'individu et non à ses idées.

➤ ARGUMENT ONTOLOGIQUE.

ARGUMENT ONTOLOGIQUE

Preuve *a priori* de l'existence de Dieu, énoncée par **Descartes*** (*Discours de la méthode*, 4e partie, *Méditations* V). Elle consiste à déduire l'existence de Dieu de la seule analyse du concept que nous en trouvons dans notre pensée : puisque Dieu se définit comme un être parfait, il est nécessaire de lui attribuer l'existence dans la mesure où elle constitue en elle-même une partie de la perfection. Ainsi, en Dieu, l'existence est indissociable de l'essence – ce qu'affirmeront à leur tour Spinoza et Leibniz

◆ Kant *(Critique de la raison pure, Dialectique transcendantale)* critiquera cet argument. De son point de vue, l'existence ne peut que se constater phénoménalement ; elle est donc le résultat d'une activité synthétique de l'esprit et reste impossible à déduire de la seule analyse d'un concept. Cette dernière ne garantit que la possibilité* (de Dieu, éventuellement), mais non l'existence à proprement parler.

ARISTOCRATIE

Étymologiquement « gouvernement des meilleurs », l'aristocratie – du moins chez Platon* – n'implique pas au départ l'idée de transmission héréditaire de privilèges sociaux qui a prévalu par la suite. Régime politique dans lequel le pouvoir est exercé par une minorité qui se prétend l'élite de la société, l'aristocratie repose sur une classe ou une caste sacerdotale (fondée sur la religion) ou militaire (sur la puissance). À notre époque, elle a disparu comme forme de gouvernement ; il convient alors de parler d'oligarchies (petit nombre de personnes) qui détiennent le pouvoir en raison de leur puissance financière et économique.

ARISTOTE

(Philosophe grec, né en 384 av. J.-C. à Stagire, en Macédoine, mort à Chalcis en 322 av. J.-C.) Fils d'un médecin du roi Philippe de Macédoine, celui-ci le prendra comme précepteur de son fils, le futur Alexandre le Grand. Il devient à partir de 367 l'élève de Platon* et son disciple privilégié. Mais, à la mort du maître, il prend ses distances avec sa doctrine et, après son préceptorat à la cour macédonienne, il revient à Athènes fonder son école philosophique (nommée le Lycée, à cause d'un temple voisin consacré à Apollon Lycien – tueur de loups). Des cours *exotériques* qu'il donne l'après-midi à qui veut l'entendre, et *ésotériques* (c'est-à-dire *abstraits* et *difficiles*) dispensés le matin aux initiés (en se promenant, ce qui fait qualifier ses disciples de *péripatéticiens*), seuls les seconds nous sont parvenus.

◆ Dans l'œuvre immense et encyclopédique d'Aristote (l'Antiquité lui attribuait quatre cents ouvrages, dont nous sont parvenus quarante-sept livres à peu près complets et des fragments d'une centaine d'autres), distinguons, outre les cinq livres de l'*Organon*, d'une part le groupe des sciences *théorétiques*, et de l'autre celui des sciences *pratiques*.

L'*Organon* établit les bases de la logique formelle en faisant la théorie de la démonstration et notamment du syllogisme*.

◆ Les ***sciences théorétiques***, groupées essentiellement autour de la *Physique* et de la *Métaphysique* (texte placé *après* la *Physique* dans l'édition du Ier siècle av. J.-C.) qui ont pour objet la recherche désintéressée de la vérité, témoignent d'une pensée originale par rapport à celle de Platon. Critiquant la conception selon laquelle l'Idée, et notamment le nombre, est supérieure à la réalité empirique, Aristote refuse l'anamnèse platonicienne (théorie de la réminiscence*) et restitue sa dignité ontologique à l'individu dans sa dimension concrète, bien qu'il n'y ait de science – affirme-t-il – que du général, c'est-à-dire des propriétés communes aux individus, propriétés abstraites par l'esprit sous forme de concepts hiérarchisés (selon les genres et les espèces).

Or l'examen de l'être individuel montre qu'il est soumis au changement et réalise de ce fait, en lui-même, des qualités qui n'y étaient d'abord que virtuelles : entre le non-être et l'être, il existe un intermédiaire, le pouvoir-être ou *puissance** qui tend vers son actualisation pour donner l'être en *acte** qui l'achève. La matière est ainsi ce qui passe de la puissance à l'acte en étant mis en forme, et la forme est le principe qui organise une matière et lui donne son sens : la matière est l'une des causes *(cause matérielle)* que distingue Aristote pour expliquer

PHILOSOPHIE ARABE CLASSIQUE

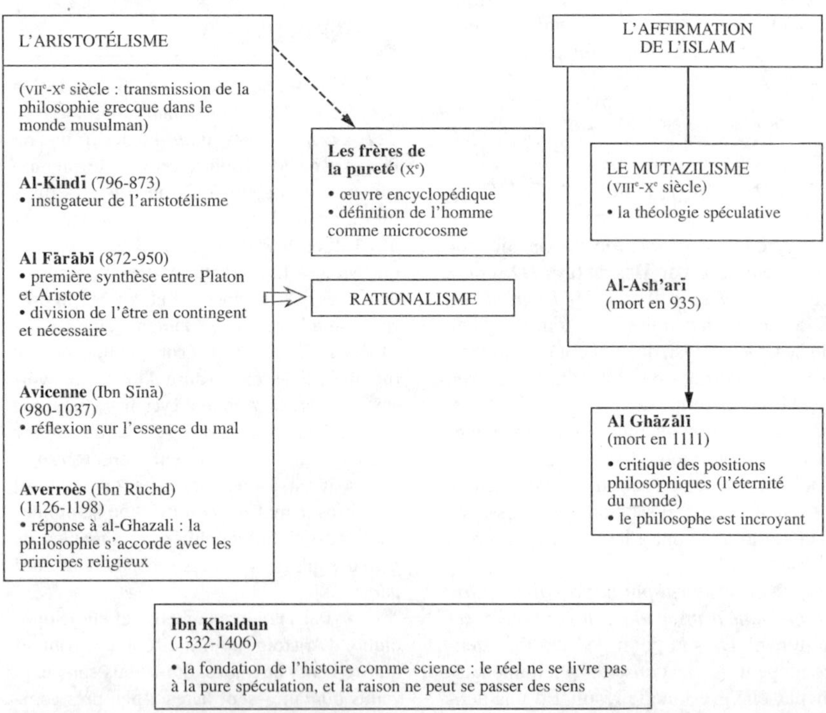

la constitution d'un être : par exemple, le marbre est la cause matérielle de la statue ; la cause *formelle* correspond à l'idée qui donne à chaque chose sa forme déterminée (l'idée du sculpteur) ; la cause *efficiente* est l'antécédent immédiat qui provoque le changement (coups de ciseau), et la cause *finale* est le but visé (gain, amour de l'art).

Les êtres tendent naturellement à se réaliser pleinement, et ils se distribuent selon un ordre hiérarchique en fonction de la perfection de leur forme. Par exemple, si l'âme est la substance formelle des corps animés, les vivants ont une dignité ontologique variable selon qu'ils possèdent soit une âme *végétative* (plantes), soit, en plus, une âme *sensitive* (animaux), soit, enfin, une âme *rationnelle* qui spécifie l'être humain.

Tous les mouvements (changements quantitatifs ou qualitatifs qui affectent les êtres de l'Univers) trouvent leur origine, non dans leurs causes observables – car dans l'enchaînement causal, il faut bien s'arrêter quelque part – mais dans l'existence d'un *Premier Moteur* lui-même immobile, acte pur possédant toutes les perfections. Tel est le Dieu* d'Aristote, acte pur, non soumis au changement et dispensateur de tout mouvement, forme de l'activité la plus haute qui est la pensée : pensée divine qui n'agit pas directement sur ou dans le monde, mais à la manière d'un modèle absolu, cause finale qui exerce sur les êtres une force d'attraction.

◆ De leur côté, les ***sciences pratiques*** regroupent la morale et la politique.

Connu en Occident par l'intermédiaire des philosophes arabes, Aristote fut au Moyen Âge intégré à la pensée chrétienne par saint Thomas*, qui voyait en lui *le* Philosophe et le véritable représentant de la *philosophia perennis*. Autorité suprême et incontestée pendant longtemps – *Aristoteles dixit !* – le Stagirite fut néanmoins remis en cause à partir de la Renaissance et de Descartes*, dans la mesure où sa physique, toute *a priori*, se révéla incompatible avec l'expérience, et où, plus globalement, l'ensemble de sa doctrine avait dégénéré en scolastique* dogmatique et stérile. Malgré tout, Aristote demeure un des penseurs les plus importants par l'influence profonde et prolongée qu'il exerça (et exerce encore) à travers les siècles.

◆ Les ***Premiers*** et ***Seconds Analytiques*** forment la troisième partie de l'*Organon*. Aristote y étudie les relations nécessaires, dont la science telle qu'il l'entend est la connaissance claire, et les conditions de validité des démonstrations. Il y recense particulièrement les différentes figures du **syllogisme.** Bien qu'il ne soit pas à proprement parler l'inventeur de ce mode de raisonnement dont l'aspect contraignant est dû à la seule vertu de la forme, Aristote a voulu en établir le système le plus complet en le purifiant de tout aspect subjectif.

Dans les *Premiers Analytiques* est constituée la théorie des différentes figures du raisonnement attributif, qui permet de conclure d'une proposition initiale à une conclusion grâce à la « mineure » qui représente le moyen terme opérant la jonction nécessaire. Dans la mesure où, pour Aristote, toute proposition est de type prédicatif (sur le modèle *A est B*) – ce que n'admettent plus les logiciens contemporains – cette théorie nous apparaît aujourd'hui « restreinte », « exactement comme l'œuvre d'Euclide dans les mathématiques » (J. Bernhardt).

Les *Seconds Analytiques* étudient la façon dont la connaissance s'établit de façon progressive, partant obligatoirement de la sensation pour aboutir à l'intellection (discursive ou intuitive) par le biais d'un « sens commun »* et de l'imagination.

C'est incontestablement par leur théorie de la déduction rigoureuse que les *Analytiques* tiennent dans l'histoire de la philosophie une place d'exception (cf. Kant : « Depuis Aristote, la logique formelle n'a pas progressé ».) On a même pu y voir un ensemble sclérosant, ayant notamment « retardé » les débuts de la science véritable en accordant une importance quasiment exclusive au seul raisonnement, aux dépens de l'observation et de l'expérience. En fait, il faut remarquer que cette sophistication logique ne s'effectue que chez les auteurs de la scolastique tardive, et ne pas oublier que, dans l'œuvre même d'Aristote, la déduction rationnelle n'est qu'un versant de la science – dont l'aspect empirique est largement présent dans bon nombre d'autres textes *(Histoire des animaux, De la génération et de la corruption, Du ciel...).*

◆ L'***Éthique de Nicomaque*** serait, d'après les critiques contemporains, le seul ouvrage authentique d'Aristote consacré à la morale – bien qu'il ait vraisemblablement été publié par son fils Nicomaque (d'où son titre) à partir des notes (destinées à alimenter un cours public ?) laissées par le Stagirite. Seraient en revanche dus à des disciples l'*Éthique d'Eudème*, la *Grande Morale* et le *Traité des vertus et des vices*.

S'il y semble partagé entre un eudémonisme* et un intellectualisme moral, Aristote y montre un souci constant de s'appuyer sur une expérience commune aux hommes les plus différents et de ne pas se perdre dans trop d'abstractions.

Ainsi, tout le monde admet que le but de la vie pratique, c'est-à-dire le bien suprême, est la conquête du bonheur. Mais en quoi consiste ce dernier ? Ni dans les plaisirs les plus sommaires, ni dans la contemplation (platonicienne) d'un bien « en soi » : on doit le concevoir par rapport à la rationalité fondamentale de l'homme, et le bien de l'homme est ainsi « une activité qui n'appartient qu'à lui, en tant que l'âme par laquelle il vit est une âme douée de raison » (Livre I). Encore faut-il distinguer les vertus *dianoétiques* (propres à l'activité rationnelle, elles peuvent être développées par l'enseignement) des vertus *éthiques* (qui sont engendrées par l'habitude). Le Livre II précise le rapport entre vertu éthique et habitude : la vertu est à strictement parler, non pas un acte*, mais un « fait » (on devient juste en agissant justement) constitué d'un aspect volontaire, qui définit le but, et d'un aspect intellectuel, qui indique les moyens. D'où la définition : « La vertu est une disposition acquise volontaire consistant par rapport à nous dans la "mesure", elle-même définie par la raison conformément à la conduite de l'homme réfléchi. »

Le Livre III analyse l'acte pratique pour préciser cette définition en habitude conforme, voire conjointe à la juste raison, ce qui revient à insister sur la responsabilité de l'homme, par opposition au « Nul n'est méchant volontairement » socratique.

Les Livres IV et V décrivent les vertus éthiques particulières (tempérance, franchise, etc.) avec une insistance prononcée sur la justice, qui est soit distributive, soit réparative. Les vertus dianoétiques sont abordées au Livre VI. Aristote en dénombre cinq : la science, l'art, la prudence, l'intellect et la sagesse, qui définissent simultanément, chacune dans son domaine, une fin et une image du bien.

Le Livre VII anticipe sur le Xe en revalorisant une certaine conception du plaisir comme fondement du bonheur, à condition que sa recherche soit guidée par la raison.

C'est à l'amitié que sont consacrés les Livres VIII et IX : elle y apparaît à travers toutes ses variantes, comme une vertu fondamentale pour l'homme (animal politique), liée au sens de la justice : l'être humain ne trouvera son véritable épanouissement qu'en ayant des relations avec autrui.

Le dernier livre prolonge l'analyse du plaisir pour montrer que, fondé sur une *perfection de l'acte*, il peut accompagner toutes les fonctions de l'âme, y compris les plus élevées. C'est pourquoi il ne peut être séparé de la vertu ni du bonheur. L'ouvrage semble alors basculer vers l'intellectualisme (ce que certains lecteurs dénonceront comme une contradiction), Aristote affirmant que l'homme ne trouve son bonheur le plus complet que dans la pure contemplation de la vérité, qui, en nous détachant des accidents du monde, nous fera goûter à une béatitude totale, divine. Comme cette dernière n'est permanente qu'en Dieu lui-même, l'activité éthique est nécessaire dans l'homme, à la fois pour tempérer ses appétits et pour s'appliquer spécialement à la vie politique.

L'*Éthique de Nicomaque* s'articule ainsi à la *Métaphysique* et à la *Politique*. Bien que la pensée d'Aristote y soit souvent présentée de façon peu séduisante (soit par excès de concision, soit, à l'inverse, en raison de la longueur de certaines analyses), l'ouvrage est capital par la volonté qui s'y devine de proposer une morale véritablement à hauteur d'homme – même s'il s'adresse en priorité à un public constitué de citoyens libres ayant déjà de la vertu une pratique habituelle.

◆ Dans sa ***Politique,*** qu'il rédigea après avoir étudié les constitutions des cités grecques et des États « barbares » de son temps, Aristote affirme que l'État est la forme suprême de la vie sociale. C'est en ce sens qu'il est logiquement antérieur à l'individu ou à la famille, dans la mesure où il est auto-suffisant et réalise des fins qui, tout en étant aussi les leurs, échappent à l'individu comme à la famille. D'où la célèbre affirmation de l'homme comme *animal politique*.

Analysant les éléments de l'État, Aristote justifie l'existence des esclaves* par les différences naturelles entre les hommes et par les besoins techniques de la production. Mais en dernière analyse (puisque certains deviennent esclaves après une défaite) l'opposition entre l'homme libre et l'esclave est celle qu'il y a entre la vertu et le vice. Passant en revue les relations familiales et les activités de la famille, Aristote étudie l'art d'acquérir naturellement des richesses (par opposition à l'usure, qui est condamnable) et les différentes formes d'autorité en jeu dans l'organisation familiale : si celle du mari sur l'épouse ressemble à celle d'un gouvernement républicain, celle d'un père sur ses enfants est comparable à l'autorité qui s'exerce dans une monarchie.

Par opposition aux thèses communautaires de Platon, Aristote affirme que les liens affectifs entre parents et enfants sont déterminés par la nature, ainsi que les règles d'éducation (dont c'est par ailleurs l'État qui devra être chargé pour former la vertu des futurs citoyens).

Quant au vrai citoyen, il aura pour principales vertus l'obéissance et la capacité à commander, car il est défini par sa participation à la justice et à la magistrature.

Aristote distingue trois sortes de gouvernements, selon que la souveraineté – qui est toujours pour lui le fait du gouvernement – est exercée par un seul, par quelques-uns ou par beaucoup : monarchie, aristocratie et république ont leur version perverse dans la tyrannie, l'oligarchie et la démocratie, qui sont contraires à la nature. En fait, le philosophe ne privilégie pas une forme de gouvernement au détriment des deux autres, admettant que chacune peut être adaptée aux caractères propres d'un peuple.

Anticipant sur la distinction moderne des pouvoirs législatif, exécutif et judiciaire (cf. Montesquieu), Aristote attribue au gouvernement une triple fonction : de délibération, d'administration et de justice. Quant à la domination impérialiste d'une nation sur une autre, elle ne se justifie que lorsque la première est supérieure en nature : c'est évidemment le cas de la Grèce, dont le rôle est ainsi de civiliser les Barbares.

AUTRES ŒUVRES IMPORTANTES : *Physique ; Du Ciel ; De la génération et de la corruption ; Histoire des animaux ; Parties des animaux ; De la génération des animaux ; De l'âme ; Métaphysique ; Constitution d'Athènes ; La Poétique ; La Rhétorique.*

ARITHMÉTIQUE

Étymologiquement, c'est la science des nombres, de leurs propriétés et de leurs relations.

◆ Science du calcul, c'est-à-dire des opérations effectuées sur les nombres entiers et les fractions : c'était, dans l'Antiquité, la logistique.

ARNAULD

(Antoine, dit le grand Arnauld, 1612-1694.) Théologien, chef du parti janséniste, exclu de la Sorbonne en 1656, il se retirera à Port-Royal, puis, à la reprise des persécutions antijansénistes, s'exilera en Flandre et aux Pays-Bas.

Outre ses textes théologiques, on lui doit surtout la *Grammaire générale et raisonnée*, dite de Port-Royal (rédigée avec Lancelot, 1660), et la *Logique de Port Royal* (avec Nicole, 1662), qui constituent des moments importants de la philosophie du langage : à la suite de Descartes, on y admet que la syntaxe d'une langue naturelle est la transposition d'une analyse rationnelle qu'opère la pensée. Chomsky* reconnaîtra ce que doit la linguistique transformationnelle à de telles hypothèses.

ARON

(Raymond, 1905-1983.) Philosophe et sociologue français. Ses recherches, d'abord axées sur la philosophie de l'histoire, où il se montre relativiste, l'ont amené à critiquer fortement les théories marxistes et à cerner la réalité des sociétés industrielles, par-delà les différences apparentes entre capitalisme et socialisme : bureaucratie, économie de plus en plus nettement dirigée par l'État, restriction des libertés, etc.

QUELQUES ŒUVRES : *La Sociologie allemande contemporaine* (1935) ; *Introduction à la philosophie de l'histoire* (1938) ; *L'Opium des intellectuels* (1957); *18 Leçons sur la société industrielle* (1962) ; *Démocratie et totalitarisme* (1965) ; *Penser la guerre, Clausewitz* (1976) ; *Mémoires, cinquante ans de réflexion politique* (1983).

ART

◆ « L'art, dit Bacon, c'est l'homme ajouté à la nature », c'est-à-dire tout procédé – fruit de la liberté et de la raison humaines – utilisé en vue d'une production témoignant du savoir-faire de l'artisan ou plus spécialement de l'artiste lorsque, dans ce dernier cas, les techniques utilisées visent à satisfaire le sentiment esthétique ou artistique.

L'étymologie confirme cette notion de savoir-faire. Le latin *ars* et le grec *teknê* sont à l'origine du terme moderne. Ces mots désignaient toutes les activités qui résultent d'une aptitude non innée, mais acquise par un apprentissage approprié en vue d'une science, d'une technique, d'un métier.

◆ Au sens le plus général, mais un peu vieilli, c'est l'ensemble des procédés produisant un résultat. On parle encore, ainsi, des « arts mécaniques », de l'« art culinaire », etc. Le Moyen Âge nomme « arts libéraux » l'ensemble des études dans les facultés de philosophie : il comprend le *trivium* (grammaire, rhétorique et logique) et le *quadrivium* (arithmétique, géométrie, astronomie et musique).

◆ Le sens le plus fréquent relève de l'*esthétique** et désigne ce qu'on nommait autrefois les « beaux-arts »* ; les formes classiques de l'art ainsi entendu permettaient de le définir par son effort pour produire de la beauté*, mais son évolution au cours des dernières décennies aussi bien que les difficultés rencontrées lorsqu'il s'agit de définir une beauté pure qui puisse valoir pour toutes les cultures et toutes les époques, mènent les esthéticiens contemporains à renoncer à toute allusion au beau. (« La notion de beauté ne cesse d'être dangereuse que pour devenir inutile : elle nomme plutôt qu'elle ne résout le problème », M. Dufrenne.) Dès lors, l'art apparaît comme un domaine particulier de la pratique* humaine, qui participe aussi bien du ludique que de la recherche plus intellectualisée (cf. Vinci : « La peinture est chose mentale »), et dont la valorisation (en particulier économique) dans notre société a trop aisément occulté la ressemblance avec le travail*.

◆ Les appellations « arts primitifs » et « arts populaires » témoignent de la façon dont l'histoire de l'art a été classiquement établie en fonction de critères de légitimation européens, émanant des classes dirigeantes : l'intérêt porté depuis quelques décennies à ces formes d'expression (ainsi qu'à l'art brut*) coïncide évidemment avec une conscience moins triomphaliste de l'Occident et avec les transformations de la discipline historique elle-même.

ASCÈSE, ASCÉTISME

L'ascèse (du grec *askesis* : exercice) est l'effort pour renoncer aux plaisirs sensibles, en vue soit du perfectionnement moral ou spirituel, soit de la réalisation d'une œuvre qui exige la maîtrise de la volonté.

Les stoïciens se soumettaient à cette discipline pour échapper à l'emprise des sens et de l'affectivité ; les ascètes chrétiens l'appliquaient afin de se détacher du monde pour se rapprocher de Dieu. Par extension, on appelle ascèse la méthode persévérante, génératrice de sacrifices, que s'inflige le chercheur, savant ou philosophe (par exemple Descartes quand il doute).

◆ L'**ascétisme** désigne l'ensemble des pratiques qui relèvent de l'ascèse et qui visent à mortifier les sens pour obtenir la maîtrise de soi grâce à une technique de dépassement, ou encore la doctrine morale ou religieuse qui recommande cette discipline.

ASSOCIATION, ASSOCIATIONNISME

On nomme « **association** des idées » le phénomène psychique de l'entraînement spontané des représentations les unes par les autres. L'associationnisme a prétendu bâtir toute la psychologie sur cette propriété.

◆ En considérant l'*association libre* comme un moyen d'accès à l'inconscient, la **psychanalyse** a montré que ce phénomène vaut aussi bien pour le psychisme inconscient que pour les représentations conscientes : lorsque le psychanalyste propose au patient une série de *mots inducteurs* et lui demande d'énoncer en réponse immédiate, sans contrôle ni omission, ce à quoi ils lui font penser, il joue précisément sur le réseau complexe d'associations inconscientes à travers lequel se révèlent les désirs profonds du sujet.

◆ L'**associationnisme** est la doctrine soutenue notamment par les philosophes anglais – Locke*, Hume* et Suart Mill* – selon laquelle les opérations fondamentales de l'esprit découlent d'associations fréquemment répétées au cours de l'expérience. L'association selon les trois formes traditionnelles – ressemblance, contraste et contiguïté –, déjà découvertes par Aristote*, se ferait automatiquement entre les éléments simples dont se composerait l'esprit. L'empirisme* associationniste a été récusé en particulier par les gestaltistes qui, niant l'existence de sensations élémentaires et isolées, affirment que le réel est d'emblée structuré selon la loi de la « bonne forme ».

➤ FORME (PSYCHOLOGIE DE LA).

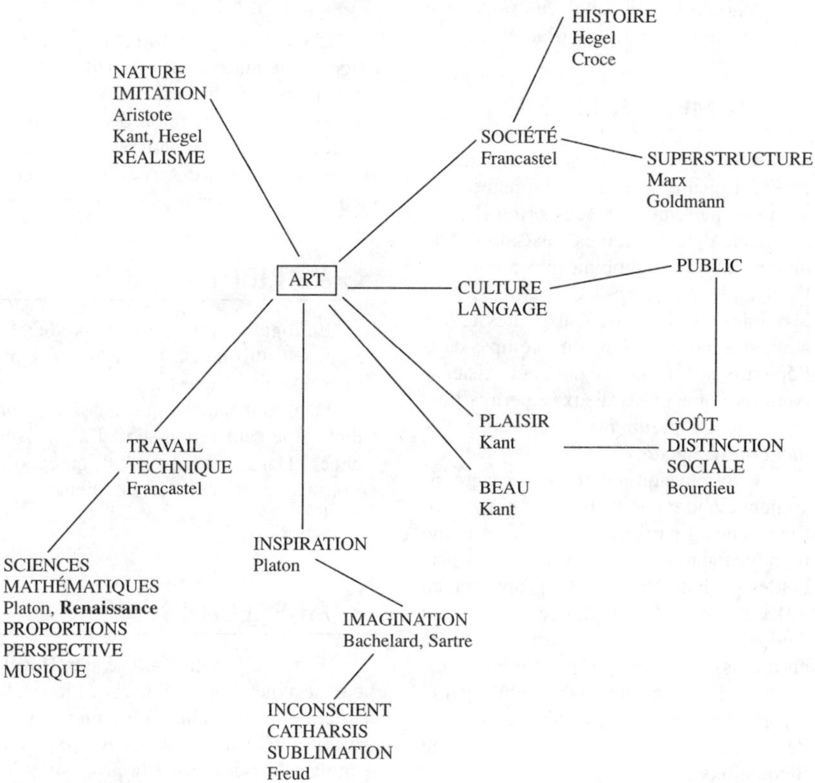

ATARAXIE

(Du grec *ataraxia* : absence de troubles.) Introduit par Démocrite* et surtout employé par les épicuriens* et les stoïciens*, ce mot signifie tranquillité de l'âme. Désignant l'idéal du sage pour la plupart des philosophes de l'Antiquité, l'ataraxie est identifiée par les stoïciens à l'*apathie,* c'est-à-dire à l'état de l'âme devenue étrangère aux désordres de la passion et insensible à la douleur.

➤ BONHEUR.

ATHÉISME

Ce mot, qui désigne au sens propre la doctrine ou l'attitude niant l'existence de Dieu, a fréquemment été utilisé de façon injurieuse ou accusatrice pour déprécier toute conception hétérodoxe de Dieu. C'est notamment dans ce sens que Spinoza* a pu être accusé d'athéisme.

ATOME, ATOMISME

◆ Les philosophes antiques (Démocrite*, Épicure*, Lucrèce*) prennent le terme atome dans son sens originel pour désigner des particules insécables de matière qui, par combinaison, produisent l'ensemble des corps. Ces atomes sont invisibles en raison de leur petitesse. Cet atomisme primitif, qui rend compte dans l'épicurisme* de tout ce qui peut exister, y compris l'âme et les dieux, a permis l'affirmation du premier système intégralement **matérialiste.**

◆ La physique moderne a progressivement élaboré une théorie atomique subtile : conçu à partir du XIXe siècle comme un noyau autour duquel gravitent des particules – dont Niels Bohr proposera en 1913 un modèle graphique –, l'atome devient de plus en plus abstrait, de moins en moins représentable, pour n'être plus, après les bouleversements introduits par la théorie de la relativité et les expériences de fission nucléaire, qu'un système d'équations.

◆ Par extension des sens précédents, on a utilisé le terme atome pour désigner des éléments invisibles et répétés en grand nombre (« atomes d'électricité » : électrons, « atomes d'énergie » : quanta, etc.). On peut de même nommer métaphoriquement « théorie atomique de la société » celle qui admet que les individus y prédominent sur l'ensemble.

C'est en outre de façon polémique que les adversaires (Boutroux, Bergson) de l'associationnisme* ont évoqué son « atomisme psychologique ».

ATTENTION

« Acmé de la conscience » (Pradines), elle est la concentration de l'activité mentale sur un objet.

L'attention **spontanée** ou automatique, qui accroît la netteté de la perception, est provoquée par l'intérêt que suscite l'objet.

L'attention **volontaire** ou réfléchie exige, en revanche, un effort de volonté. L'attention réfléchie est à la base, selon **Descartes***, de l'intuition définie comme « la conception d'un esprit pur et attentif », et constitue l'une des conditions fondamentales de la connaissance vraie.

ATTRIBUT

En logique, synonyme de prédicat* : ce qui est affirmé ou nié d'un sujet par l'intermédiaire d'une copule*.

Dans la métaphysique classique, l'attribut est le caractère essentiel d'une substance*. Dans cette acception, on évoque en particulier les attributs de Dieu.

➤ SPINOZA.

AUFHEBUNG

Terme allemand, utilisé par Hegel* pour désigner l'opération dialectique*, et particulièrement délicat à traduire en français (l'emploi de *sursumer, sursomption,* semblant laisser place à la proposition de

Derrida : *relève*). Ce qui s'y indique est en effet un double mouvement de dépassement et de conservation : à chaque instant du devenir, l'être abandonne ce qui ne mérite pas d'être prolongé (il opère ainsi une négation, mais partielle, de son état antérieur), tout en portant plus en avant et en proposant à une unité ultérieure ce qui en vaut la peine.

AUGUSTIN (SAINT)

(Aurelius Augustinus, 354-430.) Né à Thagaste (Souk-Ahras, en Algérie), il fait ses études à Carthage, où il ouvre une école de rhétorique avant d'enseigner à Rome, puis Milan. D'abord séduit par le manichéisme*, il en abandonne le dualisme après avoir lu Plotin*, dont il retient que le Bien seul est positif. Son évolution spirituelle s'accompagne d'une profonde inquiétude métaphysique et, sous l'influence de saint Ambroise et de sa mère Monique (devenue sainte Monique), il se convertit au christianisme (387). Ordonné prêtre, il devient en 396 évêque d'Hippone (Bône) où il se consacre à l'apologie du christianisme contre les hérésies, en participant à tous les combats doctrinaux de son temps. Il meurt dans sa ville épiscopale assiégée par les Vandales.

◆ Saint Augustin est le plus important des Pères de l'Église et aussi le premier des grands penseurs chrétiens. Son activité philosophique est consacrée pour l'essentiel à **concilier religion** et **philosophie** en faisant appel aux données de la théologie dans la mesure où l'autonomie de la raison – séparée de la foi – est tenue pour stérile.

S'inspirant de la théorie néo-platonicienne* de la hiérarchie des êtres, il place au sommet Dieu, être parfait, créateur du monde imparfait. L'ordre cosmique s'étend à toutes les créatures et se répartit selon un rythme ternaire : l'être, la vie, l'intelligence : « La pierre a l'être, l'animal a la vie, sans pourtant bien sûr que la pierre ait la vie, ni l'animal l'intelligence ; mais celui qui a l'intelligence a aussi, sans aucun doute, l'être et la vie. » Tel est l'homme, composé « d'esprit, d'âme et de corps » – véritable réplique en miniature de l'univers.

Cet ordre hiérarchique est aussi une invitation à en gravir les degrés pour s'élever à Dieu. Bien que viciée par le péché originel, l'âme humaine a néanmoins pour mission de « comprendre et voir Dieu » et de contempler les vérités éternelles grâce à la lumière intérieure qu'il nous prodigue (théorie de l'**illumination** : Malebranche* construira sa théorie de la connaissance sur la « Vision en Dieu », qui s'inspire de cet aspect de la pensée de saint Augustin).

Le problème de la **grâce divine** – et corrélativement celui de la liberté – est central, la foi et l'intelligence se prêtant un mutuel appui. Contrairement au moine hérésiarque Pélage qui, s'appuyant sur le stoïcisme, affirme l'autonomie de l'homme par rapport à Dieu, Augustin estime que l'être humain ne peut maîtriser seul sa destinée, ni être sauvé sans le secours de la grâce. C'est par une sorte d'expérience existentielle avant la lettre qu'il va s'efforcer de cerner la nature de la liberté. À sa source : le combat de la chair et de l'esprit, la division du moi, soumis d'une part aux entraves de la passion, et de l'autre à l'appel de la grâce divine. Seul le secours divin permet de surmonter les carences de l'intelligence et de la volonté, au terme d'une épreuve où se développe une philosophie de l'intériorité, avec la découverte – avant Descartes – d'un **cogito*** sous la forme : « Si je me trompe, j'existe. » Le cheminement de la grâce peut aussi transfigurer la passion – qui sans cela laisse le champ libre à tous les dérèglements – et susciter des motivations psychologiques orientées vers le Bien et les élans généreux du cœur. Ainsi, la docilité à l'intervention divine promeut dans l'homme une surnature qui, triomphant de la volonté pécheresse, assure finalement son salut éternel.

La dimension surnaturelle de l'homme trouve également son expression dans le domaine politique soumis au devenir historique. La philosophie de l'histoire de saint Augustin est essentielle à double titre. D'abord, l'idée d'un état final de « béatitude » promis aux hommes commande une conception du **temps historique** – capitale pour la pensée occidentale – selon un déroulement linéaire, unidirectionnel et irréversible, en rupture avec la représentation, chère aux Grecs, d'un temps cyclique. C'est ensuite la première grande conception chrétienne de l'histoire jalonnée d'« événements » religieux successifs qu'annonce l'Écriture, depuis la création du monde jusqu'au terme ultime, la parousie, la fin des temps qui précède un état définitif de paix et de bonheur éternels. Ainsi, l'humanité, soumise aux vicissitudes d'une histoire bien souvent pétrie de malheurs dus aux fautes des hommes (punition), est en marche vers un destin que maîtrise la Providence divine.

La cité terrestre, c'est-à-dire païenne, qui repose en fait sur « l'amour de soi jusqu'au mépris de Dieu », ne saurait proposer un idéal de civilisation ayant pour fin d'assurer en ce monde le bonheur des hommes. C'est ainsi que se trouve condamné l'État (l'Empire romain) qui, s'octroyant les prérogatives de Dieu, est soumis à la soif de domination. Inversement, la **cité de Dieu**, fondée sur « l'amour de Dieu jusqu'au mépris de soi » et préfigurant la cité céleste, en appelle à la vocation surnaturelle de l'homme et se traduit par l'introduction dans la société des valeurs chrétiennes qui impliquent notamment un bon usage de la liberté.

◆ Les *Confessions.* Les treize livres de cet ouvrage écrit vers 400 (saint Augustin est alors évêque d'Hippone) constituent l'histoire spirituelle de l'auteur, où se mêlent éléments autobiographiques et pensée philosophique. Les premiers livres, consacrés à l'enfance et à la jeunesse, exposent un double et lent cheminement : celui de l'expérience du péché qui tourmente déjà l'âme innocente, et celui de la recherche obscure de Dieu qui se traduit d'abord par une vocation philosophique poussant Augustin à expliquer le Bien et le Mal par la présence d'une double divinité à la manière du manichéisme*. Après une jeunesse fougueuse et passionnée, la rencontre avec la philosophie néo-platonicienne représente une étape importante de son progrès spirituel, dont le point fort est la conversion au christianisme à l'occasion d'une lecture de saint Paul *(Épître aux Romains).*

La partie proprement philosophique de l'ouvrage commence au Livre X : Dieu y apparaît incompatible avec une connaissance rationnelle, parce qu'il est en dehors du temps (Livre XI). Ce dernier n'a pas de réalité : il ne désigne que l'écartèlement de l'esprit entre trois instances également inexistantes (le passé n'est plus, le futur n'est pas encore, et le présent n'est rien de mieux qu'un mélange des deux) ; seule existe l'Éternité, qui n'appartient qu'à Dieu. Dès lors se pose le problème de la connaissance d'un Dieu éternel par un esprit humain soumis au temps : cette connaissance finit par être affirmée comme innée chez l'homme, dans son être, son savoir et sa volonté qui correspondent aux trois figures de la Trinité chrétienne (l'être absolu du Père, le savoir absolu du Fils et la volonté du Bien de l'Esprit Saint).

◆ L'œuvre de saint Augustin est au point de départ des grands courants de la théologie chrétienne qui se forme au Moyen Âge. Les *Confessions* posent par exemple le problème théologique de la liberté. Le Livre VIII montre la finitude d'un moi divisé entre forces antagonistes : « c'est moi qui voulais et c'est moi qui ne voulais pas ». À la racine de nos décisions libres, Augustin fait intervenir la grâce, action secrète de Dieu, surnature qui s'ajoute à notre nature humaine. Les discussions sur l'importance de cette grâce divine dans la liberté de l'homme se sont poursuivies pendant des siècles, et notamment au XVIIe avec le jansénisme – proche de la pensée de Pascal* – qui, soutenant la thèse de la prédestination*, défendait en l'exagérant la doctrine augustinienne.

◆ Chef-d'œuvre de la littérature religieuse, les *Confessions* ont alimenté, par ailleurs, un courant philosophique qui, privilégiant l'interrogation sur la signification métaphysique de l'inquiétude et de l'angoisse propres à la condition humaine, trouve son aboutissement avec **Kierkegaard*** et certains aspects de l'existentialisme* contemporain.

AUTRES ŒUVRES : *De la Trinité* (399-422) ; *La Cité de Dieu* (413-424) ; *Lettres.*

AUTARCIE

(Du grec *autarkeia* : suffisance, inconditionnalité.) Régime économique d'un pays qui vit sur ses propres ressources agricoles et industrielles sans pratiquer d'échanges* avec l'extérieur.

Préconisée par certains théoriciens sociaux comme Fichte* avec son « État commercial fermé », l'autarcie n'a cependant jamais pu être appliquée complètement dans la réalité – sinon par nécessité (guerre, absence de moyens de communication...).

AUTHENTICITÉ

Au sens général et notamment en littérature : synonyme de sincérité. Le terme acquiert un sens strictement philosophique à partir de **Heidegger ;** il désigne alors, indépendamment de toute signification morale, la « relation "extatique" de l'essence de l'homme à la vérité de l'être ». Comme cette relation ne peut être saisie qu'en dehors de l'anonymat du « on », elle mène à la conscience d'être-pour-la-mort et à l'angoisse, qui est le signe de sa réalité.

◆ Dans la mesure où l'**existentialisme sartrien** s'intéresse moins à l'être et au Dasein* qu'à l'homme, l'authenticité retrouve dans *L'Être et le néant* une acception morale : au contraire de la mauvaise foi, elle caractérise la conscience affirmant son entière autonomie en cherchant une liberté qui ne peut être qu'ambiguë.

AUTOMATE

Étymologiquement, c'est ce qui est capable de se mouvoir de soi-même. En un sens plus précis, c'est l'appareil qui imite mécaniquement les mouvements d'un être vivant. Les automates ont fasciné, non seulement le public des siècles classiques, mais aussi les philosophes auxquels ils ont suggéré des termes de comparaison : Descartes s'en inspire pour définir l'animal machine* ; Leibniz conçoit le corps vivant comme « une espèce de machine divine ou d'automate naturel qui surpasse infiniment tous les automates artificiels ».

AUTONOMIE

Condition d'un individu ou d'un groupe qui détermine lui-même la loi à laquelle il obéit. Plus précisément, Kant* nomme **autonomie de la volonté** le principe de la véritable morale : la volonté s'y règle sur l'idée même de loi en général, indépendamment de toute détermination affective ou sociale.

➤ HÉTÉRONOMIE.

AUTORITÉ

◆ En psychologie sociale, la notion désigne l'ascendant moral et le pouvoir de rayonnement de celui qui s'impose aux autres sans contrainte. À la limite, l'autorité ainsi comprise se confond avec le pouvoir charismatique*. Quand l'autorité fondée sur le prestige d'un homme s'exerce dans le domaine du savoir, on se retranche alors derrière l'**argument d'autorité** qui consiste à établir une assertion ou à fonder une doctrine sans preuve rationnelle.

◆ Dans le domaine politique, il s'agit du pouvoir – institutionnalisé ou non – de commander. Or, comme tout pouvoir cherche à se justifier, l'**autorité de fait** tend toujours à se transformer en **autorité de droit** afin de substituer – si possible – à la crainte qu'inspire sa puissance contraignante le sentiment de respect qui est dû à tout pouvoir reconnu pour légitime. L'autorité s'oppose à la force pure et ne prend la forme du pouvoir absolu et violent que dans ses perversions.

◆ D'une manière plus générale, et notamment dans le domaine de l'éducation et de la pédagogie, l'autorité exclut l'usage de « moyens extérieurs de coercition », comme l'affirme **H. Arendt** qui ajoute qu'elle est également incompatible avec l'ordre égalitaire de la persuasion et de l'argumentation : l'autorité s'inscrit dans une structure hiérarchique légitimée par chacun des protagonistes. L'autorité du maître – lequel ne doit pas se transformer en « tuteur » (Kant*) tenant lieu d'« entendement » ou de « conscience » – est provisoire et prend théoriquement fin lorsque l'élève a acquis son autonomie.

➤ AUTONOMIE, BOSSUET, HOBBES, ROUSSEAU, WEBER.

AUTRUI

« C'est l'autre, c'est-à-dire le moi qui n'est pas moi » (Sartre).

◆ Ce mixte de proximité et de distance, s'il nous interdit de mettre autrui entre parenthèses au nom d'une autonomie individuelle qui n'est que pure fiction idéologique, comme le montre Marx*, peut en revanche donner lieu à un véritable affrontement illustré sur le plan existentiel par l'analyse sartrienne du regard. Autre danger : l'indifférenciation anonyme du « on »* qui nivelle les différences entre les sujets.

◆ La qualité des rapports que l'homme noue avec autrui dépend donc non seulement de la sympathie qui est investie, mais aussi de la connaissance réciproque des protagonistes, et, à cet égard, rien ne remplace, semble-t-il, les vertus du dialogue.

C'est notamment ce que soulignent certains courants phénoménologiques (Husserl*, dans les *Méditations cartésiennes,* Merleau-Ponty*, dans la *Phénoménologie de la perception*), qui n'affirment pas pour si peu l'abolition de la distance entre les consciences ou les sujets, mais proposent des analyses permettant d'échapper à ce qu'il y a de potentiellement conflictuel dans la façon dont les consciences cherchent à faire réciproquement reconnaître leur liberté (cf. Hegel, dialectique du maître et de l'esclave dans la *Phénoménologie de l'esprit*).

◆ C'est précisément en scrutant le face-à-face indépendamment de tout désir de fusion, et parce qu'autrui constitue originellement l'affirmation d'une altérité* radicale, que **Levinas** s'écarte de toutes les analyses antérieures : si autrui exige mon respect (qui n'est ni amour ni indifférence), c'est par la signification que porte son visage, équivalant à une sommation morale, dès lors que l'on parvient à le voir avant qu'il se confonde avec un groupe, une famille ou une communauté. Ce que suggère le visage, c'est la loi « Tu ne tueras point », et autrui devient alors l'origine de l'exigence éthique.

Médité à la façon de Levinas, autrui par sa seule présence invite à inverser les relations entre la métaphysique et l'éthique : alors que toute la tradition philosophique considère la première comme fondatrice, c'est au contraire l'éthique qui garantit la possibilité de la vie en commun.

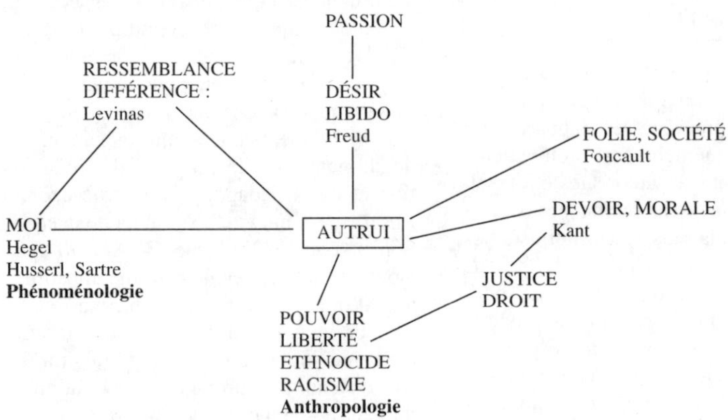

AVERROÈS

(De son vrai nom Ibn Ruchd, 1126-1198.) Sans doute le plus célèbre des philosophes arabes du Moyen Âge. Né à Cordoue, après des études en disciplines islamiques, en sciences (il sera un médecin renommé) et en philosophie, il voyage fréquemment entre l'Espagne et le Maroc.

◆ Il a composé sur **Aristote** une série

de **commentaires**, insistant sur les aspects rationalistes et matérialistes de sa pensée ; ses textes, par le biais de traductions en hébreu et en latin, influenceront la scolastique : l'averroïsme professé à Paris par Siger de Brabant, qui affirme l'éternité de la matière et nie la création ainsi que la Providence divine particulière, sera critiqué par saint Thomas d'Aquin comme aboutissant à un panthéisme idéaliste (et condamné par l'Église en 1240, puis de nouveau en 1513, ce qui prouve que sa réputation est encore de poids pendant la Renaissance).

Averroès semble avoir soutenu la théorie de la **« double vérité »** admettant l'opposition ou l'incompatibilité entre les vérités rationnelles et les vérités révélées. Contre les premiers théoriciens islamiques, et plus particulièrement pour répondre au traité d'al-Ghazâlî, *Incohérence de la philosophie*, il rédigea une *Incohérence de l'incohérence*, ou, selon les différentes traductions, *Destruction de la destruction*, qui le montre soucieux de maintenir en tout domaine, y compris lorsqu'il y va de la foi et de la religion, le rôle de la raison.

AVICENNE

(De son vrai nom Ibn Sînâ, 980-1037.) Médecin et philosophe arabe d'origine iranienne, il influença durablement par son *Canon de la médecine* les études médicales, aussi bien européennes qu'orientales. Philosophiquement, il est l'héritier d'un aristotélisme souvent teinté de néo-platonisme, qui l'incline vers un panthéisme selon lequel le monde est éternel, Dieu y produisant des formes nouvelles plutôt qu'il ne crée véritablement. D'autre part, il attribue à l'âme individuelle le pouvoir d'agir, non seulement sur son propre corps, mais aussi bien sur les corps extérieurs – ce qui rapproche certaines de ses théories du spiritisme postérieur.

AVOIR

Terme utilisé surtout en phénoménologie et chez certains auteurs existentialistes pour désigner une relation distincte à la fois de l'Être (identité) et du Faire (pratique). Sartre* y lit l'expression du désir de l'étant, mais Gabriel Marcel* y discerne un risque, pour l'individu, d'être soumis à ses propres possessions, au lieu d'approfondir son intériorité ; il court le danger de s'identifier à ce qu'il a et donc de se perdre dans l'extériorité : ce genre d'avertissement avait déjà été prononcé par Rousseau* dans sa critique de la société du XVIIIe siècle, trop soucieuse des apparences* et oublieuse de l'être véritable de l'homme.

AXELOS

(Kostas, né en 1924.) Penseur d'origine grecque qui, sous le quadruple parrainage d'Héraclite, Marx, Nietzsche et Heidegger, travaille à l'élaboration progressive d'une « pensée planétaire » (c'est-à-dire errante, de l'errance).

◆ Admettant que la philosophie a été « parachevée » par Hegel, il dénonce le néo-positivisme scientiste qui, s'étant emparé même de Marx ou de Freud, prétend trop souvent la remplacer, et lui oppose la nécessité de prendre conscience de l'universalisation d'un discours techno-scientifique qui dissimule les questions essentielles. Parmi celles-ci, les plus urgentes concernent le nihilisme* et le rapport existant entre les jeux de l'homme et un « jeu du Monde » saisi, dans la ligne de Nietzsche, comme coprésence de la mort et de la vie : dans un univers soumis à et par la technique, qui se dirige globalement « vers le capitalo-socialisme bureaucratique d'État », il appartient au penseur, même solitaire, de scruter ce rapport de l'homme et du monde, à l'écart de l'espoir comme du désespoir – s'il est vrai que « le pessimisme et l'optimisme sont en fait des frères jumeaux, tous deux décédés ».

ŒUVRES PRINCIPALES : *Marx penseur de la technique* (1961) ; *Héraclite et la philosophie* (1962) ; *Vers la pensée planétaire* (1964) ; *Le Jeu du monde* (1969) ; *Pour une éthique problématique* (1972) ; *Entretiens* (1973) ; *Contribution à la logique* (1977).

AXIOLOGIE

◆ Étude de telle ou telle valeur*.

◆ Théorie de la valeur en général, entendue au sens moral. L'axiologie, telle qu'elle s'est développée en Allemagne (avec Max Scheler* ou Rickert) et en France (chez R. Ruyer ou R. Polin) cherche à établir une hiérarchie des valeurs.

AXIOMATIQUE, AXIOME

◆ Au sens classique, un **axiome** est une proposition indémontrable parce que évidente et admise comme point de départ d'un raisonnement, en particulier en mathématiques. Dans ce domaine, on range l'axiome, aux côtés des postulats* et des définitions*, parmi les propositions premières.

◆ Pour les mathématiciens modernes, le terme englobe désormais toute proposition, évidente ou non, posée sans démonstration au début d'un système hypothético-déductif* – par exemple, un des cinq axiomes énoncés par Peano pour (re)construire toute l'arithmétique classique pose que « Quel que soit x, il existe un nombre $x + 1$ que l'on appelle suivant de x ».

◆ On appelle **axiomatique** l'ensemble des axiomes admis au début d'un système hypothético-déductif*.

➤ COMPATIBILITÉ.

B

BACHELARD

(Gaston, 1884-1962.) Philosophe et épistémologue français, qui commença sa carrière comme employé des Postes avant de conquérir tardivement mais rapidement ses titres universitaires : professeur de collège, puis à la faculté de Dijon, il occupera la chaire d'Histoire et de Philosophie des sciences à la Sorbonne.

Bachelard a en premier lieu renouvelé l'**épistémologie** en définissant les caractères d'un **nouvel esprit scientifique.** Contrairement à Descartes* qui interprétait le « morceau de cire » par la simplicité de la substance étendue et sans recours à l'expérience, il condamne la doctrine des natures simples et absolues, et observe que le rationalisme ne doit plus être immobilisé dans l'universalité des principes. La philosophie nouvelle de la science ne peut être que mixte : débarrassée d'*a priori** qui négligeaient l'expérimental, mais soucieuse de structurer l'expérience pour démontrer le réel – ce qui implique une coopération active entre l'expérience et son organisation. L'idéal de complexité de la science contemporaine exige que « le réalisme et le rationalisme échangent sans fin leurs conseils », d'où l'expression de **rationalisme appliqué** pour désigner cet enrichissement constant de la raison au contact de l'expérience. La vérité (provisoire) sera polémique, dans la mesure où le progrès de la connaissance scientifique ne peut s'exprimer qu'en termes d'obstacles, d'abord inhérents à notre pensée commune : « on connaît contre une connaissance antérieure, en détruisant des connaissances mal faites ». Ainsi la pensée scientifique, loin d'exprimer l'expérience immédiate, devra s'instituer en opposition avec la richesse concrète du vécu empirique, en rupture avec les données de la sensibilité.

◆ La connaissance objective exige alors une **psychanalyse** des mythes et illusions risquant de la troubler. Bachelard l'entreprend dans une série d'ouvrages sur l'imaginaire – qui permet de remonter jusqu'aux archétypes de notre personnalité profonde, de retrouver des mythes appartenant, comme le pensait Jung*, à l'inconscient collectif. Étudiant la dynamique de l'imaginaire, Bachelard montre que l'esprit poétique – qui « est purement et simplement une syntaxe de métaphores » – est fondamentalement inspiré par les quatre **éléments** naturels que distinguait déjà Empédocle*: le feu, l'eau, l'air et la terre. Il étudie la spécificité et le « règne autochtone » de l'imagination, ainsi que le sens profond qu'expriment, par exemple, « les mosaïques les plus étranges du surréalisme* ». En définitive, si « les axes de la poésie et de la science sont d'abord inverses », l'imagination poétique et le monde rationnel constituent les deux univers complémentaires dont participe la nature humaine.

◆ ***La Philosophie du Non*** (1940). Bachelard propose dans cet ouvrage la constitution d'une philosophie capable de satisfaire à la fois philosophes et savants et tenant compte de l'évolution du savoir : dans la mesure où ce dernier ne progresse qu'en dépassant son acquis, cette philosophie ne pourra être qu'ouverte, dialectique, en rupture avec toute forme de dogmatisme, toute conception figée de la raison.

Pour montrer comment l'esprit effectue ses avancées, Bachelard analyse l'évolution particulièrement significative du concept de masse : on constate qu'il connaît cinq étapes – dont les deux premières sont, à proprement parler, préscientifiques. D'abord animiste (la masse est perçue relativement aux qualités sensibles de l'objet), le concept accède ensuite aux états empirique (on assimile la masse au poids) et rationnel (on le définit par des relations mathématiques : mécanique de Newton), le rationalisme lui-même devenant ultérieurement complexe (dans la théorie de la relativité), et enfin dialectique (mécanique de Dirac : apparition d'une masse « négative »). Une telle évolution montre que toute théorie se construit en englobant celle qui la précède comme un cas particulier d'une situation désormais plus générale.

Par rapport à une telle histoire, il est compréhensible que la notion que retient chaque esprit se réfère à un savoir scientifique plus ou moins avancé en même temps qu'à la philosophie qu'il implique – c'est à quoi s'intéresse la constitution d'un « profil épistémologique » indiquant les degrés d'information et de maîtrise de chacun dans chaque domaine. Mais la pensée dialectique, débordant les pratiques scientifiques locales, se constitue aujourd'hui dans le champ même de la logique (devenant progressivement non aristotélicienne) pour re-définir l'esprit comme capacité d'invention et d'ouverture active.

AUTRES ŒUVRES : *Le Nouvel Esprit scientifique* (1934) ; *La Psychanalyse du feu* (1937) ; *La Formation de l'esprit scientifique* (1938) ; *L'Eau et les rêves* (1941) ; *L'Air et les songes* (1943) ; *La Terre et les rêveries de la volonté* (1948) ; *La Terre et les rêveries du repos* (1948) ; *Le Rationalisme appliqué* (1948) ; *Le Matérialisme rationnel* (1953) ; *La Poétique de l'espace* (1957) ; *La Poétique de la rêverie* (1960).

➤ ÉPISTÉMOLOGIE, IMAGINATION, RATIONALISME, SCIENTIFIQUE (ESPRIT), TABLEAU « FORMATION ET ÉVOLUTION D'UN CONCEPT SCIENTIFIQUE », PP. 80-81.

BACON

(Francis, 1561-1626.) Né à Londres d'un père garde des Sceaux, il eut une formation de juriste et brigua les plus hautes fonctions : il devint grand chancelier, et baron de Verulam. Accusé de corruption en 1621, il dut renoncer à ses charges et titres honorifiques, et se consacra uniquement à la philosophie jusqu'à sa mort.

◆ Bacon est le **philosophe de la connaissance scientifique** qui, de même que la philosophie, lui semble compatible avec la religion, contrairement à l'opinion générale : « Si quelques gouttes de philosophie ont pu conduire à l'athéisme, la philosophie ramène à la religion celui qui s'y abreuve à longs traits. » Mais l'intérêt de la science n'est pas seulement spéculatif : il importe avant tout d'étendre au maximum la puissance de l'homme sur la nature, et donc de développer la science appliquée aux techniques. Il faut pour cela connaître les lois qui régissent l'univers, car « on ne triomphe de la nature qu'en lui obéissant ».

Cet objectif repose sur quelques principes. En premier lieu, on rejettera l'autorité des Anciens, qui représentent la jeunesse et l'inexpérience du monde (ce que répétera Pascal). Bacon va surtout se montrer méfiant à l'égard de l'intellect livré à lui-même : il refuse de faire reposer la connaissance vraie sur le Cogito comme le fera Descartes – généralement d'ailleurs, « les rationalistes, à l'exemple de l'araignée, tissent des toiles d'après leur propre imagination ». Le développement de la science expérimentale (qui trouve son origine lointaine chez Aristote et commence à se préciser chez Roger Bacon*) ne peut se faire qu'en se mettant à l'école de l'expérience, ce qui ne signifie pas cependant une soumission à l'empirisme le plus strict, car « les empiristes, à l'exemple de la fourmi, amassent des faits et ne font usage que de l'expérience acquise ». Prenons modèle sur l'abeille, qui « cueille le suc de son miel sur les fleurs des champs... mais sait, en même temps, le préparer et le digérer avec une habileté admirable ». La vérité surgira ainsi de l'union de l'expérience et de la raison selon une démarche qui exprime partiellement l'esprit scientifique naissant, sans toutefois concevoir, comme son contemporain Galilée*, la mathématisation de la nature.

Bacon classe les sciences (sans donner au mot le sens qu'il a aujourd'hui) en fonction des facultés. À la mémoire correspond l'histoire (dont l'histoire naturelle) ; à l'imagination, la poésie et les mythes ; à la raison enfin, la philosophie, c'est-à-dire la métaphysique, l'étude de la nature et de l'homme. En fait, la connaissance scientifique repose sur la détermination de ce que Bacon appelle la forme (le mot vient d'Aristote). Mais celle-ci n'est pas seulement l'essence aristotélicienne qui permet de distinguer un phénomène d'un autre, c'est aussi, par-delà le sensible et le qualitatif, une structure permanente de nature mécanique pouvant s'exprimer en termes mathématiques. Il faut se débarrasser d'abord des formes illusoires qui encombrent l'esprit : ce sont des préjugés, des fantômes ou **idoles,** dont le *Novum Organum* fait l'inventaire. *Idola tribus* (idoles de la tribu) : communes à l'espèce humaine, elles proviennent de la paresse naturelle à l'esprit et donnent lieu, par exemple, à des généralisations hâtives. *Idola specus* (idoles de la caverne) : illusions personnelles dues à de mauvaises habitudes intellectuelles, à l'instar des prisonniers de la caverne* de Platon. *Idola fori* (idoles de la place publique) : elles viennent de la société et sont véhiculées par les mots, porteurs de significations toutes faites et trompeuses. *Idola theatri* (idoles du théâtre) : erreurs commises quand, victimes de l'autorité des penseurs réputés qui se succèdent comme sur la scène d'un théâtre, nous acceptons leurs doctrines sans réflexion critique.

Les éléments troubles de la connaissance seront éliminés grâce à la **méthode inductive***, qui dégage la vraie nature des choses dans sa pureté, un peu à la manière des alchimistes. Le savant, pour cela, doit pratiquer la « chasse de Pan » : il recueille le maximum d'informations (à l'exemple du héros antique qui retrouva Cérès en faisant preuve de sagacité) et fait varier les expériences. La nature de la vraie forme ou la cause du phénomène commencent à se manifester grâce à l'utilisation de trois tables sur lesquelles on classe les faits observés : la table de présence qui consigne les expériences où le phénomène se produit, celle d'absence où il n'apparaît pas, et la table de degrés, c'est-à-dire de ses variations. L'interprétation causale – par comparaison des tables – nécessite une expérience cruciale* qui vérifie l'hypothèse. On aboutit ainsi à la mise en place, en physique, d'une structure obéissant à un processus mécanique dans lequel la finalité, traitée de « vierge stérile », ne joue aucun rôle.

◆ Cette philosophie, dont l'idée-force est de mettre l'univers au service de l'homme, trouve son prolongement naturel sur le **plan politique.** Bacon préconise non seulement des mesures (développement des manufactures, lutte contre le luxe, réglementation des prix) susceptibles d'écarter les « troubles et séditions » qu'engendre d'ordinaire l'indigence, mais aussi, dans *La Nouvelle Atlantide,* dont le titre désigne une île qui est en même temps une cité idéale, il voudrait confier le pouvoir aux savants, afin de faire progresser l'humanité dans la voie du savoir et du bien-être : « nous imiterons le vol des oiseaux et aurons des bateaux pour aller sous l'eau », déclare le gouverneur de cette île utopique.

En définitive, le principal mérite de Bacon, c'est d'avoir fait sortir la science de l'obscurité médiévale et d'être ainsi au point de départ de l'épistémologie, et l'un des inspirateurs de l'esprit prométhéen de l'âge moderne.

ŒUVRES PRINCIPALES : *Essais de morale et politique* (1597) ; *Des séditions et des troubles* (1598) ; *Novum Organum* (1620) ; *De dignitate et argumentis scientiarum* (1623) ; *La Nouvelle Atlantide* (1627).

➤ CLASSIFICATION DES SCIENCES, EXPÉRIENCE, UTOPIE.

BACON

(Roger, 1214-1294.) Philosophe et théologien anglais. Ce franciscain surnommé « Docteur admirable » s'oppose à la scolastique de l'époque et soutient que la tradition n'est pas la seule voie d'accès à la vérité. Confiant dans les pouvoirs de la **raison,** il estime qu'on peut établir un savoir rigoureux grâce à l'utilisation d'une méthode fondée sur les mathématiques. Dépassant l'astrologie et l'alchimie – dont on trouve cependant des traces dans son œuvre –, il se livre à un travail scientifique qui préfigure ce que sera la méthode expérimentale.

ŒUVRES PRINCIPALES : *Opus majus, Opus minus* et *Opus tertium* (1265-1271).

BAKOUNINE

(Mikhaïl Alexandrovitch, 1814-1876.) Révolutionnaire russe. Il rencontre Proudhon et Marx à Paris, et c'est à partir de 1864 qu'il s'oriente définitivement vers l'anarchisme. Il crée en 1868 l'Alliance internationale de la démocratie socialiste, section de la Première Internationale dont il sera exclu en 1872 par Marx et les partisans d'un socialisme structuré.

Partisan de la mise en commun de tous les moyens de production – mais non de leur étatisation où il pressent la racine du totalitarisme –, d'un fédéralisme, national et international, anti-autoritaire, de la destruction irréversible de l'État par la révolution, Bakounine est un théoricien majeur de l'**anarchisme**, qui trouvera une vaste audience dans le mouvement ouvrier.

ŒUVRES PRINCIPALES : *De la coopération* (1869) ; *La Commune de Paris et la notion d'État* (1871) ; *Étatisme et anarchie* (1873).

➤ ANARCHIE.

BARBARE, BARBARIE

L'origine grecque du terme *(barbaros)* se réfère à l'inhumanité de celui qui n'use que d'un langage d'oiseau. Traditionnellement le barbare est celui qui demeure étranger à la civilisation gréco-romaine, puis à la culture européenne – et c'est pourquoi aussi bien Platon qu'Aristote admettent que l'esclavage est un sort qui lui est favorable.

◆ Ces termes ont durablement témoigné de l'ethnocentrisme* européen et de l'assurance avec laquelle la mentalité occidentale considérait sa culture comme la seule authentique. Dans cette optique, la barbarie s'opposerait à l'humanisme. Mais l'histoire moderne a largement prouvé que l'Occident était capable de comportements « inhumains » et donc « barbares » (camps d'extermination, génocides, etc.), au moment même où l'ethnologie* démontrait la légitimité des autres cultures. On en viendrait alors à admettre avec C. Lévi-Strauss que le seul barbare authentique est celui qui commence par dénoncer la barbarie du voisin.

➤ CIVILISATION, CULTURE.

BARTHES

(Roland, 1915-1980.) Essayiste français dont l'influence sur les milieux littéraires et intellectuels a été très forte depuis les années 50.

D'abord « marxiste et sartrien », il s'interroge sur la spécificité du littéraire (*Le Degré zéro de l'écriture,* 1953), puis débusque les *Mythologies* du quotidien (1957). Reprenant un projet de Saussure*, il fonde la sémiologie* et en applique notamment les principes au discours sur les vêtements dans son *Système de la mode* (1967). Attentif aux transformations de la littérature aussi bien qu'aux textes classiques, Barthes en vient progressivement à cerner *Le Plaisir du texte* (1973) : équivoques et jeux de langue qui relancent le désir du lecteur. C'est pourquoi il emprunte ses méthodes à diverses théories (de Brecht au structuralisme* – dont il est, avec Lévi-Strauss*, un partisan résolu, montrant notamment qu'il existe une créativité, dans la littérature, de la méthode structurale – en passant par la psychanalyse), privilégiant la saveur des mots sur le strict contenu. Mais très soucieux de préserver sa liberté d'écrivain, il admet que toute règle, en particulier théorique, risque de se transformer aisément en abus.

AUTRES ŒUVRES : *L'Aventure sémiologique, L'Obvie et l'Obtus* (posthumes).

Bataille

(Georges, 1897-1962.) Écrivain et penseur français dont l'œuvre, qui rencontre depuis sa mort des échos de plus en plus nombreux, se situe aux frontières mouvantes de la littérature et de la philosophie.

◆ D'abord catholique, puis intéressé par le marxisme en même temps que par la sociologie du sacré et la psychanalyse, Bataille affirme très tôt la nécessité de prendre en compte, dans une théorie générale concernant la signification de « l'homme entier, non mutilé », les aspects éventuellement les moins nobles, les plus repoussants ou déréglés de l'existence humaine : il se passionnera en particulier pour l'œuvre de Sade* où il voit une tentative pour repérer par le biais de la fiction les **limites de l'humanité**.

◆ Rassemblant ses réflexions sur l'art (*Lascaux ou la Naissance de l'art*, 1955), sur l'économie et la cosmologie (*La Part maudite*, 1947), sur les « pouvoirs » de la poésie et de la littérature, en particulier « érotique » (*La Littérature et le mal*, 1957), c'est dans *L'Érotisme* (1957) qu'il donne l'expression la plus générale de sa pensée, difficile à insérer dans la stricte philosophie dans la mesure où elle procède davantage par affirmations ponctuelles et brutales, éventuellement choquantes, que par construction d'un système cohérent. Il n'en reste pas moins qu'elle se rattache – et simultanément, pour mieux les mettre réciproquement à l'épreuve – aux philosophies de Hegel et de Nietzsche.

◆ Bataille emprunte notamment à Hegel sa définition de l'homme par la conscience de la mort et le travail. Mais c'est pour en déduire que l'organisation du monde humain exige l'expulsion d'une violence originelle (celle de la mort naturelle et de la sexualité) dont l'homme garde comme une nostalgie, et qui devra être réactualisée dans les sacrifices religieux. Ainsi l'humanité, en se distinguant de l'animalité par l'instauration d'**interdits** (dont le premier est la prohibition de l'inceste*), définit-elle deux sphères opposées : le profane*, soumis au rationnel et au labeur, et le sacré*, qui est à l'origine à la fois fascinant et repoussant parce qu'il est l'espace où la violence peut se déchaîner.

Autres œuvres importantes : *Madame Edwarda* (1937) ; *L'Expérience intérieure* (1943); *Le Coupable* (1944); *Sur Nietzsche* (1945); *Haine de la poésie* (1947).

Baudrillard

(Jean, né en 1929.) Sociologue français, il analyse les transformations profondes qu'opère la société de consommation sur les structures mentales de l'homme moderne.

◆ Plongé dans l'univers de la **consommation***, l'homme se trouve pris dans un système de significations qui l'oblige à rechercher des satisfactions moins fonctionnelles que symboliques. Prenant acte de cette pléthore des signes, Baudrillard affirme que le monde est devenu « insensé ». Les tentations – véritables caricatures des « inquiétudes »* leibniziennes – que nous impose la société contemporaine amènent à s'interroger sur la validité d'un bonheur qui possède une fonction idéologique et qui, si avidement recherché soit-il, n'est qu'un mythe masquant des contradictions sociales. Il en résulte une aliénation de la personne, car la « personnalisation » publicitaire ne vise que des types conformes, organisés selon une hiérarchie sociale et potentiellement reproductible à l'infini dans le seul intérêt du marché économique.

◆ Dans ses derniers travaux, Baudrillard montre que la substitution du « virtuel » à une réalité dont l'individu est de plus en plus distant, gagne tous les domaines de l'existence : l'information en « temps réel » interdit la réflexion et place l'ancien sujet sous la dépendance des machines et des réseaux d'information ; la communication s'effectue davantage entre écrans qu'entre individus ; l'art lui-même réside moins dans la présence d'œuvres que dans la reproduction d'un système (de discours et de lieux officiels) se satisfaisant dans la diffusion de rumeurs occultant le vide.

Œuvres principales : *La Société de consommation* (1970) ; *L'Échange symbolique et la mort* (1976) ; *Le Système des objets* (1978) ; *De la séduction* (1979) ;

Les Stratégies fatales (1983) ; *Amérique* (1986) ; *Cool Memories* (1987) ; *La Transparence du Mal. Essai sur les phénomènes extrêmes* (1990) ; *Le Crime parfait* (1994).

BAYLE

(Pierre, 1647-1706.) Philosophe français. Fils d'un pasteur protestant, il se convertit au catholicisme en 1668, mais revient au calvinisme deux ans plus tard. Professeur de philosophie et d'histoire, il mène de 1684 à 1687 une activité de publiciste avec ses *Nouvelles de la république des lettres.*

✦ Pessimiste sur le plan politique par méfiance à l'égard de tout contrat (qui ne peut produire selon lui qu'un équilibre trop fragile), Bayle affirme la nécessité d'un pouvoir puissant, qui ne soit que contrainte, la qualité de son exercice important moins que sa définition – mais dans le seul domaine qui est le sien, celui de la vie sociale. Le pouvoir du monarque n'a pas à se mêler de la conscience individuelle, et doit tenir compte de la conviction intime des sujets. Ainsi partisan de la liberté civile, Bayle apparaît comme un défenseur inconditionnel de la **tolérance**, notamment en matière de religion.

Son œuvre la plus importante est sans doute son gigantesque *Dictionnaire historique et critique* (1695-1697, édition complétée en 1702) où il met au point une technique de commentaire qui exercera une certaine influence sur l'*Encyclopédie* : Bayle y adopte une conception rationaliste de la religion et y légitime définitivement la **libre pensée** en critiquant toute autorité. Ces textes marquent une étape importante dans la critique historique.

AUTRES ŒUVRES : *Pensées diverses sur la Comète de 1680* (1682).

BÉATITUDE

Désigne, plus fortement que le « bonheur », un état de satisfaction totale et constante. Aristote affirme que le sage peut y atteindre grâce à la contemplation. De même, Plotin considère que l'âme est béate lorsqu'elle contemple l'intelligence qui possède ce qu'elle pense.

Avec le christianisme, et notamment chez saint Thomas, la notion désigne le bonheur parfait des élus, mais aussi la fin de la vie humaine dans la mesure où celle-ci est retour à Dieu. Cela n'empêche pas Descartes d'y voir un « parfait contentement d'esprit » séparé de toute mystique ; pour l'atteindre, il faut la vertu, la raison, et l'absence de désir visant des objets qui ne dépendent pas de nous : c'était déjà ce qu'affirmaient les stoïciens, et Descartes a lu Sénèque.

Spinoza voit dans la béatitude la vertu elle-même, et la vraie satisfaction de l'âme, car elle n'accomplit, grâce à la connaissance de Dieu, que les actions conseillées par l'amour et la moralité.

BEAU, BEAUTÉ

La facilité avec laquelle la beauté peut être reconnue, indépendamment des œuvres d'art, à des choses ou des personnes spontanément qualifiées de « belles » (un beau paysage) sans même qu'elles présentent forcément un intérêt esthétique (une belle farce) laisse présager de la difficulté rencontrée lorsque la philosophie entreprend de définir le beau de façon normative.

◆ On peut, en effet, soit reconnaître un caractère de beauté aux choses de la nature aussi bien qu'à celles produites par l'homme, soit réserver le concept de beau exclusivement à celles-ci. De part et d'autre, on peut s'accorder pour admettre que le beau correspond à ce qui suscite chez l'homme une satisfaction spécifique, mais dans le deuxième cas, il faut se demander si tous les objets artistiques produits par l'ensemble des cultures humaines à travers leur histoire peuvent répondre à des normes universelles.

Dans cette optique, les quatre formules avancées par **Kant*** dans la *Critique de la faculté de juger* gardent une certaine portée, même si l'on est obligé de les assouplir en fonction des caractères de certaines catégories d'objets d'art : ainsi, on peut admettre que le beau est l'objet d'une satisfaction nécessaire et universelle à condition de préciser que cette universalité est de droit plus que de fait et dépend du niveau culturel des individus ; on peut aussi affirmer qu'est beau ce qui plaît « sans concept » pour souligner que l'œuvre concerne davantage la sensibilité que l'intellect (bien qu'existe dans l'art moderne un art dit « conceptuel ») ou rappeler que « le beau est la forme de la finalité d'un objet en tant qu'elle y est perçue sans représentation d'une fin » (mais il y a dans l'art du XXe siècle de nombreuses œuvres dont le principe est d'ignorer toute cohésion interne) ; il est plus difficile de maintenir que la satisfaction que procure le beau soit « désintéressée » depuis que Freud* a pour sa part montré que l'œuvre d'art est le résultat d'une sublimation* qui dissimule la nature sexuelle de son fondement.

➤ ART, BRUT (ART), FINALITÉ, SYMBOLE.

BEAUVOIR

(Simone de, 1908-1986.) Philosophe et écrivain français. Existentialiste, les liens qui l'unissent à Sartre ne l'ont pas empêchée de mener une œuvre personnelle. La condition féminine lui inspire *Le Deuxième Sexe*, qui fit scandale et la fait connaître du grand public. Le difficile problème de la relation à autrui, la situation des intellectuels au sein d'idéologies contradictoires, ou encore la mort, sont autant de thèmes qui, exprimés sous des formes diverses (romans, autobiographie, essais philosophiques), font de cet auteur un moraliste lucide. Refusant toute transcendance, elle s'attache particulièrement à montrer la responsabilité de l'homme confronté aux problèmes de son temps.

ŒUVRES PRINCIPALES : *L'Invitée* (1943) ; *Pyrrhus et Cinéas* (1944) ; *Pour une morale de l'ambiguïté* (1947) ; *Le Deuxième Sexe* (1949) ; *Les Mandarins* (1954) ; *Mémoires d'une jeune fille rangée* (1958) ; *La Force de l'âge* (1960) ; *La Force des choses* (1963) ; *Une mort très douce* (1964) ; *Tout compte fait* (1972).

➤ EXISTENTIALISME.

BEAUX-ARTS

Appellation un peu démodée de l'ensemble des pratiques artistiques humaines, étudiées par l'esthétique*. Ils comptent essentiellement : l'architecture, la sculpture, la peinture, la danse, la musique et la poésie. Le cinéma ferait, par rapport à cette liste traditionnelle, figure de « septième art », la télévision de huitième, la bande dessinée de neuvième, etc. Quelle que soit la classification qu'on essaie d'y introduire (notamment en tenant compte du rôle qu'y tiennent l'espace et le temps), on notera que la poésie n'y est intégrée qu'en porte à faux, et que la quête d'un « art total », où seraient réunies les différentes dimensions des beaux-arts classiques, resurgit périodiquement au XXe siècle.

BENJAMIN

(Walter, 1892-1940.) Membre de l'École de Francfort*, il est dès sa jeunesse hostile à l'Université allemande, qu'il juge « démoralisante ». Après avoir subi l'influence de la pensée religieuse juive et s'être intéressé à une métaphysique du langage, il devient marxiste à partir de 1925, mais ses travaux continuent à se référer à cette double source.

◆ En 1928, il fait paraître *L'Origine du drame baroque en Allemagne*, où l'analyse de l'allégorie artistique est proposée comme catégorie épistémologique. Benjamin est en effet sensible aux **œuvres d'art**, qu'il interprète comme des **dialectiques concrètes** où serait décelable le sens de l'histoire. Bon connaisseur du surréalisme* et de Kafka, il admet la présence, dans chaque œuvre (littéraire, picturale ou cinématographique), d'une nécessité propre témoignant d'une structure du monde et d'une théorie de la connaissance saisies intuitivement : l'œuvre doit permettre de cerner le contenu de l'histoire. Par-delà l'esthétique hegelienne – qui serait un modèle de démarche abstraitement philosophique – Benjamin en revient à Kant et au principe du goût, pour souligner la façon dont l'œuvre d'art nous est présente par son **aura** spécifique – sorte d'apparition paradoxale d'un lointain dans la proximité.

Lorsque l'œuvre est reproduite, comme l'affirme un célèbre article sur « L'œuvre d'art à l'ère de sa reproductibilité technique » (1936), il s'y introduit une histoire différente, et externe, qui est celle de la technique de multiplication. De même, un texte traduit passe d'un rapport historique initial, dans sa langue d'origine, à un autre, dans la langue d'arrivée, ce qui implique une transformation de son « aura ».

◆ Une science de l'histoire signifie ainsi pour Benjamin, non le recours mécanique à un marxisme figé, mais la conscience des relations dialectiques existant entre le passé dont on parle et le présent d'où on en parle. De ces relations, l'approche de l'œuvre d'art fournit en quelque sorte le modèle. Exilé à Paris à partir de 1934, Benjamin voulait les analyser sur le cas de Paris et de son espace urbain (dans lequel il accorde une grande importance aux « passages »), mais aussi de ses poètes – de Baudelaire à Aragon. De ce projet, interrompu par le suicide de Benjamin en 1940 lors de son refoulement à la frontière espagnole, ne restent que des fragments, qui confirment, comme *Enfance berlinoise*, que, pour ne plus être mystifié par les grands systèmes idéologiques (y compris marxiste), il s'agit de se faire **« chroniqueur des petits événements »**.

ŒUVRES PRINCIPALES : *Sens unique* (1928) ; *Thèses sur la philosophie de l'histoire* (1950) (trad. fr. dans *Essais*, tome II, 1971) ; *Charles Baudelaire*.

BENTHAM

(Jeremy, 1748-1832.) Philosophe et jurisconsulte anglais. Fondateur de **l'utilitarisme**, morale d'inspiration hédoniste* qui propose la réalisation du bonheur par l'accumulation bien comprise des plaisirs : l'intérêt personnel étant le principe unique de nos actions, il s'agit de rechercher les comportements susceptibles de procurer le maximum de plaisir avec le minimum de peine. En tenant compte de tous les paramètres (durée, pureté, fécondité des plaisirs), Bentham, qui insiste surtout sur le critère de la quantité contrairement à Stuart Mill*, invite à établir, sur le modèle des sciences exactes, une sorte d'économie (ou d'arithmétique) des plaisirs et des peines capable de produire un bonheur maximal. L'affrontement des égoïsmes n'est pas à craindre, car l'altruisme, ou recherche du bonheur d'autrui, est l'un des plaisirs les plus sûrs, si bien qu'il y a naturellement convergence des intérêts vers le bonheur de tous et l'harmonie sociale, comme ne doit pas l'oublier le législateur. Bentham s'affirme ainsi comme un théoricien notable de la démocratie libérale. Juriste, il veut améliorer le droit pénal et établit un projet de prison modèle *(Le Panoptique)* que commentera Michel Foucault.

ŒUVRES PRINCIPALES : *Introduction aux principes de la morale et de la législation* (1789) ; *Traité des peines et des récompenses* (1811) ; *Déontologie* (1834).

➤ BONHEUR, UTILITARISME.

BERDIAEV

(ou Berdiaeff, Nicolas, 1874-1948.) Philosophe ukrainien. Professeur à l'université de Moscou, il est expulsé d'URSS en 1922, et s'installe finalement en France.

◆ Sa pensée relève d'une philosophie **eschatologique** : elle vise les fins dernières ou le salut dans une perspective chrétienne. Le temps, appréhendé sous ses trois formes (cosmique, historique et existentiel), est tendu vers l'éternité qui en constitue la fin.

Berdiaev affirme le primat de l'existence et de la liberté sur l'être ; il rejette en conséquence une philosophie centrée sur la connaissance : avant de connaître, nous sommes plongés dans l'existence. L'homme est ainsi un « centre existentiel » qui a besoin de liberté, et la réalisation de la personne se fait – en liaison avec la liberté – par la transformation du monde insatisfaisant. Cette transformation peut toutefois se trouver entravée quand la science asservit l'homme.

Le **spiritualisme chrétien** de Berdiaev

fait une place importante à l'ascèse, la souffrance étant tenue pour nécessaire à l'élévation spirituelle. L'amour vrai est la difficile synthèse de l'amour « ascendant » (passionnel et sexuel) et de l'amour « descendant », qui ne doit pas tomber dans la complaisance. Cette approche religieuse et apocalyptique prévaut jusque dans l'appréciation du phénomène révolutionnaire : le totalitarisme bolchevique, contraire à la « vieille idée messianique russe », demeurerait étranger de ce point de vue à Marx, qui s'inspirait d'une culture classique.

Œuvres principales : *De la Destination de l'homme* (1931) ; *Cinq Méditations sur l'existence* (1936) ; *Esprit et réalité* (1938) ; *Les Sources et le sens du communisme russe* (1939).

Bergson

(Henri, 1859-1941.) Il fut le plus célèbre philosophe français au début du XXᵉ siècle. Élève de l'École Normale Supérieure en même temps que Jaurès, agrégé de philosophie en 1881, professeur en province puis à Paris, il devint, en 1900, professeur au Collège de France où il attira une foule d'admirateurs.

◆ Sa philosophie est d'abord une réponse aux interdits, d'origine kantienne et positiviste, qui régnaient au XIXᵉ siècle sur la métaphysique. Bergson croit à la possibilité d'accéder à une « réalité nouménale »*, mais ce retour à la **connaissance métaphysique** est bloqué par l'intelligence qui, faite d'abord pour les nécessités de la vie pratique, cristallise le réel en vue de l'action – comme l'avaient pressenti les sceptiques ou affirmé Nietzsche et les pragmatistes. C'est surtout la science qui, méthodiquement, analyse pour prévoir en réduisant le complexe au simple. Au service de telles opérations intellectuelles, il y a l'espace représenté et le langage. Ce dernier ne saurait nous conduire à la vérité : les mots, « étiquettes sur les choses », n'expriment que des concepts usés par la routine sociale, et il faut dépasser ce verbalisme pour reprendre contact avec la chose, en usant, pour déjouer les concepts figés, d'un langage métaphorique.

◆ On renoncera donc aux spéculations pures, jongleries conceptuelles de la métaphysique depuis Zénon d'Elée*. En empruntant comme celui-ci des éléments de représentation à l'espace (argument d'Achille* et la tortue), on laisse échapper la nature propre du temps en raison d'une visée utilitaire : on aboutit à un temps abstrait et régulier, fort différent de la **durée** vécue que nous suggère l'expérience intérieure, faite de changements qualitatifs à l'imprévisible nouveauté et constituant une unité organique qu'il serait artificiel de découper en instants séparés.

Cette durée, étoffe de notre moi, donne lieu à une métaphysique du changement généralisable à l'ensemble des choses : « Si je veux me préparer un verre d'eau sucrée... je dois attendre que le sucre fonde. » Si la durée est ainsi au cœur du réel, il faut, pour la saisir, recourir à un procédé de connaissance nouveau : l'**intuition,** définie comme une « sympathie intellectuelle par laquelle on se transporte à l'intérieur d'un objet pour coïncider avec ce qu'il a d'unique » – « aperception immédiate » qui, dégagée de la méthode analytique, dépassera la connaissance conceptuelle pour atteindre l'être profond des choses.

◆ Ce nouveau mode de philosopher s'applique d'abord aux **données de l'expérience intime :** si l'introspection* classique ne révèle qu'un moi superficiel fait d'emprunts au psycho-social, les « données immédiates de la conscience » nous enseignent que celle-ci a essentiellement une dimension temporelle. Elle échappe à l'univers de la quantité, et notre moi profond est à base de durée vécue qualitative. L'intuition nous permet aussi de mieux cerner le problème de la **liberté** : si sa définition conceptuelle risque de la dissoudre dans le déterminisme, c'est dans le jaillissement même de l'acte en train de se faire que Bergson la saisit, quand elle émane « de notre personnalité entière ». Quant au problème de la **mémoire,** il est important de le résoudre pour des raisons métaphysiques : concevoir la survie de l'âme exige la présence de tout le passé, qui s'accumule en faisant boule de neige ; il faut donc expliquer, non la conservation des souvenirs, mais l'oubli, facteur de discontinuité. Celle-ci s'opère par le corps : le système nerveux sélectionne les souvenirs utiles à l'action ; il donne lieu à une mémoire biologique, qui retient seulement des habitudes, des automatismes d'ailleurs altérables. En revanche, se maintient indépendamment du corps une mémoire pure et inaltérable, capable de conserver indéfiniment les événements de l'histoire individuelle.

La discontinuité que l'intelligence introduit partout se retrouve dans le schéma de la vie conçue comme fabrication – supposant intervention causale et intention. Solution inacceptable : le passé (hérédité, milieu, etc.) ne peut rendre compte de l'évolution – contrairement à ce que pensent Lamarck, Darwin ou Spencer. Bergson affirme en revanche l'existence d'un **élan vital**, d'abord senti en nous-même (instinct de conservation) et qui, plus généralement, est créateur de moyens permettant à la vie de durer et de revêtir les formes les plus variées. Le devenir du monde vivant donne naissance à l'intelligence selon une ligne d'évolution distincte de celle de l'instinct. Si celui-ci est infaillible et trouve son achèvement chez les insectes, l'intelligence, imparfaite par nature, mais progressive, devient finalement spéculative chez l'homme.

Cet élan vital annonce l'opposition entre clos et ouvert que Bergson développera finalement dans *Les Deux Sources de la morale et de la religion.* Il y rejoint le point de vue d'un certain mysticisme chrétien, mais il refusera de se convertir au catholicisme, par solidarité avec la communauté juive à laquelle il appartenait. Il mourut à Paris presque dans l'anonymat, sous l'occupation allemande.

◆ ***Le Rire. Essai sur la signification du comique*** (1899) propose une explication à la fois psychologique, sociale et métaphysique du comique, en annonçant par ailleurs la thèse centrale, sur l'incompatibilité entre vie réelle et connaissance conceptuelle, de *L'Évolution créatrice.*

Bergson remarque d'abord que l'on ne rit qu'avec la complicité d'autrui (au moins potentiel) – et par réaction contre ce qui, dans un geste, une attitude, une situation, nous paraît brutalement figer la vie et la tirer du côté d'un automatisme incontrôlé. D'où la formule célèbre : le comique, c'est *du mécanique plaqué sur du vivant.* Ainsi le rire apparaît-il comme la sanction douce de la société contre ceux qui tendraient à la contester ou à lui échapper.

En analysant particulièrement le comique théâtral (3e partie), Bergson privilégie une forme d'art qui se distingue des autres en ce qu'elle propose des types généraux (le misanthrope, l'avare) alors que d'habitude l'art insiste sur la singularité. La comédie a donc pour fonction d'inviter à l'auto-observation et au respect des règles communes.

Le Rire, qui s'appuie ainsi sur une opposition entre le flux inventif de la vie et la sclérose répétitive, offre sans doute le moyen le plus plaisant de se familiariser avec les thèses bergsoniennes. Ses analyses ne seront d'autre part guère enrichies (tout au plus leur ajoutera-t-on par exemple qu'il peut aussi exister chez le rieur un sentiment de supériorité) – du moins jusqu'à ce que Freud démontre *(Le Mot d'esprit et ses rapports avec l'inconscient)* que l'inconscient, là aussi, a son mot à dire.

◆ ***L'Évolution créatrice*** (1907)

C'est en prenant ses distances tant à l'égard du mécanisme traditionnel qu'à celui d'un finalisme à la Leibniz* que Bergson entend résoudre le double problème de la présence de l'être vivant dans l'Univers et du sens de cet Univers lui-même.

Pour révoquer le mécanisme, il insiste sur l'apparition, dans l'évolution des corps vivants, de fonctions semblables (la sexualité par exemple) obtenues par des moyens différents sur des lignes d'évolution divergentes. Mais le finalisme affirme également à sa façon que tout est donné d'avance : au lieu de l'être par le passé, ce l'est par l'avenir. De part et d'autre, la réalité du temps est mise entre parenthèses.

S'attachant avec précision aux faits biologiques, Bergson fait apparaître dans l'Univers, non la réalisation d'un plan (initial ou final, peu importe), mais l'exercice d'une poussée qui se différencie de plus en plus : l'harmonie doit dès lors être devinée, non à la fin de l'évolution (comme le fait le finalisme) mais bien à sa source – dès que celle-ci s'éloigne, les discordances entre espèces et individus se font de plus en plus nettes, « l'élan se divise de plus en plus en se communiquant ». La vie, dans sa diversité, résulte donc de la diffusion de cet élan qui n'en finit pas de produire des êtres distincts, obnubilés par leur différence et soucieux de maintenir intacte leur particularité en privilégiant leur propre forme et leur propre situation dans le monde.

Dans ce contexte, l'intelligence n'est qu'une des formes que prend l'**élan vital** : simplement la plus attachée aux identités, la plus avide de repères. Mais c'est parce qu'elle est cet outil abstrait et général qu'elle est devenue incapable de saisir la source même qui lui a donné naissance. Il faut donc faire un effort pour remonter en deçà de l'intelligence – à l'origine même des variantes possibles de l'esprit – afin de se remettre en contact avec l'élan commun d'où ont dérivé les tendances particulières. Alors, l'histoire de l'évolution montre la réalité de cette dérive : parallèlement à la lignée qui aboutit à l'intelligence humaine, voici celle qui obtient la perfection de l'instinct. Même si Bergson conçoit ce dernier de façon schématique (il en emprunte la description aux travaux de Fabre – ce qui est évidemment insuffisant par rapport à ceux de l'éthologie contemporaine), l'activité instinctive apparaît comme le prolongement même de la vie, alors que les constructions de l'intelligence s'éloignent inlassablement de cette dernière, en accumulant les concepts, les calculs et une conception fausse de l'espace.

Pour accéder au sens de l'homme et de l'Univers, il faut dès lors re-situer l'intelligence (sans toutefois renoncer à la prise de conscience dont elle est capable) dans une appréhension du monde plus ouverte à la vie (mais qui n'y reste pas étroitement adhérente comme l'instinct) : l'**intuition** permet de constater combien la compréhension de la vie en termes physico-chimiques ne reflète rien de mieux que notre impuissance à la résoudre intellectuellement, mais d'autre part elle saisit dans le jaillissement de l'élan vital et sa retombée dans la matière l'Absolu lui-même – non plus statique ou logique (comme on le pense dans les systèmes où il doit venir combler un néant qui n'est jamais, du point de vue de Bergson, premier en fait), mais bien dynamique, et perdurant à travers la diversité des êtres.

Avec son style où abondent les métaphores et les images (parfois assez mièvres) puisque l'écriture elle-même doit se défaire de l'emprise rigoureusement conceptuelle, *L'Évolution créatrice* constitue l'ouvrage fondamental de Bergson, celui où s'articulent les fondements de sa pensée. On peut se laisser séduire et emporter par son lyrisme ; nombreux sont pourtant les lecteurs contemporains qui en déplorent le flou et les généralisations approximatives – comme ils le font d'ailleurs pour l'ensemble du bergsonisme.

◆ C'est dans ***Les Deux Sources de la morale et de la religion*** (1932) que Bergson énonce sa double conception, marquée elle aussi par la thèse de l'élan vital, de la morale et de la religion. De même qu'il y a d'une part la durée dans son élan créateur et d'autre part ses retombées, sous forme notamment des espèces vivantes qui obéissent chacune à une formule d'organisation déterminée, de même on doit distinguer deux morales et deux religions. D'abord la morale « close », faite d'obligations et d'interdits exprimant la pression sociale, et la religion primitive ou « statique » (leur description doit beaucoup à l'ethnologie), au service de la cohésion du groupe en développant une « fonction fabulatrice » qui neutralise l'action dissolvante de l'intelligence. Mais la **générosité** de la durée créatrice se retrouve au niveau de la spiritualité : c'est alors la morale « ouverte » du saint et du héros qui prêche l'amour de l'humanité ; de son côté, la religion « dynamique » a pour vocation de canaliser le mysticisme qui soulève l'humanité au-dessus de sa condition empirique ; elle constitue un puissant facteur de progrès moral et humain : son apparition discontinue (qui risque de faire craquer les cadres religieux préexistants) est toujours l'œuvre d'une individualité d'exception.

Hostile au monde de la machine et du matérialisme dont il pressent la généralisation, Bergson exhorte ses contemporains à enrichir la société d'un « supplément d'âme » – seul moyen d'empêcher la vie de se figer en formes mortes. L'influence de ces thèses, d'abord assez forte dans les milieux spiritualistes (et que l'on retrouve jusque chez Popper*, qui voit dans l'ouverture la caractéristique de la démocratie véritable) malgré les critiques marxistes (Nizan), n'ira pas au-delà de la Seconde Guerre mondiale.

AUTRES ŒUVRES : *Essai sur les données immédiates de la conscience* (1889) ; *Matière et mémoire* (1896) ; *L'Énergie spirituelle* (1919) ; *Durée et simultanéité* (1922) ; *La Pensée et le Mouvant* (1934).

➤ DURÉE, ÉVOLUTION, INTELLIGENCE, INSTINCT INTUITION, MÉMOIRE, TEMPS.

BERKELEY

(George, 1685-1753.) Philosophe et théologien anglais né en Irlande d'une famille protestante. Se destinant à la carrière ecclésiastique, il fait ses études au Trinity College de Dublin. Il parcourt le monde et on le rencontre successivement en Angleterre, en France, en Italie et enfin en Amérique où il tente de propager l'Évangile. Revenu en Irlande, il devient en 1734, évêque protestant de Cloyne.

◆ Berkeley est d'abord empiriste. Or les sens ne nous placent pas en face d'abstractions. Par exemple, l'idée abstraite d'homme ne répond à rien, elle n'est qu'un nom, car pour me représenter un homme, je dois nécessairement envisager un homme particulier et concret, grand ou petit, etc. Le mot « homme » ne renvoie à aucune essence abstraite, il remplit simplement une fonction de signe : en tant qu'image concrète, il me permet d'aller à d'autres images, celles des hommes que je peux percevoir (**nominalisme**). Il en résulte que toute abstraction est illusoire. Berkeley refuse la distinction proposée par Locke* entre qualités secondes (sensibles) et qualités premières (étendues) car tous les objets me sont donnés à la fois comme étendus et comme pourvus de qualités qui frappent mes sens. Contrairement à Descartes*, pas d'espace géométrique absolu, pas d'étendue à trois dimensions qui serait immédiatement donnée ; ni la distance ni la grandeur ne peuvent être perçues immédiatement par le regard ; elles proviennent de la liaison des sensations visuelles avec les sensations kinesthésiques. De même, l'idée de matière est à éliminer. Être, c'est, ou bien percevoir (être de l'esprit) ou bien être perçu (être des choses) ; les choses n'ont d'existence que par et dans la perception.

◆ **L'immatérialisme*** que professe Berkeley ne signifie pourtant pas la négation de l'existence du monde extérieur, car les idées perçues, changées en choses, ont une vivacité et présentent un ordre et une stabilité qui font défaut aux fantaisies de l'imagination. Berkeley voit alors dans la perception, pénétrée d'une finalité providentielle (mes perceptions s'accordent avec celles d'autrui), l'expression d'un monde « extérieur » de nature spirituelle et, mieux encore, un langage, un « discours que Dieu tient aux hommes ». L'idéalisme immatérialiste de l'évêque anglican s'achève par un hommage rendu au Créateur.

ŒUVRES PRINCIPALES : *Traité de la vision* (1708-1709) ; *Traité sur les principes de la connaissance* (1710) ; *Dialogues entre Hylas et Philonoüs* (1713).

➤ EMPIRISME, IMMATÉRIALISME, NOMINALISME.

BERNARD

(Claude, 1813-1878.) Physiologiste français, professeur de physiologie expérimentale à la Sorbonne, puis, à partir de 1855, de médecine expérimentale au Collège de France. Ses principales recherches portèrent sur la sécrétion du suc gastrique (1843), sur le rôle du pancréas dans la digestion des corps gras (1849), sur la fonction glycogénique du foie (1853) et sur le système nerveux sympathique. Il a poursuivi les travaux de Lavoisier sur la chaleur animale, et analysé les effets de certains produits toxiques (le curare, par exemple) sur le système nerveux.

◆ Globalement, il fit de la physiologie une science véritablement expérimentale, et en déduisit une analyse devenue classique de la **méthode expérimentale** qui consiste à abandonner l'étude de l'essence des phénomènes (leur « pourquoi ») pour ne s'intéresser qu'à leur condition d'existence (leur « comment »). Pour Claude Bernard, la seule observation anatomique du foie n'apprend rien sur sa fonction : il faut expérimenter en dosant le glucose dans le sang pour découvrir l'organe responsable (le foie).

◆ C'est à partir de cette conception qu'il énonce les principes fondamentaux de sa discipline : rôle du déterminisme, définition d'un milieu intérieur à l'être vivant, spécificité des fonctions vitales, constance des lois de fonctionnement normal et pathologique de l'organisme. À l'encontre du **vitalisme** absolu, Claude Bernard a d'autre part montré que le phénomène de « la vie », bien qu'irréductible, ne pouvait être isolé du physico-chimique : il consiste en une « idée directrice » organisant ce dernier.

ŒUVRES PRINCIPALES : *Introduction à l'étude de la médecine expérimentale* (1865) ; *Principes de médecine expérimentale* (1858-1877).

➤ FONCTION, EXPÉRIENCE, MILIEU, VIE, VITALISME.

BESOIN

Ce qui manque à un être pour assurer sa vie organique. Psychologiquement, le besoin se traduit par un état de conscience pénible qui accompagne la privation de ce qui est nécessaire à la vie ou considéré comme tel par le sujet.

On distingue généralement d'une part les *besoins naturels primaires,* indispensables à la survie immédiate (faim et soif par exemple), et *secondaires* (dont la satisfaction peut être différée pour un temps) et, d'autre part, les *besoins culturels,* c'est-à-dire acquis par le milieu social. Distinction qui doit cependant être nuancée : le besoin culturel, si artificiel soit-il, est en réalité essentiel à l'homme qui trouve dans le superflu, ce « rien de trop pour être » (Clavel), une raison de vivre ; en outre, les besoins humains dans leur ensemble – sauf au niveau strictement biologique – ne seraient-ils pas des « besoins historiques » (Marcuse) c'est-à-dire plus ou moins conditionnés par la société qui risquerait ainsi d'occulter la « vraie » nature humaine, comme tentent de le montrer, par exemple, les freudo-marxistes ?

➤ CONSOMMATION, DÉSIR, MARCUSE, PULSION.

BIEN

Synonyme, dans le domaine économique, de richesse, de possession, c'est-à-dire de tout ce que l'on peut s'approprier, le bien devient, dans l'ordre éthique, un concept normatif – comme le beau pour l'esthétique et le vrai pour la logique – et signifie ce qui est jugé conforme à l'idéal moral.

◆ Les morales eudémonistes* ramènent la quête du bien à la recherche du bonheur*, qui n'est, pour Aristote* que la sanction de l'activité la plus noble de l'esprit, alors que les épicuriens – faisant du plaisir* « le commencement et la fin de la vie heureuse » – considèrent avant tout le bien « naturel », celui qui satisfait nos besoins et nos inclinations.

◆ À l'opposé, l'intériorisation de la norme morale trouve son achèvement chez Kant*, qui définit le bien absolu par la « bonne volonté »*.

On entend par bien commun le bien-être matériel et spirituel qu'il est souhaitable d'apporter à une communauté.

➤ SOUVERAIN BIEN.

BIOÉTHIQUE

Des mots grecs *bios* « vie » et *ethos* « éthique », la bioéthique, apparue dans les années 60, est une discipline qui a pour objet les questions d'éthique soulevées par les progrès de la médecine et de la biologie.

◆ La bioéthique s'enracine dans la morale médicale traditionnelle, qui était avant tout une éthique du dévouement du médecin à l'égard de son patient. Mais le caractère démiurgique des biotechnologies contemporaines suscite des interrogations nouvelles en ce qui concerne principalement les thèmes suivants, qui prennent un relief particulier à notre époque : l'euthanasie, l'avortement, le diagnostic prénatal, l'eugénisme, l'expérimentation sur l'être humain et l'embryon, l'insémination artificielle, les manipulations génétiques. Approche interdisciplinaire, la bioéthique intéresse, outre le médecin et le biologiste, le juriste, le théologien et le philosophe.

Trois principes de base guident la réflexion bioéthique : le respect de la personne humaine, le souci de la bienfaisance exigeant une bonne appréciation des avantages et inconvénients de telle ou telle décision, et le principe de justice selon lequel les hommes sont égaux en dignité.

Il s'agit, finalement, d'éviter trois écueils pouvant porter atteinte à l'intégrité de l'être humain : la soumission du vivant humain à la loi du marché (vente d'organes par exemple), l'auto-institution du sujet pouvant réclamer le droit à satisfaire des « désirs mortifères », et l'excès du pouvoir médical et surtout du pouvoir étatique légiférant au mépris des droits de l'homme.

BIOLOGIE

Terme créé en 1802 par Lamarck* pour désigner la science de la vie animale et végétale. Déjà présente dans les recherches des philosophes et de nombreux savants depuis Aristote, la biologie s'est diversifiée en branches distinctes à partir de la Renaissance, quant à son objet (botanique et zoologie) et quant aux formes et aux fonctions des organes (morphologie, anatomie et physiologie).

La réflexion philosophique s'est fréquemment inspirée de la pensée biologique avec notamment Descartes* et les Encyclopédistes, et, depuis le XIXe siècle, avec les évolutionnistes de toute obédience, de Darwin* à Teilhard de Chardin* en passant par Spencer*.

BLOCH

(Ernst, 1885-1977.) Philosophe allemand, aux orientations proches de celles de l'École de Francfort*. Exilé aux États-Unis en raison du nazisme, il s'installe à Leipzig après la Seconde Guerre mondiale.

◆ Très tôt attiré par les théories socialistes et influencé par le marxisme, il a le souci de maintenir dans ce dernier une dimension proprement utopique. Pour lui, l'utopie* est à entendre de façon positive, comme le mouvement même qui porte individu et société à inventer sans cesse un futur nouveau et surprenant. Cette orientation radicale de la pensée vers l'avenir doit être admise jusque dans l'inconscient*, et Bloch reproche à Freud* de n'avoir conçu ce dernier que comme résultant du passé, alors qu'à ses yeux « le non-encore-conscient est exclusivement le lieu de naissance psychique du nouveau ». Cette dimension « prophétique », soucieuse de réhabiliter la catégorie de la possibilité* comme susceptible d'esquisser des versions du futur, s'attache aussi bien aux productions de l'inconscient (rêve, imagination, etc.) qu'aux formes les plus authentiques de l'invention musicale ou artistique (en particulier au surréalisme*), auxquelles Bloch se montre particulièrement attentif.

ŒUVRES PRINCIPALES : *L'Esprit de l'utopie* (1918) ; *Thomas Münzer* (1922) ; *Le Principe espérance* (1954) ; *Héritage de ce temps* (1933) ; *Sujet-objet* (1958) ; *Éclaircissements sur Hegel.*

BOÈCE

(480-524.) Homme d'État important et philosophe. Sous le règne de Théodoric, il est consul et maître du palais ; accusé de trahison il est longuement emprisonné, puis exécuté.

◆ Boèce a pour programme de commenter tous les textes d'Aristote, puis de Platon, afin d'en montrer la convergence - ce qui est conforme à la règle des écoles platoniciennes. Il ne réalise qu'une partie de ce vaste projet, mais ses **traductions** et

commentaires seront assidûment pratiqués au Moyen Âge, et ont un rôle capital dans la transmission de la philosophie antique. Parallèlement, ses opuscules théologiques élaborent des définitions précises de concepts (« nature », « personne », « étant »...) dont la descendance sera longue.

◆ C'est avec la *Consolation de philosophie*, rédigée au cours de ses années de prison, que Boèce montre le plus clairement la portée de ce qui est à retenir de la **sagesse antique.** Alors qu'il se lamente dans sa cellule, la philosophie lui apparaît et lui enseigne progressivement la vraie nature de l'homme, mais aussi la façon dont une Raison divine ordonne toutes choses, conformément aux doctrines issues du néoplatonisme. La fin de l'ouvrage concilie la préscience divine et le libre arbitre, en affirmant que la connaissance des choses est relative à la nature du sujet connaissant : ce qui apparaît libre dans l'homme le reste à son niveau, même si Dieu le pré-connaît.

Il n'y a dans la *Consolation de philosophie* aucune profession de foi chrétienne ; mais Boèce a également rédigé, outre des œuvres logiques et mathématiques, de nombreux **traités théologiques,** notamment sur la nature de la Trinité. Sa démarche est ainsi symptomatique de la juxtaposition, encore fréquente aux Vᵉ et VIᵉ siècles, du christianisme et de traditions spirituelles païennes. Dans les deux domaines, Boèce fait également preuve d'un souci de rationalité qui justifie son influence sur les siècles ultérieurs.

BOEHME

(Jakob, 1575-1624.) Représentant capital du courant **mystique et théosophique** de son temps, Boehme est né en Haute-Alsace dans un milieu luthérien, mais traversé de courants visionnaires. D'abord apprenti cordonnier, il voyage, se marie en 1599, s'installe comme « maître cordonnier ».

◆ C'est en 1600 qu'il aurait connu une expérience décisive, en « voyant » le centre d'un vase d'airain : dès lors, sa démarche quête, en unissant diverses superstitions sur l'influence des esprits et des planètes à une intention métaphysique, l'union du dehors et du dedans. Selon d'autres sources, cette illumination aurait conclu une grave crise de mélancolie. Toujours est-il qu'il ne révèle son parcours spirituel qu'à partir de 1612, année où il rédige *L'Aurore à son lever,* où s'affirme un thème essentiel de sa gnose : la double présence – comme colère et amour – de Dieu en toute chose créée. Si le mal est d'abord ce qui empêche la diffusion de la Lumière, toute chose recèle en son « cœur » une source capable de purifier et d'éclairer.

Accusé d'hérésie, Boehme se tait pendant sept ans ; il lit Paracelse, essaie peut-être quelques pratiques alchimiques, puis écrit à partir de 1617 une série de traités, parmi lesquels le *Mysterium magnum,* où il commente symboliquement le début de la Genèse. Ne prétendant livrer son savoir qu'à un cercle d'initiés, il affirme que le vrai savoir est dans le **cœur** de l'homme, attendant d'être explicité. Cette explicitation constitue une pensée complexe, attentive aux symboles, aux **« signatures »** révélant l'homologie entre monde visible et monde intérieur.

◆ L'un des thèmes qui aura le plus de descendance dans la philosophie allemande (jusqu'à Schelling ou Hegel) est celui qui conçoit l'origine du devenir dans un « sans fond » d'où naissent les forces du positif et du négatif irriguant tous les mondes, du divin à l'humain en passant par les différents règnes de la nature.

ŒUVRES : *De la signature des choses* (1620, trad. P. Deghaye 1995) ; *Mysterium magnum* (1623, trad. N. Berdiaeff 1945).

BON, BONTÉ

L'adjectif présente des acceptions multiples, toutes laudatives, allant du « bien fait » (un bon tableau) à l'efficace (un bon outil) en passant par l'évocation de l'individu réalisant ce qu'on attend de lui (un bon élève). Il peut toutefois être pris dans un sens spécialement moral (une bonne action), qui en fait alors un synonyme de « conforme au bien ».

La bonté a également été dotée par la morale classique d'une extension très large, qui en fait, outre un attribut de Dieu, une attitude dépassant la simple bienveillance pour être éventuellement considérée comme la vertu humaine par excellence.

BONHEUR

Distinct du simple plaisir considéré généralement comme un état affectif incomplet et éphémère, le bonheur est conçu, ou bien négativement en tant qu'absence de douleur (Épicure), ou bien, et surtout, positivement comme la « satisfaction de toutes nos inclinations » (Kant), résultat de l'épanouissement de l'ensemble des virtualités de l'homme. Mais alors que pour Kant, le bonheur, n'ayant aucune valeur morale en soi, doit être mérité par l'accomplissement de la vertu, il constitue, en revanche, la fin de l'action humaine pour les doctrines eudémonistes*.

◆ La part de chance qui s'attache au bonheur – reçu parfois comme un don – n'éclipse pas cependant le fait de la responsabilité personnelle dans la recherche des moyens propres à en assurer la constance : l'attente passive risquerait à la limite de conduire à l'hébétude, car elle priverait l'individu de cet ensemble de sollicitations multiples et discrètes (l'*inquiétude** leibnizienne) qui nous incitent à ne jamais rester en repos.

« C'est en vain qu'on cherche au loin son bonheur quand on néglige de le cultiver en soi-même » (Rousseau). Notons l'ascétisme lucide d'Épictète* qui nous invite à prendre la juste mesure des choses qui dépendent vraiment de notre volonté ; ou bien l'attitude d'Aristote* selon lequel le bonheur sanctionne l'activité la plus noble de l'esprit (sagesse contemplative).

◆ La société contemporaine, avec les tentations qu'elle impose, montre bien la fonction idéologique du bonheur qui apparaît comme un mythe masquant un certain nombre de contradictions sociales : la consommation*, en guise de bonheur, au lieu d'assurer la plénitude de l'être, lance l'individu dans une quête fébrile et sans fin. Mais, plus généralement, il est permis de penser que la « satisfaction intégrale des besoins pulsionnels de l'homme » est irréalisable si, comme le croit Freud*, « le bonheur n'est pas une valeur culturelle ».

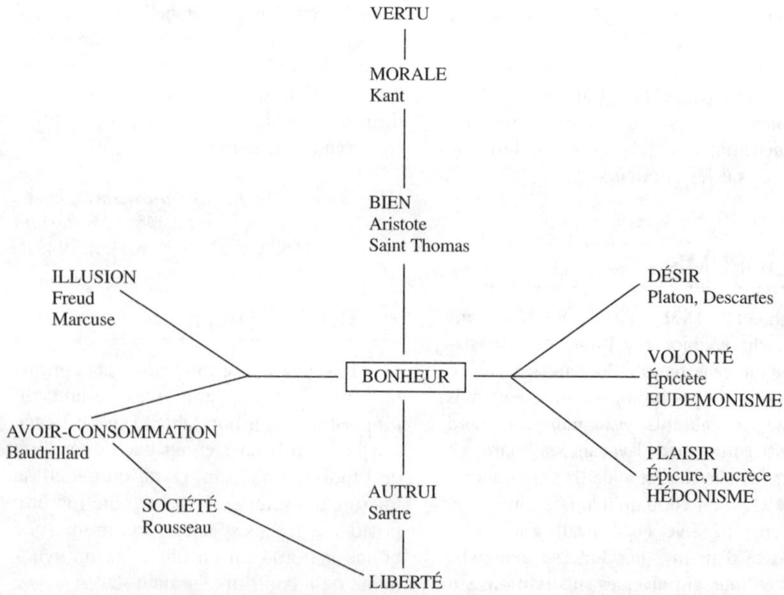

BON SENS

Synonyme de raison chez Descartes*, ou faculté de discerner le vrai du faux : « Le bon sens est la chose du monde la mieux partagée » (*Discours de la méthode*, I).

Dans le langage courant le bon sens signifie la faculté de porter un jugement sain dans le domaine de la vie pratique. Proche de « sens commun », il s'oppose à tout état mental qui serait troublé par la passion ou la folie, mais s'en distingue, en revanche, dans la mesure où ses intuitions, parfois grossières ou approximatives, le rendent suspect à la réflexion philosophique.

BONNE CONSCIENCE

Désigne du point de vue moral la conscience qui a la certitude d'agir comme il convient. L'expression est souvent prise dans un sens péjoratif, pour sous-entendre que la bonne conscience se satisfait à peu de frais, en ne pratiquant qu'un examen superficiel des situations.

BOSSUET

(Jacques, 1627-1704.) Prélat, écrivain, théologien et philosophe politique français, né à Dijon et mort à Meaux, connu en littérature pour ses célèbres *Sermons* et *Oraisons funèbres*.

◆ C'est comme précepteur du Dauphin qu'il compose son *Discours sur l'Histoire universelle*, où il tente de faire une synthèse de l'activité humaine et de l'ordre transcendant de la Providence divine qui ne peut produire dans l'histoire que du bien, même si ce dernier n'est pas aisément perceptible.

Soucieux de rester fidèle à l'orthodoxie, il combattit protestantisme et quiétisme, et développa la philosophie politique du **pouvoir de droit divin.** La société, selon lui, ne procède ni d'un contrat initial ni d'une nature politique ou sociale de l'homme : elle vient de Dieu et la forme idéale de l'État est la monarchie héréditaire. Théoricien de l'absolutisme, Bossuet observe cependant que le pouvoir du monarque, bien qu'absolu, n'est pas arbitraire, dans la mesure où il doit se soumettre à une hiérarchie de valeurs : l'autorité temporelle et politique doit être au service de l'ordre moral, et l'ordre moral à celui du pouvoir spirituel et religieux. Si politiquement, le roi commande à ses sujets, moralement il doit être charitable à leur égard et assurer parmi eux le règne de la justice, enfin religieusement, il rend des comptes – « terribles » – à Dieu, seul souverain légitime à qui l'obéissance est finalement due. Bossuet maintient ainsi la distinction entre l'ordre temporel et l'ordre éternel, l'homme public et le sujet libre, la cité charnelle et la Cité de Dieu.

PRINCIPALES ŒUVRES PHILOSOPHIQUES : *Discours sur l'Histoire universelle* (1681) ; *La Politique tirée de l'Écriture sainte* (1709).

➤ HISTOIRE (PHILOSOPHIE DE L'), POUVOIR.

BOURBAKI

(Nicolas.) Pseudonyme collectif d'un groupe de mathématiciens français qui, depuis 1934-1935, a réfléchi sur la formulation des mathématiques et la mise en valeur de leurs structures fondamentales. Une quarantaine de fascicules sont nés de leurs discussions, sous le titre général d'*Éléments*. Si le projet initial d'exposer de façon définitive l'ensemble de toute la mathématique n'a pu jusqu'à présent aboutir – peut-être parce que trop ambitieux –, il n'en reste pas moins que les Bourbaki, même contestés, ont eu une forte influence, dans les années 50, sur la recherche et l'enseignement supérieur.

BOURDIEU

(Pierre.) Sociologue français né en 1930. Ethnologue du paysan kabyle, il s'intéresse ensuite à la sociologie de l'éducation et montre comment l'école perpétue les inégalités en transmettant l'héritage culturel des classes favorisées. Il reformule les interrogations traditionnelles sur l'art et faisant l'étude critique du « bon goût », il en étudie le conditionnement social.

Ce repérage, dans les domaines les plus divers, de la puissance du conditionnement social, le conduit à considérer la sociologie comme la seule discipline capable de lutter contre les illusions. De la sorte, Bourdieu adopte un point de vue assez hostile à l'égard de la philosophie elle-même.

ŒUVRES PRINCIPALES : *Sociologie de l'Algérie* (1961) ; *Les Héritiers* (1964) ; *Le Métier de sociologue* (en coll., 1968) ; *L'Amour de l'art* (en coll., 1968) ; *La Reproduction* (1970) ; *La Distinction* (1979) ; *Le Sens pratique* (1980) ; *Ce que parler veut dire* (1982) ; *La Noblesse d'État* (1989) ; *Sur la télévision* (1996).

BOUVERESSE

(Jacques, né en 1940.) Philosophe français. Il consacre en 1975 sa thèse à Wittgenstein*, enseigne à Paris et Genève, et occupe depuis 1995 une chaire de philosophie du langage et de la connaissance au Collège de France.

◆ Doté d'une solide culture scientifique, il travaille sur la philosophie d'Europe centrale des XIXe et XXe siècles et sur la philosophie « **analytique** » anglo-saxonne : comme G.G. Granger et J. Vuillemin, il estime, dès les années soixante, que la philosophie française a tout intérêt à prendre enfin au sérieux de tels courants, susceptibles de compléter sa connaissance de l'histoire même de la philosophie.

◆ Du Cercle de Vienne*, il retient que toute réflexion sur la métaphysique doit désormais chercher à en éliminer les **faux problèmes** – ce qui ne signifie aucunement la « fin » de la philosophie en elle-même. Comme Wittgenstein, auquel il a consacré des ouvrages qui font date (*Wittgenstein : la rime et la raison*, 1973 ; *Le Mythe de l'intériorité*, 1976 ; *La Force de la règle*, 1987), il admet que la tâche de la philosophie n'est pas tant de découvrir des vérités philosophiques que de **clarifier** les erreurs et les concepts.

Cela suppose le recours à des techniques spécifiques, qui doivent être revendiquées au même titre que celles qu'utilisent les scientifiques : de ce point de vue, Bouveresse est de ceux, comme le montre amplement sa leçon inaugurale au Collège de France (*La Demande philosophique*, 1996), qui entendent résister aux prétendues exigences de la médiatisation et fortement maintenir une rigueur sans faille de la pensée. C'est dans de telles conditions que l'exercice de la philosophie peut s'accompagner déjà d'une certaine « sagesse », lorsqu'elle échappe aux fascinations du pouvoir, de la notoriété ou de l'image publique.

BRETON

(André, 1896-1966.) Principal théoricien et animateur du mouvement surréaliste.

◆ Dès le *Premier Manifeste du surréalisme* (1924), il critique violemment la sclérose de rationalisme étroit et réclame que l'**imagination** ait tous les droits, en même temps qu'on prête attention au rêve et à l'inconscient. Sa découverte précoce de **Freud*** le place en effet parmi les premiers intellectuels français qui aient pris la psychanalyse au sérieux, à un moment où les psychiatres n'y voyaient en général qu'un système odieusement pansexualiste et lourdement germanique.

Aussi Breton, fidèle à l'injonction rimbaldienne de « changer la vie », essaiera-t-il dans *Les Vases communicants* (1933) de montrer – en particulier aux communistes de l'époque – qu'il est nécessaire, si l'on veut aboutir à une révolution intégrale de l'homme, d'unir les enseignements de Freud à ceux de Marx.

◆ Très tôt déçu par la révolution soviétique et antistalinien, il rédige avec Trotski le manifeste *Pour un art révolutionnaire indépendant* (1938), où la liberté la plus complète est revendiquée pour l'artiste ; mais après la Seconde Guerre mondiale, ses sympathies politiques se partageront entre l'anarchie et le socialisme « utopique » à la Fourier*, pendant qu'il réclamera l'élaboration d'un « mythe nouveau » où pourraient fusionner les tendances rationnelles et les besoins sensibles de l'homme.

◆ Bien que non philosophe de profession, Breton donne l'exemple, dans toute son œuvre, d'une pensée fortement marquée par Hegel et la dialectique, où il trouvait en particulier la justification de la « poétisation » de tous les arts.

➤ SURRÉALISME.

BRUNO

(Giordano, 1548-1600.) Philosophe et théologien italien. D'abord dominicain, il quitte l'ordre en 1576. La liberté de sa pensée lui vaut l'hostilité des théologiens du temps. Condamné pour hérésie, il mène une vie errante (Genève, Paris, Oxford – où il enseigne –, l'Allemagne). Il est arrêté par l'Inquisition à Venise en 1592 et meurt sur le bûcher à Rome.

◆ Bruno veut séparer la théologie et la science, et substituer à la foi religieuse l'expérience et la raison pour la connaissance du monde. Sa cosmologie, opposée à la tradition aristotélicienne, s'inspire du néo-platonisme et de Copernic. Il soutient constamment l'infinité de l'Univers, qui, découlant implicitement de l'héliocentrisme copernicien, désigne ici des mondes innombrables et pluricentristes, des systèmes planétaires comparables au nôtre. Comme Copernic, il défend la thèse du mouvement de la Terre ; mais, abandonnant l'explication mathématique de l'astronome polonais, il donne une interprétation animiste du mouvement des astres. Persuadé que l'Univers est animé d'une vie qui se déploie au sein de tous les êtres, il réduit les hypostases* plotiniennes à une seule : la Vie, diverse et multiple dans son unité. Le **dynamisme** propre à la vie explique d'ailleurs la nature des atomes* (admis pour constituer le monde) qui se trouvent subordonnés à l'« âme » de l'individu – centre autour duquel s'organisent les combinaisons.

◆ Si le dynamisme de Bruno préfigure la monadologie de Leibniz*, son **monisme** de tendance **panthéiste** annonce également la doctrine de Spinoza*: malgré sa tentative pour distinguer deux sortes d'infini – celui de Dieu (absolu) et celui de l'Univers (relatif) –, la notion de création est évacuée de son système. L'hétérodoxie de Bruno en matière de théologie le conduit même à minimiser le rôle de la religion, bonne, selon lui, à satisfaire l'esprit des ignorants.

Œuvres principales : *Le Banquet des Cendres* (1584) ; *De la cause, du principe et de l'unité* (1584) ; *De l'infini, de l'univers et des modes* (1591).

➤ ANIMISME, DYNAMISME, GÉOCENTRISME, MONADE.

BRUT (ART)

On qualifie ainsi les productions artistiques, fréquemment semi-clandestines ou découvertes seulement après la mort de leurs auteurs, d'individus n'ayant ni formation ou culture artistique ni souci de s'intégrer dans l'histoire de l'art (ce qui les distingue des artistes « naïfs ») : il s'agit dans la plupart des cas de marginaux, malades mentaux, internés, etc.

Parallèlement aux réalisations plastiques (peintures, modelages, sculptures – qui lorsqu'ils sont le fait de malades, avaient dès le début du XXe siècle attiré l'attention de certains psychiatres, notamment dans un but symptomatologique ou thérapeutique), on s'est aperçu plus tardivement que l'art brut rassemble également des œuvres écrites ; ces dernières, par l'écart qu'elles présentent relativement aux normes habituelles (graphie, grammaire, orthographe) offrent un incontestable intérêt, bien que lecture et interprétation en soient éventuellement difficiles.

➤ ART, INCONSCIENT, FOLIE.

BUBER

(Martin, 1878-1965.) Philosophe de langue allemande né à Vienne, professeur à l'Université de Francfort, avant de quitter l'Allemagne pour Jérusalem en 1938.

Alors que, selon Buber, le fonctionnement du monde en ce qui touche à l'activité de l'homme relève de relations d'ordre technique avec le « Je-cela », les rapports inter-humains doivent se situer sous le signe de la réciprocité, avec le « Je-Tu » d'où procède le sens de l'humain.

Le rapport à Dieu sert de modèle au face à face avec l'homme, à la réciprocité dans l'ordre humain. Pour éviter la « chosification » réduisant l'autre à ses déterminations objectives, il y a précisément nécessité d'un mouvement vers l'autre comme en témoigne le « Tu ».

À partir de là, Buber établit une théorie du **dialogue** où sera assurée une présence réciproque. Hormis les « dialogues de sourds », les dialogues d'ordre technique (commercial, social, etc.) ont le mérite de dépasser la violence, mais ils ne sont qu'une transition vers la réciprocité et la présence de l'autre fondées sur l'amour. Buber croit trouver l'application de sa thèse, sur le plan politique, avec l'expérience du kibboutz (socialisme utopique).

ŒUVRE PRINCIPALE : *Le Je et le Tu* (1923).

BUREAUCRATIE

Au-delà de sa valeur purement descriptive (importance de la hiérarchie de fonctionnaires et employés de bureau dans un système de décisions économiques et politiques), ce terme est souvent pris dans un sens péjoratif, pour désigner l'accaparement du pouvoir par une organisation où les personnes sont fondues dans un anonymat qui supprime toute responsabilité individuelle et oppose à la moindre modification une lourde inertie.

La bureaucratie serait ainsi une des variantes du « monstre froid » que devait être l'État selon Hegel* – particulièrement pesante dans les régimes issus de la révolution soviétique de 1917. Dès 1920, Lénine* s'inquiétait de la « déformation bureaucratique » sensible dans l'État soviétique, et réintroduisant le « préjugé nuisible » selon lequel la gestion de l'État est affaire de spécialistes (ou de privilégiés). Certains analystes des « démocraties populaires », accentuant la critique que mena inlassablement Trotski* de 1923 à sa mort, n'hésitent pas aujourd'hui à voir dans la bureaucratie l'équivalent d'une véritable classe sociale* retrouvant progressivement la position dominante de l'ancienne bourgeoisie.

➤ CONSCIENCE DE CLASSE.

C

ÇA

Traduction de l'allemand *das Es,* qui indique dans la deuxième topique de Freud l'ensemble des pulsions inconscientes soit d'origine biologique, soit refoulées, qui est dominé par le principe de plaisir*. Le terme a été emprunté par Freud à Groddeck qui l'avait lui-même trouvé chez Nietzsche*, où il désigne l'aspect non volontaire de l'individu.

CALCUL, CALCUL LOGIQUE

Le **calcul** est un groupement d'opérations portant sur des nombres ou d'autres objets mathématiques et menant à un résultat.

Le calcul logique fut envisagé par Leibniz* comme l'application des méthodes de calcul, en dehors des seules mathématiques, aux autres modes de la pensée et tout particulièrement à la philosophie. Annonce la logistique contemporaine, où l'on désigne comme calcul logique de première espèce celui qui porte sur les propositions*, et comme calcul logique de seconde espèce celui qui porte sur les fonctions propositionnelles. Ces dernières, étant des moules à propositions, qui les produisent par spécialisation ou généralisation, ne sont en elles-mêmes ni vraies ni fausses.

CALVIN

(Jean Cauvin, dit Calvin, né à Noyon, Picardie, en 1509 et mort à Genève en 1564.) Écrivain français, il commença, à partir de 1533, une vie de prédication en faveur de la Religion réformée qu'il organisa tant en France qu'en Suisse. Il se fixa à Genève pendant les dernières années de sa vie.

◆ La doctrine religieuse de Calvin repose principalement sur les principes suivants : *retour à la Bible* comme source première de la foi ; croyance en la *prédestination** et conception de la *grâce* inspirées de l'augustinisme. L'éthique calviniste contribua à la formation de la démocratie politique (notamment à Genève) et joua un rôle économique important en étant associée à l'essor du capitalisme comme l'a montré Max Weber*.

Œuvres principales : *Institution de la religion chrétienne* (1536) ; *Traité des reliques* (1543).

➤ Augustin, Luther.

CAMPANELLA

(Tommaso, 1568-1639.) Dominicain italien, né en Calabre et mort à Paris. Accusé d'hérésie à la suite d'une révolte dont il avait pris la tête, il fut emprisonné et s'installa en France après sa libération.

◆ Dans le domaine philosophique, il apparaît surtout comme un précurseur : « Je suis la clochette *(campanella)* qui annonce la nouvelle aurore. » Rejetant la doctrine d'Aristote*, il tente de concilier les exigences de la science nouvelle avec les dogmes religieux (son *Apologie de Galilée*, rédigée en prison au début de 1616, fut abondamment diffusée en Allemagne et en Hollande), et ébauche des idées qui ne seront coordonnées que chez Descartes* ou, plus lointainement, chez Hegel*.

◆ Mais c'est surtout comme théoricien politique qu'il connaît une notoriété durable, avec sa conception d'une cité **idéale**. Cette *Cité du soleil* (le livre est publié en 1623) est soumise à un régime théocratique : le pouvoir y est confié à des prêtres, chargés de faire respecter une morale et une religion effectuant la synthèse d'idéologies naturalistes souvent bien éloignées de l'esprit du christianisme.

L'ouvrage s'inspire de la *République* de Platon* et de *L'Utopie* de Thomas More*, mais en radicalise certaines vues, notamment dans le domaine de la communauté des biens et des femmes. C'est ainsi qu'en vertu d'idées eugéniques curieuses, la procréation est *publiquement* dirigée : la république solarienne, exerçant un droit de propriété sur les enfants, devra veiller à l'amélioration de la race et établira en conséquence une réglementation stricte des unions sexuelles, selon laquelle le plaisir de l'individu sera subordonné à l'intérêt général de l'État.

On a fait remarquer que ce collectivisme, malgré sa caution spiritualiste, annonce, par certains aspects, le matérialisme marxiste. Mais c'est dans bien d'autres domaines que s'exercent les anticipations prophétiques de Campanella : urbanisme, organisation du travail (journée de quatre heures), ou développement technique.

AUTRES ŒUVRES : *L'Athéisme vaincu* (1605) ; *Métaphysique* (1602-1610).

➤ UTOPIE.

CAMUS

(Albert, 1913-1960.) Écrivain et philosophe français né en Algérie ; prix Nobel de littérature en 1957. D'abord journaliste, il participe à la Résistance pendant la Seconde Guerre mondiale et devient rédacteur en chef du quotidien *Combat*.

◆ Dès 1942, il publie un roman, *L'Étranger*, remarqué pour la façon dont le comportement y est décrit « objectivement », sans allusions psychologiques, et *Le Mythe de Sisyphe*, essai philosophique où l'affirmation du non-sens de l'existence va de pair avec le repérage d'une valeur : celle que s'attribue la vie humaine par sa lutte pour des normes morales, affirmées malgré leur absence de signification transcendante.

◆ Ses autres ouvrages, tant au théâtre (*Caligula*, *Le Malentendu*, 1944, *L'État de siège*, 1947) que dans les domaines romanesque (*La Peste*, 1947, *La Chute*, 1958) ou philosophique (*L'Homme révolté*, 1951) confirmeront cette orientation, qui le distingue de l'existentialisme* sartrien : Camus était en quête d'un **humanisme** modeste, fondé sur la solidarité humaine face au mal, et dans lequel il importe d'abord d'être lucide, et conscient « à ras de terre ».

➤ ABSURDE.

CANGUILHEM

(Georges, 1904-1995.) Philosophe français et docteur en médecine. Spécialiste de l'histoire des sciences qu'il promeut au rang de discipline philosophique, il est également l'un des meilleurs représentants – et en tout cas le premier – de l'**épistémologie biologique** en France. Il s'est intéressé notamment à l'expérimentation en biologie animale, aux relations entre le vivant et son milieu et au rapport entre machine et organisme.

◆ Il montre, dès son *Essai sur quelques problèmes concernant le normal et le pathologique* (1943), que l'organisme malade n'est pas dénué de normativité, mais élabore de nouvelles normes d'adaptation. Promoteur d'une **épistémologie historique**, qui se méfie des hypothèses marxistes comme du néo-positivisme anglo-saxon, il cherche à comprendre comment les concepts, loin de s'enchaîner linéairement, sont parfois construits par agrégation d'éléments hétérogènes demandant une formulation nouvelle. C'est ainsi qu'en traquant la source des multiples tendances de la recherche psychologique, il dénonce dans un célèbre article, *Qu'est-ce que la psychologie ?* (1956), une pseudo-science, mélange de pratiques et de systèmes normatifs divergents

◆ Son travail et son enseignement ont incontestablement marqué, par la rigueur dont il fait preuve dans ses recherches sur les périodes de formation ou de transformation des sciences, les démarches de Foucault* ou de Dagognet*.

ŒUVRES PRINCIPALES : *La Formation du concept de réflexe aux XVIIe et XVIIIe siècles* (1955) ; *La Connaissance de la vie* (1952); *Études d'histoire et de philosophie des sciences* (1968) ; *Idéologie et rationalité dans l'histoire des sciences de la vie* (1977).

CANON

Norme, règle, modèle pratique, le terme est employé dans des contextes différents. En **théologie***, on parle de droit canonique, c'est-à-dire des règles édictées par le droit de l'Église catholique. En **esthétique***, le terme se réfère au modèle mathématique proposé par le statuaire grec Polyclète (canon de Polyclète) selon lequel, en sculpture, la tête humaine doit correspondre au sixième du corps. Le mot désigne chez Kant* les principes *a priori* ou les règles formelles de toute connaissance légitime, et chez Stuart Mill*, les normes de sa méthode expérimentale (canons de la méthode inductive).

CAPITALISME

Régime économique dans lequel les moyens de production (capital financier, machines, usines, sources d'énergie) relèvent de la propriété privée. Historiquement, il commence à prendre sa forme moderne au XIXe siècle (capitalisme industriel), mais c'est après avoir connu les formes préalables du capitalisme bancaire (favorisé d'après les analyses de M. Weber* par la diffusion de l'éthique protestante) puis commercial. On nomme **capitalisme d'État** une forme plus ou moins prononcée de collectivisme* où l'État est propriétaire des moyens de production, en tout ou en partie.

◆ Les défenseurs du système capitaliste considèrent qu'il constitue le meilleur ressort du développement économique dans la mesure où il stimule la production par la loi constante de l'offre et de la demande *(libéralisme économique).* Pour ses adversaires, et particulièrement les marxistes, il implique une exploitation des travailleurs, qui ne peut que s'étendre mondialement pour aboutir à l'impérialisme*, et s'accule, à plus ou moins long terme, à des contradictions mortelles entre une production n'obéissant qu'à la recherche d'un profit toujours croissant et une consommation de plus en plus bloquée puisque, par application de la concurrence qui règne entre producteurs, le système ne peut, en durant, que diminuer le nombre des acheteurs potentiels (effets conjugués de la paupérisation et de la prolétarisation).

➤ COMMUNISME, CRISE, MARX, PLUS-VALUE.

« CARPE DIEM »

... *carpe horam* (cueille le jour, cueille l'heure). Ce vers du poète latin Horace a été utilisé par la suite pour célébrer la jouissance de l'instant et résumer la morale du plaisir.

CASSIRER

(Ernst, 1874-1945.) Philosophe allemand, exilé en Suède puis aux États-Unis à partir de 1933. Représentant d'une version contemporaine du criticisme*, qui tienne compte de l'évolution des mathématiques et de l'apparition des sciences sociales aussi bien que de la théorie de la relativité, il a mené des recherches sur une conception strictement logique des mathématiques, puis sur la philosophie allemande de l'histoire et du droit.

Son ouvrage le plus célèbre est la *Philosophie des formes symboliques*, constitué de trois volets : *Le Langage* (1923), *La Pensée mythique* (1925) et la *Phénoménologie de la connaissance* (1929). Il y analyse les manifestations et les modifications de la fonction symbolique dans les différents domaines culturels (mythologie, religion, art, science) et à travers l'évolution de la connaissance humaine.

Autres œuvres : *Individu et Cosmos dans la philosophie de la Renaissance* (1927) ; *La Philosophie des Lumières* (1932).

CASTRATION (COMPLEXE DE)

Expression psychanalytique qui désigne un conflit angoissant, attaché au rôle symbolique que l'inconscient attribue au phallus, et prenant naissance lors de la découverte, par l'enfant, de la différence sexuelle : pour un petit garçon, l'attachement exclusif à la mère durant l'Œdipe* risquerait d'entraîner de la part du père une punition spécifique consistant en la suppression du pénis ; chez la petite fille, l'angoisse de castration proviendrait de la déception éprouvée en constatant son absence de pénis.

Postérieurement au triangle œdipien, ce complexe peut durer (notamment dans les cas d'éducation hyper-répressive) et se manifester par la crainte diffuse d'être privé de n'importe quelle partie du corps.

➤ Œdipe.

CASUISTIQUE

Partie de la théologie morale qui a pour objet de résoudre les cas de conscience à la lumière des principes éthiques.

L'art de la casuistique, dans lequel excellèrent les Jésuites – en utilisant les ressources de l'esprit juridique –, donna finalement lieu à des abus que dénoncèrent les Jansénistes et notamment Pascal*.

Selon Kant*, la casuistique n'est pas une science, mais un exercice intellectuel réalisé par l'examen de nos actes. Il a pour objet l'application des principes généraux de la morale aux cas concrets, cette confrontation avec la réalité des faits permettant d'éduquer le jugement.

CATÉGORIE

Aristote* nomme catégories (de l'être) les différentes classes de prédicats applicables à tout objet : il en énumère dix – substance, quantité, qualité, relation, lieu, temps, situation, avoir, action, passion.

Le mot est entendu dans le même sens par d'autres philosophes grecs (stoïciens*, néo-platoniciens), mais ils modifient la liste initiale (Plotin* en maintient seulement cinq).

Pour **Kant***, les catégories ne se rapportent plus à l'objet à connaître, mais à l'entendement comme faculté de connaissance. Elles se déduisent des quatre points de vue fondamentaux auxquels s'articulent tous les jugements (quantité, qualité, relation, modalité) et des trois sortes de jugements possibles : il y en a dès lors douze, dont le tableau figure dans la *Critique de la raison pure.*

CATHARSIS

Terme utilisé par Aristote (dans la *Poétique*) pour définir l'effet (purgation des passions) de la tragédie sur le spectateur : par exemple, le désir de meurtre réel serait satisfait, et donc « purgé » par le spectacle d'un meurtre fictif. Cette thèse a été reprise, avec des variantes, par certains théoriciens modernes du théâtre (notamment Antonin Artaud), ainsi que dans des thérapeutiques psychologiques comme les psychodrames ou les sociodrames.

◆ En psychanalyse, désigne le rappel à la conscience d'un événement refoulé et la disparition des troubles qu'il provoquait.

CAUSALITÉ, CAUSE

Ce qui produit un effet est appelé **cause.**

◆ Le terme a eu dans la philosophie ancienne un sens plus vaste qu'aujourd'hui. Aristote* en distingue quatre sortes : **formelle** (l'idée ou le modèle à quoi correspond l'objet), **matérielle** (la matière dont est fait l'objet), **efficiente** (l'agent de la modification) et **finale** (ce en vue de quoi l'objet existe, ou présentation d'un phénomène comme moyen d'une fin). La scolastique raffinera sur cette analyse, mais à partir du XVIIe siècle, le terme prend son sens actuel, en fonction du développement des connaissances scientifiques : ne retenant que l'efficience, on nomme alors cause le phénomène antécédent qui détermine l'existence de l'effet.

◆ Les empiristes ont bien entendu sur la réalité de cette détermination les mêmes réserves que sur l'existence du **principe de causalité,** qui est la relation entre une cause et son effet. Ce principe énonce que « tout phénomène a une cause ». Pour les philosophes rationalistes (notamment Kant*), il est nécessairement *a priori** et constitutif de l'expérience. Les empiristes (Locke*, Hume*) affirment au contraire qu'il ne s'inscrit progressivement dans l'esprit humain que par l'habitude d'observer une succession régulière des phénomènes.

◆ On appelle **« cause première »** celle qui ne dépendrait d'aucune autre antérieure, mais qui peut être conçue comme l'origine des autres causes, dites secondes. C'est donc, pour la théologie classique, Dieu, défini comme **cause de soi.** Saint Thomas* a élaboré avec ces termes une variante de l'argument aristotélicien du Premier Moteur.

➤ DÉTERMINISME, FINALISME.

CAVERNE (MYTHE DE LA)

Dans le 5e livre de la *République,* Platon décrit sous forme d'allégorie l'ignorance humaine due aux entraves que le corps fait subir à l'âme. Notre situation avant l'accès à la sagesse philosophique serait comparable à celle de prisonniers qui croient réelles les ombres des objets qu'ils voient défiler sur la paroi d'une caverne au fond de laquelle ils sont enchaînés.

Ce mythe montre que les apparences trompent l'esprit, mais aussi que ce dernier s'y habitue et risque même d'y trouver une sorte de sécurité. La conséquence, chez Platon, en sera une condamnation radicale de toute connaissance prétendant s'élaborer à partir du monde matériel, décidément trop instable et fuyant.

Le mythe s'achève par une évocation symbolique de l'initiation philosophique quand l'un des captifs – après avoir été détaché – est invité à marcher vers la lumière, c'est-à-dire à s'élever jusqu'à la connaissance intelligible malgré les obstacles qu'il va rencontrer.

CENSURE

◆ Au sens classique et social, la censure désigne la surveillance exercée par un pouvoir sur la liberté d'expression (en particulier artistique) au nom de la sécurité publique ou de la morale. Outre l'aspect dérisoire que prennent avec le temps les procès ou interdictions (cf. par exemple le procès de *Madame Bovary*), on notera qu'une censure ne semble jamais dotée d'une efficacité totale, ne serait-ce qu'en raison de la diversité des régimes politiques dans le monde contemporain.

◆ En **psychanalyse,** on nomme censure l'instance inconsciente qui interdit l'accès à la conscience des désirs soumis au refoulement*. Ces désirs pourront reparaître dans les lapsus, actes manqués, symboles oniriques, etc., après avoir emprunté des formes de substitution les rendant en apparence « inoffensifs » pour la conscience morale.

CERCLE DE VIENNE

Association fondée en 1929 (publication du manifeste : *Conception scienti-*

fique du monde : le Cercle de Vienne) et réunissant autour de M. Schlick (1882-1936) des scientifiques, philosophes et logiciens allemands et autrichiens, parmi lesquels Carnap, Reichenbach et, à ses débuts, Wittgenstein*.

◆ On s'y efforce d'opérer des distinctions rigoureuses entre les *énoncés empiriques* (synthétiques et *a posteriori*) et les propositions logiques de la science (qui sont considérées comme strictement formelles, donc analytiques et tautologiques) ou *énoncés protocolaires.* Par là même sont évacués comme non pertinents les concepts « vides de sens » et les « pseudo-problèmes » (en fait toutes les questions métaphysiques) dus à l'introduction, dans le raisonnement, d'éléments incontrôlables parce qu'*a priori.* L'objectif du Cercle de Vienne est de constituer un langage scientifique unifié grâce à une logique symbolique, véritable langue commune à toutes les sciences.

◆ Il aboutit à ce qu'on nomme, par référence à la philosophie d'A. Comte*, **néopositivisme** ou philosophie analytique, qui, en délaissant le réel physique au profit d'une combinatoire de signes, conçoit le progrès scientifique comme un progrès dans la formalisation, réduit la philosophie à la seule analyse de l'expression scientifique ou logique, et se heurte finalement au problème des relations pouvant et devant exister entre les signes et les faits ou choses auxquels ils renvoient.

➤ RUSSELL.

CERCLE LOGIQUE, OU VICIEUX

Faute de raisonnement qui consiste à démontrer un énoncé par un autre alors que le second dépend lui-même du premier.

CERTITUDE

État d'esprit de celui qui, donnant pleinement son assentiment, tient un jugement pour certain et croit, de ce fait, posséder la vérité. Terme ambigu dans la mesure où il désigne tantôt une attitude subjective – relevant de la croyance – fondée sur des motivations irrationnelles, tantôt une conviction qui s'appuie sur des critères objectifs (certitude mathématique, par exemple).

Descartes* entend par l'expression « certitude morale » la probabilité très grande et, en tout cas, suffisante, sur laquelle on s'appuie pour ne pas douter raisonnablement de tout ce sur quoi nous réglons « nos mœurs ».

➤ CONNAISSANCE, CROYANCE, FOI, VÉRITÉ.

CHAOS

Chez les Grecs, notamment selon la cosmogonie d'Hésiode, c'est d'abord le Vide primitif, l'Abîme originel qui précède l'apparition des choses. Le chaos est devenu ensuite, dans la pensée grecque, le mélange désordonné d'éléments, avant l'intervention du démiurge* créateur du cosmos* constitué d'êtres ayant pris forme. Les stoïciens*, puis Ovide, ont définitivement fixé le sens du terme comme état de désordre où toutes choses sont mêlées et indifférenciées.

CHARISME

(Du grec *charisma,* « grâce », « don ».) Il s'agit d'un don – reçu de la nature ou des dieux – qui place au-dessus du commun l'heureux bénéficiaire de qualités et d'aptitudes exceptionnelles.

◆ Le charisme a d'abord une signification religieuse et trouve par exemple son illustration dans le **christianisme** avec l'épisode de la Pentecôte, au cours duquel les apôtres reçurent le don des langues – la secte pentecotiste veut d'ailleurs réactualiser ce charisme originel en y ajoutant le don de guérison. Il permet également au prophète – choisi par Dieu – de servir de médiateur entre les hommes et la divinité.

◆ Mais l'attitude charismatique, débordant souvent la sphère purement religieuse, se retrouve aussi dans le domaine **politique** comme le montre Max Weber*, qui voit dans le pouvoir charismatique l'un des trois types essentiels de domination – avec le pouvoir traditionnel et le pouvoir légal. On aboutit ainsi à l'« homme providentiel » – avatar du surhomme nietzschéen – dont l'autorité, fondée sur les qualités prodigieuses qu'on se plaît à lui reconnaître, est puisée aux sources de l'irrationnel.

CHOMSKY

(Noam, né en 1928.) Linguiste américain qui, en centrant ses recherches sur les performances individuelles de la parole* (par opposition aux structures de la langue*) rompt avec l'héritage de F. de Saussure*.

◆ Sensible aux travaux menés par la logique et la cybernétique contemporaines aussi bien qu'aux hypothèses de Descartes* et de Port-Royal sur la créativité du langage, Chomsky aboutit à une **description « générative »** de tout énoncé : il s'agit de montrer par quelles transformations s'articulent entre elles des structures profondes (niveau des concepts) et des structures superficielles (niveau de ce qui se réalise phonologiquement dans le discours). D'où l'expression de « grammaire générative transformationnelle ».

◆ Hostile aux théories behavioristes et à la pure description linguistique, Chomsky élargit de nouveau sa discipline vers la psychologie (question de l'origine et de l'universalité – ou non – des structures grammaticales) et le problème classique des rapports entre le langage et la pensée. Il se montre de plus soucieux de prolonger son travail de spécialiste par des prises de position morales et politiques (contre la guerre du Viet-nâm, pour la liberté d'expression) qui lui confèrent une stature d'« intellectuel » quasi sartrien.

ŒUVRES PRINCIPALES : *Structures syntaxiques* (1957) ; *Linguistique cartésienne* (1966) ; *Le Langage et la pensée* (1968) ; *Théories du langage. Théories de l'apprentissage* (1975) ; *Réflexions sur le langage* (1977).

CHOSE

Réalité statique, individuelle et concrète ; de plus, réalité objective indépendante de l'esprit, selon la définition de Durkheim* : « Est chose… tout ce que l'esprit ne peut arriver à comprendre qu'à condition de sortir de lui-même, par voie d'observation et d'expérimentation. » En ce sens, d'après cet auteur, les faits sociaux sont des choses.

◆ Descartes, quant à lui, parle de la « chose pensante » ou âme, et de la « chose étendue » ou corps, en donnant au terme le sens de substance qui est une chose n'ayant « besoin que de soi-même pour exister ».

◆ En philosophie morale, les choses – qui dépendent de la nature et qui ont valeur, toute relative, de moyens – s'opposent, au moins depuis Kant*, aux personnes, êtres raisonnables dont la dignité exige qu'elles soient traitées comme des fins.

◆ **La chose en soi** s'oppose chez Kant au phénomène* : elle ne peut être connue. Elle peut néanmoins être « pensée » – au risque, cependant, que ne soit pas respectée son altérité radicale par rapport à la pensée. C'est ce non-respect que Heidegger* reproche notamment à la métaphysique, mais aussi à l'attitude scientifique : sous prétexte de la maîtriser et d'en percer les secrets, elles ne tiennent pas compte de la « choséité » de la chose, c'est-à-dire de son caractère propre.

➤ DURKHEIM, PERSONNE.

CHOUETTE DE MINERVE

Image utilisée par Hegel* à la fin de sa préface aux *Principes de la philosophie du droit :* « L'oiseau de Minerve ne prend son vol qu'à la tombée de la nuit. » Hegel souligne ainsi que la philosophie, telle la chouette de Minerve, ne peut anticiper sur l'événement, ni prévoir ou prédire l'avenir : le rôle de la philosophie est de comprendre.

PHILOSOPHIE CHRÉTIENNE

JUDAÏSME

• Prophètes
(Ancien Testament)
annoncent la venue
du

CHRIST

• fonde une religion
révélée centrée sur le **salut**

↓

Nouveau Testament

→

Paul
ébauche de la Cité céleste :
• soumission des uns aux autres dans la foi du Christ

↓

Saint Augustin
(354-430)
• l'homme doit réaliser sa perfection en participant à l'amour de Dieu.
La Cité de Dieu (419-426)

←

MOYEN ÂGE : intégration progressive de l'aristotélisme dans le christianisme :
saint Thomas d'Aquin (1228-1274)

XVIIIe SIÈCLE : critiques du christianisme comme immoralisme :

Voltaire → déisme
Rousseau → théisme
Diderot → vers le matérialisme
Holbach (d') → athéisme

Le christianisme comme étape de l'humanité :

• **G.W.F. Hegel**
(1770-1831)
exprime l'Esprit, mais le dogme implique la non-conciliation de l'Esprit avec lui-même.
La philosophie doit donc en donner le sens.
L'Esprit du christianisme et son destin (1798)

• **G.E. Lessing**
(1729-1781)
seconde et avant-dernière étape de la progression de l'humanité vers la perfection

• **Sören Kierkegaard**
(1813-1855)
le « Chevalier de la Foi »
• séparation de la foi et du savoir : il ne faut pas connaître, mais **exister** en Christ.
L'Alternative (1843)

↓

EXISTENTIALISME CHRÉTIEN
M.D. Unamuno (1864-1936)
N. Berdiaev (1874-1948)
• philosophie eschatologique
K. Jaspers (1883-1969)
G. Marcel (1889-1973)
• espérance et foi comme dimensions de l'existence

NÉOTHOMISME
J. Maritain (1882-1973)
E. Gilson (1884-1965)

RETOUR AU JUDAÏSME
M. Buber (1878-1965)
E. Levinas (1905-1995)
M. Blanchot (né en 1907)

CICERON

(Marcus Tullius Cicero, 106-43 av. J.-C.) Orateur et homme politique romain, qui fut le véritable créateur d'une prose philosophique latine, tout en étant conscient de la nécessité, pour un Romain prétendant philosopher, de commencer par transposer l'enseignement des Grecs dans sa langue.

Dans ses traités *La République* et *Les Lois*, il s'inspire de Platon, qu'il essaiera de concilier avec le stoïcisme (il est hostile à l'épicurisme) pour mettre au point une morale quotidienne tenant compte des exigences de la vie civique. On lui a fréquemment reproché son éclectisme*, mais la forme dialoguée qu'il a volontiers donnée à sa réflexion le montre plutôt soucieux d'éprouver la validité des différents systèmes auxquels il s'intéresse par une véritable confrontation.

AUTRES ŒUVRES : *Les Tusculanes ; De la nature des dieux ; Les Devoirs ; L'Amitié*, etc.

CITÉ, CITOYEN

◆ Du latin *civitas,* la cité est une **communauté politique organisée** possédant un minimum d'autonomie. Aristote* montre d'une part que, l'homme étant « par nature un animal politique », « la cité est un fait de nature », et d'autre part que, ayant atteint son développement optimal, elle réalise son « indépendance économique » et permet ainsi de « bien vivre ».

◆ Le **citoyen** est celui qui jouit des droits et s'acquitte des devoirs définis par les lois et les mœurs de la cité : la citoyenneté est avant tout le résultat d'une intégration sociale, si bien que « civiliser » veut d'abord dire « rendre citoyen ».

◆ En raison de la dimension des États modernes, le rapport du citoyen à sa communauté a perdu toute immédiateté : la citoyenneté doit en conséquence être redéfinie à partir du XVIIIe siècle, notamment chez Rousseau*. Le citoyen bénéficie de l'égalité devant la loi, de la « sécurité » et de la liberté grâce à un contrat social* qui transforme l'individu en membre authentique du corps politique. Une telle conception aboutit à la *Déclaration des droits de l'homme et du citoyen,* où Marx ne trouvera, en fait de droits et devoirs universels, que ceux concernant exclusivement les membres de la classe bourgeoise. Une citoyenneté complètement conçue supposerait en effet que chaque citoyen soit bien perçu d'un point de vue **universel** (sans tenir compte de son origine, de sa classe sociale, de sa race, etc.) : elle ne pourrait exister que relativement à une organisation politique internationale – devenue totalement étrangère à l'ancienne définition de la Cité. En l'absence de cette juridiction internationale, la citoyenneté reste définie à l'intérieur d'une nation.

➤ ARISTOTE, POLITIQUE.

CIVILISATION

Pour la pensée classique, c'est fondamentalement l'ensemble des phénomènes religieux, intellectuels, politiques, etc., et des valeurs qui y correspondent, caractérisant les populations qui participent de l'héritage gréco-romain et du christianisme. La civilisation s'oppose alors, de façon très ethnocentrique*, au sauvage ou à la barbarie*.

La pensée moderne a d'abord généralisé le concept pour l'appliquer à toutes les sociétés. On parle dès lors de la « civilisation amazonienne » ou chinoise aussi bien que de la « civilisation espagnole » ; mais, sous l'influence de l'anthropologie* anglo-saxonne, le terme est relayé en ce sens, dans la plupart des cas, par culture*.

CLASSE

Au sens **logique,** ensemble des objets possédant tous, et eux seuls, un ou plusieurs caractères communs. En logique contemporaine, la classe englobe le genre* et l'espèce*.

CLASSE SOCIALE

Groupe des individus ayant, de façon non institutionnelle, le même statut social.

La notion a été utilisée, au XIXe siècle, par certains historiens (Guizot, Thiers), auxquels Marx* l'a empruntée pour la préciser en concevant que : 1° toute société se divise en deux grandes classes opposées, l'une dominante et l'autre dominée, 2° la relation entre ces deux classes ne peut être que conflictuelle, 3° l'aboutissement ultime de cette lutte sera une « société sans classes ». On constate toutefois dans le monde contemporain qu'une mobilité sociale existe, qui permet aux individus de passer d'une classe à l'autre avec une relative facilité, dans la mesure où l'appartenance de classe se repérerait de plus en plus exclusivement selon des critères économiques.

➤ CONSCIENCE DE CLASSE, LUTTE DES CLASSES.

CLASSIFICATION

Répartition d'un ensemble d'objets ou de concepts en classes* ou sous-ensembles hiérarchiquement coordonnés ; elle s'appuie sur des critères intellectuels alors que le **classement** (alphabétique par exemple) est simplement pratique. Ainsi en biologie, la classification des êtres vivants va de l'espèce au genre, du genre à la famille, de la famille à l'ordre, etc.

◆ On qualifie d'*artificielle* une classification ne s'appuyant que sur des qualités accessoires et arbitrairement choisies (par exemple la classification des plantes par Linné), et de *naturelle* celle qui, s'appuyant sur des qualités fondamentales, rapproche les objets sembables.

CLASSIFICATION DES SCIENCES

Elle a constitué un problème philosophique durable. Si pour les Anciens, elle correspond globalement aux divisions de la philosophie elle-même (mathématiques et physique font partie de la philosophie naturelle), le Moyen Âge commence à esquisser des systèmes de coordination du savoir. Ainsi, saint Bonaventure distingue par exemple quatre embranchements fondés sur quatre principes de connaissance : les sept arts mécaniques (industrie et commerce) ; les beaux-arts ; la philosophie, elle-même subdivisée en logique (grammaire, logique proprement dite et rhétorique), philosophie naturelle (physique, mathématiques et métaphysique) et philosophie morale (morale individuelle, morale domestique et politique) ; enfin, la théologie comprend trois parties : le dogme, la morale chrétienne et la mystique.

◆ F. Bacon* inaugurera pour sa part une mise en ordre fondée sur le repérage de trois fonctions de connaissance, classification qui sera admise jusqu'aux Encyclopédistes, mais qui pèche, outre la confusion qu'elle maintient entre les domaines scientifique, littéraire et théologique, par le choix initial des facultés de connaître (au lieu des domaines connus) comme le font pratiquement toutes celles élaborées antérieurement à **Auguste Comte***.

◆ Ce dernier prend comme critère le niveau d'abstraction des disciplines scientifiques, qui lui paraît correspondre à la fois à leur degré de généralité et à leur ordre d'apparition historique : on part ainsi des mathématiques pour aboutir à la sociologie* en passant par l'astronomie, la physique, la chimie et la biologie. Cette classification, bien que critiquée, a l'avantage de pouvoir intégrer les sciences nouvelles (à l'exception de la psychologie, qui s'en trouve expulsée). Elle correspond de surcroît à un véritable programme d'éducation positive, ne s'intéressant qu'au savoir proprement scientifique et excluant en conséquence de son tableau la métaphysique et la théologie – ce que lui ont rapidement reproché de nombreux commentateurs chrétiens et spiritualistes. Elle reste aujourd'hui, malgré les tentatives ultérieures (notamment celle de H. Spencer), la plus connue et relativement la plus efficace.

➤ INTROSPECTION, POSITIVISME.

CLAUSEWITZ

(Karl von, 1780-1831.) Général et théoricien militaire prussien. Trés attentif aux phénomènes nouveaux que constituent à son époque la levée en masse et la guerre de propagande telles que les a menées la Révolution française, il en déduit qu'une nation doit désormais s'engager tout entière (et plus seulement par son armée) dans un conflit, et que son but doit être la destruction intégrale de l'ennemi. De telles conclusions sont à l'opposé des analyses classiques de la guerre, marquées par le recours à des armées de mercenaires, et que partage encore, par exemple, Rousscau, lorsqu'il admet dans le *Contrat social* que la participation du citoyen à un conflit armé n'est qu'un rôle momentané.

On doit à Clausewitz la formule fameuse selon laquelle « la guerre n'est que la continuation de la politique par d'autres moyens ».

ŒUVRE PRINCIPALE : *De la guerre.*

CLINAMEN

Terme latin (on le doit à Lucrèce) désignant, dans le système d'Épicure*, la déclinaison des atomes grâce à laquelle, lorsqu'ils tombent dans le vide, ils peuvent s'agglomérer selon leurs qualités respectives pour former les corps.

Cette notion, absente de Démocrite*, permet à Épicure d'inscrire le libre arbitre dans l'âme humaine dès sa constitution puisque les atomes particulièrement subtils qui la composent en bénéficient.

➤ ÉPICURISME.

CŒUR

Alors que la valorisation du cœur est un thème littéraire fréquent – « on ne voit qu'avec le cœur » (Saint- Exupéry) –, en philosophie le cœur est traditionnellement considéré comme le siège des sentiments et, en tant que tel, opposé aux facultés intellectuelles.

◆ Le cœur est ainsi, chez Platon*, le dynamisme **affectif** qui constitue l'élément régulateur de l'âme. Dans la philosophie de Platon, la puissance du cœur coopère avec la raison* pour permettre à celle-ci de contrôler efficacement l'action désordonnée des désirs tumultueux.

◆ Chez Pascal*, l'opposition du cœur et de la raison est de l'ordre de la **connaissance.** Il distingue, d'une part, l'esprit de géométrie déductif, démonstratif et d'ordre rationnel*, et d'autre part, l'esprit de finesse relevant du « cœur » et capable de saisir par intuition*. Cette antithèse entre le cœur ou l'intelligence intuitive d'un côté et le raisonnement discursif* de l'autre se retrouve dans la plupart des analyses de Pascal, notamment dans le domaine de la foi – le cœur lié au sentiment et permettant de saisir Dieu sans intermédiaire – et dans celui de la science, avec la connaissance par le cœur des premiers principes sans lequels la raison serait privée de fondement.

◆ Pour certains auteurs, dans le domaine de la **morale,** le cœur éclaire la conscience en opérant de manière préréfléchie, loin de tout savoir rationnel. Tel est le cas chez Rousseau*, qui fait état d'une expérience intime capable de discerner infailliblement le bien et le mal.

➤ CONSCIENCE MORALE.

COGITO

Verbe latin *(= je pense)* par lequel on résume traditionnellement ce qui constitue pour Descartes* la première vérité, indubitable grâce à son évidence*. Ce rétablissement métaphysique permet, du plus profond du doute* hyperbolique contestant l'existence de toute chose, d'affirmer la coexistence nécessaire de la pensée et de l'être. La formule complète « Je pense donc je suis » (*Discours de la méthode,* IV) ne doit pas cacher qu'il s'agit d'une véritable intuition, explicitée pour le discours, et non d'un raisonnement en forme de syllogisme : c'est simultanément que le sujet saisit l'existence de sa pensée par un acte de réflexion, le fait qu'un non-être

– qui ne peut rien produire – ne saurait penser, et la coextension de sa pensée et de son être.

Toutefois, une telle « substance pensante » risque d'être bloquée dans le solipsisme* si la présence de Dieu, qui garantira la validité de sa pensée (notamment en éliminant le malin génie*) ne lui permet pas de recomposer le monde autour d'elle. Les preuves cartésiennes de Dieu se rattachent donc directement au Cogito. On peut même affirmer qu'elles y sont implicites, en se rappelant que « je pense donc je suis » signifie aussi « je pense (mal) donc je suis (fini) » et que cette saisie de l'imperfection ne peut se faire que sur l'horizon d'une perfection dont j'ai en moi l'idée : la preuve ontologique* aussi bien que celle qui considère Dieu par ses effets sont là sous-entendues, et le Cogito repère déjà le sujet « comme un milieu entre Dieu et le néant » *(Quatrième Méditation).*

◆ Dans l'histoire de la philosophie, ce moment proprement métaphysique sera progressivement interprété dans une optique de plus en plus psychologique : le Cogito devient alors synonyme de conscience et se trouve au fondement de certaines tendances de la recherche psychologique.

◆ **Husserl*** détachera le Cogito cartésien de son historicité (le sujet cartésien n'existant en effet que tant qu'il affirme consciemment sa pensée) pour, d'un côté, en relier nécessairement la qualité d'état de conscience à ce qu'il vise (le *cogitatum*) par l'intentionnalité* et, d'un autre côté, permettre au sujet cogitant de se saisir comme moi pur ou « transcendantal »*, intégralement identique à son acte propre : on atteint ainsi « l'univers de la conscience purement comme tel », qui inclut simultanément « le phénomène universel du monde existant pour moi » (Postface aux *Idées*) – le moi pur et le monde se constituant corrélativement.

◆ Marquée par Husserl comme par Heidegger*, la période existentialiste de **Sartre*** s'attachera à montrer, dès *La Transcendance de l'ego,* que « J'existe » constitue bien l'évidence première à partir de laquelle se posent à la fois la question du sens de cette existence et celle de sa liberté : le Cogito s'éprouve dans la pure « facticité » (dans son existence comme fait immédiat, ici et maintenant), mais c'est comme foyer de sens possibles à inventer inlassablement.

COHÉRENCE

Qualité d'un raisonnement ou d'un texte dans lequel on ne peut déceler de contradiction*.

➤ COMPATIBILITÉ.

COLLECTIF, COLLECTIVISME, COLLECTIVITÉ

◆ Est collectif ce qui concerne un nombre fini d'individus qui constituent un groupe, alors que le **général*** désigne ce qui appartient à une pluralité indéfinie d'individus.

La **conscience collective** est, chez **Durkheim***, l'instance qui, née de l'association des « âmes individuelles », constitue une « individualité psychique d'un type nouveau » faite de représentations communes, de manières de sentir, de penser et d'agir communes à tous les membres du groupe.

◆ Le **collectivisme** désigne le régime économique qui préconise l'appropriation collective des moyens de production, la propriété individuelle des biens de consommation étant maintenue. Le terme désigne parfois de nos jours l'intervention de l'État quand celui-ci procède à des planifications et à des nationalisations plus ou moins importantes. De là, fréquemment, un glissement de sens péjoratif faisant du collectivisme la doctrine sociale et économique qui sacrifie l'individu à la société.

◆ Un ensemble d'individus dont le rassemblement est dû à des affinités naturelles, à un but commun, ou à leur sentiment d'appartenir à une seule totalité est appelé **collectivité.** On peut ainsi évoquer aussi bien une collectivité nationale que des collectivités plus restreintes, professionnelles par exemple.

En économie politique, on nomme éventuellement collectivité des moyens de production leur propriété collective.

➤ COMMUNISME.

COMBINATOIRE

En mathématiques, l'**analyse combinatoire** cherche à produire toutes les combinaisons possibles à partir d'un nombre fini d'objets afin de les dénombrer et d'en recenser les propriétés. Par analogie, chez Leibniz*, c'est l'extension de cette démarche à tous les concepts après leur traduction en symboles formels. On obtient ainsi le versant synthétique de la logique*, véritable art d'inventer et ancêtre de la logistique* contemporaine.

COMENIUS

(Jan Amos Komensky, dit, 1592-1670.) Intellectuel tchèque, et l'un des plus notables de son pays. Son œuvre, tant en latin que dans sa langue, concerne de nombreux domaines : poésie et prose, théorie littéraire, théologie, philosophie ou pédagogie. Ordonné pasteur en 1616, mais condamné à de nombreuses errances à travers les pays européens par les événements politiques qui affectent la Moldavie, il définit aussi bien ce que pourra être un classicisme national qu'une poétique nouvelle, dotée d'une langue soigneusement codifiée.

◆ Il est surtout le représentant d'une **« pansophie »,** fondée sur le principe affirmant l'unité de l'acte créateur divin et de la finalité de tout vivant. Cette pansophie, qui hiérarchise les savoirs – des sciences de la nature à la théologie en passant par la philosophie –, hérite du symbolisme médiéval et du néo-platonisme de la Renaissance. Elle constitue une réplique au mysticisme de Boehme*. Cette unification des savoirs doit prendre corps dans un *Collegium Pansophicum,* sorte d'académie mondiale capable de créer une langue internationale, d'unir les esprits et de garantir la paix universelle. Ses écrits et ce projet lui valent à travers toute l'Europe une très grande renommée (et Richelieu envisage de le faire venir en France fonder une école pansophique).

◆ C'est aussi pour refondre l'homme et son esprit que Comenius propose une **pédagogie nouvelle,** qui lui vaudra d'être qualifié de « Galilée de l'éducation » par Michelet et dont les principes sont exposés en 1632 dans *La Grande Didactique :* l'enseignement dispensé doit être le même pour tous les individus, indépendamment du sexe et de la condition, il doit viser le développement de l'humanité même de l'individu, et non la préparation à une fonction sociale. Comenius invente la méthode des leçons de choses, et sa conception sur l'enseignement des langues est immédiatement adoptée dans les écoles des Jésuites.

Ayant vécu personnellement de multiples deuils et pertes, Comenius reste persuadé que pour vaincre l'inhumanité, l'éducation de tous et une culture accueillante restent les meilleures armes.

Œuvres : *Pages choisies,* présentées par J. Piaget (Unesco) ; *Le Labyrinthe du monde et le Paradis du cœur.*

COMMUNAUTÉ

La notion désigne – en psychologie sociale – un groupe d'individus qui, non seulement vivent en commun grâce à des ressources communes, mais encore se sentent solidaires les uns des autres et ont conscience de former ensemble une unité sociale organique – soudée par le même idéal –, voire même un « nous » fraternel. On parlera, en ce sens, et, à des degrés divers, d'une communauté religieuse, d'une communauté de travail ou d'une communauté familiale.

◆ En sociologie, la notion signifie la possession en commun des biens par un groupe social ; elle s'applique notamment à l'utopie* platonicienne de la mise en commun des femmes et des enfants, et, plus généralement, à tout régime économique et social qui interdit la propriété individuelle.

◆ Le philosophe et sociologue allemand Tonnies (1855-1936) distingue la **communauté** *(Gemeinschaft)* de la **société** *(Gesellschaft)*. Alors que la première est une forme naturelle de la vie sociale qui – reposant sur l'instinct et l'affectivité – s'exprime par les liens de parenté ou d'amitié, la seconde – qui procède de la raison – permet les rapports contractuels, l'échange et le commerce, mais crée en revanche des relations sociales artificielles et impersonnelles.

◆ La notion même de **communauté politique,** telle qu'elle est utilisée philosophiquement à partir des théoriciens du contrat social*, montre l'insuffisance de ce point de vue sociologique, tout en amenant à réfléchir sur la nature du lien qui peut en unir les membres. La communauté est bien un fait de culture, impliquant un choix au moins initial, par lequel les hommes passent d'une simple coexistence à un partage de droits et de devoirs. Mais un idéal de vie communautaire, accentuant uniquement les relations entre membres, risque d'aboutir, soit à une tendance globale au totalitarisme, soit à privilégier des « tribus » locales trouvant à se loger dans l'ensemble d'un corps politique.

➤ COMMUNISME, PERSONNALISME, SOCIÉTÉ.

COMMUNICATION

Dans son acception la plus générale, désigne tout processus d'échange d'un message entre un émetteur et un récepteur – qui peuvent être aussi bien animaux qu'humains. Le concept de communication couvre ainsi un domaine très vaste, allant des chants des oiseaux à l'information télévisée en passant par les gestes ou l'appel transmis au tambour dans les sociétés africaines. C'est pourquoi la linguistique fait une distinction entre les **systèmes de communication** (qui possèdent un nombre stable d'unités et des règles constantes permettant leur combinaison), dont le meilleur exemple est le langage*, et les **moyens de communication** (qui n'ont ni unités ni règles stables).

◆ Lorsqu'il y a volonté d'échange entre deux personnes (cas du dialogue*), on a pris l'habitude de considérer la communication comme problème psychologique, sinon métaphysique ; car rien n'y garantit *a priori* que le langage respecte l'intégrité des sujets en cause, ni que le message ne risque pas d'être mal interprété (en raison de la polysémie des mots, des connotations* particulières que chacun peut y attacher, etc.).

◆ La prolifération des **communications de masse** *(mass media)* complique la situation. Elles peuvent être soumises à un pouvoir, notamment politique, les utilisant à des fins de propagande ; d'autre part, selon les analyses du sociologue canadien MacLuhan, c'est le medium (instrument de communication) qui y modèle ou transforme le message en fonction de ses propres particularités : le sens d'une « information » différerait selon qu'elle est transmise par un medium « froid » (le journal, par exemple, qui implique une réception à peu près solitaire et la possibilité d'une relecture) ou par un medium « chaud » (la télévision, qui occupe l'attention de plusieurs sens et dont l'image ne sera que rapidement consommée, généralement une seule fois).

◆ De plus, on doit s'interroger sur la relation qui peut demeurer entre l'événement réel et l'événement ainsi transmis : l'universalisation des transmissions rapides, et l'accès de (presque) tous à une information de plus en plus envahissante en même temps que nivelante (le récit ou l'image d'un événement chasse l'autre avant qu'on ait pu mesurer l'importance du premier) nécessitent un questionnement sur la formation d'un **univers « virtuel »,** dans lequel tout se vaut parce que tout y est traité de la même façon, et qui vient doubler le quotidien, sinon s'y substituer progressivement.

◆ Du point de vue de la psychologie moderne (particulièrement phénoménologique et existentialiste), la **communication des consciences,** par laquelle une conscience se met en situation de compréhension* complète à l'égard d'une autre, peut s'effectuer de façon directement intuitive et sans recourir au raisonnement. On peut admettre avec Levinas que ce qui est alors prioritairement communiqué, c'est la présence de l'autre comme humain, grâce à la perception de son visage*, et qu'une telle communication a radicalement une portée morale.

◆ En transposant la question sur un plan strictement technologique, la **théorie des communications** en donne un schéma simplifié dans lequel codage et décodage du message sont univoques, et où le récepteur a la possibilité d'assurer la régulation de la transmission *(feedback)*. C'est pourtant en s'en inspirant que l'anthropologue Gregory Bateson a pu montrer que tout comportement, même très élémentaire, est chargé de signification, autrement dit que la communication est l'activité humaine par excellence, assimilable à la culture* dans son ensemble. La notion de communication englobe alors toutes les formes possibles de l'échange* social, et inclut même la circulation – au-delà des stricts messages – des biens et des personnes.

➤ BAUDRILLARD, HABERMAS.

COMMUNISME (MARXISTE, PRIMITIF, UTOPIQUE)

De façon générale, le terme **communisme** désigne toute organisation politique, économique et sociale ayant pour fondement la propriété collective des biens ou des moyens de production.

◆ À strictement parler, le communisme est chez **Marx*** l'aboutissement ultime de la révolution prolétarienne*. Il succède au dépérissement de l'État qui met fin à la phase socialiste, et il est difficile d'en définir la nature dans la mesure où l'homme communiste sera un homme « nouveau », dont les réactions et l'affectivité seront tout à fait différentes des nôtres. On peut toutefois préciser que cette société nouvelle serait « sans classes » et que l'homme nouveau serait la réalisation complète de l'être humain, enfin débarrassé de toute aliénation* et capable de s'épanouir tant dans son travail que dans toutes les activités créatrices. L'adjectif **communiste** s'applique à un individu ou un parti adhérant (plus ou moins fidèlement) au matérialisme historique* de Marx et ayant donc pour but lointain le passage au communisme.

◆ On nomme **communisme primitif** la propriété collective des sols et des biens qui aurait existé dans les sociétés archaïques ou « primitives ». Cette conception a été reprise en particulier au XIXe siècle par l'ethnologue américain L.H. Morgan (1818-1881), dont les travaux ont été utilisés par Engels* – qui y trouvait la preuve de l'existence, antérieurement aux sociétés « historiques » animées par la lutte des classes, de sociétés harmonieuses dont le communisme marxiste devrait être en quelque sorte l'équivalent à la « fin » de l'histoire. La notion de communisme primitif est aujourd'hui fortement contestée.

◆ L'expression **communisme utopique** désigne l'ensemble des théories qui, de Platon* à More*, Morelly* ou Babeuf*, ont affirmé la nécessité de la mise en commun des ressources et des biens, parfois des individus eux-mêmes (femmes ou enfants) pour construire une société juste. La connotation légèrement péjorative de l'expression est due à l'influence de la pensée marxiste, dont la voie vers le communisme se prétend pour sa part « scientifique ».

➤ RÉVOLUTION, SOCIALISME, UTOPIE.

COMPARAISON

Définie par Condillac* comme une « double attention », c'est l'opération par laquelle on recense les ressemblances et les différences entre deux ou plusieurs concepts ou objets.

Lorsqu'on travaille dans des disciplines où l'expérimentation* directe n'est pas praticable (histoire, sociologie, ethnologie, etc.), la *méthode comparative,* qui consiste à rapprocher des faits d'origines différentes pour y repérer les éléments communs, reste le seul équivalent possible de la méthode expérimentale.

COMPATIBILITÉ

C'est l'une des qualités réclamées d'une axiomatique* correcte : elle garantit que les axiomes retenus ne se contredisent pas entre eux.

COMPLEXE

L'adjectif qualifie ce qui est constitué de plusieurs éléments. Les logiciens de Port-Royal nommaient particulièrement **idée** ou **proposition complexe** celle qui peut se décomposer en plusieurs idées ou propositions simples. Ainsi, la phrase « Dieu infini a créé le monde fini » se ramènerait par analyse à trois assertions : « Dieu est infini », « Dieu a créé le monde », « Le monde est fini ». Une telle démarche a été réactualisée en linguistique par Chomsky*.

◆ Le substantif (introduit par Breuer, puis utilisé par Freud* et ses successeurs) désigne **en psychanalyse** un ensemble organisé de représentations et volitions inconscientes, de type conflictuel, qui constitue une **structure fondamentale de l'affectivité.** En l'absence de traumatisme provoquant un refoulement*, l'évolution normale des complexes (dont le principal est celui d'Œdipe) va dans le sens de leur extinction progressive.

➤ CASTRATION, ŒDIPE.

COMPORTEMENT (PSYCHOLOGIE DU)

Psychologie qui, reposant sur l'observation du comportement, utilise la méthode objective et réduit à l'état d'épiphénomènes* les manifestations mentales du sujet. C'est le cas, notamment, du **behaviorisme** (de l'anglais *behaviour* : comportement), doctrine – d'origine américaine avec Watson, initialement influencé par les théories de Pavlov* – qui étudie les réactions observables (de toute nature) déclenchées par un stimulus* externe, sans aucune référence aux phénomènes de conscience. La psychologie du comportement a particulièrement travaillé sur les modalités du conditionnement* et les protocoles d'apprentissage (Skinner), en expérimentant dans un temps restreint et sans étudier le développement mental. Le **néo-behaviorisme** (Tolman) prend, de plus, en considération l'organisme en situation.

COMPRÉHENSION

Dans un sens très général, c'est l'acte ou la possibilité de comprendre ou, plus psychologiquement, de faire preuve de bienveillance à l'égard d'autrui.

◆ En **logique,** ce terme désigne l'ensemble des caractères appartenant à un concept, c'est-à-dire l'ensemble des prédicats* ayant le même terme pour sujet : plus la compréhension d'un concept est étendue (plus il est doté de prédicats), plus son **extension*** est réduite (il perd de sa généralité). On nomme compréhension décisoire l'ensemble des caractères constituant la définition* du concept.

◆ Dans les **sciences humaines,** on oppose la compréhension à l'**explication***, comme capacité de rendre compte d'une réalité humaine de manière globale, non analytique et en explicitant sa signification : au lieu de chercher des lois fidèles au modèle physico-mathématique, on dévoile un **sens.** Une telle attitude reprendrait la tradition « aristotélicienne » ou herméneutique privilégiant la finalité et l'intention. Illustrée d'abord par Dilthey* (« La compréhension est l'organe des sciences humaines »), Rickert et la « sociologie compréhensive » de Max Weber*, on la retrouve jusque dans la dernière philosophie de Wittgenstein*, qui distingue entre les causes et les « raisons » (motifs, projets, justifications, intentions, etc.) déterminant un comportement, ou entre les lois et les normes définissant une action selon deux modes différents. Dans cette optique, l'« empathie » que réclame la compréhension n'est plus seulement psychologique : il est nécessaire de « se mettre à la place » des acteurs, non seulement pour retrouver un contexte vécu, mais pour participer à un mode de vie au sens le plus large.

COMTE

(Auguste, 1798-1857.) Né à Montpellier d'une famille légitimiste et catholique, il perd très tôt la foi. Reçu à l'École polytechnique mais licencié pour indiscipline, il ne peut faire carrière dans l'Université : sa vie sera modeste et dépendra souvent de la générosité de disciples ou amis. De 1818 à 1822, il est secrétaire de Saint-Simon* – collaboration bénéfique pour les deux hommes qui ont quelques idées en commun. En 1826, Comte commence à donner, chez lui, un cours de philosophie scientifique, notamment suivi par des savants en renom. En 1844, la rencontre avec Clotilde de Vaux bouleverse sa vie : l'ardente passion (platonique) qu'il éprouve pour la jeune femme, qui meurt en 1846, lui fait découvrir l'importance de l'affectivité et l'incitera à attribuer à la femme un rôle privilégié dans sa construction sociale. Désormais, les problèmes moraux et religieux deviendront prépondérants, ce qu'acceptent mal certains disciples (Littré) qui croient déceler une contradiction entre la première et la seconde partie de l'œuvre. En 1848, il fonde la Société positiviste ; puis se nomme Grand Prêtre de la religion qu'il institue. Il meurt à Paris, dans un appartement qui deviendra le siège social du positivisme.

◆ La philosophie de Comte trouve son sens à l'intérieur de sa situation historique. Se proposant de lutter contre l'anarchie et l'indiscipline des mœurs, elle vise – en remédiant aux maux issus de la Révolution – à la restauration d'une période « organique » et « stable » qui repose sur l'ordre. On y parviendra en œuvrant d'abord contre la confusion des esprits, due à la coprésence de conceptions anciennes et modernes, logiquement incompatibles. Il faut donc faire l'histoire de l'esprit humain pour découvrir les croyances dépassées. Tel est l'objet de la **loi des trois états**, « épine dorsale du positivisme ».

Cette loi implique que la connaissance doit demeurer positive, en rester aux lois scientifiques et renoncer à la quête de l'absolu que fut la métaphysique. De même, les hypothèses sur la structure intime de la matière sont illégitimes ; d'une manière générale, Comte a fait sienne la formule de Littré : l'absolu est « un océan pour lequel nous n'avons ni boussole ni voile », et fixe d'une facon définitive, pour chaque science, les limites de sa positivité, de sorte que deviennent impossibles de nouvelles démarches théoriques.

◆ Cependant, les sciences sont solidaires et il convient de les aborder selon une filière bien déterminée, en allant du simple au complexe, de l'abstrait au concret. La **sociologie** apparaît alors comme couronnant l'édifice, mais elle reste à faire : Comte la constitue sous le double signe de l'ordre et du progrès. La « statique sociale » étudiera l'ordre naturel régnant dans toute société, qui repose sur quelques principes : classes sociales, propriété, travail, religion, famille (l'individu n'est pas l'élément premier). Le lien social est d'ailleurs maintenu grâce à certaines constantes de l'esprit humain qui n'est pas uniquement égoïste (cf. Hobbes*), mais aussi et surtout altruiste.

◆ Le **progrès** sera étudié par la « dynamique sociale » qui envisage l'évolution historique en appliquant la loi des trois états au devenir des civilisations. L'âge théologique est celui de la théocratie et de l'esprit militaire (de l'Antiquité au Moyen Âge). L'âge métaphysique, de la Renaissance jusqu'au-delà de la Révolution, coïncide avec l'éveil de l'esprit critique. L'âge positif représente surtout l'avenir. Il s'agit de retrouver l'idéal médiéval (Comte admire le XIIIe siècle), mais en tenant compte du nouveau monde scientifique et industriel : le pouvoir politique aura besoin des conseils des savants ; contrairement à l'opinion traditionaliste, il n'est pas question de restaurer un état antérieur, et la Révolution a eu raison d'éliminer les croyances théologiques. De plus, le progrès, qui perfectionne les éléments préexistants, ne remet pas en cause la structure sociale, permanente à travers l'évolution. Ce souci de maintenir les « tissus sociaux » explique la méfiance à l'égard de l'histoire – dissoute dans la sociologie –

et la volonté d'intégrer le passé dans un ordre naturel inéluctable. On aboutit ainsi à une **philosophie de l'histoire** s'élevant contre toute atteinte à l'ordre hiérarchique et naturel des choses (esprit révolutionnaire) et à la tutelle du pouvoir spirituel (protestantisme).

◆ La sociologie se prolonge par une **morale** fondée sur l'amour et la solidarité. L'individu n'étant qu'une abstraction, l'être humain n'existe que dans et par la société (ce pourquoi la psychologie ne saurait être une science indépendante). La dette envers la société est immense : personne ne pourra jamais donner autant qu'il a reçu. Aussi le devoir s'impose-t-il comme notion morale fondamentale, le droit trouvant sa source dans l'erreur individualiste qui, provoquant l'anarchie sociale, oublie les liens entre individu et humanité.

◆ C'est finalement la **religion** qui sera le meilleur ciment de la société positiviste. Elle aura pour objet le « Grand Être » – l'humanité envisagée dans son devenir : l'ensemble des hommes vivants, ceux d'autrefois et de demain. Cette religion s'organisera autour d'un culte cristallisant un sentiment religieux récupéré du catholicisme. De plus, elle assurera le renforcement et la pérennité de la famille, avec une place privilégiée pour la femme. Ainsi sera vérifiée la maxime résumant l'essentiel du positivisme, que Comte voulut faire graver sur sa tombe : « L'amour pour principe, l'ordre pour base, le progrès pour but. »

◆ ***Système de politique positive***

Ce titre n'apparaît que pour la seconde édition (1824) de ce qui était intitulé en 1822 *Plan des travaux scientifiques pour réorganiser la société*, lors de sa parution dans un des cahiers du *Catéchisme industriel* de Saint-Simon*.

Ce changement de titre est symptomatique de la portée du texte, qui marque la rupture à l'égard du premier maître de Comte. L'histoire de l'humanité apparaît divisée en trois moments : théologique, métaphysique, positif – division où se devine une influence de Hegel*. Après la période de croyance aveugle aux pouvoirs divins, c'est l'apparition des systèmes philosophiques à proprement parler, puis l'accès au comportement scientifique.

Or, il s'agit, dans l'ère positive ou moderne, de concevoir l'action politique sur le modèle que proposent les démarches de la science : il convient de s'y débarrasser de « mythes » qui ont pu être utiles pour lutter contre la féodalité, mais deviennent sans raison après la Révolution de 1789. Telles sont par exemple des notions comme la liberté de conscience ou la souveraineté*, encore infestées d'esprit métaphysique. Parallèlement, le domaine socio-économique doit être l'objet d'une organisation strictement rationnelle qui permette de développer la production dans l'intérêt général et, ainsi, que dégénèrent et disparaissent les raisons de guerres entre les nations.

Cette vision, proche de la technocratie*, valut à Comte les critiques de Saint-Simon, beaucoup plus attaché aux valeurs religieuses ou morales. C'est pourtant pour confirmer son originalité que Comte republia, trente ans plus tard, ce texte en quatrième partie de son *Traité de sociologie instituant la religion de l'humanité.*

◆ ***Cours de philosophie positive***

L'œuvre principale de Comte, publiée entre 1830 et 1842. Après l'exposé de la loi des trois états*, Comte y montre que la fin du savoir scientifique est la prévision : il s'agit, selon la formule célèbre, de « savoir pour pouvoir ».

Puisque l'humanité est désormais entrée dans l'ère du savoir scientifique et positif, seules restent à constituer la science et la philosophie des phénomènes sociaux, précédées du recensement des sciences antérieures étudiées dans leur relation avec l'ensemble systématique du savoir, quant à leurs méthodes et à leurs résultats.

Le *Cours* établit donc la classification des sciences*, en fonction de leur généralité et de leur simplicité décroissantes – ce qui correspond à leur ordre historique d'accès au stade positif. La philosophie sociale apparaît, au terme de cette hiérarchie, comme le couronnement de l'ensemble du savoir.

◆ ***Catéchisme positiviste*** (1852), ou *Sommaire exposition de la religion universelle en onze entretiens systématiques entre une femme et un prêtre de l'humanité.*

Cet ouvrage de vulgarisation entend faire la synthèse du *Cours de philosophie positive* et du gigantesque *Traité* de 1851-1854. Les deux personnages indiqués dans le sous-titre peuvent y être magnifiés : il s'agit en fait de la Femme et du Prêtre.

Le *Catéchisme* révèle toute l'ambiguïté de la pensée finale de Comte : on n'accéderait à la rationalité suprême que par le biais de la religion. Cette dernière équivaut à la représentation sacralisée du lien social : Comte, politiquement conservateur, critique d'autant plus les athées qu'ils lui paraissent proches de la mentalité révolutionnaire ou anarchiste, et il a écarté de son calendrier positiviste (1849) les personnages qui lui semblent « négatifs » (Luther, Calvin, Rousseau) en consacrant au contraire mois et semaines à de grands rassembleurs d'humanité (Moïse, Bouddha, Mahomet...).

Le *Catéchisme* prétend intégrer les hommes dans une Église incarnant le Grand Être, « ensemble des êtres passés, futurs et présents qui concourent librement à perfectionner l'ordre universel » : en fait, le présent est subordonné à un univers éternel au point d'être statique. L'ouvrage d'autre part ne se prive pas d'emprunter dogmes et sacrements au christianisme.

Comte fait preuve d'un souci d'organisation maniaque, évaluant par exemple les besoins de la Terre entière à cent mille prêtres. Mais il affirme aussi que le pouvoir temporel, contrôlé par le spirituel, sera exercé par les trois banquiers les plus importants. Et il apparaît finalement que les rituels ou les neuf sacrements positivistes – présentation, initiation, admission, destination, mariage, maturité, retraite, transformation, incorporation (cette dernière consiste par exemple en une enquête de trois ans au terme de laquelle le prêtre admet ou exclut à tout jamais le défunt du corps de l'humanité) – qui doivent scander l'existence prétendent, par une surcharge émotionnelle rigoureusement contrôlée, enserrer l'individu dans une ritualisation utile pour compenser les perturbations et déséquilibres entraînés par l'industrialisation.

La religion positiviste – si critiquée par certains disciples de Comte – apparaît ainsi comme l'une des réactions de repli vers des comportements antérieurs, sinon archaïques, que provoqua la crise morale et sociale suscitée par les transformations de la société dans la première moitié du XIXe siècle.

AUTRES ŒUVRES : *Discours sur l'esprit positif* (1844) ; *Discours sur l'ensemble du positivisme* (1848) ; *Appel aux conservateurs* (1855) ; *Synthèse subjective...* (1856).

➤ CLASSIFICATION DES SCIENCES, ÉTATS (LOI DES TROIS), POSITIVISME, PROGRÈS, SCIENTISME, SOCIOLOGIE.

CONCEPT

Idée abstraite et générale, le concept pose d'abord le probléme de son **origine.**

Pour les empiristes*, les concepts sont l'aboutissement d'un processus d'abstraction* à partir de l'expérience, alors que pour les rationalistes, la raison les produit indépendamment de tout enseignement empirique. Kant* distingue les concepts purs, *a priori**, ou catégories* de l'entendement (exemples : unité, pluralité, causalité, nécessité) et les concepts *a posteriori** ou empiriques dont l'acte de formation relève de ce qu'il appelle le schématisme*.

◆ Autre problème classique : celui de l'**utilisation** des concepts. Pour éviter la sclérose de l'esprit (la trop rigoureuse cloture d'un concept menant d'après Alfred Korzybski à une schizophrénie* généralisée), on doit admettre un va-et-vient entre concepts et perceptions ou expériences de telle sorte que se produit un enrichissement mutuel. Bachelard* a ainsi montré qu'un concept scientifique se modifie en fonction de l'avancée des théories et que, dans son acception « ultime », il peut aller jusqu'à nier dialectiquement son acception de départ.

◆ C'est la non-coïncidence, dans la pensée individuelle, entre le concept où se résume toute une histoire et l'expérience radicalement originale, qui conduit certains auteurs (Nietzsche* ou Bergson* notamment) à privilégier la **pensée métaphorique.** S'il ne livre pas tous les aspects du réel ou du vécu, le concept constitue néanmoins grâce à sa richesse – qui en fait pour Durkheim* une représentation collective par rapport à quoi l'assimilation personnelle est toujours lacunaire –, une réserve inépuisable de jugements potentiels qui en sont comme l'explicitation indéfinie.

➤ HEGEL.

CONCEPTION

Opération par laquelle l'esprit construit, sans nécessairement faire appel à des données expérimentales, un concept* ou une idée générale. On dit aussi aujourd'hui, conceptualisation.

En **psychologie classique,** c'est le premier moment de l'acte volontaire : l'esprit y conçoit le but à atteindre.

CONCEPTUALISME

Doctrine qui s'oppose à la fois au réalisme* des universaux et au nominalisme*. Par opposition au premier, elle affirme la seule existence des individus en dehors du sujet connaissant. Par opposition au second, elle admet l'existence d'entités mentales (idées, concepts, notions générales) qui correspondent aux termes généraux, ces derniers n'étant pas de nature strictement linguistique.

CONCLUSION

Proposition qui achève un raisonnement, dont la vérité est déduite des énoncés antérieurs. En particulier, c'est la troisième proposition d'un syllogisme*.

CONCRET

La notion s'applique à ce qui est donné dans l'expérience soit **externe**

FORMATION ET ÉVOLUTION D'UN CONCEPT

(Bachelard,

ANIMISME	RÉALISME
« Appréciation quantitative grossière de la réalité. » « Concept-obstacle », qui relève de la psychanalyse de la connaissance préscientifique. Concept empiriquement restreint : « la masse n'est une quantité que si elle est grosse ».	Détermination objective précise par l'usage de la balance romaine (dont la pratique précède la théorie). Masse = Poids. « Pensée empirique, solide, claire, positive, immobile. »

(par exemple un fait physique, un objet donné par le truchement des sens), soit **interne** (un phénomène mental comme un rêve ou une émotion). Par extension, est qualifiée de concrète toute circonstance vécue dans sa dimension sociale et historique, par chaque homme en situation.

De toute manière le concret est, classiquement, singulier et individuel ; il s'oppose alors à l'abstrait*, qui est de l'ordre de la relation et du général. Il apparaît cependant que cette opposition peut être contestée : toute connaissance par concept (scientifique en particulier, mais peut-être d'abord philosophique) suppose que l'abstrait et le concret « coïncident » ou que l'abstrait soit bien « dans » le concret, d'une manière ou d'une autre. C'est pourquoi une pensée dialectique ne peut qu'approuver Hegel lorsqu'il affirme que « le concept est ce qui est absolument concret ».

CONDILLAC

(Étienne Bonnot de, 1715-1780.) Philosophe français. Après une formation religieuse, il fréquente les philosophes et Encyclopédistes (Fontenelle, Rousseau, Diderot), puis rédige pour le fils du duc de Parme un *Cours complet d'Instruction* en seize volumes (Grammaire, Art d'écrire, Art de penser, Histoire générale des hommes, etc.). Élu à l'Académie en 1768, il mène une existence retirée jusqu'à sa mort.

◆ Principal représentant de la psychologie française des Lumières* et fondateur du **sensualisme***, adversaire de Descartes* et s'inspirant de Locke*, Condillac ne maintient comme source des idées et de toute connaissance que la sensation, dont nos opérations intellectuelles résultent par élaboration et transformation. Le *Traité des sensations* imagine ainsi une célèbre statue, « organisée à l'intérieur comme nous et animée d'un esprit

SCIENTIFIQUE (exemple de la masse)

La Philosophie du Non, chap. I)

	SURRATIONALISME	
RATIONALISME CLASSIQUE	RATIONALISME COMPLEXE	RATIONALISME DIALECTIQUE
Mécanique rationnelle de Newton.	Relativité d'Einstein.	Mécanique de Dirac.
La masse se définit dans un corps de notions (quotient de la force par l'accélération). Elle est « étudiée dans un devenir des phénomènes, comme coefficient de devenir ».	La notion de « masse absolue » n'a plus de sens : la masse apparaît **relative** au déplacement de l'objet.	Notion de **masse négative :** on découvre **par calcul** deux masses pour le même objet.
Passage du réalisme des choses au réalisme des **lois.**	L'ancien « atome notionnel » devient complexe.	« La réalisation prime la réalité… La théorie est la vérité mathématique qui n'a pas encore trouvé sa réalisation complète. »
Temps et espace sont des **absolus** (*a priori* kantiens), des « atomes notionnels ».		
Rationalisme « fermé ».	Rationalisme « ouvert ».	Philosophie dialectique du « Pourquoi pas ? » Pourquoi la masse ne serait-elle pas négative ?

privé de toute espèce d'idées » pour démontrer que le savoir qu'elle élaborera progressivement ne lui viendra que par les sens. Le sentiment du « moi » n'est pour sa part rien d'autre que la totalisation des sensations actuelles et des sensations conservées.

◆ Dans un tel système, la logique est une partie de la psychologie : c'est la théorie des idées et des opérations sur les idées. Mais Condillac est le premier philosophe français à avoir élaboré le programme d'une **philosophie analytique** et à placer la réflexion sur le langage en son centre. Pour lui, « les idées abstraites et générales ne sont que des dénominations » *(Logique)* et ainsi le langage conditionne le développement de la pensée humaine : « Parler, raisonner, se faire des idées générales ou abstraites, c'est au fond la même chose. » Dès lors, puisque le langage sert de fondement à la pensée abstraite et à l'organisation du savoir, la science doit se définir comme « une langue bien faite ».

De telles conceptions (qui témoignent de l'influence, aux côtés de Locke, des logiciens de Port-Royal) préfigurent certains aspects de la linguistique moderne : Condillac affirme le caractère conventionnel du signe linguistique, et dans *La Langue des calculs*, il finit par trouver dans les mathématiques l'équivalent d'un langage sans signification qui anticipe sur le formalisme logique pour lequel le raisonnement ne dépend que des lois de combinaison des signes.

◆ Le sensualisme de Condillac influencera les Idéologues* du XVIIIe siècle, mais sera abandonné dès que se produira ultérieurement un regain d'intérêt pour le cartésianisme. Il n'en reste pas moins qu'il inaugure dès 1749 *(Traité des systèmes)* la philosophie critique* et construit sa théorie de la connaissance en la libérant de toute hypothèse métaphysique ou théologique, ainsi qu'en affirmant l'idée d'une limitation du savoir humain que l'on pourra utilement comparer à celle qu'en forme Kant* : « Autant nos sensations peuvent s'étendre, autant la sphère de nos connaissances peut s'étendre : au-delà toute découverte nous est interdite. »

Œuvres principales : *Essai sur l'origine des connaissances humaines* (1749) ; *Traité des sensations* (1755) ; *Logique* (1780) ; *La Langue des calculs* (posthume, 1798).

CONDITION

◆ Dans son acception strictement logique, ce terme désigne l'assertion dont dépend une autre de telle façon que si *a* est vrai (ou faux), *b* l'est également. C'est notamment dans ce sens que l'on évoque une condition **nécessaire et suffisante.**

◆ Lorsque le mot est appliqué aux phénomènes, on ne doit pas le confondre avec la cause* dans la mesure où la condition, bien que sa présence soit nécessaire pour que l'effet se produise, n'est pas entièrement déterminante. Dans ce cas, le mot est souvent utilisé au pluriel. Kant* considérait ainsi le temps et l'espace comme les conditions de toute expérience*.

◆ La philosophie contemporaine évoque volontiers la **condition humaine** pour désigner, de façon plus précise et moins « idéaliste » qu'en recourant à l'expression de nature humaine, ce que la situation de chaque individu dans le monde et l'histoire peut avoir de singulier.

CONDITIONNEMENT

Au sens strict, c'est la méthode (mise au point par Pavlov*) qui permet de substituer dans un comportement animal un réflexe appris par association répétée de stimuli à un réflexe naturel. Par généralisation, on utilise le terme pour désigner toutes les techniques de persuasion (pédagogique, publicitaire, politique, psychiatrique) applicables à un être humain.

◆ On oppose classiquement le conditionnement à l'acte intelligent, mais les recherches les plus récentes (Skinner) distinguent deux formes du premier : au conditionnement classique ou « passif » (le chien qui finit par saliver en entendant une sonnerie) s'opposerait un conditionnement « actif » ou « opérant » (lorsque l'animal appuie par exemple sur une planchette pour obtenir ce qu'il désire) qui s'apparenterait à un authentique apprentissage.

CONDORCET

(Marie Jean Antoine Nicolas de Caritat, marquis de, 1743-1794.) Mathématicien, philosophe et homme politique français. Député à l'Assemblée législative et à la Convention, arrêté sous la Terreur et condamné à mort, il se suicide.

◆ Disciple de Quesnay et des physiocrates, il s'intéresse à l'économie politique. Mais c'est en tant que **théoricien** du progrès qu'il prend une place importante dans la philosophie des Lumières. S'appuyant sur une nature humaine jugée permanente, il décrit les dix époques qui, selon lui, constituent l'histoire de l'esprit humain. Convaincu de la perfectibilité indéfinie de l'humanité, il estime que seule peut l'assurer la culture intellectuelle et morale grâce au développement lui-même illimité de la connaissance scientifique et des techniques. Une éducation ennemie des préjugés et fondée sur la connaissance des sciences physiques et morales – comme le formule son projet de décret sur l'organisation de l'instruction publique – aura ainsi pour résultat de rendre l'homme heureux.

ŒUVRE PRINCIPALE : *Esquisse d'un tableau des progrès de l'esprit humain* (1794).

➤ HISTOIRE, LUMIÈRES, PROGRÈS.

CONFLIT

Désigne au sens général toute opposition marquée, éventuellement violente, entre des puissances ou des tendances contradictoires qui prétendent exercer leur domination dans le même domaine. On évoquera ainsi aussi bien un conflit armé entre deux États que le conflit des générations, un conflit de civilisations qu'un conflit de devoirs. Kant* nomme « conflit de la Raison avec elle-même » les contradictions où elle se fourvoie en essayant de trouver un inconditionnel d'où dépendraient les phénomènes conditionnés.

◆ Dans le vocabulaire de la psychanalyse, le conflit entre les exigences du moi* et celles du ça* ou du surmoi* peut être générateur de névrose* s'il n'est pas déplacé de l'inconscient vers la conscience.

➤ ANTINOMIE, CONSCIENCE MORALE.

CONFORMISME

Adhésion, sans examen véritable, à des valeurs ou principes admis par une majorité. C'est du point de vue moral que cette attitude est la plus critiquable, et déjà Socrate* en indique les limites. En opérant une nette distinction entre l'acte fait « par devoir » et l'acte simplement « conforme au devoir », Kant* a définitivement montré que l'individu n'accède à l'existence morale authentique qu'en renonçant à la facilité du conformisme.

➤ DEVOIR, NORMAL, RÉVOLTE.

CONNAISSANCE

Cette notion – que l'on oppose généralement à l'affectivité et à l'activité – désigne à la fois la fonction théorique de l'esprit et le résultat de cette fonction. Elle a pour but de rendre présent aux sens ou à l'intelligence un objet (externe ou interne) en essayant de le discerner ou d'en posséder une représentation généralement adéquate. Cette mise en contact avec l'objet de pensée a pour condition la distinction du sujet et de l'objet, et le savoir qui en découle n'est transmissible que grâce au discours*.

◆ La connaissance pose des problèmes métaphysiques fondamentaux : par exemple, le problème de son **origine** (rôle respectif de l'expérience* et de la raison* dans sa genèse), ou celui de sa **portée** (une connaissance absolue est-elle possible ; ou bien, une connaissance n'est-elle que relative ?).

➤ EMPIRISME, KANT, RATIONALISME, SCIENCE.

« CONNAIS-TOI TOI-MÊME »

Inscription placée sur le fronton du temple de Delphes et devise attribuée à Socrate*.

Il ne s'agit pas d'une invitation à pratiquer l'introspection* pour dégager les traits psychologiques d'un individu. C'est une incitation à mettre en évidence ce qui constitue la condition humaine : « C'est de l'âme qu'il faut avoir souci. » À l'opposé de la connaissance utilitaire chère aux sophistes* visant la maîtrise des autres ou des techniques, le « Connais-toi » socratique est une recherche de l'universel dans le but d'atteindre une règle de sagesse.

CONNOTATION

Stuart Mill*, reprenant ce terme à la scolastique*, l'utilise pour désigner la compréhension* subjective la plus répandue d'un terme. On devrait alors la distinguer de la définition*, plus stricte.

◆ En **linguistique,** le mot désigne toute frange de sens nouveau que chaque locuteur peut ajouter, en fonction de son expérience individuelle ou du contexte situationnel, à l'acception commune d'un terme.

Martinet en déduit une définition de la **culture** (littéraire avant tout, mais éventuellement plus large) : elle serait constituée de « connotations partagées » par les membres d'un groupe. Une telle « culture » peut toutefois ne pas être enviable : lorsque Barthes* s'intéresse aux petits mythes quotidiens et au fonctionnement du discours publicitaire, c'est aussi pour constater que « nous vivons dans une civilisation de la connotation » – cette dernière renvoyant alors à un imaginaire plus ou moins collectif, et surtout plus ou moins traversé d'idéologies.

CONSCIENCE

En tant que « donnée immédiate », la conscience, dont l'étymologie latine suggère l'idée de connaissance, définit d'abord la présence vécue du sujet à lui-même et son rapport au monde. Alors que la philosophie classique – notamment avec Descartes qui identifie la pensée à la conscience – considère volontiers le sujet conscient transparent à lui-même, la réflexion contemporaine depuis le XIXe siècle (Marx, Nietzsche, Freud) conteste cette maîtrise de l'esprit sur l'ensemble de ses productions.

On appelle **« champ de la conscience »** l'ensemble des phénomènes présents à une conscience individuelle en un moment donné.

CONSCIENCE DE CLASSE

Désigne, pour les théoriciens marxistes, l'ensemble des contenus de conscience qui se trouvent déterminés par l'appartenance à une classe* sociale et donc par la position du sujet dans le système économique. On admet ainsi que la conscience de classe d'un bourgeois est nécessairement contraire à celle d'un prolétaire, cette dernière devant être principalement constituée par la conscience de la « mission révolutionnaire » du prolétariat.

◆ Marx* remarque déjà, à ce propos, que le principal problème que pose cette conscience de classe prolétarienne est celui de son apparition, logiquement freinée ou empêchée par la situation du travailleur exploité, qui ne lui laisse guère le temps de comprendre ou d'étudier le système dont il est la victime. C'est pourquoi il admet, dès le *Manifeste du Parti communiste,* que l'accès à la conscience de classe devrait être accéléré par la réflexion de théoriciens d'origine bourgeoise (dont il était en un sens le plus bel exemple). Lénine* précisera ce point dans sa théorie de l'« avant-garde révolutionnaire », qui doit selon lui entraîner les masses à l'action en leur faisant mieux comprendre ce qu'elles vivent d'une façon confuse *(Que faire ?).* Il s'agit là d'une question cruciale, puisqu'elle justifie l'existence, au-delà d'un intérêt intuitif des masses pour le socialisme, d'une organisation dirigeante

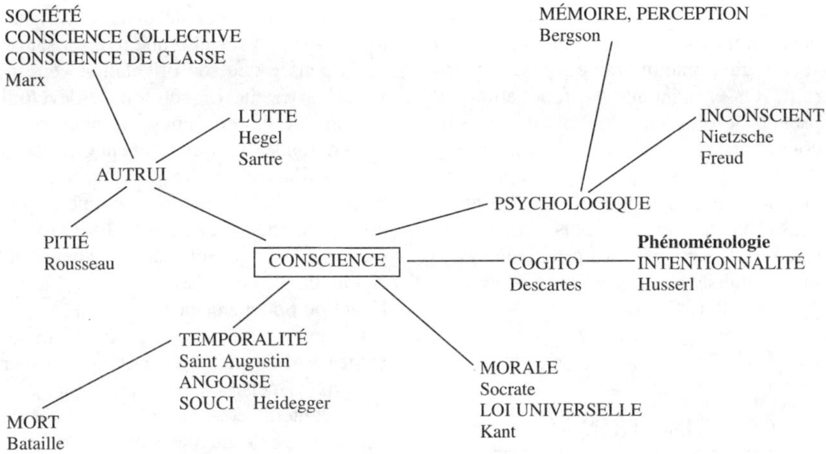

(parti communiste), dont Trotski* ne se privera pas de penser qu'elle risque, en gardant le pouvoir après la révolution, de se transformer en bureaucratie*.

◆ **W. Reich***, marqué par l'échec du socialisme en Allemagne et par la fascination des masses pour le nazisme, déplorera dès 1934 *(Qu'est-ce que la conscience de classe ?)* que les dirigeants d'avant-garde méconnaissent trop souvent les questions concrètes (psychologiques ou sexuelles) qui intéressent réellement le prolétariat. C'est pourquoi il n'hésite pas à établir une nette différence entre, d'un côté, la conscience de classe des dirigeants révolutionnaires (claire, non personnelle et armée de sa connaissance des processus économiques) et, de l'autre, celle du prolétariat, « entièrement de type personnel » et « faite du petit, du quotidien, du banal ». Pour combler l'écart entre les deux, c'est-à-dire pour clarifier la conscience de classe des prolétaires, on doit maintenir des relations dialectiques* d'un niveau à l'autre : « La théorie doit être créée à partir de la vie des masses et leur être restituée sous forme de pratique. »

CONSCIENCE MORALE

Désigne la capacité de l'esprit individuel à apprécier par rapport aux concepts de Bien et de Mal des comportements, qu'il s'agisse des siens ou de ceux d'autrui. Lorsque cette estimation n'est pas immédiate, on parle d'un **cas de conscience,** le jugement étant partagé entre des valeurs en apparence également recommandables alors qu'elles se contredisent.

◆ Dans l'histoire de la philosophie, cette forme normative de la conscience fait son apparition avec ce que Socrate* nomme son propre « démon ». Rousseau*, en faisant un « juge infaillible », l'assimile à un véritable instinct* alors qu'elle prend dans la philosophie pratique de Kant* un aspect totalement rationnel.

◆ En admettant que les obligations et les interdits sont intériorisés dans le surmoi*, Freud* déplace l'instance morale du conscient vers l'inconscient.

CONSÉQUENCE

Proposition nécessairement déduite de la ou des propositions qui la précèdent dans un raisonnement. Par extension, on dit aussi qu'un fait est la conséquence d'un fait antérieur lorsque celui-ci en est la cause*.

CONSOMMATION

Terme final de la chaîne économique : les biens produits y sont utilisés pour satisfaire les besoins des individus.

◆ L'expression « **société de consommation** » a fréquemment, dans la sociologie contemporaine, un sens péjoratif. On y dénonce la fabrication de pseudo-besoins par la publicité et l'encouragement permanent à consommer des biens ou des produits (y compris pendant les loisirs et éventuellement à crédit sous prétexte d'en jouir plus vite) dans le seul but d'augmenter les profits du système capitaliste et de reproduire ce dernier (J. Baudrillard*).

➤ BESOIN.

CONSUMATION

Terme sous lequel Georges Bataille* rassemble les phénomènes de **dépense sans contrôle ni calcul de rentabilité.** Le symbole cosmologique en est fourni par la dépense sans retour de l'énergie solaire ; les guerres anciennes, certains sacrifices religieux, le **potlatch*** en seraient des formes plus ou moins exemplaires. En s'opposant à toute épargne, la consumation esquisse une « économie généralisée » aux antipodes de l'économie classique puisque fondée en principe sur l'idée de destruction des richesses.

CONTEMPLATION

◆ Le terme désigne depuis Platon et Aristote l'aboutissement de l'activité théorique de l'esprit (éventuellement accompagnée de béatitude*), par opposition aux activités pratiques ou poétiques. La *théoria* grecque, en raison de sa connotation visuelle (elle désigne initialement la saisie des formes et aspects du visible), implique un transfert du visible à l'intelligible (des apparences aux Idées ou au vrai), et les philosophes ultérieurs, de saint Augustin à Spinoza, confirmeront cette **visée ontologique :** il s'agit alors de la contemplation de Dieu. Ainsi, l'intuition intellectuelle qui fonde la contemplation ontologique compare cette dernière à une vision.

◆ Cependant, la vie contemplative – notamment monacale dans le christianisme – suppose plutôt une intériorisation de la pensée que son orientation vers un visible extérieur. De surcroît, le développement de la conception moderne du savoir, fondé sur l'expérimentation et la volonté d'une efficacité pratique, contredit le principe de la *théoria* antique. C'est pourquoi, historiquement, la contemplation n'est plus conçue comme participant de la connaissance : chez Kant, Hegel ou Schopenhauer, elle ne trouve sa place qu'en tant que catégorie de l'**expérience esthétique,** d'ailleurs centrée sur les arts visuels. L'œuvre plastique peut être « contemplée » dans la mesure où elle expose une existence sensible stable. Mais la passivité que suppose alors la contemplation peut elle-même être mise en cause, s'il est vrai que tout rapport esthétique avec une œuvre demande plutôt une relation vivante et active.

CONTENU

On nomme **contenu de la conscience** les représentations qui la constituent à un moment donné.

Du point de vue **logique,** le même terme a un sens plus précis : il désigne alors la matière* particulière d'une proposition et s'oppose à sa forme*. Par exemple, dans la proposition « Tous les animaux sont mortels », on distinguera la forme ou schéma* de la proposition affirmative universelle (tous les A sont B) du contenu, ici constitué des idées « animal » et « mortalité ».

Lorsqu'on évoque le **contenu d'un concept,** on vise sa compréhension*.

CONTINGENT

L'étymologie (latin *contingentia* : hasard) indique que l'adjectif qualifie tout ce qui est conçu comme pouvant indifféremment être ou n'être pas. Le contingent implique donc l'absence d'un déterminisme* strict.

◆ La métaphysique classique a élaboré sur ce concept une série de réflexions portant aussi bien sur le **futur*** (qui est contingent pour Aristote*, alors que pour saint Thomas* ou Leibniz*, il ne saurait l'être du point de vue de Dieu dont l'éternité connaît nécessairement tous les événements, aussi bien futurs que passés ou présents) que sur **Dieu,** dont l'une des preuves énoncées par saint Thomas (nommée par Kant* **preuve cosmologique**) affirme la nécessité de poser, comme origine d'une série d'êtres contingents, l'existence d'un être nécessaire* par lui-même.

◆ L'ontologie existentialiste admettra au contraire que la contingence est un caractère fondamental de l'être même.

CONTRADICTION

En logique, c'est le fait de poser simultanément une affirmation et une négation à propos de la même qualité d'un objet : comme cette position est intenable, la logique aristotélicienne considère comme fondamental le **principe de non-contradiction,** d'après lequel je ne puis poser en même temps comme également vraies une proposition et sa contradictoire.

◆ Dans la philosophie de Hegel*, la contradiction apparaît comme l'élément principal de la **dialectique***, puisqu'elle est le ressort de la pensée aussi bien que du réel.

CONTRAT SOCIAL

Hypothèse conçue par certains philosophes, le contrat social désigne une convention première permettant aux hommes de sortir de l'état de nature pour constituer une société par l'échange de leurs droits naturels individuels contre une paix et une liberté garanties par la loi. Son idée renvoie, non pas à l'origine historique de la société, mais au problème du fondement de l'organisation sociale et du pouvoir politique.

Les théoriciens du contrat social rejettent l'idée d'un pouvoir issu de la seule force, ou de droit divin. Plus fondamentalement, ils refusent de considérer que l'homme serait un « animal politique » (Aristote), naturellement destiné à vivre en société.

◆ Si cet antinaturalisme et ce volontarisme apparaissent déjà chez certains sophistes antiques, selon lesquels la Cité n'a pas d'existence naturelle, mais résulte d'un pacte, d'une décision prise en commun, la notion de contrat social prend sa véritable dimension dans les temps modernes. Chez **Hobbes,** c'est l'acte par lequel les individus sacrifient et délèguent leurs droits naturels à un homme ou à une assemblée qui, en retour, fera cesser la guerre de tous contre tous.

◆ Chez **Rousseau,** le contrat social est une entreprise normative qui légitime le pouvoir de l'État de droit. Contrairement à un contrat « libre » risquant par exemple d'enchaîner un homme à un autre comme esclave, le contrat social est une opération qui crée les conditions de la liberté, réalisée par la soumission de chacun à la volonté générale, dans le respect, non des intérêts égoïstes, mais des intérêts de tous, c'est-à-dire du corps politique.

CONTRAINTE

C'est tout obstacle que rencontre un être vivant dans son action, et, en particulier pour l'homme, les entraves d'origine sociale, qui peuvent être aussi bien diffuses (contrainte morale) qu'institutionnelles (lois, juridiction, etc.).

CONTRAIRE

Le terme s'applique en **logique** à des concepts, exprimant le plus souvent des qualités*, aussi bien qu'à des propositions. Dans le premier cas, il qualifie les concepts qui, dans un même genre, présentent l'opposition maximale soit quantitative (chaud et froid), soit qualitative (sucré et salé). On qualifie semblablement de contraires deux propositions qui ne peuvent être vraies (mais qui peuvent être fausses) simultanément. Tel est notamment le cas de deux propositions universelles de mêmes termes, l'une affirmative, l'autre négative, sur le modèle « Tout S est P. Nul S n'est P ».

➤ CONTRADICTION.

CONVAINCRE, CONVICTION

Convaincre, c'est susciter l'adhésion de l'esprit à l'aide d'arguments ou de preuves rationnelles.

La conviction est l'attitude d'esprit de celui qui a une croyance ferme sur un sujet donné.

➤ CONDILLAC, LOGIQUE, PERSUASION.

CONVENTION

Indépendamment de ses connotations parfois péjoratives, ce terme désigne tout accord entre différentes personnes ou groupes. Il est utilisé plus particulièrement par certains théoriciens du droit ou de la morale (Hobbes*, Rousseau*) pour évoquer les principes délibérément choisis par la collectivité afin d'instituer un ordre permettant la coexistence humaine. C'est dans le même sens que l'on peut souligner l'aspect conventionnel du langage.

◆ En épistémologie, Henri Poincaré emploie ce mot pour désigner des principes scientifiques ne reposant ni sur l'expérience ni sur des *a priori** rationnels : tels seraient les axiomes* mathématiques.

➤ ARBITRAIRE.

CONVENTIONNALISME

Point de vue admettant, depuis Poincaré, que tous les principes scientifiques ou philosophiques sont des conventions, ce qui a pour conséquence d'affirmer une validité semblable à tous les systèmes cohérents.

Dans cette optique, les conventions initiales d'un système peuvent être modifiées, non parce qu'elles seraient réfutables (notamment par l'expérience), mais parce qu'on peut en produire de nouvelles, et en conséquence d'autres théories, qui seront plus utiles (elles permettent par exemple d'effectuer des prédictions plus nombreuses).

COPERNIC

(Nicolas, 1473-1543.) Astronome polonais. Il fait ses études (de droit et de médecine) à Cracovie, puis en Italie. Si sa notoriété vient avant tout de sa mise au point de la théorie héliocentrique qui ébranle les conceptions antique et médiévale du monde, il apparaît, comme les grands intellectuels de son époque, comme un esprit curieux de tout : il fait des mathématiques, de la philosophie ou de l'économie, traduit des textes du latin et s'adonne épisodiquement aux belles-lettres et à la peinture (on a de lui un autoportrait). Il participe également à la vie politique et militaire de son pays, défendant notamment en 1520 la ville de Olsztyn contre les chevaliers teutoniques.

◆ C'est sans doute à partir de 1510 que Copernic choisit **l'héliocentrisme** comme système expliquant les positions et les mouvements des planètes ; mais lui-même, persuadé qu'il faut « ne confier les secrets de la philosophie qu'à des amis fidèles et à des proches », ne fait circuler ses idées que sous l'aspect de quelques copies manuscrites. Leur première publication, due à Rheticus en 1540, n'est encore qu'un résumé anonyme *(Narratio prima)* ; et ce n'est que très peu de temps avant sa mort que paraît son traité *De revolutionibus orbium coelestium*, également préparé par Rheticus, mais augmenté d'une préface d'A. Osiander, pasteur luthérien passionné de mathématiques, qui amoindrit la portée révolutionnaire des découvertes de Copernic en ne les présentant que comme une hypothèse parmi d'autres possibles, sorte de fiction explicative simplement plus efficace que l'ancienne fiction ptoléméenne.

◆ Le *De revolutionibus* propose un système en contradiction totale avec les conceptions héritées de Ptolémée, puisque l'héliocentrisme inverse le lieu et la fonction de deux « lieux » autour desquels s'élabore la cosmologie : la terre et le soleil. C'est bien ce que soulignera **Kant** dans la préface à la seconde édition de la *Critique de la raison pure* en évoquant une « révolution copernicienne » susceptible de servir de modèle à une refonte de la métaphysique elle-même. C'est, sur le moment, ce qui provoque un refus violent des autorités ecclésiastiques, tant protestantes (Luther accuse Copernic de folie, et Calvin ne trouve dans ses textes qu'un tissu d'insanités) que catholiques : le Vatican condamne les thèses de Copernic et le *De revolutionibus* est mis à l'index en 1616. De leur côté, pratiquement toutes les universités européennes condamnent le système héliocentrique, et ce n'est que grâce aux travaux ultérieurs de Galilée - en dépit de ses propres difficultés à diffuser ses conceptions –, puis de Kepler et de Newton, que le système copernicien sera finalement reconnu comme inaugurant la conception moderne de l'univers et ouvrant la voie à la découverte des lois de l'astronomie et de la physique.

COPULE

Au sens strict, c'est le **lien logique,** qui, dans un jugement prédicatif, unit le sujet* au prédicat*, c'est-à-dire le verbe *être.* Le terme, d'origine grammaticale, a été généralisé aux jugements desquels le verbe *être* est absent, pourvu qu'ils expriment une relation entre les termes.

Ainsi, « l'œuf pourri sent mauvais » devrait se ramener à « l'œuf pourri est sentant mauvais ». Certains logiciens contemporains (notamment Louis Rougier dans *La Métaphysique et le langage*) considèrent cette généralisation comme abusive et n'y voient rien d'autre que la répétition d'une « erreur » de la philosophie grecque, toujours soucieuse de trouver un contenu ou une réalité ontologique* derrière toute expression logique ou simplement grammaticale – mais c'est d'une telle « erreur » qu'est précisément née la métaphysique comme interrogation sur l'Être.

COROLLAIRE

Proposition ou vérité qui découle logiquement d'une autre. En mathématiques, c'est la conséquence directe d'un théorème déjà acquis.

➤ DÉDUCTION.

CORPS

◆ Tout objet matériel qui s'offre à la perception et dont les propriétés essentielles sont l'étendue, l'impénétrabilité et (pour les physiciens) la masse.

◆ Le corps, en tant qu'**organisme,** est l'ensemble des organes qui permettent les fonctions nécessaires à la vie des animaux, et de l'homme notamment. À cet égard, le corps humain jouit d'un statut particulier. La tradition philosophique – depuis Pythagore – renforcée par la pensée chrétienne, oppose généralement le corps humain à l'esprit ; c'est le cas, par exemple, chez Descartes*. La phénoménologie, de son côté, distingue d'une part le **corps-objet** (étudié par le biologiste et le médecin) soumis à l'extériorité et au mécanisme et, d'autre part, le **corps-propre,** selon une expression empruntée à Fichte. Le corps-propre, en tant que partie constitutive de ma personnalité, est le centre de référence, comme le montre, par exemple, Merleau-Ponty*.

➤ ORGANISME.

CORRÉLATION

Variation simultanée et plus ou moins régulière de deux phénomènes, telle qu'on peut la constater et la mesurer dans les domaines biologique, psychologique, sociologique, etc. La mentalité non scientifique a tendance à en imaginer à propos de variations qualitatives (par exemple entre le type morphologique d'un individu et sa position sociale) – procédure indue qui peut fonder aussi bien l'astrologie que des attitudes xénophobes ou racistes.

Aristote* qualifiait de corrélatif le terme opposé à un relatif donné (par exemple : double et moitié, connaissable et connaissance), l'un ne pouvant être conçu sans l'autre.

CORRESPONDANCE

En mathématique et en logique, c'est la relation générale qui unit chaque élément d'un ensemble A à un ou plusieurs éléments d'un autre ensemble B. Elle est qualifiée d'univoque si à tout élément de A ne correspond qu'un seul élément de B, et de réciproque ou bi-univoque si tout élément de B correspond à un élément de A et un seul.

COSMOGONIE

Spéculation relative à l'origine et à la formation du monde.

Les cosmogonies s'incarnent primitivement dans des mythes* religieux et apparaissent, en philosophie, avec les présocratiques*, notamment chez Thalès de Milet* qui, le premier à chercher l'origine de toutes choses, crut la trouver dans l'eau primordiale.

Dans les temps modernes, les cosmogonies émergent du mythe pour entrer progressivement dans le champ de la recherche scientifique. Citons l'exemple de Descartes* – qui, dans son ouvrage *Le Monde ou Traité de la lumière,* attribue la formation de l'univers à un tourbillon de particules – et surtout celui de Laplace avec son *Système du Monde* (1796). De nos jours, la cosmogonie désigne, en astrophysique, l'étude de la formation des éléments constitutifs de l'univers (théorie du Big Bang).

➤ COSMOLOGIE, COSMOS, PRÉSOCRATIQUES, UNIVERS.

COSMOS, COSMOLOGIE

Le mot *cosmos* signifie « ordre » en grec et désigne, depuis les présocratiques*, l'univers matériel conçu comme un tout ordonné et harmonieux par opposition au chaos*. À partir du XIXe siècle, le terme, employé en astronomie, correspond à l'espace céleste observable.

◆ En épistémologie, la **cosmologie** regroupe l'ensemble des disciplines qui établissent les lois de la matière, et plus précisément, toute théorie scientifique de l'univers.

En philosophie, c'est la partie de l'ancienne métaphysique dogmatique qui traitait de l'essence de la matière et de la vie. Cette « cosmologie rationnelle » a été dénoncée – dans la *Critique de la raison pure* – par Kant* qui démontre que la tentative pour atteindre les structures fondamentales de l'univers aboutit à des contradictions insurmontables, ou antinomies*.

COURNOT

(Antoine Augustin, 1801-1877.) Mathématicien, économiste, philosophe et universitaire français qui fut, après Comte*, le principal représentant en France de la philosophie des sciences au XIXe siècle.

◆ Son *Essai sur les fondements de la connaissance et sur les caractères de la critique philosophique* (1851) montre les difficultés, dues aux limites de l'esprit, que rencontre la raison dans la recherche de la vérité. L'impossibilité où elle est d'obtenir une certitude absolue trouve sa meilleure illustration dans l'intelligibilité précaire des phénomènes de hasard* que la raison cherche à cerner en y voyant la rencontre de deux ou plusieurs séries causales indépendantes, et qu'elle s'efforce de réduire en les soumettant au calcul des probabilités (c'est d'ailleurs en termes de probabilité* – plus ou moins grande – qu'il convient de concevoir la vérité dans les différents domaines du savoir). Mais, de façon générale, l'incohérence apparente dans les choses révèle davantage l'absence momentanée de cohésion dans l'esprit qu'un fond de désordre dans le monde. En effet, une loi générale de la nature affirme que « la continuité est la règle et la discontinuité l'exception, dans l'ordre intellectuel et moral comme dans l'ordre physique ». Dès lors, l'harmonisation entre le monde et l'esprit est concevable, dans le cadre d'une avancée progressive du savoir.

Affirmation d'un progrès dans la connaissance et conception dynamique du savoir s'intègrent ainsi dans un ordre logique général qui possède davantage une valeur créatrice (d'un ordre qui peut toujours être amplifié) qu'ontologique.

◆ La **théorie du hasard** s'applique à l'histoire, où dominent singularité et complexité, alors que, sur la trame des passions humaines, apparaît finalement un plan d'ensemble, une structure. L' explication de l'historien s'appuie sur des faits contingents soumis à un enchaînement causal, tandis que l'intelligibilité scientifique que dégage l'esprit, beaucoup plus à l'aise dans les sciences exactes, correspond à la simplicité des lois de la pensée.

Opposant ainsi, d'un côté, les phénomènes qui appartiennent à la « Nature » et donnent lieu à des liaisons régulières et nécessaires, de l'autre ceux qui appartiennent au « Monde » (domaine des sciences « cosmologiques ») et relèvent de l'histoire dans son sens le plus large, Cournot distingue deux types spécifiques d'intelligibilité : la loi et le récit. La constatation des limites de la rationalité l'incite enfin à laisser une place au surnaturel et, par conséquent, au sentiment religieux.

Autres œuvres : *Traité de l'enchaînement des idées fondamentales dans les sciences et dans l'histoire* (1861) ; *Considérations sur la marche des idées et des événements dans les temps modernes* (1872) ; *Matérialisme, vitalisme, rationalisme* (1875).

➤ HASARD, HISTOIRE, PROBABILITÉ, SCIENCE.

COUTUME

En tant que pratique sociale traditionnelle, la coutume est un phénomène collectif et contraignant. À l'origine du droit, certaines coutumes ont eu finalement force de loi en donnant lieu au *droit coutumier.*

◆ Hume* fait de la coutume *(custom)* – confondue ici avec l'habitude à cause de son caractère répétitif et automatique – le principe psychologique destiné à expliquer l'enchaînement causal, en dehors de toute référence rationnelle.

CRATYLISME

Opinion qui consiste à croire – à l'instar de Cratyle dans le dialogue de Platon* qui porte son nom – que le **mot** est une « peinture », une imitation de la réalité qu'il exprime : « qui connaît les noms connaît aussi les choses ». En conséquence, l'institution du langage – qui doit respecter la nature des choses – ne doit pas être laissée au hasard. On peut d'ailleurs reconnaître que les mots d'une langue ne sont pas toujours constitués selon leur capacité mimétique et – tout en refusant de se contenter du conventionnalisme défendu par Hermogène dans le même dialogue – juger la langue perfectible et vouloir l'améliorer dans le sens d'une plus grande mimésis par le truchement de la poésie.

➤ ARBITRAIRE, SIGNE.

CRÉATION, CRÉATIONISME

La religion judéo-chrétienne désigne par le terme création l'instauration du monde par Dieu à partir du néant. Une telle idée était étrangère à la philosophie grecque. Elle se précisera chez certains auteurs (Descartes*, Malebranche*) en création **continuée** ou continue : action par laquelle Dieu conserve le monde tel qu'il l'a initialement produit.

◆ Bien qu'il n'y soit pas question de fabrication *ex nihilo,* on parle de création dans des domaines où il ne s'agit que de la production d'un objet nouveau, mais avec des matières préexistantes. C'est en particulier le cas dans le domaine artistique. Cette notion de « création artistique » répond aux ambitions de certains peintres ou écrivains (Baudelaire, par exemple, qui conçoit le poète comme un véritable rival de Dieu) et prend à sa façon en charge ce qui a toujours paru énigmatique dans l'« inspiration » ; mais des critiques contemporains déplorent que l'appellation soit propice à entretenir une mythologie désuète et non fondée de l'artiste tout-puissant en même temps qu'à occulter la part de travail* réel qu'implique la production d'une œuvre d'art.

◆ Le **créationisme** est la théorie qui, en s'appuyant exclusivement sur l'interprétation littérale de la Bible, refuse toute idée d'évolution des espèces : toutes auraient été créées par Dieu, séparées et plus ou moins simultanément, il y a seulement quelques milliers d'années.

Le créationisme s'oppose évidemment au **darwinisme***, et, plus généralement, aux conceptions contemporaines de l'anthropologie préhistorique : il nie aussi bien la formation du globe terrestre il y a quatre milliards et demi d'années que l'efficacité des méthodes scientifiques de datation des fossiles ou l'intérêt qu'offrent ces derniers pour comprendre d'où provient l'espèce humaine.

➤ ART, DÉMIURGE, DIEU.

CRIME

Manquement aux règles morales d'un groupe, de gravité plus prononcée que lorsqu'il s'agit d'une simple faute*. Du point de vue légal, c'est au nom de toute la société (et non de la seule victime) que le crime est puni.

CRISE

Si le premier sens qu'offre l'étymologie grecque *(krisis)* correspond à la phase décisive d'une maladie, c'est, très généralement, un **moment de déséquilibre sensible,** « un état de transition entre deux phases repérables, où une transformation va se décider, où elle n'est pas encore décidée » (M. Serres*). Soit qu'il s'agisse, dans l'histoire d'une science, de la remise en cause de notions ou principes qui paraissaient bien établis (on a ainsi parlé d'une « crise du déterminisme »). Soit que, dans des domaines psychologique ou moral, un individu ou un groupe constate que les valeurs admises ont besoin d'être modifiées, ou que, plus globalement, l'ensemble d'une culture ou d'une civilisation s'interroge sur son histoire et son avenir (on évoque fréquemment, de ce point de vue, une « crise de l'Occident » au XXe siècle).

◆ En économie, une crise peut survenir par insuffisance de la production, ou au contraire par **surproduction** (crise de 1929). Marx* admettait que le capitalisme* serait, par nature, générateur de crises qui finiraient par lui être fatales. Mais l'histoire récente peut aussi être interprétée en sens contraire : pour le capitalisme, la crise serait alors « une condition de sa possibilité de fonctionnement » (Lyotard).

CRITÈRE, OU CRITERIUM

◆ Indice qui permet de distinguer une chose ou une notion d'une autre.

◆ Caractère permettant de porter sur un objet un jugement d'appréciation.

◆ On nomme plus particulièrement **criterium de la vérité** ce qui permet de distinguer clairement cette dernière de l'erreur (par exemple, chez Descartes, l'évidence*).

CRITIQUE

C'est, au sens ancien, la partie de la logique qui traite du jugement. Aujourd'hui examen d'un fait, d'une œuvre d'art, d'un comportement, en vue de porter un jugement d'appréciation, qui peut être logique, esthétique, moral, etc. Dans un sens plus restreint, le terme implique un jugement défavorable.

◆ L'adjectif présente le même double sens : s'il est conseillé d'exercer son esprit critique (ne serait-ce que pour philosopher...) afin de ne rien admettre sans examen, il ne l'est pas de le développer dans le sens d'une sensibilité exclusive aux défauts. Mais il qualifie aussi ce qui constitue une crise* ou s'y rapporte (être dans un état critique).

◆ Kant* a donné lui-même le nom de **philosophie critique** à son système de pensée. Il s'agit, radicalement, d'une « expérimentation de la raison pure », d'une « mise à l'épreuve » et d'une « justification ». Pour éviter que la raison se perde dans des hypothèses invérifiables ou arbitraires (rejetées par Kant comme « marchandise prohibée »), il convient, afin de se défaire des dogmatismes contradictoires qui règnent particulièrement en métaphysique, d'en dresser tout d'abord un panorama exhaustif. C'est pourquoi la philosophie critique implique un examen historique des systèmes antérieurs (cf. dans la *Critique de la raison pratique* le tableau des principes hétéronomiques de la moralité). Mais il faut de surcroît que la raison entreprenne « la plus difficile de toutes ses tâches », qui est « la connaissance de soi-même », et institue « un tribunal qui la garantisse dans ses prétentions légitimes et puisse en retour condamner toutes ses usurpations sans fondements » en décelant ses propres conditions d'exercice.

Ainsi la philosophie critique aboutit bien à une limitation des capacités rationnelles de connaissance (c'est le sens du **criticisme**), elle concerne « non l'extension des connaissances elles-mêmes, mais leur justification » ; mais, dans la mesure où cet examen de la raison par elle-même doit être « public », c'est-à-dire capable de se confronter à la pensée et aux pratiques d'autrui, il apparaît que la démarche critique est le seul moyen d'éviter tout ce qui ressemble à la dissimulation, au secret ou à l'égoïsme : elle correspond alors très précisément à la faculté de légiférer universellement qu'est par définition la raison.

CROCE

(Benedetto, 1866-1952.) Philosophe, écrivain et homme politique italien qui a marqué profondément la vie culturelle de son pays.

◆ Admettant la valeur théorique de la démarche dialectique de Hegel*, il refuse cependant – par souci du concret et du vécu – l'idéalisme du philosophe allemand. Toute vie créatrice de valeurs repose sur un conflit et le mouvement de l'histoire est lui-même le résultat d'une lutte incessante au sein de la contradiction. Mais l'histoire ne saurait s'achever dans une illusoire synthèse abolissant contradictions et inégalités : l'égalitarisme marxiste lui semble, à cet égard, encore moins crédible que la *Cité du Soleil* (Campanella*).

La vie n'a de sens que dans le combat qu'elle livre au laid, au faux, au « vital » et au mal, envers des quatre catégories fondamentales qui, constituant le réel, ne doivent, chacune, prétendre à l'hégémonisme : le beau, le vrai, l'utile (ou l'économique) et le bien. La philosophie de Croce s'achève par l'affirmation de son historicisme* absolu : l'histoire, témoignant de la liberté et de la créativité humaines, se soumet toutes les activités de l'esprit.

Œuvres principales : *L'Esthétique comme science de l'expression* (1902) ; *Philosophie de la pratique* (1909) ; *Théorie et histoire de l'historiographie* (1912).

CROYANCE

Terme dont la portée est plus psychologique que logique, désignant, dans son acception la plus large, l'attitude de l'esprit qui adhère à un énoncé ou à un fait, sans pouvoir en administrer de preuve complète. Aussi la croyance peut-elle correspondre à tous les degrés de probabilité*, de l'opinion* la plus vague à la vérité scientifique passée dans la mentalité commune (tout le monde « croit » aujourd'hui que la Terre est ronde), en passant par l'affirmation d'une transcendance dont l'existence est rationnellement indécidable (croyances religieuses).

CULPABILITÉ

État de celui qui – sur le plan pénal – est coupable (et responsable) d'une faute grave. Ou sentiment de celui qui a conscience d'avoir violé une règle morale (ou religieuse) en connaissance de cause.

Les **existentialistes chrétiens,** depuis Kierkegaard*, donnent volontiers à la culpabilité une dimension ontologique : elle révélerait dans l'angoisse la finitude de l'homme livré au péché.

En **psychopathologie** (mélancolie, schizophrénie*), le sentiment de culpabilité est un état pénible et obsessionnel d'origine inconsciente où le sujet s'accuse de fautes qu'il n'a pas commises ou dont il exagère l'importance.

CULTE

Sur le plan de l'intériorité, le culte est l'homrr.age que l'homme rend à Dieu par un acte d'adoration. Il peut s'exprimer par des pratiques extérieures ; les cérémonies rituelles auxquelles elles donnent lieu peuvent aussi s'adresser aux ancêtres ou à des êtres surnaturels que l'on veut honorer.

CULTURE

Devenu à peu près synonyme de civilisation*, ce terme désigne l'ensemble des traditions, techniques et institutions qui caractérisent un groupe humain : la culture ainsi comprise est normative, et acquise par l'individu dès l'enfance par les processus d'acculturation*.

◆ Bien que le débat sur les parts respectives de l'inné* et de l'acquis* dans l'être humain soit périodiquement réactivé pour des raisons avant tout politiques, la plupart des ethnologues et sociologues partagent sur l'importance et le rôle de la culture l'avis de Rousseau* : il n'y a être humain que par accumulation d'éléments culturels, la « nature humaine » se réduisant au fonctionnement strictement biologique. On constate en effet que même des comportements en apparence aussi naturellement déterminés que manger ou dormir varient d'une culture à l'autre.

◆ Lorsqu'il est appliqué à un individu particulier, le mot culture évoque traditionnellement l'ensemble de ses acquisitions intellectuelles (principalement littéraires et artistiques), tel que la personnalité* a pu l'intégrer. C'est surtout dans ce sens que l'on évoque depuis le XIXe siècle l'existence d'une **culture de classe** – pour souligner la part d'héritage idéologique qu'implique ce type d'enrichissement. Dans la même optique, la **culture de masse** désigne de façon ambiguë soit l'espoir de donner à toute une population (par-delà ses différences économiques) la possibilité d'accéder aux œuvres, tant passées que contemporaines, soit, à l'inverse, la dégradation que subirait la culture authentique lorsqu'elle est diffusée par des moyens de communication* de masse.

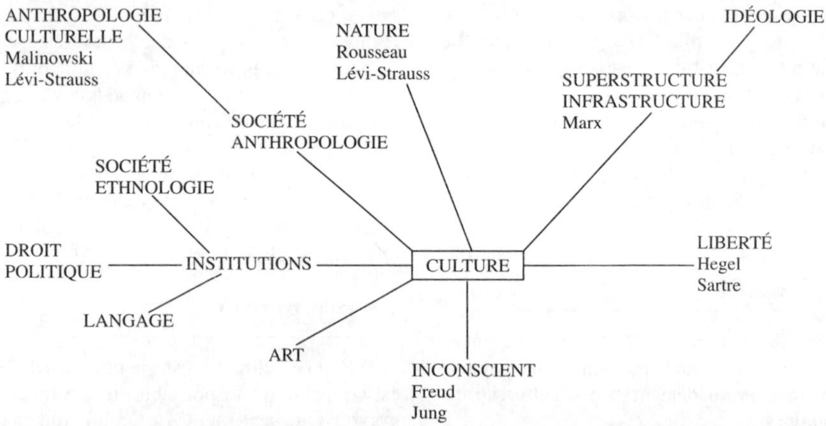

CUVIER

(Georges, 1769-1832.) Zoologiste français, il découvre les principes de la subordination des organes (toute modification d'une partie d'un organisme entraîne une modification des autres parties) qui rejoignent la notion de finalité* interne chez Kant, et lui permettent de reconstituer des squelettes à partir de quelques éléments fossiles. Démontrant ainsi l'existence passée d'espèces disparues, il fonde la paléontologie. Ses recherches influencèrent les théories transformistes, mais lui-même était partisan de la théorie fixiste et de la préformation (il combattit les idées de Lamarck).

ŒUVRES PRINCIPALES : *Recherches sur les ossements fossiles* (1812-1813) ; *Discours sur les révolutions de la surface du globe* (1825).

CYCLE

Processus qui, faisant retour à son point de départ, donne lieu à la reproduction de phénomènes dans un ordre identique.

L'origine de l'idée de cycle se trouve dans l'observation – remontant à la plus haute Antiquité – des phénomènes astronomiques qui se succèdent d'une manière répétitive et régulière : d'où la conception d'un **temps* cyclique** et le mythe de l'Éternel Retour*. La projection du cycle céleste sur les réalités sociales et historiques a donné lieu – de Platon* à Oswald Spengler – à la conception d'une histoire elle-même cyclique, à l'intérieur de laquelle se succèdent les civilisations soumises chacune à la loi de la naissance, du développement et de la décadence.

CYNIQUES

Groupe de philosophes grecs fondé par Antisthène (437-370 av. J.-C.), qui fut l'un des disciples de Socrate et le premier, dit-on, à prendre pour symboles de sa philosophie le bâton et la besace des mendiants. L'école se perpétua jusqu'à la fin de l'Antiquité ; son appellation a été expliquée de plusieurs façons : choisie par défi (elle dérive du grec *kuon,* chien) ou parce que les adeptes se rassemblaient dans un gymnase nommé Cynosarge ; mais elle a peut-être été conservée en souvenir d'un des principaux membres de l'école, qui fut **Diogène,** « le chien » (413-323).

◆ Ce dernier, que Platon qualifie de « Socrate en délire », illustre bien, par les nombreuses anecdotes recueillies à son sujet, la mentalité cynique : le tonneau où il vivait, son manteau troué, sa mendicité agressive, son écuelle brisée après avoir vu un enfant boire dans le creux de sa main, sont devenus légendaires, tout comme sa lanterne allumée en plein jour pour « chercher un homme » ou la réplique à Alexandre le Grand qui lui tendait la main : « Ote-toi de mon soleil. » On rapporte aussi que, un jour où Zénon s'efforçait de prouver l'inexistence du mouvement, Diogène se contenta de marcher devant lui, et que, comme Platon avait défini l'homme comme « un animal bipède, sans plumes », il jeta devant ses auditeurs un poulet plumé en riant : « Voici l'homme de Platon ! »

◆ Globalement, la morale des cyniques est fondée sur le rejet des conventions sociales, qu'ils distinguent soigneusement de la nature, à laquelle ils veulent revenir. D'où leur mépris – exceptionnel chez les socratiques – de la science, et l'affirmation que le seul bien est la vertu. Le cynisme historique, contrairement à ce que le mot implique aujourd'hui de péjoratif, aboutit à une ascèse exigeante et difficile : dédain des apparences et des réputations, exaltation solitaire de la volonté, le sage devant se suffire à lui-même. De tels comportements, dont les provocations pouvaient être humoristiques ou paradoxales (on demande par exemple l'aumône à une statue pour s'habituer à subir des refus), influencèrent le stoïcisme.

➤ STOÏCISME.

CYRÉNAÏQUES

École fondée vers 390 av. J.-C. par Aristippe de Cyrène, où l'on admet que le bien réside surtout dans les plaisirs sensibles, tenus pour réglables par la raison et finalement préférables aux plaisirs uniquement spirituels.

Vers 300 av. J.-C., le cyrénaïque Hégésias, qui enseignait à Alexandrie, arrivait à la conclusion que le bonheur ne peut être atteint et que le vrai sage ne doit faire cas de rien. Il semble que plusieurs de ses élèves se suicidèrent en conséquence – d'où son surnom de Pisithanatos (qui persuade de mourir). Ptolémée l'exila et fit fermer son école.

On admet en général que les cyrénaïques furent des précurseurs de l'épicurisme, bien que l'analyse des plaisirs menée par ces derniers soit différente.

➤ ÉPICURISME.

D

DAGOGNET

(François, né en 1924.) Philosophe français, également docteur en médecine. Cette double compétence l'amène d'abord à réfléchir sur les savoirs biologiques et médicaux (de sa *Philosophie biologique*, 1954, à *La Maîtrise du vivant*, 1988), à s'intéresser à Bachelard (1965), dont il partage la curiosité et une culture sans limites, ou aux *Méthodes et doctrines dans l'œuvre de Pasteur* (1967). Ces préoccupations d'ordre épistémologique ne tardent pas à s'élargir pour produire une analyse plus globale du monde contemporain, saisi aussi bien par le biais de ses productions techniques ou industrielles (*Rematérialiser*, 1985, *L'Industrie : pourquoi et comment ?*, 1995), que par celui de ses découpages administratifs ou juridiques (*Le Nombre et le lieu*, 1984) ou de ses inventions artistiques (*Le Musée sans fin*, 1984, *Étienne-Jules Marey*, 1987, *Pour l'art d'aujourd'hui. De l'objet de l'art à l'art de l'objet*, 1992).

◆ Contrairement à une tendance fréquente dans la philosophie du siècle (de Heidegger à Foucault), Dagognet ne considère pas la technique comme nocive, ou la perte de la nature et la constitution de lieux de pouvoir (l'asile, la prison, les archives, le musée) comme nécessairement désastreuses. Il montre au contraire que, « si un peu de technique engendre des inconvénients, beaucoup de techniques permettent de les combattre », et que les techniques sont en fait plus libératrices que déhumanisantes. La production industrielle et l'univers techno-scientifique peuvent en effet être décrits comme autorisant une multiplication des énergies et des ressources disponibles en même temps que comme créateurs, puisqu'ils autorisent globalement une évolution du moins au plus : c'est finalement la vie qui travaille comme l'usine.

◆ À l'écart des pensées dominantes, Dagognet entend s'en tenir à une lecture des phénomènes, qu'il faut, une fois de plus, « sauver » – contre les hypothèses métaphysiques ou les théories orientées vers des positions hâtivement nostalgiques (l'écologie, lorsqu'elle se réclame de Rousseau) : son « positivisme » se veut, à travers ses nombreux ouvrages, optimiste.

DARWIN, DARWINISME

◆ Après Lamarck*, le naturaliste anglais Charles Darwin (1809-1882) a repris la thèse de l'**évolution des espèces**, en s'appuyant notamment, d'une part, sur la différence entre la faune et la flore des îles Galapagos et celles du continent (autonomie d'une évolution qui dépendrait de l'environnement géographique) ; d'autre part, sur la pratique de la sélection artificielle en horticulture et dans l'élevage.

Prenant pour base théorique la « loi de Malthus* » d'après laquelle les populations augmentent selon une progression géométrique alors que les ressources ne s'accroissent que selon une progression arithmétique, Darwin conçoit une concurrence vitale qui élimine les individus les plus faibles : **sélection naturelle** profitant aux sujets dotés d'une supériorité individuelle. L'espèce entière se transformera et progressera grâce à l'accumulation de variations favorables.

S'il n'était pas le premier à envisager le rôle des facteurs négatifs dans la sélection, Darwin montra avec le plus de vigueur son aspect positif. Les preuves les plus récentes de la théorie de l'évolution, applicable notamment à l'homme (ce qui fit scandale) proviennent surtout de la paléontologie – balbutiante au temps de Darwin –, par la découverte de formes intermédiaires entre espèces vivantes et espèces fossiles. Mais l'hérédité des caractères acquis, sur laquelle repose le transformisme de Darwin, n'est plus admise de nos jours : il est prouvé que les variations somatiques ne jouent aucun rôle dans l'évolution, seules sont héréditaires les modifications au niveau du germe : ce sont les **mutations** (d'ailleurs exceptionnelles), dues à une modification dans la constitution des gènes.

◆ Au sens strict, le **darwinisme** est la doctrine biologique propre à Darwin. Plus généralement, il désigne la théorie transformiste dans laquelle la sélection naturelle joue un rôle important.

Œuvres principales : *De l'origine des espèces au moyen de la sélection* (1859) ; *De la variation des animaux et des plantes domestiques* (1868) ; *De la descendance de l'homme* (1877).

➤ CRÉATIONISME, ÉVOLUTIONNISME, TRANSFORMISME.

DASEIN

Verbe allemand substantivé (« être-là »), qui désigne, chez Kant*, la catégorie de l'existence comme opposée au non-être et, chez Hegel*, la « présence déterminée ».

Mais c'est avant tout dans la pensée de **Heidegger*** que le terme tient un rôle fondamental, pour désigner le caractère spécifique de l'**existence humaine,** le privilège qui lui est propre de pouvoir interroger l'Être tout en se repérant comme « présence intentionnelle ». La description du Dasein, à la fois psychologique et ontologique*, insiste tout particulièrement sur les phénomènes de l'**angoisse** (l'homme se connaît contingent) et du **souci** (l'être de l'homme se manifestant dans le projet*, qui est affirmation d'une liberté et interprétation du monde).

DÉCISION

Choix, résolution. Dans l'analyse classique de l'acte volontaire, la décision est la troisième phase – après la conception et la délibération –, celle par laquelle une solution est adoptée parmi plusieurs possibles. Elle donne lieu, normalement, à l'exécution de l'action choisie, sans quoi il n'y aurait pas de volition.

➤ VOLONTÉ.

DÉDUCTIF, DÉDUCTION

On qualifie un raisonnement de déductif lorsqu'il énonce logiquement une conclusion nécessaire à partir de propositions données. Au sens strict, la déduction est en effet l'opération mentale qui conclut, d'une ou de plusieurs prémisses, à une proposition qui en est la conséquence logique. On admet souvent qu'un tel raisonnement n'est que l'explicitation d'un énoncé implicite dans les propositions initiales.

➤ HYPOTHÉTICO-DÉDUCTIF, SYLLOGISME.

DÉDUCTION TRANSCENDANTALE

Empruntant l'expression au langage juridique, Kant* nomme, dans la *Critique de la raison pure*, « déduction transcendantale des concepts purs de l'entendement » la justification du fait que des concepts *a priori** s'appliquent aux objets de l'expérience pour constituer la connaissance (par opposition à la déduction empirique, qui déduirait les mêmes concepts de l'expérience elle-même).

DÉFINITION

C'est l'opération qui détermine la **compréhension* d'un concept***. D'où, en logique formelle et depuis Aristote*, l'habitude de la constituer par juxtaposition du genre prochain et de la différence spécifique. Par exemple : l'homme est un animal (genre* qui inclut son espèce*) raisonnable (différence entre son espèce et les autres).

Spinoza* remarquait que « toute détermination est une négation » dans la mesure où elle indique ce que le concept ne peut pas être en repérant l'essence* de la chose désignée. Hegel* déduira de cette remarque un des fondements de sa dialectique*.

◆ On nomme, en mathématiques, **définition génétique** celle qui énonce la construction d'un objet mathématique (par exemple, le cercle est la figure engendrée par la rotation dans un plan d'un segment de droite – rayon – autour d'un point).

DÉISME

Doctrine qui admet l'existence d'un Dieu conçu comme un Être suprême aux attributs indéterminés et qui s'oppose au Dieu personnel, connu par voie de révélation, des grandes religions monothéistes. Fréquemment adversaires du christianisme, les déistes furent nombreux parmi les Encyclopédistes du XVIIIe siècle et ils furent généralement considérés comme des athées déguisés.

➤ THÉISME.

DELEUZE

(Gilles, 1925-1995.) Philosophe français qui publia des ouvrages de critique relativement classique sur Hume (1953), Nietzsche, Kant (1962), Bergson (1966) et Spinoza (1968), puis sur des auteurs moins officiellement philosophiques comme Proust (1964) et Sacher-Masoch (1967). Il écrivit ensuite la *Logique du sens* (1970), où il pose les problèmes du langage, de l'expression et de la signification.

◆ Mais c'est avec *L'Anti-Œdipe* (1972), écrit en collaboration avec l'ex-psychanalyste Félix Guattari (1930-1992) qu'est abordé un style de pensée radicalement nouveau, truffé de références culturelles et artistiques. Il permet d'analyser le rapport de la psychanalyse à la politique et à l'histoire, pour montrer d'une part que le **schizophrène** (dont la psychanalyse parle peu) est le révélateur, la limite que le capitalisme ne peut pas franchir parce qu'il rassemble en lui toutes les contradictions du système ; d'autre part, que la psychanalyse, parce qu'elle s'en tient à un modèle familialiste traditionnel (perceptible dans l'importance attribuée au complexe d'Œdipe*) n'est rien de plus qu'un instrument de répression parmi d'autres – particulièrement incapable de comprendre et, à plus forte raison, de supporter la réalité du désir individuel, que Deleuze et Guattari montrent multiforme, impossible à canaliser, et, contrairement aux analyses classiques qui insistent sur sa relation au manque, orienté en fait vers la production et l'articulation de solutions inédites : désirer, c'est franchir les normes et faire affleurer des flux profonds.

◆ Prolongée – en particulier dans ses conséquences politiques – dans *Mille Plateaux* (1981, second tome de *Capitalisme et schizophrénie*, dont *L'Anti-Œdipe* était la première partie), cette conception positive de la schizophrénie et du désir comme « machine désirante » rejoint les vues de l'antipsychiatrie* ; plus largement, elle participe d'un courant de la recherche philosophique contemporaine qui devient soucieuse de se mettre à l'écoute de ce que la philosophie excluait classiquement : fictions, poésie, peinture même – comme le confirment, en 1982, l'étude, de Deleuze seul, sur le peintre F. Bacon (*Logique de la sensation* – rare exemple de texte philosophique qui considère la peinture elle-même comme une incitation à la réflexion, et non comme un domaine où vérifier des théories), puis ses derniers ouvrages sur le cinéma. En 1991, il publie, de nouveau avec F. Guattari, *Qu'est-ce que la philosophie ?*, repérant cette dernière comme véritable invention de concepts,

à la différence notamment de la science et de la logique, qui opèrent par fonctions, et de l'art, qui opère par percepts et affects.

DÉLIBÉRATION

Dans le schéma traditionnel de la volonté*, la délibération est la deuxième phase de l'**acte volontaire** (après la conception et avant la décision et l'exécution). Elle consiste à soupeser les mobiles et les motifs pour et contre qui détermineront la décision à prendre.

La **psychologie contemporaine,** notamment dans ses orientations phénoménologiques qui s'attachent à défendre l'unité de l'acte volontaire, dénonce le caractère artificiel de la délibération qui, le plus souvent, succède à la décision prise dans le for intérieur, et qui, de ce fait, ne serait qu'une comédie : « Quand je délibère, les jeux sont faits. » (Sartre.)

➤ VOLONTÉ.

DÉMIURGE

Dans le mythe cosmogonique de Platon*, ce terme désigne l'artisan divin – cause de l'Âme du monde – qui, sans créer à proprement parler l'univers, donne forme à une matière inorganisée en imitant les essences éternelles, les dieux inférieurs créés par lui ayant pour tâche de produire les êtres mortels (cf. le *Timée*). Dans la pensée gnostique, le démiurge, créateur du monde et distinct du Dieu suprême, est généralement considéré comme mauvais.

➤ COSMOGONIE, GNOSTIQUE, PLATON.

DÉMOCRATIE

Régime politique dans lequel la souveraineté* est exercée par le peuple, c'est-à-dire par l'ensemble des citoyens, au moyen du suffrage universel. Selon Rousseau*, la démocratie – qui réalise l'union de la morale et de la politique – est un état de droit exprimant la volonté générale* des citoyens qui sont à la fois législateurs et sujets des lois.

◆ Opposée à la tyrannie* et à l'oligarchie, la démocratie désigne d'abord certains régimes de l'Antiquité qui ne sont d'ailleurs que partiellement démocratiques (démocratie athénienne). À l'époque moderne, on distingue la démocratie **directe,** dans laquelle le pouvoir est exercé sans intermédiaire par le peuple ; la démocratie **parlementaire ou représentative,** dans laquelle le peuple délègue ses pouvoirs à un corps élu (parlement). L'appellation de **démocratie populaire** a été donnée aux États qui appliquent des principes « socialistes » plus ou moins légitimement « déduits » de la philosophie de Marx*.

◆ D'une manière générale, la démocratie telle qu'on l'envisage en Occident doit – par la séparation des pouvoirs législatif, exécutif et judiciaire – garantir les droits fondamentaux de la personne humaine. Elle implique aussi la **permanence de l'interrogation** et du débat public sur son statut et son fonctionnement ; c'est précisément cet aspect qui pose la question de ses capacités de résistance à l'entreprise totalitaire : dès lors que le fonctionnement démocratique sous-entend le multipartisme et le droit d'expression des partis légitimement constitués, le problème surgit nécessairement de l'attitude à adopter concernant des partis qui n'en adoptent le jeu que pour accéder au pouvoir afin d'ensuite instaurer un régime tout autre.

DÉMOCRITE

(Vers 460-vers 370 av. J.-C.) Ce présocratique* au savoir encyclopédique – grand voyageur, paraît-il – écrivit une œuvre considérable dont il ne reste que quelques fragments. Premier grand représentant de l'atomisme* antique, il constitua une physique matérialiste inspirée de son maître Leucippe.

◆ Selon Démocrite – qui concilie l'immobilisme de Parménide* et le mobilisme

d'Héraclite* – l'univers est composé d'**atomes,** éléments invisibles, insécables et éternels qui ne se différencient que par leurs qualités géométriques (grandeur et forme) et se meuvent dans un **vide** éternel et infini. Le mouvement des atomes, qui se combinent pour former des mondes en quantité illimitée, est dû au hasard – contrairement à l'atomisme d'Épicure* – d'où naissent les tourbillons qui sont responsables de l'infinie complexité des choses.

◆ Démocrite développe une théorie de la connaissance qui met déjà en garde contre la subjectivité des qualités sensibles : l'œil reçoit les images, les « **simulacres** » que les corps extérieurs émettent ; or la vision qui en résulte n'est qu'une apparence puisque la seule réalité se compose d'atomes et de vide. Les principes matérialistes de cette doctrine conduisent à chercher le Souverain Bien dans le plaisir, non pas cependant le plaisir corporel – qui se réduit à l'agréable et varie d'un individu à l'autre – mais celui de l'âme qui se confond avec la joie, seule capable d'apporter bonheur et paix.

➤ ATOME, ÉPICURISME, MATÉRIALISME, MÉCANISME.

DÉMON DE SOCRATE

Dans de multiples dialogues de Platon, Socrate fait référence à son démon, qui le met en garde contre tel choix ou telle attitude possible. Intervenant exclusivement en sens négatif, pour empêcher l'erreur, le démon socratique symbolise tout à la fois l'intuition humaine, la présence en nous du divin et la rectitude de la pensée.

DÉMONSTRATION

Déduction* qui prouve la vérité de sa conclusion en partant de prémisses* déjà admises comme vraies.

◆ En **mathématiques,** la démonstration procède essentiellement par substitution d'éléments équivalents, mais on sait, au moins depuis Pascal*, qu'il est impossible de démontrer intégralement une suite de propositions. On doit donc admettre l'existence d'affirmations initiales et indémontrables ; celles-ci peuvent être comprises, soit comme l'équivalent d'hypothèses de travail, comme c'est le cas dans les systèmes hypothético-déductifs*, soit comme relevant d'évidences ou d'intuitions immédiates.

Ce cas est particulièrement celui que l'on rencontre dans les **systèmes philosophiques,** dont les choix et concepts initiaux tiennent le rôle de véritables axiomes plus ou moins implicites. On peut, en conséquence, tenter de reconstruire tout système philosophique de manière rigoureuse en le présentant comme une suite de démonstrations établies à partir de quelques définitions et propositions premières, comme l'envisageait notamment Spinoza* en élaborant son *Éthique* « à la façon des géomètres ».

➤ ABSURDE, RÉCURRENCE, TAUTOLOGIE.

DÉNOMINATION

Formulation qui consiste à donner un nom à quelque chose. La dénomination est inséparable de la conceptualisation, opération par laquelle le signe sonore se charge d'une signification conceptuelle, ce qu'il désigne pouvant alors donner lieu à une pluralité de jugements.

DÉNOTATION

C'est ce qui correspond à l'extension* d'un concept.

◆ En linguistique, ce terme désigne le sens strict d'un mot, indépendamment des connotations* que chacun peut lui adjoindre.

DÉONTOLOGIE

Alors que pour Bentham*, fidèle à l'étymologie grecque, la déontologie désigne la morale, il s'agit, en un sens plus restreint qui a prévalu, de l'ensemble des obligations éthiques et administratives liées à l'exercice d'une profession. C'est généralement le cas des professions libérales, chacune d'elles étant soumise à un « code de déontologie ». Hippocrate*, avec son célèbre « Serment », est le premier à avoir fixé des règles déontologiques pour la médecine.

DÉPENSE

Au sens général, désigne l'emploi que l'on fait de son argent pour payer un produit.

Dans la pensée de G. Bataille*, le terme trouve une acception économiquement moins classique : sur le modèle de la dépense cosmique de l'énergie solaire mais aussi des échanges somptuaires qui ont lieu dans des institutions comme le potlatch*, Bataille conçoit que la vie en général, et la vie humaine plus particulièrement, obéit à un principe de consumation* qui consiste à dépenser sans calcul d'intérêt ni espoir de retour aussi bien les richesses que les forces individuelles.

DERRIDA

(Jacques, né en 1930.) Philosophe français qui, partant de la phénoménologie de Husserl*, mais lui adjoignant la réflexion mallarméenne sur l'écriture et l'interprétation de Nietzsche par Heidegger, élabore une « déconstruction » de toute la métaphysique considérée comme caractéristique de la pensée occidentale.

◆ Sa réflexion est centrée sur l'écriture elle-même, occultée par toute la tradition philosophique, de Platon à Hegel, qui n'y voit rien de plus qu'un moyen mis au service de la parole qu'il recueillerait fidèlement. Complémentairement, la linguistique elle-même refoule la spécificité du fait d'écrire. Derrida va précisément montrer que ce refoulé « fait retour » dans ce qui s'énonce à propos du langage parlé – par exemple dans le concept d'articulation, dérivé de la première approximation que procure l'écriture alphabétique ; ce qu'il nomme **« grammatologie »** doit dès lors, en travaillant aussi des textes élaborés dans les marges de la philosophie (Artaud, Levinas, Bataille), déconstruire le logophonocentrisme, en trouvant dans l'inscription graphique autre chose que le simple dépôt d'une voix et d'une vérité originelles.

Ce travail très complexe s'accompagne, en toute logique, de la participation de son auteur singulier à des recherches visant la transformation de l'enseignement philosophique aussi bien que celle, plus globale, des rapports entre le pouvoir et les savoirs institutionnels.

Œuvres principales : *Introduction à l'origine de la géométrie de Husserl* (1962) ; *L'Écriture et la différence ; De la grammatologie ; La Voix et le phénomène* (1967) ; *La Dissémination* (1972) ; *Glas* (1975) ; *La Carte postale* (1980) ; *Limited Inc.* (1990) ; *L'Autre Cap* (1991) ; *Spectres de Marx* (1993).

➤ ÉCRITURE.

DESANTI

(Jean-Toussaint, né en 1914.) Philosophe français. D'abord proche du marxisme et de la phénoménologie, il s'oriente ultérieurement vers l'épistémologie des mathématiques : cette dernière consiste selon lui à s'installer au cœur même des textes mathématiques pour en défaire les théorèmes afin d'en examiner le statut. Au terme d'une telle démarche, qui suppose que le philosophe parle des mathématiques de l'intérieur, en les pratiquant, et non plus de l'extérieur – et qui doit être suivie quels que soient les savoirs ou les sciences examinés –, l'objet mathématique se caractérise par son « idéalité » : ni « du Ciel » ni « de la Terre », il doit cependant être pensé comme « réel » au sens où il possède un statut relationnel.

Généralisant sa méthode, Desanti en est venu, à l'écart de toutes les écoles, à concevoir le philosophe contemporain comme, d'une part, insatisfait des « formes philosophiques qui sont notre héritage » et, de l'autre, capable d'« introduire dans la bonne conscience du savoir l'inquiétude et la négation ». Ce qui l'amène personnellement à interroger et redéfinir la violence, la croyance ou l'engagement de l'intellectuel.

Œuvres principales : *Les Idéalités mathématiques* (1968) ; *La Philosophie silencieuse* (1975) ; *Le Philosophe et les pouvoirs* (1976) ; *Un destin philosophique* (1982).

Descartes

(René, 1596-1650.) Officier, mathématicien (on lui doit la géométrie analytique), physicien et philosophe français né à La Haye en Touraine, dans une famille de petite noblesse. Déçu par l'enseignement du collège des Jésuites de La Flèche, où règne la tradition scolastique*, il ne s'intéresse qu'aux mathématiques. Il décide de voyager et rejoint en Hollande l'armée du prince de Nassau. Ensuite, prenant ses quartiers d'hiver en Bavière, il fait le 10 novembre 1619 un rêve singulier, qui lui révèle sa vocation : inventer une « science admirable » capable d'unifier tout le savoir humain. Sa première publication (1628) porte sur la nécessité de créer une méthode universelle ; apprenant en 1633 la condamnation de Galilée, il renonce à publier un ouvrage de physique. En 1637 cependant, il fait paraître quelques extraits de son travail scientifique avec une préface célèbre : le *Discours de la méthode*. Viendront ensuite des ouvrages de métaphysique, et une importante correspondance avec plusieurs personnages notables de l'époque, notamment la princesse palatine Élisabeth. Appelé en 1649 auprès de la reine Christine de Suède, il meurt peu après à Stockholm, au moment où est publié son dernier ouvrage, *Les Passions de l'âme*.

◆ Fondateur du **rationalisme*** moderne, Descartes procède à une sorte de sécularisation de la réflexion philosophique, après des siècles de pensée scolastique. L'homme livré à lui-même n'est plus cet être perdu que seule la grâce divine pouvait sauver. Égaré par les sens et les fantaisies de l'imagination, il devra désormais refuser l'autorité des Anciens et trouver son chemin par ses propres forces – c'est-à-dire maîtriser le discours et atteindre la vérité dans les sciences – grâce à un véritable « guide des égarés » des temps nouveaux que constitue la **méthode.** Méthode qui repose sur l'intuition rationnelle – ou vision immédiate par l'esprit d'une vérité qui s'impose absolument – et sur la déduction qui établit le lien nécessaire entre deux vérités intuitives ; méthode universelle qui prend pour modèle l'intelligibilité des mathématiques « à cause de la certitude et de l'évidence de leurs raisons ». Accessible à tous, car « le bon sens est la chose du monde la mieux partagée », la conquête d'un savoir encyclopédique, obéissant à la juridiction de la raison déductive, répond à la définition même de la philosophie cartésienne. Le culte moderne de la science trouve ainsi ses racines dans cette conception de la sagesse considérée comme une « parfaite connaissance de toutes les choses que l'homme peut savoir tant pour la conduite de sa vie que pour la conservation de sa santé et l'invention de tous les arts ».

◆ Mais l'intérêt spéculatif de la philosophie n'échappe pas à Descartes, de même que la « satisfaction » que procure la « recherche de la sagesse » qui est la « vraie nourriture de l'esprit », comme c'est le cas pour la métaphysique, démarche initiale dans l'ordre du savoir. Commençant par une remise en cause des connaissances acquises, il adopte une attitude de doute méthodique* sous la forme d'une ascèse intellectuelle qui sera nécessaire au surgissement de la première vérité indubitable : le **Cogito*.** Les objections les plus extravagantes (hypothèse du malin génie) ne peuvent rien contre l'évidence de l'existence du moi appréhendé en tant que sujet défini comme une chose dont l'essence est de penser. En posant la réalité de la « substance pensante », Descartes affirme la souveraineté de l'esprit – qui est « plus aisé à connaître que le corps » – sur l'ensemble de ses productions, et il inaugure ainsi l'idéalisme* moderne. Pour avoir accès aux autres vérités, il faut procéder par voie de raisonnement dont la validité devra s'appuyer sur la véracité de Dieu (preuve ontologique*) qui, infiniment bon et infiniment puissant, ne pourra nous induire en erreur si nous faisons un usage correct de notre raison. Et pourtant nous nous trompons. D'une part, la propension – qui nous a été octroyée par Dieu – à affirmer l'existence des objets extérieurs ne signifie pas qu'ils existent indépendamment

DESCARTES (1596-1650)

Hollande

Huygens (1629-1695)
Régius
Diffusion de la pensée de Descartes dans les principales universités.
Geulincx (1624-1669)
Spinoza (1632-1677)

France

Port-Royal
(Arnauld, Nicole, De Sacy)
Père Mersenne (1588-1648)
Malebranche (1638-1715)
Fénelon (1651-1715)

Extension du cartésianisme
Fontenelle (1657-1757)
La Mettrie (1709-1751)
D'Alembert (1717-1783)
Turgot (1727-1781)
Condorcet (1743-1794)

Allemagne

Leibniz (1646-1716)

de nous avec les qualités sensibles (« qualités secondes ») que nous leur attribuons : l'essence des corps est constituée d'étendue (« qualité première ») qui se traduit par des propriétés géométriques, comme le montre l'épisode du « morceau de cire » ; il en résulte d'ailleurs une conception mécaniste de l'être vivant – **animal machine*** – étranger à tout principe vital. D'autre part, l'erreur réside dans le jugement, quand la volonté, puissance infinie d'affirmation et de négation, opère dans la précipitation alors que l'entendement fini (qui se contente de concevoir) est encore soumis aux confusions et aux obscurités en provenance des sens et de l'imagination.

◆ Sur l'expérience du jugement vient se greffer celle de la liberté, la liberté d'indifférence* – qui en est « le plus bas degré » – soumise à l'indétermination des motifs, et surtout la liberté supérieure de l'acte motivé par la puissance de l'idée rationnelle claire et distincte. La substitution du volontaire à ce qu'il y a d'involontaire dans la passion, c'est-à-dire la souveraineté de l'homme sur lui-même, accompagnée de l'estime de soi, définit précisément la **générosité** cartésienne. La morale de Descartes, terme ultime et finalité de la démarche philosophique, est ainsi une mise en garde – que nous trouvons déjà dans la **morale « provisoire »** – contre l'irrésolution et l'inconstance ; l'introduction de la raison, éclairée par la connaissance des mécanismes psychophysiologiques, et armée des techniques de la médecine, permet – dans la morale définitive – de lutter efficacement contre les troubles de la passion et de trouver la paix grâce à des procédures qui rappellent celles des stoïciens.

◆ ***Discours de la méthode*** *pour bien conduire sa raison et chercher la vérité dans les sciences.* Cet ouvrage paru à Leyde en 1637 est une véritable autobiographie intellectuelle dans laquelle Descartes, à l'écart de la science officielle (le latin est abandonné au profit du français), et en contradiction avec le dogme aristotélicien qui prévaut alors, expose les principes de sa philosophie qui, à l'encontre de la philosophie spéculative des Anciens, devra permettre à l'homme de se rendre « maître et possesseur de la nature ». Or le *Discours* qui rassemble ces principes de base constitue la Préface écrite pour assurer la publication de trois essais scientifiques qui en sont l'application *(La Dioptrique, Les Météores,* et *La Géométrie),* eux-mêmes fragments du *Traité du Monde* que Descartes avait renoncé à publier après la condamnation – en 1632 – de Galilée* qui soutenait des thèses comparables aux siennes.

Le *Discours* commence par un acte de foi en l'esprit humain : « le bon sens est la chose du monde la mieux partagée » ; mais encore faut-il que la raison, pour porter ses fruits, soit conduite avec méthode.

La deuxième partie, qui s'inspire de la démonstration mathématique, énonce les quatre règles de la méthode (évidence, analyse, synthèse, énumération).

Mais avant d'accéder à la vérité, il faut bien vivre ; d'où la nécessité, avant d'établir la morale définitive qui doit prolonger la démarche scientifique, de fixer les maximes – inspirées largement de considérations stoïciennes – d'une morale provisoire.

La quatrième partie est un résumé de la métaphysique cartésienne qui va du doute radical à la réhabilitation du monde extérieur en passant par le Cogito* et les preuves de l'existence de Dieu.

La cinquième partie contient les principes de la physique et notamment la conception mécaniste du monde corporel, tandis que la sixième insiste sur la nécessité du progrès scientifique, surtout en médecine.

Le *Discours de la méthode* est considéré comme la charte constitutive de la pensée moderne et de l'esprit scientifique naissant. Cependant le nouvel esprit scientifique – défini par Bachelard* – est en désaccord avec la *simplicité* de la méthode cartésienne qui ne parvient pas à *compliquer* l'expérience comme l'exige la physique du XXe siècle. En outre, les « relations d'incertitude » démontrent qu'en microphysique, on ne peut expliquer les phénomènes par *figures* et *mouvements* comme le croyait le fondateur de la physique mathématique, puisqu'on ne peut jamais connaître à la fois la figure et les mouvements.

◆ Les ***Méditations métaphysiques*** furent d'abord rédigées (en 1628-1629) et publiées (en 1641) en latin : selon Descartes lui-même, elles s'adressent à un public spécialisé de philosophes, et non comme le *Discours* à tout homme simplement doté de bon sens. La traduction française – *Méditations touchant la philosophie première dans lesquelles on prouve clairement l'existence de Dieu et la distinction réelle entre l'âme et le corps* – parut en 1647, le terme de « méditation » indiquant que chaque partie doit être de la part du lecteur l'objet d'une lecture approfondie et d'une longue réflexion. Il n'y a plus trace, dans cet ouvrage capital où Descartes développe les questions métaphysiques dont il avait seulement indiqué les principes dans le *Discours*, d'autobiographie, et l'argumentation est plus serrée, ou technique, que dans l'ouvrage de 1637. Le texte est suivi des *Objections* faites par divers philosophes et théologiens (le Père Mersenne, Arnauld, Gassendi, Hobbes...) et des *Réponses* apportées par Descartes. Les méditations première et deuxième réaffirment la nécessité du doute méthodique pour qui veut accéder à la vérité. Le Cogito* apparaît comme première évidence, qui permet de distinguer la connaissance du moi pensant, seule claire et distincte, de celle des corps (analyse du morceau de cire) pour laquelle les sens ne nous sont en fait d'aucun secours. Aussi la connaissance des objets extérieurs à ma substance pensante nécessite-t-elle un long « détour » : il faut, pour la garantir, avoir la certitude de l'existence de Dieu et de son caractère non trompeur.

La troisième méditation fournit une double preuve de l'existence de Dieu : d'une part son idée, que je trouve en ma pensée, a trop de perfection pour que ma seule pensée – qui est imparfaite – puisse la produire. Elle ne peut avoir été placée en moi que par un Être lui-même parfait, puisque la cause doit avoir au moins autant de réalité objective (c'est-à-dire de puissance d'être) que l'effet. Ce premier argument mène d'autre part à penser que ma propre existence dépend elle-même de cette cause parfaite qui a placé en moi l'idée de perfection dont je suis privé.

La quatrième méditation s'interroge sur l'origine de l'erreur : elle ne peut venir de Dieu lui-même qui, étant parfait, ne peut être trompeur et apparaît inconciliable avec cette sorte de privation que constitue l'erreur. Cette dernière provient en conséquence d'un défaut de ma volonté, qui peut être amenée à me faire approuver même des choses douteuses ou fausses, parce qu'elle a plus d'étendue que l'intellect lui-même. Mais, puisqu'elle dépend de la volonté, l'erreur peut être évitée.

C'est dans la cinquième méditation qu'est introduit comme troisième preuve de Dieu l'argument ontologique*, qui permet de préciser que, si l'existence est bien nécessaire quand il y va de Dieu, elle n'est en rien une propriété nécessaire pour tous les autres objets du monde.

Il n'en reste pas moins que l'existence de ces derniers doit être confirmée, et c'est à quoi s'emploie la dernière partie de l'ouvrage. Puisque nous avons la certitude que l'esprit existe indépendamment des choses matérielles, il faut admettre que c'est par les sensations que nous concevons aussi bien notre corps que celui de tout le reste. Le dualisme peut alors rendre compte de l'erreur (provenant par exemple d'un jugement précipité), mais aussi affirmer que, dans la mesure où Dieu n'est pas trompeur, l'union de notre corps et de notre âme est faite de façon à nous procurer le bien tout autant que la vérité, même s'« il faut avouer que la vie de l'homme est sujette à faillir fort souvent ».

Bien qu'elles ne comportent pas, à rigoureusement parler, la totalité de la philosophie cartésienne, les *Méditations* ont exercé une **influence capitale :** la plupart des penseurs ultérieurs auront à tenir compte de la métaphysique qui s'y constitue soit pour l'approuver, soit pour la critiquer – au rationalisme* va s'opposer l'empirisme*, jusqu'à la « synthèse » opérée par Kant*.

◆ ***Les Passions de l'âme*** (1649). Rédigé en français, et en trois parties, cet ouvrage est le seul que Descartes ait consacré entièrement à la morale.

La première partie (« Des passions en général ») affirme un dualisme rigoureux : Descartes s'attache à soigneusement distinguer les passions provenant du corps de celles qui appartiennent en propre à l'âme. Celle-ci est agent de volition, mais ce serait une erreur de lui attribuer la responsabilité des mouvements physiques que nous avons en commun avec les animaux, et qui ne proviennent que de notre corps et de ses « esprits animaux ».

Sur le plan physiologique, c'est par la glande pinéale que l'âme se trouve unie à toutes les parties du corps. Cette union explique que l'âme puisse agir sur le corps ou inversement.

La deuxième partie (« Du nombre et de l'ordre des passions et l'explication des six premières ») analyse avec précision les différents effets et manifestations de l'étonnement, de l'amour, de la haine, du désir, de la joie et de la tristesse. Descartes y insiste sur l'utilité des passions pour le corps : c'est par leur intermédiaire que l'âme est avertie de ce qui peut lui être bon ou nuisible. Mais la satisfaction des désirs qu'elles suscitent peut dépendre, selon les cas, de nous, du sort, ou de nous et d'autrui. En revanche, le bien et le mal relèvent d'émotions internes, produites par l'âme seule ; aussi doit-on s'entraîner à la vertu pour venir à bout des passions les plus fortes.

La troisième partie détermine et recense les passions secondaires, classées en fonction des six premières. Descartes y établit surtout que l'action de contrôle que doit exercer l'âme sur les passions n'est pas toujours possible ; en revanche, il est toujours à sa portée de se méfier des emportements passionnels qui risquent d'être systématiquement trompeurs, aussi bien que de différer une décision qui serait prise sous la seule influence d'une passion, ou d'opposer à celle-ci des objections rationnelles. Ainsi se définit progressivement un mécanisme passionnel – la moralité se déterminant d'un point de vue rationnel comme un jeu d'actions et de réactions, de poussées et de résistances.

Tout en affirmant l'hétérogénéité stricte entre l'âme (substance pensante) et le corps (étendue), ce traité des passions établit donc des **corrélations psychophysiologiques :** le dualisme n'empêche pas l'action réciproque d'une part de l'homme sur l'autre, même si, de l'aveu de Descartes, les modes de cette action sont difficiles à concevoir.

On peut voir dans cet ouvrage l'origine de la psychophysiologie moderne – bien qu'il s'appuie sur une conception erronée du cœur et des « esprits animaux ». En fait, la compréhension mécaniste du trouble passionnel trouvera son meilleur aboutissement dans l'*Éthique* de Spinoza*.

AUTRES ŒUVRES : *Règles pour la direction de l'esprit* (1628) ; *Principes de philosophie* (1644) ; *Lettres à la princesse Élisabeth.*

➤ ADVENTICES (IDÉES), COGITO, DOUTE MÉTHODIQUE, FACTICES (IDÉES), GÉNIE, INNÉES (IDÉES), ONTOLOGIQUE (ARGUMENT), RATIONALISME.

DÉSENCHANTEMENT

Nous devons ce terme – avec sa signification philosophique et sociologique – à **Max Weber***. Désenchanter, c'est dissoudre l'enchantement ou éliminer le magique du monde. Weber montre qu'en se déclarant hostile à la magie et à la superstition, le judéo-christianisme a joué un rôle décisif dans le processus de désenchantement. C'est surtout le cas du protestantisme : « Le puritain authentique allait jusqu'à rejeter tout soupçon de cérémonie religieuse au bord de la tombe » afin d'éviter les « pratiques magico-sacramentelles » *(L'Éthique protestante).*

En favorisant le mouvement de rationalisation, le protestantisme a facilité le développement du capitalisme et contribué à soumettre à des règles rationnelles la vie économique, en même temps qu'il favorisait le recours à la science, à la technique et à la prévision, démarches qui désenchantent le monde en le privant de ses charmes magiques.

DÉSIR

Il excède le strict besoin* et oriente la tendance devenue consciente vers l'objet qu'elle se représente.

La philosophie a traité du désir selon deux orientations : l'absence que rencontre d'abord la conscience autorise l'interprétation qui fait du désir un manque et une incomplétude comme on le voit chez Platon*, avec par exemple le mythe* de l'androgyne*, ou encore chez Freud*; mais la productivité qui le caractérise permet notamment à Spinoza* de le comprendre non seulement comme « la mesure de la puissance humaine » mais aussi comme créateur de la valeur, puisque c'est en raison du désir que nous avons d'elle que nous jugeons une chose bonne, et non l'inverse. Hegel* montre de son côté, dans sa célèbre « dialectique du maître et de l'esclave », que l'homme, parce qu'il est capable de nier sa nature animale, désire la « reconnaissance », par l'autre, de sa liberté et de sa nature d'être humain sans avoir à le reconnaître lui-même : il peut ainsi risquer sa vie dans une « lutte à mort », de pur prestige.

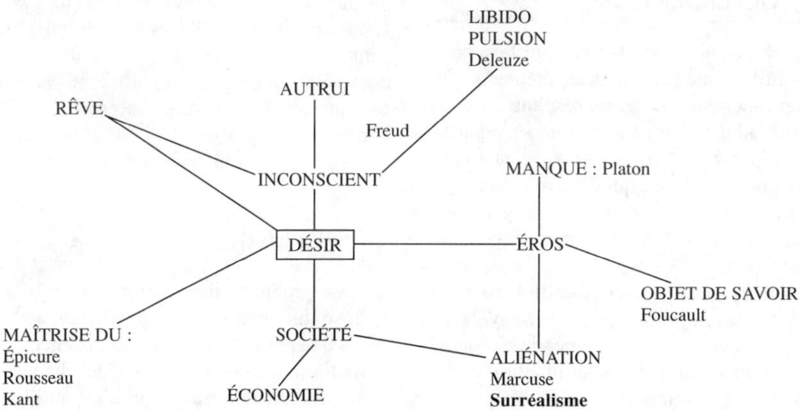

DESPOTISME

Parmi les régimes politiques que décrit Montesquieu*, le despotisme est la souveraineté absolue et illimitée exercée par un seul homme.

On entend par **« despotisme éclairé »** le système de gouvernement qui, dans la seconde moitié du XVIIIe siècle, essaya d'adapter l'absolutisme de certaines monarchies européennes à l'esprit nouveau de la philosophie des Lumières*.

DESTIN, DESTINÉE

Puissance mystérieuse et personnifiée qui, dans la pensée antique avec la tragédie grecque et le stoïcisme* notamment, régit le devenir universel, y compris le cours de l'histoire humaine, sans que puisse intervenir ni la volonté ni la prévision de l'homme.

◆ La notion de **destinée** appliquée à l'homme peut désigner le destin individuel ou bien, vulgairement, ce qui arrive au cours d'une existence humaine. À distinguer de la destination, synonyme ici de vocation personnelle en vertu d'une exigence intérieure.

➤ FATUM.

DÉTERMINANT, DÉTERMINATION, DÉTERMINISME

◆ Le substantif **déterminant** est parfois utilisé pour désigner les éléments qui déterminent un fait ou un résultat.

L'adjectif est pris dans un sens particulier par Kant* dans l'expression **jugement déterminant,** qui discerne quels cas particuliers relèvent d'une loi générale déjà connue par opposition au jugement réfléchissant.

◆ Le terme **détermination** est parfois pris en psychologie pour un synonyme de décision*, ou même de volonté, lorsqu'on évoque la détermination avec laquelle agit un individu.

En **épistémologie,** c'est une relation existant entre deux phénomènes telle que si l'un est donné, l'autre l'est également. Le sens est alors proche de celui de déterminisme.

◆ Pris dans son acception concrète (par exemple en médecine), le terme **déterminisme** désigne l'ensemble des conditions nécessaires à l'existence d'un phénomène. Mais il est surtout employé, en **épistémologie,** pour signifier le principe fondamental de toute science expérimentale, selon lequel « les mêmes causes produisent les mêmes effets » – ce qui implique d'un point de vue métaphysique qu'il n'existe pas d'effet sans cause, et fonde la possibilité de l'induction* qui généralise l'expérience en lui donnant force de loi.

Au cours du XXe siècle, le déterminisme absolu a été contesté en raison des découvertes de la microphysique (relations d'incertitude*) mais aussi de ses difficultés d'application dans les sciences humaines – où son affirmation stricte ferait de l'existence de l'homme, historique ou psychologique en particulier, un simple mais inacceptable mécanisme : on lui substitue alors volontiers un **déterminisme statistique.**

➤ JUGEMENT.

DEUX INFINIS

Pascal a développé dans de nombreuses *Pensées* le thème de l'homme, « néant à l'égard de l'infini, tout à l'égard du néant, milieu entre rien et tout ». L'infiniment grand (les espaces infinis) et l'infiniment petit (parfois symbolisé par cet insecte qu'est le ciron) effraient l'homme qui les considère, et le portent à se connaître tel qu'il est : « Nous sommes quelque chose et ne sommes pas tout. »

DEVENIR

Le problème du devenir se pose à la philosophie depuis les présocratiques*. Alors que pour Parménide*, l'existence de l'être* est incompatible avec le changement propre au devenir – qui n'est qu'illusion –, pour Héraclite*, en revanche, rien n'est stable, « tout s'écoule » et se trouve soumis à un devenir fait de la perpétuelle métamorphose des choses qui évoluent, d'ailleurs, non pas d'une façon linéaire, mais selon un cycle où se réalise la coïncidence des contraires. Parmi les philosophes qui se réclament d'Héraclite, citons Hegel* qui, trouvant dans le devenir le fondement de l'Histoire (et de celle de l'Être en particulier), le conçoit comme synthèse dialectique « dépassant » les contradictions.

➤ ACTE, ARISTOTE, BERGSON, DIALECTIQUE, DURÉE, HEGEL, HÉRACLITE, PUISSANCE.

DÉVOILEMENT

À l'origine, chez Platon* – selon l'étymologie grecque *a-letheia* – découverte de l'être primitivement caché. Dans la philosophie de Heidegger*, le dévoilement de l'être est la manifestation de la vérité de l'étant qui réussit à se dégager des préoccupations quotidiennes.

➤ RÉVÉLATION.

DEVOIR

Du sens habituel du verbe (ce qui doit être, ou être fait), la réflexion morale a déduit un concept d'*obligation* qui trouve toute sa vigueur dans le système de Kant.

Kant distingue l'action menée conformément au devoir de celle qui est faite « par devoir ». Le premier cas est étranger à la morale car le sujet agit sans effort et donc sans mérite dans la mesure où entrent en jeu des intérêts particuliers dont l'orientation se trouve conforme à celle qu'exigerait le devoir s'il était perçu. En revanche, s'il « agit par devoir », le sujet peut être qualifié d'authentiquement moral : luttant éventuellement contre ses propres inclinations, il accède alors à la connaissance de ce que demande la loi morale, loi rationnelle qui importe non par son contenu mais uniquement par la forme qui est la sienne, c'est-à-dire par le fait qu'elle indique une obligation universellement valide.

DIACHRONIQUE, SYNCHRONIQUE

Termes popularisés par la **linguistique** saussurienne, et dont l'usage se généralise en philosophie et dans les sciences humaines. Ils désignent les deux points de vue selon lesquels on peut étudier un objet ou un domaine en fonction du temps : une vue synchronique le montrera dans ses relations à d'autres événements ou structures à un instant donné, tandis qu'une vue diachronique en retracera l'évolution antérieure ou postérieure.

DIALECTIQUE

Mot riche de sens, dans l'histoire de la philosophie.

C'est, primitivement, l'art du dialogue* (du verbe grec *dialegein* : parler « à travers » l'espace qui sépare les interlocuteurs) comme méthode d'interrogation, mise au point peut-être par Zénon d'Élée*, en tout cas pratiquée par Socrate* et dont **Platon** entreprend la mise en forme littéraire.

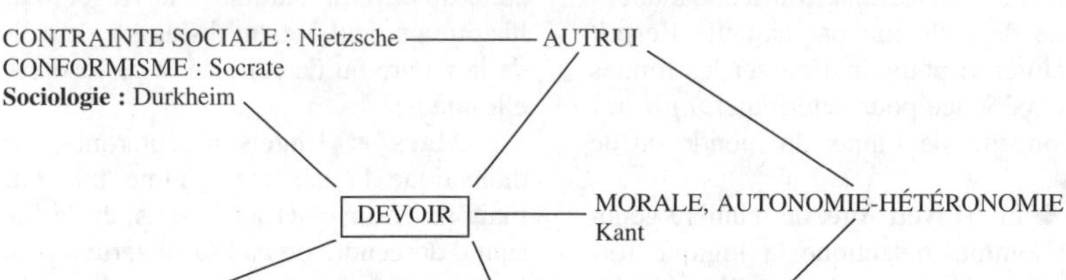

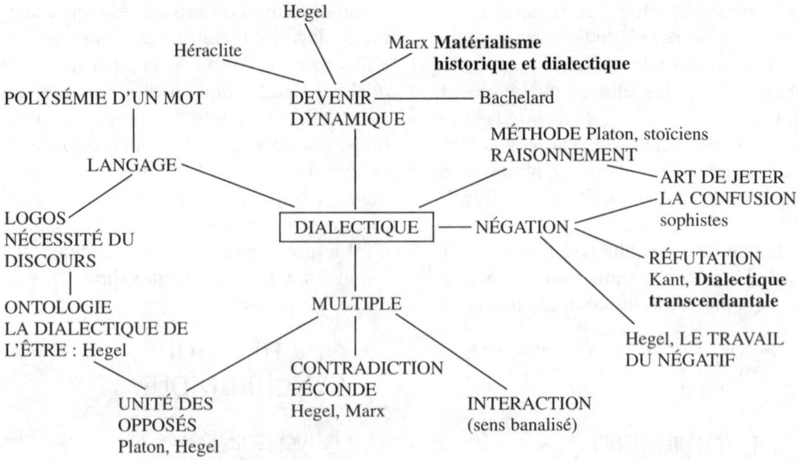

Mais le terme grec désigne aussi la division logique – sens également platonicien – qui aboutit à découvrir, de proche en proche, les concepts fondamentaux ou Idées : on évoque volontiers, à propos de Platon, une dialectique *ascendante* (partant du concret pour accéder à l'idée du Bien) et une dialectique *descendante* (revenant de la contemplation du Bien au quotidien) dont le mouvement complémentaire, dessiné dans la *République,* et plus particulièrement dans l'allégorie de la caverne*, doit occuper la vie du philosophe véritable.

◆ Pour **Aristote** – antiplatonicien sur ce point comme sur beaucoup d'autres – le terme se nuance péjorativement : par opposition à l'analytique qui a pour objet la démonstration* véritable, la dialectique n'a pour objet que les raisonnements élaborés à partir d'opinions simplement probables. C'est dans la même optique que **Kant,** dans la *Critique de la raison pure,* nommera « dialectique transcendantale » l'étude de l'illusion par laquelle l'esprit humain croit pouvoir dépasser les limites de l'expérience pour déterminer *a priori** les concepts de l'âme, du monde ou de Dieu.

◆ Le **Moyen Âge,** de manière générale, nomme dialectique la logique formelle (c'est-à-dire celle qui s'inspire des *Analytiques* d'Aristote) : inscrite dans le « trivium » universitaire, donc en dehors de ce qui est alors nommé philosophie, elle y accompagne la grammaire et la rhétorique. Certains auteurs toutefois (saint Thomas, Duns Scot) affectent encore le terme de résonances négatives – que l'on retrouve jusque dans le vocabulaire contemporain pour qualifier un raisonnement ou un discours inutilement subtil ou complexe.

◆ C'est au XIXe siècle, avec **Hegel,** que la dialectique acquiert un sens philosophique nouveau – et tel qu'il innerve encore la majeure partie de ce qui se pense aujourd'hui : elle est comprise par le fondateur de l'idéalisme* absolu comme la loi de la pensée et du réel, qui, progressant par négations successives (affirmation ou thèse*, négation ou antithèse*), résout les contradictions en accédant à des unifications (ou, selon un vocabulaire désuet et peu précis, synthèses*) elles-mêmes partielles et appelées à être à leur tour dépassées. Ce « travail du négatif », inscrit au cœur du devenir*, anime pour Hegel toute histoire particulière, qu'il s'agisse de celle de la nature ou de celle de la philosophie elle-même.

Marx et Engels accepteront cette dialectique hégélienne comme méthode mais ils en inverseront le sens, en la faisant « descendre du ciel sur la terre » pour l'appliquer à l'étude des phénomènes historiques et sociaux, fondamentalement aux facteurs économiques : ce n'est plus l'Esprit ou l'Idée qui détermine le réel, mais le contraire, et les marxistes ultérieurs (Lénine*, Mao Ze-dong*) élaboreront en système rigoureux ce matérialisme dialectique*.

◆ Au **XXe siècle,** on qualifie dès lors de dialectique toute pensée qui tient radicalement compte du dynamisme des phénomènes ou de l'histoire et se montre sensible aux contradictions qu'ils présentent. Bachelard* évoque ainsi, dans *La Philosophie du non,* un rationalisme et une évolution des concepts scientifiques qu'il qualifie également de « dialectiques » pour rendre compte du mouvement progressif de négation partielle, dans la science, de théories antérieurement admises comme universellement valides, et de leur intégration dans des théories plus ouvertes (cas de la mécanique de Newton et de la géométrie d'Euclide relativement à la relativité d'Einstein et aux géométries non euclidiennes).

➤ AUFHEBUNG, MAÏEUTIQUE, MARXISME.

DIALOGUE

Échange d'arguments entre interlocuteurs. L'argument proposé doit faire l'objet d'un examen avant d'être renvoyé à l'autre parti. Bien que se développant à partir de points de vue différents, le véritable dialogue suppose un climat de bonne volonté et de compréhension réciproque.

Dans la philosophie de **Platon***, le dialogue, procédant par questions et réponses, est le support de la méthode dialectique* et permet à Socrate*, le meneur de jeu, de conduire progressivement ses interlocuteurs à « accoucher » spirituellement d'un savoir qu'ils portent en eux-mêmes. Ultérieurement, le dialogue utilisé comme genre philosophique (Érasme, Berkeley, Voltaire...) a éventuellement permis à son auteur de dissimuler une thèse choquante en la disséminant dans les répliques de plusieurs interlocuteurs (Hume).

Dans la pensée contemporaine – avec le personnalisme* notamment – le dialogue est placé sous le signe de l'échange qui se produit entre consciences cherchant à communiquer dans la réciprocité.

➤ MAÏEUTIQUE, PERSONNALISME, PLATON.

DICHOTOMIE

Division logique d'un concept en deux autres, généralement contraires, qui couvrent son extension*.

La dichotomie est fréquemment pratiquée dans les dialogues de Platon* : elle permet en effet à Socrate de faire progresser l'interlocuteur par des choix successifs dont chacun cerne un problème de plus en plus près. Un autre exemple classique en a été fourni par le néo-platonicien Porphyre (233-304) dans son « Arbre » qui rend compte de la coordination des genres et des espèces : la substance* se divise en spirituelle et corporelle ; celle-ci, ou corps, est inorganique ou organique ; ce dernier, le vivant, est insensible ou sensible ; l'animal (vivant sensible) est raisonnable ou non, etc.

➤ DIALECTIQUE, DIALOGUE.

DIDEROT

(Denis, 1713-1784.) Écrivain, philosophe et savant français. Codirecteur de l'*Encyclopédie**, il lui consacre l'essentiel de son activité.

Il conçoit une **philosophie de la nature** où apparaît son goût du concret et de la recherche expérimentale, lié à l'intérêt qu'il porte aux sciences de la vie – de sorte que les mathématiques perdent chez lui la place éminente qu'elles avaient chez Descartes*.

◆ D'abord déiste, il professe finalement un **monisme** matérialiste, l'unité de la matière reposant sur une continuité qui relie les modes d'existence les plus simples aux plus complexes. Dans *Le Rêve de d'Alembert,* il expose la thèse de l'animal agrégat d'animalcules qui annonce partiellement le transformisme de Lamarck* .

◆ Ennemi de la morale ascétique, il prétend que le bonheur des hommes sera assuré si on fait confiance à la nature, qui est bonne. Ce retour à la nature est en fait un retour à l'**instinct**, qui tourne le dos au naturalisme de Rousseau* affirmant la spontanéité du devoir et de la conscience morale : dans le *Supplément au voyage de Bougainville*, Diderot imagine une île de rêve où les habitants, ignorant les lois de « civilisation », donnent libre cours à leurs penchants sexuels dans l'harmonie générale.

Œuvres principales : *Lettre sur les aveugles à l'usage de ceux qui voient* (1749) ; *De l'interprétation de la nature* (1753) ; *Le Rêve de d'Alembert* (1769) ; *Supplément au voyage de Bougainville* (1772) ; *Paradoxe sur le comédien* (1773-1778).

➤ Encyclopédie, naturalisme.

DIÉRÈSE

(Du grec *diairesis* : séparation.) Procédé de discussion fréquent dans les dialogues de Platon*, qui consiste à prévoir la définition d'un concept dans le cadre d'une alternative (ou bien... ou bien...) : l'interlocuteur ne peut choisir que l'une des éventualités, dans la mesure où la discussion s'effectue à l'intérieur d'une logique bivalente.

DIEU

La notion religieuse – et populaire – de Dieu désigne une entité surnaturelle, au-dessus des êtres, à laquelle on rend un culte et qui s'applique soit à une pluralité de dieux conçus sur le modèle de l'homme (par exemple le polythéisme grec), soit à l'idée d'un Dieu unique (monothéisme juif ou chrétien).

◆ Bien que les théologiens aient fréquemment utilisé une argumentation empruntée à certains philosophes, pour établir la nature de Dieu ou les preuves de son existence (la plus connue constatant qu'un système de relations stables à l'intérieur de l'univers matériel ne peut procéder des choses mêmes), il demeure que le Dieu de la religion fait appel à la foi ou à l'expérience mystique, et ne recoupe pas exactement l'analyse philosophique : « Dieu d'Abraham, Dieu d'Isaac, Dieu de Jacob, non des philosophes et des savants » (Pascal).

Cependant la conception théiste*, chez les philosophes modernes qui la professent, bénéficie d'un enseignement extra-philosophique d'origine chrétienne. C'est le cas de Descartes* : « Par le nom de Dieu, j'entends une substance infinie, éternelle, immuable, indépendante, toute connaissante, toute-puissante et par laquelle moi-même et toutes les choses qui sont ont été créées et produites. » **La providence divine** est par ailleurs fortement soulignée par Leibniz*.

◆ Mircea Eliade a montré l'universalité du concept de **divinité,** à travers l'opposition constatable dans toutes les sociétés entre **sacré** et **profane.** Ainsi le concept de Dieu est antérieur, et dépasse telle ou telle conception, chrétienne ou musulmane.

◆ Quant à la **critique** de l'idée de Dieu, c'est généralement à cette interprétation d'un Être personnel qu'elle s'en prend (si l'on excepte le panthéisme* qui conçoit Dieu immanent au monde) : outre Nietzsche* qui annonce sans ambages la « mort de Dieu », signalons l'effort entrepris par ceux qui, depuis Feuerbach*, veulent réduire la théologie* à un problème anthropologique, Dieu étant le produit de la société (Comte*, Marx*, Durkheim*) ou de l'instance parentale (Freud*).

➤ Aristote, déisme, panthéisme, théisme
Thomas d'Aquin.

DIFFÉRENCE

Relation d'altérité entre des choses ou des concepts qui ont des ressemblances. Aristote* la fait intervenir dans sa théorie de la définition* pour distinguer une espèce* des autres à l'intérieur d'un même genre* : c'est la **différence spécifique.**

John Stuart Mill nomme **méthode de différence** la seconde des méthodes d'induction* : s'il n'existe entre le cas où un phénomène se produit et celui où il ne se produit pas qu'une seule circonstance différente, celle-ci « est l'effet, ou la cause, ou une partie indispensable de la cause du phénomène » *(Système de logique)*.

◆ Repensée par certains philosophes depuis Heidegger, la différence est comprise comme une qualité intrinsèque, propre à une singularité en tant que telle. Elle serait ainsi **ontologique** (Heidegger), séparant l'être de l'étant – et son oubli marquerait toute l'histoire de la métaphysique occidentale, qui n'a pas su tenir compte de cet écart et a ainsi transformé l'ontologie* en ontique*.

◆ D'un point de vue **social,** la différence revendiquée prétend s'opposer à l'uniformisation totalitaire. Mais, lorsque le respect dû à la différence entre les hommes se transforme en revendication d'un « droit à la différence », il est à craindre qu'apparaissent des effets pervers. La communauté* sociale suppose en effet une égalité entre tous, que la différence conçue comme possibilité de se distinguer des autres risque de mettre en cause. Dès lors, le « droit à la différence », s'il aboutit à réclamer des droits particuliers (comme par exemple aux États-Unis avec le « politiquement correct », pour répondre aux demandes de minorités, ethniques ou sexuelles), peut introduire dans le corps politique des réactions d'hostilité ou de rejet : dans cette optique, certaines formes de racisme proviendraient d'une crainte de l'indifférenciation ou d'un privilège indûment accordé à certains, plutôt que d'un rejet de la différence.

DIGNITÉ

En morale, caractère de la personne* humaine ayant une valeur telle qu'elle doit toujours être traitée comme une fin* et jamais simplement comme un moyen. Alors que les choses n'ont qu'une valeur relative, autrement dit un prix, les personnes, qui sont supérieures à tout prix, « ont une valeur intrinsèque, c'est-à-dire une dignité » (Kant*).

DILEMME

Raisonnement offrant d'abord une alternative*, mais dont les prémisses complémentaires aboutissent toutes à la même conclusion – le choix initialement offert étant donc fallacieux.

L'exemple le plus classique se rencontre chez Aristote* : il est obligatoire soit de philosopher, soit de ne pas philosopher ; pour savoir s'il est obligatoire de philosopher, il faut philosopher ; pour savoir s'il est obligatoire de ne pas philosopher, il faut encore philosopher ; il est donc obligatoire de philosopher. Il semble qu'en fait le dilemme implique toujours soit un sophisme*, soit l'intervention d'un élément passionnel ou arbitraire.

Par extension, on nomme dilemme, en **morale,** toute situation où le choix est à faire entre deux solutions également désagréables.

DILTHEY

(Wilhelm, 1833-1911.) À la même époque que Nietzsche*, ce philosophe allemand soutient que la philosophie est une « évaluation » et que chaque système philosophique a pour but de révéler la « vision du monde » **(Weltanschauung)** de son auteur. Attaquant le rationalisme* et la méthode positiviste* qui se proposent d'expliquer, par des relations causales, la réalité humaine, il formule une méthode compréhensive qui s'efforce de saisir, par intuition, la situation sociale et historique du sujet. D'où l'importance qu'il accorde à une psychologie capable de cerner le « style » de l'individu, c'est-à-dire sa relation vécue avec le monde. L'influence de Dilthey – qui alimenta notamment les critiques contre l'épistémologie durkheimienne – s'est exercée sur Max Scheler*, sur l'existentialisme de Jaspers* et, d'une manière plus générale, sur le courant phénoménologique.

ŒUVRES PRINCIPALES : *Introduction à l'étude des sciences humaines* (1883) ; *Le Monde de l'esprit* (1926).

➤ COMPRÉHENSION, DURKHEIM, WELTANSCHAUUNG.

DIOGÈNE LAËRCE

(IIIe siècle ap. J.-C.) Écrivain grec auquel on doit la première histoire de la philosophie grecque, sous le titre *Vies, doctrines et sentences des philosophes illustres.* En dix livres, il s'agit d'un travail de vulgarisation, mené sans grande méthode et à la fidélité éventuellement discutable, mais riche en précisions biographiques et bibliographiques. Cette compilation nous a en particulier transmis certains fragments précieux, et les *Lettres* d'Épicure.

DISCOURS, DISCURSIF, UNIVERS DU DISCOURS

Le **discours** est l'expression de la pensée rationnelle sous forme d'une suite de jugements portant sur des opérations et des concepts partiels. On distingue, selon leur contenu et la connaissance qu'ils peuvent avoir de leurs enchaînements internes, le discours banal ou quotidien (y compris politique) du discours scientifique (défini par son objet) et du discours philosophique (capable, en outre, de savoir comment il s'effectue).

◆ Dans la logique de Morgan (1846), l'expression « **univers du discours** » désigne l'ensemble des éléments et classes intervenant pour assurer la cohérence d'un jugement. Par exemple : « Le renard ment » est vrai dans l'univers de la fable, mais non dans celui de la zoologie.

◆ Par opposition à intuitif, le mot discursif caractérise toute opération de pensée (intelligence, raisonnement, jugement) qui atteint son but en passant par une série d'opérations partielles intermédiaires.

➤ FOUCAULT.

DISJONCTION

Caractère des jugements ou des propositions affirmant une alternative*.

On parle de disjonction *exclusive* lorsqu'un membre de cette dernière est nécessairement vrai, les membres de l'alternative s'excluant mutuellement.

➤ DILEMME.

DISSOLUTION

Décomposition d'un agrégat – par exemple d'un corps après la mort.

Bien que le terme soit souvent pris péjorativement (notamment à cause de la mort qu'il semble toujours évoquer, au moins métaphoriquement), on n'oubliera pas que la dissolution du cadavre – dont G. Bataille* tiendra le spectacle pour repoussant – fut un des éléments avancés par l'épicurisme* pour justifier sa théorie atomique.

DISTINCT, DISTINCTION

Chez Descartes distinct s'oppose à confus, qui désigne une perception ou un concept dont les éléments restent inanalysés. Avec la clarté (une idée est claire lorsqu'elle est « présente et manifeste à un esprit attentif »), la distinction définit **l'évidence,** critère de la vérité. La connaissance distincte est celle « qui est tellement précise et différente de toutes les autres, qu'elle ne comprend en soi que ce qui paraît manifestement à celui qui la considère comme il faut ».

Alors que chez Descartes, la distinction d'une idée n'est telle que par rapport aux autres idées, chez Leibniz*, en revanche, une idée distincte l'est en elle-même par la connaissance de ses éléments constitutifs.

➤ ÉVIDENCE.

DIVERTISSEMENT PASCALIEN

Il consiste à se détourner de soi et à combattre l'ennui* en se livrant à des occupations légères ou non essentielles (jeu, travail, etc.). La motivation profonde de cette vaine recherche du bonheur procède de la misère morale de l'homme abandonné de Dieu, le divertissement étant déterminé par l'ignorance de son origine, à savoir le « malheur naturel de notre condition faible et mortelle ». Le combat contre l'ennui devrait utiliser un moyen plus solide, c'est-à-dire la réflexion, car « l'homme est [...] fait pour penser, c'est toute sa dignité et son mérite » (*Pensées* 142, 145,168, 171).

DIVISION DU TRAVAIL

◆ Désignant dans les sociétés modernes la **répartition des tâches** qui – du fait de leur complexité – ne peuvent plus être exécutées par le même individu, la division du travail apparaît déjà dans les sociétés archaïques sous la forme notamment de la division par sexes. Dans les sociétés évoluées, elle se développe considérablement avec la différenciation des professions. Nécessaire au développement de la cité, comme le montre déjà Platon dans la *République* (qui n'introduit pas cependant la distinction ultérieurement classique entre travail manuel et travail intellectuel), elle apporte des avantages décisifs dans le domaine **économique** ; sur le plan humain, son intérêt n'est pas moindre – comme le montre Durkheim* par exemple – car elle soustrait l'individu à l'action collective et contribue à l'épanouissement de la personne, du moins quand il s'agit de l'activité complexe du spécialiste débarrassé des tâches simples et générales.

◆ Mais depuis le **XIXe siècle** – qui voit l'apparition de l'ère industrielle – la division du travail technique en usine se traduit par la décomposition des tâches en gestes élémentaires, en vertu d'une organisation rationnelle qui trouve son achèvement avec la taylorisation et dont l'objectif est la productivité optimale. Sous cette forme, elle pose de redoutables problèmes tant aux économistes et aux sociologues qu'aux philosophes qui, pour la plupart, ont développé leurs réflexions dans une perspective socialiste.

DOCTRINE

Ensemble systématique de jugements et d'interprétations d'ordre théorique propres à un auteur ou à une école et donnant généralement lieu à un enseignement, comme le suggère d'ailleurs l'étymologie (*doctrina,* enseignement, *docere,* enseigner).

DOGMATISME, DOGME

◆ Le dogmatisme est une attitude qui consiste à affirmer, sans esprit critique, des dogmes, c'est-à-dire des « vérités » pour lesquelles on n'admet pas de discussion. On parle, en ce sens, d'esprit dogmatique.

C'est, d'autre part, la doctrine qui, s'opposant aux diverses formes de scepticisme* ou d'agnosticisme*, affirme la capacité de l'homme à atteindre des vérités certaines et absolues. (Voir à ce propos la critique kantienne du dogmatisme métaphysique.)

◆ Le dogme, outre la signification énoncée ci-dessus, désigne ou bien l'opinion professée par une école et reçue pour vraie, ou bien (et surtout) l'élément de doctrine* religieuse fondé sur la vérité révélée par un livre sacré (Bible, Coran).

➤ CRITIQUE (PHILOSOPHIE).

DONNÉ, DONNÉES

◆ On appelle **donné** tout ce qui, se présentant immédiatement à l'esprit, avant tout travail d'interprétation, est l'objet d'une constatation. Mais la question se pose de savoir si les constatations que nous faisons (par exemple au niveau des perceptions) peuvent échapper à toute activité inconsciente d'élaboration et par conséquent appartenir au donné pur.

◆ En un premier sens, le terme « **données** », synonyme de *donné,* désigne ce qui est offert aux sens (les données des sens), indépendamment de tout travail de construction ou de réflexion. D'autre part, il s'agit des éléments de base d'un problème, d'une situation, ou bien des faits (ou principes) sur lesquels s'appuie une science à un moment précis de son évolution.

Les Données immédiates de la conscience (1889) : ce titre d'un ouvrage de Bergson* désigne les propriétés fondamentales de l'esprit appréhendées par intuition* sans l'intermédiaire, notamment, de l'appareil conceptuel.

DOUBLE ARTICULATION

C'est, pour les linguistes, le caractère spécifique du langage humain : tout message peut y être analysé selon deux niveaux, celui des *monèmes* (unités dotées d'une forme et d'un sens) et celui des *phonèmes* (unités dotées d'une forme mais privées de sens). C'est la double articulation qui donne au langage sa capacité de produire en nombre indéfini des messages nouveaux.

A. Martinet, en théoricien de la double articulation, donne une importance fondamentale à la notion de *choix :* le choix de la première articulation a directement valeur significative (par exemple, choix du monème « toi »), alors que celui de la seconde l'est seulement indirectement (choix nécessaire du phonème « t » pour distinguer « *t*oi » de « *m*oi »).

DOUTE, DOUTE MÉTHODIQUE, HYPERBOLIQUE

Le doute est un état d'incertitude qui, s'opposant à l'assentiment, se traduit par un refus d'affirmer ou de nier. Il s'explique, en principe, par l'absence de connaissances adéquates.

◆ Le doute **scientifique,** inséparable de la recherche de la vérité, est l'attitude du savant qui met à l'épreuve ses hypothèses, en les soumettant au contrôle expérimental.

Le doute **sceptique,** attribué à certains philosophes grecs (Pyrrhon*) se veut définitif et radical et conclut à l'impossibilité d'accéder à la moindre vérité.

En pathologie, enfin, la **folie du doute,** de nature obsessionnelle, se manifeste par un pénible sentiment d'incertitude relatif aux faits et gestes de la vie courante, et finalement par l'incapacité de prendre une décision.

◆ S'inspirant d'une attitude qui remonte à Platon*, Descartes* instaure la réflexion philosophique en la fondant sur un doute primordial, le **doute méthodique,** procédé qui consiste à douter de tout ce qu'on a admis antérieurement afin d'établir la vérité sur des bases inébranlables grâce au critère* de l'évidence*. Ce doute métaphysique, radical – bien que provisoire – est un doute **hyperbolique** qui, en vertu de son étymologie grecque, semble dépasser la mesure ; mais l'hygiène de la pensée exige que soit sciemment considéré comme faux ce qui n'est que douteux, et que soit rejeté comme toujours trompeur ce par quoi on a été parfois trompé. Le doute hyperbolique, appliqué aux divers domaines de la connaissance, atteint son plus haut degré avec la fiction cartésienne du Malin Génie*.

➤ DESCARTES, MALIN GÉNIE, OBSESSION, PYRRHONISME.

DROIT

Un droit est ce qui est conforme à une règle précise ou ce qui est permis (dans cette acception, le terme peut être employé au pluriel). Dans le premier cas, il ouvre pour le sujet la possibilité de le réclamer ou de l'exiger (droit de réponse, par exemple). Dans le second, il est autorisé par des lois plus ou moins explicites ou, au sens le plus fort, conformes au devoir moral.

Si on l'oppose au **fait,** le droit est ce qui est légitime par opposition au réel qui peut ne pas l'être (c'est l'opposition classique entre *de jure* et *de facto*).

Du point de vue juridique, on distingue un **droit positif,** qui résulte des lois écrites, d'un **droit naturel,** résultant de la nature des hommes et de leurs rapports indépendamment de toute législation.

◆ Le droit constitue l'instance extérieure qui garantit que les hommes peuvent développer leurs relations dans un cadre donné. C'est pourquoi il s'oppose obligatoirement, comme le soulignait Rousseau*, à la force.

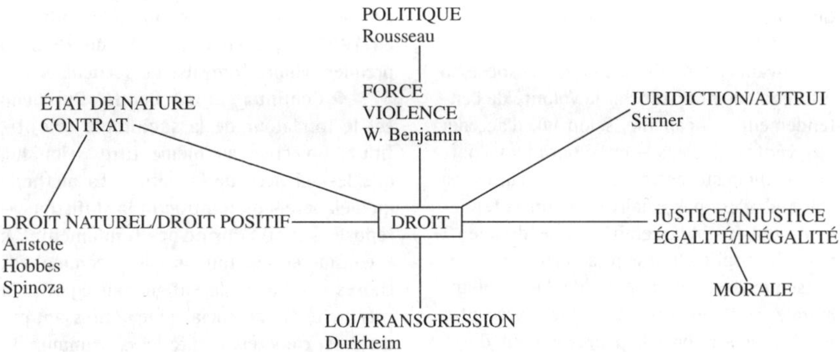

◆ Les philosophes lui ont attribué différentes origines : émanation de la volonté divine, de la souveraineté* du peuple, ou de la nature même de l'homme. Mais la question centrale que pose la *philosophie du droit* est celle du rapport entre droit et **liberté.** Dans sa version hégélienne (telle qu'elle est notamment prolongée par Kojève), elle affirme que tout système juridique incarne l'idée qu'une société donnée se fait de la justice* en soi, mais aussi que le droit du citoyen ne peut se réaliser que dans un État « homogène et universel ». À l'inverse, la philosophie « libérale » du droit (Kelsen, von Hayek) tend à amoindrir ce rôle de l'État. De part et d'autre cependant, on affirme que droit et liberté ne font qu'un – toute théorie du droit renvoyant à une morale et à une politique sans cependant que les trois termes se confondent.

DUALISME

Toute doctrine qui, dans un domaine de pensée déterminé, soutient l'existence de deux mondes ou de deux principes irréductibles : par exemple, le dualisme cartésien de l'âme et du corps, celui de la nature et de la grâce en théologie*, ou encore le dualisme du bien et du mal dans le manichéisme*.

La pensée humaniste ne peut éviter un certain dualisme dans la mesure où elle affirme l'irréductibilité de l'homme au déterminisme de la nature et à la toute-puissance de la collectivité.

➤ GNOSTIQUES, MANICHÉISME, MONISME.

DUHEM

(Pierre, 1861-1916.) Physicien français selon lequel les théories physiques ne sauraient nous renseigner sur la réalié profonde, car aucune d'elles n'est absolument vraie. Leur validité se mesure à la cohérence des hypothèses qui les composent. Les théories sont moins un progrès dans la connaissance de la nature des choses que des énoncés commodes et conventionnels rendant possible la coordination de lois apparemment éloignées les unes des autres. Les relations – surtout mathématiques – qui constituent la théorie lui permettent de prédire les phénomènes et de les classer de la manière la plus simple et la plus « économique » qui soit.

ŒUVRES PRINCIPALES : *La Théorie physique* (1906) ; *Sauver les phénomènes, essai sur la notion de théorie physique de Platon à Galilée* (1908).

➤ CONVENTION, POINCARÉ.

DUNS SCOT

(Vers 1270-1308.) Théologien et philosophe écossais né en Angleterre, considéré comme le grand adversaire du rationalisme thomiste. Avec sa théorie de l'**haeccéité** (ou eccéité*), il s'oppose à saint Thomas* sur le problème de l'individuation. Au lieu d'accorder à la seule forme générique et spécifique les caractères susceptibles de rendre intelligible l'individu*, il attribue à celui-ci – indépendamment de son existence concrète –

une entité, une forme individuelle positive (haeccéité).

Ayant libéré l'individu de l'espèce, il veut également affranchir la volonté de l'entendement – incapable, selon lui, d'accéder aux vérités révélées – en supprimant l'harmonie thomiste entre ces deux facultés. La volonté* n'est pas éclairée par un entendement qui lui indiquerait la voie du bien : pouvoir absolu, elle est totalement libre. Les conséquences sur le plan de la théologie morale sont importantes : les préceptes moraux voulus par Dieu proviennent de sa volonté arbitraire, si bien que l'on peut concevoir d'autres commandements que ceux du Décalogue.

ŒUVRES PRINCIPALES : *Opus oxioniense ; De rerum principio* (dont l'authenticité n'est pas prouvée).

➤ INDIVIDU.

DURÉE

Comme temps écoulé, la notion implique l'idée d'une continuité dans le déroulement d'un événement ou la persistance d'un phénomène.

Définissant la durée comme « la continuation indéfinie de l'existence », Spinoza* l'oppose au temps : « le temps sert à déterminer la durée, et la mesure, la quantité ». Chez Leibniz*, « la durée et l'étendue sont les attributs des choses » et s'opposent respectivement au temps et à l'espace qui sont « comme pris hors des choses et servent à les mesurer ». Pour Bergson*, alors que le temps est homogène et mesurable, la durée se caractérise par son hétérogénéité pure et qualitative : saisie par la conscience dans une intuition métaphysique, elle devient une réalité substantielle caractéristique de la mobilité et du changement qui affectent, au-delà du moi, tous les êtres.

➤ TEMPS.

DURKHEIM

(Émile, 1858-1917.) Philosophe et sociologue français. Il fonde en 1896 *L'Année sociologique.* Nommé à la Sorbonne en 1902, il y occupe, à partir de 1913, la première chaire française de sociologie.

◆ Continuateur d'A. Comte*, Durkheim est le fondateur de la **sociologie scientifique,** objective au même titre, selon lui, que les sciences de la nature. La méthode qu'il élabore – où il introduit la statistique – repose sur un principe fondamental : « considérer les faits sociaux comme des choses ». Cette règle entend sauvegarder la spécificité du fait social en le définissant par certains caractères extérieurs communs ; elle rend caduques les explications spontanées s'inspirant d'une « transparence » des faits et tient à l'écart les interprétations psychologiques des phénomènes sociaux pour éviter de confondre causes et effets : c'est, par exemple, l'institution familiale qui produit les sentiments familiaux, et non l'inverse.

◆ Durkheim reconnaît à la société une nature *sui generis* – à la manière d'un composé chimique qui acquiert des qualités différentes de celles des composants : souveraine, elle façonne sentiments et personnalité de tous ceux qui y vivent. Immanente à chacun, la société est transcendante à tous et produit, par l'intermédiaire de la **conscience collective,** l'espace et le temps homogènes, les concepts et les principes de la raison, les valeurs morales et religieuses. Tout se passe donc comme si Durkheim substituait la société à l'*a priori* du rationalisme*.

◆ Cette conception de la conscience collective – ou **sociologisme** – s'inscrit d'autre part dans une idéologie conservatrice de l'intégration sociale. C'est, par exemple, ce qui apparaît avec le concept d'**anomie*** forgé dans l'étude sur le **suicide** – concept qui se révélera l'un des plus féconds de la sociologie ultérieure.

L'anomie signifie le dérèglement d'une société où l'on observe l'absence ou la contradiction des normes ; ainsi, le suicide anomique est provoqué par une plus grande liberté de l'individu à cause du relâchement de la pression collective. Jamais créatrice, « l'anomie est la négation de toute morale » et renvoie toujours à l'idée de désordre.

◆ Le thème de la division du travail* est aussi l'occasion, pour Durkheim, de louer les mérites de la société industrielle naissante. Alors que la **« solidarité mécanique »** s'exerce entre individus semblables (cas des sociétés primitives), la **« solidarité organique »** se rencontre dans les sociétés complexes comme la nôtre, où les individus ont des fonctions complémentaires : la division du travail dans le monde moderne serait alors facteur de progrès, car la compétition, en rendant plus variés les rapports sociaux, aurait pour conséquence d'affiner les consciences individuelles et d'élever le niveau général de culture.

ŒUVRES PRINCIPALES : *De la division du travail social* (1893) ; *Les Règles de la méthode sociologique* (1895) ; *Le Suicide* (1897) ; *Les Formes élémentaires de la vie religieuse* (1912) ; *Sociologie et philosophie* (1924) ; *L'Éducation morale* (1925) ; *Textes* (1975).

➤ ANOMIE, CHOSE, ÉPISTÉMOLOGIE, SOCIETÉ, SOCIOLOGIE, SOLIDARITÉ.

DYNAMIQUE, DYNAMISME

◆ On appelle **dynamique** la partie de la mécanique étudiant le mouvement des corps. Métaphoriquement, on nomme depuis A. Comte* **dynamique sociale** la partie de la sociologie étudiant les changements qui interviennent dans une société, par opposition à la statique sociale (qui s'intéresse aux lois régissant l'ordre social).

L'adjectif, en **psychanalyse,** caractérise particulièrement l'inconscient pour souligner son activité permanente (cf. pulsion).

◆ Par opposition au mécanisme*, le **dynamisme** est le système philosophique (Leibniz*, Bergson*) qui admet, à l'origine des choses, une « force » constamment en activité, ou un mouvement original créateur de toutes les formes d'existence.

E

ECCÉITÉ (OU HAECCÉITÉ)

Terme scolastique* – utilisé par Duns Scot* – désignant l'essence propre à l'individualité d'un être et permettant de le distinguer de tout autre.

ÉCHANGE

Comportement par lequel deux ou plusieurs personnes se livrent réciproquement des valeurs considérées comme équivalentes. On admet en ethnologie qu'il existe trois types fondamentaux d'échanges entre les groupes sociaux : échanges de messages, de femmes, de biens et services. Idéalement, tout échange vise un équilibre, en fait rarement atteint.

ÉCLECTISME

Méthode consistant à réunir des thèses empruntées à différents systèmes en négligeant ce qu'ils présentent d'incompatible. Elle fait l'objet de débats dès la fin du XVIIe siècle en Allemagne, mais Diderot s'y montre favorable dans un article de l'*Encyclopédie*.

◆ Historiquement, deux écoles se sont affirmées éclectiques. Dans l'Antiquité, celle de Potamon d'Alexandrie, qui cherchait à concilier Platon et Aristote. Pour la période moderne, celle de Victor Cousin – d'ailleurs inspirée d'un certain hégélianisme – présente initialement l'éclectisme comme une doctrine pour laquelle la vérité s'obtient par l'étude historique des différentes philosophies. Il s'agit alors de conserver les vérités par-

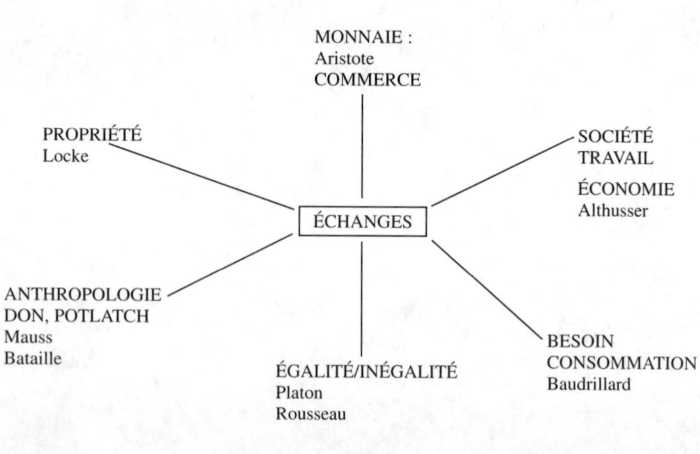

tielles, considérées comme préexistantes dans l'esprit humain, pour les faire apprécier par le sens commun et en opérer la synthèse. La faiblesse de ce « système » résidait dans l'absence de tout *criterium* précis de vérité. À la fin de sa vie, Cousin fera, plus modestement, de l'éclectisme une manifestation de l'esprit de tolérance dans la philosophie.

De nos jours, le mot est fréquemment utilisé avec une nuance péjorative, pour désigner une pensée superficielle ou dépourvue de cohérence.

ÉCOLE

Du latin *schola,* loisir ou occupation studieuse d'un homme de loisir*, la notion – en dehors de la désignation de la philosophie scolastique* au Moyen Âge – fait référence à un groupe de philosophes qui, sous l'égide d'un maître, professent, en un lieu déterminé, une doctrine commune. On parle en ce sens de l'Académie* de Platon*, du Lycée d'Aristote* ou du Jardin d'Épicure*. D'une manière plus générale, il s'agit, surtout à l'époque actuelle, d'un groupe de penseurs ou d'artistes qui appartiennent à un même courant.

ÉCONOMIE POLITIQUE, ÉCONOMIE GÉNÉRALISÉE

L'économie (d'un mot grec signifiant l'administration de la maison) désignait classiquement l'art de gérer correctement les biens familiaux. En la qualifiant de politique (l'expression semble dater de 1615), on désignait par opposition la gestion des finances de l'État.

◆ Le sens moderne de l'expression **« économie politique »,** qui date de Jean-Baptiste Say (1767-1832), indique l'étude des phénomènes et, éventuellement, des lois concernant la production, la distribution et la consommation des richesses.

Elle implique donc nécessairement des conceptions divergentes des rapports possibles entre l'individu et le corps social, selon qu'elle reconnaît un privilège, soit aux initiatives privées (« libéralisme »), soit aux interventions de l'État (théories socialistes et interprétations diverses du marxisme) dans la production et la répartition des richesses.

◆ L'expression **« économie généralisée »** est utilisée par G. Bataille* pour désigner une conception de l'économie axée non pas sur l'épargne et l'intérêt, mais au contraire sur la dépense et la consumation* des richesses – qui serait en accord avec la dépense cosmique de l'énergie solaire et dont un exemple serait fourni par le potlatch*.

➤ LIBÉRALISME, MARX, RICARDO, TRAVAIL.

ÉCRITURE

On la définit classiquement comme la représentation graphique (quel que soit son système : pictographique, idéographique, phonétique, etc.) de la pensée, figurant le langage.

Dès l'ontologie platonicienne, elle apparaît comme la transposition d'un logos originel possédant l'être réel. L'écriture dès lors se trouve du côté d'un écho affaibli et du non-être : Socrate n'y a pas recours, et Platon en considérait l'invention comme un encouragement à la paresse.

◆ L'ethnologie a fait allusion à sa pratique ou à son absence pour opposer deux grands types de sociétés – bien que l'on puisse aussi admettre qu'« il n'y a pas de société sans écriture (sans marque généalogique, comptabilité, archivation…) » (J. Derrida).

Plus radicalement, un certain nombre d'observations, tant historiques qu'anthropologiques, montrent que « la fonction primaire de la communication écrite est de faciliter l'asservissement » (Lévi-Strauss) et que les satisfactions esthétiques ou intellectuelles qu'elle procure ne sont que des résultats secondaires, sinon des moyens de conquérir ou d'affermir un autre type de pouvoir, plus symbolique.

➤ DERRIDA.

ÉCRITURE AUTOMATIQUE

Pratiquée par le **surréalisme** pour révéler l'inconscient lui-même, elle consiste à transcrire sans aucun contrôle la « dictée de la pensée » qui s'effectue en permanence indépendamment de toute attention volontaire. Ses résultats sont particulièrement riches en images poétiques d'une densité inhabituelle. Les critiques qu'on lui adresse concernent avant tout la possibilité de laisser libre cours à l'inconscient en passant par le biais d'une formulation linguistique relativement classique.

➤ INCONSCIENT.

ÉDUCATION

Son organisation et son contenu ont préoccupé les philosophes admettant que l'individu doit atteindre au cours de son existence un optimum d'humanité (de Platon à Kant en passant par Rousseau).

Actuellement, les principes de l'éducation sont plus volontiers déduits des travaux de la psychologie, en particulier génétique (école de Piaget*), l'un des problèmes majeurs étant celui de l'équilibre à trouver entre l'autoritarisme et la permissivité.

➤ ENFANCE, MŒURS.

EFFECTIF

Ce qui a lieu réellement en tant que produit d'un effet déterminé par une cause efficiente*. L'effectif correspond, dans la philosophie de Hegel*, à ce qui est « pleinement réalisé », c'est-à-dire nécessaire en vertu du mouvement dialectique.

EFFICACE

En métaphysique, l'adjectif qualifie la cause* qui, chez Malebranche*, est capable d'engendrer réellement son effet : la cause efficace désigne la seule puissance agissante de Dieu* et s'oppose à la cause occasionnelle*.

➤ MALEBRANCHE.

ÉGALITÉ

En mathématiques, c'est le caractère des quantités substituables l'une à l'autre sans modification. Par analogie, on nomme égalité logique le fait que deux propositions s'impliquent réciproquement, que deux classes se contiennent mutuellement ou que deux concepts aient la même extension.

◆ Du point de vue **politique** et **moral,** on peut distinguer une égalité formelle, ou de droit (d'après laquelle d'une part les lois sont les mêmes pour tous les citoyens, d'autre part tous les citoyens jouissent des mêmes droits*), de l'égalité réelle ou matérielle (d'après laquelle deux individus seraient exactement équivalents par leurs biens, leurs connaissances, leur pouvoir, etc.). Si l'égalité formelle, que Rousseau* est sans doute le premier à avoir définie fortement, est inscrite dans la Déclaration des droits de l'homme, la seconde reste utopique (bien que la reconnaissance juridique des citoyens égaux en droit soit déjà en elle même un fait) – sinon redoutable dans la mesure où sa réalité instaurerait une société d'individus interchangeables. On lui préfère la recherche d'une égalité sociale admettant simplement en principe que les fonctions et avantages sont répartis proportionnellement aux mérites et au travail de chacun.

EGO, EGO TRANSCENDANTAL

Le pronom personnel latin **ego** désigne, depuis le Cogito* cartésien, le moi comme sujet et intimité.

Husserl* utilise l'expression **« ego transcendantal »** pour évoquer le sujet lui-même comme indépendant de toutes ses opérations aussi bien que de la conscience qu'il en prend ordinairement. L'accès à ce moi pur ne peut se faire qu'au terme de la réduction éidétique* ou *épochè* par laquelle le rapport au monde extérieur est lui-même suspendu.

ÉGOCENTRISME, ÉGOÏSME, ÉGOTISME

Ces trois attitudes prennent le moi comme centre de référence privilégié.

L'**égocentrisme** désigne la tendance qu'a le sujet à rapporter – pour éventuellement l'apprécier – toute réalité à soi-même. Alors qu'il est normal chez l'enfant qui, initialement, confond le moi avec le monde extérieur comme le montre Piaget*, il devient chez l'adulte signe d'immaturité affective. L'égocentrisme est toutefois conçu comme positif dans le cadre du romantisme, mais les développements ultérieurs de la psychologie et de la psychanalyse lui confèrent au contraire une connotation péjorative. Aussi n'est-ce que dans le cadre de l'anarchisme tel que Stirner* le fonde qu'il trouve une nouvelle justification.

L'**égoïsme** – synonyme d'amour-propre* chez Pascal ou Rousseau, de solipsisme* chez Kant – incline le sujet à privilégier son intérêt personnel. Dans la morale traditionnelle, il est donc condamné, dans la mesure où il ignore, ou veut ignorer, la présence d'autrui : l'égoïsme est alors un vice ou un péché. Toutefois, il semble impossible d'amener l'individu à renoncer totalement à son propre intérêt, et c'est pourquoi on peut, comme le fait Schopenhauer*, admettre que la morale dépend de deux principes complémentaires : l'un orienté vers le moi, l'autre vers autrui. Dans une telle conception, c'est l'excès d'égoïsme qui est coupable (parce qu'il devient facteur d'insociabilité) mais non l'égoïsme en lui-même, qui n'a pas à être condamné, puisqu'il participe à la vie morale en trouvant normalement à s'équilibrer avec la tendance altruiste

L'**égotisme** (mot illustré par Stendhal) désigne l'analyse fouillée du moi liée au plaisir esthétique de sa découverte. Dans un sens élargi, il peut se confondre avec le culte du moi.

EIDÉTIQUE

◆ (Du grec *eidos* : idée, essence.) Husserl* utilise ce terme pour caractériser ce qui concerne les essences des choses et se distingue de leur existence ou des expériences que nous pouvons en faire. Les **sciences eidétiques** sont ainsi celles qui prennent pour objets les rapports entre des essences idéales (logique, géométrie) ; **l'intuition eidétique** nous permet de saisir les essences ; la **réduction eidétique** consiste à passer du phénomène empirique ou existentiel (psychologique par exemple) à son essence.

◆ On nomme en psychologie **images eidétiques** les images mentales produites pour représenter avec fidélité et netteté des objets imaginaires. Cette capacité se rencontre non seulement chez les enfants et adolescents – comme l'admettait E. R. Jaensch qui a créé l'expression en 1920 – mais aussi chez de nombreux adultes.

➤ PHÉNOMÉNOLOGIE.

ÉLÉATES

Qualificatif appliqué aux philosophes grecs de l'école d'Élée (VIIe et VIe siècles av. J.-C.), qui insistent sur l'unité immobile de l'être et tiennent la connaissance sensible pour illusoire.

➤ PARMÉNIDE, ZÉNON D'ÉLÉE.

ÉLÉMENT

Au sens non spécialisé, c'est la partie d'un tout composé. On nomme aussi, de façon vague, « éléments » les principes d'une science, en particulier déductive (par exemple : les *Éléments de géométrie* d'Euclide).

La chimie classique appelait élément un corps simple et indécomposable dont les autres sont constitués : l'appellation provenait de l'ancienne *Théorie des quatre éléments* remontant à Empédocle*, qui repérait comme constituants universels de ce qui existe, l'eau, le feu, l'air et la terre – dont G. Bachelard* a montré dans ses analyses de critique thématique combien ils constituent durablement des thèmes de rêverie et d'invention poétique et littéraire.

On appelle en logique élément d'une classe ou d'un ensemble chaque individu lui appartenant.

ÉMOTION

État affectif violent et passager vécu comme un trouble – agréable ou pénible – psychophysiologique.

Beaucoup la considèrent comme un phénomène de désadaptation à la réalité. Sartre*, cependant (*Esquisse d'une théorie des émotions,* 1939), voit en elle une conduite dotée de sens, au moyen de laquelle le sujet s'efforce de s'adapter au monde en le changeant ou en le niant magiquement (par exemple lorsque la vue d'un animal dangereux provoque l'évanouissement).

Notons la distinction classique entre l'« **émotion-choc** » (ou « choc émotionnel ») qui se traduit par des réactions violentes mais brèves, et l'« **émotion sentiment** » plus durable et plus diffuse, comme la pitié*, la compassion ou l'émotion esthétique.

EMPATHIE

Connaissance d'autrui par sympathie et communication affective, intuition vécue des états affectifs éprouvés par autrui.

Dans les sciences humaines, démarche intellectuelle consistant à se mettre à la place d'autrui pour le comprendre.

➤ SYMPATHIE.

EMPÉDOCLE

(Vers 490-vers 435.) Penseur grec né à Agrigente, médecin, ingénieur. On lui prête une vie animée et excentrique, terminée, d'après la légende, en se précipitant dans l'Etna pour s'égaler aux dieux. De son poème *Sur la nature des choses,* magistralement restitué par Jean Bollack, nous restent 400 vers d'une grande densité : il emprunte volontiers à la mythologie pour exposer sa conception du monde, et l'aspect littéraire de son texte, pour être compris, doit être rapproché de l'*Iliade* ou de l'*Odyssée,* dont il déchiffre les mythes – Aristote d'ailleurs le qualifiait déjà, et à juste titre, d'« homérique ».

◆ Empédocle donne à l'Être la forme d'un dieu sphérique, qui est Amour, mélange homogène d'éléments immortels. Ce mélange tend de lui-même à se disperser, l'Amour succombant à la Haine qui est son envers ou son double, mais c'est pour se retrouver dans le tourbillon du devenir, qui instaure un ordre d'abord acosmique et stérile, disposant en cercles concentriques les quatre éléments primordiaux (âge géologique et astronomique). En un deuxième temps, l'Amour mélange ces éléments : la terre s'immerge dans l'eau, le feu monte à travers l'air ; de ce façonnage du monde naît la vie, avec l'apprentissage de la procréation par des êtres vivants issus de la terre, qui succèdent à des êtres monstrueux antérieurs (âge biologique et physiologique). Enfin, dans chaque corps, grâce à la perception et à l'attraction sexuelle, réapparaît, surpassant la Haine, l'aspect parfait du Dieu. C'est l'âge de la connaissance : « Tournée vers l'être qui est là, l'intelligence croît dans les hommes » (fragment 536, trad. Bollack).

◆ Dans la mesure où il est le dernier des grands **présocratiques,** on a souvent vu dans Empédocle une tentative de synthèse des théories qui l'ont précédé : aux Ioniens il aurait ainsi emprunté les quatre éléments, à Parménide* l'être comme dieu sphérique et parfait, à Héraclite* l'alternance de l'Amour et de la Haine. Des commentateurs chrétiens ont d'autre part insisté sur la procession des divinités et des intelligences qu'il paraît indiquer jusqu'au Dieu suprême. On peut aussi bien souligner ses intuitions les plus fulgurantes : lorsqu'il évoque, par exemple, le désir, c'est pour le situer dans tous les membres, également ardents à se reproduire – érotisme polymorphe qui ne réapparaîtra que dans la théorie freudienne...

Il semble qu'on ait en fait intérêt, au lieu de lire Empédocle à travers des grilles plus « modernes », à le situer dans toute sa déroutante étrangeté : étonnante entreprise de rassemblement du savoir qui, sur un fond cosmogonique et dans une langue d'une intense poésie parfois proche de l'hermétisme, touche à la psychologie ou à l'anatomie aussi bien qu'à la climatologie ou à la sexologie : « Le discours d'Empédocle, enfin restitué à sa différence, à son *inactualité*, nous fait découvrir *a contrario* les limites de notre horizon spirituel, au risque de les faire basculer à leur tour dans la contingence » (P. Aubenque).

EMPIRIQUE, EMPIRISME, EMPIRISTE

◆ L'adjectif **empirique** s'applique à ce qui a source dans l'expérience (par opposition à la connaissance rationnelle ou *a priori**) : comme tel, synonyme de l'*a posteriori** kantien.

Il qualifie également toute connaissance ou personne non systématique, faisant confiance à l'expérience immédiate, sinon au pragmatisme*.

◆ L'**empirisme** qualifie toute doctrine philosophique admettant que la connaissance humaine déduit de l'expérience aussi bien ses principes que ses objets ou contenus. En général opposé aux différentes formes de rationalisme* – bien que l'empirisme de Hume* ait tenu un rôle important dans la constitution du rationalisme critique* de Kant.

◆ Un **empiriste** est une personne ou un système philosophique admettant l'empirisme.

ENCYCLOPÉDIE

C'est l'ensemble des connaissances humaines, dont A. Comte* proposait notamment la constitution par unification de toutes les sciences. À ne pas confondre avec le « savoir absolu » de Hegel*.

ENCYCLOPÉDIE

L'*Encyclopédie,* ou *Dictionnaire raisonné des Sciences, des Arts et des Métiers,* fut publiée sous la direction de Diderot* et d'Alembert* de 1751 à 1772. C'est un exemple assez exceptionnel, sinon unique, de collaboration d'intellectuels pour élaborer une œuvre dont l'influence sur l'évolution des esprits et sur la préparation de la Révolution française a souvent été soulignée – si largement qu'on oublie volontiers les différences séparant les rédacteurs : représentatifs des diverses tendances de la philosophie française des Lumières*, les Encyclopédistes ont produit une idéologie moyenne caractérisée par le **refus du principe d'autorité en matière scientifique,** la croyance aux vertus du **rationalisme** et de l'**esprit critique,** la **méfiance à l'égard du christianisme** et de **toute religion.**

Principaux rédacteurs, outre les deux promoteurs : d'Holbach* (articles de chimie et minéralogie), Helvétius* et Condillac* (philosophie), Quesnay et Turgot (économie), Voltaire* (littérature), Rousseau* (musique), Daubenton (histoire naturelle), Marmontel (critique littéraire).

ÉNERGIE

◆ Traduit initialement le concept d'*energeia,* qui s'oppose chez Aristote* à la *dunamis* comme l'acte* à la puissance*.

◆ Désigne ultérieurement, en physique, la capacité d'un corps ou d'un ensemble de corps à produire du travail mécanique. On distingue alors l'énergie **cinétique** ou actuelle (proportionnelle à la vitesse) et l'énergie **potentielle,** en nommant énergie totale du système la somme de ces deux aspects à un moment donné.

◆ Le principe général de la **conservation de l'énergie** affirme que, dans un système sur lequel n'agit aucune force extérieure, la quantité d'énergie totale est constante, quelles que soient les transformations d'énergie potentielle en énergie actuelle ou réciproquement. C'est le premier principe de la thermodynamique.

ENFANCE

Plus largement que ne l'indique l'étymologie (*infans,* celui qui ne parle pas), l'enfance s'étend de la naissance à l'adolescence, mais pour désigner durablement une incapacité à parler ou à assumer la responsabilité réelle de son discours (l'enfant ne « sait » pas exactement ce qu'il dit).

◆ C'est en fait à partir de Rousseau* que l'enfance est considérée comme une période particulière de l'existence, dotée d'un mode d'être spécifique. Avant lui, on ne voit dans l'enfant qu'un adulte en puissance, aussi bien en ce qui concerne ses mœurs, que sa pensée ou sa capacité rationnelle. Pour le mener à l'âge adulte, il suffit alors de le diriger, de l'aider à combler son manque à être : ce sera le rôle classique de l'éducation et des institutions qui en ont la charge. Par lui-même, l'enfant est en effet incapable d'accéder à la vérité ou aux convenances, parce qu'il manque d'« humanité » : il doit donc être mis en contact, de façon autoritaire, avec les normes du monde adulte, par l'équivalent d'un dressage de sa « sauvagerie ».

◆ La perspective de Rousseau est radicalement nouvelle en ce qu'il affirme l'existence d'une parole, d'une conscience et d'une pensée particulières de l'enfant, qui n'ont rien de commun avec celles de l'adulte et qu'il s'agit désormais de prendre en compte dans le processus éducatif : le précepteur doit s'adapter au rythme de l'enfant et en privilégier l'évolution, en en suivant les étapes – celles notamment que Piaget* et la psychologie génétique préciseront au XXe siècle comme les différents stades d'acquisition des relations logiques et affectives. Le changement d'optique s'illustre d'ailleurs dans la définition progressive d'un vêtement enfantin (qui est autre qu'un simple costume adulte en réduction), et d'une liberté attribuée au corps de l'enfant (on ne l'enserre plus dans un bandage pour l'accrocher au mur...). La voie est ainsi ouverte pour la revendication lointaine de « droits de l'enfant ».

◆ Avec la psychanalyse, le rapport entre l'enfant et l'adulte se modifie encore : la succession chronologique fait place à la possibilité d'un maintien des traumatismes de l'enfance chez l'adulte. De plus, l'enfant se voit doté de stades particuliers de la sexualité qui le définissent comme « polymorphe pervers » – sans que toutefois l'expression soit à prendre en un sens moral où se raviverait quelque chose du « péché originel » marquant, du point de vue chrétien, toute âme dès sa naissance.

Cette histoire complexe de la notion d'enfance s'enrichit encore, dans la société contemporaine, d'une fascination diffuse de l'adulte à son égard : l'enfance reste perçue – faut-il dire malgré Freud ? – comme le moment de l'absence de responsabilité, et donc de souci. Elle suscite alors une nostalgie, aussi bien qu'un modèle éventuel de séduction où se mélangent « innocence » et perversité lorsque, par exemple, s'impose plus ou moins largement l'image de la « femme enfant ».

ENGAGÉ, ENGAGEMENT

Au sens usuel, l'engagement consiste à contracter une obligation, légale ou morale, avec l'intention de la respecter. Le terme prend une signification philosophique plus marquée dans le personnalisme* et l'existentialisme*, en particulier sartrien.

◆ **E. Mounier*** le rapproche de la fidélité à la parole donnée – toute pensée se devant de considérer avec le sérieux requis ses implications sociales et morales.

◆ Avec **Sartre,** l'engagement caractérise nécessairement l'être humain dans la mesure où ce dernier, étant toujours en situation, ne peut en aucun cas prétendre à la neutralité : comme l'affirmait déjà Pascal, « nous sommes embarqués », mais cette responsabilité (que refuse précisément le « salaud ») vaut, au-delà de l'individu lui-même, pour l'humanité entière qui se trouve définie par chaque choix individuel. Dans la mesure où l'intellectuel (philosophe, écrivain, artiste, etc.) prétend avoir une action par ce qu'il produit, il doit avoir une conscience particulièrement aiguë de son engagement.

Ce dernier tend alors à signifier qu'il s'agit de mettre ses propres forces au service d'une cause préexistante : d'où la vogue de la « littérature engagée » et de l'« art engagé » après la Seconde Guerre mondiale – notamment lorsque Sartre essaya de se rapprocher du marxisme. Il n'est pourtant pas évident que de telles pratiques artistiques, qui risquent de basculer dans la simple propagande, soient les plus efficaces, et de nombreux auteurs (de Camus* à Robbe-Grillet) leur objectent que le véritable engagement de l'artiste consiste à servir d'abord son art.

➤ RÉALISME SOCIALISTE, SURRÉALISME.

ENGELS

(Friedrich, 1820-1895.) Philosophe et économiste allemand né à Barmen en Prusse et mort à Londres. Envoyé à Manchester dans une usine qui appartenait à son père, il découvre la condition ouvrière, ce qui l'incite à collaborer étroitement avec Marx, qu'il rencontre à Paris en 1844 – et avec lequel il fonde la Première Internationale en 1864.

L'apport de Engels à l'œuvre commune n'est pas négligeable : il dénonce, avant Marx, la loi de la concurrence et établit une théorie matérialiste de la connaissance. Auteur unique de deux ouvrages importants, il analyse dans le premier – l'*Anti-Dühring* – le rôle de la violence dans l'histoire : la violence permet de réajuster la superstructure politique à l'infrastructure économique, en luttant contre la résistance des classes sociales qui incarnent l'ordre ancien. Dans son étude sur les origines de la famille, il confronte le marxisme avec les données anthropologiques de l'époque.

ŒUVRES PRINCIPALES : *Anti-Dühring* (1876) ; *L'Origine de la famille, de la propriété privée et de l'État* (1884) ; *Ludwig Feuerbach et la fin de la philosophie classique allemande* (1886).

➤ MARX.

ENNUI

Sentiment désagréable de vide et de lassitude contre lequel la personne qui en est victime ne semble pouvoir rien faire. De plus, l'ennui est lié à une vacance du désir par le fait d'un état d'indifférence où le sujet n'éprouve ni intérêt, ni plaisir.

◆ Révélateur de la « misère de l'homme sans Dieu », l'ennui, selon **Pascal,** exprime la condition humaine, à savoir la finitude et la contradiction de l'existence. L'homme « s'ennuierait même sans aucune cause d'ennui par l'état propre de sa complexion ». Mais, la moindre chose, comme « une balle qu'il pousse », suffit à le divertir.

Pour **Schopenhauer,** le monde oscillant entre souffrance et ennui, celui-ci est l'expression d'une « volonté inoccupée ». « Insignifiante, vide de sens », telle est « l'existence que coulent la plupart des hommes ».

Après **Alain** qui affirme que l'ennui est une « passion triste », **Finkielkraut** observe que ce sentiment peut être lié à la paresse radicale, comme c'est le cas d'Oblomov, personnage russe de Ivan Gontcharov (son roman paraît en 1858) pour lequel, selon le mot de Levinas, « exister est une pesanteur et non une grâce ».

ÉNONCÉ

Toute expression, dans un langage, d'un jugement, d'un ordre, d'un conseil, etc. Depuis Austin, on distingue en linguistique les énoncés constatifs (qui décrivent, ou constatent simplement, ce qui est et fournissent de l'information) des énoncés performatifs (qui produisent un événement n'ayant aucune chance d'apparaître en leur absence).

◆ En épistémologie, les partisans du **néo-positivisme** nomment énoncé **performatif** tout énoncé scientifique élaboré, en n'y comprenant rien de plus que la codification d'une expérience, qui n'a de sens que relativement au système symbolique dont il dépend.

➤ CERCLE DE VIENNE.

ENSEMBLE

Réunion, matérielle ou intellectuelle, de plusieurs objets partageant un caractère commun suffisamment net pour que sa possession permette de décider si un objet appartient ou non à l'ensemble visé.

Depuis le XIXe siècle et grâce notamment aux travaux de Cantor, s'est développée en mathématiques une **théorie des ensembles** qui affirme l'existence des ensembles infinis actuels (un ensemble est infini s'il existe une correspondance bi-univoque entre lui-même et une de ses parties). Deux ensembles sont dits équivalents ou de même puissance s'ils peuvent être mis en correspondance bi-univoque. Plus particulièrement, tout ensemble pouvant être mis en correspondance bi-univoque avec les nombres naturels (entiers positifs) est qualifié de « dénombrable ».

EN-SOI

Se définit, selon les systèmes philosophiques, par son opposition soit au pour-nous, soit au pour-soi.

◆ Dans le premier cas, l'expression désigne globalement ce qu'est une chose ou une idée dans sa nature propre, c'est-à-dire : soit indépendamment de l'erreur individuelle et selon sa définition généralement acceptée par tous les hommes ; soit indépendamment de ses apparences (comme Idée chez Platon) ou de ce qu'en perçoivent ou de ce que connaissent les hommes (comme noumène* chez Kant).

◆ Dans le second cas, et depuis Hegel, l'en-soi est le mode d'être du réel en tant qu'il est présence indifférente, sans relation avec l'extérieur et doté d'une existence ignorant tout autre que lui. Comme tel, il caractérise le début et la fin de la dialectique* hégélienne. Pour Sartre* il représente une tentation permanente de la conscience humaine, pourtant incapable de s'y fixer dans la mesure où elle est au contraire caractérisée par l'être pour soi*.

ENTÉLÉCHIE

Être qui réalise en soi l'état de perfection compatible avec sa nature. Le terme désigne, chez Aristote*, le principe qui fait passer l'être de la puissance* à l'acte*, c'est-à-dire, à sa complète réalisation. Chez Leibniz*, il s'agit de « toutes les substances simples » (monades*) qui, se suffisant à elles-mêmes, sont à l'origine de leurs « actions internes ».

ENTENDEMENT

◆ Faculté de comprendre, au sens général du verbe ; synonyme vieilli d'intelligence*.

◆ Classiquement opposé à la sensation (chez Leibniz, Malebranche, etc.), mais aussi, depuis Platon, à la Raison* dans la mesure où la connaissance des objets « supérieurs » revient à cette dernière alors qu'à l'entendement revient seulement l'élaboration de la science par le raisonnement discursif.

◆ Kant* définit l'entendement comme ce qui relie les sensations par le jeu des catégories*: il est ainsi la « faculté des règles », intermédiaire entre les sens et la Raison, qui sera la « faculté des principes ».

ENTHOUSIASME

« Être en Dieu », selon l'étymologie grecque. Dans l'Antiquité, délire sacré attribué à la possession divine, commune (et favorable, selon Platon*) au prêtre, au guerrier, au musicien, au poète et même au philosophe dans sa quête du savoir.

ENTITÉ

Ce terme, autrefois synonyme d'essence, désigne ensuite des êtres imaginaires. De là le sens péjoratif actuel, où prévaut l'idée d'abstraction creuse (A. Comte parle d'abstraction personnifiée) ou d'objet de pensée ne renvoyant à aucune détermination particulière.

ENTROPIE

(Du grec *entropia* : involution.) Expression mathématique du principe de la dégradation de l'énergie* lors de la transformation de la chaleur en travail (second principe de la thermodynamique, dit de Carnot-Clausius). On en déduit que, à l'intérieur d'un système, les changements physiques sont orientés dans un sens qui ne peut être inversé, qui serait équivalent à une diminution progressive des inégalités dans le système, c'est-à-dire à un « retour » vers un état d'inertie et de non-différenciation.

ENVIRONNEMENT

Synonyme de milieu* : désigne l'ensemble des facteurs extérieurs (matériels, organiques, culturels, historiques) agissant sur un individu ou un groupe.

Le terme allemand *Umwelt* est plus précis : c'est l'univers caractéristique de chaque espèce, tel qu'elle le perçoit dans son milieu vital et grâce auquel elle peut agir efficacement.

ÉPICTÈTE

(50-130.) Philosophe stoïcien de langue grecque né en Phrygie. Esclave, il fut affranchi et vécut à Rome. En 90, chassé par l'empereur Domitien, il se retira à Épire et y ouvrit une école.

Sa doctrine qui, à la différence de celle de Zénon de Citium, se réduit à une morale, eut une influence considérable avant d'être submergée par le christianisme – ce qui ne l'empêcha pas de trouver des prolongements chez bien des auteurs modernes.

◆ Le ***Manuel*** *(Enchiridion)* rassemble, sous forme de maximes concises, les enseignements d'Épictète recueillis par son disciple Flavius Arrien (95-180) dans ses *Discours*, dont il ne reste que les quatre premiers livres.

La liberté, sans laquelle il n'y a pas de bonheur véritable, est le bien suprême – du moins la **liberté intérieure**, totalement affranchie des circonstances extérieures. Elle doit faire l'objet d'une conquête progressive grâce à l'éducation de la volonté et du jugement. Intervient alors la célèbre distinction entre, d'une part, les choses qui dépendent de nous (jugement, tendance, désir, répulsion) et à l'égard desquelles la liberté est absolue, et, d'autre part, celles qui ne dépendent pas de nous (corps, fortune, honneurs...) et qui sont sans importance puisque étrangères à nous-même. Les secondes peuvent bien se diviser en préférables (la santé) et non préférables (la maladie), elles sont sans intérêt moral et seules les premières sont donc la possession inaliénable du sage qui doit savoir maîtriser ses passions, c'est-à-dire ses impulsions, ses ambitions et ses craintes : si les événements l'assaillent trop lourdement, il lui suffira de changer son opinion à leur égard pour les rendre supportables – « Si tu aimes ton enfant... dis-toi que c'est un être mortel, et, lui étant mort, tu ne te troubleras pas. »

Ainsi aboutit-on à l'*indifférence* ou **adiaphorie** stoïcienne, notamment en matière sociale ou politique (ce que n'admettra d'ailleurs pas le stoïcisme de Sénèque*).

◆ Les ***Entretiens*** d'Épictète, également rapportés par Arrien, sont imprégnés d'une certaine religiosité. Ces conversations du philosophe stoïcien avec ses disciples, qui nous fournissent sans doute un reflet assez fidèle de l'ambiance qui régnait à l'école de Nicopolis, insistent fondamentalement sur l'aspect moral du système ; elles constituent un ouvrage important pour la connaissance de la troisième période (dite romaine) du stoïcisme.

Épictète affirme que l'ensemble de l'univers est guidé par une Raison ou Providence divine : le **Dieu** a tout organisé dans la nature pour le plus grand bien de l'homme ; le mal n'est ainsi qu'une apparence. L'homme, fondamentalement doté de la possibilité d'être libre, peut trouver la sagesse en se rendant indifférent aussi bien aux maladies de l'esprit qu'aux faux bonheurs, et en écoutant les seuls conseils de sa raison, parcelle de la toute-puissante raison divine elle-même.

L'importance attribuée à Dieu entraîne l'idée d'une fraternité universelle entre les hommes. D'où les appels à la mansuétude lorsque nous jugeons autrui, à la justice lorsqu'il convient de le punir. En analysant les questions dont relèvent l'existence spirituelle et les relations entre les hommes, Épictète donne comme but à la vie individuelle un progrès spirituel, aussi bien de soi-même que d'autrui, qui sera obtenu si l'on obéit à la volonté divine.

➤ STOÏCISME.

ÉPICURE

Après avoir connu l'enseignement du platonicien Pamphile (qu'il rejette) et découvert la théorie atomique de Démocrite* par l'intermédiaire de Nausiphanes, le philosophe grec Épicure (341-270 av. J.-C.) ouvre vers 306 son école à Athènes : « jardin » à ciel ouvert où vit harmonieusement la communauté de ses nombreux et fidèles élèves, parmi lesquels des femmes, et même, dit-on, des esclaves. De ses textes, réputés nombreux, mais d'un style relâché, il nous reste deux lettres et des fragments.

◆ Les ***Doctrines et Maximes*** nous ont été transmises par Diogène Laërce : Épicure y résume en brèves maximes les principaux aspects de son système.

Les premières (1 à 5) définissent les règles à suivre pour être heureux (confiance dans la nature, indifférence devant la mort, absence de douleur comme limite du plaisir). Les aphorismes suivants indiquent comment le sage peut atteindre l'**ataraxie*** : fuyant tous les plaisirs superflus, il se contentera d'une vie simple, pour ainsi dire ascétique.

C'est ensuite qu'Épicure distingue deux sortes de désirs : les nécessaires qui ont en vue le bien moral (en particulier le désir d'amitié), et les non-nécessaires, qui peuvent être réprimés sans entraîner de douleur.

La fin de l'ouvrage développe les conceptions juridiques et politiques d'Épicure, qui se montre hostile à toute conception métaphysique de la justice et sensible au relativisme du droit.

◆ Cet ouvrage fut bien entendu très admiré par les épicuriens. Son influence diffuse dépassera vite leur seule école pour durer jusqu'aux temps modernes, mais souvent au prix de contresens confondant par exemple la conception du plaisir qui y est impliquée (c'est une simple absence de douleur) avec celle des cyrénaïques*.

ÉPICURISME

L'**épicurisme** est la doctrine d'Épicure et de ses disciples parmi lesquels Lucrèce*, qui systématise la pensée du maître.

◆ L'épicurisme repose d'abord sur la **canonique,** qui traite des critères (canons) de la vérité. La première évidence est celle de la **sensation,** qui est la base inébranlable de toute connaissance : les corps émettent des particules ténues à leur image, les « simulacres » que nos sens recueillent. La deuxième évidence est l'**anticipation :** en se répétant, la sensation s'imprime dans la mémoire et permet de reconnaître les objets. La troisième est l'**affection,** le plaisir et la douleur nous renseignant sur ce qu'il convient de rechercher ou de fuir. Épicure prétend aussi obtenir des évidences sur les choses invisibles grâce notamment aux « prénotions » qui ne procèdent pas de l'imagination mais de réalités existantes, tels les dieux dont la notion est née d'images réelles produites en nous pendant le sommeil.

◆ L'accès aux réalités invisibles qui constituent la base de la **physique** épicurienne – élaborée d'abord par Démocrite* – est procuré également par le truchement de l'expérience « évidente ». Ainsi la preuve du vide est fournie par le mouvement, car le corps qui se meut « n'a pas de lieu où se déplacer, si tout est plein » ; d'autre part, l'existence de corpuscules invisibles (les **atomes**) est prouvée par une série de témoignages, comme celui du vent que l'on ne voit pas.

Les atomes, insécables et immuables, tombent éternellement dans le vide et donnent naissance aux mondes en nombre infini et aux choses qui se font et se défont grâce à la déclinaison *(clinamen*)* qui est le pouvoir de modifier la direction de la pesanteur, ce qui permet à Lucrèce d'affirmer l'existence chez l'homme de la volonté, faculté de mouvoir notre corps à notre gré. L'esprit est d'ailleurs de même nature que le corps : composé d'atomes plus subtils, il demeure soumis lui aussi à la désagrégation et à la mort. Conçue comme une entreprise de libération à l'égard des superstitions qui accablent les hommes, la physique constitue le fondement de l'art de vivre épicurien.

◆ Les dieux immortels sont incapables de faire du mal aux hommes et la crainte illégitime qu'ils inspirent est liée à celle de la mort et des châtiments dans l'au-delà. Or la **mort** est l'abolition de toute sensibilité par la dissolution du corps et de l'âme : « Tant que nous sommes, la mort n'est pas ; quand la mort est, nous ne sommes plus. » De même, la crainte de la fatalité inexorable est vaine puisque la liberté – fondée sur la spontanéité des atomes capables de changer de direction – assure la maîtrise de notre conduite.

◆ Le **plaisir** est « le commencement et la fin de la vie heureuse » et constitue le Bien suprême, dont le modèle parfait nous est fourni par la vie de délices que mènent les dieux dans les « inter-mondes ». Cependant, observe Épicure, « nous ne voulons pas parler du plaisir des débauchés et des jouisseurs », mais de celui qui est accepté au terme d'un discernement réfléchi.

Une distinction s'impose entre plaisirs **naturels et nécessaires** (vivre de peu), plaisirs **naturels mais non nécessaires** (se nourrir de mets succulents par exemple), et plaisirs **ni naturels ni nécessaires** (comme le goût du luxe). La sagesse consiste à rejeter les derniers – artificiels et générateurs de peines – et à se contenter des premiers qui permettent d'éviter la souffrance du corps et le trouble de l'âme, selon l'idéal de l'**ataraxie***, Épicure donnant ainsi la préférence au plaisir en repos, contrairement à l'hédonisme* du cyrénaïque Aristippe qui privilégiait le plaisir en mouvement. En outre, l'accent est mis sur la capacité de l'âme à procurer des plaisirs durables grâce au souvenir et à l'attente, lorsqu'elle fait effort notamment pour « sonner aux souffrances la retraite » par le rappel des joies passées.

◆ En réaction profonde avec l'idéalisme de Platon*, le matérialisme d'Épicure, contemporain de la dissolution de la cité grecque, manifeste une méfiance à l'égard de l'agitation politique : l'épicurien cherche à **« vivre caché »** et aime volontiers l'atmosphère d'une petite communauté soudée par l'amitié (qui ne vaut précisément que dans la mesure où elle procure un plaisir sans mélange). L'individu, qui prend de la sorte une dimension nouvelle, est désormais censé faire « son salut » par ses propres moyens.

◆ Après une longue éclipse due au christianisme, l'épicurisme réapparaît à la Renaissance (Ronsard, Du Bellay, Montaigne). Au XVIIe siècle, la physique d'Épicure inspire Gassendi (1592-1655), ennemi du rationalisme cartésien. Au XIXe siècle, l'utilitariste anglais Stuart Mill* se réclame du Maître du Jardin en formulant sa morale du bonheur. Signalons enfin que la doctrine épicurienne – notamment dans sa version littéraire – s'est altérée fréquemment au fil des siècles en une apologie du plaisir facile.

➤ ATARAXIE, ATOMISME, CLINAMEN, CYRÉNAÏQUES, DÉMOCRITE, DISSOLUTION, LUCRÈCE.

ÉPIMÉNIDE LE CRÉTOIS

Nom donné à une variante du sophisme* classique du menteur (« Je mens »), sans doute par référence au semi-légendaire Épiménide (VIe siècle av. J.-C.) : « Épiménide le Crétois prétend que les Crétois mentent toujours. Or il est crétois ; donc il ment. Donc les Crétois ne mentent pas. Mais dans ce cas il dit vrai, et les Crétois mentent », etc.

En dehors de la véritable conclusion logique qui s'impose et empêche cette fausse régression à l'infini (« il n'est pas vrai que les Crétois mentent toujours »), on notera que ce genre de paradoxe est utile pour distinguer le langage du métalangage, ce que l'on dit et le fait de le dire.

ÉPIPHÉNOMÈNE

Au sens général, c'est un phénomène

secondaire qui n'affecte pas l'existence du phénomène principal que l'on considère.

En **psychologie,** la « conscience épiphénomène » est conçue comme « accessoire » : les faits de conscience ne sont que des reflets des phénomènes organiques, et ne peuvent exercer aucune causalité sur le déroulement des pensées ou de la conduite, qui serait entièrement soumis aux processus nerveux. Ce type de matérialisme fut soutenu à la fin du XIXe siècle et au début du XXe.

ÉPISTÉMÈ

Terme d'origine grecque (c'est le savoir, et plus précisément chez Platon, la connaissance rationnelle) utilisé par **M. Foucault** dans *Les Mots et les Choses* pour désigner la façon particulière dont s'articule le savoir d'une époque : l'épistémè est extérieure à la science elle-même, elle la conditionne et en constitue le « sol », conférant aux diverses disciplines d'une période leur unité sous-jacente. Lorsqu'on passe d'une épistémè à la suivante, il y a un phénomène de rupture (l'histoire de chaque science n'aurait dès lors plus grand sens), mais on observe, en revanche, de la cohérence à l'intérieur de chaque épistémè. Ainsi, celle de la Renaissance était caractérisée par le concept de ressemblance (pour construire le savoir, on déchiffre les analogies entre les choses), celle de l'âge classique valorise les identités et les différences, puis c'est l'historicité qui devient fondatrice de la connaissance avec la formation des sciences humaines. L'épistémè constitue ainsi une structure, impensée par ceux mêmes qu'elle détermine.

➤ STRUCTURALISME.

ÉPISTÉMOLOGIE

Discipline qui prend la science pour objet – sans être à proprement parler une « philosophie des sciences » ou une « théorie de la connaissance » (bien que le terme ait servi de synonyme à la gnoséologie*). L'épistémologie étudie de façon critique les principes, les hypothèses générales, les conclusions des différentes sciences pour en apprécier la valeur et la portée objective. Ce faisant, elle côtoie nécessairement l'histoire des sciences (crises, caducité des lois et théories, apparitions de nouvelles hypothèses...) – au point que certains auteurs l'y assimilent en admettant que le centre de sa réflexion doit concerner l'accroissement de la connaissance scientifique (Karl Popper*, par exemple).

Depuis quelques dizaines d'années, la réflexion épistémologique a porté tout particulièrement sur les relations qui peuvent exister entre la démarche scientifique et son environnement socio-politique (financement des recherches, liaisons éventuelles avec le pouvoir).

➤ BACHELARD, PIAGET, SERRES.

ÉPISTÉMOLOGIE GÉNÉTIQUE

Développée par J. Piaget* et ses collaborateurs, elle étudie la façon dont les connaissances sont possibles en fonction du développement des structures mentales. Elle s'intéresse particulièrement à la psychologie de l'enfant – pour y repérer les moments d'apparition des concepts de nombre, d'espace, de relations logiques, etc.

ÉQUATION

La notion strictement mathématique désigne une égalité à termes variables exprimant une condition que les variables doivent vérifier. Elle n'a pas d'emploi rigoureux en philosophie.

◆ La formule *équation personnelle* indiquait originellement, en astronomie, l'intervalle propre à chaque observateur entre le moment d'un phénomène céleste et celui de son observation. Cette formule désigne aujourd'hui, dans une psychologie courante, l'ensemble des déformations que chaque individu fait subir au réel en fonction de ses particularités. Paradoxalement, on y comprend aussi, dans un sens tout différent, les qualités personnelles prédisposant une personne à réussir dans telle ou telle situation.

ÉQUITÉ

Procédant du sentiment de justice l'équité est le souci de dépasser la justice théorique pour s'intéresser à ce qui convient à chaque cas particulier en tenant compte des circonstances, des intentions, de la situation singulière d'un accusé. Elle commande aussi de respecter l'esprit et non la lettre des lois et, éventuellement d'améliorer ou de combattre celles-ci, en conformité avec les exigences de la justice idéale.

➤ JUSTICE.

ÉQUIVALENCE

Caractérise les concepts ou les propositions entre lesquels il existe une égalité logique, c'est-à-dire qui ont même extension ou signification. On dit aussi **équipollence.**

ÉQUIVOQUE

Caractérise du point de vue logique les termes ou propositions qui peuvent se comprendre de plusieurs façons. On parle, plus précisément, de l'ambiguïté d'un concept et de l'**amphibologie** d'une proposition.

➤ SYMBOLE.

ÉRASME DE ROTTERDAM

(Didier, 1469-1536.) Penseur hollandais né à Rotterdam. Esprit européen et cosmopolite, il séjourne en France et en Italie et meurt à Bâle.

◆ Dans son ouvrage le plus connu, *Éloge de la folie*, œuvre non-conformiste, il fait la satire des mœurs de son temps et du monde. La folie qu'il personnifie est, selon lui, omniprésente et constitue le « ressort caché de la vie ».

◆ S'appuyant sur l'autorité du pape, il fait paraître en 1516 une traduction du *Nouveau Testament* rejetée par les milieux les plus traditionnalistes, qui l'accusent d'avoir « pondu l'œuf que Luther a couvé ». Mais en 1524 il publie son *Essai sur le libre arbitre* où il défend la conception catholique des rapports de la nature et de la grâce, contre les assertions de Luther, qui nie l'aptitude de l'homme au bien à cause du péché : en raison de son « serf arbitre » l'être humain, quoi qu'il fasse et en dépit de sa bonne volonté, est incapable d'être sauvé sans l'aide de Dieu. Luther affirme que toute participation humaine allant dans ce sens est une offense faite à Dieu, et il dénonce l'usage par Érasme de la raison, cette « concubine du diable ». Érasme, en revanche, pense que l'homme a le pouvoir, s'il le veut, de concourir activement à son salut : la volonté humaine, qui se confond avec le libre arbitre, coopère efficacement avec la grâce divine.

« Prince de l'humanisme », Érasme, confiant dans la nature humaine, pratique la tolérance et professe un spiritualisme chrétien fidèle à l'Évangile.

ŒUVRES PRINCIPALES :

Éloge de la folie (1511) ; « Essai sur le libre arbitre » (1524) in *La Philosophie chrétienne* (Vrin).

ERMITE DE KÖNIGSBERG

Surnom donné à Kant*, qui vécut longtemps dans cette ville une vie retirée et minutieusement réglée. Nietzsche surnommait ironiquement Kant « le Chinois de Königsberg », voulant ainsi critiquer son analyse (trop) minutieuse de la morale.

ÉROS, ÉROS ET THANATOS

Éros désigne l'amour et le dieu de l'amour dans l'Antiquité grecque. L'ambiguïté de la notion est soulignée par Platon*, Éros étant dans la mythologie fils de Poros (Richesse) et de Penia (Pauvreté) :

pauvreté, car le désir amoureux exprime le manque, et richesse, par le sentiment de plénitude qui accompagne l'amour. Autre ambiguïté : l'Éros inférieur (amour charnel) est distinct de l'Éros qui conduit à l'amour divin, bien que l'on s'élève par degrés de l'un à l'autre en vertu de la dialectique* ascendante (cf. *Le Banquet*).

◆ Chez Freud*, par opposition à Éros qui représente les pulsions* de vie – pulsions sexuelles et d'autoconservation –, **Thanatos** (*mort* en grec) désigne les pulsions de mort* qui se traduisent soit par une tendance à l'autodestruction, soit par une agressivité dirigée vers l'extérieur. Par les pulsions de mort le sujet cherche à éviter les tensions et finalement à retourner à l'état inorganique.

➤ FREUD, PLATON.

ERREUR

Acte ou état d'un esprit qui donne pour vrai ou existant ce qui est faux ou inexistant (« faire une erreur » ou « être dans l'erreur »). Se distingue en général du mensonge* par son caractère involontaire.

➤ ILLUSION, PARALOGISME.

ESCHATOLOGIE

En tant que doctrine des fins dernières, l'eschatologie – qui appartient d'abord au domaine religieux – s'efforce de **donner un sens et une fin** tant à l'homme qu'à l'univers. En philosophie, elle est liée à l'interrogation kantienne : « Que m'est-il permis d'espérer ? »

L'eschatologie traditionnelle concerne d'une part les problèmes relatifs à la mort* de l'individu et à l'au-delà, et d'autre part ceux que pose la « fin du monde ». Résultat d'un destin implacable ou d'une intervention divine, la fin du monde peut s'appuyer sur une idée cyclique du temps et impliquer le retour éternel des choses ; dans la conception judéo-chrétienne, associée à la notion du temps linéaire et historique, elle signifie la fin définitive du cosmos et de l'humanité et s'accompagne du Jugement Dernier.

ESCLAVE

◆ Le terme latin *servus* désigne un individu dont la vie est sauve après sa défaite dans un combat à la condition qu'il mette ses forces au service du vainqueur. C'est bien dans ce sens que Hegel* prend le terme dans sa « dialectique du maître et de l'esclave » – au terme de laquelle ce dernier, parce qu'il transforme la nature et lui-même par son travail, accède à la liberté.

◆ Lorsque Nietzsche* utilise l'expression « morale des esclaves », il est moins soucieux de fidélité aux réalités historiques, et vise avant tout la morale (ignoble à ses yeux) des faibles, qui ont perverti les valeurs originelles en faisant passer leur impuissance pour une vertu.

◆ Aristote* considérait la condition d'esclave comme une **nature** devant être réalisée par les hommes nés pour la servitude.

➤ BARBARE, TRAVAIL.

ÉSOTÉRIQUE

Désigne les doctrines réservées aux initiés, ou l'enseignement qui s'adresse aux disciples déjà instruits comme c'était le cas dans l'Antiquité, par exemple chez Aristote*, pour une partie de ses leçons. Par opposition, un enseignement ou une doctrine exotérique s'adresse à tous. De nos jours, l'ésotérisme est une doctrine qu'on ne peut divulguer.

ESPACE, ESPACE-TEMPS

L'**espace** est une des deux propriétés de l'extériorité par rapport à la pensée, l'autre étant le temps*. Se définit de manière générale comme le milieu homogène et illimité contenant toutes les étendues finies et où la perception situe ses objets et leurs mouvements. Ses différentes parties bénéficient d'une extériorité mutuelle.

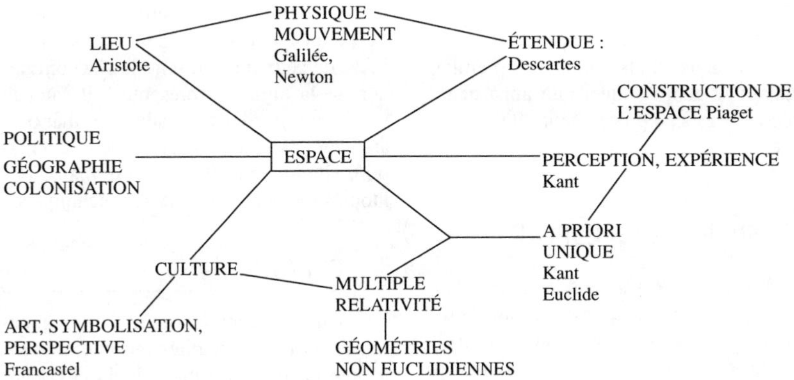

◆ La pensée philosophique de l'espace paraît s'être d'abord articulée à partir du « vide » des atomistes et de la notion de « lieu » (contenu dans un autre et ainsi à l'infini). Platon* le définit comme « réceptacle » et Aristote comme enveloppe immobile.

Pour Descartes*, l'espace physique n'est distinct du corps matériel qui s'y inscrit que pour notre pensée : il a pour essence l'étendue géométrique. Leibniz* admettra inversement que l'espace est de l'ordre des essences idéales et n'est constitué que des relations de coprésence des choses.

Kant* y voit une forme *a priori* de la sensibilité, que l'on ne peut déduire de l'expérience ni ramener à un concept : il est au contraire ce qui rend l'expérience possible.

Cet espace kantien paraît correspondre à notre perception quotidienne. C'est qu'il constitue la transposition philosophique de l'**espace géométrique** euclidien : continu, isotrope, homogène et tridimensionnel – lui-même construit par abstraction à partir de l'espace perçu. L'évolution des géométries a montré qu'il était en fait « culturel », les systèmes non euclidiens mettant au point des espaces à plus ou moins de trois dimensions, ou hyper-espaces.

◆ En **psychologie,** on évoque un espace proprement psychologique, limité à la perception actuelle, non homogène ni isotrope – pour le distinguer notamment de l'espace physiologique qui s'organise autour de la vue. Les recherches menées en psychologie génétique (Piaget) ont montré qu'il y a initialement, pour le petit enfant, autant d'espaces que de domaines sensoriels, la construction d'un espace « général » qui inclut tous les autres ne s'effectuant qu'à la fin de la deuxième année.

◆ La réflexion sur l'espace ne doit pas négliger l'importance des pratiques humaines qui peuvent s'y déployer : ses diverses utilisations (esthétique, architecturale, militaire, économique, politique...) correspondent à des enjeux stratégiques et idéologiques qui justifient par exemple l'évolution récente d'une discipline comme la géographie, s'il est vrai que « le savoir de l'espace... est un pouvoir colossal » (Y. Lacoste).

◆ L'expression **espace-temps** fut lancée par Minkowski (en 1908) pour désigner le système des quatre variables *(x, y z, t)* nécessaires au repérage complet d'un phénomène selon la théorie de la relativité : il faut en effet y tenir compte solidairement de sa position dans l'espace (traditionnellement doté de trois dimensions: *x, y, z*) et de celle qu'il occupe dans le temps (ou quatrième dimension *t*).

ESPÈCE

Classe logique qui forme une partie de l'extension* d'un genre*. En **biologie,** c'est une unité de classification qui rassemble (depuis Cuvier*, et malgré les précisions multiples apportées à sa théorie) les individus offrant un type commun, héréditaire et bien défini. Une convention internationale fait que l'espèce est désignée par deux mots latins, le premier signalant le genre auquel elle appartient, le second l'espèce proprement dite.

➤ DÉFINITION.

ESPÉRANCE, ESPOIR

◆ Tourné vers l'avenir, l'**espoir** est le fait d'attendre un bien personnel, un résultat déterminé, bien ou résultat jugé possible ou réalisable et comme tel, objet du désir : « Il suffit de penser que l'acquisition d'un bien est possible pour être incité à le désirer » **(Descartes).** La dynamique du désir fait que l'espoir se distingue de la simple anticipation passive d'une satisfaction et requiert un minimum d'effort.

La confiance dans l'obtention du résultat espéré ne signifie pas sécurité ou assurance si bien qu'il n'y a pas « d'espoir sans crainte, ni de crainte sans espoir », affirme **Spinoza.** Toutefois, un bien espéré peut ne pas susciter la crainte en cas de non-obtention ; en outre, la crainte s'évanouit si l'espoir est vraiment fondé.

◆ L'espoir est la « menue monnaie de l'**espérance** », laquelle suppose l'aspiration de l'homme vers un plus être. L'espérance est « l'attente dans un avenir indéterminé d'un achèvement, d'un épanouissement dont on porte en soi la promesse » (Lacroze).

L'espérance, « attente confiante et patiente de ce qu'on ne voit pas » **(saint Paul)** est, dans la théologie chrétienne, l'une des trois **vertus théologales,** avec la foi et la charité : c'est le dynamisme de la foi projeté vers l'avenir.

L'ontologie de l'espérance trouve son expression contemporaine chez **G. Marcel***, qui voit en elle une puissance prophétique. Elle nous transporte au-delà du temps qui est ainsi transcendé. Promesse de transfiguration, elle appartient à la catégorie de l'**être** et non de l'avoir.

◆ Dans un sens différent, au sein du courant **utopique** alimentant l'imaginaire politique et social, l'espérance est conçue par **E. Bloch*** comme la promesse d'un monde meilleur. La fonction utopique de l'espérance consiste à donner un sens aux rêves de ceux qui refusent de s'accommoder de la situation présente : il faut au « courant froid de l'analyse » marxiste associer le « courant chaud » de l'anticipation, singulièrement dans le domaine des utopies médicales, sociales et techniques.

ESPRIT

Au sens contemporain le plus général, l'esprit est la réalité pensante, présente dans chaque sujet individuel mais dégagée de la subjectivité: il peut alors être opposé à la matière (comme objet de la pensée), à la nature et à la chair (cette dernière opposition étant d'origine théologique). Plus particulièrement, l'esprit peut être synonyme d'intelligence* et s'opposer à la sensibilité.

◆ L'étymologie stricte du terme indique le produit d'une distillation (notamment alchimique) : l'esprit est alors le souffle *(spiritus).* Cette acception se retrouve chez Descartes*, qui nomme « esprits animaux » les influx nerveux animant le corps en allant du cœur aux muscles via le cerveau et les nerfs.

Dans la philosophie hégélienne, l'esprit – qui est la vérité de la nature –, est d'abord **subjectif** (dans la conscience et les faits psychiques individuels) ; il devient ensuite **objectif** (dans la morale et le droit) et enfin **absolu** à travers l'art, la religion et la philosophie. Ce déploiement progressif anime l'Histoire et permet sa compréhension.

Dans un sens plus ou moins dégradé, le terme peut encore désigner des intentions ou caractères particuliers (l'esprit d'un texte, d'une époque), ou même des activités intellectuelles socialement valorisées, aussi bien volontaires qu'inconscientes (gens d'esprit, mot d'esprit, etc.).

ESPRIT DE FINESSE, ESPRIT DE GÉOMÉTRIE

Distinction énoncée par Pascal* dans ses *Pensées* (fr. 512 Lafuma). L'esprit de finesse correspond à une bonne compréhension de ce qui nous entoure, mais dont les principes sont difficiles à percevoir, quoique « dans l'usage commun ». Dans l'esprit de géométrie, les principes sont « si gros qu'il est presque impossible qu'ils échappent », mais le domaine concerné est non habituel, « de sorte qu'on a peine à tourner la tête de ce côté-là, manque d'habitude ». « L'omission d'un principe mène à l'erreur », souligne Pascal, et « il faut avoir la vue bien nette pour voir tous les principes, et ensuite l'esprit juste pour ne pas raisonner faussement sur des principes connus ».

ESSENCE, ESSENTIALISME, ESSENTIEL

En métaphysique, l'essence, par opposition aux **accidents***, constitue le fond de la chose et la rend telle qu'elle est. L'essence se distingue ainsi du fait d'être là, c'est-à-dire de l'existence*. La détermination logique du contenu des essences a entraîné dans la scolastique la Querelle des Universaux*.

Pour l'existentialisme*, l'essence de l'homme est son existence même. Opposé à cette doctrine, l'**essentialisme** est une philosophie du concept qui accorde à l'essence la primauté sur l'existence dont elle fait abstraction. Il caractérise notamment la pensée de Spinoza* et de Hegel*.

Le mot **essentiel** qualifie originellement ce qui appartient à l'essence. Par extension : ce qui est important ou indispensable.

➤ EIDÉTIQUE.

ESTHÉTIQUE

L'adjectif qualifie ce qui concerne le beau (émotion ou jugement esthétique). Le substantif (qui se diffuse à partir de la publication, en 1750, de l'*Aesthetica* de Baumgarten) désigne la théorie de l'art et du beau*, ou, plus précisément, la discipline ayant pour objet les jugements d'appréciation lorsqu'ils s'appliquent au beau et au laid.

◆ Bien que le terme leur soit postérieur, on peut repérer une esthétique (métaphysique) chez Platon* ou saint Thomas*. Mais les deux systèmes les plus accomplis de la philosophie classique sont dans ce domaine celui de Kant* *(Critique de la faculté de juger)* qui, en insistant sur la finalité interne* présente dans l'œuvre d'art, marque la spécificité de cette dernière, et celui de Hegel* *(Esthétique)* qui montre que le dévoilement de la signification de l'art est inséparable de son histoire – ce qui implique l'éventualité de sa fin.

◆ L'esthétique moderne, ayant en général renoncé à repérer les normes du beau, fait porter ses recherches soit sur l'étude des formes elles-mêmes dans leur développement historique (Panofsky), soit sur les relations qui peuvent exister entre une œuvre et son créateur ou, plus largement, son milieu social (Francastel et les esthéticiens marxistes).

ÉTANT

C'est ce qui est, c'est-à-dire a *de* l'être, sans coïncider avec la totalité de ce dernier : c'est donc aussi l'être en situation, c'est-à-dire l'existant*.

ÉTAT

Étymologiquement, c'est la station par opposition au mouvement, ou, plus généralement, la manière d'être (état de conscience).

En philosophie politique, l'**État** est la société organisée, dotée d'un gouvernement et considérée comme instance morale à l'égard des autres sociétés semblablement organisées. L'État implique ainsi l'existence d'institutions politiques, juridiques, militaires, administratives, etc. Le territoire de l'État inclut toutes les divisions administratives (province, région, département...). Pensé laïquement depuis Jean Bodin (*La République,* 1576), l'État moderne est indépendant, aussi bien d'une délégation du pouvoir divin au dirigeant (délégation admise par les théories du pouvoir affirmées au Moyen Âge, qu'il s'agisse de saint Thomas* ou du pape Grégoire VII) que de la nature : son existence ne renvoie qu'à sa propre histoire et à la légitimité du souverain*.

ÉTAT DE NATURE

Se référant généralement à un état premier de l'humanité, l'expression a un sens soit théologique, soit philosophique.

En théologie, état de l'humanité qui n'aurait pas été élevée à l'état surnaturel, en opposition avec l'état de grâce (nature corrompue par le péché), ou bien parfois, différemment, la nature de l'homme avant la chute.

En philosophie, la formule, qui s'oppose à l'**état civil,** désigne la situation fictive de l'homme avant l'apparition de la société, et elle est alors utilisée comme outil critique par certains philosophes (Hobbes*, Locke*, Rousseau*) qui se posent en censeurs de la société qui leur est contemporaine, c'est-à-dire en penseurs de la société moderne.

➤ CONTRAT SOCIAL.

ÉTATS (LOI DES TROIS)

C'est, d'après Auguste Comte*, la loi caractérisant l'évolution de la connaissance humaine. Au cours de son histoire, celle-ci passe par trois moments : l'âge théologique, l'âge métaphysique, l'âge positif ou scientifique.

◆ Dans l'état **théologique,** l'homme explique les phénomènes en faisant intervenir la volonté de personnages divins et puissants – par exemple, la foudre est lancée par Zeus. Ce mode d'explication qui implique systématiquement le miracle (puisqu'il repose sur le caprice des dieux), se déploie lui-même selon une progression en trois temps successifs : le fétichisme, le polythéisme et le monothéisme.

◆ Dans l'état **métaphysique,** les phénomènes sont expliqués par des forces abstraites caractérisant la nature (lorsqu'elle a, par exemple, « horreur du vide »), des entités verbales – telle la « vertu dormitive » de l'opium. Le progrès sur l'âge précédent est malgré tout sensible, car l'explication, au lieu de reposer sur une intervention arbitraire, prend en compte une certaine régularité des phénomènes.

◆ Enfin, dans l'état **positif** et final l'esprit renonce au miracle aussi bien qu'au verbalisme. À la question « pourquoi ? », qui poussait à la quête des « causes premières » ou « finales », succède la question « comment ? », qui permet de constater des relations, et donc d'établir des lois*. Progrès capital, puisque, au lieu de s'abandonner à l'imaginaire, on s'efforce d'atteindre une vérité objective en faisant des démonstrations qui s'appuient sur l'observation et l'expérimentation.

◆ Ces trois étapes correspondent aux trois âges de la vie de l'humanité : enfance, adolescence et maturité, et se retrouvent dans chaque individu qui, reproduisant dans son évolution celle de l'espèce humaine, se souvient d'avoir été théologien dans son enfance, métaphysicien dans sa jeunesse, positiviste dans son âge mûr.

Dans la mesure où l'âge positif constitue le degré final de l'évolution intellectuelle, cette loi des trois états affirme la science comme mode de compréhension indépassable. Au-delà du strict positivisme*, elle fortifiera le scientisme*.

ÉTENDUE

Portion finie ou partie limitée d'espace, ou encore propriété de tout ce qui est situé dans l'espace et qui en occupe une partie. Pour Descartes*, l'étendue est l'attribut essentiel des corps, d'où la notion de **« substance étendue »** en longueur, largeur et profondeur, pour définir la nature de la matière prise en général. La notion d'**étendue intelligible** s'oppose chez Malebranche* à l'**« étendue locale ou matérielle »,** et désigne l'espace dont le mathématicien étudie les propriétés et l'idée archétype* représentative en Dieu des choses créées.

Kant a pour sa part montré que l'idée

même d'étendue n'est compréhensible que relativement à un espace primitivement donné et objet d'intuition *a priori.*

ÉTERNEL RETOUR

Théorie pythagoricienne et stoïcienne selon laquelle les choses reviennent, exactement semblables à ce qu'elles furent, après une période de plusieurs milliers d'années (la Grande Année).

Cette périodicité de l'état du monde sera ultérieurement admise à titre de mythe poétique par divers auteurs, mais c'est avec **Nietzsche*** qu'elle trouve une nouvelle vigueur, notamment par sa dimension morale et parce qu'elle constituerait l'équivalent d'un saut dans l'éternité ou l'immortalité, compatible avec, simultanément, le pessimisme à l'égard du monde contemporain et l'attente du surhomme*.

ÉTERNITÉ

On définit volontiers l'éternité comme une durée indéfinie, un temps soit linéaire, soit parfois cyclique (Éternel Retour*) sans commencement ni fin. Or, cette définition, qui fait référence à la « sempiternité » de l'Univers, s'oppose à celle, plus philosophique, qui assimile l'éternité à l'intemporalité, à ce qui est soustrait au devenir. En ce sens Platon* dit que le temps n'est que l'« image mobile de l'éternité immobile » *(Timée).*

◆ Il n'y a pas d'expérience humaine directe de l'éternité, bien que le sage spinoziste prétende l'expérimenter en lui par la raison. La phénoménologie* contemporaine essaie de retrouver l'image de l'éternité à travers le temps vécu dans un « éternel présent » (Lavelle) dont les trois modalités pour la conscience seraient le « présent du passé, le présent du présent et le présent de l'avenir » *(ibid).* Le structuralisme*, de son côté, fait à sa manière une approche de l'éternité en privilégiant la synchronie* sur la diachronie*.

➤ TEMPS.

ÉTHIQUE

Au sens propre, discipline philosophique ayant pour objet les jugements d'appréciation lorsqu'ils s'appliquent à la distinction du bien et du mal. Théorique, et généralement liée à une recherche métaphysique (notamment chez Kant*), elle se distingue de la morale appliquée.

Contrairement à l'usage, Levinas affirme fortement son caractère premier : c'est elle qui peut, s'il doit en exister une, fonder l'ontologie, et non l'inverse.

➤ BIOÉTHIQUE.

ETHNOCENTRISME

Terme employé, notamment par Lévi-Strauss*, pour désigner l'attitude qui répudie « les formes culturelles (morales, religieuses, sociales, esthétiques) qui sont les plus éloignées de celles auxquelles nous nous identifions » *(Race et Histoire).*

Reposant vraisemblablement sur de solides bases psychologiques (« la culture qui m'a formé est forcément la meilleure »), cette attitude se retrouve dans pratiquement toutes les sociétés. Mais elle se révèle particulièrement dangereuse lorsqu'elle en vient à nier le droit de l'autre à la différence : elle aboutit alors au racisme*, au **génocide** (extermination systématique de populations humaines) ou à l'ethnocide (destruction de l'identité culturelle d'un groupe ethnique).

ETHNOGRAPHIE, ETHNOLOGIE

Selon Cl. Lévi-Strauss*, l'**ethnographie** est une science descriptive qui consiste dans « l'observation et l'analyse de groupes humains considérés dans leur particularité [...] et visant à la restitution, aussi fidèle que possible, de la vie de chacun d'eux », tandis que l'**ethnologie** « utilise de façon comparative les documents présentés par l'ethnographie ». On s'accorde à faire remonter les premières observations ethnographiques à Hérodote, et à trouver l'affirmation du projet ethnologique dans le *Discours sur l'origine de l'inégalité* de Rousseau*.

◆ Initialement, l'**ethnologie** est l'étude des races envisagées au sens large, c'est-à-dire, des langues et des cultures. Elle tend à se confondre ensuite avec l'anthropologie culturelle, et prend pour objet les civilisations traditionnelles, autrement dit sans écriture. Les premiers ethnologues à prétention scientifique furent au XIXe et au début du XXe siècle essentiellement des Anglo-Saxons, qui concevaient l'évolution* culturelle selon un modèle unilinéaire : chaque civilisation devrait parcourir différents stades avant d'accéder à l'étape finale, représentée par la civilisation européenne. Une meilleure connaissance des sociétés non occidentales a obligé les ethnologues à abandonner ce schéma (susceptible de favoriser les attitudes racistes) et à admettre le caractère original et légitime de chaque type culturel étudié.

◆ De nos jours, l'**analyse structurale** de Lévi-Strauss* a révolutionné la recherche en ethnologie – mais elle est fortement contestée : des hommes de terrain comme Robert Jaulin y dénoncent la dernière version, simplement plus « scientifique », de l'européocentrisme. De façon plus générale, un certain nombre d'ethnologues (Michel Leiris dans *L'Afrique fantôme,* Georges Balandier dans *Afrique ambiguë,* R. Jaulin dans *La Mort Sara* et *La Paix blanche*) ont depuis quelques dizaines d'années remarqué que les pratiques ethnographique et ethnologique sont fortement liées, historiquement, à la situation coloniale : dans de telles conditions, il faut s'attendre à bien des déconvenues, tant dans l'observation que dans l'interprétation des phénomènes. D'où, d'une part, l'apparition d'une recherche ethnologique portant sur les différentes cultures (paysannes, locales) européennes ; et, de l'autre, après la décolonisation, l'hypothèse d'une ethnologie également pratiquée par des chercheurs du tiers monde aussi bien sur leurs sociétés que sur la nôtre.

ÉTHOLOGIE

Science descriptive des mœurs ou des diverses morales pratiquées, sans intervention de jugements d'appréciation sur les conduites constatées (ce sens apparaît chez Wundt). Initialement, le terme a été créé par J. Stuart Mill* qui y comprenait la science des lois qui déterminent le caractère (sens aujourd'hui rare).

En **psychologie animale,** c'est l'étude du comportement animal dans le milieu naturel. En généralisant : étude des mœurs humaines dans leur environnement habituel.

ÉTIOLOGIE

Ce mot d'origine grecque, utilisé déjà par Démocrite* pour désigner l'étude scientifique des causes, se rencontre surtout en médecine, l'étiologie médicale étant la recherche des causes d'une maladie.

En histoire, chez Cournot*, le terme signifie la réflexion sur la raison profonde des événements et se confond avec la philosophie de l'histoire.

ÊTRE

◆ Le verbe affirme la réalité actuelle d'une existence. En **logique,** il remplit la fonction de copule* et relie le sujet au prédicat, par inclusion, implication ou équivalence. Dans les propositions de relation, la même copule établit un rapport (de grandeur par exemple) entre deux objets.

◆ Il est possible que le sens **métaphysique** du substantif soit indéfinissable, dans la mesure où, comme Pascal* le remarquait, toute définition fait intervenir au moins implicitement la formule « c'est », utilisant en l'occurrence dans un cercle vicieux* le terme qu'elle devrait définir.

C'est néanmoins ce substantif (initialement dérivé de la possibilité de substantiver en grec le verbe *einai*) qui fonde la métaphysique : dès Parménide*, on affirme que « l'Être est », mais c'est **Aristote*** qui posera le premier la question : « Qu'est-ce que l'Être ? », et éprouvera le premier les difficultés de la réponse. Le repérage qu'il propose – l'Être serait « le plus commun et le plus radical » – insiste sur le fait que l'Être est l'horizon sur lequel se profile toute existence particulière, et ouvre la voie à l'assimilation chrétienne entre l'Être lui-même et Dieu.

◆ Dès lors, l'Être peut se trouver doté de qualités surabondantes : plus on en énonce, plus on s'éloigne de son universalité. Aussi **Hegel*** reconnaîtra-t-il, pour sortir de cette impasse que « l'Être est identique au Non-Être » dans la mesure où rien de ce qu'on en dit ne coïncide avec lui : cette équivalence fonde la dialectique* et fait du Devenir* le nouveau mode d'être du réel.

◆ Dans la philosophie moderne, les difficultés propres à toute ontologie* seront différemment soulignées par **Heidegger*** et **Sartre*** : pour le premier, l'homme est sans doute « le berger de l'Être », mais il parvient mal à l'expliciter. Quant au second, il privilégie volontiers l'ontique* sur l'ontologie.

➤ COGITO, MÉTAPHYSIQUE.

ÉTYMOLOGIE

Au sens strict, ce serait l'étude de la vraie signification des mots. En fait, discipline qui détermine l'origine des mots et l'évolution de leur sens en même temps que de leur forme. Lorsque la philosophie y recourt, c'est souvent davantage pour faire surgir une question que pour affirmer simplement une filiation. Par exemple, lorsque Heidegger* rappelle (ce que peuvent contester les linguistes) qu'en grec, la « vérité » *(alétheia)* est d'abord dévoilement, c'est pour souligner une relation originelle, ultérieurement oubliée, entre l'être et la pensée.

EUCLIDE

(IIIe siècle av. J.-C.) Mathématicien grec dont l'œuvre ne nous est que partiellement parvenue. C'est dans ses *Éléments* qu'il précise une conception déductive des mathématiques, fondée sur des définitions, des notions communes, c'est-à-dire l'ensemble des principes aujourd'hui appelés axiomes, et des postulats* (dont le cinquième, sur l'unicité de la parallèle à une droite passant par un point du plan). L'ouvrage traite en particulier de la géométrie plane, de la théorie des nombres et de la géométrie dans l'espace (dont les cinq polyèdres réguliers de Platon). Cette conception de la géométrie fit autorité jusqu'au XVIIIe siècle.

EUCLIDIEN, NON EUCLIDIEN

◆ La géométrie euclidienne fut tenue pendant des siècles pour la seule possible, et donc universellement vraie : la mise au point de géométries non euclidiennes (qui ne respectent pas, notamment, le cinquième postulat d'Euclide, ce qui a des conséquences sur la définition même de leurs objets), en particulier celles de Lobatchewski (1792-1856) et de Riemann (1826-1866), apparut d'abord comme une sorte de scandale logique, et provoqua à moyen terme une redéfinition de la notion d'axiome*.

◆ Les systèmes non euclidiens montrent en fait que le système euclidien n'était que « partiel » ou « local » (ainsi que l'indique le titre de *Pangéométrie* choisi par Lobatchewski pour le traité qu'il publia en 1855) dans la mesure où il élabore un espace correspondant à la perception humaine – ce pourquoi Poincaré le qualifiait de « plus commode » – , espace qui fut admis par le rationalisme (Kant*) comme le seul possible, alors que la science contemporaine affirme au contraire la multiplicité des espaces concevables.

Plus globalement, l'apparition des géométries non euclidiennes entraîna également la substitution, à une vérité mathématique unique et absolue, du concept de validité* propre à chaque système.

➤ BACHELARD, ESPACE.

EUDÉMONISME

Ce terme désigne l'ensemble des doctrines qui, refusant de séparer bonheur* et vertu*, font du bonheur le Souverain Bien* et de sa recherche, la fin de l'action morale.

Il s'applique excellemment aux morales de l'Antiquité qui, étrangères à la notion de salut* surnaturel, ont pour point commun d'être précisément des morales du bonheur. L'eudémonisme moderne – notamment l'utilitarisme de Bentham* – est de nature différente, par l'esprit de calcul qui l'anime et la disparition du sens métaphysique de la destinée humaine.

➤ UTILITARISME.

EUGÉNISME

Proposé en 1883 (par Galton), ce terme désigne une doctrine qui préconise l'amélioration des populations humaines en favorisant « toutes les influences susceptibles de donner aux races les mieux douées, un plus grand nombre de chances de prévaloir sur les races les moins bonnes ».

◆ L'eugénisme suppose résolue une difficulté préalable : selon quels critères déterminer les caractères dignes d'être sélectionnés ? Et comment faire cette sélection, alors que la science tend à montrer les avantages du brassage des populations, et que la notion de « race » n'a guère de sens ?

On peut distinguer un eugénisme **négatif,** qui prescrit des mesures ayant pour effet de restreindre (ou d'empêcher) la reproduction d'individus porteurs de caractères jugés délétères, d'un eugénisme **positif,** qui favorise les reproductions susceptibles de transmettre des propriétés jugées avantageuses.

◆ Ces deux variantes existent dès l'Antiquité : à Sparte, on supprime les nouveau-nés non conformes aux normes morphologiques en vigueur, tandis qu'à Athènes, Platon* recommande des mariages élitistes, visant l'amélioration de la « race » par sélection des « meilleurs ».

◆ À la fin du XIXe et au début du XXe siècle, l'eugénisme, fondé sur beaucoup d'ignorance, un peu de bonne foi et de sérieux préjugés racistes, s'appuie sur une idéologie scientiste : la science doit résoudre tous les problèmes. Les mesures envisagées vont alors du contrôle médical du mariage à la stérilisation des criminels, comme le suggère dans les années trente le Dr Carrel, qui préconise dans *L'Homme cet inconnu* la production d'une « aristocratie intellectuelle héréditaire »...

◆ Tombant ensuite dans l'horreur pure, l'eugénisme aboutit dans l'Allemagne nazie au génocide de populations entières. Après la Seconde Guerre mondiale, la tentation eugénique renaît cependant, notamment aux États-Unis depuis 1977, à la faveur du « génie génétique » : des techniques nouvelles permettent d'analyser le patrimoine génétique d'un individu, et même de le transformer. Si la prévention de certaines maladies héréditaires grâce au diagnostic prénatal peut sembler positive, relèvent de l'eugénisme la stérilisation des handicapés, l'euthanasie de personnes dont la vie n'a plus de sens, et surtout les manipulations génétiques.

◆ Un grand *débat éthique* est donc ouvert, puisque les dangers inhérents à ces pratiques sont notables. Serait par exemple lourde de conséquences une erreur dans le remaniement des cellules germinales d'un fœtus : le changement serait irréversible pour sa descendance. En outre, l'étude systématique des gènes humains risque de glisser, de la notion de trait héréditaire à tendance morbide, à celle de trait héréditaire non conforme à une norme sociale – ce qui est politiquement plus inquiétant.

➤ BIOÉTHIQUE.

ÉVÉNEMENT

Ce qui survient, c'est-à-dire, en histoire*, le phénomène notable mais ponctuel, avec ses circonstances de temps et de lieu, pouvant ainsi entrer dans une chronologie et faire l'objet d'un récit. En ce sens, l'**histoire** dite « événementielle » s'attache au récit et à l'enchaînement causal des événements à l'exclusion de toute recherche concernant leur interprétation dans un cadre plus vaste et plus général.

ÉVIDENCE

L'étymologie latine nous suggère l'idée d'une connaissance qui s'impose avec certitude comme à la vue. Mais c'est précisément contre la fausse transparence de l'évidence sensible ou empirique que Descartes* choisit l'idée claire et distincte ou **évidence rationnelle,** comme critère de la vérité. L'évidence objective, qui entraîne immédiatement l'assentiment de l'esprit et qui qualifie une idée initiale grâce à une intuition rationnelle, se retrouve ultérieurement au cours de la recherche si celle-ci est conduite avec méthode*. Les démonstrations permettent à une certitude subjective de devenir une évidence objective (partagée par tous).

➤ CERTITUDE, COHÉRENCE, DESCARTES.

ÉVOLUTION, ÉVOLUTIONNISME

L'évolution est la suite de modifications graduelles et continues susceptibles de régir le monde physique (et cosmologique), celui des vivants, ou encore la société. Le principe de l'évolution qui repose – selon les conceptions – soit sur le hasard, soit sur une loi imprimant une certaine direction, n'implique pas nécessairement le jugement de valeur positif qu'on rencontre le plus souvent dans la notion de progrès.

◆ L'évolutionnisme, ou loi de l'évolution qui ordonne l'ensemble des êtres (matière, esprit, société) en vertu d'une « progression ininterrompue » (d'Holbach), est soutenu surtout par Spencer au XIXe siècle. Il doit, selon cet auteur, inspirer les démarches des savants dans toutes les sciences. Refusant l'évolutionnisme mécaniste de Spencer, Bergson* lui substitue la thèse de l'évolution créatrice et de l'élan vital. La doctrine de l'évolution sur le plan strictement biologique relève du transformisme.

➤ TRANSFORMISME.

EXCEPTION

Acte par lequel on exclut un cas d'une règle ou d'une norme qui lui serait théoriquement applicable, en raison de l'usage (en grammaire), des enseignements de l'observation (anomalies biologiques), ou du cadre prévu pour l'application d'une loi. Le même terme désigne le cas exclu lui-même.

EXCÈS

L'idée de dépassement qui s'attache à cette notion s'entend soit par rapport à un repère donné (quantité qui dépasse la mesure), soit par rapport à une norme – auquel cas prévaut un sens péjoratif, spécialement quand il s'agit, par exemple, de donner à une activité instinctive un développement tenu pour incompatible avec la morale. La réhabilitation des forces irrationnelles, et précisément de l'« instinct », conduit des auteurs tels que Nietzsche* ou Bataille* à voir dans l'excès des vertus positives.

➤ BATAILLE, NIETZSCHE, PRUDENCE, ROMANTISME.

EXCLUSION

Se dit en logique de deux classes n'ayant aucun caractère commun ou de deux caractères incompatibles dans le même sujet.

EXEMPLE

Modèle d'un raisonnement ou d'un comportement.

◆ La fonction pédagogique de l'exemple consiste à illustrer un précepte ou un concept. En **logique*** cependant, l'exemple même répété n'est pas une preuve, mais il peut infirmer une proposition universelle. Toutefois, la multiplication d'exemples en faveur d'une thèse rend celle-ci probable, bien qu'un seul contre-exemple suffise à la ruiner.

◆ Le statut de l'exemple en **morale** est controversé. Kant* affirme que l'exemple n'a pas de valeur morale en soi, dans la mesure où il introduirait dans le sujet la loi de l'extérieur, contrairement à ce que demande l'autonomie* ; seule la raison pratique est apte à porter un jugement moral sur un exemple. En revanche, selon Bergson*, l'exemple, contrairement à la règle abstraite et impersonnelle, possède une puissance d'appel et de séduction, surtout s'il est incarné par une personnalité charismatique*.

◆ On nomme **exemplarisme** toute doctrine qui pose l'existence d'archétypes* ou de modèles des choses sensibles (Platon*).

➤ PARADIGME.

EXIGENCE

Désigne de façon large toute liaison dont l'implication* est la forme strictement logique.

En morale, synonyme de contrainte ou d'impératif*.

EXISTANT

Désigne toute réalité concrète, qu'il s'agisse des choses ou de l'être humain. Ce dernier apparaît toutefois comme un existant privilégié dans la mesure où il peut connaître son rapport à l'être*.

EXISTENCE

C'est, radicalement, le fait d'être*. D'où deux approches possibles : de l'**existence en soi,** indépendamment de toute connaissance possible, et de l'**existence dans l'expérience** (actuelle ou possible) par opposition au néant.

◆ Dans l'**existentialisme,** le terme retrouve quelque chose de son étymologie (*ex-sistere :* se tenir hors de) pour désigner plus précisément le mode d'être du sujet humain, c'est-à-dire du pour-soi*. Déjà Kierkegaard* remarque que, en tant que tel, il est irréductible à toute approche systématique

Pour Heidegger*, cette existence est propre au Dasein* comme être dans le monde et projet d'un monde. Sartre* en déduira que, pour l'homme, « l'existence précède l'essence » : indéfinissable *a priori,* l'être humain n'est rien d'autre que ce qu'il devient, il est jeté sans normes dans l'existence, « condamné à être libre » et obligé d'assumer cette liberté par l'invention de ses valeurs en fonction du sens qu'il donnera à ses situations.

EXISTENTIALISME

Toute doctrine admettant, par opposition aux philosophies du concept dont le système hégélien est le modèle, l'existence* comme centre de sa réflexion.

Dans ce sens large, c'est **Kierkegaard*** qui est l'initiateur de ce courant dans la philosophie moderne (même si l'on peut en trouver l'origine chez Pascal*), par son insistance sur la subjectivité*.

◆ On a pris l'habitude de distinguer un **existentialisme chrétien** (Berdiaev*, G. Marcel* ou Jaspers*) d'un **existentialisme athée** (Heidegger* – bien qu'il se dise plus volontiers philosophe de l'Être –, Sartre* Merleau-Ponty*, S. de Beauvoir*...). Si l'on admet que le point de départ de toute réflexion existentialiste concerne la signification d'une existence humaine libre et dépourvue de nécessité comme de normes, il n'est pas sûr que l'idée d'un existentialisme « chrétien » soit cohérente, puisque y demeure un rapport fondamental – même s'il est problématique – entre la réalité humaine et la transcendance divine.

◆ Après la Seconde Guerre mondiale – et notamment en France – l'existentialisme connut un étonnant succès dans sa version sartrienne, en raison de la convergence apparente entre certaines analyses de *L'Être et le Néant* (angoisse, néantisation, importance du regard d'autrui, etc.) ou leur version littéraire (« L'enfer, c'est les autres ») et le malaise de générations sortant d'un conflit mondial. Cette mode

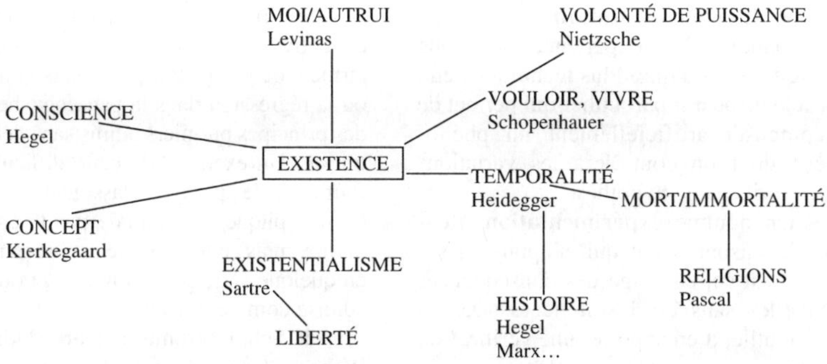

constitua une vulgarisation sans doute jamais vue d'un système philosophique, mais au prix de confusions et d'une occultation de ce qu'il y avait de plus sérieux dans le système.

EXISTENTIEL

En logique, un jugement existentiel concerne une existence, soit qu'il l'affirme, soit qu'il la nie ; il s'oppose ainsi au jugement prédicatif ou attributif.

Métaphysiquement, est qualifiable d'existentiel tout ce qui, par opposition à l'essentiel* ou au conceptuel, concerne l'affirmation d'une existence. On peut en donner pour exemple le Cogito* cartésien, mais l'on nomme plus précisément « Cogito existentiel » la prise de conscience, par un sujet, de la singularité *hic et nunc* de son existence.

◆ L'expression de « **philosophie existentielle** » regroupe les différentes tendances de l'existentialisme mais aussi de la phénoménologie* et des philosophies de l'existence.

EXPÉRIENCE, EXPÉRIMENTAL, EXPÉRIMENTATION

◆ Au sens vulgaire, l'**expérience** est la connaissance et le savoir-faire qui, obtenus progressivement par la pratique de la vie, enrichissent la pensée et la personnalité. Au regard de la théorie de la connaissance, elle est la faculté d'appréhender le réel soit par l'intuition* sensible **(expérience externe),** soit par l'intuition psychologique **(expérience interne).**

◆ Bien que l'empirisme* classique interprète l'expérience comme source unique du savoir, il apparaît cependant qu'il n'existe pas d'expérience brute, indépendante de l'activité de l'esprit. Elle est toujours établie au moyen de schèmes de pensée préalables, même implicitement : « Si toute connaissance débute avec l'expérience, cela ne prouve pas qu'elle dérive toute de l'expérience », dit Kant* qui, à la matière de la connaissance oppose la forme de la connaissance (formes *a priori* de la sensibilité et catégories*).

En opposition avec une connaissance rationnelle *a priori,* l'expérience exprime l'enseignement qui provient de la sensibilité selon ses diverses modalités : l'**expérience mystique** ou **religieuse** désigne le sentiment qu'a celui qui l'éprouve, d'entrer en rapport avec Dieu ; l'**expérience morale** exprime l'intuition affective des valeurs* morales que l'on expérimente en les mettant à l'épreuve de la vie (Rauh).

◆ L'**expérience scientifique** est l'acte d'observer et d'expérimenter en vue d'obtenir une connaissance expérimentale dont le but est de vérifier une hypothèse.

On appelle **expérience pour voir** les pratiques expérimentales opérées par tâtonnement et destinées à favoriser l'apparition d'une hypothèse, et **expérience cruciale** l'opération décisive qui permet de choisir entre deux hypothèses.

◆ L'**expérimentation** est l'usage systématique de l'expérience dans une pratique scientifique. Plus techniquement, c'est le dispositif particulier qui permet de recomposer artificiellement un phénomène dont on contrôlera les variations pour vérifier une hypothèse.

On nomme **expérimentation mentale** le raisonnement qui, s'appuyant sur ce qui est su, envisage des conséquences nouvelles sans qu'il soit nécessaire, ou même utile, d'en apporter une vérification concrète.

◆ Qualifiant une méthode fondée sur l'expérience et l'expérimentation opposée à la simple observation, le terme **expérimental** s'applique également aux sciences utilisant cette méthode, aussi bien, depuis le XIXe siècle, les sciences physiques et la biologie que, plus récemment, la psychologie.

EXPLICATION, EXPLIQUER

◆ Étymologiquement, c'est le fait de déplier, de développer : il s'agirait alors de montrer intégralement un objet dont certains aspects restaient cachés, afin de le faire mieux connaître ou comprendre (cf. l'exercice littéraire de l'explication de texte – en un sens inauguré par Platon à propos des poètes qu'il cite dans ses dialogues).

◆ Plus particulièrement, on explique un objet de connaissance en montrant qu'il peut être déduit de vérités déjà admises ou de principes évidents.

Si l'on s'en tient à cette démarche déductive, on aboutit à plus ou moins long terme à de l'« inexpliqué » dans la mesure où la régression dans la pensée se heurte à des principes premiers admis sans démonstration. Un exemple de cette difficulté est fourni par les preuves classiques de Dieu : on « explique » le monde par la création divine, mais cette dernière est inexplicable, en quelque sorte par définition, et doit être admise comme « mystère ».

◆ Selon certains auteurs (Dilthey*, Weber*, Jaspers*), l'explication serait la méthode propre aux sciences de la nature, par opposition à la compréhension* qui caractériserait les sciences humaines.

EXPLICITE

Ce qui est énoncé ou exprimé d'une manière formelle, ou l'objet de la conscience claire.

➤ IMPLICITE.

EXPRESSION

Initialement, c'est l'action d'exprimer, c'est-à-dire de composer une donnée actuelle qui corresponde analogiquement à une donnée absente ou cachée. Pour Leibniz*, la projection d'un solide sur un plan en constitue ainsi l'expression géométrique. C'est dans ce sens qu'on affirme que le langage exprime la pensée (sans impliquer une antériorité de celle-ci sur celui-là), ou que les attitudes, les gestes, les mimiques expriment plus ou moins consciemment les états subjectifs.

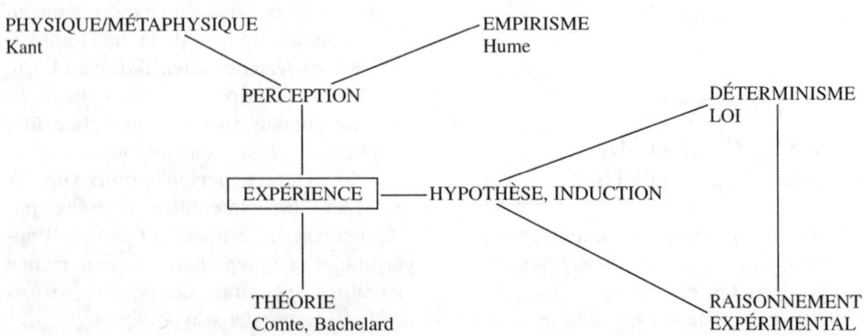

◆ En **esthétique,** c'est la qualité que présente une œuvre d'évoquer des sentiments, une situation affective ou morale, etc. On notera toutefois qu'elle est indépendante de la sincérité de l'artiste, qui peut fort bien, ainsi que Valéry l'affirmait du poète, exprimer des affects qu'il n'a pas vécus. Aussi la réflexion contemporaine a-t-elle tendance à privilégier une esthétique de la production* sur celle de l'expression (qui, plus globalement, renvoie à une esthétique de la représentation).

EXTENSION

Ensemble des objets auxquels peut s'appliquer un concept (objets dont il est l'attribut), une proposition (cas où elle est vraie), une relation. Dans ce sens, l'extension s'oppose à la **compréhension***.

Du point de vue **logique,** c'est l'ensemble des objets considérés dans une opération. L'extension d'un prédicat* peut ainsi n'être que partielle relativement à son extension complète, par exemple lorsqu'on affirme que « l'homme est un mammifère » (l'extension de « mammifère » englobe d'autres objets que le seul « homme »).

EXTERNE

Qualifie en psychophysiologie les sens dont les organes sont à la surface du corps (toucher, vue, ouïe...) par opposition aux sensations internes.

On nomme en histoire « critique externe des documents » celle qui vérifie leur authenticité en étudiant leur forme, leurs matériaux, etc., par opposition à la critique interne qui s'intéresse à leur contenu.

➤ EXTRINSÈQUE, FINALITÉ.

EXTRAPOLATION

Extension, au-delà d'un domaine donné, des observations ou des résultats qu'on y a obtenus.

Procédé fréquemment utilisé dans les disciplines scientifiques – en particulier dans les sciences humaines – bien qu'il présente des risques d'erreur, puisqu'il suppose une homogénéité de l'ensemble du champ d'études.

➤ INDUCTION.

EXTRAVERSION, INTROVERSION

Ces deux termes désignent chez Jung* deux types de caractère : l'extraverti, orientant son énergie psychique vers le monde extérieur, aime à exprimer ses émotions et à communiquer avec autrui ; l'introverti, au contraire, a tendance à se replier sur lui-même et met la vie intérieure au premier plan. Radicalisées, l'extraversion et l'introversion constituent des phénomènes pathologiques, par exemple la schizophrénie, cas limite de l'introversion.

EXTRÊME

De façon générale, ce qui présente une qualité au plus haut degré. Au pluriel, « les extrêmes » désignent les choses présentant au plus haut point une propriété dans ses déterminations opposées. En logique, ce sont les deux espèces opposées dans un même genre (large et étroit), ou le grand et le petit terme du syllogisme*.

EXTRINSÈQUE

Opposé à intrinsèque*. Extérieur ou étranger à la nature ou à l'essence de l'objet considéré. On parle de *propriétés extrinsèques.* Déterminer un objet par une propriété extrinsèque relève d'une *dénomination extrinsèque.*

➤ FINALITÉ.

F

FACTEUR

Étymologiquement, c'est celui ou ce qui fait quelque chose. Plus généralement, synonyme de cause ou de condition : ce qui concourt à produire un effet (spécialement un événement historique).

En **mathématiques,** désigne l'un des termes d'un produit. Dans toute discipline, élément causal isolable d'un ensemble (facteurs de production, d'une crise économique...).

FACTICES (IDÉES)

Chez **Descartes,** idées qui sont « faites et inventées » par l'imagination, c'est-à-dire celles qui n'ayant aucun fondement dans la réalité apparaissent sous forme de fictions.

FACTICITÉ

Terme introduit par **Fichte*** pour désigner le caractère contingent de ce qui est et l'impossibilité où nous sommes de justifier par une déduction rationnelle la réalité du monde. La phénoménologie contemporaine a repris le mot – notamment Heidegger* et Sartre* – pour exprimer l'idée que notre existence individuelle est un fait certes constatable, mais sans fondement, sans raison et même, au départ, absurde*. Sartre en tire la conclusion que l'homme, délié de toute obéissance à une nécessité qui réglerait sa vie, est souverainement libre.

➤ CONTINGENT.

FACULTÉ

◆ Très généralement, c'est le pouvoir de faire quelque chose.

En **philosophie classique** (du Moyen Âge à Jouffroy en passant par Locke*), on nomme facultés de l'âme ou de l'esprit les principales opérations mentales, fréquemment classées sous les trois rubriques de l'intelligence, de l'activité (ou volonté) et de la sensibilité. Cette division, qui se retrouvera dans l'école française de psychologie, est contestée par les recherches actuelles, plus soucieuses de recomposer l'intégrité du psychisme individuel.

◆ En un sens particulier, corps de ceux qui enseignent, dans une université, un des secteurs principaux de la connaissance humaine. Traditionnellement, les « Quatre facultés » sont celles de Théologie, de Droit, de Médecine et de Philosophie ou des Arts. Cette dernière se subdivise en France, depuis le début du XIXe siècle, en faculté des Sciences et faculté des Lettres.

FAIT

Ce qui est ou ce qui arrive : donnée de l'expérience sur laquelle la pensée peut s'appuyer. Le fait s'oppose ainsi à la pensée et lui résiste comme un élément extérieur.

Le concept s'oppose dès lors à ce qui est illusoire ou simplement fictif, mais aussi à ce qui est obligatoire suivant les lois d'un certain raisonnement (cf. l'opposition, du point de vue juridique et moral, entre ce qui existe **en fait,** *de facto,* et ce qui existe **en droit,** *de jure*).

◆ Le **fait scientifique** se distingue du fait brut ou immédiat en ce qu'il est élaboré, mesuré, relié à d'autres faits ou lois, c'est-à-dire **construit,** alors que le fait simplement sensible ou empirique demeure isolé et ne peut devenir prétexte à connaissance qu'à la condition d'être transformé par l'activité de l'esprit en véritable objet*. Cette différence est particulièrement sensible dans le cadre du récit historique : les faits qui y sont rapportés résultent des choix et interprétations de l'historien, et c'est ce qui distingue l'histoire de la simple chronique.

FALSIFIABILITÉ

Critère proposé par Popper* en 1932 pour distinguer les énoncés scientifiques (empiriques) de ceux qui ne peuvent accéder au statut scientifique (énoncés formels, métaphysiques, para-scientifiques...). Une théorie est « falsifiable », ou réfutable, c'est-à-dire scientifique, si elle implique la négation d'au moins un énoncé relatif à une observation possible. En l'absence d'une telle négation dans l'ensemble de ce qu'elle affirme, elle reste scientifiquement indécidable. Tel serait le cas, notamment, de la psychanalyse.

FANATIQUE, FANATISME

(Du latin *fanum :* lieu sacré.) L'adjectif *fanaticus* évoque l'individu qui, sortant de l'endroit sacré où il a communiqué avec son dieu, est transporté d'enthousiasme. La dimension initialement religieuse du fanatisme s'est étendue à tous les domaines de la **croyance** et notamment à celui de la politique. Contrairement à l'attitude du chercheur scientifique qui aime la vérité dans le cadre d'une rationalité rigoureuse, le « redoutable amour » que le fanatique porte à la vérité, à « sa » vérité, possède un caractère essentiellement intolérant et irrationnel, inséparable d'une volonté de puissance capable d'utiliser la violence extrême pour arriver à ses fins.

FANTAISIE

N'est pratiquement plus utilisé dans son sens strictement philosophique – où il désignait depuis Aristote et jusqu'au XVIIe siècle l'imagination, aussi bien reproductrice que créatrice –, l'insistance sur l'aspect inventif se faisant jour à partir de Descartes.

Le romantisme* en valorisera particulièrement l'aspect artistique et novateur.

FANTASME

(S'écrit également phantasme ; du grec *phantasma :* apparition, visage.) Chez certains philosophes grecs, c'est l'image produite par les choses qui vient frapper nos sens. Cf. simulacre. En **psychanalyse,** scénario imaginaire où le sujet se met lui-même en scène, qui permet une projection du désir refoulé. Le fantasme irrigue ainsi la rêverie diurne et l'activité onirique à proprement parler.

◆ On nomme *fantasmatique* le système de fantasmes propre à chaque individu. Ce système entretient des relations avec les constructions mythologiques, non seulement de la culture dont on participe (comme le montrent la légende et le complexe d'Œdipe*), mais aussi bien de cultures étrangères : « fantasme et **mythe** sont unis, de telle facon que ce qui n'est pas dit dans l'un se trouve raconté clairement dans l'autre » (J.-P. Valabrega) – de part et d'autre, le matériau de base serait en effet identique.

◆ Freud qualifie de *fantasmes originaires* les structures fantasmatiques générales que la psychanalyse décèle chez tout sujet. Il y en aurait trois principaux, relatifs à la vie intra-utérine, à la peur de la castration et à la « scène originaire » (perception par l'enfant de la relation sexuelle entre ses parents), qui constitueraient un patrimoine transmis d'une génération à la suivante.

➤ REFOULEMENT.

FATALISME, FATALITÉ, FATUM

S'opposant à la liberté, le **fatalisme** est une doctrine d'inspiration religieuse ou une attitude (par exemple, dans le théâtre grec, le sort réservé à Œdipe) selon laquelle tous les événements du monde, et spécialement ceux qui intéressent la vie humaine, obéissent à une nécessité absolue, sont soumis à un destin* irrévocable. À distinguer du déterminisme*, qui repose sur une nécessité conditionnelle : Leibniz* observe que la connaissance de l'enchaînement causal nous délivre de la croyance au fatalisme. La **fatalité** est le caractère de ce qui est fatal, c'est-à-dire inévitable et soumis au destin ; terme souvent employé pour caractériser un événement imprévisible et particulièrement fâcheux.

◆ Le latin ***fatum*** désigne le destin inexorable, aveugle et irrationnel. Leibniz distingue plusieurs genres de fatum : le *fatum mahometanum,* celui des fatalistes qui concluent à l'inutilité de l'effort ; le *fatum stoïcum,* qui procure la paix de l'âme par soumission à l'ordre nécessaire* du monde ; le *fatum christianum* qui produit le contentement et la confiance en la bonté de la Providence divine.

FAUTE

Violation d'une règle ou d'une norme que l'on aurait dû respecter. Le terme peut s'utiliser du point de vue moral, logique (faute de raisonnement), esthétique (faute de goût) ou très généralement technique (faute d'orthographe).

FAUX

Contraire de vrai*.

Qualifie en **logique formelle** les énoncés incompatibles avec des propositions antérieurement admises comme vraies. Par exemple, si l'on affirme d'abord que « tout A est B », on ne peut ensuite affirmer que « quelque A n'est pas B ». Plus généralement, qualifie dans un raisonnement expérimental une hypothèse infirmée par l'expérience.

FEUERBACH

(Ludwig, 1804-1872.) Philosophe allemand. D'abord disciple de Hegel dont il suit les cours à Berlin, il lui reproche bientôt de formuler une pensée qui n'est pas en contact avec la réalité. Contrairement à l'affirmation hégélienne, les idées ne mènent pas le monde : elles s'expliquent à partir de l'homme, de ses désirs et besoins.

◆ C'est ainsi que Feuerbach va fonder une philosophie matérialiste et un humanisme athée qui s'expriment par une **critique de la religion,** phénomène dont la seule vérité est d'ordre anthropologique. Il croit pouvoir affirmer, par l'analyse du christianisme, que se trouvent hypostasiées* en Dieu les qualités de l'homme même. Projetant dans le ciel un rêve de perfection qu'il ne peut réaliser sur terre, l'être humain est ainsi dépossédé d'un bien qui lui appartient en propre, au profit d'une réalité illusoire. En créant la religion, il se coupe donc de lui-même, il **s'aliène** au lieu de réaliser son essence véritable dans le respect de la loi d'amour de l'homme pour l'homme, loin des équivoques de l'imaginaire.

◆ Loué pour avoir déchiré le voile de l'idéalisme*, Feuerbach n'en sera pas moins critiqué par Marx, notamment dans *L'Idéologie allemande* et les *Thèses sur Feuerbach,* comme se satisfaisant d'un matérialisme non dialectique. Son système constitue malgré tout une transition notable entre Hegel et le marxisme.

ŒUVRES PRINCIPALES : *Pensées sur la mort et l'immortalité* (1830) ; *L'Essence du christianisme* (1842) ; *Principes de la philosophie de l'avenir* (1842).

➤ ALIÉNATION, ATHÉISME, DIEU, MATÉRIALISME, MARXISME, RELIGION.

FEYERABEND

(Paul, né en 1924.) Épistémologue d'origine autrichienne, professeur à Berkeley. C'est dans son *Contre la méthode* (1975) qu'il expose une **théorie anarchiste de la connaissance**, en réaction contre l'épistémologie dominante et le caractère hégémonique du savoir scientifique. Il montre d'abord, à l'instar de Kuhn*, que le développement scientifique se fait par de brusques changements qualitatifs, ou passages d'un paradigme à l'autre (il y a par exemple une rupture totale entre le géocentrisme et l'héliocentrisme) : puisque le premier paradigme a pour lui le poids de la tradition, sinon des évidences (selon la perception, la terre ne se déplace évidemment pas !), le second ne peut s'imposer que si le scientifique qui le promeut use de toutes les ruses intellectuelles possibles.

À l'encontre des auteurs pour lesquels l'observation des faits est première et autonome, Feyerabend admet, avec Popper*, que les faits sont programmés ou sélectionnés en fonction des théories qu'ils doivent illustrer (il peut même arriver que des faits nouveaux surgissent à partir de théories inacceptables). Mais contrairement à Popper, il refuse que la falsifiabilité* caractérise la théorie scientifique, qui, loin de devoir être confirmée par des faits, a simplement pour tâche de réfuter d'autres théories.

Feyerabend souligne encore fortement l'intervention de **facteurs subjectifs** dans la genèse du savoir : pour sauver une théorie, il arrive qu'on refuse certains faits ; et derrière chaque élaboration scientifique on décèle des présupposés d'ordre métaphysique, esthétique ou religieux. L'épistémologie ne peut en conséquence plus être normative : elle analyse simplement la réalité complexe du travail scientifique, intégré dans un idéal d'objectivité rationnelle sans doute caractéristique du monde occidental, mais qui se déploie au détriment d'une diversité culturelle bénéfique. Dans cette optique, pourquoi ne pas s'intéresser aussi aux pseudo-sciences comme l'astrologie ?

FICHTE

(Johann Gottlieb, 1762-1814.) Fils d'un modeste artisan, il étudia à Iéna, puis devint précepteur à Zurich. De retour à Iéna comme professeur, il fut accusé d'athéisme et obligé de quitter la ville. Il enseigna ensuite à Erlangen, mais dut se retirer devant l'invasion française. C'est comme professeur à l'Académie de Berlin qu'il y prononça ses fameux *Discours à la nation allemande*, où il incite ses compatriotes à se libérer de la domination étrangère. En 1810, il devient recteur de la même Académie, mais son influence est déjà contestée par celles de Schelling et Hegel.

◆ Ardent admirateur de la Révolution française, Fichte développe une philosophie qui exalte la **liberté**, dont Kant lui a également enseigné la valeur fondatrice. Mais la liberté du moi, qu'il pose comme un absolu au début de sa démarche, s'oppose à la résistance du non-moi, à la force cachée qui procède du monde extérieur. Le moi doit donc agir et lutter pour manifester sa liberté, et il ne peut s'affirmer que par l'effort qu'il accomplit en essayant de vaincre les obstacles provenant de la nature.

L'être humain ne peut toutefois s'accomplir que dans la société : « l'homme n'est un homme que parmi les hommes ». D'où la nécessité d'organiser l'**État**, tout en préservant la liberté de chacun. La protection des libertés sera – paradoxalement – assurée par un certain nombre de mesures autoritaires : il s'agit de contraindre les libertés individuelles, de tendance anarchique, pour instaurer une égalité qui rende possible la liberté rationnelle. C'est ainsi que l'« État commercial fermé », d'inspiration socialiste, reposera sur l'autarcie économique et la suppression de toute relation commerciale avec l'étranger. Les individus seront orientés par l'administration dans les diverses branches d'activité selon les besoins sociaux du moment. Un système d'examens et de primes servira de base à la répartition des travailleurs, l'État veillant à faire respecter un équilibre entre les différentes catégories socioprofessionnelles.

Le rôle de l'État, qui reste distinct de la société, est de faire respecter la juste propriété de chacun, mais aussi d'éduquer les hommes pour les préparer au déploiement de la vraie liberté.

◆ Puisque la France napoléonienne a trahi l'œuvre révolutionnaire, c'est désormais à l'Allemagne qu'il appartient de se constituer en nation *(Discours à la nation allemande)* – mais ce ne saurait être pour dominer une autre nation, car le concept de domination s'applique à la nature, et non à l'humanité. De ce point de vue, et même si certains aspects de sa doctrine – qui reste cependant attachée à la liberté telle qu'ont pu la révéler les révolutionnaires – ont semblé compatibles avec le nazisme, on voit que l'État tel que le pense Fichte ne saurait être conquérant.

ŒUVRES PRINCIPALES : *Théorie de la science* (1794) ; *Doctrine des mœurs* (1798) ; *L'État commercial fermé* (1800) ; *Discours à la nation allemande* (1807-1808).

FIGURE

Au sens initial (latin *figura*), c'est la forme extérieure des objets.

Plus précisément, une figure, dans le langage mathématique, désigne tout ensemble de points ou de lignes délimitant une surface. Une figure de rhétorique fut d'abord un symbole, puis une forme d'élocution (interrogation, litote, etc.) ou l'expression symbolique ou métaphorique d'une pensée.

FIN, FINALISME

Le mot **fin** provient du latin *finis,* qui a déjà le double sens de but et de limite.

Cessation d'un phénomène ou limite spatiale d'un objet, qui implique son déploiement complet (fin d'un acte, d'une pièce de théâtre).

Ce pourquoi quelque chose existe ou est fait ; c'est le but que vise un acte ou, par analogie, la fonction d'un organe ou ce à quoi tend un comportement animal.

◆ Kant* nomme **fin en soi** la fin absolue et inconditionnelle qui s'impose à la volonté morale dans la mesure où l'homme réalise en lui la nature raisonnable.

◆ Le **finalisme** désigne toute doctrine qui attribue à la finalité un rôle majeur dans l'explication de l'univers (y compris historique), en insistant soit sur la réalité des causes finales, soit sur leur importance dans les êtres vivants (vitalisme*), soit sur l'antériorité de la tendance sur l'action mécanique (volontarisme*).

➤ MÉCANISME, MOYEN, PROVIDENCE, RÈGNE.

FINALITÉ

Fait de tendre vers un but et d'aménager les moyens pour l'atteindre.

◆ Dans sa première analyse de la finalité, Aristote* y distingue trois domaines : la finalité physique (le vivant agit en vue de quelque chose), la finalité « technique » (qui détermine par exemple les gestes du menuisier en fonction du meuble qu'il a en vue de construire) et la finalité pratique ou morale (la fin de la morale, c'est le bonheur).

◆ Condamné par Bacon* et Descartes*, le concept resurgit chez **Kant*** pour être considérablement enrichi. Kant, remarquant qu'Aristote n'envisage que la convenance de certains moyens à une fin, rassemble les trois secteurs sous l'appellation de finalité externe ou **extrinsèque,** à laquelle il adjoint une nouvelle forme de finalité : interne ou **intrinsèque,** résidant cette fois dans l'articulation des parties d'un tout les unes aux autres. Cette finalité interne n'est plus rapport de moyen à fin en vue d'un aboutissement, elle est rapport des parties à l'intérieur d'un système. Elle trouve à s'exercer par excellence dans l'œuvre d'art et dans l'organisme vivant. On peut ainsi la qualifier – notamment à propos du beau – de **finalité sans fin,** puisqu'elle n'y correspond ni à un intérêt sensible ni à un intérêt rationnel.

À partir de cette analyse kantienne, il est devenu classique d'opposer l'objet technique – où domine la finalité externe puisqu'il est fabriqué pour servir à quelque chose – à l'objet esthétique, où c'est la finalité interne qui est première pour que l'œuvre soit cohérente et donne l'impression de ne pouvoir être modifiée.

➤ ESTHÉTIQUE, TÉLÉONOMIE, STRUCTURE.

FINI, FINITUDE

Par opposition à l'infini*, le **fini** désigne ce qui possède une limite, et peut donc être mesuré, tandis que la **finitude** caractérise la condition humaine soit dans la conception chrétienne par opposition à la transcendance* et à la perfection divines, soit dans l'existentialisme* comme contingence* radicale et sentiment du devoir-mourir.

FINKIELKRAUT

(Alain, né en 1949.) Philosophe français. Dans la proximité de Levinas*, il cherche à définir la relation entre les sujets en échappant aux deux schémas classiques de la « réciprocité sans nuages » (par fusion dans une collectivité englobante) et de « la lutte pour la reconnaissance » (telle que la pensait Hegel).

S'il y a une *Sagesse de l'amour* (1984), c'est parce que le visage de l'autre « me fait loi de l'aimer ». Mais respecter ainsi l'autre sans s'y assujettir ne peut orienter la conduite qu'à la condition d'en avoir fini – au moins intellectuellement – avec la **barbarie.** Or, celle-ci emprunte des formes multiples, aussi bien passées (le nazisme, le génocide) qu'actuelles (les nationalismes outrés, la dilution de la pensée dans le « tout culturel » que dénonce *La Défaite de la pensée*, 1987).

C'est pourquoi Finkielkraut est un philosophe qui entend réagir, et intervenir en fonction de l'**« actualité »** – qu'il s'agisse du procès de Barbie (*La Mémoire vaine. Du crime contre l'humanité*, 1989), ou des événements concernant l'ex-Yougoslavie (*Comment peut-on être Croate ?*, 1992). Dans chaque situation, il s'agit de définir une interprétation qui soit aussi une ligne de résistance morale – contre l'opinion, les médias simplificateurs – et donc de donner à la philosophie une présence efficace, en montrant qu'elle est capable d'aider à comprendre sans délai excessif les **enjeux des événements.**

FOI

Vulgairement synonyme de garantie, d'assurance valable, ou bien de fidélité à un engagement (la « foi jurée »), la notion se rencontre par exemple dans les expressions *bonne foi,* sincérité, et *mauvaise foi,* duplicité, ou, chez Sartre*, attitude de la conscience qui, se masquant la vérité, se ment à elle-même.

La formule « avoir foi en quelqu'un » manifeste la confiance absolue en une personne fondée sur des témoignages dont la raison ne saurait totalement garantir la valeur. La foi désigne alors une croyance ferme, une certitude qui ne s'appuie pas sur des preuves rationnelles. Telle est la foi religieuse, adhésion aux dogmes qui sont considérés comme des vérités révélées.

◆ Si le problème du rapport entre le savoir rationnel et la foi est fréquemment traité en philosophie en termes d'opposition et résolu au bénéfice du premier, il demeure que les philosophes appartenant à la tradition chrétienne essayent de concilier foi et raison philosophique (Malebranche*) et que Kant* fait appel à une « foi morale » et rationnelle – bien que non démontrable – pour accéder à certaines vérités métaphysiques (liberté, existence de Dieu, immortalité de l'âme).

FOLIE

Terme général utilisé en psychopathologie pour désigner les diverses formes d'aliénation* ou de maladies mentales. La psychiatrie moderne, qui tente de classer ces dernières en névroses* et psychoses*, ne l'utilise plus que dans des expressions relativement précises (folie des grandeurs ou mégalomanie, folie de la persécution, etc.).

◆ La séparation entre folie et santé mentale est difficile à situer : apparaissant comme particulièrement perméable à la lumière de quelques exemples illustres (Hölderlin, Nietzsche*, Artaud), mise en cause par le surréalisme*, elle fait l'objet, dans l'antipsychiatrie*, d'une sorte de renversement de perspective, par exemple lorsque D. Cooper évoque le « fou présent en chacun de nous, bien que la personne totalement normalisée ne porte en soi que le cadavre de son propre fou assassiné ».

◆ D'un point de vue différent, mais complémentaire, des auteurs comme M. Foucault* (dans son *Histoire de la folie*) ou G. Deleuze* s'attachent à montrer qu'il n'existe pas de folie « en soi », son repérage dépendant des époques, des lieux, des cultures : l'attitude à l'égard du fou a varié considérablement en Occident depuis le Moyen Âge, passant de la sympathie au rejet et à l'enfermement, du regard policier au contrôle médical. Chaque société nommerait ainsi « folie » un ensemble de caractères initialement perçus comme non conformes à la moyenne ; et, alors que dans de nombreuses sociétés traditionnelles celui que nous appellerions fou peut être admis de façon positive comme supérieur à l'homme normal parce que habité par un esprit et appelé en conséquence à des tâches importantes (sorcier), il est progressivement devenu en Occident l'envers négatif du rationnel, en raison de son inadaptation apparente, en particulier au travail, de son hostilité par rapport aux normes de vie (famille, hiérarchie), de son non-respect des convenances.

FOLLE DU LOGIS

« L'imagination est la folle du logis » est une phrase prêtée à Malebranche* (qui ne semble pas l'avoir réellement écrite ainsi). Pareille expression souligne le caractère irraisonné de l'imagination, qui échappe à la raison, et se trouve par là dévalorisée par le cartésianisme*.

FONCTION, FONCTIONNALISME, FONCTIONNEL

◆ La fonction désigne en mathématiques la correspondance entre deux variables : *y* est fonction de *x* lorsque à chaque valeur de *x* correspond une valeur bien déterminée de *y*.

Le terme a été étendu à la logique dans la mesure où il n'implique pas que les variables soient de nature quantitative : une *fonction propositionnelle* est ainsi une expression contenant une ou plusieurs variables et susceptible d'être vraie ou fausse selon les valeurs attribuées à ces variables.

En biologie, c'est l'ensemble des opérations caractéristiques d'une cellule, d'un organe, d'un être vivant (fonction de nutrition, par exemple).

En psychologie, groupe d'opérations caractérisant chaque aspect de la vie mentale : mémoire, imagination, etc.

Moins précisément, on nomme fonction toute relation observée entre deux ou plusieurs éléments dont les variations sont interdépendantes. Cette acception, lorsqu'elle se précise, mène au concept de structure*.

◆ Le **fonctionnalisme** est la théorie, adoptée surtout en ethnologie (Malinowski), d'après laquelle le sens d'un fait culturel ne peut apparaître que lorsqu'on examine ses rapports fonctionnels avec l'ensemble des autres faits sociaux.

Désigne en esthétique la conception selon laquelle la beauté d'une œuvre ou d'un objet vient de son adaptation à sa fonction ; n'est concevable au sens strict qu'en architecture, dans les arts appliqués ou le design.

◆ On appelle **fonctionnel** ce qui concerne une fonction. La *psychologie fonctionnelle* se propose d'étudier les éléments psychologiques par rapport à la totalité du psychisme, relativement aux fins poursuivies, aux besoins du sujet et à l'interaction entre ce dernier et son milieu.

En psychopathologie, les troubles dits fonctionnels sont indépendants de toute lésion organique ou anatomique, et donc de nature purement psychique.

FONDEMENT

Terme d'abord utilisé en architecture : ce sur quoi repose la construction. D'où, en philosophie, ce sur quoi repose un certain ordre ou ensemble de connaissances.

Ce qui donne à quelque chose sa raison d'être : dans ce cas, le terme a une forte valeur d'approbation et, par contraste, ce qui est sans fondement apparaît illégitime.

◆ Proposition la plus générale ou la plus simple, ou ensemble de propositions générales et simples, d'où l'on peut déduire un domaine de connaissance. Dans ce cas, synonyme de **principe :** on parle ainsi, en mathématiques, des fondements ou principes d'un système hypothético-déductif* pour en désigner l'axiomatique*. C'est dans ce sens que doit également être compris le titre de Kant : *Fondements de la métaphysique des mœurs* (1785), esquisse de la *Critique de la raison pratique* qui, partant d'une observation phénoménologique des mœurs telles qu'elles existent, entend « rechercher et établir exactement le principe suprême de la moralité ».

FORCE

◆ Puissance, principe d'action, éventuellement exercée aux dépens d'un sujet (« céder à la force »).

◆ En morale, on évoque la force d'âme d'une personne pour désigner l'énergie qu'elle met au service de ses actions vers le bien. Les forces spirituelles ou morales désignent le pouvoir des idéaux et valeurs dans l'histoire.

◆ Désigne en physique toute cause modifiant l'inertie ou le mouvement d'un corps. Ce n'est qu'aux XVIe et XVIIe siècles que s'est constituée une véritable science des forces, comme Mécanique, après que la notion a été débarrassée d'idées préconçues qui faisaient de chaque force une entité spécifique. La force est égale au produit de la masse par l'accélération.

FORMALISATION, FORMALISME, FORME

◆ La **formalisation** désigne en épistémologie la construction d'un système* (notamment mathématique ou logique) uniquement constitué de structures formelles, et donc débarrassé de tout contenu empirique ou intuitif, de telle sorte que la connaissance s'y déduit uniquement des axiomes initiaux par application rigoureuse des lois logiques.

Au sens strict, une théorie n'est formalisée que lorsqu'on adjoint aux axiomes qui la caractérisent ceux de la logique qu'elle utilise.

◆ Le **formalisme** est la théorie considérant que les vérités scientifiques (particulièrement mathématiques) sont strictement formelles et reposent uniquement sur des symboles précisément définis (voir axiomatique*). Dans un sens moins technique, privilège accordé au point de vue exclusivement formel, indépendamment de l'aspect matériel, sensible, affectif, etc. Concerne ainsi, par exemple, l'esthétique (théorie de l'« art pour l'art »), le droit, la morale.

Plus largement encore, et dans une acception légèrement péjorative, c'est la tendance à n'observer que la lettre d'une loi (religieuse, morale, juridique) sans tenir compte de son esprit.

◆ Le concept de **forme** est presque toujours opposé à celui de **matière :**

– Figure géométrique constituée par les limites d'un objet.

– Par analogie, et depuis la scolastique*, désigne dans un jugement la nature de la relation unissant les concepts indépendamment de la signification de ces derniers. Un raisonnement peut ainsi être vrai formellement *(vi formae)* mais faux matériellement *(vi materiae).*

– Kant* oppose la forme de la connaissance à sa matière, qui est fournie par l'expérience. La première est constituée par les lois de la pensée (catégories*) et par les formes ou intuitions *a priori** de la sensibilité (espace et temps).

– En **morale,** le formalisme désigne l'intention du sujet, par opposition à la matérialité de son acte. La morale kantienne est souvent qualifiée de formelle en raison de l'importance radicale qu'elle accorde à la seule forme de la loi morale et de l'obligation, indépendamment de son contenu.

➤ STRUCTURE, SYLLOGISME.

FORME (PSYCHOLOGIE DE LA)

Traduit l'allemand *Gestaltpsychologie*. Conception du fonctionnement mental élaborée principalement par Wertheimer (1880-1943), Koffka (1886-1941) et Kohler (1887-1967), préparée par la *Context-theory* de Titchener (la signification d'une sensation est inséparable de son contexte) et, plus tôt, par des remarques d'Ehrenfels montrant qu'un objet dont on modifie tous les éléments de façon semblable (par exemple : une composition musicale dont on change le ton) reste reconnaissable.

La psychologie de la forme a montré que la perception s'organise relativement à des ensembles, ou Formes, et non à des éléments isolés (un groupe d'étoiles est perçu comme constellation) ; que l'élément est modifié en fonction de la Forme dont il fait partie (un rond jaune sur un fond noir ne paraît pas le même que sur un fond blanc) ; que la modification d'un élément change toute la Forme (illusions d'optique) ; que la Forme perçue tend par nature à être la meilleure – c'est-à-dire la plus simple et la plus équilibrée possible (loi de prégnance), ce que l'on appelle une « bonne Forme ». Généralisant de telles constatations, la psychologie de la forme affirme que les fonctions intellectuelles (mémoire, imagination, intelligence) obéissent aux mêmes principes.

◆ On nomme **théorie de la Forme** (en allemand *Gestalttheorie*) la généralisation de cette conception psychologique à la physique et à la physiologie. Elle affirme que le monde extérieur, lui-même organisé en formes, tend à un équilibre d'ensemble que la conscience ne fait que percevoir passivement. Parallèlement, la perception est déterminée par la structure physiologique du cortex.

FORMEL

Le sens ancien (est formel ce qui possède une existence actuelle, notamment par opposition à ce qui n'est que virtuel) ne se retrouve que dans certaines expressions (ordre formel).

Qualifiant ce qui est relatif à la forme*, l'adjectif peut s'appliquer à la morale comme à la logique* ou à la vérité.

➤ CAUSE, VÉRITÉ.

FOUCAULT

(Michel, 1926-1984.) Philosophe français dont l'œuvre développe simultanément une grande rigueur théorique et une incontestable portée socio-politique.

◆ Dès 1961, il montre dans son *Histoire de la folie à l'âge classique* comment s'effectuent, sur le cas précis du « fou », des mutations importantes du regard collectif et du discours. Sa *Naissance de la clinique* (1963) entreprend, selon un mot qui caractérisera durablement sa méthode, l'**archéologie** de l'approche médicale et montre ses conséquences.

L'archéologie définit les discours comme « pratiques obéissant à des règles », et les considère non à titre de documents, mais comme de véritables monuments. Elle ne s'intéresse pas à ce qui est ordinairement qualifié d'« œuvres », ni à leur « créateur », mais aux pratiques discursives qui traversent des œuvres individuelles et les régissent plus ou moins complètement. Ne prétendant pas restaurer l'identité de ce qui a été dit, elle est une véritable réécriture, soit « une transformation réglée de ce qui a été déjà écrit ».

◆ Avec *Les Mots et les Choses* (1966), de telles recherches vont alerter un vaste public – sans doute au prix de quelques malentendus : l'archéologie des sciences humaines qu'y mène Foucault met en lumière le passage de la connaissance occidentale par différentes épistémès* dont les articulations seront précisées – en même temps que l'importance d'une réflexion sur la façon dont se modifie le discours historique – dans *L'Archéologie du savoir* (1969).

Ces deux ouvrages sont perçus d'abord comme appelant la fin de l'« humanisme », et M. Foucault est hâtivement rangé parmi les tenants du structuralisme*. S'il est vrai que cet aspect de son travail – où il s'agit de

« faire l'analyse des conditions historiques qui rendent compte de ce qu'on dit, ou de ce qu'on rejette, ou de ce qu'on transforme dans la masse des choses dites » – semble faire peu de cas du sujet psychologique traditionnel ou de la conscience individuelle, les recherches qui suivent vont montrer en Foucault un analyste aigu du **pouvoir** sous toutes ses formes, de ses fondements et de ses diverses emprises sur l'individu. Il s'agit d'un pouvoir à concevoir, non plus seulement comme « pyramidal », symbolisé par une personne ou un groupe, mais aussi comme « réseau de pouvoir qui fonctionne dans une société et la fait fonctionner ».

◆ Étudiant le dicible (*L'Ordre du discours,* 1971) ou les systèmes carcéraux (*Surveiller et punir,* 1975), entreprenant une histoire des façons dont la sexualité est prise en charge par du **discours** – notamment psychanalytique (*La Volonté de savoir,* 1977) –, M. Foucault n'a pas hésité, dans les deux autres volumes de cette histoire de la sexualité parus juste avant sa mort *(L'Usage des plaisirs, Le Souci de soi)* à faire preuve d'une rare honnêteté intellectuelle, remettant en cause certaines affirmations antérieures pour interroger la formation du lien, dans l'Antiquité grecque, entre préoccupation morale et plaisirs, et inviter chacun à faire de sa vie l'équivalent d'une œuvre.

◆ De façon constante, le travail de Michel Foucault a enrichi l'investigation philosophique de domaines classiquement négligés ; il a ainsi élargi de manière irréversible le champ des recherches contemporaines.

➤ FOLIE.

FOULE

Selon l'étymologie, action de fouler une étoffe ; lieu où l'on foule et pression produite par le rassemblement d'individus nombreux.

La foule est la réunion plus ou moins éphémère d'une masse d'individus serrés les uns contre les autres. Ensemble inorganisé dépourvu d'institutions, la foule peut être **occasionnelle** dans le cas d'un attroupement spontané et fortuit, **conventionnelle** quand les individus qui la composent obéissent à certaines règles (dans les manifestations publiques par exemple), ou enfin **active** quand elle se livre notamment à des réactions violentes.

Espace de l'anonymat, la foule permet à l'individu d'assouvir sans risque ses pulsions latentes. Par analogie, la foule désigne le commun des hommes par opposition à ce qui est considéré comme l'élite.

FOURIER

(Charles, 1772-1837.) Né à Besançon dans une famille de commerçants aisés. Après avoir perdu sa fortune il fut employé de commerce, puis se consacra entièrement à son œuvre de rénovation sociale.

◆ L'objectif de ce philosophe et socialiste utopique (selon l'expression de Engels) n'est pas la justice sociale mais la liberté et le **plaisir pour tous** en laissant s'exprimer les passions spontanées de l'homme, car elles sont naturelles et voulues par la Providence : « La raison vient des hommes, c'est la passion qui vient de Dieu. » Et Fourier d'annoncer un Dieu « mécanicien » et « équilibriste », sachant répartir les jouissances, garantissant leur abondance et leur variété. Malheureusement, la civilisation, c'est-à-dire, pour l'essentiel, les institutions religieuses et économiques (Fourier parle des « crimes du commerce ») ont empêché jusqu'ici l'épanouissement heureux des passions. Par les blocages psychologiques qu'il engendre, l'ordre civilisé, répressif, rend ignorant de ce vers quoi on tend, et procède à une subversion de la passion en l'orientant dans une direction néfaste, si bien que le mal (crimes et cruautés) n'est qu'un « malentendu » qui sera dissipé lorsque aura pris fin la « cacophonie » due aux « faux musiciens » qui régentent notre société actuelle.

Après avoir levé les interdits qui pèsent sur elles, il faudra organiser « harmoniquement » les passions et notamment l'Amour, « flamme divine » qui n'était dans la « civilisation » qu'un « fanal trompeur ». Excluant la jalousie et la rivalité, l'amour se développera dans l'amitié de tous et donnera lieu à un divertissement collectif qui sera à la fois, comme l'indique R. Barthes, une cérémonie mondaine, une pratique érotique et un acte social.

Les passions, dont l'harmonie ne pourra se réaliser qu'à l'intérieur d'unités sociales de dimension moyenne, le **« phalanstère »** – groupe de 1 620 travailleurs associés –, permettront, non seulement d'adoucir les relations humaines, mais de rendre le travail agréable. Les tâches à accomplir seront servies par trois passions motrices : la « composite » (qui contribuera à la perfection de l'œuvre à la réalisation de laquelle on participera), la « cabaliste » (esprit de compétition) et la « papillonne » (désir du changement).

◆ Quelques phalanstères furent créés en Europe et surtout en Amérique, mais ils ne dépassèrent guère le stade expérimental. Il reste que les théories de Fourier ont été exploitées de nos jours avec les communautés de travail et les coopératives de production et de consommation. Mais c'est sur le plan des idées que le succès de Fourier se confirme à notre époque – après un temps d'oubli. Tous ceux qui d'une manière ou d'une autre se réclament du mouvement libertaire, ou qui se contentent de protester contre les contraintes établies, lui rendent hommage. Citons, par exemple, A. Breton* et aussi H. Marcuse*, qui reconnaît volontiers le lien qui l'unit à Fourier.

ŒUVRES PRINCIPALES : *Théorie des quatre mouvements et des destinées générales* (1808) ; *Le Nouveau Monde industriel et sociétaire* (1829) ; *Le Nouveau Monde amoureux.*

➤ TRAVAIL, UTOPIE.

FRANCASTEL

(Pierre, 1900-1969.) Esthéticien et sociologue de l'art, il fit porter ses recherches sur sa dimension sociale. Les différents arts plastiques élaborent conjointement, à chaque période de l'histoire, des *systèmes figuratifs*, montrant ainsi le rôle que joue l'art dans le devenir des civilisations. Loin d'être un objet de luxe, l'art est un mode culturel irréductible aussi indispensable que tout autre pour la compréhension de la réalité sociale.

ŒUVRES PRINCIPALES : *Peinture et société* (1951) ; *Art et Technique* (1956) ; *La Réalité figurative* (1965) ; *La Figure et le lieu* (1967) ; *Breughel* (1995).

FRANCFORT (ÉCOLE DE)

Cette appellation désigne un groupe de chercheurs allemands, en philosophie et sociologie, rassemblés à partir de 1923 dans l'Institut de Recherche sociale fondé à Francfort par Max Horkheimer*. L'élaboration d'une **théorie critique** s'y effectue à partir de Marx : on admet que le dépassement de la société capitaliste est imminent. Cet espoir sera démenti par l'installation du nazisme (la plupart des chercheurs, issus de la bourgeoisie juive, s'exilent dès 1933), mais aussi par l'enracinement du capitalisme aux États-Unis (l'Institut trouve asile à New York et ne reviendra à Francfort qu'en 1950), ainsi que par le socialisme tel qu'il s'est « réalisé » – Horkheimer reconnaîtra en 1968 qu'il ne correspond pas à celui dont ils rêvaient.

◆ Constatant que le sujet révolutionnaire a été intégré dans une société qui n'en finit pas de le mystifier, Adorno* va considérer l'individu isolé comme son dernier avatar. C'est pourquoi la théorie critique insiste sur tout ce qui oppose la **particularité individuelle** à l'instinct de masse et aux analyses abstraites subordonnant le sujet à l'objet, le particulier au général. Sont ainsi contestées les philosophies de Husserl* et Heidegger* – elles privilégient l'Essence ou l'Être aux dépens des singularités réelles – mais aussi celles de Hegel* (pour Adorno, la totalité ne peut être construite qu'à partir du fragment, elle n'est ni première ni dernière) et de Marx*, accusé de trop aisément sacrifier le bonheur individuel à une réalité future. Dans la même optique, la théorie critique est hostile au positivisme*, qui affirme une indépendance trompeuse entre science et idéologie ; elle entend pour sa part intervenir dans les

PHILOSOPHIE FRANÇAISE

XVIe

Montaigne (1533-1592)
Humanisme éclectique

XVIIe

Descartes (1596-1650)
Rationalisme

Malebranche (1638-1715)

Bayle (1647-1706)

Montesquieu (1689-1755)

La Mettrie (1709-1751)

Pascal (1623-1662)

XVIIIe

Les Lumières
Diderot (1713-1784), d'Alembert et l'*Encyclopédie*
Helvétius (1715-1771)
d'Holbach (1723-1789)
Condorcet (1743-1794)

Condillac (1715-1780)
Sensualisme

Voltaire (1694-1778)
Rousseau (1712-1778)

Lamarck (1744-1829)

LES IDÉOLOGUES
Destutt de Tracy (1754-1836)
Cabanis (1757-1808)
Maine de Biran (1766-1824)

XIXe

TRADITIONALISTES
J. de Maistre (1753-1821)
Bonald (1754-1840)

ÉCLECTISME
Royer-Collard (1763-1845)
Th. Jouffroy (1796-1842)
V. Cousin (1792-1867)

SOCIALISTES UTOPIQUES
Saint-Simon (1760-1825)
Fourier (1772-1837)

POSITIVISME
A. Comte (1798-1857)
E. Littré (1801-1881)
H. Taine (1828-1893)

THÉORICIENS SOCIALISTES
P. Leroux (1797-1871)
Proudhon (1809-1865)
J. Guesde (1845-1922)

IDÉALISME ET CRITICISME
Renouvier (1815-1903)
Lachelier (1832-1918)
Boutroux (1845-1921)

Cournot (1801-1877)
Claude Bernard (1813-1878)
Bergson (1859-1941)

XXe

ÉPISTÉMOLOGIE ET PHILOSOPHIE DES SCIENCES
H. Poincaré (1854-1912)
E. Goblot (1858-1935)
E. Meyerson (1859-1933)
P. Duhem (1861-1916)
G. Bachelard (1884-1962)
A. Koyré (1892-1964)
G. Canguilhem (1904-1995)
J. Bouveresse
M. Serres

DIFFUSION DE LA PENSÉE HÉGÉLIENNE
A. Kojève
J. Wahl
J. Hyppolite

SOCIOLOGIE
Durkheim (1858-1917)
Lévy-Bruhl (1857-1939)

PHILOSOPHIES DE L'EXISTENCE
Sartre et l'existentialisme (Camus, S. de Beauvoir)
M. Merleau-Ponty

MARXISME
H. Lefebvre
L. Goldmann
L. Althusser

« STRUCTURALISMES »
M. Foucault
J. Lacan
Cl. Lévi-Strauss
R. Barthes

PHÉNOMÉNOLOGIE ET HERMÉNEUTIQUE
E. Levinas, P. Ricœur, J. Derrida

PENSÉES A-SYSTÉMATIQUES
G. Deleuze, J.-F. Lyotard

W. Jankélévitch

recherches empiriques afin de dépasser dialectiquement la séparation traditionnelle entre théorie philosophique et pratique spécialisée.

◆ Parallèlement à ces analyses, l'École de Francfort a mené des recherches sur les relations entre l'autorité familiale (paternelle) et l'éthique répressive, qui ont notamment montré que, lorsque le lien père-fils disparaît, l'**autorité** risque d'être recherchée de façon masochiste du côté d'un leader – un tel glissement aboutissant au fascisme. Raison de plus pour sauvegarder ce qui mérite de l'être dans l'individuel. Dans la mesure où une semblable problématique apparaît, littérairement, chez Proust ou Kafka, ou, plus globalement, dans le surréalisme, plusieurs représentants de l'École de Francfort (Adorno*, Benjamin*, Marcuse*) se sont montrés particulièrement attentifs à la signification possible des œuvres d'art, y trouvant l'occasion d'une négation peu récupérable des pesanteurs sociales.

PRINCIPALES ŒUVRES COLLECTIVES : 9 volumes d'*Études en science sociale* (1932-1941) ; *Études sur l'autorité et la famille* (1936) ; Adorno, Levinson, etc. : *La Personnalité autoritaire* (1950) ; Adorno-Horkheimer : *La Dialectique de la raison* (1947) ; *Sociologica I, II* (1962).

FREUD

(Sigmund, 1856-1939.) Fondateur de la psychanalyse. Après des études secondaires orientées vers la philosophie, les lettres et les arts, il mène des études de médecine et se spécialise en neurologie. En 1883, il entre dans le service du psychiatre Meynert et y poursuit des recherches sur la cocaïne, dont il pressent les effets anesthésiants. En 1885, il effectue un stage à Paris, à l'hôpital de la Salpêtrière, où il assiste au traitement des hystériques par l'**hypnose** (sommeil provoqué au cours duquel le sujet montre une suggestibilité très prononcée) tel que le pratique Charcot. Par sa façon d'influencer les couches non conscientes du psychisme de ses malades, le neurologue français mit Freud sur la voie de la découverte de l'inconscient.

Freud ouvre l'année suivante un cabinet à Vienne et y applique à son tour l'hypnose, qu'il remplace rapidement par d'autres méthodes (questions, puis libres associations*) aidant à la découverte des traumatismes anciens qui déterminent les névroses. C'est ainsi, en s'inspirant de ce que lui révèle sa pratique psychothérapeutique – mais aussi avec l'aide de la correspondance qu'il entretient de 1887 à 1904 avec Wilhelm Fliess et qui lui tient lieu d'auto-analyse –, qu'il élabore progressivement sa **théorie de l'inconscient*** et les principales notions (censure*, refoulement*, libido*, travail du rêve*, etc.) qui vont constituer la psychanalyse.

◆ Les **fondements** de la nouvelle discipline sont assurés dès *La Science des rêves* (1899), où Freud affirme notamment la réalité du complexe d'Œdipe* et la tripartition du psychisme. Malgré les scandales qu'il provoque (particulièrement par la révélation de la sexualité infantile) et l'incompréhension à laquelle il lui arrive de se heurter (c'est le cas en France, où les premiers vulgarisateurs de son œuvre lui reprochent sa « lourdeur toute germanique »), il poursuit obstinément ses recherches, qu'il considère comme constituant, après celles de Galilée et de Darwin, la troisième révolution majeure dans l'idée que l'homme se fait de lui-même et de sa situation dans le monde.

Assez vite, Freud trouve malgré tout ses premiers disciples (Abraham, Jung*, Ferenczi...) et il fonde en 1910 la Société Internationale de Psychanalyse. En 1923, on diagnostique qu'il souffre d'un cancer à la mâchoire. En 1938, fuyant l'Autriche après l'Anschluss (il est d'origine juive), il s'exile à Londres où il meurt l'année suivante.

◆ Les textes qu'il a publiés à partir des *Études sur l'hystérie* (1895, corédigées avec Breuer qui, un peu effrayé par la teneur de la théorie analytique, l'abandonnera assez vite) sont inlassablement enrichis par le contact permanent avec ses patients (1904 : *Psychopathologie de la vie quotidienne* ; 1905, *Trois essais sur la théorie de la sexualité*).

Le Mot d'esprit dans ses rapports avec l'inconscient (1905) marque une étape importante dans le développement de la psychanalyse, inaugurant les travaux qui vont en élargir l'application à la littérature et à l'art (1907 : *Délire et rêves dans la Gradiva de Jensen* ; 1910 : *Un souvenir d'enfance de Léonard de Vinci*), puis à la **culture** dans son ensemble (1913 : *Totem et tabou*, où Freud énonce l'hypothèse d'un « meurtre primitif » comme fondateur de toute civilisation).

◆ Freud n'hésite pas, au cours de toute sa carrière à réarticuler ses théories, élaborant ainsi **deux topiques*** successives (la première établit les fonctions respectives des systèmes inconscient, préconscient*, conscient ; la seconde expose à partir de 1920 les principes du ça*, du moi* et du surmoi*), distinguant principe de plaisir* et principe de réalité*, et éprouvant finalement la psychanalyse et sa validité à la question de la religion (1927 : *L'Avenir d'une illusion*), de l'avenir de la culture (1930 : *Malaise dans la civilisation*), ou la confrontant à la Bible elle-même (1934 : *Moïse et le monothéisme*).

◆ Indépendamment de la question de la scientificité de la psychanalyse, et bien que l'horizon biologique et déterministe dans lequel il inscrit sa description du psychisme puisse sembler « daté » (ce qui justifie la transposition qu'en tente par exemple Lacan* dans un autre vocabulaire), Freud a apporté à la pensée moderne des suggestions aux **répercussions considérables** : à partir de ce qu'il affirme, c'est toute la conception de l'être humain comme sujet autonome et centre d'autocontrôle qui s'écroule. Mais il montre aussi que la frontière entre **normal*** et **pathologique*** n'a rien de très sûr, ou que les acquis culturels de l'humanité pourraient bien n'être rien de plus qu'un gigantesque trompe-l'œil destiné à masquer une fondamentale méconnaissance de l'inconscient lui-même. Questions qui, par-delà les milieux strictement psychanalytiques, concernent la philosophie elle-même.

◆ ***Psychopathologie de la vie quotidienne*** (1904). Le sous-titre précise qu'il s'agit dans cet ouvrage de l'*application de la psychanalyse à l'interprétation des actes de la vie courante* – ce qui, au-delà des analyses et preuves qu'y déploie Freud, confirme la validité de ses théories lorsqu'il s'agit de rendre compte de la vie psychique la plus banale, et non uniquement de celle des « malades ».

Délaissant aussi bien l'étude des névroses que l'activité onirique, Freud entreprend le recensement des **phénomènes très ordinaires** qui ne sont que de minimes incidents – si peu importants qu'ils paraissent en général ne présenter ni signification ni intérêt : petits oublis, erreurs dérisoires, lapsus, actes manqués, etc. Il démontre qu'en fait, à travers ces mini-événements de l'existence de quiconque, c'est bien l'inconscient qui, profitant de la moindre occasion qui s'offre à lui, est à l'œuvre et s'exprime. Ainsi lapsus et oublis ne dépendent ni du hasard ni d'une simple « fatigue » ou « inattention » passagère ; au-delà de leur peu d'importance apparente, leur **signification** est **profonde** puisque s'y révèlent, exactement comme dans le rêve, des désirs, des obsessions, des fantasmes peu avouables par les voies de la conscience maîtrisée. Ainsi l'oubli – par exemple d'un nom propre – n'est jamais innocent : il traduit des sentiments refoulés ou ambivalents à l'égard de la personne. De même, l'objet « égaré » n'est pas neutre : il est au contraire accompagné de significations que nous ne tenons pas à raviver.

La *Psychopathologie de la vie quotidienne* effectue ainsi un travail du même ordre que celui déjà accompli par Freud sur le rêve : ce dernier, comme le lapsus ou l'acte manqué, passait avant les mises au point de la psychanalyse, pour un phénomène insignifiant. L'herméneutique freudienne agrandit ainsi son domaine aux existences normales : façon de montrer qu'elle concerne bien tout le monde (et Freud recourt à des exemples souvent empruntés à sa propre biographie), manière de redire qu'entre le normal et le pathologique la frontière est décidément fragile – mais aussi que, dans l'existence humaine, tout fait sens à qui se donne les moyens d'une interprétation approfondie.

➤ TABLEAU SUR LA PSYCHANALYSE, P. 313.

FREUDO-MARXISME

Représenté surtout par Marcuse*, ce courant de pensée contemporain, dont W. Reich* peut également être tenu pour un initiateur, est né du rapprochement entre les thèses de Marx* et celles de Freud*, sur la culture ou civilisation. L'analyse marxiste des idéologies, qui expriment – en les dissimulant – les conflits entre classes sociales, annonce la démystification freudienne des pensées conscientes. Les conflits entre les pulsions du ça* et le surmoi*, dans la psychanalyse freudienne, sont systématiquement interprétés par les freudo-marxistes comme les conflits – dont il faut guérir l'homme – entre les désirs individuels et les contraintes d'une société répressive.

➤ MARCUSE.

FUTUR

Ce qui sera, avec la part d'imprévisibilité qui s'attache à tout ce qui n'est pas encore réalisé. D'où l'expression scolastique* de *futurs contingents* pour désigner les événements à venir imprévisibles ou difficiles à maîtriser.

➤ CONTINGENCE.

G

GADAMER

(Hans Georg, né en 1900.) Philosophe allemand. Il soutient sa thèse d'habilitation en 1929 avec Heidegger, dont il s'éloigne au cours des années trente, mais qui l'influence bien au-delà en l'aidant à définir ce qu'il nomme **herméneutique***.

Pour Gadamer, la philosophie s'oppose aux cloisonnements académiques des savoirs, notamment scientifiques, en interprétant inlassablement la relation aux divers aspects du monde qui s'effectue pour l'homme à travers le langage. Son œuvre maîtresse, *Vérité et Méthode* (1960, trad. fr. 1976), propose un réexamen des sciences « de l'esprit » ou « humaines » (histoire, sociologie, ethnologie, linguistique, etc.), qu'il s'agirait de libérer de la méthode qui prétend s'inspirer de celle en usage dans les sciences exactes. Puisque les sciences humaines mettent en jeu, aussi bien chez le chercheur que chez le lecteur, des facultés de compréhension, la première nécessité est de s'interroger sur la nature exacte de cette dernière. Comprendre peut alors apparaître comme un « existential », le mode d'être spécifique de l'homme. Il s'agit donc moins d'analyser comment il faudrait **comprendre** que **ce qui a lieu lorsqu'on comprend.**

Selon Gadamer, cette herméneutique a des conséquences pratiques importantes : elle peut notamment libérer la collectivité du rôle parfois encombrant des « experts » plus ou moins scientifiques, et dont les erreurs ne manquent pas. Mais elle doit aussi mener à un esprit de tolérance, ainsi qu'ouvrir des voies susceptibles de produire des solutions nouvelles aux problèmes contemporains. Si la philosophie ne peut plus prétendre couronner l'ensemble de l'univers intellectuel, au moins garde-t-elle sur les autres disciplines l'avantage d'une certaine intelligence politique, qui consiste dans la **conscience des illusions** que peuvent engendrer aussi bien les savoirs spécialisés que l'affirmation sans preuve d'un progrès de la civilisation.

GALILÉE

(Galileo Galilei, 1564-1642). Mathématicien, physicien et astronome italien. **Premier grand expérimentateur,** il définit la portée de l'expérience et du raisonnement inductif, et participe à la fondation de la physique scientifique qui met fin à la cosmologie héritée de l'Antiquité. Grâce à la lunette astronomique qu'il perfectionne, il découvre en 1610 quatre satellites de Jupiter. Il considère que le vaste livre de l'univers « est écrit en langue **mathématique** et ses caractères sont des triangles, des cercles, et d'autres figures géométriques, sans l'intermédiaire desquels il est humainement impossible d'en comprendre un seul mot ». Soutenant le système de Copernic* en lui donnant les bases scientifiques qui lui manquaient, il devient ainsi le véritable auteur de la profonde mutation du savoir qui s'opère à cette époque.

◆ L'Inquisition comprend parfaitement la portée révolutionnaire de ses découvertes :

elle le condamne en 1615, puis en 1632, et le fait abjurer devant le Saint-Office. L'affirmation de l'héliocentrisme, dont Galilée est officiellement accusé, n'est pourtant pas le plus grave du point de vue théologique : autrement dangereux, car il contredit le dogme de la transsubstantiation sur lequel est fondée la communion chrétienne, est en réalité le matérialisme atomiste qu'il affirme. Si la matière et ses accidents sont indissociables comme il le soutient, on ne peut plus admettre que le pain, par exemple, devient le corps du Christ en conservant une apparence inchangée. Les procès intentés à Galilée sont en conséquence manipulés, par les autorités vaticanes, pour lui éviter des condamnations lourdes.

◆ Galilée lui-même ne conçoit pas de contradiction entre la recherche scientifique et la foi : à ses yeux, l'Écriture enseigne comment gagner le ciel, mais non comment ce dernier est organisé, et il affirme que, plus l'homme comprendra les lois de la nature, plus il aura de raisons d'admirer la puissance créatrice de Dieu.

Œuvres principales : *Le Messager des étoiles* (1610) ; *Dialogue sur les deux grands systèmes du monde* (1632).

➤ Bruno, géocentrisme.

GÉNÉALOGIE

Recherche des origines ancestrales.

En biologie, au XIXe siècle, Darwin dans ses recherches sur l'origine des espèces s'efforce d'établir que celles-ci dérivent les unes des autres à partir d'organismes simples.

En philosophie, chez **Nietzsche** *(La Généalogie de la morale),* d'un point de vue critique, la notion désigne l'étude des filiations des idées morales d'origine chrétienne pour en dénoncer le caractère suspect.

GÉNÉRAL, GÉNÉRALISATION

Adjectif au sens confus, **« général »** est utilisé communément pour désigner l'ensemble des individus d'une classe (grève générale).

◆ En logique, qualifie ce qui s'applique au genre*, par opposition à ce qui qualifie l'espèce*. Il vaudrait mieux cependant dire « générique », et éviter de toute façon de considérer « général » comme synonyme d'« universel » (ainsi, les lois scientifiques ne sont pas « générales », mais bien universelles).

◆ **« Généralisation »** est un terme équivoque qui peut désigner :

– l'opération rassemblant sous un seul concept plusieurs objets présentant des caractères communs ;

– la variété d'induction* qui passe du singulier à l'universel ou de l'individuel au général en étendant à toute une classe ce qui a été observé ou vérifié sur un nombre limité de cas ;

– l'opération par laquelle on applique, par analogie, ce qui est connu d'une classe d'objets à une autre classe présentant des ressemblances avec la première.

L'expression « généralisation hâtive » rappelle le risque qui s'attache à ce genre de pratiques.

GÉNÉRATION

Terme équivoque qui désigne l'acte même d'engendrer (ce qu'Aristote opposait à la « corruption ») d'abord en biologie puis, par analogie, en mathématiques où il évoque la formation d'une figure géométrique à partir d'une autre figure. Mais c'est aussi, dans une famille, chacun des degrés successifs de filiation (seconde, troisième génération…) ou l'ensemble des individus ayant approximativement le même âge et les mêmes expériences (la génération de l'après-guerre), ou encore la durée qui sépare deux degrés successifs de filiation (généralement estimée à une trentaine d'années). C'est dans ce dernier sens que le terme est utilisé pour décrire notamment la succession des écoles littéraires ou philosophiques, bien que la régularité ainsi impliquée n'y ait pas forcément grand sens.

◆ La théorie de la *génération spon-*

tanée (ou équivoque) a admis, notamment au Moyen Âge (chez saint Thomas par exemple) et jusqu'aux travaux de Pasteur, la possibilité pour certains végétaux ou animaux de naître spontanément, dans certaines circonstances, de la matière inerte.

GENÈSE, GÉNÉTIQUE

La **genèse** est le processus qui commande le devenir d'une chose, d'un être jusqu'à un état déterminé. La notion s'applique par exemple à la Création du monde d'après la Bible, ou à la formation des espèces vivantes, ou encore à la constitution des connaissances à partir de la sensation, selon les empiristes*.

L'adjectif **génétique** qualifie toute méthode, définition, classification ou théorie qui tient compte de la genèse de ses objets dans leur étude.

Le substantif désigne en **biologie** la théorie de la production et de la transformation des espèces vivantes, ou, plus spécialement, l'étude de l'hérédité.

➤ ÉPISTÉMOLOGIE GÉNÉTIQUE, PROCESSUS.

GÉNIE

◆ Nature propre d'un être (c'est l'*ingenium* de Spinoza, qui désigne la complexion singulière de l'individu) ou d'une institution (le génie d'une langue) qui en assure la particularité. Ce sens vieilli est le plus fidèle à l'étymologie (le *genius* était la divinité présidant à la naissance), dans la mesure où il fait allusion à une espèce d'esprit interne.

◆ Dons de l'esprit permettant de se distinguer dans un domaine socialement valorisé : on peut ainsi avoir du génie en art, en mathématiques, dans la guerre ou les affaires.

Fréquemment admis comme inné, le génie ainsi compris participe de la conception d'une nature humaine* peu perméable à l'acquis. En esthétique, on constate plus particulièrement que la reconnaissance du génie s'accompagne nécessairement de la passivité de l'admirateur, maintenant une opposition éventuellement contestable entre artistes et non-artistes.

◆ Chez Descartes*, le **Malin Génie***, comme équivalent d'un Dieu mauvais qui ferait que l'on se trompe tout le temps, justifie le doute hyperbolique*. Mais il ne survit pas à la découverte du **Cogito***, puisque ce dernier échappe à son emprise.

GENRE

Classe logique qui englobe plusieurs espèces* par son extension* supérieure.

En **biologie,** c'est une subdivision de la famille qui se subdivise elle-même en espèces.

GÉOCENTRISME

Système astronomique de Ptolémée (IIe siècle ap. J.-C.) – qui fit autorité jusqu'au XVIe siècle – selon lequel la Terre, immobile, est le centre de l'univers autour duquel gravite l'ensemble des astres. La « révolution copernicienne » – selon l'expression de Kant – allait opérer un renversement de perspective et ruiner la conception géocentrique.

Le passage à l'**héliocentrisme** (le Soleil conçu comme centre de l'univers) n'est pas encore fondé chez Copernic* (1473-1543) sur des preuves scientifiques mais, dans une large mesure, sur des considérations irrationnelles empruntées à la tradition. Il faut attendre Galilée* pour qu'il soit étayé par des arguments rationnels et assumé quant à ses conséquences philosophiques, avec la mise sur pied d'un monde vidé de sa signification symbolique et religieuse – parce que soumis à l'intelligibilité mathématique – et jugé désormais plus vrai que le monde immédiat de la perception.

Pourtant, le géocentrisme fait encore partie des « évidences premières » et c'est, par exemple, d'après ses illusions que nous réglons couramment la distribution de notre temps.

➤ BRUNO, COPERNIC, GALILÉE.

GILSON

(Étienne, 1884-1978.) Philosophe français. Historien de la pensée médiévale, il a renouvelé l'étude des systèmes philosophiques du Moyen Âge.

Il commence par faire des recherches sur les rapports entre cartésianisme et scolastique*. Sa méthode consistant à situer l'auteur dans le contexte social et intellectuel de son époque, il réhabilite saint Thomas d'Aquin*, alors que jusqu'alors on le considérait seulement comme théologien. Gilson s'efforce de montrer l'originalité de saint Thomas par rapport à Aristote* : le **thomisme*** est une philosophie en relation avec la théologie et établie dans la tradition judéo-chrétienne, la transcendance de la théologie demeurant compatible avec la réflexion philosophique. Gilson affirme, en outre, que la philosophie du Moyen Âge a fait son apparition dès le début de notre ère, comme en témoignent les contacts entre la philosophie hellénique et la philosophie chrétienne des « Pères de l'Église ».

Œuvres principales : *Le Thomisme* (1921) ; *La Philosophie au Moyen Âge* (1922) ; *L'Être et l'Essence* (1948).

GIRARD

(René, né en 1923.) Philosophe, il enseigne la littérature française aux États-Unis et son premier ouvrage (*Mensonge romantique et vérité romanesque*, 1961) est d'orientation encore littéraire.

◆ C'est à partir de *La Violence et le sacré* (1972) qu'il entreprend de trouver une nouvelle fondation aux discours de la psychanalyse ou des sciences humaines, mais aussi de la philosophie, sinon de la politique. Situant l'origine de la violence dans le **désir mimétique** (une chose est d'autant plus désirable qu'elle est simultanément désirée par d'autres, comme l'avait signalé Hegel), il montre que pour mettre fin à l'enchaînement de vengeance et de représailles que suscite un tel désir, tout groupe social doit détourner sa violence interne vers un « bouc émissaire » (titre d'un ouvrage paru en 1982). La communauté serait ainsi fondée par un meurtre fondamental.

La substitution d'une victime indifférente à des victimes justifiables doit toutefois, pour être efficace, ne pas être clairement révélée : elle ne sera formulée que par le biais des **mythes** et de récits sacrés qui l'occultent, et qu'il s'agit aujourd'hui de réinterpréter.

◆ Une telle lecture – qui suppose l'efficacité universelle du désir mimétique, capable d'expliquer aussi bien des tendances psychologiques que des phénomènes sociaux – aboutit cependant à dévoiler le mécanisme du meurtre primitif et de la constitution du sacré ; dès lors, il perd, pour la société contemporaine, son pouvoir salvateur. La fondation du corps social et de la morale ne peut se faire qu'à partir d'un autre texte – très différent des mythes classiques – qui est celui du **Nouveau Testament** : Girard montre, notamment dans *Des choses cachées depuis la fondation du monde* (1978) que le Christ est la première victime expiatoire dont l'innocence fondamentale est proclamée, contrairement aux boucs émissaires antérieurs que l'on pouvait toujours accuser d'être maléfiques. Le Nouveau Testament révèle ainsi la logique de la violence et du sacré, et du même coup, nous enjoint d'y mettre fin : l'univers judéo-chrétien doit remplacer la violence mimétique par l'amour ou la charité évangélique.

Autre œuvre : *Quand les choses commenceront* (1994).

GNOSE, GNOSTIQUES

◆ On entend par gnose un ensemble de doctrines professées par des hérétiques aux deux premiers siècles de notre ère. Elles consistent à expliquer le sens profond des religions et essentiellement du christianisme au moyen d'une **connaissance ésotérique** des choses divines issue de la tradition et obtenue par initiation. Bien qu'elle ait souvent influencé la pensée des philosophes, la gnose – en tant que telle – demeure étrangère à la réflexion philosophique dans la mesure où elle s'élabore sans recours à l'expérience et sans justification rationnelle.

◆ En opposition avec la conception hellénique d'un ordre éternel qui règne dans le monde, la pensée gnostique, en général, affirme le caractère mauvais de l'univers créé. Le dieu créateur n'est lui-même qu'un **démiurge* démoniaque** distinct du Dieu parfait dont les créatures sont séparées par une distance immense habitée par les « éons » ou puissances célestes hiérarchisées. Les gnostiques prétendent que la connaissance initiatique (gnose) permet – sans le secours de la grâce – de sauver l'homme en libérant l'esprit de la gangue du corps soumis à la loi de ce monde mauvais. On refusera, en conséquence, la procréation, qui perpétue les corps et retarde le salut de l'esprit. La voie de la libération donnera lieu souvent à une attitude radicale à l'égard de la sexualité : selon les sectes gnostiques, tantôt on pratiquera une ascèse* rigoureuse, tantôt on se livrera à la « débauche » en exécutant des actes « contre nature » – en dehors du cadre institutionnel du mariage, jugé détestable.

Le **dualisme* gnostique,** qu'on retrouve plus tard dans le manichéisme*, permet parfois d'opposer le Dieu de l'Ancien Testament, conçu comme cruel et vindicatif, au Dieu de bonté représenté par le Christ – distinction dont on retrouve l'écho, notamment au XXe siècle avec S. Weil*. Certains thèmes gnostiques se trouvent réactualisés à notre époque, tel celui de l'absurdité ou de la cruauté du monde, dont on désire s'évader par l'amour, la mort ou l'exercice de la violence.

GNOSÉOLOGIE

Théorie critique de la connaissance qui porte sur l'origine, les formes et les limites de celle-ci. Telle est, d'une manière exemplaire, la démarche de Kant* dans la *Critique de la raison pure.* Appliquée progressivement à la connaissance scientifique, elle a fini par se confondre avec l'épistémologie*.

GÖDEL (THÉORÈME DE)

Démontré en 1931 par le logicien Kurt Gödel (1906-1978), ce théorème, dit d'*incomplétude,* affirme qu'il est nécessaire de sortir d'une théorie pour en prouver la cohérence*. Il est dès lors impossible d'axiomatiser complètement les mathématiques.

GOÛT

◆ En psychophysiologie, c'est le sens par lequel on distingue les saveurs.

◆ En **esthétique,** le terme recouvre deux attitudes également subjectives, l'une qui affirme les préférences d'un sujet, l'autre qui constate qu'une œuvre est conforme à l'attente d'une époque ou d'un public.

Il est évident que le goût varie historiquement, mais la conscience commune n'en affirme pas moins qu'il ne saurait être objet de discussion, versant ainsi dans un relativisme complet, à partir duquel aucune valeur esthétique ne peut être repérée.

Kant*, en passant de ses premières *Observations sur les sentiments du beau et du sublime* à la *Critique de la faculté de juger,* a précisément tenté de sortir d'un relativisme trop encombré de sentimentalité pour accéder à une définition du goût en rapport avec une beauté universellement définissable.

Ultérieurement, des analyses sociologiques (inspirées plus ou moins fidèlement de Marx*) ont montré que le goût de l'individu est formé en grande partie par sa classe sociale : il devient alors un moyen de « distinction », et l'art moderne ne s'est pas privé de jouer de toutes les transgressions possibles du « bon goût », c'est-à-dire du goût de la classe dominante.

Il n'en reste pas moins que, d'un point de vue psychologique, la notion de goût peut conserver un certain intérêt – à condition d'y comprendre la capacité de justifier ses préférences esthétiques, fondée sur une connaissance suffisante des différentes manifestations artistiques dans un domaine déterminé.

➤ ART, BEAU, BOURDIEU, ESTHÉTIQUE.

GOUVERNEMENT

Du latin *gubernare,* diriger une embarcation, tenir le gouvernail. Le gouvernement est l'autorité qui exerce le pouvoir politique et qui est déléguée par le souverain* (personne, peuple ou nation) au pouvoir exécutif (ministres).

➤ POLITIQUE.

GRÂCE

◆ Don gratuit ou faveur ; en particulier dans la théologie chrétienne : don de Dieu fait à un croyant sans qu'il y ait aucun droit, et concernant son salut, la rémission de ses péchés, etc.

◆ En esthétique, qualité, particulièrement difficile à analyser, du mouvement (réel ou fictif), des attitudes, des formes l'une par rapport à l'autre. La grâce, qui paraît alors éveiller la sympathie, a été placée par certains théoriciens au-dessus de la beauté.

GRACIAN

(Baltazar, 1601-1658.) Jésuite espagnol. Il mène une vie assez monotone d'enseignant dans les collèges de la Congrégation, mais son dédain des médiocres – plus que ses succès littéraires obtenus sous pseudonymes, en violation de la règle de son ordre – lui vaut de solides inimitiés, qui aboutissent en 1658 à son exil dans un monastère.

◆ Ses premiers textes analysent les qualités, notamment morales, nécessaires au triomphe social de l'individu. *Le Héros* (1630) critique ainsi Machiavel* et affirme la priorité de la moralité sur les fins politiques – mais c'est parce que, pour Gracian, il y a continuité entre l'homme privé et l'homme public : le **« bon goût »** est notamment la vertu qui permet d'adapter le jugement aux circonstances, et garantit, au-delà de l'équilibre individuel, la possibilité d'une vie collective sereine.

◆ *Le Politique* (1640), *L'Homme universel* (1646), et surtout *L'Homme de cour* (1647) nuancent cependant de pessimisme l'affirmation de l'harmonie possible : Gracian passe du savoir-vivre au savoir survivre, et se fait le théoricien de la manière d'être, ou de l'**apparence**. Celle-ci est une « forme vide » avec laquelle le sujet doit finir par coïncider : puisque l'homme vit dans un univers d'illusions, le masque adopté est à la fois protecteur et annonciateur d'une identité convenable, qui permet l'intégration au milieu.

◆ Il existe ainsi une dimension « esthétique » de l'éthique sociale – qui devient une variante du stoïcisme dans *L'Homme détrompé* (1651), dont le récit polymorphe et baroque anticipe sur le roman philosophique : on y voit un héros, à la recherche d'une Félicité introuvable, ballotté au gré d'événements trompeurs, s'élever malgré tout – avec l'aide de divers maîtres en sagesse – vers la Raison et l'île d'Immortalité où il s'affirme enfin comme personne humaine. Être homme apparaît alors comme la forme ultime de l'**héroïsme** – et la pure réussite sociale perd toute portée.

Cette odyssée désabusée de l'intelligence a notamment influencé Nietzsche* et Schopenhauer*.

GRAMMAIRE

Désigne au sens ordinaire l'ensemble des règles qui permettent, dans une langue, d'utiliser les mots disponibles pour fabriquer du sens. Par extension, on peut appeler, en logique et mathématiques, grammaire d'un système l'ensemble constitué par son axiomatique* et ses théorèmes* (son vocabulaire est alors formé par les symboles qu'on y utilise).

◆ On a tenté, dès l'Antiquité, d'extraire des grammaires pratiquées des règles universelles du langage et de la pensée. Cet espoir anime, par exemple, la « linguistique cartésienne », de la *Grammaire générale et raisonnée,* dite de Port-Royal (1660), aux tentatives contemporaines de grammaire générative (Chomsky*), qui essaient de formuler tous les énoncés possibles à partir de certaines conditions préalablement fixées.

PHILOSOPHIE GRECQUE

LES PRÉSOCRATIQUES (VIe-Ve siècles)

dates incertaines ; œuvres fragmentaires

École de Milet
(Thalès, Anaximène, Anaximandre)
• recherche d'un principe unique du cosmos

Pythagore
• fondateur de sociétés philosophico-religieuses
• les nombres déterminent l'essence des choses

Héraclite
• le constat du changement perpétuel fonde une philosophie du devenir : de la lutte des contraires naît l'harmonie

Parménide (école éléatique)
• le constat de la permanence fonde une philosophie de l'être : négation du néant

Zénon d'Élée
• le mouvement n'est pas

Empédocle
• l'alternance de l'Un et du Multiple : les quatre éléments immuables du monde

Anaxagore
• l'intelligence (« **nous** ») comme principe des choses

Leucippe, Démocrite
• l'atomisme : la matérialité de l'univers

Les sophistes (Protagoras, Corgias…)
• la vérité n'existe pas
• l'homme est la seule mesure du réel
• naissance de la réflexion politique et enseignement de l'art de convaincre

SOCRATE, L'ACADÉMIE, LE LYCÉE (Ve-IVe siècles)

La révolution socratique : connaître l'homme en « accouchant » les esprits
(399 : condamnation à mort de Socrate)

Platon (427-347 av. J.-C.) (fonde l'Académie en 387)
• poursuite et systématisation de l'enseignement socratique (dialogues socratiques)
• la méthode dialectique permet à l'homme de se souvenir de l'essence des choses

Aristote (384-322 av. J.-C.) (fonde le Lycée en 335)
• se sépare de son maître Platon
• œuvre systématique (recherche des catégories de l'esprit humain) et très variée (logique, métaphysique, morale, politique, connaissance du vivant, esthétique…)

LA PHILOSOPHIE HELLÉNISTIQUE (IVe-Ier siècles)

Le scepticisme (Pyrrhon d'Élis, contemporain d'Aristote)
le suspension du jugement face à l'apparence phénoménale qui ne manifeste jamais entièrement la vérité

L'épicurisme (Épicure, 341-270 ; puis Lucrèce, Ier siècle av. J.-C.)
l'ataraxie comme fin morale

Le stoïcisme (Zénon de Citium, 332-262 ; Cléanthe d'Assos, 312-232 ; Chrysippe, 277-204)
réflexion sur la logique et instauration d'une morale des « convenables »

LE DÉCLIN DE LA PENSÉE GRECQUE : L'ASSIMILATION PAR ROME (Ier-IIIe siècles ap. J.-C.)

Le nouveau stoïcisme (Sénèque, mort en 65 ; Épictète, 50-130 ; Marc-Aurèle, 121-180)

Le néo-platonisme (Plotin, 205-270)

GRAMSCI

(Antonio, 1891-1937.) Philosophe marxiste italien. Il participe en 1931 à la fondation du Parti communiste italien et en est le secrétaire entre 1924 et 1926, date à laquelle il est arrêté et condamné par le fascisme (« Il faut empêcher cette tête de penser pendant vingt ans », selon les termes du procureur) : il meurt en prison. Très critique à l'égard de la situation intérieure en Union soviétique, hostile à Staline (mais aussi à Trotski dont il déplore l'« utopisme »), il s'éloigne également de la ligne dogmatique suivie par le PCI.

◆ Voyant dans le marxisme le dépassement de l'idéalisme, mais aussi du matérialisme strictement philosophique vers une praxis* réelle, sa réflexion porte en priorité sur les conditions de la révolution dans les sociétés industrialisées et sur le paradoxe d'un prolétariat subissant le fascisme alors qu'il était théoriquement armé pour lui résister grâce aux outils du marxisme. D'où l'importance qu'il accorde à l'idéologie et plus spécialement à ses spécialistes, qui sont les **intellectuels :** ce qu'il nomme l'intellectuel « organique » – prolongeant les analyses de Lénine* sur le rôle d'une minorité révolutionnaire – désigne, au-delà du simple « compagnon de route », le véritable agent de la victoire d'un prolétariat auquel il doit s'unir totalement.

GROUPE

◆ Une des notions les plus fondamentales en **mathématiques.** Mise au point par Évariste Galois (1811-1832), elle sous-tend l'essentiel des mathématiques classiques. Un groupe est constitué par un ensemble d'objets et d'opérations sur ces objets qui répondent à deux conditions : plusieurs de ces opérations peuvent être combinées en une seule et ce qu'on fait par une opération peut être défait par une autre.

◆ En **psychologie sociale,** le terme a un sens variable selon les théories. Il désigne de façon générale tout ensemble de personnes défini par leur coprésence (actuelle, passée ou future) et leurs relations d'interdépendance. Les groupes sociaux s'échelonnent ainsi du groupe restreint – à partir de trois personnes – aux foules.

➤ DYNAMIQUE.

GUERRE

Épreuve de force organisée sous forme de lutte armée entre des États ou entre des factions.

◆ Les causes de la guerre paraissent dues aux passions humaines (Platon*, Alain*) : inscrite au cœur de l'homme, la guerre procède, nous dit Hésiode, d'une de ces deux luttes – l'autre éveillant au travail – qui incitent l'homme à agir. Mais, elle s'inscrit aussi dans les préoccupations de l'homme d'État et comme telle, on la considère parfois comme la « poursuite de la politique par d'autres moyens » (Clausewitz*).

◆ Jusqu'au XIXe siècle on a pu apporter des justifications à la guerre avec, par exemple, la notion de « guerre juste » des théologiens du Moyen Âge (notion toutefois réactivée par certains théoriciens contemporains de la révolution populaire ou des « guerres de libération ») ; en outre, on a même soutenu la nécessité biologique de la guerre, instrument du progrès de l'humanité (Hegel*). Mais depuis l'époque de la Révolution et de l'Empire, la guerre a cessé d'être une « guerre en dentelles » au service – avec de faibles effectifs – d'objectifs plus dynastiques que nationaux. Devenue idéologique et nationale (la « nation en armes »), et profitant, plus que toute autre activité humaine, des progrès de la science et de l'industrie (Engels), elle se transforme au XXe siècle, au cours du dernier conflit mondial, en guerre totale ou « guerre démographique » (entreprise hitlérienne), dont le but est la destruction massive des populations et des biens.

◆ Indépendamment de la condamnation dont la guerre est l'objet – en raison de sa barbarie – de la part de la conscience universelle, les propos de Kant*, dans son *Projet de paix perpétuelle,* sur la nécessité de voir se généraliser la démocratie parmi les peuples pour conjurer les méfaits de la guerre, demeurent précieux pour la réflexion contemporaine.

➤ CLAUSEWITZ.

GURVITCH

(Georges, 1894-1965.) Sociologue français d'origine russe, établi en France depuis 1924. Il s'applique à construire un appareil théorique destiné à rendre compte des faits sociologiques que livre l'expérience concrète.

Au lieu d'en rester à l'opposition traditionnelle entre la société et l'individu, il préfère voir entre eux une « réciprocité de perspectives », le *Nous* étant le lieu de rencontre des consciences. Il distingue dans la vie sociale des paliers qui correspondent aux diverses formes de sociabilité : la masse, la communauté et la communion, en allant de la couche la plus superficielle à la plus profonde – qui représente le maximum de fusion des consciences et donc de liberté.

ŒUVRES PRINCIPALES : *Morale théorique et science des mœurs* (1948) ; *Traité de sociologie* (1958-1960) ; *Dialectique et sociologie* (1962) ; *La Vocation actuelle de la sociologie* (1963) ; *Les Cadres sociaux de la connaissance* (1966).

H

HABERMAS

◆ (Jürgen, né en 1929.) Philosophe allemand. Il apparaît d'abord comme le continuateur de l'École de Francfort* (il a été l'assistant d'Adorno*). Partant de Marx, mais aussi d'éléments psychanalytiques, sa recherche porte en particulier sur le rôle du savoir scientifique dans le capitalisme avancé (*La Technique et la science comme idéologie*, 1968), sur les rapports entre culture de masse et art d'avant-garde condamné à un certain ésotérisme, et sur la « colonisation du monde vécu » qui aboutit à la prise en charge progressive, par une rationalité simplement administrative, de domaines antérieurement spontanés (affectifs, moraux, esthétiques). Admettant que le concept de révolution n'est plus adéquat à la société actuelle, il est partisan d'un réformisme radical, qui abandonne les grands schémas théoriques et opère un tâtonnement prudent pour obtenir un meilleur fonctionnement du système socio-économique.

◆ Depuis le début des années quatre-vingt (*Théorie de l'agir communicationnel*, 1981), il précise cet axe de ses recherches (au point qu'on a pu évoquer un « second Habermas ») en cherchant dans la communication une nouvelle possibilité de rationalité. On doit en effet distinguer deux grands types de communication : d'un côté, l'« agir stratégique » vise avant tout l'efficacité à court terme, l'influence ou le succès immédiat, tandis que de l'autre, **l'agir communicationnel** prépare une entente authentique entre les locuteurs. Cet agir communicationnel permet de cerner aussi bien la simple conversation, pourvu qu'elle ait lieu entre personnes sérieuses et sincères, que le débat scientifique ou la décision politique. Dans ce dernier cadre, le problème central apparaît lié à la définiton de ce qui est reconnu comme juste (ou injuste) : il doit être posssible de repérer des normes universelles du bien, simultanément respectueuses des perspectives individuelles. Cette conception de la morale ouvre un débat avec les thèses de Rawls* *(Débat sur la Justice politique).*

AUTRES ŒUVRES : *Théorie et pratique* (1963) ; *Connaissance et intérêt* (1968) ; *Raison et légitimité* (1973) ; *Droit et morale* (1986).

HABITUDE

◆ Au sens le plus large, mais strictement philosophique, c'est « la manière d'être générale et permanente, l'état d'une existence considérée soit dans l'ensemble de ses éléments, soit dans la succession de ses époques » (Ravaisson).

◆ Si elle est fidèle à l'étymologie (*habitudo* : manière d'être), cette acception est rare et le plus souvent supplantée par le **sens psychologique :** comportement stable, acquis par répétition ou apprentissage, qui tend à devenir automatique, c'est-à-dire à se dérouler en exigeant le minimum d'attention. On peut distinguer les habitudes acquises en quelque sorte inconsciemment (respirer, marcher, aussi bien que les usages élémentaires de la vie sociale) de celles qui nécessitent un entraînement contrôlé et volontaire (apprendre à jouer d'un instrument de musique), pour lesquelles il semble que doive s'effectuer d'abord une décomposition analytique du mouvement à acquérir, suivie d'une réorganisation synthétique.

Dans la mesure où l'habitude mène à l'automatisme, on l'a volontiers considérée d'un point de vue mi-psychologique mi-moral, pour souligner par exemple qu'elle peut entraîner des erreurs en s'opposant à toute modification de la conduite, ou pour affirmer qu'« une âme complètement habituée est une âme morte » (Gide). D'un point de vue philosophique, les problèmes qu'elle pose plus sérieusement concernent la validité de sa restriction aux seuls corps vivants et ses rapports avec la mémoire.

HARMONIE PRÉÉTABLIE

Née des difficultés soulevées par la dichotomie cartésienne de l'âme et du corps, cette théorie professée par **Leibniz*** désigne l'accord établi par Dieu entre toutes les substances* créées (monades*) sans qu'il y ait action directe et réciproque des unes sur les autres. Ainsi l'âme et le corps se développent parallèlement, les perceptions de l'une s'accordant aux affections de l'autre à la manière de deux horloges réglées parfaitement une fois pour toutes.

HASARD

◆ Du point de vue subjectif, tout événement qui nous paraît échapper au jeu normal du déterminisme* parce qu'il nous touche de près d'une façon imprévisible sera attribué au hasard. Cf. les « jeux de hasard », où le nombre des causes qui interviennent est trop élevé pour qu'on puisse les dominer intellectuellement et prévoir son propre gain ou sa propre perte.

◆ Du point de vue objectif, **Cournot*** a défini le hasard comme la « rencontre de phénomènes qui appartiennent à des séries indépendantes dans l'ordre de la causalité ». L'homme qui se promène sur un trottoir représente une causalité, l'usure d'un balcon une autre, la chute du pot de fleurs sur le crâne du promeneur la rencontre de ces deux causalités qui n'avaient *a priori* rien de commun l'une avec l'autre.

◆ En **mathématiques,** la « loi des grands nombres » permet de cerner statistiquement les phénomènes aléatoires : chacun reste indéterminé en lui-même, mais on peut avoir une connaissance préalable de l'ensemble auquel il appartient.

➤ RELATIONS D'INCERTITUDE.

HÉDONISME

Toute doctrine assimilant le souverain bien au **plaisir.** C'est, plus spécialement, l'attitude des cyrénaïques* – mais le prétendu hédonisme des épicuriens* aboutit à l'ascétisme* le plus strict.

➤ HÉTÉRONOMIE.

HEGEL, HÉGÉLIANISME

Georg Wilhelm Friedrich Hegel (1770-1831) est né dans une famille de la petite bourgeoisie du Wurtemberg. Il fait de solides études classiques, puis, de 1788 à 1793, reçoit une instruction théologique et philosophique au « Séminaire » de Tübingen, où il a pour condisciples Schelling* et Hölderlin, avec lesquels il s'enthousiasme pour la Révolution française.

Il ne sera nommé professeur à l'université de Berlin qu'en 1818 et aura dû, avant cela, exercer divers métiers pour subvenir aux besoins de sa famille : précepteur, journaliste, proviseur du nouveau Gymnase (Lycée) de Nuremberg, enfin professeur à l'université de Heidelberg. C'est à Berlin, où sa notoriété devient considérable, que sa pensée trouve son plein épanouissement. Les cours qu'il y donne, soigneusement recueillis par ses étudiants, serviront après sa mort à la publication de nombreux textes, qui viennent compléter les ouvrages qu'il a lui-même rédigés.

◆ C'est dans une optique encore kantienne (qui domine alors dans les universités allemandes) que sont composés ses premiers textes, en particulier une *Vie de Jésus* où se confirme son intérêt initial pour la question religieuse. Mais il en vient rapidement à abandonner l'idéologie des Lumières* – même s'il est vrai qu'il gardera toujours pour Kant (ainsi que pour Rousseau) un respect particulier – parce qu'elle lui paraît incapable de rendre compte des bouleversements du monde, aussi bien anciens que contemporains.

◆ Hegel va en effet admettre que la philosophie doit prendre pour tâche de révéler l'intelligibilité de tout ce qui est aussi bien que de tout ce qui fut : c'est avec sa pensée qu'a lieu dans la philosophie l'irruption de l'**Histoire** comme dimension fondamentale de l'existence. Mais cette histoire ne s'effectue pas n'importe comment : par-delà l'incohérence apparente des événements, elle possède un sens et obéit à une fin, n'étant rien d'autre que la manifestation progressive de la **Raison universelle.**

◆ La Raison, pour Hegel, n'est pas seulement comme pour ses prédécesseurs une qualité de l'esprit humain : plus radicalement, elle est ce qui anime aussi l'ensemble du réel – « tout ce qui est rationnel est réel, tout ce qui est réel est rationnel ». Le système hégélien peut ainsi être légitimement qualifié d'**idéalisme absolu,** puisqu'il affirme que l'Être et l'Esprit coïncident. Cette coïncidence, toutefois, n'est pas donnée dès le début de l'Histoire : elle en sera au contraire le point d'arrivée, après que l'esprit aura traversé toutes ses étapes pour se retrouver finalement pleinement déployé, enrichi par ses successives aliénations, réalisé : l'Absolu n'est qu'à la fin ce qu'il est en réalité.

◆ C'est en 1807, avec la ***Phénoménologie de l'esprit*** que Hegel trace l'odyssée de la conscience, chacun de ses moments niant partiellement le précédent et la faisant du même coup accéder à un degré de réalité supplémentaire. On part ainsi de la naïve « certitude sensible » pour aboutir au « savoir absolu » : panorama restitué par une conscience actuelle, celle de Hegel lui-même, refaisant en raccourci tout l'itinéraire suivi par l'esprit humain dans sa prise de conscience progressive de la liberté.

Cette attitude récapitulatrice singularisera désormais le philosophe : puisqu'il est celui qui a compris la loi qui dirige secrètement le réel et la pensée, il lui appartient d'effectuer la totalisation du savoir dans tous les domaines – en particulier d'articuler tous les systèmes philosophiques antérieurs pour constituer le système définitif qui, les dépassant tous en exhibant les vérités partielles qu'ils renfermaient, va bien « achever » la philosophie, à la fois en la portant à son plein épanouissement et en décrétant sa fin. Plus encore que n'importe quel autre concepteur de système, Hegel est bien de ce point de vue « le dernier philosophe » – annonçant la substitution, à la philosophie, d'un savoir obtenu par la stricte application de la **dialectique.**

◆ Cette dernière est à la fois la loi de la pensée et du réel. Rompant avec toute la tradition métaphysique dont il ne conserve que certaines affirmations d'Héraclite* et de Spinoza*, Hegel considère que l'être n'a pas davantage de réalité que le néant. D'où des formules scandaleuses pour la logique classique : « le concept d'être [...] équivaut, dans son absence de contenu, au néant. Inversement, comme pensée de ce vide, le néant est lui-même un être et, en raison de sa pureté, le même que l'être ». C'est que la réalité se trouve uniquement dans et par le devenir (l'Histoire) résultant du « travail du négatif » et « synthèse » d'être et de néant : la **contradiction,** qui était inacceptable pour les philosophes antérieurs, devient avec Hegel le moteur même du réel et de la pensée. Elle est en effet **active dans le devenir,** où toute chose se transforme en ce qu'elle n'était pas encore tout en n'étant plus entièrement ce qu'elle était. L'être ou le néant « purs » ou isolés ne sont rien, seul importe le jeu de leur échange permanent.

◆ Cette logique dialectique, exposée en particulier dans la ***Science de la logique*** (1812-1816), n'a plus rien de formel puisqu'elle est celle qui modifie et fait évoluer le monde lui-même : il s'agit bien d'une **ontologie**, d'un discours sur l'être historique du réel.

C'est elle qui va être mise en application dans l'enseignement de Berlin, où Hegel « passe en revue » tous les domaines de l'existence et de la culture pour en livrer l'interprétation dialectique. L'histoire, le droit, la religion, l'art, la philosophie manifestent les vastes moments successifs de l'objectivation progressive de l'esprit.

◆ C'est ainsi, par exemple, que les ***Principes de la philosophie du droit*** (1821) montrent comment l'esprit, sous sa forme pratique, se réalise d'abord comme un droit qui détermine la volonté de l'extérieur : c'est ensuite la moralité qui effectue l'intériorisation de la détermination ; première opposition que surmonte la « moralité objective » ou « vie éthique », à son tour subdivisée en trois moments : la famille, la société civile et l'État, « réalité en acte de l'Idée morale objective ».

« Dans sa pure réalisation », l'esprit passe ensuite par trois étapes : l'art, la religion et la philosophie ou science, les deux dernières exprimant complémentairement l'absolu, d'abord par la représentation, puis de façon rigoureusement conceptuelle – alors, « tout élément étranger est supprimé dans le savoir et ce dernier a atteint à la parfaite égalité avec lui-même » : toutes les médiations ayant été traversées, l'esprit absolu est totalement élucidé.

◆ Le système hégélien, d'une ambition et d'une ampleur pratiquement sans rivales, connaît d'abord un immense succès, bientôt suivi d'une période d'oubli : dans la seconde moitié du XIXe siècle, Marx est à peu près le seul qui s'en réclame (à sa façon). Mais au XXe siècle son **influence** se vérifie dans des œuvres aussi différentes que celles de Sartre*, Lukács*, H. Lefebvre*, Éric Weil* ou Marcuse*. Le public français n'a commencé à le lire sérieusement qu'à partir de 1930 – et sans doute la philosophie la plus actuelle paraît-elle s'en éloigner par sa méfiance à l'égard des grandes pensées totalisatrices (sinon totalitaires) ; il n'en reste pas moins qu'elle en hérite, au minimum, d'une obligation à tenir compte de la dimension historique du réel.

◆ *Propédeutique philosophique*

Il s'agit des notes, rédigées par Hegel lui-même, pour le cours de philosophie destiné aux élèves des trois dernières années du Gymnase de Nuremberg dont le philosophe est devenu directeur en 1808. Retrouvées en 1838, elles ont l'avantage de présenter, de la main même de Hegel, un **condensé** de sa pensée et le **programme** de pratiquement tout ce qu'il développera par la suite (à l'exception de l'histoire de la philosophie – dont il devait craindre qu'elle paraisse aisément arbitraire à des lycéens).

Le premier cours (destiné à la « classe élémentaire ») présente la doctrine du droit, des devoirs et de la religion. La « classe moyenne » bénéficie d'un « résumé » de la phénoménologie de l'esprit et de la logique : la conscience y apparaît d'abord comme sensible, puis comme perception et entendement avant que l'on passe à l'étude de la conscience de soi à proprement parler – désir, dialectique du maître et de l'esclave, conscience de soi universelle. C'est enfin l'accès à la raison, comme « suprême union de la connaissance d'un objet et de la connaissance de soi », dont le savoir est vérité et non plus simplement certitude subjective. Quant à la logique, elle étudie successivement l'être, l'essence et le concept, dont la forme finale est l'idée, « unité du concept et de la réalité ».

C'est évidemment la « classe supérieure » qui a le cours le plus chargé. On commence par y reprendre plus en détail la doctrine du concept (du point de vue logique – le jugement et le syllogisme – et ontologique). L'encyclopédie philosophique (deuxième subdivision du cours) approfondit la logique ontologique en exposant en particulier les caractères fondamentaux du fonctionnement dialectique (rapport du tout aux parties, action et réaction réciproques), puis la logique subjective (retour au jugement et au syllogisme) avant de reprendre la « doctrine des Idées. »

Suit un survol de la science de la nature (mathématiques, physique et biologie) qui précède la dernière partie, consacrée à la « science de l'esprit » : la description de ses trois dimensions principales (sentiment, représentation, pensée) est suivie de celle de sa réalisation progressive comme savoir – c'est d'abord sous l'aspect de l'esprit pratique (droit, moralité, doctrine de l'État), et, enfin, la triade majeure de l'art, de la religion et de la science qui marque « sa pure réalisation ».

Cet aide-mémoire est d'une grande richesse puisqu'il présente ainsi les bases de la pensée hégélienne dans tous les domaines. Sans doute est-ce de façon très sèche et abstraite – ce qui n'en facilite pas toujours la lecture –, mais on y trouve les schémas fondamentaux du système et il peut être utilisé comme une sorte de table générale d'orientation.

◆ ***Esthétique***

Leçons faites par Hegel à Berlin, d'abord rassemblées en 1832, puis enrichies par la publication de manuscrits complémentaires.

L'esthétique de Hegel, qui fournit un bon exemple de la dialectique en œuvre à travers l'Histoire (en l'occurrence l'histoire de l'art), n'est pas normative : son but est de constituer la théorie philosophique de l'art et d'en révéler la signification profonde. L'énonciation de cette dernière ne peut avoir lieu que lorsque l'art affirme intégralement sa nature propre, c'est-à-dire lorsqu'il est parvenu à sa fin. Il appartient alors au discours conceptuel, philosophique, d'en prendre en quelque sorte la relève pour porter plus avant son « contenu ».

L'art ne manifeste en effet l'Absolu que sous une forme intuitive, sensible : l'œuvre d'art est la **« manifestation sensible d'une idée »** – intermédiaire entre la perception d'une chose ordinaire (dont elle se distingue parce qu'elle est étrangère au désir) et le pur conceptuel (dont elle s'éloigne par son aspect matériel). C'est pourquoi « l'art, loin d'être la forme la plus haute de l'esprit, n'arrive à sa perfection que dans la science ». Toutefois, l'art porte la marque de l'esprit et de la liberté – ce pourquoi Hegel n'admet pas, contrairement à Kant*, l'existence d'une beauté naturelle. En conséquence, il ne saurait se ramener à une imitation de la nature, où ne peut se démontrer rien d'autre qu'une dérisoire performance technique.

La présence, dans l'œuvre, de deux versants – l'un sensible, l'autre intellectuel – détermine entre eux trois relations possibles, qui correspondent aux trois grands moments de l'histoire de l'art, dont chacun résume en quelque sorte l'esprit d'une culture et se réalise de façon privilégiée dans un art particulier.

Ainsi, lorsque l'aspect sensible l'emporte sur l'idée, on est dans l'**art symbolique** (le symbole* est toujours équivoque puisque sa forme peut produire plusieurs significations) : c'est notamment l'art égyptien – qui atteint son point d'orgue dans le Sphinx où se symbolise la fonction symbolique elle-même.

L'équilibre entre l'aspect sensible et l'aspect intellectuel caractérise en second lieu l'**art classique.** C'est par exemple la statuaire grecque, figuration d'un idéal de beauté physique – mais de surcroît la tragédie grecque, pour sa part, présente la particularité d'offrir dans la succession de ses trois auteurs comme un résumé de l'histoire de l'art : Eschyle est encore symbolique, Sophocle est classique, et Euripide est presque romantique.

L'**art romantique** (qui correspond à la culture chrétienne) connaît en effet un excès du « contenu » sur la forme. L'idée y est en quelque sorte trop riche pour être intégralement prise en charge par la matière. De plus, cette dernière période se réalise dans des arts multiples : peinture, musique, poésie. Cette dernière constitue l'art le plus intellectuel puisque la matière s'y efface presque, aussi peut-elle opérer des synthèses partielles de tous les arts précédents : la poésie épique présente des aspects plastique et pictural, la poésie lyrique s'enrichit de la musique, et la poésie dramatique rassemble enfin toutes les qualités spirituelles. Sans doute la poésie n'atteint-elle pas à la pureté des concepts, mais elle a sur les autres arts l'avantage de recourir au seul langage, ce qui lui confère une « pureté » insurpassable à l'intérieur de l'art : à sa façon, elle annonce que le règne de la science est proche.

Cette *Esthétique,* qui abonde en analyses d'œuvres et en vues profondes sur leur signification ou leur environnement culturel, a eu une très forte influence, tant sur les esthéticiens (Croce*, Focillon) que sur la production artistique elle-même (le surréalisme en déduit notamment la nécessité d'une « poétisation » de tous les arts). La « mort de l'art » qu'elle annonce fait évidemment problème : il semble bien que l'art continue. Mais on aurait tort d'en conclure que cette survie contredit la version hégélienne de l'histoire de l'art – mieux vaut par exemple se demander si les œuvres modernes répondent encore au souci d'une « manifestation sensible de l'idée ».

◆ ***Leçons sur l'histoire de la philosophie***

Également publiées en 1832, puis enrichies par des manuscrits annexes, ces *Leçons* reproduisent des notes rédigées par Hegel, mais aussi par différents auditeurs, entre 1816 et 1828. D'où des répétitions, parfois même des contradictions – mais aussi une lecture qui, si elle doit être patiente, est relativement aisée dans la mesure où les redites et variantes des différentes versions successives permettent l'approfondissement des thèses du philosophe.

Dans une introduction particulièrement importante, Hegel expose le concept de ce que doit être pour lui l'histoire de la philosophie – qui aura une notable descendance : elle équivaut au développement de la rationalité incarnée dans le réel, c'est-à-dire à une **prise de conscience progressive de la raison absolue.** Le concept final de philosophie est inséparable de son histoire, qui le réalise à travers le développement des différents systèmes qui sont, non pas des constructions arbitraires ou purement subjectives, mais les moments successifs de l'esprit. C'est pourquoi l'appréciation d'un système particulier et de son principe peut être opérée de deux points de vue : « le point de vue négatif voit ce qu'un principe a d'exclusif, le point de vue positif ou affirmatif voit qu'il y a là un moment nécessaire de l'Idée » . En conséquence, « aucune philosophie n'a été réfutée, toutes le sont néanmoins », au sens où « ce qui a été réfuté, ce n'est pas le principe (de chaque philosophie), mais ceci qu'il est l'ultime, l'Absolu, et qu'il ait comme tel une valeur absolue ; il s'agit d'abaisser un principe au rang d'un moment déterminé de l'ensemble ».

Cet ensemble, dont ne sauraient faire partie les pensées orientales, parce que, ignorant la liberté de l'esprit, elles sont au maximum un pressentiment de la véritable démarche philosophique, se développe selon trois grandes périodes historiques. Dans un premier temps (philosophie grecque), la raison affirme sa liberté et son autonomie : cette époque trouve son achèvement dans l'opposition du stoïcisme et de l'épicurisme, « dépassée » par le scepticisme, qui va autoriser une religiosité où la raison perd son autonomie.

La seconde période (philosophie chrétienne) reconnaît un dualisme essentiel entre foi et raison, suprasensible et sensible – qui se développe à travers toute la philosophie du Moyen Âge.

C'est avec la philosophie moderne que la raison récupère ses droits comme incarnée dans le réel (et non plus comme transcendance). Alors le champ est ouvert à une auto-conscience de l'esprit comme spiritualité en acte dans le monde : le **savoir absolu** est l'horizon par rapport auquel tous les efforts antérieurs de la réflexion philosophique trouvent leur sens et s'articulent relativement l'un à l'autre.

Les divers systèmes philosophiques sont ainsi interprétés par Hegel pour contribuer à l'élaboration du **savoir absolu.** Cela entraîne bien entendu des déformations, mais aussi des perspectives jusqu'alors inédites. Si l'ensemble de la philosophie apparaît comme la lente constitution du savoir, chaque philosophe y a participé, au plus loin de sa propre subjectivité, selon les ressources de son moment et de ce qui était pensable en son temps : tous les systèmes se trouvent rétrospectivement justifiés en tant qu'actualisation partielle et ponctuelle d'une Idée qui les dépasse en restituant leurs vérités dans une totalisation en marche : « La succession des systèmes de la philosophie est en histoire la même que la succession des déterminations de la notion de l'Idée en sa dérivation logique. »

AUTRES ŒUVRES : *Vie de Jésus* (1795) ; *Abrégé de l'encyclopédie des sciences philosophiques* (1817).

ŒUVRES POSTHUMES : *Leçons sur la philosophie de l'histoire ; Leçons sur la philosophie du droit ; Leçons sur la philosophie de la religion.*

◆ De son vivant, Hegel avait formé de nombreux disciples, mais son influence réelle en Allemagne ne dépasse pas 1850 – où l'esprit positiviste lui succède.

Il est habituel de distinguer, chez les philosophes qui ont essayé de maintenir ou de développer son système, une aile « droite » (K.L. Michelet, Gabler, Rosenkranz) et une aile « gauche » – cette dernière ayant eu plus de poids, notamment à cause de **Marx*** qui a fait pratiquement oublier les tentatives de Strauss, des frères Bauer ou de Feuerbach*, qui se présentaient eux-mêmes comme des révolutionnaires mais dont Marx a montré, notamment dans *L'Idéologie allemande*, qu'ils restaient en fait idéalistes.

C'est ainsi au sein du marxisme que l'*hégélianisme* se développera comme une vivante pensée critique : Lénine* *(Cahiers sur la dialectique)*, Lukács* *(Histoire et conscience de classe)*, K. Korsch *(Marxisme et philosophie)* montrent de diverses façons la fécondité de la dialectique – y compris contre l'interprétation officielle et figée du marxisme.

Peuvent également être qualifiés d'hégéliens les travaux de l'**École de Francfort*** ou de **Marcuse***, dans la mesure où le réel y est compris comme contradictoire, mais susceptible de faire surgir de ses propres aspects négatifs les forces permettant son mouvement.

En France, où de son vivant Hegel fut admiré mais peu compris (V. Cousin lui avait conseillé, s'il voulait être admis par le public français, de rédiger un résumé de sa pensée en langage clair), son système, déformé d'un point de vue politique en exaltation du nationalisme et de l'étatisme, fut méconnu – si l'on excepte les surréalistes – jusqu'au début des années 30. De 1933 à 1939, Alexandre **Kojève*** tient un séminaire, principalement centré sur la thèse hégélienne de la « fin de l'Histoire ». La pensée de Hegel a ensuite donné naissance à des interprétations multiples, selon qu'on insiste sur son esthétique (qui influença Focillon et, en Italie, Croce), sur son anthropologie, sur sa politique (H. Lefebvre*) ou sur l'importance qu'il accorde à la conscience de soi. On retrouve dès lors sa marque chez des auteurs aussi différents que **Sartre*** ou **G. Bataille***, tandis qu'un E. Levinas* tente au contraire d'échapper à l'emprise de la dialectique des consciences ennemies en analysant un respect éthique antérieur à tout conflit.

➤ ALIÉNATION, ANTITHÈSE, AUFHEBUNG, DIALECTIQUE, JUGEMENT, LOGIQUE, MARX, MÉDIATION, SYNTHÈSE, THÈSE.

HEIDEGGER

(Martin, 1889-1976.) Après des études de théologie, il abandonne le projet de devenir prêtre, se consacre aux mathématiques, aux sciences naturelles et finalement à la philosophie. Il soutient en 1916 sa thèse sur *La Doctrine des catégories et la signification chez Duns Scot*. Assistant de Husserl à l'université de Fribourg entre 1920 et 1923, il lui succède en 1928. Retiré de la vie publique en 1934, il reprend ses cours en 1945 et écrit en 1947, à l'intention de Jean Beaufret, sa *Lettre sur l'humanisme*. Les publications se succèdent ensuite jusqu'à sa retraite (1957) qui n'interrompt nullement ses conférences ou séminaires.

Salué par certains comme « le plus grand philosophe de notre temps » (J. Lacroix), mais aussi contesté par d'autres pour des raisons politiques (on lui reproche d'avoir été pendant six mois recteur d'université sous le nazisme, et d'avoir consacré au soutien de ce dernier quelques articles et discours), philologiques (son travail sur l'étymologie des termes grecs paraît déroutant, alors même qu'il affirme la nécessité, pour philosopher, de se faire d'abord « l'oreille grecque ») ou philosophiques, Heidegger propose une pensée très exigeante, d'un abord souvent délicat, qui a pourtant trouvé, notamment aux États-Unis ou au Japon, une large audience en ayant formé, non des « disciples » au sens strict, mais plutôt des complices comme J. Beaufret.

◆ Heidegger a d'une certaine façon été le penseur d'une question unique : celle de l'être. Alors que ses premières années philosophiques se déroulent dans une Allemagne où positivisme, philosophie de la vie (Dilthey*) et néo-kantisme s'affrontent, c'est l'influence de Husserl* qui sera décisive sur sa réflexion jusqu'à ***Sein und Zeit*** (*Être et Temps*, 1927) – où la phénoménologie* devient de façon fort peu orthodoxe un cheminement vers l'ontologie. Soulignant la distinction radicale de l'**être** et de l'**étant**, Heidegger prononce du même coup l'épuisement de la métaphysique occidentale qui l'a oubliée. Dès lors, il s'agit de poser de nouveau la question de l'être, et de l'être de l'étant, pour ressourcer aussi bien la pensée que l'existence.

C'est que l'être, comme présupposé de tous les étants, privilégie l'homme comme son « berger » en ce qu'il est doté de langage. Ainsi interpellé par l'être, l'homme lui appartient en un sens, alors que d'un autre côté il en est exclu – d'où son **« angoisse »** qui est, non pas psychologique, mais bien **ontologique**, et témoigne d'un dévoilement radicalement incomplet, ou imparfait, de l'être lui-même. Cette angoisse, cette dissimulation de ce qui en même temps se dévoile, ouvre le temps, l'histoire, et oblige à concevoir la quête de la vérité comme un acheminement sans fin. Dans un tel contexte l'homme authentique est celui qui, fuyant l'anonymat du « on »*, accepte le risque de tenter de penser sa propre situation, par rapport à l'être, au monde et aux autres, c'est-à-dire de se re-demander ce qu'est ce monde qui nous paraît là depuis toujours et d'en tirer les conséquences.

◆ Dès 1928, *Sein und Zeit* trouve son prolongement dans *Qu'est-ce que la métaphysique ?* puis dans *Kant et le problème de la métaphysique* (1930). Mais l'importance accordée par Heidegger au langage dans le questionnement ontologique lui-même va le mener vers une complicité exceptionnelle avec les poètes, qu'il s'agisse de Hölderlin (1936 : *Hölderlin et l'essence de la poésie*) ou des présocratiques*, auxquels il consacrera de nombreux articles et des séminaires, et dont il a médité inlassablement les fragments pour y déceler une réflexion antérieure à la métaphysique elle-même et la possibilité de sa relance.

La **poésie**, pour Heidegger, constitue en effet « le bon danger » pour le penseur : « toute pensée qui déploie le sens est poésie, mais toute poésie est pensée. Toutes deux s'entre appartiennent et vont ensemble à partir de ce dire qui s'est d'avance dédié à l'inédit ». Commenter Rilke, Trakl ou Mörike (sinon René Char) n'est plus dès lors un exercice littéraire, mais une façon d'accéder à la pensée dans ce qu'elle a de plus avancé et de plus neuf, s'il est vrai – comme l'affirme également Heidegger – que nous ne savons plus ce que c'est que penser (il a consacré un séminaire entier à la question : *Qu'appelle-t-on penser ?*). Mais de plus la parole – ce qui se dit au sein d'une langue – fut originellement poésie, et la prose (philosophique en particulier) n'en donne qu'un écho dégradé.

◆ Un tel compagnonnage avec les poètes est unique dans l'histoire de la philosophie – et suffit à montrer combien Heidegger est éloigné en fait de l'existentialisme sartrien, même si ce dernier s'en est quelque peu réclamé au prix d'interprétations fausses ; il rompt avec la tradition rationaliste et explique partiellement la résistance qu'a provoquée une telle œuvre. L'explique aussi son indifférence au marxisme, à la psychanalyse ou aux sciences humaines, de même que son interprétation de la technique moderne comme l'aboutissement, non pas de la science, mais bien de la métaphysique occidentale à travers Descartes, Leibniz et Nietzsche annonçant finalement la domination de l'homme sur toute la Terre. Il n'en reste pas moins qu'elle a influencé diversement les travaux de Lacan* ou Axelos* aussi bien que les recherches de Merleau-Ponty*, de Deleuze* ou de Derrida* ; et qu'elle apparaît aujourd'hui comme une mise en garde définitive contre toute philosophie qui prétendrait s'effectuer selon la simple ligne d'un « progrès ».

AUTRES ŒUVRES PRINCIPALES : *Chemins qui ne mènent nulle part* (1950) ; *Introduction à la métaphysique* (1953) ; *Qu'est-ce que la philosophie ?* (1956) ; *Identité et différence* (1957) ; *Acheminement vers la parole* (1959) ; *Sur Nietzsche* (1961) ; *Essais et conférences* (1962).

➤ DASEIN, MÉTAPHYSIQUE, PENSÉE.

HELVETIUS

(Claude Adrien, 1715-1771.) L'un des représentants du courant matérialiste dans la philosophie française du XVIIIe siècle.

Collaborateur de l'*Encyclopédie**, il est partisan d'un **sensualisme athée** qui refuse toute idée innée et où tout, y compris le jugement intellectuel, est au contraire « explicable par la sensibilité physique ». Son traité *De l'esprit* (1758) – qui sera d'ailleurs condamné par le Conseil du roi – insiste notamment sur le rôle du plaisir et de la douleur dans la vie psychique et fait de l'intérêt une notion centrale dans l'existence individuelle (ce qui ne manquera pas d'influencer l'utilitarisme de Bentham*).

En 1772, *De l'homme, de ses facultés intellectuelles et de son éducation* prolonge la psychologie vers l'anthropologie, pour affirmer le rôle déterminant des relations entre l'individu et son milieu, et donc de l'éducation émanant de la société (ce qui contredit en particulier l'*Émile* de Rousseau*).

HÉRACLITE

(Vers 576-vers 480 av. J.-C.) Penseur ionien, réputé misanthrope et qualifié d'« obscur » par ses contemporains, tant à cause de son style énigmatique que de la difficulté qu'ils trouvèrent à comprendre ce qu'il propose comme méditation du changement universel et de la contradiction.

Classiquement opposé à Parménide*, il admet que le feu, principe universel, bouleverse indéfiniment les êtres et les choses, l'harmonie apparente du monde ne s'établissant que sur l'union momentanée des contraires. Les fragments qui nous sont parvenus de son œuvre (« On ne se baigne pas deux fois dans le même fleuve », « Le temps est un royaume dirigé par un enfant qui joue aux osselets ») ont provoqué l'admiration tant de Hegel*, qui y a trouvé la première formulation d'une pensée dialectique*, que de Nietzsche* ou de Heidegger*.

HÉRÉDITÉ

Au sens juridique, la notion désigne la transmission par héritage de biens ou de pouvoir (charges héréditaires). Mais c'est en biologie qu'elle acquiert sa signification propre pour désigner la transmission – selon les lois de Mendel – des caractères génétiques, spécifiques et individuels des géniteurs à leurs descendants.

De nos jours, on a établi que les caractères acquis au cours de la vie d'un individu ne sont pas transmissibles (sauf exceptionnellement par mutation* lorsque intervient une modification des chromosomes). *A fortiori*, l'*« hérédité sociale »* ne saurait se convertir en *« hérédité organique » :* la culture* ne peut devenir nature* et rien de ce qui appartient à la civilisation ne s'inscrit dans le patrimoine génétique de l'espèce.

HERMÉNEUTIQUE

Désigne originellement l'interprétation des textes bibliques, et, plus généralement, l'**interprétation,** à volonté scientifique, de tout texte difficile (par exemple, chez P. Ricœur : la lecture philosophique de la psychanalyse).

➤ GADAMER.

HÉROÏSME, HÉROS

Il s'agit d'une vaillance exceptionnelle ou d'un ensemble de qualités hors du commun. Pour **Hegel***, le héros réalise, en croyant satisfaire ses fins personnelles, le plan de l'Histoire et ne fait que ce que réclame son temps en l'accomplissant. Selon **Nietzsche***, le héros est un créateur authentique de valeurs. Il affirme sa puissance, crée de grandes choses et se pose comme un maître.

Conception charismatique : en imprimant sa marque au réel, le héros manifeste des qualités extraordinaires qui suscitent l'émerveillement. Selon le moraliste espagnol B. Gracian*, l'héroïsme caractérise l'exploit réalisé par un chef idéal, grand capitaine ou personnage célèbre qui bâtit l'histoire au lieu de la vivre comme le commun des mortels. Chez **Bergson***, la référence aux héros désigne les hommes exceptionnels du passé (sages de la Grèce, saints du christianisme, etc.) en lesquels s'incarnait la morale « ouverte ». De nature à la fois exemplaire et charismatique, ces personnages déterminaient chez autrui le désir de leur rassembler.

HÉTÉROGÈNE

Qualifie tout ensemble dont les éléments sont différents par leur nature ou leur fonction.

➤ ÉCLECTISME.

HÉTÉRONOMIE

Condition d'un individu ou d'un groupe obéissant à une loi reçue de l'extérieur. Kant* nomme **principes hétéronomiques de la moralité** les déterminations de la volonté faisant appel à d'autres ressorts que la seule idée de loi en général : éducation, constitution civile, sentiment (physique ou moral), idée de perfection ou volonté de Dieu – tous ayant en commun de situer l'existence morale soit trop bas (épicurisme*), soit trop haut (morales théologiques), mais jamais au niveau requis.

➤ AUTONOMIE, EUDÉMONISME, HÉDONISME.

HEURISTIQUE

(Ou euristique.) Se dit, comme adjectif, d'une méthode de découverte : peut alors qualifier une hypothèse* adoptée provisoirement comme idée directrice, ou le type d'enseignement – fréquemment utilisé par Socrate* – qui fait découvrir par l'élève ce qu'on veut lui enseigner.

Comme substantif, désigne toute discipline ayant pour objet la découverte des faits (ou, en histoire, des documents).

HIPPOCRATE DE COS

(460-370 av. J.-C.) Médecin grec qui, ayant le mieux maîtrisé les connaissances médicales de son époque, fonde une déontologie* dont on s'inspire encore de nos jours et établit une méthode d'examen débarrassée de nombreux préjugés de son temps.

◆ Dans son célèbre « **Serment** » Hippocrate fixe les obligations du médecin à l'égard de son patient, avec pour idée centrale le dévouement et la rigueur morale au service d'autrui. L'attitude du praticien doit commencer par éviter tout ce qui peut nuire au malade : « *primum non nocere* » (d'abord ne pas nuire). Il s'agit d'une éthique qui implique le respect dû à la personne du patient.

◆ La médecine hippocratique s'appuie sur une nouvelle conception, en rupture avec l'antique interprétation religieuse et magique des maladies. C'est une approche d'orientation scientifique dans la mesure où le médecin doit tenir compte de l'**observation,** la santé et la maladie faisant partie des phénomènes naturels. Ainsi en est-il de l'épilepsie, considérée jusqu'alors comme une maladie « sacrée » d'origine divine : « la nature et la source en sont les mêmes que pour les autres maladies ».

◆ La thérapeutique hippocratique repose sur le concept de « **nature médicatrice** » fondé sur la croyance en une force spontanée de guérison. L'essentiel, pour le médecin, est de ne pas entraver le travail de restauration naturelle de la santé. Apparaît alors, et va se prolonger jusqu'à l'aube des Temps Modernes, une conception « expectante » de la médecine, opposée à l'art médical contemporain, interventionniste et favorable à l'expérimentation.

➤ HUMOUR.

HISTOIRE

◆ (Sens anciens.) Chez **Aristote,** l'*historia* désigne un simple rassemblement de documents, sans souci d'explication ou de systématisation. Dans la classification des sciences* de **Bacon***, l'histoire, connaissance de l'individuel, est une science de la mémoire, distincte de la poésie (science de l'imagination) aussi bien que de la philosophie (science de la raison

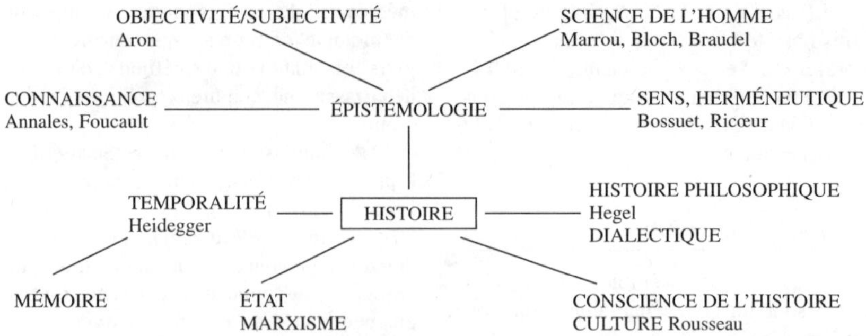

ayant pour objet le général). Tous les auteurs classiques marquent la différence entre l'*histoire naturelle* qui décrit et classe les êtres de la nature, et l'*histoire humaine* qui, ainsi que le souligne l'*Encyclopédie**, implique une chronologie (mais aussi de la conscience, selon Hegel qui contestera en conséquence la possibilité d'une histoire propre à la nature).

◆ (Sens actuel.) Science du passé de l'homme, généralement limitée à la connaissance des sociétés pratiquant l'écriture, la *préhistoire* couvrant la période antérieure. Le récit historique, qui est d'abord (chez Hérodote) simple **enquête** personnelle, a mis des siècles à affirmer sa rigueur et ses méthodes, passant ainsi progressivement d'une discipline littéraire à une **discipline scientifique :** s'appuyant sur des documents dûment critiqués, il cherche à définir des faits reconstruits et à expliquer leur succession. Une telle explication (qui distingue l'histoire de la pure chronique où les événements sont simplement recensés dans l'ordre de leur apparition sans que soit mise en évidence la moindre causalité) peut s'effectuer en fonction de principes différents, qui ont donné naissance à différentes écoles d'historiens : théorie de l'espace vital, rôle des grands personnages, lutte des classes, etc.

L'importance de l'histoire humaine, ou plus précisément de l'*historicité* de l'homme, n'a pu être appréciée en philosophie que lorsque l'être humain a commencé à être conçu, non plus comme dépendant d'une définition essentielle et éternelle (provenant en particulier de la création divine), mais comme résultant de transformations progressives : moment qui s'inaugure au XVIIIe siècle – notamment avec Rousseau* – et qui trouve toute son ampleur dans les systèmes de Hegel* puis de Marx* au point que, pour la majeure partie de la pensée contemporaine, le point de vue historique en philosophie demeure essentiel.

HISTOIRE (PHILOSOPHIE DE L')

Toute conception admettant que l'histoire obéit à un sens*, sinon à une intention.

D'abord intimement liée à la philosophie politique (chez Aristote* ou Machiavel*) ou à la théologie (chez Bossuet*), la philosophie de l'histoire devient consubstantielle à la philosophie elle-même chez Hegel* et Marx*. Elle implique chez ces derniers la conception d'une temporalité linéaire et orientée, à l'intérieur de laquelle la rationalité universelle se réalise progressivement. Mais certaines pensées (Platon*, Vico*, Nietzsche*) s'articulent différemment sur une temporalité cyclique.

Quoi qu'il en soit, l'aboutissement logique de toute philosophie de l'histoire consiste à faire de l'action historique conforme au sens affirmé le critère de la philosophie juste. La question qui se pose alors est de savoir si le propre de la philosophie n'est pas au contraire de toujours maintenir par rapport à l'action une distance telle qu'elle puisse la juger.

➤ MATÉRIALISME HISTORIQUE.

HISTORICISME

D'abord utilisé avec une connotation péjorative comme synonyme d'un relativisme aboutissant à justifier la réalité telle qu'elle est donnée, ce terme acquiert un sens positif lorsqu'on y comprend les tendances de la pensée qui, privilégiant le changement, rejettent toute forme d'absolu ou de transcendance. De ce point de vue, le système hégélien n'est pas qualifiable d'« historiciste », mais son interprétation par Croce* aboutit à un historicisme absolu, dans lequel c'est bien l'Histoire, comme détermination totalisante, qui apparaît comme l'origine ou la source de la créativité de l'homme.

HOBBES

(Thomas, 1588-1679.) Philosophe anglais. Fils de clergyman, il fait ses études à Oxford ; précepteur dans une grande famille, il accompagne son élève en France et en Italie. D'autres voyages lui permettent de fréquenter le Père Mersenne à Paris et Galilée* à Florence. Pendant la période troublée que traverse son pays, il prend parti pour la royauté : il doit s'enfuir en 1640 et se réfugier à Paris jusqu'à la restauration de Charles II. Le reste de son existence est marqué par diverses polémiques avec les théologiens et savants du temps.

◆ La philosophie de Hobbes repose sur une base empiriste : « La sensation est le principe de la connaissance des principes eux-mêmes, et la science est tout entière dérivée d'elle. » La connaissance rationnelle, néanmoins nécessaire pour construire la science, réside dans l'art d'utiliser et de combiner les signes du langage, mais sans référence à une essence que l'on prétendrait saisir. À la source de notre comportement, il y a un **conatus** (qu'on retrouvera chez Spinoza), cet effort pour atteindre ce qui nous plaît et fuir ce qui nous déplaît : mouvement vital avec son cortège d'appétits et d'aversions. Triomphe du désir et de la passion, car ce sont, en définitive, ces instances affectives qui déterminent la nature du bien et du mal, mais sous un contrôle de la raison, seule capable – en obéissant à la règle de l'utilité – d'éclairer le puissant instinct de conservation qui est en nous.

◆ ***Léviathan**, ou la Matière, la forme et la puissance d'un État ecclésiastique et civil* (1651) se compose de quatre parties où Hobbes, après avoir exposé les principes de son anthropologie, se propose d'établir la science politique sur des bases solides, à la manière d'Euclide* pour la géométrie ou de Galilée pour la physique.

En vertu de postulats matérialistes, le comportement de l'homme – comme le mouvement du monde – est défini en termes **mécanistes** : toutes ses actions procèdent d'instincts irrésistibles, incompatibles avec l'idée de liberté. L'état de nature, qui résulte du jeu des forces individuelles, est un état d'instabilité et de misère : soumis aux passions individuelles, l'homme, au départ, n'est pas naturellement social. Il est « sauvage », et son instinct de conservation élémentaire – mis au service de son intérêt immédiat – le conduit à la rivalité, à la lutte contre les autres : « L'homme est un loup pour l'homme. » Ainsi le droit, à l'origine, se confond-il avec la faculté qu'a chacun de lutter pour sa survie. Mais c'est ce même **instinct de conservation** qui, éclairé par la **raison,** enseignera à l'homme l'utilité des actes bienveillants et l'inconvénient des actes hostiles, en montrant de surcroît la nécessité, pour chacun, de sacrifier sa liberté naturelle afin que cesse « la guerre de tous contre tous ».

C'est ainsi que – contrairement aux sociétés animales qui sont le fruit d'un instinct – la société humaine va naître d'un **contrat** aux termes duquel les individus consentiront à l'abandon de leurs droits naturels dans l'intérêt de la paix. Ce contrat, une fois établi, ne saurait être remanié ni défait : il y faudrait le consentement de tous, qui est irréalisable. Quant à la procédure démocratique et à son assemblée délibérante, Hobbes s'en méfie : elle favorise la démagogie, et les représentants du peuple ne sont pas toujours compétents ni instruits des affaires publiques.

Comme on ne peut compter sur la bonne volonté de chacun, il apparaît que le respect du pacte et la cohésion sociale ne trouveront de garantie que dans la personne d'un souverain qui, héritant des droits et, par conséquent des pouvoirs de tous, sera en mesure d'être l'arbitre suprême, de légiférer et de punir dans les limites de sa force, en principe absolue. Pour échapper à la tyrannie des passions individuelles – sources de luttes incessantes et cruelles –, on va donc se livrer à celle d'un pouvoir politique despotique – dont le nom symbolique, le Léviathan, évoque celui d'un monstre décrit dans la Bible (Livre de Job).

Le **despotisme**, qui s'appuie ainsi sur une conception pessimiste de la nature humaine, trouve sa justification dans la formule suivante : « Les actions des hommes procèdent de leurs opinions et le bon gouvernement des hommes en vue de leur paix et de leur concorde repose sur le bon gouvernement de leurs opinions. »

Ce pouvoir absolu – que critiquera violemment Rousseau* – diffère de l'absolutisme de droit divin professé à la même époque par des auteurs comme Bossuet*. Il existe en effet chez Hobbes une **suprématie du politique** sur le religieux. D'une part, ce sont les lois civiles qui donnent un contenu aux préceptes du christianisme (par exemple, l'interdiction de voler suppose que soit déterminée juridiquement la propriété). D'autre part la religion, par les guerres qu'elle suscite, peut troubler la paix civile : le souverain doit donc s'en préoccuper, et il serait souhaitable qu'il impose à tous ses sujets un culte et une croyance uniques, le conformisme* ayant ainsi une vertu politique plus grande que la tolérance.

AUTRES ŒUVRES : *Du citoyen* (1649) ; *Du corps* (1655) ; *De la nature humaine* (1658).

➤ DESPOTISME, EMPIRISME.

HOLBACH (D')

(Paul Henri Dietrich, 1723-1789.) Philosophe d'origine allemande qui vécut à Paris et écrivit en français. Collaborateur de l'*Encyclopédie**, il publie fréquemment sous pseudonyme. Son *Système de la nature* (1770) scandalisa nombre de ses contemporains (y compris les esprits « éclairés ») par l'intransigeance de son matérialisme : pour lui, la matière et la pensée sont une seule et même réalité, soumises à des lois strictes dont la rigueur ne peut mener la philosophie qu'au fatalisme. D'Holbach est radicalement athée : il réfute les preuves classiques de l'existence de Dieu, et développe dans *Le Christianisme dévoilé* (1767) une violente critique antireligieuse.

HOMO FABER

Homme fabricateur d'outils*. Formule employée par Bergson* pour désigner l'essence de l'homme qui, avant de penser et d'être *Homo sapiens**, est fait pour « fabriquer des choses » et « se fabriquer lui-même ».

HOMOGÈNE

Contraire de hétérogène*.

◆ Se dit d'un ensemble dont toutes les parties sont de même nature et sans aucune différence qualitative ; s'applique également à ces parties elles-mêmes.

◆ Par extension, se dit également d'un tout (un groupe social par exemple) dont les éléments partagent des caractères semblables.

◆ Plus spécialement, qualifie en mathématiques un espace où une figure peut être déplacée sans subir de déformation (l'espace kantien, et plus généralement l'espace tel qu'on le conçoit en géométrie avant l'apparition des systèmes non euclidiens, est homogène). Un nombre cardinal est homogène puisque composé d'unités rigoureusement semblables entre elles.

HOMOLOGUE

Qualifie **en mathématiques** les parties correspondantes de deux figures semblables ou corrélatives.

Se dit aussi en **biologie** des organes ayant, dans des espèces différentes, même situation sur l'ensemble du corps et même origine embryogénique (par exemple, les griffes d'un mammifère et les ongles de la main humaine).

HOMO SAPIENS

L'homme défini comme *Homo sapiens* (de *scientia,* science, et de *sapientia,* sagesse), c'est-à-dire capable d'acquérir le savoir, caractérise depuis le Paléolithique supérieur l'espèce du genre hominien à laquelle appartiennent les différentes races humaines actuelles.

HORKHEIMER

(Max, 1895-1973.) Philosophe américain (depuis 1940) d'origine allemande. Cofondateur de l'École de Francfort* avec Adorno*, il doit fuir le régime nazi, enseignant notamment aux États-Unis. Il ne revient à Francfort qu'en 1949 (*Les Leçons du fascisme,* 1949). Dès ce retour, il entreprend la rédaction de ses *Notes critiques* (1974), où un pessimisme lucide sur la situation faite à l'homme moderne, en tous domaines soumis à des normes, va de pair avec l'espoir d'une pensée authentique, même si cette dernière paraît condamnée à une rapide récupération banalisante.

◆ Dans ses ouvrages les plus marquants (*Éclipse de la raison* et, avec Adorno, *Dialectique de la raison,* tous les deux parus en 1947), Horkheimer oppose avec une grande vigueur sa théorie critique, qui s'intéresse notamment à la signification sociale de la science, à la « théorie traditionnelle » devenue idéologique, dans la mesure où elle affirme comme seule forme de rationalité possible une raison strictement « instrumentale ». Les effets négatifs de cette dernière sont notamment mis en lumière par l'analyse d'une société qui, par-delà les différences politiques apparentes, est de plus en plus uniformément administrée de façon rigide ; l'un des enjeux de la philosophie consiste alors à travailler à l'instauration d'une politique morale.

AUTRES ŒUVRES : *Théorie critique I et II* (1968) ; *Théorie traditionnelle et théorie critique* (1970) ; *Études de philosophie sociale* (1972).

HUMANISME

◆ C'est, historiquement, le mouvement européen (dès le XIVe siècle en Italie, fin du XVe et le XVIe siècle en France) qui redécouvrit les œuvres et les textes de l'Antiquité et s'opposa en conséquence à la scolastique* du Moyen Âge. Qu'il soit chrétien (pour concilier la Bible et la littérature antique) ou « paganisant » (profitant des modèles anciens pour mettre en cause les valeurs du christianisme), ce courant majeur développe l'esprit de critique, favorise l'affranchissement de la philosophie relativement à la théologie, et se lance à la recherche d'une sagesse (cf. Montaigne) qui puisse joindre le goût de l'érudition et l'amour de la vie (cf. Rabelais) pour exalter la dignité de l'homme.

Du XVIe siècle à la fin du XVIIIe siècle, en France, l'humanisme est le produit de l'étude des « humanités » (textes littéraires et philosophiques) et correspond à la voie classique, refusant tout excès et privilégiant le « bon goût » ainsi que les caractères de civilité attribués au « gentilhomme ».

◆ De façon générale, on peut aujourd'hui nommer humanisme toute attitude ou théorie affirmant que la **dignité humaine** est la valeur suprême et doit donc être aussi bien favorisée que défendue contre les atteintes émanant des pouvoirs politiques, économiques, religieux (bien qu'on puisse parler d'un humanisme chrétien), etc.

Dans ce sens, l'humanisme se retrouve dans des tendances philosophiques très diverses (personnalisme*, existentialisme sartrien*...), mais on peut constater son inefficacité flagrante dans l'histoire des sociétés. De plus, une telle conception paraît impliquer une définition préalable de l'homme, ce qui risque d'avoir pour conséquence paradoxale l'exclusion de certains êtres humains hors de l'humanité au sens noble.

On en vient ainsi à comprendre pourquoi l'humanisme traditionnel fut violemment attaqué par des philosophes comme Marx* ou Nietzsche* au nom d'une conception différente de ce que peut ou doit être l'homme. Aussi le marxisme, par exemple (mais aussi bien le freudisme, la pensée de Heidegger, etc.), peut-il être indifféremment qualifié d'antihumanisme – en ce qu'il refuse la situation à laquelle l'homme aboutit historiquement – que d'humanisme – en ce qu'il propose un devenir plus digne pour l'être humain.

HUME

(David, 1711-1776.) Philosophe, économiste et historien écossais né et mort à Édimbourg. Après avoir fait ses études dans cette ville, il vint en France, à La Flèche où il composa son premier grand ouvrage philosophique. Mais l'insuccès de cette œuvre l'incita à vulgariser sa pensée dans des livres plus accessibles. Sa carrière diplomatique le fit voyager à travers l'Europe. De retour en France, il séjourna trois ans à Paris où il fréquenta les milieux littéraires. Revenu en Angleterre accompagné de Rousseau*, qui fuyait les persécutions, il lui donna asile, mais il se brouilla très vite avec lui.

◆ Hume conçoit d'abord la philosophie comme une critique : critique des croyances reçues et avant tout critique du rationalisme* tel que l'entendait par exemple Descartes*. Reprenant la plupart des thèmes de l'**empirisme*** anglais, il fait sien le nominalisme* de Berkeley* et rejette avec Locke* les idées abstraites, si bien que le psychisme se réduit, selon lui, à un jeu de sensations – ou d'idées conçues comme la réplique affaiblie des impressions sensibles – au-delà desquelles il n'y a rien. Tel est le sens de son ***phénoménisme***, qui le conduit au scepticisme* métaphysique : Hume dénonce, non pas l'erreur en tant que telle, mais les fictions illégitimes qui, dépassant l'expérience, nous font croire à l'existence d'entités illusoires.

C'est le cas de la croyance en un moi substantiel qui resterait toujours identique à lui-même. Notre esprit, obéissant aux lois de l'extériorité, est, en fait, composé d'éléments qui se juxtaposent sans lien interne (la conjonction « et » est la seule acceptable), d'idées qui obéissent – à la manière de l'attraction newtonienne – aux principes de l'association des idées.

Selon les principes de l'**associationnisme***, le moi se compose d'une collection d'idées qui se succèdent et qui se trouvent liées en vertu de leur ressemblance, de leur contiguïté ou parce que l'une semble être la cause de l'autre. Notons cependant que notre auteur avoue ne pas pouvoir expliquer la nature du lien associatif. Autre entité illusoire : la causalité rationaliste qui outrepasse les données de l'expérience quand elle affirme reposer sur une prétendue relation nécessaire entre les phénomènes. Le rapport causal ne fait intervenir aucun lien essentiel entre la cause et l'effet qui sont hétérogènes ; il se réduit à une succession constante observable entre un phénomène antécédent et un phénomène conséquent qui s'associent dans notre esprit. L'habitude*, elle-même confortée par la répétition, fortifie cette association. La critique de Hume porte également sur l'origine rationnelle de la morale et de la religion : la première provient du sentiment et la seconde, qui ne peut s'appuyer sur les preuves classiques – insuffisantes – de l'existence de Dieu, relève aussi du sentiment et est affaire de croyance.

L'empirisme associationniste de Hume, dont l'influence fut considérable sur la pensée française au XVIIIe siècle, inspire la philosophie anglaise jusqu'à Stuart Mill*. On sait enfin que sa critique philosophique a réveillé Kant* de son « sommeil dogmatique ».

◆ C'est dans les trois livres de son ***Traité de la nature humaine*** (1739-1740) que Hume a d'abord exposé sa pensée de la façon la plus développée – et tout particulièrement dans le premier : « L'entendement. »

Sa première section commence par montrer que les perceptions de l'esprit se divisent en deux catégories : les impressions et les idées – dont les secondes sont des images plus ou moins vives des premières. Le contenu mental n'a ainsi pas d'autre origine que les impressions – qui ne renvoient à aucune réalité en soi objective, et l'activité de l'esprit consiste uniquement à combiner, associer, généraliser ces données de l'expérience ; les idées abstraites se forment quant à elles par liaison entre des idées particulières et un nom général.

De la sorte, l'idée (classiquement métaphysique) de *substance* recouvre simplement un ensemble d'idées particulières que rassemble l'imagination.

La deuxième section passe de la même façon au feu de la critique les idées d'« espace » et de « temps », pour affirmer qu'elles ne recouvrent que des expériences locales ou ponctuelles sans jamais renvoyer à un temps ou un espace pur ou absolu (dans cette optique, la géométrie reste une science empirique). Le quatrième concept majeur qui tombe sous la critique empiriste est celui du moi, démontré par Hume comme n'ayant d'existence solide que pendant l'exercice même de sa pensée.

La troisième section du Livre I ramène la *causalité* à n'être rien d'autre que le résultat d'une habitude : c'est parce que nous voyons ordinairement un phénomène succéder à un autre que nous croyons pouvoir en déduire qu'une relation de causalité les unit ; en fait, les sciences expérimentales ne sont ainsi fondées que sur des caractères psychologiques, mais sont dénuées de toute référence ontologique.

Les deux autres Livres du *Traité* (« Les Passions », « La Morale ») abordent les mouvements de *sympathie* et de « bienveillance » qui permettent à l'individu de comprendre autrui, mais aussi de fonder, en dehors de toute allusion à la raison, une morale : nous recherchons ce qui, étant bon pour nous, l'est aussi pour les autres, et nous fuyons le contraire. Ces analyses seront reprises en 1751 dans les *Recherches sur les principes de la morale*, où leur vulgarisation s'accompagne d'une plus grande facilité d'accès.

Le *Traité* dans son ensemble est en effet suffisamment aride et rebutant dans ses démonstrations pour que Hume lui-même ait entrepris d'en rendre plus accessible la première partie dans son *Enquête sur l'entendement humain* (1748) ; mais cette dernière ne fait qu'effleurer la critique des concepts fondamentaux (substance, temps, espace, moi) – de ce point de vue, le *Traité* est irremplaçable et c'est bien le **scepticisme** qu'il fonde pleinement, ainsi que la méfiance à l'égard des excès de l'imagination ou des usages pervers de la logique, qui permettront ensuite la critique de la religion naturelle.

AUTRES ŒUVRES : *Dialogues sur la religion naturelle* (1779) ; *Essai sur le suicide et l'immortalité de l'âme* (1779).

➤ ASSOCIATIONNISME, CAUSALITÉ, EMPIRISME, HABITUDE, MOI.

HUMOUR

Terme dérivé, en anglais, du latin *humor,* et renvoyant initialement à la théorie d'Hippocrate* sur les humeurs (bile, atrabile, sang et pituite) qui définissent les tempéraments : l'humour désigne initialement le déséquilibre grâce auquel une humeur l'emporte sur les autres, et c'est le dramaturge Ben Johnson qui semble avoir eu le premier l'idée d'orienter ce déséquilibre vers une voie comique.

L'acception médicale peut alors être oubliée, au profit de la seule littérature, où l'humour, à travers Swift ou Sterne, Wilde ou Richter, Lichtenberg ou Jarry, apparaît, d'une variante à l'autre, comme désignant une forme de défense du sujet devant les agressions du monde extérieur.

◆ Deux approches philosophiques du phénomène semblent complémentaires – si l'on suit sur ce point A. Breton* dans son *Anthologie de l'humour noir* (1939). **Hegel*** définit d'abord un humour *objectif,* qui se manifeste lorsque la subjectivité est captivée par un objet extérieur. **Freud*** souligne ultérieurement que la réaction humoristique implique une victoire momentanée du narcissisme : au lieu de se laisser entamer par l'extérieur, le moi s'affirme invulnérable, et transforme ainsi l'agression en motif de plaisir. Bien entendu, sa victoire est illusoire – le monde a toujours le dernier mot.

◆ C'est pourquoi, indépendamment des textes ou des œuvres d'art qui l'illustrent, l'humour est aussi une attitude existentielle se traduisant en comportements. Ces derniers cependant, même s'ils sous-entendent la possibilité de fracturer la banalité par l'irruption du plaisir, peuvent s'accompagner d'un vrai pessimisme, si la conscience du caractère passager de la victoire de l'esprit sur le réel domine la satisfaction qu'elle procure. C'est alors que l'humour se révèle comme saisie de « l'inutilité théâtrale (et sans joie) de tout », selon la définition de Jacques Vaché.

HUSSERL

(Edmund, 1859-1938.) Ce philosophe allemand fait d'abord des études de mathématiques. Docteur en philosophie en 1882, il connaît une carrière universitaire qui commence en 1887 à Halle, pour se poursuivre à Göttingen, et se terminer à Fribourg-en-Brisgau où il se lie d'amitié avec le jeune Heidegger*. En 1929, il est invité à donner en Sorbonne une série de conférences. La fin de sa vie est assombrie par les persécutions du nazisme.

Sa pensée, commencée par une réflexion sur les mathématiques, équivaut à un travail d'élargissement constant de la phénoménologie. Ses premières recherches, encore dans la lignée de Brentano, esquissent une conception inédite de la subjectivité, qu'il lui faudra des années pour développer à fond, et articuler finalement à une réflexion sur autrui, l'histoire et la culture.

◆ La **phénoménologie** constitue selon Husserl, notamment à partir de 1910-1913, non pas un système parmi d'autres qui n'aurait de validité qu'historique, mais bien au contraire la philosophie radicale, qui aura été « la secrète nostalgie de toute l'histoire de la philosophie ». Si Husserl n'est pas le premier à prétendre de la sorte mettre au point une pensée définitive (cf. Hegel), il est sans doute néanmoins le seul qui ait élaboré une démarche capable d'aborder les problèmes classiques sous un angle neuf, et de susciter effectivement un renouveau interne de la philosophie, dont les effets sont loin d'être achevés.

Hostile aussi bien à l'historicisme* qu'au psychologisme ou à la métaphysique, Husserl établit d'abord la possibilité d'une science des essences, en montrant que la conscience, par l'intentionnalité*, appréhende, notamment comme conscience de la généralité, la « chose elle-même », distincte du sensible alors qu'elle se fonde sur lui.

Pour élucider les fondements de la connaissance, il insiste sur la réalité transcendantale du sujet, par rapport auquel seulement il y a du monde et de la signification. La réalité du sujet et celle des objets extérieurs constituent classiquement les deux points de départ possibles pour la réflexion philosophique ; si Husserl affirme bien que le Cogito* est « le vrai principe des principes et la première proposition de toute philosophie véritable », c'est aussi parce qu'il trouve dans le sujet lui-même la capacité de mettre le monde « entre parenthèses » (réduction phénoménologique), c'est-à-dire de « s'abstenir de faire usage des évidences et certitudes qu'il offre ».

Percevoir un objet, c'est dès lors viser, par-delà les éléments qui m'en sont offerts, une unité dont ne m'apparaît jamais qu'une seule face ou version. Il se révèle ainsi que la réalité objective est toujours contingente. La réduction phénoménologique exhibe en revanche la conscience comme « être absolu » – radicalement distinct de cette réalité qui est relative (à la conscience qui la vise et la constitue simultanément). L'apport de la réduction consiste ainsi à faire passer de la conscience naïve à une conscience transcendantale, qui est donatrice du sens. La phénoménologie devient alors un **idéalisme transcendantal,** pour lequel le monde n'est pas une réalité en soi (il n'y a pas de noumène*), mais l'« anticipation d'une unité idéale ».

Toutefois, en soulignant ainsi le rôle fondateur d'une conscience absolue, Husserl doit trouver le moyen d'échapper au solipsisme*. Ce qui a lieu par le repérage d'une **intersubjectivité,** elle-même condition de l'objectivité. Autrui m'apparaît d'abord comme une conscience ayant son propre monde d'expériences, différent du mien. Mais il est aussi *alter ego,* reflet de mon corps et à ce titre constitué à partir de moi. C'est précisément pour cela que je reconnais un sujet dans son corps, comme je connais un sujet dans le mien : les « mondes » des deux consciences ne représentent dès lors que deux perspectives sur un Monde qui est le même.

Cette intersubjectivité se généralise dans les derniers textes de Husserl vers une analyse de l'humanité, telle qu'elle se réalise dans l'histoire. Chaque ego ne s'affirme en effet que par rapport à un horizon historique, porteur de sens, d'intelligibilité et de culture ; et Husserl saisit finalement dans le déroulement historique des systèmes l'émergence d'un **humanisme jamais clos** (ce qui le distingue du savoir absolu de Hegel) faisant effort interminablement pour se comprendre lui-même. Ce qui privilégie l'histoire de la philosophie, puisque c'est en elle que se révèlent les conflits possibles des significations.

La tâche de la philosophie est dès lors illimitée, et la phénoménologie husserlienne va en effet marquer d'influences diverses (parfois au prix de trahisons) de nombreux esprits du siècle : Koyré*, Heidegger*, E. Fink*, M. Scheler*, Sartre*, Merleau-Ponty* (plus durablement), Levinas*, Ricœur* et bien d'autres lui sont redevables de l'esprit qui anime tout ou partie de leurs recherches.

◆ ***Recherches logiques*** (1900-1901, deuxième édition corrigée 1913).

Pour trouver un fondement rigoureux à la pensée mathématique et logique, Husserl commence par récuser le psychologisme : si l'on conçoit la logique comme dépendant de la forme de notre esprit, on aboutit à un relativisme qui détruit l'idée même de vérité. Or l'objet mathématique est donné dans une évidence qui correspond à la conscience de la « chose même » : bien qu'idéal (c'est une essence) il reste un objet de conscience comme n'importe quel autre objet. On doit donc pouvoir accéder à une science des relations entre objets idéaux (à la fois nécessaires et objectifs en dehors de la conscience psychologique qui les saisit). Pour ce faire, il s'agit d'analyser le « vécu » de la pensée logique.

Husserl montre que la signification d'un concept opère la liaison entre la représentation et l'objet, mais que, indépendante des deux, elle renvoie à une intention de signifier. Contre les empiristes, il affirme la spécificité d'une conscience de généralité : le concept n'est ni réellement hors de la conscience ni réellement en elle. Mais pour que le concept aboutisse à une connaissance, encore faut-il qu'il soit de quelque façon relié à l'expérience : la signification est « remplie » par la présentation de la chose elle-même, et l'on doit de surcroît reconnaître l'existence d'une intuition catégoriale (c'est-à-dire des essences) qui, bien que fondée sur le sensible, ne s'y épuise pas.

C'est dans la cinquième *Recherche* que l'intentionnalité est évoquée pour désigner la relation de la conscience à l'objet. La conscience en effet se rapporte toujours à quelque chose, mais l'objet peut être à chaque fois visé de façon différente. L'intentionnalité n'équivaut pas à une activité de la conscience dans le monde, pas plus que la conscience n'est un réceptacle qui aurait à « contenir » les objets ; en fait, comme cela se précisera dans les textes ultérieurs, c'est dans la conscience que s'effectue la différence entre elle-même et ce qu'elle vise – comme constituant ses deux pôles corrélatifs (la noèse et le noème).

L'ambition de Husserl dans les *Recherches logiques* était de constituer une théorie de la connaissance, comprise comme relation entre conscience et objet par le biais de la signification. La fin de l'ouvrage précise bien que ce que recherche la description phénoménologique, c'est « le vécu en quoi réside l'apparaître de l'objet » – mais les *Recherches,* en ne se décidant encore ni pour le réalisme ni pour l'idéalisme, laissent ouvertes deux questions : celle de la relation qui peut exister entre la conscience et un sujet « pur », celle du statut du monde « réel ». C'est en fouillant davantage ces domaines que la phénoménologie se transforme, après les *Recherches,* en idéalisme transcendantal.

◆ ***La philosophie comme science rigoureuse*** (1911).

Ce texte, particulièrement accessible, assure la transition entre les périodes « prétranscendantale » et « transcendantale » de la pensée de Husserl.

Il critique aussi bien la position des partisans d'un naturalisme scientifique que celle des tenants de l'historicisme. Si pour les premiers la philosophie n'est rien de plus qu'un savoir parmi d'autres, les seconds, à la suite de Dilthey* par exemple, la ramènent à une simple « vision du monde » dont la validité, tout historique, ne peut être que relative.

En conséquence, la philosophie à élaborer ne saurait se réduire à une psychophysique, elle doit au contraire être phénoménologie, c'est-à-dire saisie du sens des phénomènes puisque seule cette dernière peut radicalement cerner le seul être apodictiquement donné, ou absolu : l'être dans la conscience.

C'est précisément cette voie que confirmeront les conférences parisiennes de 1929.

◆ ***Méditations cartésiennes*** (1931 ; c'est la publication des conférences de la Sorbonne).

Le sous-titre (« Introduction à la phénoménologie ») indique dans sa modestie combien la démarche de Husserl se veut toujours en chantier.

La première Méditation fixe l'objet et le domaine de la phénoménologie transcendantale : la philosophie se proposant d'atteindre la vérité ou évidence apodictique ne peut la rencontrer que dans le Cogito* énoncé par Descartes. Le monde en effet apparaît contingent et, au terme de sa « mise entre parenthèses » ***(épochè)*** qui effectue la réduction transcendantale, c'est bien le seul acte de la pensée qui se révèle incontestable – au point même que c'est lui qui, par l'intentionnalité, constitue le monde comme possible.

Les Méditations suivantes soulignent en quoi le Cogito husserlien diffère du cartésien. Le premier est entièrement immanent, il ne révèle pas en particulier une « substance pensante » ; mais en même temps il se donne à lui-même comme essence, non comme un moment singulier (ce qu'il était chez Descartes) ; de plus il n'a pas besoin d'être renforcé ou garanti par la présence de Dieu.

L'analyse approfondie de ce Cogito montre qu'il est toujours bipolaire : je me saisis comme pensant quelque chose, ***cogito*** et ***cogitatum*** me sont donnés d'un seul mouvement. Ainsi la subjectivité est-elle toujours plus que le Cogito isolé : elle inclut l'être-pour-moi de l'objet. Ce dernier émerge de l'identification d'actes perceptifs à travers le temps ; mais son « essence » désigne un déroulement sans fin de telles identifications dans la mesure où aucune synthèse perceptive ponctuelle ne peut l'épuiser. Symétrique de la transcendance de l'ego, il existe donc une transcendance de l'objet.

La cinquième Méditation va constituer les « moi » personnels. En pratiquant une sorte de réduction dans la réduction, l'ego se découvre comme corps doté d'une « sphère d'appartenance » qui est la Nature. Les autres corps lui apparaissent d'abord comme altérité, mais aussi comme semblables à lui, puisque leur présence peut être interprétée par analogie comme porteuse d'expériences intimes du même genre que celles de l'ego. Ainsi se constitue une intersubjectivité transcendantale, dont les différents ego qui la forment sont autant de points de vue sur une Nature finalement unique. De même que le Cogito a pour corrélat le ***cogitatum,*** l'intersubjectivité a pour corrélat le monde empirique qu'elle constitue et où elle se déploie.

La fin des *Méditations cartésiennes* retrouve donc le monde après l'avoir « suspendu ». Sa contingence, son caractère problématique, s'explique par le fait qu'il n'est que l'un des possibles dans le champ de l'expérience transcendantale. Alors que la conscience est un « système d'être fermé sur soi », le monde des choses n'a de sens que relativement au caractère transcendantal de la ou des consciences.

AUTRES ŒUVRES : *Philosophie de l'arithmétique* (1891) ; *Idées directrices pour une phénoménologie* (1913) ; *Logique formelle et logique transcendantale* (1929) ; *La Crise des sciences européennes et la phénoménologie transcendantale* (1936) ; *L'Origine de la géométrie* (posthume, 1939).

➤ COGITO, EIDÉTIQUE, PHÉNOMÈNE, PHÉNOMÉNOLOGIE, TRANSCENDANTAL.

HYLOZOÏSME

Toute doctrine qui affirme que la matière est vivante et que le monde lui-même est animé par l'âme universelle (stoïcisme*). Outre la doctrine stoïcienne, on retrouve l'hylozoïsme dans le panthéisme* et aussi notamment chez Diderot*.

HYPNOSE

Sommeil provoqué au cours duquel le sujet conserve intacts ses perceptions sensorielles, sa faculté de compréhension et son usage du langage. Au réveil, les événements survenus durant le sommeil paraissent non mémorisés. De plus, le sujet montre une suggestibilité très prononcée.

C'est en s'appuyant sur ces particularités que Charcot soignait ses malades hystériques. Freud* s'apercevra ultérieurement que les éléments mis en jeu dans de telles guérisons (d'ailleurs très passagères) demeurent insuffisants dans la mesure où l'interrogatoire mené sous hypnose ne permet pas une exploration très poussée de l'inconscient et ne peut déjouer le refoulement ; ce relatif « échec » l'orientera néanmoins vers la découverte de l'inconscient*.

HYPOSTASE

Fondement, support, substance, selon l'étymologie grecque. Chez **Plotin***, le terme désigne chacune des trois formes hiérarchisées de l'Univers qui procèdent les unes des autres selon un processus intemporel : l'Un absolu, l'Intelligence qui émane de l'Un, et l'Âme du monde.

Les **Pères de l'Église** ont utilisé le concept pour désigner les trois personnes de la Trinité considérées comme des substances distinctes appartenant à la même nature divine ; l'union hypostatique réalise dans le Christ l'union de la nature divine et de la nature humaine.

Dans son sens péjoratif, l'hypostase est une entité* fictive ; le verbe « hypostasier », lui-même souvent péjoratif, est alors employé pour désigner la personnification imaginaire d'un être réel ou d'une donnée concrète que l'on veut idéaliser.

➤ PLOTIN.

HYPOTHÈSE

De façon générale, ce qui est à la base d'une construction.

◆ Proposition reçue, sans que l'on se demande si elle est en elle-même vraie ou fausse, pour opérer un ensemble de déductions ultérieures : on raisonne ainsi, comme le faisait déjà Socrate dans le *Ménon,* « par hypothèse ».

◆ En mathématiques, les données d'un problème ou les énoncés initiaux à partir desquels on démontre un théorème.

◆ Dans les sciences physiques et biologiques, c'est l'« explication anticipée » (Cl. Bernard*) déduite de l'observation du phénomène, et appelée à être vérifiée ou infirmée par l'expérience*.

➤ AXIOMATIQUE, EXPÉRIMENTAL.

HYPOTHÉTICO-DÉDUCTIF

Raisonnement qui déduit de propositions admises comme hypothèses* les conséquences nécessaires.

La **méthode** hypothético-déductive se rencontre dans les sciences expérimentales (la conclusion est alors soumise à la vérification de l'hypothèse de départ), mais elle est surtout évoquée à propos des mathématiques, pour désigner la démarche qui tire de l'axiomatique* toutes les conséquences possibles.

HYSTÉRIE

État pathologique, que l'on tint pendant longtemps pour exclusivement féminin (d'où sa dénomination, déduite du mot grec désignant l'utérus) et qui paraît ne reposer sur aucune lésion organique. Le sujet s'y montre particulièrement suggestible, et simule fréquemment quelque infirmité. Généralement classée dans les névroses* l'hystérie paraît en fait également proche de la psychose*, dans la mesure où la part de simulation qui y intervient semble révéler que le malade est en train de s'installer dans son univers morbide. Selon certains théoriciens, il n'existe pas d'hystérie à proprement parler : mieux vaudrait évoquer seulement des phénomènes hystériques (par exemple l'érotomanie) qui se manifesteraient dans diverses maladies mentales.

◆ L'hystérie a tenu une place particulière dans la mise au point de la **psychanalyse*** : c'est en effet en assistant au traitement d'hystériques par hypnose* tel que le menait Charcot et en réfléchissant à la suggestibilité qu'elles manifestaient que Freud esquissa ses premières hypothèses sur l'inconscient. Son premier ouvrage, rédigé en collaboration avec Breuer, fut d'ailleurs en 1895 les *Études sur l'hystérie,* où il examine l'étiologie de la maladie et l'utilisation de l'hypnose dans son traitement.

I

IBN KHALDUN

(1332-1406.) Historien et philosophe arabe né à Tunis. Il remplit de nombreuses missions politiques en Espagne et en Afrique du Nord avant de se consacrer à la science et à l'enseignement, à Tunis puis au Caire où il meurt.

Il convient de souligner l'originalité d'une pensée, qui, bien avant l'apparition, au XIXe siècle, des grandes démarches philosophiques et scientifiques relatives à l'histoire, sut organiser le savoir historique d'un point de vue épistémologique, en s'attachant aux structures sociales, ce qui lui permit de distinguer et de traiter des questions qui ne furent redécouvertes qu'à notre époque : la « sociologie de la citadinité », l'« économie politique », la « sociologie de la connaissance » notamment.

ŒUVRE PRINCIPALE : *Muqaddima* (Les Prolégomènes) (1377).

IDÉAL

◆ L'adjectif désigne ce qui se rapporte à une idée*, bien souvent par opposition à l'empirique* (justice idéale). Lorsque ce qui est qualifié d'idéal n'existe que dans et par la pensée (par exemple une figure géométrique), on devrait utiliser l'adjectif *idéel.*

◆ Le substantif évoque un modèle d'action ou de conduite morale que l'on (se) propose de suivre ou d'appliquer (un idéal de justice, ou de sainteté).

◆ En psychanalyse, l'**idéal du moi** constitue un modèle auquel le sujet essaie de se conformer, résultant du narcissisme et de l'identification aux parents et aux idéaux sociaux.

IDÉALISME

Désigne de façon générale la tendance philosophique qui ramène toute existence à la pensée – soit dans la réalité, soit dans la connaissance. S'applique dès lors à des doctrines très différentes.

◆ Chez **Platon,** l'existence séparée attribuée aux Idées relativement au monde matériel est également nommée « réalisme platonicien ».

◆ L'idéalisme de **Berkeley,** dans lequel le monde extérieur n'existe que par les perceptions et idées que nous en avons, est plus justement nommé immatérialisme*.

◆ **Kant** nomme idéalisme transcendantal des phénomènes* le fait que ces derniers constituent de simples représentations relatives à nos moyens de connaissance, et non des choses en soi. Il s'agit donc d'un idéalisme critique, qu'il oppose à l'idéalisme « empirique » (Descartes, Berkeley, Condillac) pour lequel l'existence des objets hors de notre pensée est soit douteuse, soit impossible (on notera toutefois que chez Descartes, cet idéalisme empirique n'est que temporaire et méthodique).

◆ La philosophie allemande du XIXe siècle propose encore : l'idéalisme « subjectif » de **Fichte,** l'idéalisme magique de Novalis, l'idéalisme « objectif » de **Schelling,** avant l'affirmation, par **Hegel,** de l'idéalisme absolu, dans lequel l'Idée assure son propre développement dialectique jusqu'à son assimilation à l'esprit* absolu.

Alternativement opposée au réalisme*, à l'empirisme* ou au matérialisme*, la tendance idéaliste apparaît ainsi comme une constante dans l'histoire de la philosophie (cf. Hegel : « toute philosophie est essentiellement idéalisme ou a celui-ci comme principe »).

On notera cependant que, pour la pensée contemporaine, le terme, sous l'influence de la critique marxiste, peut prendre un sens péjoratif pour désigner une conception sans doute généreuse ou ambitieuse, mais irréalisable ou utopique. En morale plus particulièrement, l'idéalisme signifie fréquemment une ignorance des conditions concrètes de la conduite.

IDÉATION

Formation et enchaînement par l'esprit des idées ou concepts.

➤ CONCEPTION.

IDÉE, IDÉES INNÉES

Le mot **idée** est employé couramment comme synonyme de conception, notion, représentation (l'idée de science, de justice). Au pluriel, désigne dans ce cas un ensemble, individuel ou collectif, de pensées ou d'opinions relatives à tel ou tel domaine (les idées morales de Rousseau, l'histoire des idées). Plus précisément :

◆ Chez **Platon,** essence ou forme intelligible, éternelle et immuable, dont participent les choses sensibles, et que l'âme aurait contemplée avant d'être incarnée. Le « monde des Idées » s'oppose ainsi au monde « d'en bas » ou matériel, et constitue la référence à laquelle doit s'attacher le philosophe. L'Idée suprême est celle du Bien, et c'est précisément parce que le philosophe y accède que la *République* lui confie la direction de la cité.

◆ Chez **Kant,** l'idée *transcendantale* renvoie à l'exercice de la raison pure énonçant un concept nécessaire, mais inconnaissable car sans objet empirique correspondant (par exemple, les idées cosmologiques).

◆ Chez **Hegel,** l'Idée absolue désigne l'Absolu lui-même parvenu au terme de son parcours dialectique.

◆ En psychologie, l'idée désigne la notion que l'on construit à partir de l'expérience. On peut alors distinguer des idées *générales,* formées par abstraction et convenant à tous les objets d'une classe (l'idée d'arbre, d'oiseau...), des idées *universelles* qui sont élaborées intellectuellement par leur définition (notions mathématiques : l'idée de triangle).

◆ **Descartes** et les cartésiens parlent d'**idées innées ;** ce sont celles qui appartiennent à l'esprit de l'homme dès la naissance, et ne dépendent que de sa nature propre : étendue, substance, Dieu... Les philosophes empiristes en nient radicalement l'existence.

➤ ADVENTICES, EMPIRISME, FACTICES.

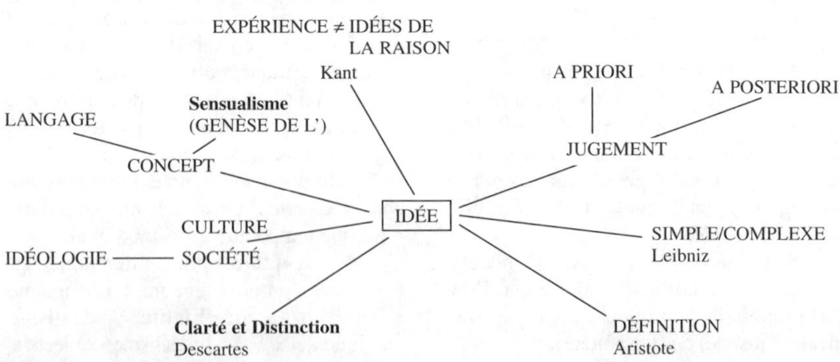

IDENTIFICATION

◆ Processus par lequel on identifie un objet soit en reconnaissant son identité antérieurement connue, soit en le reconnaissant comme appartenant à une classe logique, soit en reconnaissant la classe à laquelle il appartient comme équivalente à une autre.

◆ En psychologie, processus, particulièrement important chez l'enfant, par lequel un sujet tend inconsciemment à ressembler à un autre.

TRANSFERT.

IDENTITÉ, PRINCIPE D'IDENTITÉ

◆ L'identité est le caractère de ce qui est identique, c'est-à-dire unique, quoique perçu ou nommé de plusieurs façons.

◆ Désigne en psychologie l'unité de l'individu* ayant le sentiment de demeurer semblable à lui-même à travers la diversité des états qu'il connaît dans son existence.

◆ Le **principe d'identité,** principe logique fondamental, s'énonce sous la forme « Ce qui est, est; ce qui n'est pas, n'est pas », c'est-à-dire « A est A » – la lettre A pouvant représenter aussi bien un concept qu'une proposition.

➤ CONTRADICTION, PARTICIPATION, TIERS EXCLU.

IDÉOLOGIE, IDÉOLOGUE

◆ Terme créé par Destutt de Tracy en 1796 pour nommer la science ayant pour objet la genèse des idées (le mot « psychologie » étant jugé trop évasif). Utilisé dans ce sens par Stendhal et Taine.

◆ Péjorativement, discussion creuse d'idées sans correspondance avec la réalité.

◆ Désigne encore parfois la doctrine qui inspire l'action d'un parti ou d'un gouvernement.

◆ Le sens le plus fréquent dans l'usage contemporain vient du **marxisme,** où l'idéologie désigne la représentation faussée du monde que la classe dominante impose dans son propre intérêt à la classe dominée, en croyant éventuellement qu'elle correspond à la réalité. L'idéologie est ainsi une sorte de mensonge collectif plus ou moins involontaire, provenant d'une ignorance de la détermination des superstructures* intellectuelles et spirituelles par l'infrastructure* économique.

L'idéologie couvre alors tous les domaines de la pensée : religion, politique, droit, art, philosophie, science même, qui ne font rien de plus dans cette optique que la diffuser au maximum en s'aidant éventuellement de certaines institutions ou « appareils idéologiques d'État » (enseignement, moyens d'information, etc.).

En s'affirmant de statut scientifique et en se fondant sur la notion de lutte des classes*, le matérialisme historique* prétend échapper à l'idéologie et accuse complémentairement toute autre philosophie d'y être encore engluée (c'est notamment le reproche adressé par Marx et Engels, dès *L'Idéologie allemande,* au système hégélien et à ses continuateurs les néohégéliens). La question qui se pose est cependant de savoir s'il ne devient pas à son tour idéologique à partir du moment où il est la philosophie officielle d'un pouvoir qui n'est pas nécessairement celui du prolétariat dans son ensemble (stalinisme, maoïsme...).

◆ Le mot **Idéologue** qualifie le groupe de philosophes français qui, à la fin du XVIIIe siècle et au début du XIXe siècle, étudièrent particulièrement la formation des idées et les sensations. Les principaux furent Destutt de Tracy, Cabanis, qui, avec son ouvrage sur les *Rapports du physique et du moral* (1802), peut être considéré comme l'initiateur de la psychophysiologie*, Volney (plus préoccupé par les problèmes de morale et de société), Garat et Daunou. Les idéologues soutenaient la perfectibilité indéfinie de l'homme.

Dans une acception péjorative (actuelle), le mot « idéologue » désigne le praticien de l'idéologie entendue comme mode peu consistant de la pensée ou à la façon des marxistes.

IDOLE

Au sens général, toute représentation sensible (peinte, sculptée) d'un dieu.

Plus spécialement, le terme est synonyme, chez **Bacon***, de l'erreur due à l'apparence trompeuse. Le philosophe anglais distingue plusieurs catégories d'idoles : – de la tribu (par exemple, la subjectivité des sensations), – de la caverne (par référence à Platon ; elles résultent du milieu, de l'éducation, du tempérament), – du forum (provenant des défauts du langage), – du théâtre (prenant source dans les mauvais systèmes de philosophie).

IGNORANCE

Absence de connaissance. Le « Je sais que je ne sais rien » de Socrate* exprime l'ignorance philosophique, du moins celle qui, provisoire, donne accès à la quête du savoir. Mais le constat de non-savoir, si on le considère comme définitif, peut servir de justification au **scepticisme*** ou à l'**agnosticisme***.

L'ignorance vulgaire se confond avec l'attitude de celui qui, n'utilisant pas le crible de la réflexion, se trompe sur la qualité de ses connaissances et prend pour vrai ce qui n'est qu'opinion fausse ou incertaine. En ce sens l'ignorance est génératrice d'**illusion*** et d'**erreur***.

➤ OPINION.

ILLUSION

(Du latin *illudere* : se jouer, se moquer de.) L'illusion est une tromperie qui semble se jouer de nos sens, de notre esprit. Proche de l'**erreur** – dans la mesure où elle fait également intervenir un jugement erroné – elle s'en distingue par la présence du désir qui la rend généralement rebelle à toute réfutation rationnelle.

◆ La réflexion philosophique s'attache à expliquer la « racine indestructible » de l'illusion. C'est ainsi que Spinoza tente de montrer que l'illusion de la finalité est la source de toutes les autres. Kant*, de son côté, dénonce l'illusion transcendantale qui nous incite à faire un usage illégitime de la raison en essayant de connaître les choses en soi. Néanmoins, il y a des illusions vitales. Bergson*, par exemple, parle de la « fonction fabulatrice », avec, surtout, la religion primitive, qui assure la cohésion sociale en faisant contrepoids à l'intelligence dissolvante.

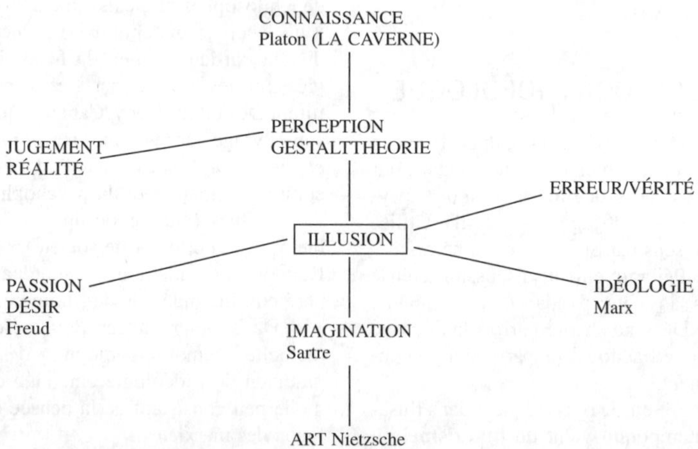

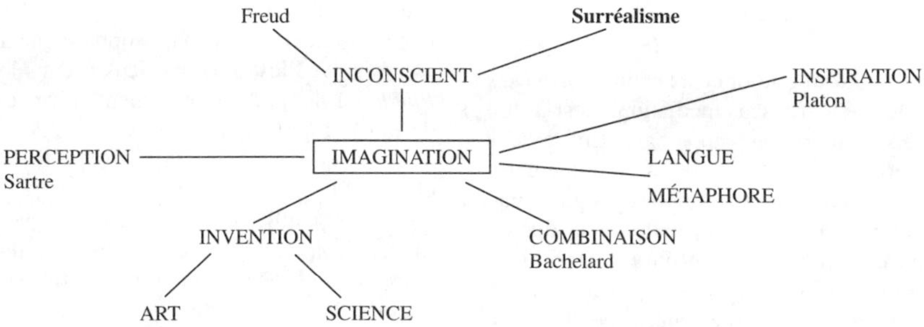

IMAGINATION

Faculté de former des images soit reproduisant ce qui a été percu, soit répétant mentalement ce qui a antérieurement fait l'objet d'une perception (imagination *reproductrice*). Mais aussi faculté de combiner des images provenant de l'expérience en un nouvel ensemble : c'est alors l'imagination *créatrice* ou novatrice.

◆ La psychologie classique cherchait à en faire une fonction particulière (éventuellement critiquée, chez Pascal notamment), alors que les analyses modernes insistent sur son rôle central dans toute activité consciente. On admet dès lors son importance dans tout processus d'invention, qu'il soit artistique, philosophique ou scientifique.

Sartre* a particulièrement souligné le fonctionnement de la **conscience imageante,** qui vise son objet en le posant comme absent et n'en fournit qu'un *analogon*.

◆ Du point de vue psychanalytique, on admet qu'une partie des images provient en fait de l'inconscient et signale les désirs qui s'y trouvent.

IMITATION

Comportement qui reproduit une perception ou une expérience antérieure, mais aussi résultat de ce comportement (une imitation fidèle).

L'imitation tend à l'identification*.

◆ En **esthétique,** la théorie de l'imitation – qui trouve traditionnellement son origine chez Aristote* – affirme que l'œuvre d'art doit s'inspirer du réel perceptible. Chez les auteurs anciens, elle ne s'accompagnait d'aucun point de vue péjoratif, comme elle le fera à partir de Hegel et du romantisme après avoir dominé le classicisme.

◆ En **psychologie** et **sociologie,** on admet que l'imitation (des modèles familiaux ou sociaux) joue un rôle fondamental dans la socialisation de l'individu. Elle peut toutefois, lorsqu'elle est systématique et inspire tout le comportement, mener au pur conformisme*.

➤ IDÉAL (DU MOI), RÉALISME.

IMMANENCE

◆ Caractère de ce qui est intérieur à un être ou à un objet de pensée. S'oppose dans ce sens à la transcendance*. On peut par exemple évoquer l'immanence de la science, qui explique la nature sans faire intervenir de principes ou d'agents qui lui seraient extérieurs.

◆ En métaphysique, l'immanence désigne le fait que l'Absolu (qui peut être Dieu) se tient dans le monde même. Ainsi, le « panthéisme » de Spinoza* affirme l'immanence de Dieu dans la nature.

IMMATÉRIALISME

Nom donné par Berkeley à la doctrine idéaliste* qu'il soutient – opposée terme à terme au matérialisme* et selon laquelle n'existent réellement que les esprits et leurs perceptions : « Être c'est percevoir ou être perçu. »

IMMÉDIAT

Ce qui est donné à la conscience sans intermédiaire, sans médiation, c'est-à-dire sans élaboration* apparente. En ce sens Bergson* parle des « données immédiates de la conscience » pour désigner une expérience originelle, celle de la durée* pure, étrangère à toute élaboration conceptuelle. Ce qui est vécu comme immédiat ou premier peut cependant être le fruit d'une élaboration échappant à la conscience.

◆ On appelle *inférence immédiate,* celle qui permet la déduction* sans intermédiaire d'une proposition à partir d'une autre.

IMMORALISME

Terme qui désigne, chez Nietzsche*, son rejet de la morale inspirée du christianisme et son dessein d'y substituer – par une transmutation ou renversement des valeurs admises – une morale aristocratique, celle du surhomme* et de la volonté de puissance*.

➤ AMORALISME.

IMMORTALITÉ

Caractère de ce qui n'est pas soumis à la mort. Si l'on excepte l'usage métaphorique du terme, appliqué par exemple au domaine de l'art ou à celui de la biologie à propos des animaux monocellulaires qui se reproduisent par scissiparité et donc sans connaître la mort (liée à l'individualité de l'être), l'immortalité est avant tout une **hypothèse métaphysique** – d'origine religieuse – qui concerne l'âme et que soutient l'ensemble de la philosophie spiritualiste depuis l'Antiquité.

◆ Pensée en liaison avec un principe de réincarnations successives, l'immortalité de l'âme – latente dans les rites orphiques ou dans le mythe égyptien énonçant comment Osiris (le Bien), après son démembrement par le Mal, est rassemblé et renaît grâce à Isis (la Connaissance) – est philosophiquement exposée par **Platon,** en particulier dans le *Phédon.* Elle sera ultérieurement affirmée, de façon dogmatique par le christianisme et à titre de postulat de la raison pratique chez Kant.

◆ Dépouillée de son caractère objectif relatif à la vie future, l'immortalité conserve un **sens purement subjectif,** par exemple chez Comte, qui la conçoit comme le souvenir qui perpétue dans la mémoire sociale les noms et les activités des grands serviteurs de l'humanité.

La récurrence, dans des cultures différentes, d'une croyance à l'immortalité de l'âme paraît suffisante pour que l'on puisse y voir l'indice d'un désir fondamental chez l'homme d'échapper à sa condition de simple mortel dont l'existence serait limitée au séjour terrestre. Un tel désir serait à mettre en relation avec l'incapacité, pour l'individu, de croire à la réalité de sa propre mort, incapacité notamment affirmée par la psychanalyse.

➤ MORT.

IMPÉRATIF

Désigne, en morale surtout, toute proposition ayant l'aspect d'un commandement véritable. L'impératif s'énonce sous la forme d'un « Tu dois ».

Kant ajoute à cette définition une distinction essentielle entre :

◆ l'impératif **hypothétique,** qui subordonne l'ordre à une fin au moins possible ou souhaitée, et le transforme ainsi en simple moyen, relevant de l'habileté ou de la prudence (« Si tu veux la paix, prépare la guerre ») ;

◆ et l'impératif **catégorique,** qui ordonne sans condition : seul moral à proprement parler, il concerne, non la matière de l'acte ou son résultat, mais uniquement sa forme, c'est-à-dire son rapport à une exigence d'universalisation (« Agis de telle sorte que tu puisses vouloir que la maxime de ton action soit considérée comme une loi universelle »).

IMPÉRIALISME

Doctrine politique favorable à la monarchie plébiscitaire de type impérial. Ou (sens aujourd'hui plus fréquent) tendance à l'expansion politique et économique d'un État ou d'une organisation économique, qui considèrent comme nécessaire à leur équilibre ou même à leur survie la conquête de nouveaux territoires (colonisation, protectorat) ou de nouveaux marchés économiques. L'impérialisme constitue selon les théoriciens marxistes (Lénine*) le « stade ultime du capitalisme ».

IMPLICATION, IMPLICITE, IMPLIQUER

L'**implication** désigne en logique la relation, entre deux concepts ou propositions, par laquelle la vérité ou réalité de l'un des termes enveloppe celle de l'autre.

$P \supset Q$ se lit « P implique Q » et signifie donc que si P est vraie, Q est vraie, et que si P est fausse, Q l'est également.

Est **implicite** ce qui est impliqué (sous-entendu) par un énoncé sans être développé. Un objet de connaissance en implique un autre si le second résulte nécessairement du premier. Ce peut être plus particulièrement le cas d'un concept ou d'une idée (chaud implique froid, et réciproquement), d'un fait (l'amour implique le désir), d'un énoncé (la loi de gravitation implique celle de la chute des corps).

➤ EXPLICITE.

INCESTE (PROHIBITION DE L')

L'inceste désignant la relation sexuelle qui intervient entre membres d'une même famille (frère et sœur, ascendants et descendants), sa prohibition apparaît universelle dans les sociétés humaines – bien que la définition des relations de parenté qui doivent la respecter varie selon les cultures, la consanguinité pouvant être dans les sociétés traditionnelles plus mythique que biologique.

◆ On a longtemps admis que cet interdit visait à empêcher la dégénérescence qu'entraînerait l'inceste. Mais, outre que cette dégénérescence n'est pas prouvée, il faut remarquer que, dans certaines sociétés (Égypte ancienne, quelques royaumes africains), l'inceste était obligatoire pour les castes dirigeantes. Aussi l'interprétation contemporaine de sa prohibition la conçoit-elle plutôt en relation avec l'exogamie qui réglemente les mariages dans les sociétés traditionnelles, comme la base d'un échange de femmes obligeant ces sociétés à nouer des relations de plus en plus étendues. C'est pourquoi **Lévi-Strauss*** insiste sur le caractère positif de l'interdit : « La prohibition de l'inceste est moins une règle qui interdit d'épouser mère, sœur ou fille, qu'une règle qui oblige à donner mère, sœur ou fille. »

G. Bataille* souligne de surcroît le fait que la prohibition de l'inceste serait le premier interdit par lequel l'humanité se définirait (en même temps que par le travail et la conscience de la mort) en refusant l'animalité brute qui se satisfait d'une jouissance immédiate avec l'objet sexuel le plus proche.

INCONSCIENT

Au sens général, l'adjectif peut qualifier un être totalement dépourvu de conscience aussi bien qu'un individu irréfléchi ou non conscient de telle circonstance particulière. Dans l'histoire de la philosophie, un certain nombre d'auteurs ont de façon ou d'autre partiellement anticipé sur la découverte freudienne de l'inconscient, en admettant l'existence, parallèlement aux phénomènes dont nous avons conscience soit de « petites perceptions » (Leibniz) ou « perceptions obscures » (Maine de Biran) échappant à notre réflexion, soit d'un principe métaphysique d'où la conscience émergerait chez certains êtres (Schopenhauer) comme une sorte de « cas particulier » (Nietzsche).

◆ C'est cependant avec **Freud** que

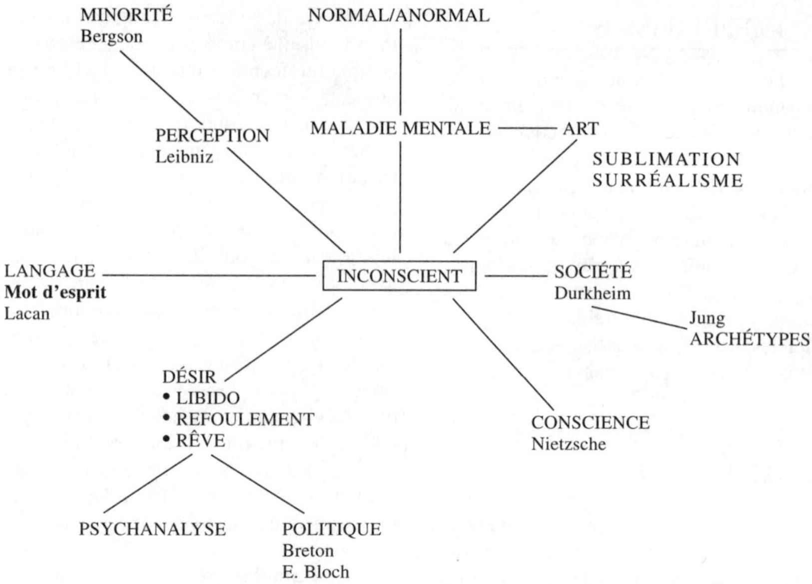

l'inconscient (noté souvent Ics) va devenir un concept dont la portée est immense puisque sa mise au point (qui dérive essentiellement de la pratique thérapeutique) va bouleverser la conception traditionnelle du psychisme et du comportement humains. Cet inconscient est d'abord à comprendre au sens strict, c'est-à-dire comme constitué par ce qui ne peut jamais accéder à la conscience : représentations, désirs, fantasmes qui sont l'objet d'un refoulement dans la mesure où ils sont inacceptables (du point de vue de la conscience morale ou sociale). Ces éléments, une fois refoulés, restent dotés d'une énergie pulsionnelle : il faut concevoir l'inconscient comme essentiellement dynamique, c'est-à-dire désireux de faire circuler ses représentations – qui ne pourront accéder au préconscient* et à la conscience qu'à la condition de se transformer (notamment grâce au rêve) et d'adopter des apparences anodines.

Le fait que de tels processus échappent à la conscience signifie donc que ce qui constitue la réalité profonde (selon Freud, les neuf dixièmes environ) de l'activité psychique d'un individu lui reste ignoré : là où la pensée classique admettait un contrôle absolu du sujet sur sa conduite et sa pensée, l'inconscient freudien introduit une faille « incomblable » – le sujet méconnaissant ce qui le détermine, en particulier la fixation durable dans l'inconscient (qui ignore le temps) des traumatismes essentiellement subis dans l'enfance, qui pourront être pathogènes.

Dans sa seconde topique*, Freud attribuera au **ça*** les caractères initialement attribués à l'inconscient.

◆ Pour sa part, **Jung*** élaborera la notion d'**inconscient collectif** pour désigner les archétypes* ou pulsions fondamentales caractérisant l'espèce humaine et dont hérite chaque individu : ces archétypes se retrouvent aussi bien dans les rêves que dans les légendes – à travers les variantes locales de chaque culture – et dans le folklore.

INDÉFINI

Qui n'est pas défini, c'est-à-dire terme dont la définition n'est pas précisée. Un jugement* indéfini (ou limitatif) est un jugement affirmatif dont l'attribut est négatif ; exemple : « l'âme est immortelle » (l'âme fait partie du nombre indéfini des êtres non mortels).

Du point de vue métaphysique, l'indéfini diffère de l'infini* (qui ne s'applique qu'à Dieu) et du fini* pour désigner le caractère de ce qui est sans bornes assignables.

INDÉTERMINISME

Refus du déterminisme*, soit d'un point de vue métaphysique pour affirmer l'indépendance totale de la liberté humaine par rapport à toute détermination, soit d'un point de vue scientifique pour contester la validité du déterminisme, notamment en microphysique. Dans ce dernier cas, le terme est ambigu, puisqu'il peut désigner aussi bien le hasard auquel obéiraient les phénomènes eux-mêmes que les limites des possibilités de connaître ces derniers, qui sont modifiés par l'observation.

➤ LIBRE ARBITRE.

INDIFFÉRENCE

Neutralité affective qui s'opère par négation de la préférence, par suppression de la hiérarchie des valeurs. Les différences peuvent être perçues mais elles sont dépourvues de signification, si bien que l'indifférence est à la valeur ce que le scepticisme* est à la connaissance. Or, comme elle intéresse le domaine du vécu, elle peut conduire à l'ennui ou même – à la limite – ôter son sens à la vie et à nous-même. D'où la profondeur métaphysique (éventuelle) de l'indifférence quand elle ne devient pas pathologique par carence du désir.

Mais quand on a réussi à surmonter le désir, l'indifférence apparaît alors comme le résultat d'une ascèse, lorsqu'elle est cultivée en vue d'obtenir la sagesse, comme c'est le cas de l'*adiaphorie* – ou indifférence stoïcienne – qui consiste à se détacher volontairement de tout ce qui ne dépend pas de nous. Sur le plan religieux, citons le bouddhisme qui cherche le repos du Nirvâna par l'extinction du désir. Quant à la *« sainte indifférence »* préconisée par saint François de Sales (1567-1622) – qui renouvelle la spiritualité chrétienne –, elle se traduit par l'abandon à la volonté de Dieu après avoir renoncé à tout désir, même au désir du salut.

➤ DÉSIR, LIBRE ARBITRE, QUIÉTISME, STOÏCISME.

INDISCERNABLES (PRINCIPE DES)

Principe formulé par Leibniz* d'après lequel il n'existe et ne peut exister deux êtres identiques dans la nature, car ils diffèrent toujours par des caractères intrinsèques.

INDIVIDU, INDIVIDUALISME, INDIVIDUALITÉ

◆ De façon très générale, tout objet de pensée déterminé, formant un tout indécomposable est un **individu.**

En **logique,** c'est le terme singulier* qui, à la fin d'une série d'espèces et de genres subordonnés, ne désigne plus un concept général et ne peut plus se diviser logiquement. Ce que Leibniz* exprimait en le définissant comme sujet logique admettant des prédicats* mais ne pouvant servir de prédicat à aucun autre.

En **biologie :** être vivant indivisible, doté d'unité intérieure et de coopération de ses parties; par rapport aux autres individus de son espèce qui possèdent à égalité les caractères définissant cette dernière, l'individu est une réalité singulière. Par extension, le terme désigne chaque animal dont se compose une collectivité (un termite, une abeille) – y compris, en **sociologie,** l'être humain lui-même comme élément de la famille ou de la société.

Du point de vue **psychologique,** l'individu diffère de la personne* comme le biologique du réflexif, et en tant que ses particularités s'opposent à la façon dont les personnes participent ensemble des mêmes valeurs.

◆ Synonyme d'individu, surtout du point de vue psychologique, le terme **individualité** insiste particulièrement sur ce qui constitue l'aspect extérieur de la personnalité*.

◆ L'**individualisme** désigne – souvent un peu péjorativement – toute attitude mettant, en quelque domaine que ce soit, l'individu au premier plan. Plus précisément :

– en **politique,** théorie affirmant que, les valeurs suprêmes résidant dans l'individu, l'État est toujours trop présent – soit qu'on veuille sa suppression (anarchisme*), soit qu'on admette qu'il ne doit servir qu'au développement et au bonheur individuels.

– Ce dernier sens se retrouve en particulier en **économie,** où l'individualisme (dans ce cas synonyme du libéralisme) affirme la nécessité de restreindre les interventions de l'État pour laisser libre cours aux initiatives individuelles.

– Au sens **moral,** l'individualisme privilégie la différence relativement à autrui : il s'agit alors d'exalter les vertus de singularité (ce que l'on rencontre chez Nietzsche) ou, plus cyniquement, d'utiliser « hédonistement » autrui à son profit (épicurisme* au sens dégradé, libertinage du XVIIIe siècle...).

– En **sociologie** et en histoire, on nomme parfois individualisme la théorie qui cherche l'explication des phénomènes collectifs dans l'interaction des comportements individuels (Tarde).

INDUCTION

(Sens non philosophique.) Inférence conjecturale qui passe d'une régularité observée à l'affirmation de sa constance, ou de l'observation de certains indices à l'existence de faits plus ou moins probables.

◆ Chez **Aristote,** l'induction formelle* ou complète affirme d'un ensemble ce que l'on a vérifié sur chacun de ses éléments : elle n'ajoute rien à la connaissance mais en donne une nouvelle expression.

◆ En **mathématiques,** c'est le raisonnement par récurrence*.

◆ Dans les autres disciplines scientifiques, l'induction permet de passer du particulier à l'universel, c'est-à-dire des faits aux lois – ce qui pose la question de son fondement puisque les faits observés sont toujours particuliers et en nombre limité alors que la loi est universelle. Il faut admettre que l'induction est rendue possible par le principe du déterminisme*, c'est-à-dire que l'observation expérimentale (qui peut être unique pourvu qu'elle soit correctement menée) considère le phénomène comme exemplaire d'un fonctionnement implicitement tenu pour constant.

INFÉRENCE

En logique : toute opération par laquelle on affirme la vérité ou la fausseté d'une proposition en raison de sa liaison avec d'autres propositions déjà tenues pour vraies ou fausses.

On distingue l'inférence *immédiate,* qui n'exige pas de moyen terme, de l'inférence *médiate,* qui s'établit par l'intermédiaire d'une ou plusieurs propositions.

➤ IMPLICATION, RAISONNEMENT, SYLLOGISME.

INFINI

Qui n'a pas de limite soit parce que plus grand que toute quantité donnée de même nature (infini *actuel*), soit parce que susceptible de devenir tel (infini *potentiel*).

◆ On distingue en mathématiques l'infini relatif – qui n'a aucune limite assignable – de l'infini absolu (également nommé transfini) qui n'a aucune limite possible.

◆ Dans l'histoire de la philosophie, la notion d'infini est d'abord perçue de façon péjorative par les auteurs grecs – par relation avec celle de « démesure » *(ubris),* qui désigne tout comportement incompatible avec la dignité humaine soit par défaut (animalité), soit par excès (rivalité dangereuse avec le divin).

C'est sous la double influence des mathématiques et de la pensée chrétienne (où Dieu est l'être infini dans tous ses attributs) que l'infini va être philosophiquement pensé comme positif – par opposition à la finitude* (humaine), qui est désormais comprise comme négation (ou défaut) d'être. Descartes* admettra en particulier que la notion d'infini est présente dans l'esprit antérieurement à celle de fini, qui ne peut avoir de sens que par rapport à son horizon – la même relation valant pour le parfait et l'imparfait.

À travers la philosophie (Spinoza, Kant, Hegel) et la science (de Newton aux *Paradoxes de l'infini* de Bolzano), l'infini caractérise, plus que la raison ou le réel lui-même, la relation mouvante entre l'élaboration de la connaissance et un « réel » qui n'en finit pas de lui échapper. En lui-même peu définissable, sinon de façon négative, l'infini irrigue toutes les dimensions de la réflexion – de la cosmologie à l'esthétique, où il affleure par exemple dans le sublime*.

INFRASTRUCTURE

Au sens général, c'est une structure sous-jacente, en général cachée, qui détermine l'apparence d'un phénomène. Mais le terme s'utilise dans la plupart des cas en référence à la diffusion du **marxisme** (Marx lui-même parle plutôt de « base »), où il désigne l'ensemble des relations économiques internes à une société, telles qu'elles engendrent la lutte des classes* et les superstructures*.

INHÉRENCE

En logique, on nomme jugement d'inhérence (ou prédicatif, ou d'attribution) celui qui affirme l'appartenance du prédicat* au sujet – par opposition au jugement de relation, qui établit un rapport entre deux êtres ou concepts. Est d'autre part inhérent à un sujet tout ce qui constitue pour lui une qualité « essentielle »*.

INHIBITION

(D'un verbe latin signifiant retenir.) C'est, primitivement, l'action d'un centre nerveux sur un autre pour en diminuer ou supprimer les effets. D'où, en psychologie, le processus qui freine ou arrête le cours total ou partiel de la pensée – soit pour favoriser exclusivement une fonction (inhibition des perceptions lorsque l'attention se concentre sur un objet), soit à la suite d'un traumatisme momentané (émotion, perception trop vive...).

Du point de vue psychiatrique, le phénomène peut mener à une prostration complète du sujet.

INITIATION

Ce terme, ordinairement synonyme d'apprentissage, prend un sens plus particulier en ethnologie ou anthropologie, pour désigner les rites de passage d'une classe d'âge à la suivante, ou d'entrée dans un groupe secret, que subit l'individu dans la plupart des sociétés traditionnelles. L'initié, qui vit métaphoriquement une mort à son existence antérieure suivie d'une seconde naissance, a accès à des connaissances particulières, qui concernent aussi bien la vie quotidienne que les techniques, la morale ou la vie religieuse.

INNÉ

Qualifie en biologie tout ce que l'organisme possède dès la naissance, et s'oppose ainsi à l'acquis*. L'usage de l'adjectif en psychologie pose la question du partage de l'inné et de l'acquis dans l'être humain et dans son esprit.

➤ IDÉES INNÉES.

INNOCENCE

Dérivé du verbe latin *nocere* (nuire), le terme désigne, au sens propre, l'état de celui qui, incapable de nuire, ignore la culpabilité. Du point de vue théologique, il renvoie à un homme d'avant le péché originel, et s'articule aux notions de chute et de rédemption. Transposant une telle absence de vices et de vertus dans le cadre de son hypothèse sur l'état de nature initial, Rousseau* attribue à l'homme initial une innocence complète (il est en dehors de toute existence morale), mais c'est pour considérer qu'une fois perdue, elle ne peut être retrouvée.

Chez Hegel, l'innocence devient synonyme de l'immédiat, et doit donc être dépassée par la conscience. Kierkegaard* la redéfinit en y découvrant un envers angoissé, que provoque l'ignorance relative à quelque chose qui n'est rien de définissable.

INQUIÉTUDE

Au sens usuel, le terme désigne l'agitation mentale de celui qui se sent dans un état d'insécurité. La dimension théologique de l'inquiétude, à l'intérieur de la spiritualité chrétienne, apparaît dès saint Augustin*, pour justifier l'élan mystique qui entraîne l'âme vers Dieu à travers les vicissitudes de l'existence, « car notre cœur est inquiet jusqu'à ce qu'il repose en Toi, Seigneur » *(Confessions).* D'un point de vue plus strictement philosophique, Leibniz* donne à la notion une signification positive, quand, l'appliquant à l'état de l'esprit insatisfait en quête d'un mieux être, il désigne les discrètes et multiples sollicitations qui nous poussent à ne jamais rester en repos.

INSTANT

Au sens strict, l'instant – notion limite – est au temps ce que le point est à l'espace. Mais, au plan du vécu, l'instant présent ne se réduit pas à une coupure idéale entre le passé et l'avenir, la notion d'« esprit instantané » (Leibniz*) étant contradictoire. Il comporte toujours une certaine épaisseur de durée (Bergson*).

Le temps est-il constitué d'une succession d'instants, comme certains l'affirment depuis les pythagoriciens ? À cette thèse de la discontinuité essentielle du temps, privilégiant l'instant, on oppose celle de la continuité de la durée vécue défendue surtout par **Bergson.**

◆ Dans la philosophie grecque, l'**instant favorable,** nommé par Aristote *kairos,* désigne un laps de temps plus ou moins court propice à l'action – particulièrement morale – et se présente comme une occasion à ne pas rater.

◆ Dans la pensée de **Kierkegaard***, la première modalité d'existence (ou « stade esthétique ») apparaît dominée par la jouissance de l'instant présent. Elle révèle le paradoxe d'un ancrage de la conscience dans le fugitif : Don Juan, symbole de l'homme esthétique, est condamné à l'insatisfaction dès lors qu'il espère être toujours davantage étonné, sans admettre de valeurs ou de repères stables. Le plaisir trouvé dans l'instant appelle son propre dépassement (dans le « stade éthique »).

➤ HISTOIRE, TEMPS.

INSTINCT

Désigne chez les animaux un comportement automatique, héréditaire et spécifique assurant l'adaptation et la survie de l'individu et de l'espèce. Les recherches notamment menées en éthologie* ont montré que sa description classique (telle qu'on la trouve par exemple chez J.-H. Fabre), insistant sur sa régularité et sa réussite, devait être précisée : on constate que, plus on s'élève dans l'échelle zoologique, plus le comportement instinctif que déclenchent les stimuli révèle de plasticité, en particulier par l'intervention de mouvements adaptatifs à chaque situation ; de plus, l'instinct peut s'accompagner, chez les espèces supérieures, d'un certain apprentissage.

L'extension de la notion à l'homme, lorsqu'elle ne concerne pas banalement des comportements acquis ou culturels (l'instinct maternel), doit être menée avec précaution dans la mesure où elle implique la présence dans l'être humain de données innées qui pourraient l'emporter sur l'acquis, c'est-à-dire une définition fixiste de l'homme.

En **psychanalyse** même, on préfère aujourd'hui parler de pulsion* plutôt que d'instinct comme le faisaient les premières traductions de l'allemand *Trieb* pour évoquer les forces inconscientes qui constituent le ça* aussi bien que la dualité, finalement admise par Freud, entre un principe de vie et une tendance à l'autodestruction ou à l'agressivité .

➤ BERGSON, ÉROS ET THANATOS, NATURE (HUMAINE), RÉFLEXE.

INSTITUTION

Notion centrale en sociologie, l'institution désigne les lois et les principes qui régissent la vie sociale d'un groupe ou d'un État (constitution), ainsi que l'organisation sociale qui en découle (les diverses fonctions publiques). Elle ne repose pas seulement sur les structures juridiques qui règlent la vie des individus et des groupes, elle désigne également, au sens large, les manières de penser, de sentir et de se comporter (coutumes) qui, émanant de la société, s'imposent plus ou moins aux individus.

D'un point de vue général, l'institution s'oppose à la **nature*** et est synonyme de **culture :** une chose est dite d'institution quand elle est « l'ouvrage des hommes pour la distinguer de celles que la nature a établies » (Condillac*).

INTELLECT, INTELLECTUALISME

◆ Synonyme d'entendement* – mais plus spécialement, par référence à la scolastique, dans ce qu'il a d'ambition métaphysique ou gnoséologique –, l'**intellect** est la faculté supérieure de connaître (opposée à la raison discursive), correspondant au *Nous* de certains auteurs grecs (Anaxagore, Platon).

◆ L'**intellectualisme** désigne toute doctrine soutenant la prééminence de l'intellect* dans la vie de l'esprit.

Il s'agit d'une part de la doctrine **psychologique** qui réduit tous les faits de l'esprit à des phénomènes intellectuels : par exemple Herbart (1776-1841) qui, méconnaissant la spécificité de l'affectivité, ramène la vie affective à un jeu de représentations*.

L'intellectualisme est, d'autre part, une doctrine **métaphysique** selon laquelle l'entendement* a une valeur supérieure à celle de l'affectivité (Platon*, Descartes*). Leibniz*, par exemple, affirme l'antériorité des phénomènes intellectuels sur tout autre phénomène psychique : ainsi le sentiment musical de l'harmonie procéderait de la perception confuse des rapports mathématiques qui expriment cette « harmonie ». S'opposant au volontarisme* cartésien, Spinoza* de son côté – qui réduit l'être à la pensée – prétend que l'idée claire satisfaisant l'entendement entraîne nécessairement l'adhésion.

INTELLIGENCE

◆ De façon générale, désigne en psychologie contemporaine la faculté d'inventer une solution face à une situation nouvelle (par opposition à ce qui relève de l'instinct*) aussi bien que la fonction de compréhension, c'est-à-dire d'analyse et de synthèse.

◆ Les auteurs anciens s'attachaient à opposer l'intelligence, comme réunissant les diverses fonctions de connaissance (acquisition, conservation et intellection), à la sensibilité et à l'activité. On admet aujourd'hui qu'en fait, elle « résume » en quelque sorte la totalité du psychisme conscient dans la mesure où il se réfléchit et se contrôle.

◆ On peut distinguer une intelligence **pratique,** aptitude à résoudre concrètement un problème qui apparaît tôt chez l'enfant, et existe chez certaines espèces animales (singes supérieurs) dans la mesure où elles se révèlent capables d'utiliser des outils élémentaires (caisse, bâton) et d'avoir des conduites de détour (qui n'ont de sens que par rapport au but final, mais non en elles-mêmes) ; une intelligence

sociale : capacité à diriger les individus et les groupes ; une intelligence **abstraite** ou **conceptuelle,** apparemment propre à l'homme puisqu'elle implique l'utilisation du langage, et qui élabore des concepts nouveaux ou de nouvelles relations entre les concepts et les symboles.

◆ Du point de vue socio-politique, la question centrale que pose l'intelligence concerne la possibilité de son égalité. Si on admet qu'elle se constitue progressivement à partir de virtualités initiales et en fonction de l'environnement d'un individu (ce que contestent évidement les partisans d'une intelligence innée), l'accès de tous à un développement intellectuel semblable ne serait possible qu'en assurant des conditions communes. Dans cette optique, le rôle de l'école serait primordial, mais insuffisant. En revanche, la mise en place d'une communauté parfaite des milieux, en admettant qu'elle soit possible, supposerait une uniformisation à caractère totalitaire.

➤ BERGSON, INSTINCT.

INTELLIGIBLE

◆ Qui peut être compris.

◆ Qui relève de l'intelligence, par opposition à ce qui relève de la sensation : chez **Platon,** le « monde intelligible » est celui des Idées*.

Pour **Kant,** caractérise la chose en soi (le noumène*) en ce qu'elle peut, au contraire du phénomène* empirique, non pas être connue, mais être seulement pensée.

INTENTION

◆ Pour la **scolastique,** application de l'esprit à un objet à connaître, qu'il s'agisse d'un objet extérieur ou d'une pensée.

◆ Résolution à faire quelque chose, ce qui peut s'entendre soit psychologiquement, soit moralement. Dans le second cas, qui est philosophiquement le plus intéressant, l'intention désigne également la valeur morale de l'acte lui-même.

Kant affirme que l'intention suffit à rendre la volonté bonne, indépendamment de la réussite ou du but, dans la mesure où elle se règle sur l'idée formelle de loi en général.

◆ La casuistique du XVIIe siècle nomme *direction d'intention* l'attitude par laquelle on s'autorise un acte en ne l'examinant que sous son bon côté. L'expression est devenue péjorative depuis les attaques de Pascal contre les Jésuites qui la pratiquaient.

INTENTIONNALITÉ

Terme propre à la **phénoménologie,** emprunté par Husserl* à Brentano, mais où résonne un souvenir d'intention scolastique* : la conscience est toujours conscience *de* quelque chose. L'intentionnalité est donc simultanément visée et pensée d'un objet, mais aussi mise en jeu d'une signification, puisque l'objet ne survient que grâce au projet signifiant de la conscience vers lui.

INTERDIT

Terme intervenant dans l'anthropologie de G. Bataille* : l'existence de l'interdit distingue l'homme de l'animal dans la mesure où le premier se refuse une satisfaction originellement naturelle par la prohibition de l'inceste*. Ce « non à la nature » doit cependant être pensé en relation avec la transgression qui en est, non le contraire, mais le complément : l'affirmation d'une limite implique que l'on s'autorise à la dépasser (au moins rituellement).

INTÉRIORITÉ

Désigne, par opposition à ce qui lui est extérieur, la vie de l'esprit comme personnelle. Dans cette acception simple, on peut y voir une réalité issue du Cogito* cartésien – à ceci près que le moi est ainsi évoqué par une métaphore spatiale, alors que la vie de l'esprit échappe à la spatialité.

Aussi l'intériorité ne peut-elle être conçue comme « close » sur elle-même.

Saint Augustin trouve au cœur du moi la béance laissée par la transcendance infinie de Dieu (qui est ainsi « *intimior intimo meo* » : le plus intime de mon intimité). De même, Descartes affirme l'antériorité, dans la pensée, de la notion de l'infini sur celle du fini. Ces façons d'ouvrir l'intériorité sur ce qui, l'excédant, la fonde simultanément, se retrouvent chez Levinas*, qui nie que l'intériorité puisse être un « lieu secret quelque part en moi » pour l'affirmer comme inspiration par autrui* et retournement par lequel l'extérieur « me concerne ».

INTERSUBJECTIVITÉ

Ce terme désigne le tissu de relations existentielles créé par la communication qui s'opère entre les consciences individuelles dans un climat de réciprocité.

INTIME

À peu près synonyme d'intérieur, insiste particulièrement sur l'aspect le plus réservé, étranger à la foule ou au collectif, de ce qui est individuel ; mais aussi sur ce qu'il y a de profond et d'essentiel dans l'être.

Maine de Biran* nomme **sens intime** la conscience comme sentiment intérieur accompagnant tous les phénomènes psychologiques.

INTRINSÈQUE

Caractérise ce qui est constitutif d'un être considéré. On oppose ainsi, dès la scolastique, les causes intrinsèques à la cause extrinsèque*, qui est étrangère à l'essence.

INTROSPECTION

Auto-observation de l'esprit.

◆ Ce fut initialement la seule attitude (plutôt que méthode) de la psychologie – avant ses efforts pour constituer l'équivalent d'approches expérimentales – et, à ce titre, elle fut vigoureusement critiquée par A. Comte*, qui expulse en conséquence la psychologie de sa classification des sciences.

Comte reproche fondamentalement à l'introspection de ne pas respecter la condition minimale de toute observation scientifique (distinction entre l'observateur et l'observé), mais aussi de modifier ce qu'elle prétend enregistrer (en particulier de ralentir le fonctionnement mental) et d'être en fait toujours une rétrospection, de surcroît impossible à généraliser puisque soumise à la subjectivité de celui qui s'observe.

◆ Il n'en reste pas moins que l'introspection a permis à de nombreux auteurs, anciens ou classiques (de Sénèque à Vauvenargues en passant par saint Augustin, Pascal, Hobbes ou Hume), d'effectuer un nombre important de remarques sur « l'homme en général », sa pensée et ses sentiments. Elle continue d'ailleurs à nourrir une tradition littéraire dérivant du journal intime plus ou moins direct – bien qu'elle échoue évidemment à connaître quoi que ce soit de l'inconscient*. La méthode d'introspection expérimentale, qui permet de définir les notions d'intention et d'attitude de conscience, est due à l'école de Würzbourg (début du XXe siècle).

INTUITION

(Du latin, *intueri,* voir.) Ce terme – dont les significations sont diverses – désigne d'une manière générale un mode de connaissance immédiat* et direct qui place d'emblée l'esprit en présence de son objet.

◆ L'intuition **empirique,** qui nous livre le monde de l'expérience, comporte l'intuition *externe* ou *sensible* (données des sens) et l'intuition *interne* ou *psychologique* (phénomènes mentaux conscients relatifs à la vie intérieure).

◆ L'intuition *rationnelle* perçoit les rapports et saisit les principes premiers qui constituent l'armature de la raison.

◆ La notion d'intuition **métaphysique** s'applique dans des contextes philosophiques différents. Chez **Descartes***, elle est l'intuition rationnelle elle-même, la « conception ferme d'un esprit pur et attentif, qui naît de la seule lumière de la raison » ; marquée du sceau de l'évidence*, elle est la connaissance des idées* claires et distinctes, ou alors la vision synthétique de l'esprit vérifiant l'enchaînement logique d'une démonstration.

L'intuition **pure,** dans la conception kantienne, est celle des formes *a priori* de la sensibilité* qui, s'appliquant à l'intuition empirique, structure le divers sensible selon l'espace* et le temps*.

La portée métaphysique de l'intuition s'affirme avec l'**intuitionnisme** bergsonien qui, à l'encontre de l'intelligence conceptuelle applicable avec fruit au seul domaine de la quantité et de l'espace, pose l'intuition comme une « espèce de sympathie intellectuelle » capable de saisir la durée qualitative qui constitue non seulement l'étoffe de la conscience, mais encore l'essence même de toute réalité.

◆ La notion est aussi utilisée pour désigner, en **mathématique,** la connaissance des notions premières à partir desquelles se construit l'édifice mathématique.

Quant à l'intuition *mystique,* elle s'applique, dans la conception propre au mysticisme, à l'expérience ineffable de Dieu.

L'intuition *divinatrice,* enfin, est soit un pressentiment, soit une connaissance globale, instantanée et apparemment immédiate reposant sur l'esprit de finesse. « Instrument de l'invention » (Poincaré), elle permet, par exemple, de découvrir soudainement la solution d'un problème, après généralement une longue période de recherche.

➤ BERGSON.

INVENTION

◆ Sens primitif : découverte d'une chose cachée (invention d'un trésor).

◆ Sens actuel : synthèse nouvelle d'idées ou de moyens en vue d'une fin. Au sens large, peut s'appliquer aussi bien à la littérature qu'à la technique.

IRONIE

Façon de ne pas répondre directement à l'attente d'un interlocuteur, qui prend son acception philosophique dès Socrate, affirmant ne rien savoir pour mieux faire ressortir les contradictions ou ignorances de qui discute avec lui.

◆ Dans le romantisme allemand, et notamment chez Novalis, l'ironie, exaltant l'autonomie du moi, devient une variante du subjectivisme absolu, qui dénonce le monde extérieur comme ensemble d'illusions insatisfaisantes.

Hegel réaffirme au contraire une relation entre l'ironie socratique et le social : l'attitude ironique est celle d'une conscience qui est seule à pouvoir accorder du sens à ce qui est.

Kierkegaard généralise ensuite la notion (*Le Concept d'ironie,* 1841) : il peut exister une ironie du sort, ou de l'Histoire elle-même; à ses yeux, Hegel ne peut saisir la portée de la « négativité infinie et absolue » qui la fonde et la caractérise comme liberté subjective.

◆ Dans tous les cas, l'ironie signale un écart entre les attentes d'un sujet et les propositions d'un réel : ce dernier n'est jamais à la hauteur. Mais la critique qu'implique l'ironie n'aboutit pas à des propositions positives : elle dévoile des manques.

IRRATIONNEL

◆ Ce terme a plusieurs significations. Il désigne d'abord ce qui est **étranger à la raison** comme les conduites (actes manqués, rêves, etc.) qui échappent à sa direction, bien qu'elles puissent être l'objet d'une démarche scientifique d'inspiration rationnelle (freudisme, par exemple).

◆ C'est d'autre part ce qui est **contraire** à la raison, c'est-à-dire absurde, comme ce qui relève de la pensée préscientifique qui, souffrant d'un vice de méthode dans son approche de la vérité, est condamnée à l'erreur.

◆ L'irrationnel est enfin ce qui est **irréductible** à la raison quand celle-ci est incapable d'apporter une justification au donné de l'existence, notamment, ou quand la connaissance à établir dépasse ses possibilités – tels sont les objets de la foi.

En tant que limite permanente à l'intelligibilité, l'irrationnel désigne la diversité du réel qui échappe à l'effort de l'esprit pour réduire tout à l'identique, comme le soutient E. Meyerson.

L'épistémologie de Bachelard enseigne cependant que la raison n'étant pas statique, l'irrationnel ne l'est pas davantage : il désigne alors ce qui, à un moment de la constitution du savoir scientifique, n'est pas encore assimilé par la raison, mais le sera ultérieurement (avant Copernic et Galilée, il était irrationnel, ou absurde*, d'affirmer la rotation terrestre autour du soleil).

◆ Plus généralement, on doit admettre que la raison est susceptible de se contester elle-même, sinon de se détruire (Horkheimer*), et envisager sa capacité à se pervertir en œuvrant à la réalisation de fins intrinsèquement irrationnelles – au sens où elles ne sont pas universalisables (cas des « barbaries » du XXe siècle, notamment nazie).

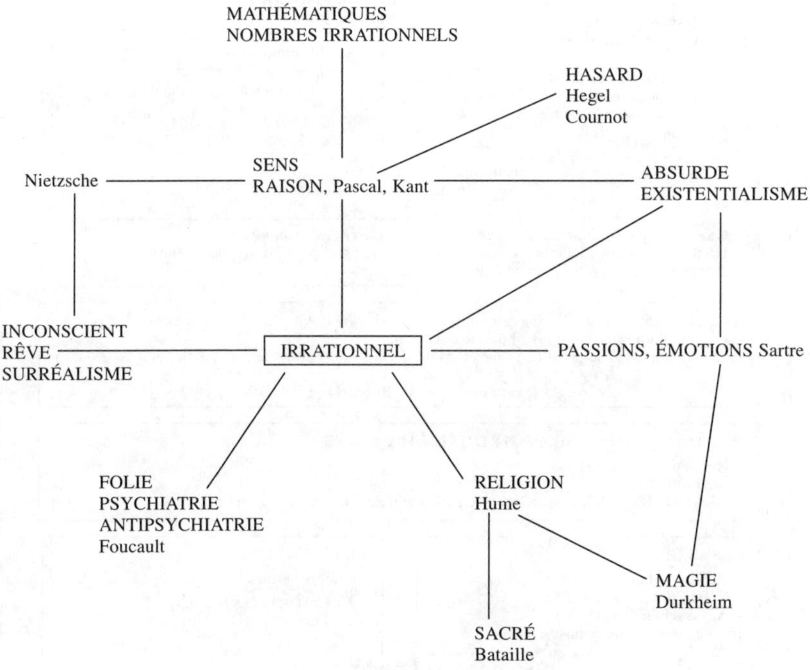

PHILOSOPHIE ITALIENNE

LES ANCÊTRES

« Philosophie italique »
- **Pythagore**
- **Empédocle** (Vᵉ s. av. J.-C.)

- **Dante Alighieri**
(1295-1321), *La Divine Comédie*
Fixe la langue italienne
Fusion philosophie - théologie - poésie

HUMANISME ET RENAISSANCE

– Redécouverte de l'art antique et de Platon.
Réflexion sur l'art. L'homme, sa liberté de pensée et d'action.

- **Pétrarque** (1304-1374)
- **L. B. Alberti** (1404-1472)
- **Marsile Ficin** (1433-1499), « Académie florentine »
- **L. de Vinci** (1452-1519)
- **Pic de la Mirandole** (1463-1494)
Recherche d'une synthèse érudite et indépendante philosophie - religion
- **Pomponazzi** (1462-1525)
La philosophie s'émancipe. Mise en doute de l'immortalité de l'âme.

« PHILOSOPHIE NATURELLE » (= physique)

- **Telesio** (1509-1588) : contre la physique d'Aristote
- **Giordano Bruno** (1548-1600) : Panthéisme, atomisme, héliocentrisme. Pluralité des mondes habités. (condamné et brûlé)

POLITIQUE

- **N. Machiavel** (1469-1527)
Le Prince (1513)
Vers un art de gouverner.
Morale et politique.
Comprendre l'Histoire et le comportement des hommes.
- **F. Guichardin** (1483-1540)
Exaltation de l'expérience en politique.

→ **Campanella** (1568-1639)
Naturalisme, utopie, politique

Galilée (1564-1642), *Dialogue sur les deux grands systèmes du monde*
Fonde la physique moderne : étude du mouvement, principe d'inertie, héliocentrisme.
Articulation observation - expérience - théorie.

- **G. Vico** (1668-1744), *La Science nouvelle*
L'Histoire a un sens, car c'est l'homme qui la fait.
La nature délaissée au profit de la société et de ses institutions (mythes, religions, langues, droit…)
↓
Réflexion juridique, **C. Beccaria** (1768-1794)

POSITION DE L'ÉGLISE AVANT L'UNITÉ ITALIENNE

- **Romagnosi** (1761-1835)
- **Rosmini** (1797-1855)
- **Gioberti** (1801-1852) : nationalisme philosophique : primat de l'Italie.

LES HÉGÉLIENS

- **B. Spaventa** (1817-1883)
- **F. De Sanctis** (1817-1883
- **A. Labriola** (1843-1904)
Introduction du matérialisme historique en Italie

LE POSITIVISME

Premiers germes :
- **C. Cattaneo** (1801-1869)
- **G. Ferrari** (1811-1876)

- **P. Villari** (1827-1917)
- **P. Siciliani** (1835-1885)

Le positivisme régnant :
- **R. Ardigò** (1828-1920)

RENOUVEAU IDÉALISTE

- **B. Croce** (1866-1952) : interprétation de Hegel.
L'historicisme absolu : tout est historique, la philosophie comme méthodologie.
- **G. Gentile** (1875-1944) : actualisme.
- **A. Gramsci** (1891-1937) : libre interprétation du marxisme.

J

JAMES

(William, 1842-1910.) Philosophe et psychologue américain. Fondant sa pensée sur l'expérience, il compare – comme Bergson* – la conscience à un courant en perpétuel mouvement et explique l'émotion par les processus physiologiques (périphériques) considérés d'ordinaire comme ses effets. Également analyste de l'expérience religieuse, variable d'une conscience à l'autre ; il est, en outre, le principal fondateur du **pragmatisme** américain et s'y efforce de définir la vérité par rapport aux exigences de l'action, en lui donnant pour critère l'utilité, le succès : la science est vraie dans la mesure où elle réussit et donne lieu à des applications techniques.

Œuvres principales : *Les Principes de la psychologie* (1890) ; *Les Variétés de l'expérience religieuse* (1902) ; *Le Pragmatisme* (1907).

➤ CONSCIENCE, EXPÉRIENCE, PRAGMATISME.

JANET

(Pierre, 1859-1947.) Philosophe, médecin et psychologue français. Élève de Charcot*, il a considérablement développé la psychologie expérimentale, dans la ligne de Théodule Ribot qui préconisait l'introduction de la méthode objective.

Contrairement à Freud*, Janet affirme que la puissance de l'inconscient (fait de mécanismes et d'habitudes répétitives) ne provient que de la faiblesse de la conscience, dont il faut renforcer le tonus.

Œuvres principales : *L'Automatisme psychologique* (1889) ; *De l'angoisse à l'extase* (1926).

JANKÉLÉVITCH

(Vladimir, 1903-1985.) Philosophe français, fils du premier traducteur des œuvres de Freud en français. Musicologue éminent, spécialiste de la philosophie allemande (une thèse sur Schelling*) jusqu'à ce que les horreurs nazies l'en écartent, il se consacre ensuite à une phénoménologie subtile, attentive aux nuances et aux contradictions de la vie psychique. Moraliste, il s'oppose à l'optimisme de la pensée hellénique – sa référence constante – et étudie les déchirements de la conscience soumise au « chiasme », à l'incompatibilité des valeurs qui l'habitent, le mal, par exemple, pouvant avoir la séduction de la beauté. La morale étant essentiellement un mouvement vers autrui, Jankélévitch en dégage le paradoxe : « Plus il y a d'être, plus il y a d'amour, et plus il y a d'amour, moins il y a d'être. »

Œuvres principales : *La Mauvaise Conscience* (1933) ; *L'Alternative* (1938) ; *Traité des vertus* (1949) ; *Le Mal* (1947) ; *Le je-ne-sais-quoi et le presque rien* (1957) ; *Le Pur et l'Impur* (1960 ; *La Mort*

(1966) ; *Le Pardon* (1967) ; *Le Paradoxe de la morale* (1981).

➤ ALTERNATIVE, CONSCIENCE, MAL, VERTU.

JASPERS

(Karl, 1883-1969.) Philosophe allemand. Il enseigne d'abord la psychologie, et fait paraître en 1913 son importante *Psychopathologie générale*, qui influencera l'attitude clinique en psychiatrie. Il obtient ensuite une chaire de philosophie, qui lui est retirée en 1937 par les nazis. Après la Seconde Guerre mondiale, sa pensée évolue de la « philosophie de l'existence » vers une méditation sur la politique et la définition de la raison.

◆ Pour Jaspers, l'existence* ne peut être définie ou connue. Elle peut, au mieux, être éclairée par une recherche philosophique, qui libère le sujet de toute préorientation dans le monde. Cette liberté mène à l'origine du sens, que Jaspers nomme la « transcendance » ; cette dernière reste toutefois hors d'atteinte, puisque le sujet existant est évidemment inscrit dans des limites infranchissables (la naissance, la mort). La vérité ne peut dès lors être construite que par une **« communication illimitée »**, mettant en commun les ressources de toutes les bonnes volontés ; en l'absence de ce travail intersubjectif, qui dépend de la raison et en constitue la véritable actualisation, elle disparaît.

◆ Relativement à un tel contexte, le conflit mondial relance l'interrogation sur la possibilité du dialogue fondateur. Celui-ci ne peut se reconstituer qu'après la reconnaissance des fautes ou déviations (*La Culpabilité allemande*, 1948), et ouvre une réflexion sur l'éventualité d'une orientation de l'histoire (*Origine et sens de l'histoire*, 1949). La pensée de Jaspers tente alors de préciser ce qu'exige une paix authentique entre les hommes, soumis désormais à la menace de l'autodestruction de l'humanité (*La Bombe atomique et l'avenir de l'homme*, 1958) : rien ne garantit que ces conditions (circulation de l'information, protection universelle des droits de l'homme par une autorité internationale, etc.) soient réalisables, mais ce n'est qu'en cherchant à les mettre en place qu'on peut espérer une paix durable.

◆ Cet accord ne devrait pas signifier la réduction de l'humain à une définition minimale : l'humanité est au contraire constituée par la pluralité des cultures, qui s'enrichissent mutuellement. De ce point de vue, le travail des *Grands Philosophes* (que Jaspers commente longuement en 1957, donnant par exemple de Kant* une lecture fructueuse) signifie la permanence d'un effort pour accéder au seuil d'une vérité transcendant la diversité des systèmes historiques.

AUTRES ŒUVRES : *Psychologie des conceptions du monde* (1919) ; *La Situation spirituelle de notre époque* (1931) ; *Nietzsche, introduction à sa philosophie* (1936) ; *De la vérité* (1947) ; *Introduction à la philosophie* (1950) ; *Autobiographie philosophique* (1957).

JE

◆ L'usage de cette première personne du pronom personnel permet au sujet de s'affirmer face à autrui (Tu ou Il). De là l'utilisation de ce pronom pour désigner le fait que le sujet a conscience de lui-même (chez l'enfant, l'apparition du Je vers trois ans semble en effet manifester le début de la conscience comme faculté d'opposition à l'autorité extérieure) aussi bien que l'unité qu'implique cette conscience à travers ses différents états dans la durée.

◆ Certains auteurs (N. Berdiaeff*, G. Marcel*) ont introduit le couple « Je et Tu » (ou « Moi et Toi ») pour substituer à la relation classique entre le sujet et l'objet une relation plus franchement interpersonnelle.

➤ CONSCIENCE.

JEU

Activité qui, commençant chez le jeune enfant et le petit animal comme dépense d'énergie ayant éventuellement une valeur d'entraînement ou d'apprentissage, change de nature avec le développement du sujet humain : lui succèdent des jeux d'imitation dans lesquels l'enfant projette ses désirs (poupée, marchand, etc.), puis des jeux de plus en plus réglés, et donc socialisés, où le plaisir paraît lié au respect des règles autant qu'aux difficultés à vaincre ou au gain qui sanctionne la compétition.

Certains théoriciens, à la suite de Huizynga *(Homo ludens)* ont fait de l'activité ludique le fondement des diverses manifestations culturelles (art, guerre, etc.). Sans lui accorder une importance aussi globale, on peut remarquer que le jeu, chez l'adulte, est fréquemment perçu, plus ou moins confusément, comme l'opposé du travail et l'occasion d'une certaine liberté.

JOIE

État de l'âme qui éprouve un plaisir. Sa valeur dépend de la nature de ce dernier : **Descartes** souligne qu'il existe une joie des ivrognes, dont il faut se méfier, et il distingue la joie intellectuelle, qui est active et provient de l'exercice de l'entendement, d'une joie simple suscitée par la possession d'un bien ordinaire. **Spinoza** ne reconnaît que la joie intellectuelle, « passage de l'homme d'une moindre à une plus grande perfection ». Encore n'est-elle pas la perfection elle-même ou la fin à atteindre, mais un simple signe de progrès dans la connaissance.

Dans le vocabulaire religieux, la joie est proche de la béatitude*, et désigne un « don de l'Esprit » : elle est la conséquence de la révélation du divin.

JONAS

(Hans, 1903-1993.) Philosophe allemand. Il quitte l'Allemagne pour Israël en 1933, séjourne plus tard au Canada et aux États-Unis où il enseigne.

◆ Sa réflexion porte essentiellement sur la signification et les dangers de la technologie dans le monde moderne. Inquiet de la démesure qui la caractérise et des manipulations, notamment génétiques, qu'elle favorise, il prend conscience de la vulnérabilité des êtres humains, mais il ne croit pas que le défi sera efficacement relevé dans le cadre du *Principe espérance* d'**E. Bloch***, qui met en œuvre le rêve utopiste d'une société idéale : la survie de l'humanité n'exige pas une modification ontologique de la nature humaine, contrairement à ce que suggère l'utopisme, et le souci de l'amélioration de l'homme n'est pas essentiel.

Opposé au primat de l'« espérance », l'homme qu'envisage Jonas est au fait des menaces qui pèsent sur l'humanité, et il prend conscience de sa **responsabilité.**

◆ Développant une « heuristique de la peur », Jonas affirme alors la nécessité d'élaborer une éthique nouvelle. Pour préserver l'existence future de l'être humain, et éviter l'apocalypse, il y a lieu de neutraliser l'homme prométhéen et d'adopter une attitude volontariste tournée vers l'avenir, contrairement à l'éthique classique, préoccupée du « maintenant ». « Ne compromets pas les conditions pour la survie indéfinie de l'humanité sur terre », telle est la maxime sur laquelle s'appuie tout agir responsable dont les devoirs envers nos enfants constituent « l'archétype ».

Œuvre principale : *Le Principe responsabilité* (1979).

JUGEMENT

◆ Du point de vue psychologique, c'est l'acte mental par lequel nous posons une assertion comme vraie. Plus généralement, le terme désigne la capacité d'user à juste titre de cet acte : on a (ou non) du jugement, le jugement sûr, etc.

◆ Logiquement, le jugement consiste à poser une relation entre deux ou plusieurs termes. C'est pourquoi il se présente en général sous la forme d'un sujet* uni à un prédicat* par l'intermédiaire d'une copule* : on a alors affaire à un **jugement de prédication.** Le jugement peut être affirmatif (A est B), négatif (A n'est pas B) ou indéfini (A est non-B), quant à sa qualité ; universel*, particulier* ou singulier*, quant à sa quantité.

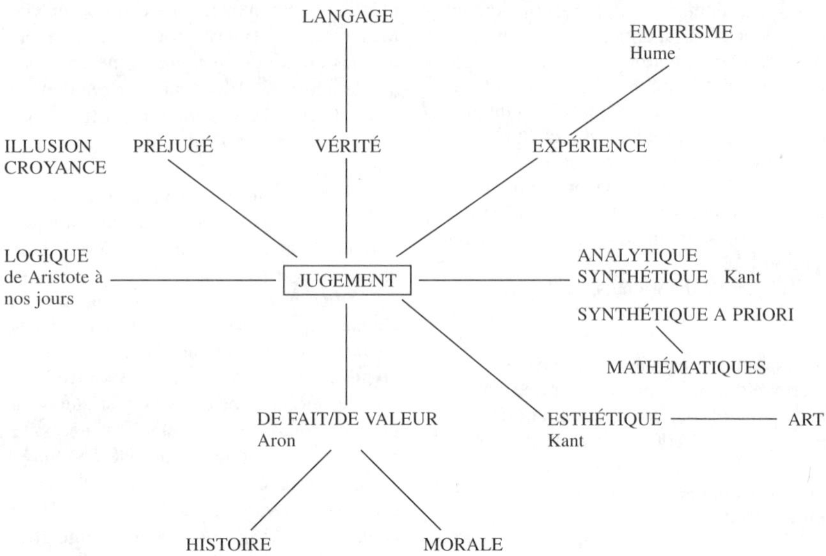

◆ Chez **Kant,** le jugement désigne aussi la capacité de penser le particulier au sein de l'universel. Cela implique l'existence d'une finalité*, mais celle-ci peut être « sans fin » (cas du jugement *esthétique*) ou « avec fin » (jugement *téléologique*). D'autre part, Kant distingue, logiquement parlant, les jugements *analytiques* des jugements *synthétiques* : dans les premiers, qui sont *a priori**, le prédicat est « contenu d'une manière cachée » dans le sujet ; dans les seconds, qui sont *a posteriori**, il est « en dehors » du sujet. Bien qu'indépendants de l'expérience, les jugements mathématiques (par exemple : le postulat d'Euclide) sont définis dans cette optique comme *synthétiques a priori* : selon l'interprétation que fait Heidegger* de cette expression, ils constituent un repérage anticipé du champ à connaître et des hypothèses qui pourront s'y exercer.

JUNG

(Carl Gustav, 1875-1961.) Psychiatre et psychologue suisse, D'abord collaborateur de Janet* et Bleuler, il devient le disciple de **Freud** (qui le considéra momentanément comme son « dauphin ») à partir de 1906. Il fonde en 1910 l'Association internationale de psychanalyse, mais rompt avec Freud en 1912, après la publication de ses *Métamorphoses et symboles de la libido.*

◆ Son **désaccord** porte en particulier sur le caractère à peu près exclusivement sexuel de la symbolisation selon Freud, sur la libido* elle-même qu'il conçoit comme l'expression psychique d'une énergie vitale dont l'orientation (vers l'extérieur ou l'intérieur) permettrait de distinguer deux types psychologiques fondamentaux (extraverti* et introverti), sur la définition de la névrose dont il se refuse à voir l'origine dans des troubles remontant exclusivement à l'enfance.

◆ L'originalité de Jung par rapport à l'orthodoxie freudienne tient d'autre part à l'intérêt qu'il porte aux symboles, aux mythes, et à ce qui peut réunir les différentes cultures dans ce qu'il nomme les **archétypes***. Ses recherches dans ces domaines le mènent à concevoir un **inconscient collectif**, représentant, relativement à l'inconscient personnel, « le prodigieux héritage spirituel de l'évolution du genre humain, qui renaît dans chaque structure individuelle ». Structuré par les archétypes, cet inconscient collectif s'énonce dans les symboles culturels (folklore, contes populaires, religions...) aussi bien que dans les œuvres d'art ou les rêves individuels. Fondée sur de telles notions, la **psychologie des profondeurs** sera une tentative pour expliciter le fonds commun par lequel l'individu rejoint l'espèce et le cosmos.

Œuvres principales : *Types psychologiques* (1921) ; *Dialectique du moi et de l'inconscient* (1928) ; *L'Homme à la découverte de son âme* (1943) ; *Psychologie et alchimie* (1944).

JUSTICE

La notion de justice désigne, d'une part, le *principe moral* qui exige le respect de la norme du droit et, d'autre part, la *vertu* qui consiste à respecter les droits d'autrui.

◆ En tant que règle qui régit les rapports mutuels des citoyens dans la cité, elle préside, sous forme de justice *distributive,* à la répartition des charges et des dignités, ou, sous forme de justice *commutative,* aux échanges économiques notamment, selon le principe de l'égalité. Or l'**équité** impliquée par la notion de justice exige de celle-ci qu'elle consiste à traiter de la même façon des êtres qui, par-delà leurs différences accidentelles, puissent être considérés comme essentiellement semblables. Rousseau* observe que la justice ainsi conçue ne peut être atteinte que dans l'égalité civile lorsque chacun commence par renoncer à ses droits naturels pour accéder à un véritable statut politique.

◆ Comme pouvoir de faire régner le droit, la justice est, par essence, indépendante. C'est pourquoi l'*Esprit des lois* de Montesquieu* distingue le pouvoir judiciaire des pouvoirs exécutif et législatif.

➤ Aristote, Platon, Rawls, Rousseau.

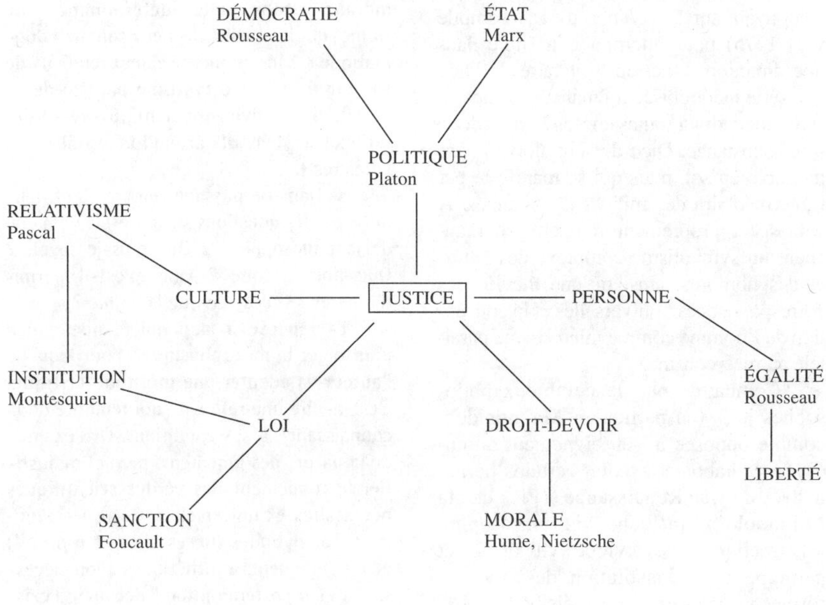

K

KABBALE

Terme hébreu qui désigne d'abord un ouvrage, rédigé à une date inconnue, qui rassemblerait les éléments d'une tradition secrète ayant au départ coexisté avec la religion populaire hébraïque.

◆ Doctrine religieuse et philosophique s'appuyant sur le *Zohar* (ouvrage compilé vers 1275) pour interpréter la Bible dans une direction ésotérique* et faire de Dieu une série hiérarchisée d'émanations successives engendrant toutes choses à partir de sa seule substance. Dieu devient alors un être ineffable en soi, mais qui se manifeste par l'intermédiaire des milices d'archanges. À cet aspect proprement religieux se rattachent un symbolisme complexe des lettres et des nombres, ainsi qu'une théorie des correspondances* universelles et la conception de l'homme comme microcosme parallèle au macrocosme.

Combattue par de nombreux philosophes juifs (en particulier Maïmonide*) comme opposée à l'enseignement talmudique, la kabbale a séduit certains humanistes de la Renaissance (Pic de la Mirandole*), influencé la philosophie « hermétique » des XVIe et XVIIe siècles et participé à la constitution des diverses formes ultérieures de panthéisme*.

KANT

(Emmanuel, 1724-1804.) Né et mort à Königsberg, Kant ne quitta pratiquement jamais sa ville natale où il enseigna à l'université, s'imposant un mode de vie d'une régularité absolue, troublée seulement deux fois, dit-on : par la publication du *Contrat social* (1762) et par l'annonce de la Révolution française.

Outre l'influence de Rousseau* qui s'exerça sur sa conception de la conscience morale, citons celle, déterminante, de Hume* qui le réveilla de son « sommeil dogmatique », sans oublier le climat religieux de son enfance (protestantisme piétiste de sa mère), ni l'environnement universitaire rationaliste de l'Aufklärung (philosophie des Lumières*).

◆ Dans un passage célèbre, Kant délimite, par les questions suivantes, le domaine de la philosophie : « Que puis-je savoir ? Que dois-je faire ? Que m'est-il permis d'espérer ? Qu'est-ce que l'homme ? »

La réponse à la première question a pour objet la **métaphysique***, pour laquelle l'auteur va adopter une **méthode critique,** c'est-à-dire une réflexion qui remonte de la connaissance à ses conditions. Or l'examen de la nature des jugements permet de justifier le fondement des vérités scientifiques nécessaires et universelles. Outre les jugements analytiques (nécessaires et *a priori**) et les jugements synthétiques (non nécessaires et *a posteriori*), Kant découvre l'existence de jugements ***synthétiques et a priori**** comme ceux que l'on utilise pour une démonstration géométrique : quel que soit le lieu choisi pour opérer la démonstration, celle-ci s'effectue dans l'espace qui est un cadre *a priori*, nécessaire et universel, appartenant à la structure même de notre esprit. L'espace – comme le temps – constitue une **forme *a priori* de la sensibilité** – où s'insère notre expérience, dont Kant affirme l'**idéalité transcendantale***.

Les phénomènes* ne sont pas seulement perçus selon la forme de l'espace et celle du temps, ils sont aussi pensés, c'est-à-dire reliés par l'esprit selon d'autres exigences – également *a priori* – que sont les **catégories de l'entendement :** la matière de la connaissance est ordonnée selon la cohérence des catégories, qui est la même pour tous les hommes. Ainsi, ce sont les choses qui se règlent sur notre esprit – et non l'inverse comme on l'admettait auparavant : d'où le nom de « révolution copernicienne » attribué à cette doctrine (*relativisme* kantien).

Sans les catégories*, les intuitions sensibles seraient « aveugles », et sans les « intuitions sensibles », les catégories seraient vides : la raison* ne peut donc rien appréhender en dehors du monde de l'expérience, sinon elle se perd dans des constructions chimériques, des ***antinomies****. Il en résulte que si la science des phénomènes est fondée, la nature profonde des choses, les **noumènes***, nous échappe.

◆ La raison ne peut donner sa pleine mesure qu'en morale : la **raison pratique** c'est-à-dire éthique* fournit la réponse à la question « Que dois-je faire ? », en commandant l'obéissance au **devoir*** qui sera déterminé par des maximes d'action que l'on pourra transformer en lois valables pour tout sujet raisonnable sans jamais rencontrer de contradiction. L'action accomplie par devoir est précisément morale dans la mesure où, ne s'appuyant pas sur les mobiles empiriques de la sensibilité – qui peuvent éventuellement produire une action matériellement bonne –, elle procède au contraire de l'**impératif catégorique*** qui exprime la victoire de la raison sur les inclinations. Le sujet sera déterminé à agir moralement par **respect*** pour la loi morale, concept dépouillé ici de toute signification affective – d'ordre **pathologique*** –, car l'être moral ne respecte rien d'autre que son propre pouvoir législatif.

Ainsi le fondement de la morale repose sur l'**autonomie*** de la volonté qui institue l'individu seul législateur de ses règles d'action et responsable rationnellement de son choix ; l'**hétéronomie*** – par soumission notamment de la volonté aux impératifs de la sensibilité – est vaine et trompeuse puisqu'elle impose à la morale un principe qui lui est extérieur. L'homme appartient à deux mondes : en tant qu'être temporel et empirique, il est soumis à la causalité naturelle, mais en tant qu'être intelligible* et rationnel et dans la mesure où ses actes expriment cette nature intelligible, il est libre. Or la morale appartient à ce monde intelligible ; elle ne peut pas s'épanouir dans la contrainte, elle postule la **liberté.**

Les deux autres *postulats* de la *raison pratique* portent sur l'**immortalité* de l'âme** et sur l'**existence de Dieu,** justicier qui assure dans l'au-delà l'harmonie entre vertu et bonheur. Ainsi la morale retrouve-t-elle trois réalités nouménales majeures, que la métaphysique classique ne peut atteindre, comme le montre la critique de Kant.

◆ La dernière question du programme philosophique renvoie au problème anthropologique. L'**anthropologie philosophique** n'oubliera pas le caractère transcendantal* de l'homme qui, loin de se réduire à l'empirique, possède, en tant que personne*, une dignité l'élevant au-dessus des lois de la nature – ainsi que le prouve déjà le sentiment du **beau** qui, échappant à l'égoïsme, se révèle être une satisfaction désintéressée que procure la beauté, définie comme une **« finalité* sans fin ».** Une telle anthropologie, qui ne peut se contenter d'étudier la nature humaine enracinée dans le monde de l'expérience et du devenir historique, doit être indissociable d'une sagesse prenant en compte le perfectionnement de l'humanité à travers les développements de la civilisation.

◆ ***Fondements de la métaphysique des mœurs*** (1785)

Cet ouvrage peut être lu comme une esquisse de ce que sera trois ans plus tard la ***Critique de la raison pratique,*** rédigée dans l'intention de parer au plus pressé : dans la mesure où l'être humain est soumis à de nombreuses sollicitations qui peuvent l'écarter de la moralité, il s'agit de fournir sans attendre les concepts fondamentaux permettant de raffermir la conscience morale. Il y est donc question, non pas de proposer de nouvelles règles morales, mais plus radicalement de fonder philosophiquement et ainsi de rendre possible une meilleure compréhension de ce qui a lieu en quiconque lorsqu'on s'interroge non sur ce qui se passe, mais sur ce qui doit se passer – puisque tel doit être l'objet, affirmé dans la Préface, de la philosophie morale pure.

Aussi la première partie est-elle consacrée à une analyse de la conscience morale commune, insistant sur les notions de bonne volonté, d'action faite par devoir (et pas seulement conformément au devoir) et de loi morale qui s'y trouvent spontanément, mais risquent en permanence d'être occultées par des motifs empiriques.

Le passage de cette « philosophie morale populaire » à la métaphysique des mœurs a lieu dans la deuxième partie, qui établit la relation entre volonté et raison pratique, souligne que le devoir s'énonce non dans le contenu de la loi, mais bien dans sa forme universelle, et opère la distinction entre impératif hypothétique et impératif catégorique. L' expression de ce dernier se ramène à la formule : « Agis uniquement d'après la maxime qui fait que tu peux vouloir en même temps qu'elle devienne une loi universelle » – ce qui équivaut à faire de la volonté du sujet une capacité législatrice universelle et définit l'**autonomie* comme principe de la moralité.** Par opposition à cette autonomie, Kant opère une classification (qui sera précisée dans la *Critique de la raison pratique*) des principes hétéronomiques de la moralité – tous insuffisants en ce qu'ils font dépendre celle-ci d'une fin qui lui est extérieure.

La troisième partie de l'ouvrage commente la critique de la raison pure pratique, et montre que « le concept de la liberté est la clef de l'explication de l'autonomie de la volonté ». On aborde là le domaine de la métaphysique classique – ce qui confirme que, du point de vue kantien, c'est la raison dans son versant pratique qui, davantage que dans son versant théorique, parvient à en connaître quelque chose.

◆ ***Critique de la faculté de juger*** (également intitulée *Critique du jugement*, 1790).

Il s'agit, avec cette troisième critique, de « jeter un pont » entre les deux premières : la *Critique de la raison pure* a en effet montré le rôle fondamental du déterminisme dans la connaissance, alors que la *Critique de la raison pratique* a insisté sur la présence radicale, dans l'homme, de la liberté. Comment concilier déterminisme et liberté ?

C'est en approfondissant l'analyse des principes *a priori* et du jugement que Kant élabore une solution. À côté des principes *a priori* de la connaissance et de la moralité, il existe dans l'homme une troisième faculté fondamentale : le sentiment de plaisir et de déplaisir. D'autre part, au jugement *déterminant,* qui constitue l'univers de l'expérience, on peut opposer un jugement *réfléchissant,* qui est à l'œuvre dans la schématisation : si le premier applique des lois déjà connues à des cas nouveaux, le second dépasse les lois ou les concepts acquis vers une synthèse inédite. Or ce jugement réfléchissant s'exerce dans deux domaines : il peut être téléologique* ou esthétique – d'où les deux parties principales de l'ouvrage, consacrées à l'étude du beau et à celle de la vie.

L'analyse de la beauté, outre son insistance sur le rôle de la finalité* interne dans l'œuvre d'art et le repérage de celle-ci, indépendamment de toute connaissance et de tout intérêt, comme forme non conceptualisable d'universalité, finit par proposer **deux valeurs esthétiques.** Du beau il convient en effet de distinguer le sublime*, sous ses deux aspects possibles (mathématique et dynamique). De surcroît le beau est *symbole de moralité,* non par son éventuel contenu, mais par son mode de constitution : de même que la loi morale universelle transcende les intérêts particuliers, l'œuvre unifie dans sa propre structure les éléments divers qui la constituent.

La seconde partie de l'ouvrage montre que le jugement téléologique est nécessaire dès que l'on prétend comprendre – au-delà des mécanismes physiques en jeu dans la nature – la particularité des **corps vivants,** dans lesquels les organes paraissent bien coordonnés en vue de la survie de l'organisme lui-même. Cette **finalité interne** présente dans le corps vivant, qui provoquait l'admiration de Goethe, se révélera ultérieurement d'une rare fécondité dans les sciences biologiques – tout comme l'esthétique kantienne reste aujourd'hui encore une référence obligatoire pour toute réflexion sérieuse sur l'art.

De façon globale, l'ensemble des trois *Critiques* constitue ainsi le repérage d'une raison qui apparaît comme l'instance fondatrice des différentes dimensions de l'être humain. Le travail de Kant n'a rien perdu de son actualité, malgré les rectifications auxquelles nous contraint le développement du savoir scientifique (cf. espace, temps), si, comme l'affirmait Jürgen Habermas* en 1984, « nous sommes, aujourd'hui encore, confrontés au problème qui exige que nous expliquions où la conscience objectivante, l'attitude morale et la puissance du jugement esthétique trouvent l'unité de leur processus logique ».

◆ *Projet de paix perpétuelle* (1795)

Cet écrit, bref, établit clairement que la politique doit être soumise à la réflexion et à des exigences morales.

Dans leurs rapports mutuels, les États sont dans une situation semblable à celle des individus dans l'état de nature, c'est-à-dire avant que leurs relations se trouvent organisées juridiquement. Aussi, pour établir une paix réelle – une paix qui mette fin non seulement aux guerres de fait, mais à la possibilité même de la guerre – conviendrait-il que soit instaurée, au-dessus des États particuliers, une fédération.

Ce qui rend la constitution de cette dernière difficile est que les États connaissent bien une coercition interne, mais non externe : ils ne sont soumis en apparence à aucune autorité qui les transcenderait.

Une telle autorité peut cependant exister : c'est la volonté de l'universel. Celle-ci est déjà à l'œuvre dans la vie morale. Il convient de lui accorder du pouvoir dans la vie politique, puisqu'elle seule peut aller au-delà des égoïsmes propres à chaque État, comme elle va au-delà des égoïsmes individuels. Les relations internationales dépendent donc, non du plan simplement politique, mais bien du plan éthique. Ainsi Kant peut-il affirmer, sans tracer de projet utopique comme de nombreux auteurs de la première moitié du XVIIIe siècle, que l'idéal et la réalisation de la paix universelle dépendent de la raison pratique.

AUTRES ŒUVRES : *Dissertation de 1770* ; *Critique de la raison pure* (1781, deuxième édition 1787) ; *Prolégomènes à toute métaphysique future* (1783) ; *Critique de la raison pratique* (1788) ; *La Religion dans les limites de la simple raison* (1793) ; *Anthropologie d'un point de vue pragmatique* (1798).

KANTISME

Le *kantisme* désigne la philosophie de Kant et de ses disciples, parmi lesquels figurent à la fin du XVIIIe siècle des commentateurs (Schmid, Jakob, Beck) et des auteurs plus critiques (Reinhold, Maimon, Jacobi, Herder).

◆ Les post-kantiens sont des philosophes qui, à la fin du XVIIIe siècle et surtout au début du XIXe, partant de l'idéalisme transcendantal* de Kant, vont le modifier profondément pour aboutir à un idéalisme soit subjectif (Fichte*), soit objectif (Schelling*), soit enfin absolu (Hegel*).

◆ Les néo-kantiens sont ceux qui, dans la seconde partie du XIXe siècle, font retour au criticisme de Kant (néocriticisme).

➤ A PRIORI, AUTONOMIE, CRITIQUE (PHILOSOPHIE), CATÉGORIE, DEVOIR, ENTENDEMENT, FINALITÉ, HÉTÉRONOMIE, IDÉALISME, IMPÉRATIF, NÉOCRITICISME, RELATIVISME, TRANSCENDANTAL, VOLONTÉ (BONNE).

KEPLER

(Johannes, 1571-1630.) Astronome allemand. Il renonce à une vocation d'abord religieuse (dont il conservera l'idée d'une architecture divine régissant l'Univers et un goût pour la métaphysique) pour se consacrer aux mathématiques, puis à l'astronomie.

◆ Très tôt persuadé que le système de Copernic* est une vérité, et non une simple hypothèse, il entend le démontrer mathématiquement et en déduire la vérité physique. En 1606, il rédige son *Astronomia nova* (publiée trois ans plus tard), dans laquelle il calcule avec précision la trajectoire elliptique de Mars par rapport au soleil. Il généralise ensuite son mode de calcul à toutes les planètes dans l'*Epitome astronomiae copernicanae* (1621), où le Soleil, centre du monde planétaire, apparaît comme doté d'une sorte de vertu magnétique qui seule peut expliquer pourquoi les planètes suivent les lois mises au point – hypothèse préfigurant la gravitation universelle.

◆ Mêlant cependant dans ses publications le calcul ou l'intuition de l'unité de la physique aux affirmations religieuses, et faiseur d'horoscopes pour gagner sa vie, Kepler entreprend de traduire dans le système de Copernic toutes les données de l'observation astronomique : il édite en 1627 les ***Tables rudolphines,*** permettant notamment de prévoir le passage des planètes devant le soleil, mais qui sont utilisées pendant encore des décennies en concurrence avec les tables anciennes. Persuadé que la nature n'est intelligible que parce qu'elle dépend d'une création divine, Kepler élabore une œuvre qui fait la liaison nécessaire entre Copernic et Newton.

KIERKEGAARD

(Sören, 1813-1855.) Penseur danois, né et mort à Copenhague. Élevé dans un milieu luthérien, il fait des études de théologie. Il rompt avec Kant et Hegel, refusant les cadres conceptuels de la philosophie traditionnelle dans la mesure où celle-ci cultive l'esprit de système et pétrifie la vie : « La philosophie est la nourrice sèche de la vie. »

◆ Sa réflexion portera sur les drames de l'existence humaine, sur la solitude angoissée de l'individu en opposition avec le collectif et la souveraineté glacée de la raison. Cette perspective romantique trouve son centre de gravité dans une analyse de l'expérience religieuse qui lui donne l'occasion de s'élever avec vigueur contre le christianisme officiel du temps. La relation, par la Foi, que l'homme entretient avec Dieu, d'une manière singulière et sans passer par l'appareil de la raison, est en fait réalisée au terme d'un cheminement en plusieurs étapes, qui correspondent aux épisodes successifs de la vie de Kierkegaard.

◆ La première modalité d'existence est ce qu'il appelle le **stade esthétique.** Vivre dans l'instant, jouir de chaque moment qui passe, tel est le souci de l'esthéticien, dilettante qui refuse de s'engager et a les traits du séducteur (Don Juan). Mais l'inassouvissement du désir toujours renaissant fait éclore une critique – à l'occasion de laquelle est analysée l'ironie* socratique – qui exige le dépassement de ce premier état. On arrive alors au **stade éthique,** celui du devoir et de la bonne conscience – trouvant d'ailleurs son expression dans les fiançailles de l'auteur avec Régine Olsen. Mais la vie de l'honnête homme, avec toutes les désillusions qui s'y attachent, ne peut représenter la solution définitive, et la précarité de la sagesse humaine, illustrée par la rupture des fiançailles précédentes et dénoncée par l'« humour » kierkegaardien, conduit finalement au **stade religieux.** C'est la situation existentielle du *chevalier de la foi,* qui se découvre lui-même, non pas en acceptant purement et simplement les dogmes de l'Église, mais dans un face-à-face avec Dieu où l'expérience du péché sera reconnue, non seulement comme source d'angoisse, mais aussi comme fondement tragique de la liberté.

L'influence de Kierkegaard a été déterminante aussi bien dans la genèse de l'existentialisme* contemporain que sur le renouvellement de la théologie protestante (Karl Barth) et de la philosophie religieuse.

◆ ***Ou bien... ou bien*** (1843) est un des ouvrages les plus significatifs de Kierkegaard, tant par l'usage d'un pseudonyme (Victor Eremita), lors de sa parution, que par la complexe dialectique qui l'anime ou par son fondement autobiographique – toujours intéressant dans le cas d'un philosophe qui a trouvé dans sa propre vie une part importante de son inspiration.

Divisé en deux parties (« Les papiers de A. », « Les papiers de B. ») prétendues organisées à partir de manuscrits trouvés, *Ou bien... ou bien* rassemble une série d'essais divers (dissertations esthétiques, critique littéraire et musicale, sermon d'un pasteur de campagne) opposant une conception esthétique à une conception éthique de l'existence. Le célèbre *Journal d'un séducteur* qui termine la première partie transpose les relations de Kierkegaard et Régine Olsen en une fiction cynique (le séducteur finit par abandonner sa victime après l'avoir persuadée de se donner à lui en méprisant le mariage et toutes les conventions), mais d'une ambiguïté telle que le lecteur y devine la nécessité d'un dépassement de la jouissance simplement esthétique : « Les papiers de B. » commencent d'ailleurs par une lettre sur la légitimité du mariage.

Kierkegaard se montre dans ce livre d'une rare subtilité dans l'analyse psychologique ; il y énonce des thèmes qui seront développés dans ses ouvrages ultérieurs, et annonce ce que sera le stade religieux, entreprenant la mission qu'il se donne de « guide vers la vérité » et de « créateur de peines » (puisque nous avons toujours tort à l'égard de Dieu, ainsi que l'affirme la fin de la deuxième partie).

AUTRES ŒUVRES : *Crainte et tremblement* (1843) ; *Le Concept d'angoisse* (1844) ; *Miettes philosophiques* (1846) ; *Traité du désespoir* (1849).

➤ EXISTENTIALISME, IRONIE, SYSTÈME.

KOJÈVE

(Alexandre, 1902-1968.) Philosophe français d'origine russe. Passionné par les spiritualités orientales aussi bien que par l'évolution de la connaissance scientifique (il fréquente Koyré et rédige en 1932 une étude sur *L'Idée du déterminisme dans la physique classique et la physique moderne*), il doit avant tout sa notoriété au séminaire qu'il tient à l'École pratique des hautes études : il s'y livre en effet, de 1933 à 1939, à une lecture de la *Phénoménologie de l'esprit* de Hegel, qui révèle l'importance de **Hegel** à une grande partie des intellectuels français – de R. Aron à Bataille ou Lacan – et influence durablement les études hégéliennes.

Son admiration sans limite pour l'auteur de la *Phénoménologie* l'amène à rédiger, après avoir fait depuis 1945 carrière dans la haute administration, son *Essai d'une histoire raisonnée de la philosophie païenne* (trois volumes publiés entre 1968 et 1973) qui, bien qu'inachevé, confirme que le discours philosophique ne peut désormais consister qu'en la redite (éventuellement enrichie ou améliorée) du discours hégélien ; ce ne saurait en tout cas être la science qui pourrait en assurer la relève, puisqu'elle apparaît incapable, armée de son seul symbolisme mathématique, de parler de l'être en général.

KOYRÉ

(Alexandre, 1892-1964.) Philosophe d'origine russe qui, après une jeunesse révolutionnaire qui le mène à Moscou dans l'opposition à Lénine, s'installe à Paris à partir de 1919. Il fonde en 1932 la revue *Recherches philosophiques*, approfondissant sa lecture de Husserl* en même temps que de Bergson et de Hegel.

◆ Admettant que science, philosophie et religion constituent trois modes de la pensée historiquement imbriqués de façon étroite, son œuvre s'articule selon deux axes principaux : une réflexion aiguë sur la science et son histoire, et un intérêt pour la mystique spéculative. Koyré a notamment établi que les travaux de Galilée et de Descartes signifient, au-delà d'un simple progrès de la connaissance, un changement de perspective sur l'homme et le monde : on passe là de la notion d'un cosmos hiérarchisé de régions distinctes à celle d'un univers infini et homogène dans lequel la science, au sens moderne, pourra se déployer.

ŒUVRES PRINCIPALES : *La Philosophie et le problème national en Russie au début du XIXe siècle* (1927) ; *Du monde clos à l'univers infini* (1957) ; *Études d'histoire de la pensée philosophique* (1961) ; *Études galiléennes* (1966).

KUHN

(Thomas Samuel, 1922-1996.) Philosophe et historien des sciences américain. C'est en commençant à enseigner après la guerre qu'il conçoit que l'image du progrès scientifique alors admise (sous l'influence de l'empirisme logique) ne correspond pas à la réalité. Il se consacre alors à l'histoire des sciences, qu'il enseigne au MIT de Cambridge.

◆ Travaillant à partir de Duhem* ou Koyré*, mais acceptant aussi les données de la psychologie génétique (Piaget*) et les thèses de Quine*, il commence par replacer les théories de Copernic* dans leur contexte culturel et religieux, pour montrer que l'évolution du savoir en astronomie dépend en grande partie des transformations du langage dans lequel il est formulé, et que sa **vérité** ne peut se réduire à une prétendue « correspondance » avec la **réalité** (*La Révolution copernicienne*, 1957).

◆ Il généralise ensuite ce résultat dans son ouvrage sur *La Structure des révolutions scientifiques* (1962), qui entraîne de vastes polémiques. Kuhn y affirme en effet que la science procède, non linéairement, mais par « bonds », survenant lorsqu'un ensemble de théories (ou paradigme*) est obligé de laisser la place à un nouveau paradigme, ce qui suppose une véritable conversion intellectuelle et linguistique : on ne peut exprimer des faits ou objets différents dans les concepts anciens, et les théories anciennes ne sont donc pas traduisibles dans les **termes des théories** ultérieures – on doit au contraire admettre qu'elles sont **« incommensurables ».**

◆ Accusé de relativisme, Kuhn précise dans une Postface à son ouvrage (1969) et dans de nombreux articles (*La Tension essentielle*, 1970) que sa conception de l'histoire est bien « développementaliste » : le concept de vérité reste absolument nécessaire pour rendre compte de l'histoire des sciences, dans la mesure où les théories successives esquissent bien un **« progrès » du savoir.** On doit cependant se débarrasser d'une conception du vrai comme correspondant au réel, et reconnaître que la communauté scientifique d'une époque n'est pas une réunion d'esprits purs : le passage d'un ensemble théorique à un autre suppose un bouleversement de ce qui était tenu pour la science « normale », et ne va pas sans conflits ni affrontements. Ces derniers sont analysés par un certain nombre de « sociologues des sciences » (Judith Schlanger, Bruno Latour), d'ailleurs influencés par les travaux de Kuhn.

L

LACAN

(Jacques, 1901-1981.) Psychanalyste français. Il publie en 1932 sa thèse, *De la psychose paranoïaque dans ses rapports avec la personnalité*, et côtoie les surréalistes aussi bien que des philosophes, auxquels il sera toujours attentif (notamment à Hegel et Heidegger), de même qu'aux poètes (de Mallarmé à Char). Son premier apport important à la théorie analytique consiste, dans les années 30, à repérer le **« stade du miroir »** (moment où l'enfant se reconnaît pour la première fois dans un miroir) comme constitutif de l'histoire consciente d'un sujet.

En opposition à la psychanalyse américaine qui domine dans les années 50 et cherche surtout à adapter l'individu à la société telle qu'elle est, Lacan rappelle (1953, « Rapport de Rome » : *Fonction et champ de la parole et du langage en psychanalyse*) que la cure n'a lieu qu'à travers le **langage.** Il est exclu de l'Association internationale de psychanalyse et fonde en 1964 sa propre école, l'École freudienne de Paris, où il se préoccupe – notamment à travers les séminaires qu'il organise depuis 1953 – du « retour à Freud » autant que de la formation des analystes ou d'instaurer entre praticiens un système de contrôle qui permette d'échapper à la rigidité des hiérarchies traditionnelles.

◆ C'est en 1966 que sont rassemblés ses *Écrits*, où, s'inspirant des concepts de la linguistique structurale (« L'inconscient est structuré comme un langage ») et des mathématiques, il fournit des **théories freudiennes une interprétation nouvelle :** donnant la première place à la dimension symbolique, il tient le réel pour « l'impossible ». Ce **réel hors de portée,** qui n'est concevable qu'à travers le voile d'un langage exigeant une interprétation sans fin, Lacan va le formaliser dans « l'objet petit *a* », véritable clé initiale du désir

Les *Écrits*, bien que d'une lecture ardue, rencontrent un énorme succès dans les milieux intellectuels, et Lacan va devenir une figure publique, adulée ou détestée. Son séminaire est religieusement suivi, mais on lui reproche de pratiquer des séances de cure de durée très variable. L'influence des théories lacaniennes se retrouvera plus ou moins durablement en littérature, en peinture, en linguistique – indépendamment des disciples qu'il attire dans les cercles psychanalytiques. Pour déjouer la fascination qu'il finit par exercer – à laquelle s'est ajoutée la mode confuse du « structuralisme »* – Lacan dissout en 1980 son École freudienne, et la remplace par la « Cause freudienne », en même temps que s'achève la parution de la revue *Scilicet* qu'il animait.

Les *Écrits*, les différents tomes publiés du *Séminaire*, son enseignement et sa pratique lui ont attiré des critiques virulentes, émanant aussi bien de psychanalystes que de linguistes ou de philosophes (Deleuze*, Lyotard*). Mais on ne peut nier que Lacan, tout en montrant que la psychanalyse n'était pas une histoire close, ait tenté d'en exhiber ce qu'elle pouvait conserver de subversif, pendant qu'il obligeait les philosophes eux-mêmes à relire Freud avec davantage de rigueur.

Lamarck

(Jean-Baptiste de Monet, chevalier de, 1744-1829.) Naturaliste français, l'un des principaux fondateurs de la biologie moderne.

◆ Ses observations le conduisent à rejeter le fixisme de Cuvier*, qui admettait des espèces vivantes créées séparément. Approfondissant des conceptions déjà exprimées par Buffon*, il affirme d'une part l'**unité de la vie** – qu'il oppose nettement à l'inorganique –, fruit d'une organisation graduelle et régulière, d'autre part l'idée d'une **transformation des espèces** en fonction des circonstances extérieures, qui peuvent freiner ou modifier l'expansion vitale. Reprenant en outre un point de vue de Diderot* selon lequel organe et besoin sont unis dialectiquement, Lamarck précise que le milieu* extérieur peut modifier ou susciter un besoin durable qui agira sur l'organe ou même le créera. Alors qu'un organe peut disparaître par manque d'usage, son usage intensif et permanent le développe : la girafe, contrainte, sur un sol desséché, de brouter les feuilles des arbres, déploie des efforts constants qui se traduiront par un allongement des jambes et du cou.

◆ Ce **transformisme** s'appuie sur la loi de l'hérédité de l'acquis, admise par la plupart des naturalistes de l'époque jusqu'à ce que Weissmann formule contre elle des objections définitives. Le **néo-lamarckisme**, qui postule également l'hérédité de l'acquis, se fonde sur l'idée que le développement individuel est soumis à l'action directe du milieu.

Œuvres principales : *Système des animaux sans vertèbres* (1801) ; *Recherches sur l'organisation des espèces* (1802) ; *Philosophie zoologique* (1809).

➤ Darwin, évolutionnisme, transformisme.

La Mettrie

(Julien Offray de, 1709-1751.) Médecin, polémiste et philosophe français. Très marqué par l'enseignement janséniste, il compose à quinze ans un ouvrage d'apologétique, mais s'éloigne dès l'année suivante de la religion. Après des études de médecine, il exerce pendant quelques années et traduit les principaux ouvrages du médecin et botaniste hollandais Boerhaave – ce qui lui vaut l'inimitié des milieux médicaux français.

◆ Dès sa première œuvre personnelle (*Traité du vertige*, 1737), il affiche des tendances matérialistes. Une « fièvre chaude » contractée au siège de Fribourg l'amène à penser qu'on a tort de concevoir l'âme comme indépendante du corps ; c'est la thèse qu'il soutient dans l'*Histoire naturelle de l'âme* (1745, plus tard rebaptisée *Traité de l'âme*) : il y esquisse les principes d'une psychologie fondée sur l'enseignement des sens et indépendante de tout postulat métaphysique.

Cette liberté à l'égard des dogmes lui attire les attaques des théologiens alors que, d'un autre côté, il déplore dans plusieurs satires l'inertie de la médecine officielle. Attaqués des deux côtés, ses ouvrages sont condamnés et brûlés le 7 juillet 1746. La Mettrie s'exile à Leyde et y compose *L'Homme machine* (publié anonymement en 1747) dont le succès est énorme, et le scandale si éclatant qu'il doit trouver refuge à Berlin auprès de Frédéric II.

◆ ***L'Homme machine*** tente une synthèse de la philosophie cartésienne et du sensualisme* anglais en affirmant un matérialisme serein, fondé sur les données scientifiques contemporaines, orienté vers la quête du bonheur, insoucieux des moralistes et, répugnant aux préjugés, d'un scepticisme raisonné à l'égard de la religion.

Bien qu'assez isolé des « philosophes français » du XVIIIe siècle qui le désavouèrent fréquemment alors qu'ils partageaient certaines de ses idées, La Mettrie apparaît comme un représentant majeur de la pensée « libertine ». Outre ses thèses philosophiques, on lui doit, dans le domaine scientifique, des intuitions non négligeables (sur les localisations cérébrales, l'unité du psychosomatique, le rejet du finalisme, l'évolution des espèces, l'importance de l'expérience, etc.).

Autres œuvres : *De la volupté* ; *Discours sur le bonheur* (1748) ; *Le Système d'Épicure* (1750) ; *L'Art de jouir* (1751) ; *Vénus métaphysique* (1752).

LANGAGE

◆ Fonction d'expression verbale de la pensée, qui se distingue des moyens de communication dont disposent certains animaux par sa constitution systématique et par le phénomène de la double articulation*. Le langage apparaît comme une institution culturelle universelle, dont la linguistique*, contrairement à ce que firent certains philosophes, ne cherche plus guère à déceler l'origine.

◆ Le langage peut être opposé à la parole* en ce qu'il peut n'être qu'*intérieur*, mais aussi dans la mesure où il renvoie à une institution collective.

◆ Anciennement synonyme de langue*. Saussure* rompt avec cette identification en distinguant le langage, comme « produit que l'individu enregistre passivement », de la langue qui en est la dimension sociale.

➤ DOUBLE ARTICULATION, COMMUNICATION, CONCEPT, CONVENTION, CRATYLISME, DÉNOMINATION, JUGEMENT, PROPOSITION, RAISON, SIGNIFIANT, SIGNIFIÉ.

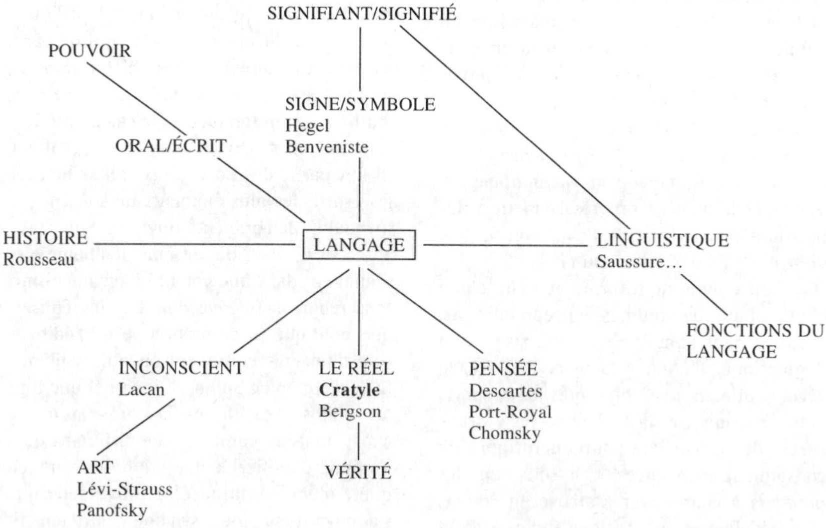

LANGUE

◆ Système linguistique propre à une communauté humaine, la langue se distingue techniquement de la parole* en ce qu'elle désigne la compétence inscrite dans l'individu par son appartenance à un groupe culturel.

◆ Manière d'écrire d'un auteur (la langue de Platon, de Descartes...).

◆ L'idée d'une *langue universelle* s'est historiquement constituée selon deux ambitions : il s'agit toujours d'une langue artificielle, mais construite soit de telle façon que le vocabulaire y corresponde aux éléments logiques des concepts (projets de Descartes ou Leibniz), soit en synthétisant des racines empruntées aux langues réelles et en y faisant jouer des préfixes et suffixes qui en précisent le sens et le rôle grammatical (l'espéranto, par exemple).

LAPSUS

Phénomène appartenant à ce que Freud appelle « psychopathologie de la vie quotidienne » : faute d'inattention dans la parole ou l'écriture, consistant à produire un mot ou une expression à la place d'un autre. Le lapsus provoque fréquemment le rire par son aspect incongru, mais il exprimerait un désir inconscient profitant pour s'exprimer d'une faiblesse passagère de la conscience (par exemple parce que la formule qui devrait apparaître est si banale qu'elle ne demande aucune attention).

LEFEBVRE

(Henri, 1901-1991.) Sociologue et philosophe français. Enseignant à partir de 1928, il côtoie les milieux surréalistes et révolutionnaires. Il adhère au parti communiste en 1930, parce que le marxisme lui paraît seul capable de dépasser la philosophie théorique en ouvrant sur une praxis concrète. Ses analyses portent d'abord sur des notions à l'époque peu explorées, comme la réification* (*La Conscience mystifiée*, 1936, *Critique de la vie quotidienne*, 1947), et le mènent progressivement à des positions peu compatibles avec son parti – dont il est finalement exclu en 1958.

Son œuvre, multiforme et riche d'une cinquantaine de volumes, entreprend alors, toujours dans l'optique d'un marxisme non dogmatique, d'étudier la ville, l'espace, le vécu quotidien aussi bien que les rapports entre le langage et la société ou les « structures de la société bureaucratique de consommation avancée ». Il sera l'un des premiers à commenter Marcuse en France, et à développer une critique radicale de la modernité.

AUTRES ŒUVRES : *La Somme et le reste* (1959) ; *Position : contre les technocrates* (1967) ; *La Fin de l'histoire* (1971) ; *La Pensée marxiste et la ville* (1972) ; *De l'État* (1976) ; *Une pensée devenue monde* (1980) ; *Conversation avec Henri Lefebvre* (1991).

LÉGALITÉ

Juridiquement, caractère de ce qui est conforme aux lois positives (se distingue ainsi de la légitimité, notion qui signifie la conformité au droit). Dans la morale kantienne, la légalité est le caractère d'un acte extérieurement conforme à la loi morale ; elle s'oppose à la *moralité* qui implique l'intention d'agir par devoir, dans le respect de la loi morale.

LEIBNIZ

(Gottfried Wilhelm, 1646-1716.) Philosophe allemand dont l'œuvre est considérable : des centaines de textes et d'essais, vingt mille lettres à plus de six cents correspondants... « Ce génie, le plus étonnant peut-être de tous les génies » (Maine de Biran) déploya une activité encyclopédique : il entre à l'Université dès quinze ans, voyage, est diplomate et historiographe, bibliothécaire, passionné de sciences, mathématicien (on lui doit le calcul infinitésimal) et physicien, théologien et occultiste (il fait partie des Rose-Croix) ; il se lie avec les esprits les plus éminents de son époque (Arnauld, Malebranche, Huygens, Spinoza).

Ces diverses dimensions de l'homme se rejoignent dans une volonté d'œcuménisme, tant religieux (il rêve d'unifier les Églises) que politique (il se préoccupe de l'édification d'un État européen) ou philosophique (à l'exception de Spinoza*, il admet que tous les philosophes disent en gros la même chose, mais de points de vue différents qu'il s'agirait d'unifier) : il est indéfiniment en quête d'une **combinatoire universelle** qui, s'appuyant sur des symboles strictement définis, permettrait de calculer par déduction toutes les vérités.

◆ L'entreprise proprement philosophique de Leibniz se situe sous le double parrainage de Descartes* et d'Aristote : il conserve du premier l'idée du mécanisme et de l'explication mathématique de l'univers, mais c'est pour le « dépasser », car Descartes ne représente à ses yeux que « l'antichambre de la vérité ». D'où sa critique de la notion cartésienne de l'étendue : pour l'auteur des *Remarques sur les principes cartésiens*, l'étendue ne peut être une substance, parce qu'elle est passive et divisible à l'infini. D'où, complémentairement, la « querelle des forces vives » : Descartes a eu tort en affirmant dans sa physique que la quantité de mouvement est constante dans le monde – ce qui se conserve, c'est la force ; si la matière est force, non seulement elle se rapproche de l'esprit, mais cela permet de réintégrer dans le monde une finalité (par où on rejoint Aristote).

◆ D'un autre point de vue, le système leibnizien insiste sur l'importance gnoséologique de **principes de la connaissance** qui sont virtuellement innés dans notre esprit (Leibniz rejette l'empirisme pur, mais il admet que les expériences permettent à l'esprit de découvrir ses propres possibilités) : si le principe de contradiction* permet de déduire toutes les propriétés d'une essence, il faut lui adjoindre celui de raison suffisante – pour saisir comment Dieu, parmi toutes les choses possibles, a choisi de créer la meilleure, ce qui confirme l'existence de la finalité dans l'univers, celui de continuité d'après lequel « la nature ne fait pas de saut », tous les êtres y étant hiérarchisés, et en quatrième lieu, le principe des indiscernables* qui établit, comme une conséquence du choix divin du meilleur possible, qu'il n'y a pas dans tout l'univers deux êtres absolument identiques.

◆ Hegel* a justement souligné combien toute la pensée de Leibniz est centrée sur l'individuel. C'est que pour lui, en effet, tout ce qui est être est un – et l'on doit soigneusement distinguer le simple agrégat (qui ne résulte que d'une contiguïté spatiale) de l'unité véritable, qui appartient à la substance et équivaut à un « point métaphysique » : l'univers apparaît constitué de substances individuelles, nommées **monades** à partir de 1695.

Mais si la monade n'est, comme Leibniz l'affirme, déterminée par rien d'extérieur à elle (sinon Dieu) car elle n'a « point de fenêtres, par lesquelles quelque chose y puisse entrer ou sortir », comment concevoir ses relations avec le reste de l'univers ? Il faut ajouter que la substance est action, capacité d'agir et de pâtir. S'il n'y a pas action d'une substance sur une autre, il y a en revanche accord de toutes les substances entre elles à partir d'un décret divin. Cette **« harmonie préétablie »** par Dieu explique que tous les points de vue des monades construisent un univers de cohérence, mais aussi que les mouvements du corps et de l'âme concordent.

Le monde est ainsi le résultat d'un calcul de Dieu, d'une **suprême combinatoire.** Tout le système culmine dans une théologie, qui justifie l'optimisme leibnizien par le fait que Dieu, dans son infinie bonté et sa perfection – qui « passe... tout ce qu'on en peut penser » – a nécessairement créé le meilleur des mondes possibles. Cette dernière formule permet de comprendre la réalité du mal, qu'il s'agit non pas de nier, mais de replacer dans le choix divin comme « moindre mal » – en ce sens qu'il s'intègre dans l'ensemble choisi par Dieu comme comportant le maximum de bien et le minimum de mal.

Ce système gigantesque n'a guère suscité de disciples : outre qu'il a entraîné des interprétations différentes (métaphysique, dynamique, mathématique, logique), son ampleur même risque de décourager. Mais ses explorateurs les plus récents (notamment Michel Serres*) y découvrent des aspects qui, indépendamment du contenu métaphysique ou théologique, anticipent sur des modes de réflexion contemporains : c'est ainsi que son projet, en mathématiques, était de trouver une correspondance générale entre toutes les formes mathématiques pour aboutir à une théorie générale des opérations – ce qui a autorisé les Bourbaki* à voir en lui un de leurs prédécesseurs authentiques.

◆ ***La Monadologie,*** composée en français en 1714 pour le prince Eugène de Savoie et parue en 1721, présente un abrégé de tout le système. Organisée en quatre-vingt-dix paragraphes, elle traite de trois thèmes fondamentaux : les monades, Dieu, et le monde conçu relativement à Dieu.

Du point de vue extérieur, la monade est simple et indivisible, sans étendue ni figure, sans début ni fin, non déterminée par quelque cause extérieure. Du point de vue intérieur, elle est dotée de perception (le multiple se représentant dans son unité) et d'appétition, c'est-à-dire de tendance à accroître la distinction de ses perceptions. Les monades sont hiérarchisées en trois catégories, selon la distinction de leurs perceptions :

– la monade ou entéléchie simple, qui ne possède pas la mémoire (cf. le végétal) ;

– celle douée de mémoire (cf. l'animal) : c'est l'âme, qui ne va pas jusqu'à la raison, bien que son comportement puisse empiriquement imiter les effets de cette dernière ;

– celle douée de raison, de connaissance des vérités éternelles et de conscience : c'est alors l'esprit, propre à l'homme, riche de ses principes rationnels et capable de s'appliquer aux vérités de raisonnement et aux vérités de faits.

En ce qui concerne Dieu, son existence peut se démontrer *a posteriori* (il apparaît alors comme raison suffisante d'un contingent qui n'a pas de cause en lui-même) ou *a priori* : il est la source nécessaire des essences et des vérités éternelles ; et il existe nécessairement si sa définition n'implique pas de contradiction.

L'action de Dieu dépend, non de sa volonté (cf. Descartes) mais de son entendement lorsqu'il s'agit de vérités éternelles. Lorsqu'il y va de vérités contingentes (historiques, mondaines), c'est alors bien sa volonté qui intervient selon une nécessité morale. Dieu, qui possède la puissance, la connaissance et la volonté, attribue aux monades trois éléments correspondants : le sujet, la perception et l'appétition. Après ces considérations en quelque sorte ascendantes, le texte suit une démarche descendante pour s'intéresser aux créatures.

Il existe dans le monde une préordination divine telle que chaque monade soit significative de tout l'univers. Parmi tous les univers possibles, Dieu a choisi le meilleur : celui qui présente le plus de variété avec le plus grand ordre. Les êtres hiérarchisés du monde sont constitués d' un corps composé et d'une entéléchie. Les corps composés imitent l'influence idéale des monades de façon mécanique, en sorte que tout corps résonne de tout ce qui a lieu dans l'univers. La hiérarchie qui les organise permet de distinguer trois niveaux :

– les simples vivants, divisibles à l'infini (Leibniz était fasciné par le microscope), qui indiquent que dans la nature tout est investi par la vie ;

– les animaux, dans lesquels l'âme obéit à la loi des causes finales et le corps à celle des causes efficientes ;

– les esprits, miroirs de Dieu même. Leur rassemblement forme la « Cité de Dieu », monde moral où bien et mal sont sanctionnés, où les bons accèdent à l'amour pur de Dieu. Ce monde moral est nécessairement en harmonie avec le monde naturel : les choses elles-mêmes conduisent l'esprit vers la grâce.

AUTRES ŒUVRES : *Discours de métaphysique* (1685) ; *Système nouveau de la nature et de la communication des substances* (1695) ; *Nouveaux Essais sur l'entendement humain* (1703-1704) ; *Essais de théodicée* (1710) ; *Principes de la nature et de la grâce fondés sur la raison* (1718).

LÉNINE

(Vladimir Ilitch Oulianov, dit, 1870-1924.) Dirigeant révolutionnaire et politique russe. Gagné très jeune au marxisme, il doit s'exiler en Suisse en 1900 et, dès 1902, il met au point, dans *Que faire ?*, la conception bolchevique de l'organisation révolutionnaire. Après l'échec de la révolution de 1905, il s'exile de nouveau (Paris, Genève) avant de revenir prendre la tête de la révolution de 1917.

◆ Ses principaux apports à la théorie marxiste concernent les notions d'**impérialisme** et de **dépérissement de l'État.** Des différents textes qu'il consacre au premier point, le plus important reste *L'Impérialisme, stade suprême du capitalisme* (1916) qui définit l'impérialisme par cinq facteurs fondamentaux : concentration du capital et apparition des monopoles, importance de l'exportation de capitaux, création d'une oligarchie financière, formation d'entreprises internationales, et partage du globe par les puissances capitalistes. Lénine, contrairement à Rosa Luxemburg, n'envisage pas l'autodestruction du capitalisme, se montrant sensible aux capacités d'adaptation des États capitalistes.

◆ En ce qui concerne l'accès du prolétariat à la conscience révolutionnaire, il fait toute confiance au Parti, structuré selon un centralisme rigoureux et destiné à éduquer politiquement les masses. C'est au Parti qu'il appartient notamment d'organiser la dictature du prolétariat, dont la fonction essentielle est d'entraîner un processus de dépérissement de l'État (cf. *L'État et la révolution*, 1918). L'appareil d'État socialiste ne devant en effet pas être séparé des masses, mais leur étant au contraire « subordonné », c'est en nombre de plus en plus élevé que les citoyens prendront progressivement part aux charges de la gestion. Il n'en reste pas moins que, dès 1924, Lénine se préoccupe de l'existence d'une déformation bureaucratique – qui apparaîtra ultérieurement irréversible en Union soviétique – alors même que la méfiance dont il avait quelques années plus tôt fait preuve à l'égard des avant-gardes artistiques constitue l'avant-goût d'une mise au pas de la production intellectuelle et artistique.

LEVINAS

(Emmanuel, 1905-1995.) Philosophe d'origine lituanienne, il a vécu en France à partir de 1923. Influencé par Husserl*, qu'il révèle au public français en 1930 *(Théorie de l'intuition dans la phénoménologie de Husserl)*, il en retient pour sa part la méthode des analyses intentionnelles. Mais son contact précoce avec la tradition talmudique l'amène aussi à centrer sa méditation sur la présence (le visage) de l'autre : expérience fondamentale en dehors de laquelle il ne pourrait exister de signification. Dès lors, Levinas interprète la métaphysique comme « transcendance vers l'autre » et, dans un débat où il prend le contre-pied de Heidegger* auquel il reproche d'accorder trop de poids à une relation abstraite avec l'être, la privilégie sur l'ontologie, parce qu'elle ouvrirait sur une expérience de l'infini en plaçant, avant l'ontologie, l'éthique.

ŒUVRES PRINCIPALES : *De l'existence à l'existant* (1947) ; *En découvrant l'existence avec Husserl et Heidegger* (1949) ; *Totalité et infini* (1962) ; *Quatre Lectures talmudiques* (1968) ; *Humanisme de l'autre homme* (1972) ; *Éthique et infini* (1981) ; *Dieu qui vient à l'idée* (1982).

LÉVI-STRAUSS

◆ (Claude, né en 1908.) Ethnologue français. S'inspirant notamment des méthodes de la linguistique (il collabore avec Roman Jakobson), il fonde **l'ethnologie structurale**, « exploitation systématique des oppositions binaires » (nu/vêtu, cru/cuit), qui a pour but de déceler, en deçà des phénomènes de surface qui diversifient les cultures, les schémas sous-jacents qui les informent. À partir de faits relevant de la sexualité, des relations de parenté, de l'art ou de la cuisine tels qu'ils sont quotidiennement vécus et observables, il s'agit de saisir le réseau de relations – éventuellement transposables par l'ethnologue en termes mathématiques – qui fonde leur sens global. Ce type de recherches oppose franchement le **culturel** au **naturel** (Lévi-Strauss saluant en Rousseau* le premier philosophe qui a su penser cette opposition) et confère au premier une prédominance complète.

◆ Dans l'optique de Lévi-Strauss, le structuralisme* – dont il fut, bien contre son gré, un des hérauts – « tend vers l'objectivité en envisageant de préférence des phénomènes qui s'élaborent en dehors des illusions de la pensée consciente, et pour lesquels il est possible de ne retenir qu'un nombre relativement restreint de variables capables d'expliquer les formes diverses que les mêmes phénomènes revêtent dans les sociétés différentes ».

Ses travaux ont été contestés pour diverses raisons. G. Gurvitch* leur reproche d'aboutir à une définition universelle de l'être humain en postulant l'existence, dans toutes les cultures, de structures logiques de la pensée qui seraient partout les mêmes. Cerains marxistes estiment qu'ils négligent une dimension historique, fondamentale de leur point de vue. Les ouvrages et la démarche de Lévi-Strauss n'en ont pas moins une influence notable qui déborde la seule ethnologie, vers la critique littéraire ou la philosophie.

ŒUVRES PRINCIPALES : *Les Structures élémentaires de la parenté* (1949) ; *Tristes Tropiques* (1955) ; *Le Totémisme aujourd'hui* (1962) ; *Anthropologie structurale I* (1958) et *II* (1973) ; *Mythologiques : Le* *cru et le cuit* (1964), *Du miel aux cendres* (1967), *L'Origine des manières de table* (1968), *L'Homme nu* (1971) ; *La Voie des masques* (1975) ; *Le Regard éloigné* (1983) ; *La Potière jalouse* (1985) ; *Histoire de Lynx* (1991) ; *Regarder Écouter Lire* (1993).

LÉVY-BRUHL

(Lucien, 1857-1939.) D'abord auteur d'importants ouvrages d'histoire de la philosophie, il se rallie dans la seconde moitié de sa carrière à l'École française de sociologie.

Annonçant les recherches de l'École culturaliste américaine, il détache la morale de tout lien métaphysique et en fait une **science des mœurs** qui obéit aux normes toutes relatives de chaque groupe socio-historique. Lévy-Bruhl est alors conduit à définir une mentalité primitive, **prélogique** – elle ignore notre conception de la contradiction – et mystique dans la mesure où, dominée par la loi de participation, elle admet que les êtres sont à la fois eux-mêmes et autre chose qu'eux-mêmes. La thèse qui se dégage de ces travaux, ruinant l'idée d'une nature humaine universelle, a été partiellement remise en question par l'auteur à la fin de sa vie.

Œuvres principales : *La Morale et la science des mœurs* (1903) ; *Les Fonctions mentales dans les sociétés inférieures* (1910) ; *La Mentalité primitive* (1922) ; *L'Âme primitive* (1927) ; *Cahiers* (1949).

➤ MENTALITÉ, PARTICIPATION, PRÉLOGIQUE, PRIMITIF, SOCIOLOGIE.

LIBÉRALISME

Terme ambigu dont la signification varie selon qu'on l'applique à l'ordre politique ou au domaine économique.

◆ Dans le premier cas, doctrine qui, à la suite de Locke*, Montesquieu*, Rousseau*, prône la tolérance, préconise le respect de la liberté individuelle – notamment la liberté de pensée – et entend protéger celle-ci en limitant les pouvoirs de l'État (par exemple : grâce à la séparation des pouvoirs).

◆ **Le libéralisme économique** (Quesnay, Say, Adam Smith*, Malthus*, Ricardo*, J. Stuart Mill*) est une conception qui refuse l'intervention de l'État dans le jeu économique (si ce n'est pour défendre l'initiative privée) et qui pose l'existence de lois naturelles capables d'assurer l'équilibre de l'offre et de la demande, à condition que soient respectées la concurrence et la propriété privée des moyens de production. Le **néo-libéralisme** est une doctrine qui, de nos jours, devant l'échec du libéralisme classique, admet une certaine intervention de l'État dans l'économie sans pour autant remettre en cause le principe de la concurrence et de la libre entreprise.

➤ CAPITALISME, COMMUNISME, MARXISME, SOCIALISME.

LIBERTAIRE

Partisan d'une liberté individuelle sans limite. Refusant l'autorité de l'Église et de l'État, le libertaire, au sens propre, est un anarchiste.

➤ ANARCHISME.

LIBERTÉ

◆ État de l'être qui n'obéit qu'à sa volonté, indépendamment de toute contrainte extérieure (l'homme libre est le contraire d'un esclave*).

◆ Au sens politique, les libertés concernent les différents domaines (physique, d'expression, de conscience, de pensée, religieux) où l'individu n'a pas à subir de contrôle de l'État dans la mesure où il est respectueux des lois. C'est en ce seul sens que les Anciens ont discuté de la liberté : être libre, c'est jouir des institutions d'une cité *(polis)*, ne pas être esclave.

◆ Par opposition à l'ignorance ou aux passions, état de l'être qui juge ou agit consciemment en référence à la vérité ou à la raison, réalisant ainsi complètement ce qu'il estime correspondre à sa nature propre.

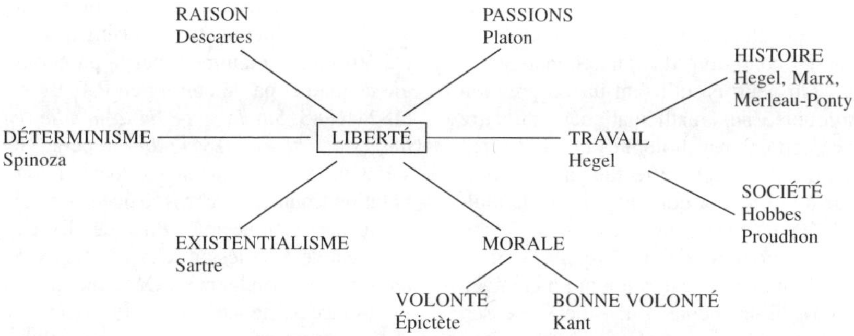

◆ La liberté **morale** fonde chez Kant l'autonomie de la volonté dont elle constitue le sous-sol métaphysique. En tant que telle, elle ne peut être énoncée que par un postulat de la raison pratique.

◆ Dans l'**existentialisme,** la liberté est constitutive de la réalité humaine immédiate (l'homme est, selon la formule de Sartre, « condamné à être libre »). Chaque individu bénéficiant d'une liberté absolue doit inventer ses propres valeurs, ce qui lui confère une responsabilité* écrasante.

LIBIDO

Terme utilisé par Freud* (c'est, en latin, l'envie, le désir) pour désigner le dynamisme, dans la vie psychique (particulièrement inconsciente) de la pulsion sexuelle. Cette dernière demeurera, jusque dans les dernières théories freudiennes, au centre de toutes les tendances affectives, mais elle s'y enrichit de toutes les variétés de l'amour (narcissisme*, amour familial, amitié...). La libido doit être pensée de façon quantitative (mais non mesurable).

➤ ÉROS, JUNG, PULSION.

LIBRE ARBITRE

L'expression désigne l'indétermination de la volonté placée en face d'un choix. Elle est effectivement synonyme de *liberté d'indifférence* quand, dans la décision, ne prévaut aucun motif.

Opposée au déterminisme, elle signifie aussi le pouvoir créateur de la volonté capable d'agir comme cause première, c'est-à-dire, la liberté propre à l'être conscient d'agir à sa guise et de se choisir en toute indépendance.

➤ ÂNE DE BURIDAN.

LIBRE PENSÉE

Attitude de celui qui, s'opposant au principe d'autorité religieuse, refuse toute révélation surnaturelle et réduit toute croyance religieuse à la superstition. Les libres penseurs – qu'on appelait autrefois libertins – sont généralement agnostiques* et n'ont foi qu'en la raison. L'expression a, de nos jours, tendance à tomber en désuétude.

LIEU

Relative à la situation spatiale d'un corps, cette notion désigne la partie de l'étendue* occupée par ce corps. Au figuré, tout ce à quoi on peut rapporter un être, ou en quoi on peut le situer : exemple : « Dieu est le lieu des esprits » (Malebranche).

➤ TOPIQUE.

LIMITE

Terme utilisé par Kant*, qui caractérise le noumène* comme un « concept limite » dans la mesure où il rappelle que les prétentions de la connaissance sensible doivent être limitées aux objets que nous pouvons effectivement connaître en fonction des conditions de notre connaissance.

On peut, en utilisant une expression empruntée aux mathématiques, admettre avec certains psychologues que la formation d'un concept s'effectue par un « passage à la limite » qui s'appuie sur la multiplicité des expériences.

On nomme, depuis Jaspers, « situation limite » toute situation qui met en jeu la possibilité même d'un sujet à penser, dans quelque sens que ce soit (naître, devoir mourir).

LINGUISTIQUE

Science du langage, elle est fondée sous sa forme moderne par Saussure*. On notera toutefois que les développements de ses recherches structurales (à travers les travaux de Benveniste et Hjelmslev ou l'analyse des phonèmes par Jakobson) n'ont parfois fait que relancer une réflexion initialement entamée par la philosophie (par exemple, la question du rapport entre référent et signifiant déjà posée par Platon ; cf. cratylisme*) et ne peuvent se substituer à l'ensemble de cette réflexion, dans la mesure où elles laissent en suspens les problèmes concernant l'origine des langues, les rapports entre le langage et la pensée, etc.

➤ CHOMSKY.

LOCALISATION, LOCALISATIONS CÉRÉBRALES

◆ En psychologie, la **localisation** est l'opération par laquelle nous situons les sensations corporelles ou les perceptions relativement à notre corps ou à l'espace extérieur.

Par analogie, on appelle localisation des souvenirs leur repérage dans la chronologie individuelle ou sociale.

◆ Relations supposées entre les phénomènes psychiques et des régions précises du cerveau admises comme leur « siège », les **localisations cérébrales** ont été affirmées notamment par la phrénologie de Gall et par le chirurgien P. P. Broca (1824-1888, *Sur le siège de la faculté du langage articulé*, 1861) qui repérait le siège du langage dans la troisième circonvolution frontale gauche – ce que paraissait confirmer l'amnésie* (dite de Broca) consécutive à sa lésion. Ces théories sont aujourd'hui abandonnées. On admet plutôt l'existence de zones où s'effectuent les chaînes de neurones nécessaires à l'activité psychique ; la base du cerveau serait simplement « spécialisée » dans la vie végétative et émotionnelle, l'écorce cérébrale dans les fonctions sensorielles, motrices et intellectuelles. On constate de surcroît qu'en cas de lésion, les circuits atteints sont progressivement relayés par d'autres.

LOCKE

(John, 1632-1704.) Né en Angleterre près de Bristol, il s'intéresse d'abord aux sciences et notamment à la médecine avant de voir se préciser sa vocation philosophique.

◆ Ce penseur **empiriste** combat la théorie cartésienne des idées innées* et affirme que l'esprit est une table rase : c'est l'expérience – dont les deux sources sont la sensation et la réflexion – qui y inscrit toutes nos connaissances pour nous donner des « idées simples ». La sensation résulte de l'action physique qu'exerce l'objet sur nos sens, et la réflexion (que Locke assimile à un sens intérieur) est la « perception des opérations de notre âme sur les idées qu'elle a reçues des sens » (penser, croire, douter...).

◆ Locke, dépassant l'empirisme absolu, introduit une puissance qui est l'**entendement** grâce auquel – à partir d'un certain nombre d'idées simples – on peut constituer des idées complexes, celles de substances* (représentant des réalités existant par elles-mêmes comme les corps, les esprits), celles de modes* (correspondant à des qualités : passion, beauté, nombre), celles de relations* (relations de cause à effet, de ressemblance...). La connaissance ne s'achève que grâce à une activité rationnelle capable de « découvrir des preuves », de tirer « une juste conclusion » – comme on peut l'observer dans toute démonstration mathématique – et de mettre en évidence l'existence des êtres qui nous entourent sans pour autant saisir leur nature ou leur essence.

◆ S'abstenant de recourir à un quelconque principe inné de l'entendement, Locke affirme que la morale découle de la loi divine communiquée à l'homme par la lumière naturelle ou la Révélation, et de la loi civile issue des institutions de l'État, sans oublier les normes variables selon lesquelles se forgent les coutumes sociales. Admettant la thèse selon laquelle la société provient d'un contrat, il refuse de justifier le despotisme, à l'inverse de Hobbes* ; partisan du libéralisme politique, il prend soin de montrer que le pouvoir établi est limité aux biens civils des hommes, et qu'il ne saurait en aucun cas s'en prendre à leurs âmes ni à leurs croyances. Appel à la tolérance évidemment nécessaire après les excès, dans ce domaine, des monarchies européennes.

ŒUVRES PRINCIPALES : *Lettres sur la tolérance* (1689) ; *Essai sur l'entendement humain* ; *Traité sur le gouvernement civil* (1690).

➤ EMPIRISME.

LOGICISME, LOGIQUE

Au sens le plus général, la *logique* est la science qui prend pour objet l'étude des jugements en tant qu'ils s'appliquent à la distinction du vrai et du faux.

◆ Dès Aristote*, la **logique formelle** (ou classique) détermine quelles sont, parmi les opérations de l'esprit (formations des concepts, des jugements, des raisonnements), celles qui sont valides, indépendamment de leur contenu et en vertu de leur seule forme. Elle étudie en conséquence leurs propriétés, leurs modes d'enchaînement, leurs conditions d'implication ou d'exclusion. Elle est *bivalente*, c'est-à-dire qu'elle ne connaît, en se fondant sur le principe du tiers exclu, que deux valeurs de vérité : le vrai et le faux.

◆ On nomme ultérieurement **logique symbolique** la construction (de Leibniz à Hilbert ou Russell) de systèmes hypothético-déductifs* fondés sur des axiomatiques et des règles strictes régissant l'utilisation de symboles abstraits (désignant des objets ou des opérations). Un tel système, dans la mesure où il reste rigoureusement formel, échappe aux équivoques du langage ordinaire ainsi qu'à tout apport intuitif : il constitue une langue artificielle dont les formes correspondent aux seules exigences logiques. Les logiques symboliques sont *plurivalentes* lorsqu'elles admettent d'autres valeurs de vérité que les seuls vrai ou faux (par exemple : aléatoire, possible, impossible...).

◆ Kant nomme **logique transcendantale*** la « science de l'entendement pur et de la connaissance rationnelle par laquelle nous pensons des objets tout à fait *a priori* ».

◆ Toute doctrine accordant à la logique* une place prépondérante est appelée **logicisme :** en mathématiques, lorsqu'on essaie d'en reconstruire l'ensemble par la seule logique formelle (par exemple, chez Leibniz ramenant tout au principe d'identité) notamment sous la forme d'un système hypothético-déductif* fondé sur une axiomatique stricte (Hilbert, Russell*) ; en philosophie, lorsqu'on entend préserver la logique de toute intervention de la psychologie (par exemple, chez Husserl*).

➤ HEGEL, SYLLOGISME, VALIDITÉ.

LOGISTIQUE

Chez les Grecs, art du calcul. Au sens moderne, synonyme de logique symbolique.

➤ CERCLE DE VIENNE.

LOGOS

Mot grec : parole et raison (initialement au sens où celle-ci est d'abord capacité de rassembler et de comparer, de « peser »).

◆ C'est avec **Héraclite*** que le logos entre dans le champ de la réflexion philosophique, en tant que raison commune à tous les êtres. Sens transcendant et raison qui gouverne le monde et exprime « l'ordre des choses », le logos reste – pour ce présocratique – à déchiffrer, bien que le message qu'il transmet ne soit pas totalement accessible.

Par la suite, le logos devient chez les stoïciens* la raison (logos universel) qui anime toutes les parties de l'univers, et chez Plotin* et les néo-platoniciens, un être intelligible intermédiaire entre Dieu et le monde.

◆ Notons que, dans le christianisme, il désigne le Verbe, ou deuxième personne de la Trinité.

◆ En philosophie contemporaine (notamment chez Heidegger*), le mot retrouve son acception étymologique pour désigner une « récollection » de l'Être lui-même, qui fonde la possibilité d'une ontologie.

LOI

La notion relève soit de la **règle***, soit de la **nécessité***.

◆ Dans le premier cas, il s'agit d'abord de la loi au sens juridique ou **loi positive** qui émane du pouvoir politique en vue de régir l'activité d'une société donnée. Ce sont aussi – par extension – les prescriptions diffuses ou obligations imposées par la société sous la forme de la **conscience sociale**· (honneur, mode). Il s'agit enfin de la **norme morale** qui s'impose à la conscience morale du sujet sous la forme d'un **impératif catégorique***.

La loi morale ainsi que la norme logique qui définit les lois universelles de la pensée, et les normes de l'**esthétique*** qui prescrivent les conditions du beau, constituent l'objet des sciences dites **normatives.** Tous les cas précédents – y compris les **« lois divines »,** préceptes divins connus par la Révélation – ont en commun de reposer sur des exigences qui, comme telles peuvent être **transgressées,** et donc donner lieu à des sanctions.

◆ Au contraire relève de la nécessité, c'est-à-dire, ne supporte pas d'exception, la **loi naturelle,** règle qui « dérive de la nature des choses » (Montesquieu). De même la **loi scientifique** ou loi de la nature définie comme un rapport invariable, constant et mesurable entre des phénomènes.

➤ IMPÉRATIF, OBLIGATION, RÈGLE.

LOISIR

Défini par Littré comme l'« état dans lequel il est permis de faire ce qu'on veut », le loisir suppose également un espace de temps libéré des contraintes sociales – ce qui n'est pas le cas ni des sociétés archaïques soumises aux fêtes et aux rites collectifs, ni des sociétés agraires où se mêlent réjouissances et activités de travail.

◆ S'exerçant en dehors du temps de travail – P. Lafargue, le gendre de Marx*, ne revendiquait-il pas en 1883 le droit à la paresse ? –, le loisir inséparable de l'autonomie individuelle possède un caractère de **désintéressement** capable de procurer une satisfaction favorable à l'épanouissement de la personnalité, comme ce fut le cas en Grèce où les philosophes le confondaient avec l'oisiveté – à l'égard des tâches serviles –, propice à la réflexion et à la sagesse. Les humanistes du Moyen Âge et de la Renaissance poursuivirent d'ailleurs le même idéal.

La société postindustrielle actuelle, en augmentant le temps soustrait au travail, donne au loisir une importance et une dimension nouvelles, à telle enseigne que les sociologues se croient autorisés à parler d'une civilisation des loisirs. Mais on peut se demander si les normes de la société économique ne risquent pas de dénaturer le loisir en lui ôtant sa part d'indispensable liberté, dans la mesure où s'impose l'idée de l'homme selon le modèle du producteur, du consommateur, de l'homme affairé – c'est-à-dire sans loisir authentique précisément !

➤ MARCUSE.

LUCRÈCE

(Poète et philosophe latin, 98-55 av. J.-C.) Son ouvrage *De la nature (De natura rerum),* dont la publication fut assurée après sa mort, peut-être par Cicéron, expose en six chants les principes de la physique et de la **morale d'Épicure***, auquel un poème laudatif est consacré au début de chaque chant. Derrière un titre traditionnel, déjà régulièrement utilisé par les présocratiques* (Anaxagore, Héraclite, Empédocle, Parménide), c'est un chef-d'œuvre incontestable de la poésie scientifique et didactique.

Après une invocation initiale à la déesse Vénus (principe de la vie et de la fécondité), le Livre I énonce les lois fondamentales de l'univers : théorie atomique, permanence éternelle des atomes, existence du vide primordial.

Le Livre II est consacré à la formation des corps et à leur dissolution : théorie du clinamen*, attirance réciproque des atomes de même nature, apparition de la vie à partir d'agencements de plus en plus complexes des particules atomiques. Lucrèce apporte à l'appui d'Épicure une foule d'exemples et de « preuves » – leur multiplicité ayant pour but moins d'en garantir le caractère définitif que de laisser au lecteur le choix de ce qui lui paraîtra le plus persuasif.

Livre III : la nature de l'homme, corps et âme, relève également d'une composition exclusivement atomique. L'âme est donc périssable comme le corps, et la mort ne doit pas être crainte.

Livre IV : description des sensations et des désirs. Lucrèce passe en revue le fonctionnement, toujours envisagé d'un point de vue rigoureusement matérialiste, des sens (théorie des simulacres, qui explique aussi les visions oniriques) ; l'amour est évoqué, dans son ambiguïté, par les joies et les peines qu'il procure.

Livre V : histoire de la Terre, et tableau de l'évolution de l'homme, depuis l'invention d'un langage commun jusqu'au désir de la sagesse. La cosmogonie sert de preuve supplémentaire du peu d'importance que peuvent avoir les dieux, puisqu'ils n'ont rien créé du monde.

Livre VI : explication des phénomènes naturels (pluies, orages, séismes...), qui prouve qu'ils ont tous une cause dans la nature elle-même, et ne sont donc pas à craindre en tant que manifestations divines.

L'ouvrage s'achève par une évocation de la peste d'Athènes. Lucrèce se montre, dans son poème, fidèle aux théories d'Épicure – mais il leur confère, par son talent littéraire, une dramatisation exceptionnelle qui les rend particulièrement « parlantes » : le projet du poète-philosophe est en effet d'apporter la sérénité à une humanité à l'égard de laquelle il ressent une immense pitié.

Le *De la nature* eut un succès tardif mais durable dans l'Antiquité. Dès le XVIIe siècle, sa célébrité se réaffirme (grâce à Gassendi, mais aussi à La Fontaine). Voltaire en admirera particulièrement le Chant V ; et il demeure pour les lecteurs contemporains un livre d'une rare grandeur.

LUDIQUE

Qualifie tout ce qui se rapporte au jeu*. Dans un sens plus général, on utilise cet adjectif pour caractériser une mentalité, un comportement, etc., qui semble présenter une ambiance dans laquelle le réel a un statut semblable à celui qu'il a dans le jeu.

LUKÁCS

(György,1885-1971.) Philosophe et homme politique hongrois. D'abord influencé par la philosophie allemande, et surtout par le néo-kantisme et les travaux de Dilthey et Weber, il publie des livres d'esthétique jetant les bases d'une analyse structurale de la création et des formes artistiques (*L'Âme et les formes,* 1911, qui lui vaudra l'amitié de Th. Mann, *Théorie du roman,* 1914). Ces ouvrages auront plus tard une nette influence sur L. Goldmann et sa sociologie de la littérature.

Lukács adhère au parti communiste hongrois en 1918, et il y vivra de l'intérieur les remous de la pensée marxiste, tour à tour stalinien puis antistalinien. Il renie ses premières œuvres en raison de leur « idéalisme » et entreprend son ouvrage fondamental (1923) : ***Histoire et conscience de classe*** où, analysant les processus de réification* et les relations entre classes sociales et idéologies, il essaie d'actualiser le marxisme en prolongeant la dialectique hégélienne. Tentative assez mal accueillie par les milieux officiels. Il se réfugie à Moscou pendant le nazisme et, de retour en Hongrie en 1945, il publie une série d'ouvrages importants de critique littéraire ou philosophique. Plusieurs de ses thèses sont qualifiées de révisionnistes : il fait son autocritique en même temps que l'apologie du réalisme*. La déstalinisation lui permettra de revenir sur des positions plus ouvertes, et il creuse en particulier dans l'*Esthétique* de ses dernières années le **paradoxe de l'art,** valeur par lui-même et en lui-même et cependant inscrit dans une histoire.

AUTRES ŒUVRES : *Le Roman historique ; Existentialisme ou marxisme* (1947) ; *La Signification présente du réalisme critique* (1955) ; *Entretiens sur l'art* (1958).

LULL

(Ramon Lull, ou Lulle, 1232 ?-1315.) Franciscain catalan qui aurait d'abord mené une vie dissipée avant sa brusque conversion (1265). Après avoir appris l'arabe, il se lance en 1292 dans un ardent apostolat pour lequel il entreprend de très nombreux voyages (Rome, Montpellier, Paris, Chypre, la Tunisie). L'ensemble de ses écrits est énorme : plus de deux cents titres divers, à travers lesquels court la volonté de convertir les infidèles.

◆ L'échec des croisades amène Lull à penser que la conversion doit être obtenue, non par la force, mais par la **persuasion logique.** Il comprend cette dernière comme un mélange de syllogismes* traditionnels et de calculs frôlant le symbolisme de la kabbale*. L'***Ars magna et major*** (1274) affirme la possibilité, à partir d'une proposition certaine, d'établir des enchaînements contraignants de « moyens termes » grâce auxquels les conséquences pourront également être certaines. Programme dont Bacon, Descartes, plus tard Leibniz, se souviendront.

Mais Lull combine un étrange mixte de logique classique et de théologie, aboutissant à repérer soixante-douze formes de jugements ; ainsi, on doit pouvoir, sur tout problème, inventer des jugements sans effort : la pensée se ramènerait à un mécanisme – dont les livres de Lull fournissent des illustrations partielles (tableaux à colonnes, disques tournants dans les pages...). Cette méthode serait propre aussi bien à inventer qu'à convertir ou éduquer, l'homme n'ayant pas encore pensé à tous les jugements possibles. Lull l'expérimenta publiquement dans plusieurs villes, et fut traité de fou par le pape Benoît VIII – ce qui ne l'empêcha pas de triompher à Tunis des élèves d'Averroès.

On a pu le qualifier d'« utopiste naïf et génial », mais son influence a été considérable, tant dans le domaine de la propagande religieuse que chez les logiciens encyclopédistes du XVIIe siècle. Sans doute sa tentative – même si elle frôle parfois la folie – correspond-elle en effet à un désir profond de l'esprit humain : la volonté d'éprouver ses limites en développant au maximum ses capacités.

LUMIÈRES (PHILOSOPHIE DES)

Mouvement philosophique qui se répand en Europe au XVIIIe siècle, en Angleterre, de Newton et Locke* à Hume*, en France, de Montesquieu* et Voltaire* à l'ensemble des Encyclopédistes. Connu en Allemagne sous le nom d'*Aufklärung,* il caractérise en particulier la pensée de Wolff et de Lessing, et, dans une certaine mesure seulement, celle de Kant*.

◆ Les « Lumières » représentent le **triomphe de la Raison** – dans le domaine des sciences, des arts et des techniques – que l'on veut mettre au service du progrès et du bonheur de l'humanité. Contre la tradition et la tutelle de l'autorité observables aux siècles antérieurs, on prétend restituer à l'homme sa liberté, faite de libre examen

PHILOSOPHIE DES LUMIÈRES (XVIIIe siècle)

• défiance à l'égard des « subtilités métaphysiques »
• recherche de la vérité dans le domaine de l'expérience

FRANCE	ALLEMAGNE (Aufklärung)	ANGLETERRE (Enlightenment)
• défiance à l'égard de l'autorité • opposition à la religion révélée • foi dans le progrès L'*ENCYCLOPÉDIE* ↓ l'homme comme « centre commun » Diderot Jaucourt Dumarsais Voltaire D'Alembert Montesquieu Buffon Rousseau Condorcet	• insiste sur le progrès indéfini de l'homme : **Moïse Mendelssohn** (1729-1786) • propose d'analyser la raison par une méthode scientifique **Christian Wolff** *Psychologie empirique* (1732) **Ch. A. Crusius** *Logique* (1747) influence sur la philosophie pré-critique de **Kant**	• sous l'influence de **Newton** et de **Locke,** développe principalement l'**empirisme** **G. Berkeley** (1685-1753) *L'Analyste* (1734) **D. Hume** (1711-1776) *Traité de la nature humaine* (1739-1740)

• réflexion sur le langage :
Rousseau, *Essai sur l'origine des langues*
• réflexion sur le contrôle de l'État :
par les nobles : **Montesquieu**
par la bourgeoisie éclairée : **Voltaire**
par le peuple : **Rousseau**

• revendication du droit des passions :
d'Holbach, *Système de la nature* (1770)
Rousseau, *La Nouvelle Héloïse* (1761)
Diderot, *Éloge de Richardson* (1761)
Helvétius, *De l'homme* (1772)

• réflexion sur la « nature » humaine :
faire confiance à l'homme en refusant la transcendance de la révélation et le péché originel.

bonté « originelle »	➤	**Rousseau**	*Émile* (1762) ; *Du contrat social* (1762)
combinaison du naturalisme et du vitalisme	➤	**Diderot**	*Le Rêve de d'Alembert* (1769)
athéisme	➤	**d'Holbach**	*Système de la nature* (1770)
les institutions, et non la nature humaine, sont la source du progrès	➤	**Condorcet**	*Progrès de l'esprit humain* (1793-1794)

• vers le bonheur : recherche d'une morale du cœur :
Montesquieu, *Lettres persanes*
Voltaire, *Lettres philosophiques*
Rousseau, *Émile*
Diderot, *Supplément au voyage de Bougainville*

• la philosophie expérimentale :
Buffon, *Histoire naturelle* (1749-1788)
d'Alembert, *Discours préliminaire* (1751)
Diderot, *Pensée sur l'interprétation de la nature* (1754)

CONDILLAC (1715-1780)

• la connaissance est une construction analytique à partir des sensations
Essai sur l'origine des connaissances humaines (1746)
Traité des sensations (1754)

↓

LES IDÉOLOGUES

DESTUTT DE TRACY (1754-1836) CABANIS (1757-1818) VOLNEY (1757-1820)
• recherche sur la genèse des idées

(pouvant aller jusqu'au scepticisme) et d'attitude critique.

L'exigence de rigueur intellectuelle qui s'inspire de la méthode scientifique se traduit notamment, dans le domaine de l'exégèse, par la substitution des sciences religieuses à la science sacrée traditionnelle. La croyance aux vertus de la Raison et de la science trouve d'ailleurs son expression dans le souci de vulgarisation qui anime nombre d'intellectuels de l'époque : tels sont les *Entretiens sur la pluralité des mondes* (Fontenelle) destinés à instruire le public féminin.

Le rationalisme des « Lumières » s'accompagne de la volonté d'intégrer l'homme à la nature dont on va faire l'apologie ; c'est d'ailleurs de cette période que date la naissance de l'anthropologie physique et morale. En même temps qu'on s'efforce de construire de nouveaux édifices sociaux fondés sur l'idée de contrat, on tente de dégager les principes naturels du droit et de la religion. En définitive, ce siècle, « le plus éclairé qui fût jamais » (Voltaire), apparaît comme le début d'une ère nouvelle particulièrement bénéfique pour le genre humain.

➤ MODERNE, MODERNITÉ.

LUTHER

(Martin, 1483-1546.) Moine allemand, réformateur religieux. Il dénonce les abus de l'autorité ecclésiastique et s'élève notamment contre la « vente des indulgences » dans ses « 95 thèses » qui consacrent sa rupture avec le Vatican (1517).

◆ La pensée théologique de Luther repose pour l'essentiel sur les affirmations suivantes : la **Bible** est la seule autorité en matière de foi ; l'homme ne peut être libéré du péché originel que par la foi et la grâce divine, ce qui entraîne le salut pour un certain nombre et la damnation éternelle pour les autres. La méchanceté naturelle des hommes soumis au péché justifie le pouvoir spirituel – sous la loi du Christ – et le pouvoir temporel – sous la loi du prince. Théoricien de l'**État fort et autoritaire** (d'origine divine), Luther ne reconnaît aucune limite au pouvoir politique, sauf quand il ordonne d'obéir aux directives du pape. En le soumettant au prince, la réforme luthérienne fait du chrétien un citoyen.

ŒUVRES PRINCIPALES : *Petit Extrait de la liberté humaine* (1520) ; *De l'autorité temporelle* (1523) ; *De servo arbitrio* (1525) ; *Petit et Grand Catéchisme* (1529).

LUTTE DES CLASSES

Dans la conception matérialiste de l'histoire, antagonisme structural entre classe dominante et classe dominée, notamment précisé par Marx*, Engels* et leurs successeurs comme une véritable loi sociologique permettant d'expliquer le dynamisme historique. La lutte des classes fait en effet passer la société d'un mode de production à un autre (par substitution, à notre époque, de la propriété collective des moyens de production à leur propriété privée capitaliste, grâce à la dictature du prolétariat), jusqu'à l'avènement final de la société sans classes (communisme).

➤ MARX, MARXISME.

LYOTARD

(Jean-François, né en 1924.) Philosophe français qui, dès son premier ouvrage important, *Discours, figure* (1971), insiste sur la place centrale du désir (défini comme manque à la façon de Freud) au travail dans le langage et la perception ; dès lors, l'œuvre d'art authentique ne peut être que subversion (des codes, des formes, des langages admis).

Cette **« esthétique libidinale »** se prolonge en 1974 par une *Économie libidinale* où les notions d'intensité, de parcours multiples, de corps comme bande mœbienne sans dehors ni dedans deviennent opératoires pour s'insurger contre la tyrannie des concepts et des systèmes. Insurrection d'autre part favorisée par les avancées contemporaines de la poésie ou de la peinture : Lyotard est de ces philosophes pour lesquels l'art n'a pas à être dominé par le discours philosophique ou esthétique, mais peut au contraire se situer, selon la parole de Rimbaud, « en avant ». Dans ce qu'il nomme volontiers le « postmodernisme », la pensée doit en effet se défier des mythes ou discours totalisateurs (essentiellement Marx et Freud) pour privilégier les impacts ponctuels, éventuellement éphémères, non cumulatifs, qui correspondent politiquement à un souci des minorités et à une lutte contre tout pouvoir centralisateur.

AUTRES ŒUVRES : *Dérive à partir de Marx et Freud* ; *Des dispositifs pulsionnels* (1973) ; *Instructions païennes* (1977) ; *La Condition postmoderne* ; *Au juste* (1979) ; *Sur la constitution du temps par la couleur dans les œuvres récentes d'A. Aymé* (1981) ; *Le Différend* (1984) ; *Le Postmoderne expliqué aux enfants* (1986) ; *L'Enthousiasme* (1986) ; *L'Inhumain, causeries sur le temps* (1988) ; *Heidegger et les Juifs* (1988) ; *Pérégrinations* (1990).

M

MACHIAVEL

(Nicolas, 1469-1527.) Homme politique, philosophe et théoricien italien né et mort à Florence. Secrétaire du gouvernement républicain de cette ville, il remplit plusieurs missions diplomatiques, notamment auprès de César Borgia. Après une vaine résistance aux Médicis qui s'emparent de la république florentine, il est arrêté et exilé. C'est alors qu'il écrit l'essentiel de son œuvre. À la fin de sa vie, revenu auprès des Médicis, il devient historiographe de Florence.

◆ Dans *Le Prince* (rédigé en 1513, mais publié seulement en 1532), la pensée de Machiavel est inséparable de la situation historique de l'Italie au début du XVIe siècle, soumise aux exactions de toutes sortes. Le Prince qu'il appelle de ses vœux devrait débarrasser le pays du pillage et de l'anarchie, libérer l'Italie des Français et des Espagnols. On comprend que la restauration et le maintien de l'ordre aient été vus comme l'impératif politique prioritaire et la condition première du bonheur de tous.

Il n'est donc pas question de rêver à une république idéale, chimérique, sans avoir au prélable posé ses fondements de façon réaliste. En d'autres termes, Machiavel part de cette constatation que le pouvoir politique est en fait toujours engendré dans la violence. Aussi énonce-t-il une critique vigoureuse du recours – habituel à l'époque – aux troupes de mercenaires, qui « ne valent rien et sont fort dangereux », recommandant la constitution d'armées nationales, « composées de sujets, de citoyens ou de serviteurs même du Prince » (chap. XII). Plus généralement, le **réalisme politique** que va développer Machiavel repose sur une **conception pessimiste de l'homme** : « Tous les écrivains qui se sont occupés de politique s'accordent à dire que quiconque veut fonder un État et lui donner des lois doit supposer d'avance les hommes méchants et toujours prêts à montrer leur méchanceté toutes les fois qu'ils en trouvent l'occasion. »

Sans illusion sur la fragilité du pouvoir, il met en garde contre la générosité de l'utopie et observe que donner la liberté à une multitude corrompue n'est pas la meilleure solution. Il préfère établir les **lois « scientifiques »** selon lesquelles les communautés politiques doivent être gouvernées. Par souci d'efficacité, il placera les valeurs strictement politiques au-dessus des exigences de la conscience individuelle, et il n'hésitera pas à légitimer, entre les mains du Prince, la ruse et la cruauté si le bien de l'État les réclame. « Puis donc qu'un Prince doit savoir user de la bête, il en doit choisir le renard et le lion, car le lion ne se peut défendre des rêts, le renard des loups ; il faut donc être renard pour connaître les filets et lion pour faire peur aux loups » (chap. XVIII).

On peut alors considérer que la pensée de Machiavel reflète le cynisme de la formule (reprise en effet par nombre d'hommes politiques) : « La fin justifie les moyens. » Cependant, cette doctrine ne coïncide pas avec ce qu'on a appelé le **machiavélisme** : technique de la duplicité qui se plaît à fouler aux pieds les valeurs morales.

C'est la **passion de l'État** qui inspire Machiavel, et qui fait que le Prince, investi de responsabilités exceptionnelles, se trouve placé hors du commun et doit savoir entrer dans la voie du mal si nécessaire, mais aussi « ne s'éloigner pas du bien qu'il peut ». En définitive, l'extrême rigueur du pouvoir politique est tenue pour bénéfique dans la mesure où elle écarte le **spectre du désordre** qui est à l'origine de tous les maux : « Le Prince... faisant bien peu d'exemples sera plus pitoyable que ceux qui, pour être trop miséricordieux, laissent se poursuivre les désordres, desquels naissent meurtres et rapines. »

◆ Indépendamment de toute controverse, le naturalisme de Machiavel a le mérite – c'est, à l'époque, sa nouveauté – de montrer l'**autonomie du politique** en le dégageant notamment de ses traditionnelles implications théologiques. Longtemps frappé d'interdit, l'ouvrage sera vendu sous le manteau et utilisé comme manuel de pratique politique – notamment par les Jésuites. Il faudra attendre le XIXe siècle pour que son importance soit reconnue et pour que l'on découvre en son auteur le théoricien de l'État, celui qui inspirera les responsables de la politique moderne.

AUTRES ŒUVRES : *Discours sur la Première décade de Tite-Live* (1513-1519) ; *Histoire de Florence* (1521-1525).

➤ POLITIQUE, UTOPIE, VIOLENCE.

MACHINE, MACHINISME

Une **machine** est un ensemble de pièces articulées de façon à produire un effet déterminé. On peut distinguer, en mécanique, les machines simples formées d'un seul corps lié à une pièce fixe (levier, treuil) des machines composées qui en combinent plusieurs simples.

Si l'on tient compte du type d'énergie utilisée, on opposera les machines fonctionnant sur une énergie en réserve (horloge à ressort, automate*) à celles mues par une énergie naturelle (moulin à vent) ou par une énergie de transformation (machine électrique, moteur à essence...).

Le **machinisme** désigne l'installation systématique, dans la production industrielle, de machines utilisant des énergies autres que la force humaine ou animale (vapeur, électricité, nucléaire).

➤ ANIMAL MACHINE, MÉCANISME.

MACROSOSME, MICROSOSME

Termes désignant, le premier, l'univers dans son ensemble, le second, le corps de l'homme : tous deux seraient en correspondance. De cette conception, les médecins grecs déduisaient des recettes empiriques. Elle est implicite dans toutes les théories influencées par l'hermétisme traditionnel.

MAGIE

(Sens primitif.) Science et art des Mages, c'est-à-dire de la caste sacerdotale chez les Mèdes, puis les Perses, puis, dans l'Antiquité gréco-romaine, des personnages susceptibles de produire des phénomènes exceptionnels.

En **Occident,** art de diriger les phénomènes naturels par des procédés occultes, en obtenant éventuellement des effets exceptionnels. Le terme est souvent proche, dans ce cadre, de la sorcellerie, notamment à la Renaissance.

Pour les **ethnologues,** il s'agit de la croyance et des pratiques relatives à la mentalité admettant des rapports d'homologie ou de sympathie entre les forces qui dirigent la nature et l'esprit de certains individus privilégiés, capables de dominer ces forces et de les utiliser pour obtenir des effets bénéfiques (magie blanche) ou maléfiques (magie noire). La causalité magique (où l'on peut voir une préfiguration du déterminisme*) agit en entourant son action concrète d'un ensemble de rituels, paroles et gestes qui la dissimulent ; elle se fonde sur des lois strictes de similarité et de contagion, connues des seuls initiés qui bénéficient ainsi d'un pouvoir d'autant plus respectable qu'il est immédiatement reconnu par tous les membres du groupe.

◆ Les questions proprement philosophiques que pose la magie sont celles de ses rapports avec la religion (laquelle a précédé l'autre ?) et avec la science (elle en anticipe certaines démarches tout en freinant, globalement, l'apparition de la mentalité expérimentale).

➤ PRIMITIF.

MAÏEUTIQUE

Inséparable de la théorie platonicienne de la réminiscence*, la maïeutique – moment essentiel de la dialectique – est le procédé de Socrate* qui, à l'instar de sa mère qui était sage-femme, lui permet d'« accoucher » les esprits, c'est-à-dire de faire (re)découvrir à ses interlocuteurs des vérités qu'ils portent en eux sans le savoir, comme le montre l'interrogation du jeune esclave dans le *Ménon*.

L'esprit de la maïeutique se retrouve non seulement dans toute pédagogie qui insiste sur l'irremplaçable valeur de la réflexion personnelle, mais jusque dans la psychanalyse* elle-même.

➤ DIALECTIQUE, IRONIE, SOCRATE.

MAÏMONIDE

(Moïse, 1135 ou 1138-1204.) Philosophe et médecin juif. Né à Cordoue, il étudie la Bible et le Talmud avec son père, en même temps qu'il mène des études scientifiques. Sa famille doit quitter l'Espagne et émigre finalement en Égypte (1165), où Maïmonide rédige ses principaux ouvrages.

◆ Il publie très tôt un *Traité de logique* qui reste une référence majeure pour les jeunes philosophes juifs jusqu'au début des temps modernes. Mais c'est avec le *Sefer hamadda'* (achevé en 1168) qu'il inaugure la série de ses commentaires fondamentaux de la Loi juive, qui se poursuit avec le *Livre des Commandements* et la *Mishneh Torah* (ou « Répétition de la Loi », 1178), où Maïmonide approfondit l'étude des fondements théologiques et philosophiques du judaïsme.

◆ Le *Guide des égarés*, rédigé en arabe et traduit en hébreu du vivant de son auteur, continue l'interprétation de nombreux passages de la Bible, mais aborde aussi de multiples problèmes de morale, de psychologie, de philosophie de la nature et de métaphysique. Cependant, son enjeu principal semble être d'analyser le rôle de la **loi divine dans un contexte politique.** Maïmonide y affirme la solidarité nécessaire de la Loi divine et de la connaissance rationnelle : l'une ordonne d'aimer Dieu, mais on ne le connaîtra qu'en étudiant sa création, et donc en passant par les sciences naturelles. Complémentairement, la science et la philosophie enseignent que la véritable perfection humaine est dans l'esprit, mais l'excellence de ce dernier ne pourra être atteinte que dans une communauté politique organisée selon la loi divine, qui se soucie, non seulement des biens matériels, mais aussi ou surtout des biens spirituels.

Le *Guide des égarés* affirme un intellectualisme sans faille. Il est d'autre part rédigé comme un puzzle complexe, afin qu'en soient écartés les lecteurs sans esprit scientifique ; la présence de points de vue contradictoires fait par exemple appel à des connaissances en logique, seules capables de décider de la véritable position de l'auteur. Sa complexité a suscité des interprétations multiples, et l'ouvrage a exercé une influence sur la pensée juive jusqu'à Spinoza.

MAINE DE BIRAN

(François-Pierre Gontier, dit, 1766-1824.) Philosophe français ; analyste de la vie intérieure, il fut paradoxalement mêlé à la vie politique de son temps.

Prenant position contre le sensualisme* de Condillac*, il montre l'aspect actif de l'habitude qui, si elle émousse les sensations, est capable de développer les perceptions. Il observe surtout que la psychologie condillacienne ne peut expliquer la nature de la conscience : le moi, loin de se réduire aux sensations externes, ne commence à émerger qu'au moment où il se distingue de l'objet senti ; il se saisit dans l'expérience première et intime de l'**effort**, de la résistance qui s'oppose à ma volonté définie comme une « force hyperorganique » luttant contre l'inertie de mon corps propre.

Après avoir ainsi établi un « Cogito existentiel » (il juge celui de Descartes* trop abstrait), Maine de Biran constate les **limites de la volonté** sur la tyrannie du corps et juge avec sévérité l'attitude stoïcienne. Finalement, il oriente sa pensée vers une **méditation spirituelle** qui lui fera distinguer trois étapes dans la vie de l'homme : la vie animale (sensation), la vie humaine (volonté et effort), la vie de l'esprit (inspirée par la grâce et consacrée à l'amour de Dieu).

ŒUVRES PRINCIPALES : *Mémoire sur l'habitude* (1802) ; *Mémoire sur la décomposition de la pensée* (1805) ; *Mémoire sur les fondements de la psychologie* (1812) ; *Journal intime.*

➤ COGITO, VOLONTÉ.

MAÎTRE ET POSSESSEUR DE LA NATURE

Expression employée par Descartes* dans son *Discours de la méthode,* et fixant comme objectif une nouvelle maîtrise technique et physique de l'homme sur la nature. Cette expression est parfois prise comme symbole des nouveaux rapports qui s'instaurent entre l'homme et le monde à l'aube de l'âge moderne, porteur en germe de notre civilisation de la technique.

MAL

◆ Si, comme adverbe, le mal est ce qui est contraire aux normes admises, quel que soit leur domaine d'application (un travail mal fait, une personne qui se porte mal), comme nom, il désigne tout ce qui fait obstacle à la perfection de l'homme et englobe des expériences où dominent la souffrance ou le dommage.

◆ Généralement conçu sous les auspices d'un **manque** par la pensée théologique, ou d'une **dégradation** progressive de l'être (décadence) par Platon*, il est présent chez Hegel* dans le mouvement dialectique sous la forme de l'erreur annonciatrice de vérité, ou du travail nécessaire à la lutte de l'esclave pour sa liberté, et devient ainsi le moteur de l'histoire.

◆ La complexité philosophique de la notion est dégagée par Leibniz*. Il distingue le **mal métaphysique** qui « consiste dans la simple imperfection », le **mal physique,** dans la souffrance, et le **mal moral,** dans le péché.

◆ Le mal moral – opposé au bien* – met en cause la responsabilité de la personne qui a commis la faute, même si son origine première est à chercher, selon la théologie*, du côté des puissances surnaturelles intrinsèquement mauvaises (démon). Kant*, pour lequel la « méchanceté » est dans l'acte de faire le mal accidentellement, tandis que la « malignité diabolique » procéderait de la volonté de faire le mal pour le mal, met en cause la volonté mauvaise lorsque l'intention* est viciée. Il se situe ainsi dans la ligne des auteurs chrétiens (saint Paul) qui, par opposition à ceux – de saint Augustin à Malebranche – qui ne voient dans le mal qu'un défaut d'attention, tiennent au contraire l'action mauvaise pour le résultat d'un choix délibéré.

◆ Notons chez Nietzsche*, l'ambiguïté de la notion de mal moral qui, du fait de la transmutation des valeurs, change de signification : après avoir désigné ce qui est contraire à la morale des faibles, elle devient, dans la conception nietzschéenne, ce qui empêche l'expansion des forces vitales et de la volonté de puissance du surhomme*.

➤ THÉODICÉE.

MALEBRANCHE

(Nicolas de, 1638-1715.) Philosophe français né et mort à Paris. Ordonné prêtre en 1664, il entre dans la congrégation de l'Oratoire où il est d'abord sensible à l'influence de saint Augustin*, avant de découvrir Descartes* à l'occasion de la lecture fortuite d'un inédit de ce philosophe, le *Traité de l'homme*, reçu comme une révélation. La doctrine de Malebranche porte la marque de ces deux auteurs, surtout du second, auquel il voue une admiration passionnée.

◆ L' oratorien philosophe a pour idée maîtresse que « la religion, c'est la vraie philosophie » et que la vérité est Dieu même : la raison est « coéternelle et consubstantielle » à Dieu, elle est le verbe intérieur qui, dirigeant la pensée humaine, est identique au Verbe fils de Dieu incarné pour le salut des hommes. Dieu a en lui les idées – archétypes* au sens platonicien et augustinien – de toutes les choses et de tous les êtres qu'Il a créés, et Il les communique à notre âme intimement unie à Lui. Quand je n'aurais pas de corps, « Dieu par ses idées efficaces pourrait me faire voir et sentir comme je vois et comme je sens ». C'est la théorie de la **vision en Dieu.** D'où l'interprétation de l'attention conçue comme une « prière naturelle » qui aboutit à l'illumination divine de l'évidence*, celle des idées mathématiques, modèles parfaits des réalités matérielles dont l'existence concrète nous est attestée par le témoignage de la Bible.

◆ Seule cause de nos connaissances, Dieu est également la cause de tout ce qui se produit dans l'univers. L'esprit exige de la cause véritable qu'apparaisse, entre elle-même et son effet, une liaison nécessaire. Or si la nécessité se manifeste dans la nature sous la forme de lois (de type mathématique) que peut connaître le savant et qui expriment le plan de Dieu, il n'en va pas de même pour les causes naturelles : elles ne sont pas de véritables causes, mais des **causes occasionnelles** qui n'agissent que « par la force et l'efficace de la volonté de Dieu ». C'est ainsi notamment que se trouve résolu le problème – difficile – des rapports entre l'âme et le corps : « Les hommes veulent remuer le bras, et il n'y a que Dieu qui le puisse et qui le sache remuer. »

◆ Dieu a mis en l'homme une inclination profonde qui le pousse vers le bonheur. Ce désir de bonheur peut certes se fourvoyer, se porter sur des biens indignes et donner lieu au péché conçu ici comme un manque d'amour. La morale a pour objet d'éclairer l'esprit en révélant les rapports de perfection que Dieu conçoit de telle sorte que la soif humaine de bonheur soit orientée vers Lui.

Par son rationalisme appliqué aux choses de la Foi, Malebranche prépare – sans le vouloir – la substitution, au siècle des Lumières*, du Dieu des philosophes et des savants au Dieu d'Abraham. D'autre part, la théorie de la vision en Dieu conduit à l'**immatérialisme*** de Berkeley*, tandis que la critique de la notion de cause annonce l'**associationnisme*** de Hume*. C'est dire l'importance particulière de Malebranche dans la genèse de la philosophie moderne.

◆ ***De la recherche de la vérité*** (1674-1675)

Dans cette première présentation systématique de sa pensée, Malebranche insiste sur l'importance centrale, en nous, d'une intelligence qui, en étant le relais de l'intention divine, nous permet d'accéder à la connaissance du réel. Si c'est de la sorte la raison qui constitue le moyen d'atteindre la vérité, les sens et l'imagination sont symétriquement dévalués. En revanche, la volonté se trouve justifiée par le fait qu'elle est une source capitale de l'exercice même de la pensée.

En affirmant l'**unicité de la vérité** (qui concerne d'abord la nature de Dieu), Malebranche place à égalité philosophie et théologie : toutes deux visent Dieu, même si c'est par des moyens d'approche différents.

Cette insistance sur la convergence entre philosophie (cartésienne dans ses grandes lignes) et théologie, l'affirmation de la supériorité de la certitude intellectuelle sur la foi, ont valu à Malebranche les critiques des esprits plus fidèles à la tradition théologique (Arnauld, Bossuet) – d'autant plus que sa conception de la raison ne tient aucun compte de cette dernière. Ce n'est qu'en 1697, avec la publication du *Traité de l'amour de Dieu*, qui réaffirme l'importance irremplaçable de la théologie, qu'aura lieu la réconciliation avec Bossuet.

AUTRES ŒUVRES : *Traité de la nature et de la grâce* (1680) ; *Méditations chrétiennes* (1683) ; *Traité de morale* (1684) ; *Entretiens sur la métaphysique et sur la religion* (1688).

MALIN GÉNIE

Fiction utilisée par Descartes* dans ses *Méditations métaphysiques* afin de pouvoir mener jusqu'au bout son doute méthodique*. Pour ne rien croire tant qu'il n'est pas absolument assuré, Descartes imagine un « esprit trompeur » qui chercherait à le tromper de la même façon que Dieu s'avérera par la suite garant de la vérité. Le « Malin Génie » est donc une hypothèse intellectuelle permettant à Descartes de mener jusqu'au bout son raisonnement.

MALTHUS, MALTHUSIANISME

(Thomas Robert, 1766-1834.) Économiste anglais, pasteur anglican dont la doctrine a eu et a encore un retentissement considérable. S'il n'est pas le premier à étudier la question de la population sous l'angle économique, c'est lui qui en tire pour la première fois des conséquences systématiques.

◆ Malthus part de l'idée qu'il existe chez tous les vivants une tendance constante à croître au-delà de la quantité de nourriture disponible. Cette prolifération dangereuse concerne en particulier l'espèce humaine. S'appuyant sur l'exemple des peuples d'Amérique du Nord, Malthus affirme que « lorsque la population n'est arrêtée par aucun obstacle, elle va doublant tous les vingt-cinq ans », croissant géométriquement tandis que les moyens de subsistance ne se développent que selon une progression arithmétique. La nécessité de **limiter les naissances** devient évidente si l'on veut éviter la pénurie.

◆ Malthus refuse les solutions politiques ; défenseur de la propriété et du libéralisme, il affirme que l'organisation de la société n'est pour rien dans le développement de la misère.

Observant les obstacles qui freinent le développement d'une population, Malthus distingue d'un côté les obstacles destructifs, tels que la misère, la famine, les épidémies et les guerres, de l'autre, les obstacles **préventifs**, qui empêchent un accroissement excessif. La limitation des naissances s'imposera dans le cadre de l'obstacle préventif, qui est « propre à l'espèce humaine et découle d'une faculté qui la distingue des animaux : celle de prévoir et d'apprécier les conséquences éloignées ». Cependant, cette faculté de prévoir peut s'exercer dans ce que Malthus nomme les « pratiques vicieuses » (les procédés anticonceptionnels, admis plus tard par les néo-malthusiens). L'obstacle préventif que recommande le pasteur est donc uniquement la **contrainte morale**, l'appel à l'effort personnel et volontaire pour dominer l'instinct aveugle – cela se traduit par le recul de l'âge du mariage et la chasteté.

◆ La doctrine de Malthus, combattue par l'ensemble des auteurs socialistes du XIXᵉ siècle (Fourier, Proudhon, Marx), puise une vigueur nouvelle à notre époque dans la prise en considération de l'explosion démographique du tiers monde et des dangers liés au développement désordonné des sociétés industrielles. Elle donne lieu à un état d'esprit, le **malthusianisme**, qui se traduit par la peur de l'excès, le nivellement par le bas et des pratiques restrictives de la production des richesses (malthusianisme économique).

ŒUVRE PRINCIPALE : *Essai sur le principe de population* (1798).

MAMARDACHVILI

(Merab, 1930-1990.) Philosophe d'origine géorgienne. Professeur à l'université de Moscou, il est victime de diverses mesures d'intimidation de la part du régime soviétique, et ce n'est qu'avec la « perestroïka » de M. Gorbatchev qu'il retrouve notamment le droit de se rendre à l'étranger. Il est pourtant sincèrement marxiste, mais précisément hostile aux simplifications, ce qui définit sa propre « dissidence », et il consacre volontiers ses cours à Descartes (du Cogito, il déduit que s'occuper de philosophie, c'est aussi faire de la politique), Kant ou Proust.

◆ Philosophe de la conscience, c'est de l'intérieur qu'il médite sur le phénomène totalitaire, pour penser dans une confrontation active l'héritage des Lumières et la nature du pouvoir. Ses cours attirent ceux qui tentent d'échapper simultanément aux dogmes officiels et au nationalisme. Affirmant que les fondements de la pensée moderne sont Marx, Nietzsche et Freud (ce qui, dans les années soixante-dix, résonne tout autrement à Moscou qu'en Sorbonne), il entend faire saisir l'écart existant entre les concepts philosophiques et la réalité soviétique, pour appeler à une modification – qu'il prévoit très longue – de cette dernière, en même temps qu'à une renaissance de la pensée en Russie. Ce qui, depuis Lénine s'y affirme comme version « définitive » de la pensée n'est en effet rien de plus à ses yeux qu'une non-pensée, qui a interrompu une lignée comprenant Soloviev, Berdiaev* ou Chestov.

Indépendamment de ses thèses personnelles et de ses travaux d'épistémologie, la figure de Mamardachvili confirme qu'au XXe siècle, la philosophie peut demeurer, selon ses termes, plus « un destin » qu'« une profession ».

Œuvres : *La Pensée empêchée* (1991) ; *Méditations cartésiennes* (1997).

MANICHÉISME

Au sens historique, c'est l'hérésie de Manès (IIIe siècle), qui voulut concilier le christianisme avec l'ancienne religion dualiste de Zoroastre.

Plus généralement, on désigne par ce mot toute conception du monde qui affirme l'existence de deux principes opposés, le Bien et le Mal, en constante rivalité. On parlera notamment d'un manichéisme moral ou politique, qui divise sans nuances l'humanité en deux : les bons d'un côté, les mauvais de l'autre, et que l'on rencontre dans tous les totalitarismes.

MAO ZE-DONG

(1893-1976.) Dirigeant politique chinois, organisateur de la révolution chinoise dans ses différents moments. Son principal apport à la théorie marxiste tient en une étude sur la notion de **contradiction,** mais aussi en une tentative de diffusion dans l'ensemble du peuple des rudiments de philosophie par la lecture – quasi obligatoire – d'un choix de ses citations (le « Petit Livre rouge »).

◆ En ce qui concerne la **politique,** Mao admet qu'elle doit être « au poste de commandement » – ce qui contredit le primat reconnu par l'orthodoxie marxiste à l'économique – et que sa pratique obéit au principe du « Un se divise en deux » : tout parti révolutionnaire se scinde nécessairement en une aile droite et une aile gauche, ce qui justifie l'élimination constante des opposants et une « révolution culturelle » appelée à se répéter.

◆ Ses *Interventions aux causeries de Yenan sur l'art et la littérature* (1942) affirment que tout **art** est au service d'une classe : l'art révolutionnaire doit donc être rigoureusement soumis à des principes militants ; il sera « réaliste » (empruntant ses formes et ses techniques à la représentation académique – bourgeoise – de la fin du XIXe siècle sous prétexte de « clarté ») et d'un contenu « positif », exaltant les héros de la révolution et ses dirigeants, critiquant jusqu'à la caricature les révisionnistes et autres réactionnaires. Quant aux écrivains, ils doivent se mettre « à l'écoute » du peuple, et spécialement des paysans, pour produire des textes qui les concernent authentiquement.

Le « maoïsme » a eu en Europe une certaine influence (fin des années 60, début des années 70) – mais qui n'a pas survécu à la réévaluation d'une « révolution culturelle » (désastres économiques, désorganisation globale de la société) apparaissant finalement comme un phénomène totalitaire.

MARC AURÈLE

Empereur romain, adepte du stoïcisme (121-180). Ses *Pensées pour moi-même* (publiées pour la première fois en 1599), rédigées en grec, sans doute vers la fin de sa vie, constituent le dernier grand ouvrage du stoïcisme antique, mais n'étaient pas destinées à la publication.

◆ Après un premier livre où Marc Aurèle remercie ceux qui l'ont intellectuellement formé et aidé à lire Épictète, les sujets abordés, sans trop d'ordre systématique, dans les onze livres suivants sont assez divers, mais constituent un exposé du **stoïcisme** particulièrement centré sur l'attitude morale. Teintées de pessimisme, les *Pensées* montrent une grande indifférence à l'égard des vanités terrestres, mais aussi une compassion certaine envers tout le genre humain, même dans ses pires représentants.

◆ C'est lorsqu'elle aborde les rapports entre l'âme et le corps que la méditation privée du philosophe atteint une incontestable élévation : admettant que « toute partie de (s)on être se verra assigner une autre place par transformation en une autre partie de l'univers et ainsi de suite à l'infini », Marc Aurèle insiste sur le rattachement de l'individu à l'ensemble de l'univers, qui donne seul un sens à la vie. « Je sais, écrit-il, que j'ai deux patries, Rome, en tant que je suis Marc Aurèle, et le monde, en tant que je suis homme. » La sagesse humaine est dans la participation à cette nature universelle, et la mort elle-même doit dès lors être conçue comme le retour inéluctable au grand Tout.

MARCEL

(Gabriel, 1889-1973.) Philosophe, journaliste et dramaturge français. Ennemi de toute pensée systématique, il trouve son inspiration chez Pascal* et Kierkegaard*, devenant le principal représentant en France de l'« existentialisme chrétien » (expression qu'il rejette).

Refusant d'expliquer l'homme comme une chose, il dénonce les démarches (science, technocratie) qui tentent de l'utiliser comme un objet. Posé devant moi, l'objet est étudié du dehors et constitue un problème ; au contraire, le sujet dans son existence personnelle est irréductible au problème et à l'**avoir** : relevant de l'**être**, il nous introduit dans le domaine du mystère, qui n'est pas l'inconnaissable, face négative du problématique, mais qui, en revanche, place l'individu responsable en présence de lui-même. Le mystère forme la dimension métaphysique de l'être et donne un sens à la foi et à la liberté.

ŒUVRES PHILOSOPHIQUES PRINCIPALES : *Journal métaphysique* ; *Être et avoir* (1935) ; *Du refus à l'invocation* (1940) ; *Homo viator* (1944) ; *Le Mystère de l'être* (1952).

➤ AVOIR, ÊTRE, EXISTENTIALISME.

MARCUSE

(Herbert, 1898-1979.) Philosophe américain d'origine allemande. Marqué par la révolution russe, il devient marxiste sans adhérer au parti communiste. En 1932, il fonde avec Adorno et Horkheimer l'**École de Francfort***, mais il doit quitter l'Allemagne nazie en 1933, pour s'établir aux États-Unis où il publie la majeure partie de son œuvre et enseigne dans différentes universités.

◆ Héritier du courant hégélien et disciple de Marx, il essaie même de concilier celui-ci avec Heidegger, sous la direction duquel il rédige en 1932 sa thèse de doctorat : il y souligne la nouveauté que prend chez Hegel le concept de la vie pensé dialectiquement, alors que le drame existentiel lui apparaît comme un aspect de l'aliénation sociale causée par l'exploitation de l'homme par l'homme.

◆ L'Amérique lui fait ensuite découvrir la psychanalyse et lui permet d'approfondir les thèses de Freud, qui lui feront voir sous un éclairage nouveau l'apport marxiste. Utilisant les concepts freudiens, il conteste cependant certaines analyses – accentuées par les auteurs américains – qui visent à justifier l'intégration sociale de l'individu. Alors que Freud juge inévitable un minimum de répression sociale grâce au triomphe du principe de réalité* sur le principe de plaisir*, Marcuse observe une **« sur-répression »** qui serait la conséquence, non seulement du principe freudien de réalité, mais aussi du **principe de rendement** qui régit les sociétés industrielles avancées, dont la fausse rationalité « rend la vie plus aisée pour un nombre toujours plus grand de personnes » *(L'Homme unidimensionnel)*, mais empêche paradoxalement d'assurer le plein épanouissement de la personnalité.

Refusant la permissivité telle qu'elle est comprise dans le monde occidental, il considère que la libération des mœurs a été récupérée par la société de consommation et à son profit : l'homme moderne, ignorant la vraie liberté, perd aisément tout sens critique et se conduit comme un robot. Il souhaite, en conséquence, la réactivation de la sexualité polymorphe, mais à condition que l'organisme ne soit plus aliéné par l'ordre répressif, notamment celui de la sexualité procréatrice.

La sublimation non répressive devra s'étendre à l'activité de **travail** qui, pour se transformer en plaisir, suppose un changement complet des institutions sociales comme le pensait déjà Fourier – qui cependant conservait dans son système des éléments répressifs en maintenant une « organisation et une administration géante » (*Éros et civilisation*). Le travail, en tant que jeu libre, devra donc dépasser la sphère de l'organisation rationnelle.

Œuvres principales : *L'Ontologie de Hegel et la théorie de l'historicité* (1932) ; *Raison et révolution* (1941) ; *Éros et civilisation* (1955) ; *Le Marxisme soviétique* (1958) ; *L'Homme unidimensionnel* (1964) ; *Culture et société* (1965) ; *La Dimension esthétique* (1978).

➤ ALIÉNATION, FREUDO-MARXISME, PHILOSOPHIE CRITIQUE, TRAVAIL.

MARITAIN

(Jacques, 1882-1973.) Philosophe français néo-thomiste. S'inspirant de la *Somme théologique* de saint Thomas d'Aquin*, il s'efforce de se situer entre le rationalisme positiviste du début du XXe siècle et l'anti-intellectualisme de Bergson*.

En ce qui concerne les problèmes de la connaissance, il s'appuie sur le réalisme thomiste* en tenant compte des aspects physico-mathématiques de la pensée scientifique moderne. Il étudie les degrés du savoir rationnel puis le savoir supra-rationnel avec l'expérience mystique.

L'humanisme chrétien qu'il défend à la lumière des pensées d'Aristote* et de Thomas d'Aquin contient l'affirmation de la primauté de l'esprit, notamment dans la construction d'une démocratie nouvelle.

Œuvres principales : *Distinguer pour unir* (1932) ; *Humanisme intégral* (1936) ; *Court Traité de l'existence et de l'existant* (1947).

MARX, MARXISME

Économiste et philosophe allemand, Karl **Marx** (1818-1883) est né à Trèves d'un père rabbin. Après ses études universitaires, il épouse en 1843 Jenny de Westphalen – d'une illustre famille aristocratique. La lutte du gouvernement prussien contre les hégéliens « de gauche » dont il fait partie (avec Bruno Bauer, qu'il taxera plus tard de pseudo-révolutionnaire de la bourgeoisie) le dissuade d'entrer dans la carrière universitaire ; il se tourne vers le journalisme : d'abord à la *Gazette rhénane* (en 1842) avant de fonder en France les *Annales franco-allemandes* (1844). Ses démêlés avec les autorités politiques tant françaises que prussiennes l'obligent finalement à se réfugier en Angleterre, où se trouve déjà son ami et collaborateur Engels*. Il meurt à Londres après avoir contribué de façon décisive à la fondation de la Première Internationale.

Au carrefour de la philosophie allemande, du socialisme français et de l'économie politique anglaise, Marx va fonder ce qu'il est convenu d'appeler le **socialisme scientifique**, en s'inspirant notamment de la dialectique de Hegel et du matérialisme de Feuerbach*.

◆ Il s'agit, comme pour Hegel, d'établir des **contradictions** et de les surmonter, mais en repoussant l'idéalisme*, car la nature a existé avant la pensée et c'est elle qui est d'abord à l'œuvre : la nature procède dialectiquement. Le **matérialisme dialectique** de Marx s'oppose au matérialisme simple et mécaniste (Feuerbach) – qui présente un monde perpétuellement soumis aux mêmes combinaisons mécaniques – et il tente d'expliquer les transformations successives de la nature par le dépassement des éléments contraires en lutte jusqu'à ce qu'apparaisse une réalité supérieure, selon le principe du changement qualitatif et du progrès par bonds.

Au sein de l'évolution naturelle, l'apparition de la pensée a une importance décisive. Certes, les idées produites par le cerveau et soumises à certaines conditions matérielles d'apparition ne mènent pas le monde ; cependant, Marx admet une loi d'action réciproque selon laquelle l'homme, s'il est produit de la nature, est réciproquement à même d'agir sur la matière – ce qui semble concilier les deux assertions suivantes : 1) « Ce n'est pas la conscience des hommes qui détermine leur existence, mais c'est leur existence sociale qui détermine leur conscience » ; 2) « Jusqu'ici, les philosophes n'ont fait qu'interpréter le monde de différentes manières, il s'agit désormais de le transformer » (onzième *Thèse* sur Feuerbach).

◆ Ces principes généraux servent de toile de fond au **matérialisme historique**, qui apparaît comme l'application, aux sociétés humaines, du matérialisme dialectique. Philosophie de l'histoire (parmi d'autres) ou base du socialisme scientifique – selon le point de vue adopté – le matérialisme historique part d'une définition concrète de l'homme (« On peut définir l'homme par la conscience, par les sentiments et par tout ce que l'on voudra, lui-même se définit dans la pratique à partir du moment où il produit ses propres moyens d'existence ») et de sa vie réelle, donc de la nécessité pour toute société de produire des biens répondant aux besoins matériels.

Marx considère en conséquence le développement des forces productives comme la clé de voûte de l'évolution historique. Ce sont les processus économiques qui, d'une part, déterminent à toutes les époques l'existence de classes sociales antagonistes (lutte des classes*) et qui, d'autre part – sous la forme de forces productives et de rapports de production – constituent l'**infrastructure** de la société, cause ou substrat de la **superstructure** idéologique (croyances religieuses, morales, esthétiques, juridiques, etc.), laquelle peut en retour exercer une certaine causalité sur les forces économiques.

L'idéologie* exprime la conscience que la société a d'elle-même à une époque donnée, mais traduit aussi – en les dissimulant – les conflits de classe en se présentant comme une transposition inversée des rapports réels, due à la classe dominante qui impose sa vision des choses à ceux-là mêmes qui ne devraient pas la partager : l'aliénation religieuse serait ainsi entretenue par les « exploiteurs », qui suggéreraient aux pauvres de se résigner en espérant dans l'au-delà des joies qu'ils ne peuvent trouver ici-bas ; autre exemple : les « droits naturels » proclamés par la Déclaration des droits de l'homme et du citoyen (égalité, liberté, sûreté, propriété) ne concerneraient qu'un homme bourgeois, étroitement défini par sa classe ; enfin, l'« illusion naturaliste » qui nie le mouvement de l'histoire (économique et sociale) constitue une croyance idéologique au profit des intérêts de classe de la bourgeoisie capitaliste.

◆ Marx étudie les contradictions du système capitaliste qui, s'appuyant sur la loi de la concurrence, rend le travail de l'ouvrier de moins en moins rémunérateur et de plus en plus inhumain. Ces contradictions, sources de conflits de plus en plus vifs entre classes sociales antagonistes, conduisent à la disparition du capitalisme et à son remplacement, après la révolution prolétarienne, par le socialisme, puis le **communisme universel.**

Ainsi le sens de l'histoire est-il déterminé par l'effort des hommes pour surmonter les difficultés de l'existence, et il se traduit par une marche inéluctable du processus historique, à travers les modes de production successifs, dont l'aboutissement coïncide avec la libération et la réalisation finale de l'homme grâce à l'instauration d'une société sans classes.

◆ ***Le Capital. Critique de l'économie politique.***

De cette œuvre majeure, seul le premier Livre parut du vivant de Marx, en 1867. Il analyse « Le développement de la production capitaliste ». Les Livres II (« Le procès de la circulation du capital ») et III (« Procès d'ensemble de la production capitaliste »)

MARX (1818-1883) ET

	ALLEMAGNE	AUTRICHE	FRANCE
DIFFUSION INITIALE DU MARXISME	La social-démocratie : **F. Lassalle** (1825-1864) W. Liebknecht (1826-1900) A. Bebel (1840-1913)	V. Adler (1852-1918) M. Adler (1873-1937) R. Hilferding (1877-1941) K. Renner (1870-1950) O. Bauer (1882-1938)	**J. Guesde** (1845-1922) **P. Lafargue** (1842-1911) G. Deville (1854-1940)
« RÉVISION-NISMES »	**K. Kautsky** (1854-1938) **E. Bernstein** (1850-1932)		**J. Jaurès** (1859-1914) **G. Sorel** (1847-1922)
LES RÉVOLUTIONS ET LEURS CONSÉQUENCES	**R. Luxemburg** (1871-1919) K. Liebknecht (1871-1919) **École de Francfort** (Horkheimer, Adorno, Benjamin, Habermas) E. Bloch (1855-1979) H. Marcuse (1898-1979)	HONGRIE **G. Lukács** (1885-1971)	(Stalinisme) R. Garaudy **H. Lefebvre** L. Goldmann **L. Althusser**

furent rédigés par Engels, d'après les notes laissées par Marx, et publiés en 1885 et 1894. La quatrième partie de l'ouvrage (« Les théories de la plus-value ») fut l'œuvre (1904-1910) de Kautsky, d'après la documentation également fournie par Marx ; elle fut connue en français sous le titre *Histoire des doctrines économiques.*

À l'occasion de la première publication française (1873) de son travail personnel, Marx avertit ainsi son lecteur : « Il n'y a pas de route royale pour la science et ceux-là seulement ont chance d'arriver à ses sommets lumineux qui ne craignent pas de se fatiguer à gravir ses sentiers escarpés. » L'analyse – qui s'affirme en effet scientifique et s'appuie sur une masse impressionnante de données chiffrées – a pour objet d'étudier les lois de développement et finalement les contradictions du système capitaliste.

L'auteur dénonce l'immoralité d'un échange capitaliste au terme duquel l'argent doit toujours rapporter davantage : le patron n'achète pas le produit du travail, mais la « capacité de travail » de ses ouvriers, ce qui entraîne une forme nouvelle d'esclavage, l'exploitation de l'homme par l'homme. Payé au plus juste, l'ouvrier produit cependant par son travail une valeur supérieure à sa propre valeur de marchandise : le bénéfice ainsi réalisé par le capitaliste, c'est la plus-value*. Or cette recherche du profit au détriment des prolétaires, qui trouve parallèlement des ressources toujours nouvelles dans la multiplication des inventions techniques, est précisément le péché originel du système. La réduction des salaires au strict minimum entraîne la réduction de la capacité d'achat – d'où mévente et chômage ; la concurrence exige l'accroissement des investissements (capital constant) et diminue le taux de profit ; des concentrations s'opèrent par disparition des petits patrons rejetés dans le prolétariat (prolétarisation). Le capitalisme devra ainsi mourir de ses contradictions internes, car le monopole du capital est incompatible avec

ENGELS (1820-1895)

ITALIE	RUSSIE/URSS	CHINE
A. Labriola (1843-1904)	Les mencheviks : Martov (1873-1923) Axelrod (1880-1925) Vera Zassoulitch (1851-1919)	
B. Croce (1866-1952)	**Plekhanov** (1856-1918)	
A. Gramsci (1891-1937)	**Lénine** (1870-1924) **Trotski** (1879-1940) **Staline** (1879-1953)	**Mao Ze-dong** (1893-1976)

les exigences de la production, et laisser la place à une économie collectiviste.

L'influence du *Capital* demeure grande sur les économistes contemporains, y compris sur les adversaires du marxisme.

AUTRES ŒUVRES : *Différence de la philosophie de la nature chez Démocrite et chez Épicure* (1841) ; *Critique de la philosophie du droit de Hegel* (1844) ; *Misère de la philosophie* (1847) ; *Travail salarié et capital* (1849) ; *Contribution à la critique de l'économie politique* (1859) ; *Les Luttes de classes en France* (1849-1850) ; *Le 18 Brumaire de Louis Bonaparte* (1852) ; *La Guerre civile en France* (1871). En collaboration avec Engels : *La Sainte Famille* (1845) ; *L'Idéologie allemande* (1846) ; *Le Manifeste du parti communiste* (1848) ; *Critique des programmes de Gotha et d'Erfurt* (1875-1891).

◆ La doctrine **marxiste,** fondée sur le matérialisme dialectique* et le matérialisme historique*, se présente comme une doctrine ouverte dont l'importance n'est plus à démontrer dans la pensée révolutionnaire du XXe siècle.

À la suite de Marx et de Engels*, qui conçoivent (dans le *Manifeste*...) un parti révolutionnaire et qui exercent une activité de militants au sein de la Première Internationale, **Lénine*** fonde ce parti par la fusion du mouvement ouvrier et de la théorie scientifique ; de plus, le thème de la solidarité des prolétaires de tous les pays *(Manifeste)* est repris par cet auteur, qui en fait l'idée de base de la IIIe Internationale (1919) : en chaque pays, les ouvriers doivent lutter contre la domination de la bourgeoisie, mais sans modèle révolutionnaire préétabli. Finalement, l'homme nouveau, produit de la société sans classes, sera délivré de la loi du profit et pourra jouir d'un épanouissement total.

Affirmant que l'impérialisme est le stade suprême du capitalisme, Lénine s'oppose au réformisme de **Kautsky** (1854-1938), qui prétend que l'internationalisation des monopoles a pour conséquence de stabiliser le capitalisme et qu'une évolution progressive vers le socialisme rend superflue la révolution.

Parmi les nombreux auteurs marxistes du XXe siècle, qui ont essayé soit de résoudre les difficultés théoriques du système, soit d'en actualiser les analyses afin d'en assurer la prise sur le réel et l'efficacité politique, citons encore l'Italien **Gramsci*** (1891-1937) qui, à l'instar du Hongrois **G. Lukács*** – lequel met en lumière l'importance de l'idée de totalité –, forge une théorie de la praxis* par l'unification de la théorie et de la pratique, par la synthèse de la politique et de la philosophie comme base de sa théorie révolutionnaire .

◆ L'échec des organisations politiques (URSS, démocraties populaires, Chine, ex-Allemagne de l'Est) prétendant appliquer un programme « communiste » pose d'autant plus le problème de la caducité de la théorie marxiste que Marx lui-même considère que le critère de vérité d'un système philosophique réside dans son application pratique. Cela ne signifie sans doute pas, cependant, que la pensée de Marx ait disparu en 1988 en même temps que le mur de Berlin. Outre que la pertinence de ses analyses politiques (entre autres sur l'échec de la Commune de Paris) paraît peu contestable, c'est plus généralement, comme le suggère Derrida (*Spectres de Marx*, 1993), un certain « esprit de Marx » qui peut être affirmé d'actualité, même si les effets critiques de la théorie semblent émoussés, ou trop marqués par leur réduction stalinienne. Cet « esprit » résiderait dans la capacité, indépendante de tout dogmatisme, à dénoncer le « déshonneur » d'une époque, ou d'un monde, dont les tenants du néo-libéralisme économique, qui se réjouissent de la « fin de l'Histoire » par la mondialisation du capitalisme, ne peuvent parvenir à masquer les inégalités. Même si Marx n'est plus qu'un « fantôme », il continue à hanter la pensée, et l'insistance avec laquelle on proclame périodiquement sa « mort » révèle que celle-ci est loin d'être totalement accomplie.

➤ ALTHUSSER, ENGELS, LÉNINE, MATÉRIALISME DIALECTIQUE, MAO ZE-DONG, PRAXIS.

MATÉRIALISME,
MATÉRIALISME DIALECTIQUE, MATÉRIALISME HISTORIQUE

◆ Toute doctrine n'admettant d'autre substance ou réalité que la matière, la pensée n'étant qu'une qualité de cette dernière, est appelée **matérialisme.**

Dans l'**Antiquité,** c'est sans doute l'épicurisme* qui constitue le premier système cohérent de ce point de vue – avec l'impact scandaleux qu'implique son indifférence au religieux et au spirituel.

Dans les siècles qui suivent, l'installation du christianisme va rendre dangereuse toute affirmation évacuant de la sorte le sens du divin : ce n'est qu'à partir du XVIIIe siècle qu'écrivains et penseurs osent de nouveau affirmer un matérialisme cohérent (Helvétius*, d'Holbach*, La Mettrie*) – à vocation fréquemment antireligieuse.

De telles théories ont été qualifiées de **mécanistes,** comme plus tard la pensée de Feuerbach*, par opposition au système dialectique marxiste, dans la mesure où elles ignorent la réciprocité des actions et n'admettent que des changements quantitatifs dans la matière.

Depuis le XIXe siècle, le matérialisme – condamné par A. Comte* comme réduisant le supérieur à l'inférieur – a pris corps dans différents secteurs scientifiques : en biologie, il rejette toute finalité* et ramène le vital à du physico-chimique ; en psychologie, il considère la conscience comme un épiphénomène* ou réduit le psychique au physiquement observable (psychologie du comportement*).

◆ Le **matérialisme dialectique** désigne le système philosophique de Marx* et de ses successeurs. Considérant l'univers comme un tout rigoureusement matériel et dynamique, il affirme la réciprocité des actions entre phénomènes (tout effet devient cause et inversement), l'apparition de modifications qualitatives consécutives à l'accumulation de changements quantitatifs et l'existence, dans le réel ainsi conçu, de contradictions internes dont la résolution progressive constitue le fondement de l'histoire.

◆ Le **matérialisme historique** est la conception marxiste de l'histoire, qui constitue un aspect particulier du matérialisme dialectique.

Insistant sur l'importance du facteur économique dans l'existence humaine (parce que l'homme se définit pratiquement comme producteur de ses moyens d'existence), le matérialisme historique affirme que l'histoire est traversée par la lutte des classes*, qui elles-mêmes résultent des relations économiques entre les hommes. Toutefois, cette infrastructure* économique ne détermine pas mécaniquement l'évolution des superstructures* : il faut au contraire penser leurs actions comme réciproques, la base économique restant malgré tout déterminante « en dernière instance ».

➤ IDÉALISME, SPIRITUALISME.

MATHÉMATIQUE(S)

◆ Désigne au singulier l'ensemble des sciences ayant pour objet le nombre, l'ordre et l'espace – et en souligne au pluriel la multiplicité (algèbre, arithmétique, géométrie, etc.).

◆ Descartes nomme **mathématique universelle** *(mathesis universalis)* la méthode générale permettant de connaître ce qui touche « l'ordre et la mesure sans application à une matière particulière ».

Les philosophes classiques ont accordé aux mathématiques une place importante dans leur théorie de la connaissance (pour Platon, elles en constituent le troisième moment, immédiatement antérieur à la connaissance des Idées*) ; ils ont même, jusqu'au XVIIIe siècle, énoncé des théories mathématiques nouvelles (Descartes, Leibniz...), mais la spécialisation progressive qui s'est imposée à la recherche mathématique, comme aux autres sciences, aboutit à séparer philosophie et mathématique, pour réserver l'étude de la seconde à l'épistémologie.

◆ Le rapport entre mathématique et logique* peut se concevoir de deux façons opposées, soit que l'on admette que la première est une sous-classe de la seconde (Russell), soit que l'on pense le contraire (Hilbert).

MATIÈRE

◆ Confondue par les premiers penseurs grecs avec la nature*, la matière est primitivement ce qui est appelé à transformation par le travail humain. Plus spécialement, Aristote l'oppose à la **forme*** pour désigner dans l'objet la simple potentialité, qui sera actualisée par la forme.

◆ Descartes l'identifie pour sa part à l'**étendue***, indépendamment de ses qualités superficielles (goût, couleur...) : mesurable, le réel peut dès lors être connu mathématiquement.

◆ Si l'on prend « forme » dans des

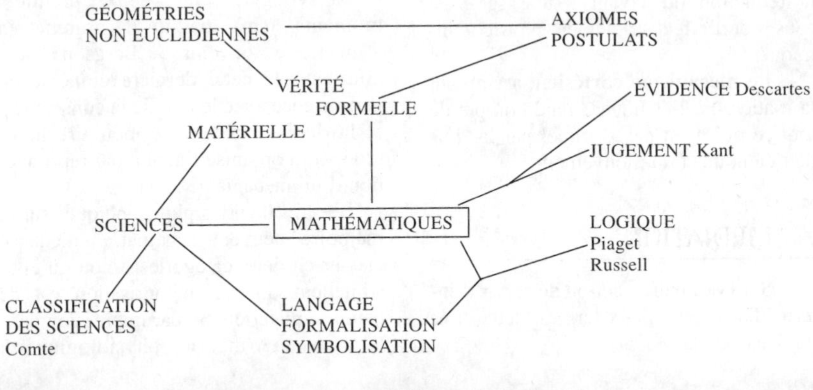

acceptions particulières, la matière désigne, en morale kantienne, le contenu de l'acte, dont la seule considération ne suffit pas à assurer la moralité ; et en logique formelle, ce qu'énonce un jugement ou une proposition.

MAUSS

(Marcel, 1873-1950.) Sociologue et ethnologue français qui, après des recherches en sociologie religieuse, a mis au point le concept de « phénomène social total » pour rendre compte des multiples aspects de la vie sociale. Son *Essai sur le don* (1932-1934) – qui représente le fait social global sous la forme d'un triangle fondamental : donner/recevoir/rendre – a fortement marqué les théories anthropologiques, notamment la pensée de G. Bataille*.

AUTRES ŒUVRES : *Esquisse d'une théorie générale de la magie* (1902) ; *Manuel d'ethnologie* (1947).

MÉCANISME

Synonyme de machine*. Par analogie, tout processus où l'analyse peut déceler une série de moments dépendants l'un de l'autre (mécanisme de la mémoire, du syllogisme...).

Se dit de toute théorie affirmant qu'une classe de phénomènes (ou leur totalité) peut être ramenée à un fonctionnement mécanique ; désigne notamment, en **biologie,** par opposition au vitalisme*, la réduction du vivant à une série de causes et d'effets strictement physico-chimiques.

Le **mécanisme cartésien,** assimilant la matière* à l'étendue*, rend compte de tout ce qui n'est pas spirituel par les lois de l'étendue et du mouvement.

MÉDIATION

Sens ordinaire : action de servir d'intermédiaire entre deux termes, deux êtres ou deux objets.

En philosophie moderne, s'utilise surtout par référence à **Hegel,** pour lequel « la médiation se mouvant avec soi-même » définit toute chose : c'est alors le moment central de la dialectique* où l'être, se niant et se « dépassant » lui-même, se pense et revient à soi dans son devenir. La médiation hégélienne est aussi bien logique qu'ontologique : l'histoire de la pensée (notamment de la philosophie) y est soumise autant que celle du réel.

La version matérialiste du concept chez Marx* se réfère à la lutte des classes*.

MÉDITATION

Initialement, désigne dans le vocabulaire religieux l'exercice prolongé de recueillement permettant de se retirer du monde pour centrer la pensée sur Dieu.

Par analogie, s'utilise en philosophie (surtout depuis les *Méditations métaphysiques* de Descartes) pour évoquer une réflexion spécifique, et durable, ayant pour but d'atteindre une vérité débarrassée des opinions courantes.

MÉMOIRE

Fonction psychologique qui reproduit un état de conscience passé en le reconnaissant comme passé. On y distingue généralement l'enregistrement ou fixation du souvenir, sa conservation, son rappel ou évocation, sa reconnaissance et sa localisation.

Privilégiant les deux premiers moments dans ce qu'il nomme la « mémoire souvenir », Bergson* peut affirmer que cette dernière coïncide en permanence avec le tout de la conscience, et la distinguer de la « mémoire habitude » qui organise l'action par reproduction d'un mécanisme acquis.

◆ Les théories philosophiques sur la mémoire peuvent schématiquement se classer en deux catégories, selon qu'elles admettent que la mémorisation est de nature « matérielle », par impression dans le cerveau (théorie physiologique :

PHILOSOPHIE MÉDIÉVALE

UNITÉ DE LA PHILOSOPHIE ET DE LA THÉOLOGIE / IXe-XVe siècles

Jean Scot Erigène (810-870) :

- la vraie philosophie n'est autre que la religion et réciproquement
- la foi associée à la raison

Saint Anselme (1033-1109) : on croit pour comprendre, et non l'inverse

INTRODUCTION DE LA PENSÉE GRECQUE / IXe-XIIe siècles

- Introduction progressive des penseurs grecs (par l'intermédiaire des commentateurs arabes) : Platon, Euclide, Plotin, Proclus et surtout Aristote.
- 1160 : l'ensemble du Corpus aristotélicien est traduit en latin. Nombreux commentateurs, dont **Robert Grosseteste** (vers 1200). Début du débat autour d'Aristote.

LE DÉBAT AUTOUR DE L'ARISTOTÉLISME / XIIe-XIIIe siècles

Aristotélisme et contradiction avec la pensée chrétienne : l'affirmation de l'éternité du monde remet en cause la Création, et celle de l'unicité de l'intellect agent annule la possibilité de l'immortalité personnelle de l'âme.

→ Interdiction de commenter Aristote à Paris

↓

Thomas d'Aquin (1227-1274)

- « correction » des thèses d'Aristote : *Commentaire sur Aristote*
- constitution de la théologie comme science *Somme de théologie* (1266-1274)

LA QUERELLE DES UNIVERSAUX

- genres et espèces sont-ils des réalités subsistantes en elles-mêmes ?

NOMINALISME

- il n'existe pas d'idées générales des choses mais seulement des signes généraux.

- **Roscelin** (mort en 1120)
seuls les individus sont réels ;
les concepts ne sont que des mots.

- **Guillaume d'Ockham** (1290-1349)
réflexion sur le signe linguistique et élaboration d'un principe d'économie de la pensée (« rasoir d'Ockham »).

- **Abélard** (1079-1142)
Les idées n'ont pas de réalité hors de l'esprit qui les conçoit.

↓

CONCEPTUALISME

- l'universel existe dans l'idée divine, se réalise dans la chose et est appréhendé par l'intelligence.

1447 : l'université de Louvain sépare l'enseignement théologique de l'enseignement philosophique.

LES RÉFLEXIONS SUR L'HISTOIRE ET LA POLITIQUE

- **Jean Froissard** (1337 ?-1400 ?)
projet consistant à dégager l'essence des événements historiques, mais qui aboutit à une idéalisation de l'Histoire.

- **Philippe de Commynes** (1447-1511)
dépouille l'histoire de ses illusions et dénonce l'incapacité des princes ;
le prince doit apprendre la défiance.

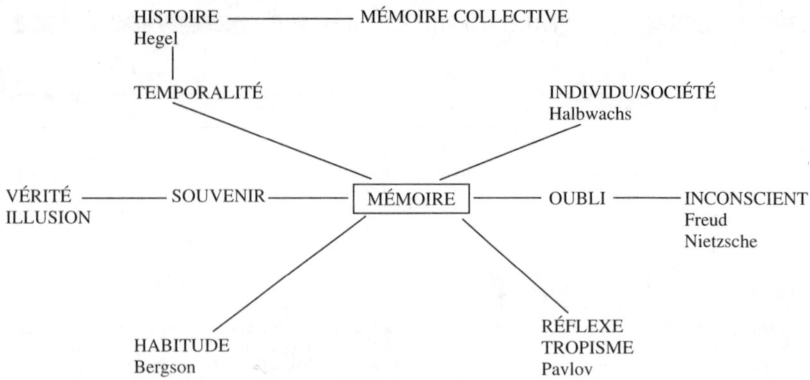

Descartes, Spinoza...) ou qu'elle est au contraire propre à la conscience et indépendante d'un support physiologique (théorie psychologique).

Les recherches contemporaines ont prouvé aussi bien le rôle positif que tient dans la mémorisation la structure du souvenir (théorie de la Forme*) que celui des repères sociaux qui facilitent l'exercice de la mémoire (M. Halbwachs : *Les Cadres sociaux de la mémoire*).

MENSONGE

◆ Acte par lequel un locuteur déforme ou dissimule volontairement ce qu'il sait être la vérité, le mensonge met en jeu ce que la linguistique repère comme fonction appellative du langage, en cherchant à provoquer chez l'auditeur des sentiments ou une adhésion que le locuteur ne partage pas.

Outre la **condamnation morale** dont il est en général l'objet, le mensonge pose le problème philosophique du rapport du langage à la vérité. **Platon*** y comprend une **perversion métaphysique,** qui, contrairement à ce qu'avait affirmé Parménide*, mélange l'être et le néant.

◆ En généralisant le terme, on peut l'appliquer à tout effort de dissimulation, pour paraître ce qu'on n'est pas (et réciproquement).

C'est dans cette optique que Rousseau* en fait le symbole de la société de son époque et que s'énonce en particulier sa condamnation du théâtre comme officialisation du mensonge.

On notera que, depuis le *Paradoxe sur le comédien* de Diderot*, la réflexion sur ce que doit être le jeu de l'acteur théâtral oscille entre une thèse exigeant qu'il se distingue de son personnage et maîtrise donc son « mensonge » (au XXe siècle : la « distanciation » de Brecht) et la thèse contraire qui demande la coïncidence la plus étroite possible entre la personne de l'acteur et ce qu'il interprète (Artaud).

➤ IDÉOLOGIE.

MENTALITÉ

Mot vague, mais commode pour désigner l'ensemble plus ou moins conscient des croyances, opinions, habitudes qui caractérisent un groupe humain ou un individu. L'**ethnologie** s'est longuement attachée à comparer les diverses mentalités – montrant en particulier que la mentalité « européenne » a eu pendant des siècles tendance à se considérer comme « supérieure » aux autres, sinon la seule légitime.

Lévy-Bruhl* a d'abord nommé **« mentalité primitive »** celle des sociétés traditionnelles, qui se distinguerait de la mentalité rationnelle (occidentale) par ses caractères mystique et prélogique*. Dans ses derniers travaux, il se contente d'affirmer que ces caractères y sont simplement plus prononcés qu'en Occident, et qu'il n'y a pas lieu d'affirmer une différence de nature entre les deux modes de pensée – ce que confirmera Lévi-Strauss*.

➤ ACCULTURATION, CULTURE, PRIMITIF.

MERLEAU-PONTY

(Maurice, 1908-1961.) Philosophe français, le plus éminent représentant, avec Sartre*, du courant **phénoménologique** issu de Husserl*.

◆ Analyste de la pensée pré-réflexive, il s'attache à montrer ce qu'il y a d'irréfléchi dans la perception immédiate, avec le sens implicite qu'elle recèle et qui pèsera de tout son poids dans l'élaboration définitive. Philosophe du **vécu**, il décrit la relation intentionnelle qui unit le sujet - incarné et en situation historique - aux choses et à autrui. Philosophe de l'histoire, il fait siennes, en partie, les interprétations de Marx*, mais les excès du stalinisme l'éloignent définitivement du parti communiste, et il quitte en 1955 la revue *Les Temps modernes,* rompant ainsi sa collaboration avec Sartre.

◆ Son ***Éloge de la philosophie*** fut en 1953 (année de sa parution) sa leçon inaugurale au Collège de France : Merleau-Ponty s'y emploie à situer ce que peuvent être à cette époque le lieu et la tâche de l'entreprise philosophique.

Pour ce faire, il analyse deux œuvres antérieures : celles de Lavelle et de Bergson* (dont il reprend la chaire au Collège de France). De **Lavelle,** il retient le thème du « présent » comme union ambiguë de l'événement et du sens. Quant à **Bergson,** la lecture qu'il en propose est différente des interprétations habituelles : délaissant sa philosophie de la conscience, il pointe ce qui lui paraît plus radical dans la démarche, à savoir la problématique de la perception entendue comme rapport « toujours déjà-là » à un Être que la philosophie a précisément pour tâche d'élucider. La fameuse intuition elle-même ne serait rien d'autre que la mise en rapport immédiat avec l'Être.

Après ces deux exemples, Merleau-Ponty revient à ce qui constitue pour lui la particularité du vrai philosophe : un goût de l'évidence allié à une sensibilité à l'ambiguïté qu'il s'agit non pas de subir, mais d'interroger pour en extraire le sens. Il montre « corollairement » que pour le philosophe, il ne peut exister de lieu définitif (Église, parti) de la vérité, dans la mesure où le refuge ou un séjour dans un tel lieu oublierait la dimension historique du vécu : les « évidences » que propose l'histoire ne peuvent être admises telles quelles par la philosophie – à laquelle il appartient dès lors de construire une théorie du sens dans l'histoire et des « signes » qui le manifestent, signes aussi bien formés que détruits par l'action humaine.

AUTRES ŒUVRES : *Phénoménologie de la perception* ; *La Structure du comportement* (1945) ; *Humanisme et terreur* (1947) ; *Sens et Non-Sens* (1948) ; *Les Aventures de la dialectique* (1955) ; *Signes* (1960) ; *Le Visible et l'Invisible* (1963).

MESMER

(Franz Anton, 1734-1815.) Médecin d'origine viennoise, auteur de la théorie du « magnétisme animal », qui connaît un succès mondain et provoque de virulents débats, notamment à Paris où Mesmer prétend prouver ses allégations à partir de 1778 (au cours des dix années suivantes, près de deux cents ouvrages et traités lui sont consacrés, parmi lesquels un roman philosophico-érotico-magnétique, *Le Magnétiseur amoureux,* de Ch. de Villers, est saisi et pilonné dès sa parution). En une période où la frontière entre la science rigoureuse et le parascientifique plus ou moins merveilleux reste très perméable, Mesmer apporte une apparente respectabilité théorique et une promesse de traitements efficaces. Il est, de plus, habile en propagande : en 1781, il fait systématiquement parvenir plusieurs exemplaires de son *Précis historique des faits relatifs au magnétisme animal* à chacune des sociétés savantes d'Europe.

◆ Affirmant l'existence d'un fluide universel, il conçoit la maladie comme provoquée par des obstacles à la circulation de ce fluide. Pour guérir, il suffit de supprimer les obstacles, ce qui peut s'obtenir en massant les « pôles » du corps (le nez, les doigts), aussi bien qu'en séjournant dans de célèbres « baquets », remplis d'eau magnétisée et de limaille de fer, où se conserve le fluide qui guérit. Dès 1784, un rapport de l'Académie des sciences prouve l'inexistence du « fluide », et attribue les phénomènes observés (notamment des convulsions) à l'imagination débordante des « fluidistes » : il constate ainsi, mais sans la théoriser, l'importance d'une action psychologique interpersonnelle – qui se retrouvera ultérieurement dans l'hypnose*, sinon dans la psychanalyse*.

◆ En fait, la conception mesmérienne du traitement est réellement neuve : elle privilégie les traitements collectifs, est attentive à l'écoute des paroles du malade, préfère, à la multiplicité des drogues et saignées, une cure unifiée cherchant à rétablir un équilibre harmonieux entre le corps et l'univers.

Cependant, les partisans de Mesmer dénoncent, en termes politiques, l'aristocratie d'un savoir que prétend diriger l'Académie avec l'appui du régime. Le mesmérisme devient pour certains (parmi lesquels Marat ou Brissot) une occasion de mettre en cause le despotisme qui ouvre la voie vers d'autres modes de contestation.

ANTHOLOGIE : F. A. Mesmer, *Le Magnétisme animal* (textes choisis par R. Amadou), 1971.

MESURE

Opération qui fait correspondre à une quantité matérielle un certain nombre d'unités de mesure antérieurement définies.

Au sens moral, désigne la **modération.** Pour la philosophie grecque (en particulier chez Aristote*), la mesure doit fuir l'*hubris* (démesure de la violence ou de l'orgueil) en privilégiant la justice : il s'agit d'une quête difficile, l'équilibre cherché ne pouvant être que fragile. Les auteurs français du XVIIe siècle ont affadi cette conception en faisant l'éloge d'un « juste milieu » compris comme de tout repos.

MÉTAPHORE

Figure de rhétorique qui désigne un objet par le nom d'un autre avec lequel il a un rapport d'analogie, ou, plus brièvement : « un mot pour un autre », selon la formule de Lacan* qui a montré que, dans l'inconscient*, le **déplacement** obéit au même fonctionnement.

➤ RÊVE.

MÉTAPHYSIQUE

◆ Initialement, le terme vient du titre *(meta ta phusika)* donné par Andronicos de Rhodes (Ier siècle avant J.-C.) à l'ouvrage d'Aristote qui vient *après* la *Physique* – aujourd'hui intitulé *Métaphysique* (cette graphie n'apparaît qu'au Moyen Âge, et le préfixe *meta* change alors de sens pour désigner aussi ce qui est *au-delà* de la physique). Il s'agit, dans ce contexte, de la science de l'être en tant qu'être, c'est-à-dire de la philosophie première* en tant que connaissance des choses divines aussi bien que des principes des sciences et de l'action. Synonyme d'ontologie*, ou, plus exactement, d'ontothéologie – si l'on tient compte de ce que le christianisme va rapidement privilégier dans la philosophie grecque.

◆ Au **Moyen Âge** (et en particulier chez saint Thomas), la « conciliation » scolastique* de la Bible et d'Aristote fait de la métaphysique la partie de la philosophie qui **dépasse le réel empirique** pour accéder à la connaissance des **réalités divines et transcendantes,** mais par les seules voies de la **raison** et indépendamment de la révélation (qui fonde pour sa part la théologie). On distingue dès lors la métaphysique générale (ontologie) de la métaphysique spéciale, subdivisée en cosmologie rationnelle (théorie du monde et de la matière), psychologie rationnelle (théorie de l'âme) et théologie rationnelle (connaissance de Dieu et énoncé des preuves de son existence).

Ainsi comprise, la métaphysique reste chez **Descartes** la connaissance de Dieu et de l'âme « par raison naturelle ». Elle ambitionne d'accéder à l'absolu – que ce dernier soit ontologique ou moral. (Cette connaissance de l'absolu, ainsi classiquement effectuée grâce à la raison, sera attribuée à l'intuition* par Bergson.)

◆ Pour **Kant,** la métaphysique devient, dans le cadre de la philosophie critique, l'inventaire des connaissances qui dépendent de la raison seule – indépendamment de l'expérience – et de ses conditions d'exercice. Il apparaît alors que la raison ne peut connaître les choses en soi (noumènes*), mais que ces dernières sont du ressort d'une **foi rationnelle** qui affirmera les postulats de la raison pratique concernant Dieu, l'âme et la liberté. Le point de vue kantien consiste ainsi à maintenir la **possibilité de la métaphysique** – même si elle ne constitue pas une connaissance au sens strict.

◆ La pensée marxiste prend volontiers le terme dans un sens **péjoratif** (synonyme d'existence immuable et intemporelle), par opposition à la dialectique* : il s'agit alors d'une variante de l'idéologie*.

◆ Dans l'**existentialisme***, recherche du sens global de l'existence humaine, mais sans qu'il puisse y avoir élaboration d'un système clos, dans la mesure où il n'y a de sens que par rapport à la liberté : la métaphysique trouve alors son achèvement dans l'action ou la morale.

◆ Tenant compte de la volonté qui fut celle de Nietzsche* de « renverser le platonisme » (qui a inauguré l'ontologie), **Heidegger*** prononce la fin de la métaphysique occidentale en même temps que son **échec :** ayant renoncé à constituer l'ontologie, elle se serait égarée dans un simple discours sur l'étant* au lieu de se consacrer à l'être. D'où la nécessité, pour relancer la pensée, de reposer la question initiale (« Qu'est-ce que l'être ? ») – faute de quoi serait ouverte l'ère du nihilisme*.

MÉTEMPSYCOSE

(Ou métempsychose.) Doctrine selon laquelle une même âme peut animer plusieurs corps différents en passant successivement de l'un à l'autre : cette transmigration – qui s'opère entre les hommes mais qui peut s'étendre à d'autres êtres – cesse lorsque l'âme parvient à se fondre dans le « Grand Tout ».

Introduite dans la philosophie occidentale par Pythagore*, la métempsycose, que l'on retrouve dans certains mythes platoniciens après avoir été acceptée par quelques présocratiques (Empédocle* par exemple), n'est vraiment prise en considération que dans les religions de l'Inde (bouddhisme). Refoulée en Occident par le christianisme, elle se réfugie dans certaines doctrines plus ou moins marginales comme le spiritisme ou la théosophie.

➤ PLATON.

MÉTHODE, MÉTHODOLOGIE

La **méthode** désigne un cheminement par lequel on obtient un certain résultat, pas nécessairement prévu d'avance, ou (c'est notamment le sens chez Descartes*) un ensemble de procédés et de « règles » utilisés pour aboutir au but souhaité.

La **méthodologie** est la partie de la logique* – à distinguer de l'épistémologie* – qui a pour objet l'étude des méthodes ou procédés utilisés généralement dans une discipline scientifique, chaque science en vertu de son objet spécifique ayant elle-même une méthode distincte. Cette étude, *a posteriori,* se contente de décrire les méthodes qui sont en fait pratiquées, sans prétendre imposer aux savants une technique de recherche.

➤ ÉPISTÉMOLOGIE, EXPÉRIMENTAL.

MÉTONYMIE

Figure de rhétorique par laquelle on désigne une chose par le nom d'une autre ayant avec la première un rapport nécessaire (de cause à effet, de contenant à contenu, de partie à totalité, etc.). Lacan* a montré que, dans l'inconscient*, la **condensation** obéit à un fonctionnement semblable.

➤ RÊVE.

MILIEU

Terme d'abord utilisé par référence à Aristote* (la vertu comme « juste milieu » entre deux excès) pour désigner ce qui est placé (éventuellement à égale distance) entre deux ou plusieurs autres choses ou repères.

On parle aussi, en **logique,** du principe de milieu exclu pour désigner celui du tiers exclu*.

En **biologie** et dans les sciences sociales, la notion de milieu rassemble paradoxalement l'ensemble des êtres et des phénomènes parmi lesquels vit un individu : milieu social, milieu physique, milieu interne (organique).

➤ FINALITÉ (INTERNE).

MILL

(John Stuart, 1806-1873.) Philosophe et économiste anglais. Subissant l'influence de Hume* et de Bentham*, il est résolument empiriste (ce qui signifie aussi pour lui antikantien), aussi bien en psychologie – où il nie tout *a priori* de la raison et rend compte de toutes les fonctions mentales par l'associationnisme* – qu'en logique, où la déduction s'effectue selon lui du particulier au particulier, l'induction n'étant possible qu'à partir d'un certain nombre d'expériences analogues et en observant les quatre « canons » (inspirés de Bacon*) : concordance, différence, variations concomitantes et résidus. Bien qu'individualiste, Mill admet certaines idées socialistes : il se prononce pour l'intervention de l'État lorsqu'il s'agit d'aider les plus déshérités et pour la formation de coopératives de production. Il est également partisan de la libération politique de la femme.

◆ Son **utilitarisme*** moral prend comme but de l'existence, au-delà du seul bonheur individuel, la qualité du bien-être collectif : il admet que, si l'intérêt est en général le mobile premier des comportements, il peut se transformer en sentiment altruiste et désintéressé. Cette morale se rapproche finalement du christianisme, et Mill conclut d'ailleurs à l'existence de Dieu.

Œuvres principales : *Système de logique inductive et déductive* (1843) ; *Principes d'économie politique* (1848) ; *De la liberté* (1859) ; *L'Utilitarisme* (1861) ; *Autobiographie* (rédigée entre 1853 et 1861) ; *De l'assujettissement des femmes* (1869) ; *Trois Essais sur la religion* (1874).

MIRACLE

Selon la théologie chrétienne, événement imprévisible et inexplicable ne relevant d'aucune loi connue de la nature dans la mesure où il manifeste l'action directe de Dieu. Le miracle appartient ainsi à un ordre supérieur, ce qui le distingue d'un phénomène simplement magique. L'explication déterministe est amenée à le réfuter.

MOBILE

Ce terme désigne d'abord, chez Aristote*, tout ce qui change par opposition au moteur, cause du changement. En physique, le mobile est ce qui est en mouvement, soumis au déplacement. Par analogie, le terme, signifie en psychologie, toutes les forces irrationnelles (affectivité) qui, inconsciemment ou au niveau du subconscient poussent l'homme à l'action. De ce fait, le mot peut avoir une signification péjorative.

➤ MOTIF.

MODALITÉ

Terme utilisé par la **logique** classique, à la suite d'Aristote*, pour caractériser une proposition selon que la relation qu'elle énonce est soit un fait, soit possible ou impossible, soit contingente ou nécessaire.

Kant* distingue de ce point de vue trois types de jugements : problématiques*, assertoriques (dont on affirme le contenu comme vérité) et apodictiques (dont on déclare nécessaire la relation qu'ils expriment). À chaque type correspond un couple de concepts qui forment les catégories de la modalité : possibilité et impossibilité, existence et inexistence, nécessité et contingence.

MODE

◆ On nomme en **logique** formelle mode d'un syllogisme* la forme qu'il peut prendre selon la quantité* et la qualité* de ses propositions.

◆ En **métaphysique,** le mode désigne chez les scolastiques la détermination d'une substance* (mode substantiel, accidentel ou transcendantal). Descartes* le prend comme synonyme d'attribut* ou de qualité – sauf lorsqu'il s'agit, dans Dieu ou les choses créées, de « ce qui se trouve en elles toujours de même sorte ». Chez Spinoza*, le mode est une affection de la substance qui, en formant l'essence permanente, s'oppose à l'attribut.

◆ Dans le langage courant aussi bien qu'en **sociologie,** la mode évoque l'ensemble d'usages, de comportements, d'habitudes (vestimentaires, de loisirs, mais aussi intellectuels) qui connotent une « supériorité » sociale et se rattachent initialement à des milieux « privilégiés ». Tarde a montré qu'elle s'oppose à la coutume*, qui imite les prédécesseurs et non les contemporains. Dans la mesure où une mode se diffuse dans toute la société, ses inventeurs, par souci de réaffirmer leur « distinction », l'abandonnent pour en promouvoir une nouvelle : l'importance des médias et l'incidence économique de tels phénomènes font que, dans la société contemporaine, les modes se succèdent de plus en plus vite – au point de se juxtaposer.

◆ À propos des phénomènes artistiques et intellectuels, Marx* nomme **principe de parodie** le fait que toute classe accédant nouvellement au pouvoir a tendance à répéter ce qui était estimé par la classe précédente, mais en lui faisant subir une dégradation qualitative.

MODÈLE

Le terme recouvre des réalités et des utilisations différentes selon les disciplines dans lesquelles il intervient. Au sens courant, il est ce qu'on imite (modèle de comportement, de vêtement, etc.) ; au sens scientifique, il est plutôt ce qui imite, ou évoque. Il désigne alors la représentation simplifiée, qui recourt fréquemment au symbolisme mathématique, des relations et des fonctions intervenant entre les éléments d'un ensemble ou d'un système. De ce point de vue, on peut affirmer que l'élaboration de modèles est devenue une pratique présente dans toutes les disciplines scientifiques. Au XXe siècle, la modélisation se déploie particulièrement dans les recherches relevant du structuralisme*.

Parce qu'il schématise, le modèle autorise une compréhension plus précise ou efficace. Mais, dans la mesure où il laisse de côté les qualités propres des éléments constituant l'ensemble auquel il correspond, il ne peut être confondu avec la réalité.

MODERNE, MODERNITÉ

Au sens général, l'adjectif s'applique à ce qui, appartenant au contemporain, est susceptible de le caractériser. De ce point de vue, toute époque peut se qualifier de moderne en se distinguant de celles qui l'ont précédée.

◆ Dans l'histoire de la philosophie, le point de départ des « temps modernes » n'est pas clairement fixé : faut-il opposer l'Antiquité à tout ce qui la suit, tenir compte plus précisément de l'apparition d'une notion d'histoire linéaire (à partir de saint Augustin), ou attendre la Renaissance, à moins que ce ne soit Descartes, sinon les Lumières* ?

On constate la même indécision en esthétique : indépendamment des diverses « querelles des Anciens et des Modernes », ce n'est qu'avec Baudelaire (le moderne, c'est l'éphémère dont l'art doit aussi révéler la beauté), Rimbaud (« il faut être absolument moderne ») ou Apollinaire que s'affirme le projet d'une modernité consciemment élaborée ou recherchée.

◆ En recensant certains traits constants de ce qui s'affirmera progressivement comme « moderne », on peut cependant situer l'origine de la modernité au XVIe siècle, exclusivement en Europe – même si cette dernière influence ultérieurement d'autres parties du monde, ne serait-ce qu'en prônant une modernisation économique. Dans cette modernité convergent les effets du protestantisme (et de la naissance du capitalisme), des découvertes scientifiques et d'une idéologie du progrès, qui culmine avec les **Lumières.**

◆ Mais c'est précisément parce que les espoirs des Lumières sont loin d'être confirmés par les événements historiques que la modernité apparaît en **crise.** La libération de l'humanité par l'éducation et la démocratisation, le progrès moral et l'instauration d'une paix universelle sont démentis par ce que de nombreux philosophes ou sociologues décrivent comme les caractères réels, nettement moins enthousiasmants, du monde contemporain : aliénation de l'homme à la marchandise, permanence des conflits et des génocides, contradictions insolubles de l'économie mondiale, déviations de la raison, etc. L'école de Francfort*, Arendt*, Jonas* et bien d'autres prennent, chacun à sa manière, la relève d'un Nietzsche* ou d'un Heidegger*, qui dénoncent le nihilisme* comme aboutissement de la modernité.

Dans ce contexte, les termes de **post-modernisme** ou **post-modernité** désignent, soit l'abandon (notamment en art, où le premier est d'abord apparu à propos de l'architecture) des postures d'avant-garde et le mélange volontaire des références stylistiques, soit la nécessité de scruter la modernité pour mieux comprendre les raisons de son échec et s'en protéger désormais.

MŒURS

◆ Comportement constant régi par l'instinct et l'habitude, propre à une espèce animale donnée, ou ensemble des coutumes, des croyances et des usages communs à un groupe social.

◆ D'un point de vue plus strictement moral, manière de se comporter en fonction de normes morales admises plus ou moins explicitement dans tel milieu social. On parlera, en ce sens, de bonnes ou de mauvaises mœurs.

Selon **Lévy-Bruhl***, la **science des mœurs,** ou étude sociologique et positive des mœurs en tant que principes moraux qui régissent une société donnée, devrait se substituer à la morale théorique, dont les règles sont tenues pour inconditionnelles.

MOI

◆ Au sens psychologique et moral, désigne la conscience d'un sujet empirique s'affirmant comme tel. Le moi peut avoir tendance à tout rapporter à lui-même et à ses intérêts.

◆ Au sens **ontologique,** c'est la réalité permanente qui supporte les accidents variables affectant le moi empirique, dont la nature propre, dans sa version cartésienne, consiste en la pensée.

Kant nomme **moi transcendantal*** le sujet pensant, dont la présence est nécessaire pour unifier le divers de la perception empirique et des représentations.

On peut également qualifier de transcendantal le moi absolu de Fichte*, acte constitutif du sujet en même temps que de la pensée dont il exprime l'autonomie absolue.

◆ Freud*, dans sa seconde théorie de l'appareil psychique, distingue le **moi** du **ça*** et du **surmoi*** : il est triplement soumis – aux exigences du premier, aux impératifs du second et aux contraintes de la réalité.

MONADE

Ce terme d'origine pythagoricienne signifie « unité » en grec. Platon*, qui l'applique aux Idées*, se demande s'il faut « admettre de telles monades véritablement existantes », subsistant dans l'intégrité de leur nature, au sein de la multiplicité des choses créées (*Philèbe,* 15, b).

➤ LEIBNIZ, SUBSTANCE.

MONDE

La notion philosophique s'articule autour de deux sens fondamentaux. Elle désigne, d'une part, l'ensemble des réalités matérielles qui constitue le cosmos* ou l'univers*, et, en un sens plus restreint, le système planétaire terrestre (d'où l'expression : pluralité des mondes).

D'autre part, appliquée à l'homme, la notion renvoie aux phénomènes de conscience* comme dans l'expression « le **monde intérieur** », par opposition au monde **extérieur** des objets perceptibles par les sens. Pour la phénoménologie*, le monde extérieur et celui des relations humaines, tels qu'ils sont connus, donnent lieu à une signification existentielle distincte de la connaissance objective et scientifique (Être-au-monde).

➤ COSMOS, UNIVERS.

MONISME

Doctrine selon laquelle l'Être – ne présentant qu'une multiplicité apparente – procède d'**un seul principe,** se ramène à une seule réalité constitutive : la matière ou l'esprit notamment. Citons, par exemple, le monisme mécaniste des matérialistes du XVIIIe siècle ou bien le monisme spiritualiste et dialectique* de Hegel* (la thèse et l'antithèse se dépassent dans une synthèse supérieure) ou bien encore le panthéisme* de Spinoza*.

➤ AUFHEBUNG, DUALISME, PLURALISME, SYNTHÈSE.

MONOD

(Jacques, 1910-1976.) Biologiste français, spécialisé dans la biologie cellulaire et moléculaire, il partage en 1965 le prix Nobel de physiologie et de médecine avec François Jacob et André Lwoff.

◆ C'est avec la publication, en 1970, de son ouvrage ***Le Hasard et la nécessité,*** qui constitue un « essai sur la philosophie naturelle de la biologie moderne », qu'il touche le public non spécialisé. Il y montre que l'on peut désormais concevoir **l'évolution de l'espèce humaine** comme résultant d'une conjonction de hasard et de nécessité. D'un côté, des mutations génétiques brusques peuvent aboutir à une transformation profonde des individus à l'intérieur d'une espèce. De l'autre côté, une évolution sélectionne, dans les transformations possibles, ce qui est compatible avec la survie de l'espèce entière. Ce qui fait la singularité de l'évolution humaine, c'est que l'apparition du langage articulé « n'a pas seulement permis l'évolution de la culture, mais a contribué de façon décisive à l'évolution *physique* de l'homme » en s'intégrant dans les pressions de sélection qui, à partir de phénomènes dus au hasard, déterminent les possibilités de l'histoire.

MONOTHÉISME

Désigne toute doctrine qui affirme l'existence d'un **Dieu unique,** personnel et distinct du monde. Le judaïsme, le christianisme et l'islamisme sont les trois grandes religions monothéistes.

➤ PANTHÉISME, POLYTHÉISME.

MONTAIGNE

(Michel Eyquem de, 1533-1592.) Écrivain et humaniste français. La philosophie est, selon lui, l'art de se connaître pour apprendre à « bien vivre » et « bien mourir ».

◆ Dans ses *Essais* (publiés de 1580 à 1588), son objet est de se peindre lui-même : « Le monde regarde toujours vis-à-vis ; moi je renverse ma vue au-dedans... Je me roule en moi-même. » Or, comme le remarquera notamment Voltaire, en se peignant, il peint la nature humaine et ses contradictions, en particulier dans le domaine du savoir. D'où une attitude **sceptique**, qui prendra l'allure d'un réquisitoire dans le Livre II *(Apologie de Raymond Sebond)*, mais qui n'a d'autre but que de lutter contre les dogmatismes en prêchant la **tolérance**. La faiblesse de l'homme, due en particulier aux illusions produites par les sens, l'imagination ou les passions, l'incite à adopter un scepticisme* tempéré, traditionnellement résumé dans la question : « Que sais-je ? » Sa sagesse, dont il emprunte les éléments à l'humanisme grec (sa méditation s'appuie le plus souvent sur un jeu de citations extraites des textes antiques), consiste à suivre les conseils de la nature pour « savoir jouir loyalement de soi-même », en choisissant d'une part des plaisirs modérés (épicurisme*) et d'autre part en sachant supporter la souffrance et la mort (stoïcisme*).

Conforme à la nature sera également l'éducation qu'il préconise, une éducation qui, au lieu de viser l'acquisition de la science pour elle-même, doit s'occuper de former le jugement (en particulier moral – ce qui vaudra à Montaigne d'être classé par Kant au rang des partisans de l'hétéronomie*) et de fortifier le corps, selon un schéma qui sera partiellement repris par Rousseau*.

◆ Jugé sévèrement par ceux (comme Pascal*) qui se font de l'homme une conception plus tragique, Montaigne sera en revanche le **maître des rationalistes** qui, des Encyclopédistes aux « humanistes » du XXe siècle, louent en lui le symbole de la libre réflexion.

MONTESQUIEU

(Charles de Secondat, baron de la Brède et de Montesquieu, 1689-1755.) Il peut être considéré comme l'un des précurseurs les plus notables de la sociologie* et, en tout cas, le fondateur de la **« statique sociale »**.

◆ ***De l'esprit des lois*** (1748) expose en effet une approche nouvelle et, à l'époque, très discutée, des faits sociaux et politiques : les **lois**, soumises à une analyse scientifique (Montesquieu entend faire œuvre de pure théorie) se révèlent issues non de la fatalité ou de l'arbitraire du prince, mais des **rapports nécessaires qui dérivent de la nature des choses**. Elles obéissent ainsi à une **nécessité rationnelle**.

◆ Chaque **forme de gouvernement**, qui n'est viable qu'à condition de reposer sur un fondement déterminé – la **vertu** pour la démocratie, l'**honneur** pour la monarchie, et la **crainte** pour le despotisme –, façonne la psychologie et les mœurs des citoyens. Les lois du gouvernement sont fonction les unes des autres, et la forme du gouvernement est elle-même tributaire du contexte historique, social et géographique, comme le spécifie la théorie des climats (les habitants des pays froids seraient plus indépendants que ceux des pays chauds).

◆ Le meilleur gouvernement sera celui qui conciliera l'autorité politique et la liberté du citoyen : la **séparation des pouvoirs** (législatif, exécutif et judiciaire) semble le moyen le plus sûr pour y parvenir, comme le régime anglais en donne l'exemple (Livres X et XI). En démontrant ensuite (Livres XIV et XVIII) que le législateur doit tenir compte des réalités objectives pour choisir les lois les mieux adaptées au bien général, Montesquieu s'élève au passage contre l'esclavage des Noirs. Il analyse ultérieurement l'influence des mœurs sur les lois, le commerce, la monnaie et les échanges et s'affirme (Livres XXIV à XXVI), en étudiant le rapport entre la religion de l'État et ses lois, partisan de la tolérance religieuse.

La fin de l'ouvrage est constituée d'études particulières du droit romain, du droit français et des lois féodales de la monarchie française, alors que Montesquieu avait montré au début (Livres II et III) que, de son point de vue, le meilleur régime pour la France consisterait en une monarchie, non pas absolue, mais dont le pouvoir serait tempéré par celui des différents ordres et tout particulièrement de la noblesse.

MORALE

Ensemble des règles de conduite soit propres à une époque ou à une culture, soit considérées comme universellement valides.

Théorie du bien et du mal, aboutissant à des énoncés normatifs.

➤ BIEN, DURKHEIM, IMPÉRATIF, KANT, LOI, MAL.

MORE

(Thomas, 1478-1535.) Humaniste anglais, ami d'Érasme, il fut décapité en raison de sa fidélité au catholicisme. Sa réputation philosophique est surtout due à *L'Utopie** (1516).

MORELLY

(v. 1717-v. 1778.) Principal représentant du socialisme rationnel et utopique au XVIIIe siècle, Morelly – dont la vie est très mal connue – s'efforce de dégager les lois du progrès social en s'appuyant sur une nature humaine « constante » et « invariable ». Sa société idéale repose sur la suppression de la propriété privée, le droit pour chaque citoyen d'être entretenu aux frais de la collectivité et le devoir de participer, selon ses capacités, à la prospérité générale. Ces trois principes « couperaient racine aux vices et à tous les maux d'une société ». Le communisme de Morelly inspira Babeuf et les penseurs socialistes du XIXe siècle.

ŒUVRES PRINCIPALES : *Les Principes naturels de l'éducation* (1743) ; *la Basiliade* (1753) ; *Le Code de la Nature* (1755).

MORT

Désignant la cessation physique de la vie, la notion de mort est, en tant que telle, inséparable des notions de **sexualité** et d'**individu.** Si l'animal ignore qu'il va mourir, il n'en va pas de même pour l'homme : bien qu'on ne puisse en faire l'expérience directe, la mort apparaît comme un scandale et comme la manifestaton d'une **violence** radicale et souterraine qui menace en permanence l'organisation de l'univers telle que les hommes l'ont accomplie par le travail, mais aussi l'humanité elle-même, qu'il s'agisse de la **mort biologique** ou de la **mort spirituelle** ou **psychique** (ce pourquoi elle ouvre dans certaines sociétés – le monde aztèque par exemple – un accès au sacré*).

◆ Prenant la suite de comportements sociaux (par exemple les soins portés au cadavre, témoignant d'une volonté d'empêcher la diffusion de la mort), la réflexion philosophique s'est efforcée d'en dénier le scandale, qu'elle soit conçue comme la **dissolution totale** de l'être (Épicure*) ou comme un **passage vers un au-delà** de la vie (platonisme, christianisme). Platon en fait une **délivrance** qui permet à l'âme d'échapper à sa prison corporelle pour connaître son véritable destin : « Philo-

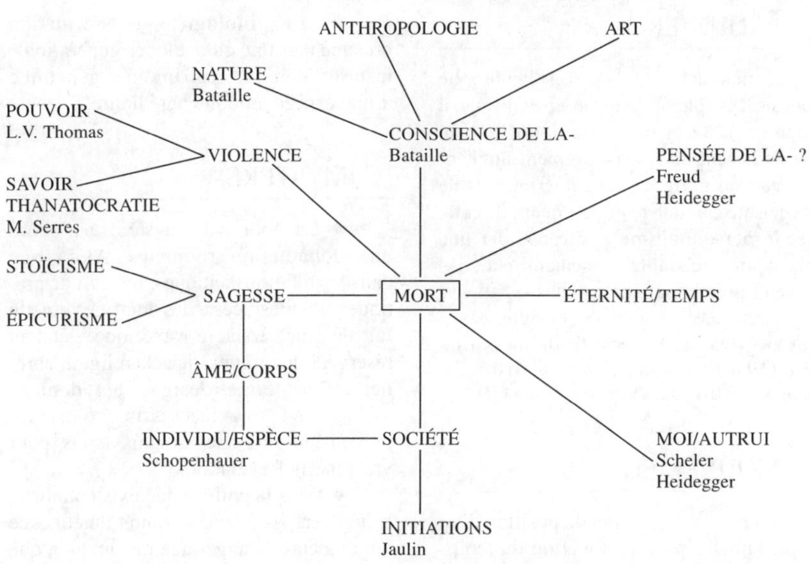

sopher, c'est apprendre à mourir. » Dans la même optique, la morale chrétienne fera de la mort l'antichambre de la vie éternelle de l'âme ; et Pascal* d'inviter les hommes « tous condamnés à la mort » à fuir le divertissement et à penser à leur salut. Mais la certitude de mourir peut être vécue comme une servitude, même si on tente de se consoler en considérant avec Schopenhauer* que la victoire de la mort n'est pas totale puisqu'elle épargne l'espèce assurée, en principe, de sa survie. La sagesse de l'homme libre ne consisterait-elle pas alors « dans une méditation non de la mort, mais de la vie » (Spinoza*) ?

MOTIF

Raison d'agir, le plus souvent consciemment reconnue, d'ordre intellectuel. Le motif se distingue théoriquement du mobile*, qui s'exerce en tant que force ou cause psychologique déterminant telle action. L'activité humaine repose sur des mobiles et sur des motifs, ceux-ci se rencontrant de préférence dans l'acte volontaire.

➤ MOBILE.

MOUNIER

(Emmanuel, 1905-1950.) Philosophe français. Disciple de Bergson et de Péguy, il fonda en 1932 la revue *Esprit*, qui tint un rôle important dans le mouvement intellectuel français entre les deux guerres. Hostile à l'égoïsme capitaliste et bourgeois, il tenta, avec le **personnalisme***, de constituer une philosophie agissante, conciliant christianisme et préoccupations sociales.

Œuvres principales : *Traité du caractère* (1946) ; *Introduction aux existentialismes* (1946) ; *Le Personnalisme* (1949).

MOUVEMENT

Changement continu de position d'un corps dans l'espace en fonction du temps et par rapport à un repère. Chez Aristote*, le terme désigne toutes les formes du passage de la puissance* à l'acte*, c'est-à-dire : 1) le mouvement spatial, 2) le changement qualitatif, 3) le changement quantitatif, 4) la génération et la corruption; c'est alors, globalement « la réalité en devenir » (L. Robin).

Par extension, la notion est, en psychologie, synonyme d'impulsion.

MOYEN, MOYEN TERME

Le moyen est ce qui permet de réaliser une fin*.

On nomme, en logique, **moyen terme** le terme qui, dans un syllogisme*, sert d'intermédiaire entre le majeur et le mineur : commun aux deux prémisses, il ne figure plus dans la conclusion.

MUTATION

Synonyme général de changement.

◆ Dans la philosophie scolastique, on distingue la mutation **substantielle** (changement dans la substance* d'un être) de la mutation **accidentelle** (changement des accidents* qui n'affecte pas la substance).

◆ En **biologie,** transformation brusque (sur une ou quelques générations) inscrite dans le patrimoine génétique d'une espèce, et donc héréditaire.

MYSTÈRE

◆ La notion de mystère a d'abord une connotation religieuse. Alors que dans les religions antiques, il s'agit de pratiques rituelles liées à des doctrines qui, du fait de leur caractère ésotérique*, étaient réservées aux initiés, dans la religion chrétienne, le terme désigne les dogmes – objets de la foi – inaccessibles à la compréhension rationnelle, mais tenus pour vrais par la Révélation.

◆ Dans la philosophie existentialiste, le mystère est, pour certains auteurs, ce qui demeure étranger à la raison, bien que sans relation avec la Révélation divine. Gabriel Marcel* oppose ainsi le **mystère** au **problème :** les données d'un problème sont tout entières étalées devant moi et elles préparent une démarche visant à le résoudre ; en revanche, le mystère est une difficulté inhérente à la nature des choses, c'est « quelque chose où je me trouve engagé » personnellement tout entier.

MYSTICISME, MYSTIQUE

◆ Le **mysticisme** est une attitude ou une doctrine selon lesquelles il existe un ordre de réalités surnaturelles qui ne peuvent être atteintes que par une intuition étrangère à l'expérience sensible et à la connaissance rationnelle. C'est aussi l'état psychique de celui qui a le sentiment d'entrer directement en rapport avec Dieu. Aussi Bergson*, remarquant qu'« il ne dit rien, absolument rien, à celui qui n'en a pas éprouvé quelque chose », conçoit-il le mysticisme comme l'« incandescence » à partir de quoi peut éventuellement se figer une doctrine religieuse.

Il semble d'ailleurs que les mystiques partagent une volonté de s'exclure de l'organisation temporelle et de l'institution religieuse pour mieux affirmer le caractère infini d'un désir que Dieu seul peut contenter. On a pu remarquer (M. de Certeau) que l'expérience mystique se multiplie particulièrement dans les périodes de crise – économique et culturelle –, favorables à un individualisme où chacun cherche par lui-même sa propre voie de salut : elle affirmerait que la seule Loi acceptable est celle de Dieu.

Par extension et de manière péjorative, le mysticisme est une doctrine ou une croyance irrationnelle qui, refusant l'intelligence et l'observation, se fonde sur le sentiment et l'imagination

◆ L'adjectif **mystique** correspond à tout ce qui concerne le mysticisme, et plus particulièrement à un type de pensée, la « pensée mystique » qui, chez Lévy-Bruhl*, est propre aux sociétés primitives et fondée sur « la croyance à des forces, des influences, des actions imperceptibles aux sens et cependant réelles ».

◆ La mystique désigne, outre l'ardent attachement à une idéologie*, une partie de la théologie* qui étudie la spiritualité mystique, c'est-à-dire les techniques d'ordre spirituel qui permettent une approche des phénomènes surnaturels échappant à l'appréhension rationnelle. Johannes **Eckhart** (1260-1327) définissait la théologie mystique comme « l'intelligence claire et savoureuse des choses qui sont crues d'après l'Évangile ».

➤ INTUITION, IRRATIONNEL, PARTICIPATION.

MYTHE, MYTHOLOGIE

◆ Au sens propre (notamment utilisé en ethnologie), un **mythe** est un récit fabuleux de caractère plus ou moins sacré, concernant des êtres qui personnifient les agents naturels, ou les origines d'une société. Le mythe, dans les cultures où il est actif, sert de référence justificatrice et de modèle.

◆ Dans un sens élargi, représentation collective élaborée à propos du comportement attribué à certains groupes sociaux (mythe du « cow-boy » dans le western classique). D'un point de vue **sociologique,** on parle de mythe pour désigner une représentation collective plus ou moins irrationnelle et de forte valeur affective (mythe du progrès, de l'âge d'or, etc.). Le terme, dans cette optique, est souvent péjoratif, bien qu'on accorde à ce type de représentation une efficacité certaine. Pour les théoriciens marxistes, il ne s'agit que d'une variante de l'idéologie*.

◆ Les relations entre les mythes et le discours philosophique sont complexes : sans doute le second prétend-il historiquement priver les premiers de leur impact au nom de sa rationalité ; mais Platon ne se prive pas de leur emprunter des éléments (les trois races primitives de la *République*) lorsqu'il se heurte à un problème d'origine insoluble par les seules ressources du logos. De même, Rousseau conserve du mythe la valeur exemplaire, notamment en constituant une « histoire » de l'humanité qui prétend davantage à la cohérence du vraisemblable qu'à la fidélité au réel.

◆ Le terme **mythologie** a deux acceptions. Il désigne aussi bien l'**ensemble des mythes** d'une société donnée que l'**étude scientifique** dont ces mythes font l'objet. La mythologie appartient alors à l'histoire des religions au sens large, puisqu'elle aborde nécessairement les religions des sociétés « primitives ».

Au sens péjoratif ou critique (par exemple chez R. Barthes*), discours collectif qui prétend être rationnel ou raisonnable, en s'abritant notamment derrière le « bon sens », mais constitue en fait un fragment d'idéologie*.

➤ CAVERNE.

N

NARCISSISME

Par référence au mythe de Narcisse (qui, fasciné par son visage, voulut en saisir le reflet dans l'eau et périt noyé), amour porté à l'image de soi-même. Stade normal de la sexualité infantile, où le sujet prend son propre corps pour objet d'amour, il indique chez l'adulte une régression*.

NATION, NATIONALISME

◆ La nation est la version moderne de la communauté politique ; elle prend ainsi le relais de la cité antique, mais son ampleur pose de tout autres problèmes. Considérée depuis la révolution comme le « cadre naturel de la communauté politique » (H. Lefebvre), elle détient le principe de la souveraineté dans la mesure où elle est identifiée au peuple, soit à l'ensemble des citoyens qui la constituent.

Ce qui lie ces derniers est d'ordre **objectif** (territoire, indépendance économique, communauté de langue). Mais, à insister sur de tels critères, on conçoit la nation comme s'imposant à ses membres; on peut au contraire souligner que l'unité nationale est fondée par la volonté de vivre ensemble (Renan) ou l'adhésion des citoyens à des valeurs partagées ; on constate ainsi qu'il existe aussi, pour fonder une nation, des éléments plus **subjectifs** (traditions et histoire commune, conscience et volonté d'un même destin politique).

D'un point de vue logique, la nation est prioritaire sur l'État*, dont elle constitue le « berceau ». Historiquement, la relation peut s'inverser, comme on le constate dans de nombreux États du tiers monde qui, héritant de frontières arbitraires issues de la colonisation, doivent dépasser les rivalités ethniques pour constituer tardivement un sentiment national.

◆ La seule exaltation de ce dernier fait de la nation un absolu et alimente le **nationalisme,** véritable idéologie qui engendre la xénophobie ou le racisme, et oublie que, si la nation rassemble ses membres autour d'un intérêt commun, c'est aussi par opposition à l'intérêt d'autres nations. La tradition du cosmopolitisme, depuis les stoïciens*, cherche à dépasser les éventuels affrontements nationaux pour instaurer la plus large communauté possible : celle de l'humanité dans son ensemble.

➤ ÉTAT, FICHTE.

NATURALISME

En dehors de son emploi en esthétique (peinture, sculpture, littérature) pour désigner la conception selon laquelle l'artiste doit prendre pour modèle la nature dans sa crudité, le terme s'applique à l'ensemble des doctrines philosophiques qui nient l'existence du surnaturel et de tout principe transcendant* et qui n'admettent d'autre norme ou d'autre réalité que la nature telle qu'elle apparaît dans l'expérience.

Niant l'idée de création divine et par conséquent celle de Providence, le naturalisme – qui affirme le plus souvent la bonté de la nature – explique le développement de la société à partir des lois naturelles de la géographie et de la biologie et fait de la nature la référence de toute conduite morale (épicuriens, stoïciens). Plus spécialement, il voit dans la vie biologique et les instincts (Diderot, Nietzsche) la source et la norme de la vie morale.

NATURE, NATUREL

Le terme « nature » a des significations nombreuses, qui concernent soit la nature d'un être, soit la nature en général (comme ensemble des êtres).

◆ **Nature d'un être**

– Initialement, c'est le principe dirigeant le développement d'un être – ce qu'indique déjà le grec *phusis,* où résonne l'idée d'une germination. La nature s'oppose dans ce cas, en tant que cause, à l'art ou à la technique.

– Essence*, ensemble des caractères qui définissent un être comme conforme à son espèce. C'est dans cette optique qu'on évoque l'existence d'une *nature humaine* comme présente dans tout homme ; cette notion est contestée aussi bien par l'ethnologie ou la psychologie que, plus philosophiquement, par le marxisme ou l'existentialisme* .

– Tout ce qui est inné ou spontané dans une espèce ; s'oppose alors à la culture* (cf. l'homme de la nature de Rousseau*) ou, dans le vocabulaire de la théologie, à la révélation et à la grâce.

– Dans un sens plus particulier, désigne les caractères propres d'un individu, qui le distinguent des autres. Synonyme de caractère ou de tempérament.

◆ **Nature en général**

Ensemble des choses (règne animal, minéral et végétal) considéré comme obéissant à des lois générales (Aristote l'oppose notamment au hasard).

Ce sens général se spécialise ensuite :

– Ensemble de ce que Dieu a créé ou, dans une perspective non chrétienne, de tout ce qui existe; ensemble des êtres soumis à une causalité presque mécanique (par opposition à la liberté ou à l'esprit).

– Le monde visible en tant qu'il s'oppose à ce qui est d'ordre affectif, spirituel ou intellectuel.

– Par opposition au surnaturel, ce à quoi nous sommes habitués.

– Dans la mesure où chaque être doit réaliser son essence, la nature peut également être considérée comme un principe normatif. Les « lois de la nature » seraient dans ce sens des lois universelles et non écrites dont les lois humaines ne constituent qu'une imitation ou particularisation. L'acte « contre nature » implique dès lors, classiquement, un certain degré de perversité (notamment sexuelle – même si ce type de réprobation n'a plus grand sens depuis la psychanalyse).

◆ **Naturel** s'emploie dans tous les sens du mot nature, et peut donc s'opposer à acquis, réfléchi, artificiel, humain, divin,

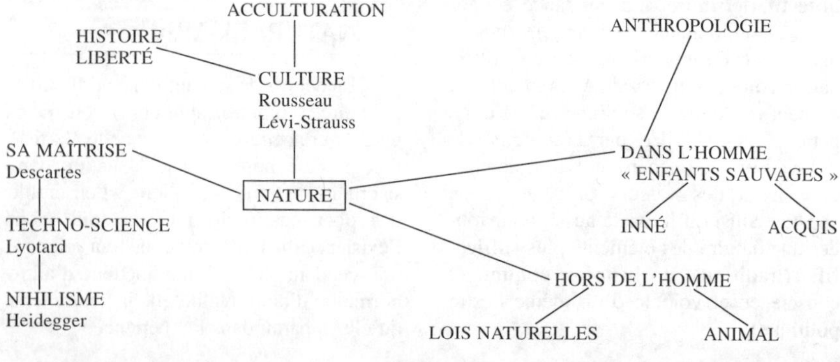

révélé, surnaturel, monstrueux, anormal, etc.

Le **droit naturel** est celui qui résulte de la seule nature de l'homme (par opposition au droit positif).

La **religion naturelle** (expression utilisée tout particulièrement au XVIIIe siècle) dépend uniquement de la raison et ne s'appuie sur aucune révélation.

➤ STOÏCISME.

NÉANT, NÉANTISER

◆ Le mot **néant** est synonyme de non-être : ce qui n'a pas d'être ou de réalité, soit absolument, soit relativement (Descartes envisage ainsi différents degrés dans le non-être comme les formes plus ou moins prononcées du défaut d'être relativement à l'être absolu de Dieu).

Parménide* oppose radicalement l'être au non-être, qui paraît constituer pour lui une sorte d'envers absolu du premier. Platon devra affirmer pour sa part que « d'une certaine façon, le non-être existe », mais il faut, dans l'histoire de la métaphysique, attendre Hegel pour aboutir à l'affirmation apparemment scandaleuse selon laquelle l'être et le non-être sont « identiques ». C'est même alors le néant qui est le véritable moteur de la dialectique*.

Chez Heidegger, le néant, précisé par rapport au Dasein* en **non-étant,** se révèle à l'existence humaine sous la forme de l'angoisse ou de l'ennui qui confirment l'horizon de néant sur lequel se profile notre existence.

Sartre en donne une interprétation à la fois plus phénoménologique et humaniste : pour lui, le néant ne peut apparaître que sur un fond d'être, par une existence « empruntée » et il dépend d'abord du pouvoir qu'a l'homme de néantiser.

◆ Le verbe **néantiser,** introduit par Sartre (pour traduire Heidegger), désigne la suppression, par la visée de la conscience, de tout ce qui ne correspond pas à son projet ou à son intention (ayant rendez-vous avec un ami dans un lieu public, je néantise tous les autres visages, parce qu'ils ne correspondent pas à celui que je cherche). Plus généralement, la néantisation ouvre le monde à la liberté*.

➤ NÉGATION.

NÉCESSAIRE, NÉCESSITÉ

◆ Opposé au contingent*, le **nécessaire** qualifie ce qui ne pourrait pas ne pas être, ou être autrement qu'il est.

Se dit en **logique** des conséquences des prémisses (dans un syllogisme*) ou des hypothèses (dans un système hypothético-déductif*) en ce qu'elles s'en déduisent rigoureusement.

En **métaphysique,** s'applique selon les rationalistes à l'ordre des causes et des effets dans le monde, ou à **Dieu** en ce sens qu'il ne dépend d'aucune cause extérieure (chez saint Thomas par exemple).

◆ Conçue chez les premiers Grecs comme ce qui commande même aux dieux, la **nécessité** se laïcise, notamment en raison de ce qu'évoque la démonstration* mathématique : elle dépend, en logique, de l'identité*, et, dans le domaine physique, de la causalité*. Dès lors, elle caractérise la déduction logique.

En morale, elle est ce qu'impose la loi morale sous la forme de l'impératif* catégorique.

➤ SYLLOGISME.

NÉGATIF, NÉGATIVITÉ, NÉGATION

◆ On qualifie de **négatif,** en logique, ce qui (proposition ou terme) a la qualité ou la forme d'une négation, et en mathématiques, toute grandeur affectée du signe « moins ».

Communément, toute attitude uniquement critique, qui ne propose rien en remplacement de ce qu'elle détruit, sera dite négative et participe du **négativisme** (qui, dans l'histoire individuelle, caractérise la période de trois à cinq ans et l'adolescence).

Chez Hegel, le « travail du négatif »

désigne le second moment de la dialectique*. La négativité y apparaît comme le contraire dynamique de l'identité absolue.

◆ En logique, la **négation** est l'acte de nier une proposition ou le résultat de cet acte. La logique classique admettait que la négation est toujours seconde, postérieure à une affirmation au moins implicite. Cela pouvait également s'entendre d'un point de vue métaphysique, l'être précédant nécessairement le non-être (c'est encore la thèse de Bergson*). Hegel affirme au contraire qu'elle est intérieure à l'être lui-même, dont elle constitue le ressort du devenir.

➤ NÉANT.

NÉO-CRITICISME OU NÉO-KANTISME

Courant philosophique – distinct de la philosophie post-kantienne illustrée par Fichte*, Schelling* et Hegel* – qui apparut d'abord en Allemagne vers 1860 et se prolongea jusqu'à la guerre de 1914.

Le néo-criticisme, qui se présente comme un « retour à Kant* », est un mouvement philosophique se caractérisant par le rejet de la métaphysique traditionnelle et l'adoption de l'attitude critique inaugurée par Kant. Il s'exprime soit dans l'empirisme de Helmholtz, soit avec l'école axiologique de Rickert, soit enfin avec l'école de Marbourg animée par Cassirer* ; en France, le néo-criticisme a Renouvier pour représentant principal.

➤ CRITICISME, KANT.

NÉO-PLATONISME

Ensemble des doctrines philosophiques qui, après la fin de l'Académie*, se répandirent dans le monde méditerranéen à partir d'Alexandrie*, du IIe au Ve siècle. Né de la fusion de la philosophie de Platon* et du mysticisme* juif et oriental, le néo-platonisme, qui eut Plotin* comme principal représentant – puis Porphyre, Jamblique et Proclus – inspira saint Augustin* et les Pères de l'Église et surtout la doctrine chrétienne de l'Église grecque.

NÉVROSE

Constitue avec la psychose* l'une des deux catégories des états psychopathologiques aigus. Elle n'implique ni affection ou lésion physiologique ni désorganisation de la personnalité, et s'accompagne en conséquence d'une conscience douloureuse de la maladie.

Du point de vue psychanalytique, on rattache les divers états névrotiques aux trois formes fondamentales de la névrose obsessionnelle, de l'hystérie* et de la névrose phobique. Ils sont provoqués par des conflits – exprimés symboliquement par l'angoisse, l'immaturité affective ou sexuelle – qui opposent moi*, ça* et surmoi* et dont l'origine est à chercher dans l'histoire infantile du sujet.

NEWTON

(Isaac, 1642-1727.) Physicien et mathématicien anglais. C'est grâce à ses travaux que la science accomplit une véritable mutation épistémologique et accède à un rationalisme complet.

◆ Ses études à Cambridge, où il bénéficie de la rencontre du mathématicien Isaac Barrow (qui inspirera aussi, plus tard, Leibniz), sont interrompues en 1665 à cause de la fermeture de l'université consécutive à une épidémie de peste. Obligé à une retraite de deux années, il les consacre à des recherches extrêmement fructueuses qui posent les **fondements de son œuvre** future : mise au point d'une première version du calcul différentiel et intégral ; découverte, en mécanique, de l'accélération du mouvement circulaire uniforme et de la force centripète ; intuition de l'unité du schéma expliquant la gravité terrestre et la rotation de la lune autour de la terre.

◆ De retour à Cambridge, Newton y enseigne l'optique : c'est dans ce domaine qu'il obtient ses premiers succès publics, grâce à la construction d'un téléscope à miroir, et surtout à l'élaboration d'une nouvelle conception, entièrement fondée sur une démarche expérimentale, de la décomposition de la lumière par le prisme et de l'existence de couleurs primitives. Les discussions qui naissent alors dans les milieux scientifiques permettent à Newton de préciser la **portée de l'expérimentation** dans le domaine de l'optique, et la nécessité de s'y plier avant toute spéculation théorique.

◆ Ce principe méthologique distingue Newton de ses contemporains, tout particulièrement lors de la mise au point de sa théorie de la gravitation universelle. Alors même que Robert Hooke, autre membre de la Société royale des sciences de Londres, émet une hypothèse sur l'existence de l'attraction universelle, Newton entreprend de démontrer l'équivalence des lois de Kepler* avec une force centripète, dont la valeur est inversement proportionnelle au carré de la distance. C'est alors un nouveau système du monde qu'il présente – de manière d'ailleurs ardue –, dans ses *Principes mathématiques de la philosophie naturelle*, rédigées en 1686-1687 grâce à l'insistance de l'astronome Edmond Halley.

L'ouvrage bouleverse les milieux intellectuels européens, malgré son petit tirage (300 exemplaires), car dans ses trois Livres, on passe d'une mécanique rationnelle (introduction de la notion de masse, principe de l'égalité de l'action et de la réaction, règles du mouvement dans le vide) à une **explication globale des lois de l'univers**, capable de rendre compte aussi bien des mouvements planétaires que des marées ou des mouvements des comètes. L'ouvrage propose de surcroît des **« Règles de philosophie »**, considérées jusqu'à la fin du XIXe siècle comme instaurant une méthode scientifique définitive : la théorie doit être construite à partir de l'expérimentation, et une loi est produite par induction à partir de situations expérimentales dont les variations permettent de saisir les relations constantes entre phénomènes. Il s'agit ainsi de ne pas inutilement « forger d'hypothèses » métaphysiques, et de suivre les seuls enseignements d'une expérience mathématiquement mise en forme.

NIETZSCHE

(Friedrich, 1844-1900.) Fils de pasteur, il se destine d'abord à la théologie, mais perd la foi. Il étudie à Bonn et Leipzig, s'enthousiasme pour la philologie qu'il enseigne dès l'âge de vingt-quatre ans, à Bâle. La lecture de Schopenhauer lui révèle sa vocation philosophique, et son amitié (éphémère) avec R. Wagner lui fait prendre conscience de ses véritables intérêts esthétiques. La maladie l'oblige à quitter très tôt l'enseignement (1879) et pendant dix ans, il va mener une vie errante à travers l'Europe (Suisse, Italie, midi de la France). À partir de 1889, il sombre progressivement dans la démence et meurt à Weimar en 1900.

◆ La philosophie de Nietzsche, réflexion sur les **valeurs**, se veut d'abord démystification des idéaux traditionnels. S'élevant contre la culture moderne qui offrirait des symptômes de décadence, Nietzsche proteste contre tous les aspects de ce qu'il nomme le « nihilisme passif », qui a ses racines dans le socratisme et le courant judéo-chrétien.

C'est ainsi qu'il s'en prend à **l'inauthenticité** des sentiments moraux et religieux et à l'hypocrisie de la « morale ascétique », résultant d'une fuite devant la vie et produit du ressentiment : les faibles – qui finissent toujours par l'emporter car, étant « le plus grand nombre, ils sont aussi plus rusés » – ont imaginé de fausses valeurs (le droit, le bien, la charité, l'égalité démocratique) pour paralyser les plus forts en leur faisant honte de leur puissance et de leur santé *(La Généalogie de la morale)* !

De même, la religion relève de la « mentalité du troupeau » : elle est la revanche des victimes contre la libre activité des forts et provient d'une véritable **« anémie de la volonté »**. Tout conspire (notamment l'organisation sociale contraignante) à brimer les instincts naturels qui vont devoir s'intérioriser, se transformer en cruauté et en rancune réactive incapable d'oubli, alors que les forts, au contraire, peuvent se donner le luxe d'oublier.

La critique de l'idéal ascétique se traduit également par une contestation romantique des valeurs rationnelles qui opposent à l'aventure de la vie la **sécurité de la connaissance.** S'appuyant sur le principe d'identité, la science procède d'une falsification du réel qui est, en fait, vie et création. Notre passion de connaissance n'est que l'aboutissement d'un instinct dévoyé, devenu machine de guerre contre les puissances de la vie. Nous sommes donc en pleine **illusion** (même si par ailleurs celle-ci est utile, rendant supportable une existence qui, perçue lucidement, ne le serait pas).

Or notre culture s'est construite en se laissant prendre « au filet de la civilisation alexandrine » ayant pour idéal l'individu « qui met ses dons au service de la science ». **Socrate*** en est précisément le symbole et l'ancêtre, lui qui est responsable de la « valorisation inouïe du savoir conscient » – alors que la conscience n'éclaire que les aspects les plus superficiels de la vie et en méconnaît le sens profond. Le culte du savoir socratique est à l'origine du déclin de la tragédie grecque, qui avait un sens métaphysique, étant la synthèse de deux tendances symbolisées par Dionysos et Apollon : l'idéal dionysiaque de l'ivresse et de l'excès, et l'idéal apollinien de la mesure, de l'ordre et de la contemplation. *(L'Origine de la tragédie)*

◆ **Dionysos** représente justement la volonté de puissance dont on observe l'affaiblissement dans la masse du troupeau ; elle est pourtant la pulsion fondamentale de la vie, qui veut « croître et s'étendre ». Condamnant aussi bien le refus schopenhauerien du vouloir-vivre* que la morale du péché, Nietzsche fait l'éloge de l'« instinct » qui, loin d'être égoïste, représente la puissance créatrice de la vie. Rejetant la transcendance, il affirme que l'« homme » doit être surmonté dans un effort de création personnelle. D'où une **transmutation des valeurs :** le bien est dans l'exaltation du sentiment de puissance, le mal dans tout ce qui le contrarie. C'est, retrouvant la leçon de Gorgias, le « renversement du platonisme ».

L'aristocratisme de cette pensée antisystématique, qui inspire nombre d'œuvres contemporaines en conjuguant un sens aigu de l'esthétique, une aversion pour toutes les formes de décadence et un dédain pour l'existence banalisée, n'autorise nullement à ranger Nietzsche parmi les précurseurs du national-socialisme, même si une tentative d'annexion a bien eu lieu de la part des nazis. En fait, les références à son œuvre opérées par la pensée contemporaine offrent une possibilité d'alternative à la domination du courant hégélo-marxiste sur la première moitié du XXe siècle.

◆ ***Ainsi parlait Zarathoustra.*** Les quatre parties de ce livre-charnière de la pensée de Nietzsche parurent d'abord séparément de 1883 à 1885, après avoir été rédigées très rapidement (de dix jours à moins d'un mois) à la suite de véritables illuminations. Une cinquième partie, pour laquelle Nietzsche a rédigé quatre plans différents, ne fut pas composée.

Ainsi parlait Zarathoustra est sans doute l'ouvrage nietzschéen dont l'interprétation est la plus délicate, dans la mesure où il n'obéit pas aux règles habituelles de l'analyse et de la démonstration philosophiques, mais procède à la fois par affirmations et sans dogmatisme. La forme même du texte, en vers, fait d'abord obstacle : elle indique immédiatement que, pour Nietzsche, la véritable philosophie ne peut s'exprimer que par le biais de multiples métaphores, loin des concepts figés, et rappelle que, à ses yeux, les philosophes les plus autenthiques furent bien les présocratiques*, dont il s'agit de retrouver, au-delà d'un simple ton, la stature de fondateurs.

Si l'on a fréquemment insisté sur l'aspect destructeur du livre et sur l'éloignement qu'il implique à l'égard de la religion (le célèbre « Dieu est mort ») ou de l'État (qui est « le lieu où le lent suicide de tous s'appelle / la vie » : Nietzsche est irréductiblement anti-hégélien), il faut également noter que, comme l'a souligné Heidegger*, Zarathoustra est d'abord un héraut, un annonciateur. La venue qu'il appelle est celle du **surhumain,** à comprendre non comme l'aboutissement d'une histoire biologique de l'homme, mais comme ce que peut devenir ce dernier lorsqu'il parvient à se libérer de ce qui le mutile. C'est-à-dire « l'esprit de pesanteur, et tout ce qu'il a créé : contrainte, loi, nécessité et conséquence et but et volonté et bien et mal », termes qui jouent à l'intérieur de la temporalité historique, contre laquelle Nietzsche choisit l'**éternel retour**, autre face du surhumain, autre nom de la fameuse **volonté de puissance** (l'allemand dit plutôt : volonté vers la puissance), qui est d'abord volonté de se déprendre de toutes les déterminations habituelles pour n'obéir qu'à un principe – « Deviens ce que tu es » – grâce auquel l'individu doit assumer ses choix, sa différence, l'indissociabilité de son corps et de sa pensée, le « gai savoir » que lui confère la liberté.

Le rejet des valeurs transmises par l'ensemble de la philosophie officielle n'est ainsi que la face négative qui prépare ce que sera l'affirmation, par le surhumain enfin réalisable dans chacun, d'une vie authentiquement créatrice – car « ce qu'est le bien et le mal, *personne encore ne le sait* – à moins d'être un créateur ! ».

Qualifié par Nietzsche lui-même de « livre le plus profond » que possède l'humanité, *Ainsi parlait Zarathoustra* ne construit aucun système ; son degré de provocation est tel qu'il récuse à l'avance toute interprétation restrictive, ou lecture qui tenterait d'en déduire d'autres leçons que celle suggérée par sa mince trame narrative (succession de déceptions et de tentatives nouvelles où peut se lire la métaphore du thème central de l'éternel retour) : la pensée ne doit être figée en aucune formule « définitive » et la vie de l'homme ne tient son sens que de sa mouvance créatrice. Aussi est-il sous-titré « Livre pour tous et pour personne » : la publication des trois premières parties ayant eu peu de succès, Nietzsche dut publier la quatrième à compte d'auteur et à quarante exemplaires... Depuis, son livre, par-delà toutes les falsifications dont il fut l'objet, ne cesse de défier les idéologies; il est progressivement devenu pour le XXe siècle l'antidote sarcastique à la dialectique de Hegel* et a profondément marqué des lecteurs aussi différents que Thomas Mann, Georges Bataille*, Henri Lefebvre* ou Gilles Deleuze*.

AUTRES ŒUVRES : *L'Origine de la tragédie* (1872) ; *Humain, trop humain* (1878) ; *Le Voyageur et son ombre* (1880) ; *Aurore* (1881) ; *Le Gai Savoir* (1882) ; *Par-delà le bien et le mal* (1886) ; *La Généalogie de la morale* (1887) ; *Le Crépuscule des idoles* (1889) ; *La Naissance de la philosophie à l'époque de la tragédie* (posthume).

➤ APOLLINIEN/DIONYSIAQUE, ÉTERNEL RETOUR, PRÉSOCRATIQUES, VALEUR.

NIHIL EST IN INTELLECTU QUOD NON FUERIT PRIMUM IN SENSU

Adage scolastique* selon lequel tout ce qui est dans notre intellect provient des sens. Kant* soulignera dans son Introduction à la deuxième Préface de la *Critique de la raison pure* que « si toute notre connaissance débute AVEC l'expérience, cela ne prouve pas qu'elle dérive toute DE l'expérience ».

NIHILISME

(Du latin *nihil,* rien.) Doctrine selon laquelle l'absolu n'existe pas, comme l'affirment déjà, dans l'Antiquité, le sophiste Gorgias et, d'une manière générale, les sceptiques* grecs.

◆ Au XIXe siècle, le nihilisme constitue d'abord un courant de pensée – surtout professé par des intellectuels russes aux environs de 1860-1870 (Dobrolioubov, Tchernychewski, Pisarev) – caractérisé par le pessimisme métaphysique dans le prolongement du positivisme* de Comte*, et le scepticisme à l'égard des valeurs traditionnelles (morales, théologiques, esthétiques) ; le tout accompagné du projet de construire la société sur des bases scientifiques. Proche de la formule de Dostoïevski : « Si Dieu n'existe pas, tout est permis » et en tirant les conséquences, le nihilisme se confond plus tard avec l'individualisme* anarchiste* qui vise la destruction de l'État.

◆ Chez **Nietzsche***, le nihilisme désigne en premier lieu l'absence de fins assignables – « les fins manquent » – qui permettraient *a priori* de donner un sens* à la vie humaine : « le devenir est sans but », d'autant plus que « Dieu est mort ». Il correspond en outre à la « décadence » et à la « régression de la force spirituelle » que l'auteur croit observer en Occident. À ce *nihilisme passif,* Nietzsche oppose un *nihilisme actif* qui, par destruction et transmutation des valeurs traditionnelles essentiellement chrétiennes, créera un monde nouveau où s'affirmera la « puissance accrue de l'esprit ».

◆ Chez **Heidegger***, le nihilisme correspond à l'ultime étape de l'oubli de l'être (le XXe siècle) : à partir du moment où il n'en est plus *rien* de l'être et de la vérité, l'homme s'obnubile sur l'étant et détruit la nature.

NOÈME, NOÈSE

Chez Husserl* et ses successeurs phénoménologues, la noèse est l'acte même de la pensée, le noème l'objet intentionnel de celle-ci, qui n'est pas à proprement parler une chose ou un aspect d'une chose.

Le « noétique » concerne la noèse, le « noématique » le noème.

NOMBRE

L'idée de nombre « naturel », comme rapport d'une grandeur à une autre considérée comme unité, paraît être une des catégories fondamentales de l'esprit humain. Le fait que, dans certaines sociétés, les nombres ne soient pas dotés d'un nom au-delà d'une série généralement brève, ne paraît pas signifier une incapacité à compter : ce qui peut faire défaut (comme chez les enfants) est l'idée d'une suite infinie de nombres, éventuellement parce que l'utilité opératoire n'en est pas ressentie (au-delà d'une certaine quantité nombrable, on se contente de « beaucoup »).

En mathématiques, une distinction élémentaire est opérée entre le nombre ordinal, qui indique le rang d'un élément dans un ensemble ordonné (premier, deuxième...) et le nombre cardinal, qui caractérise un ensemble, c'est-à-dire le total de ses éléments, sans considération de leur ordre.

NOMINALISME

Attitude philosophique admettant qu'aucune substance métaphysique ne se tient derrière les mots : les prétendues essences ne sont rien de plus que des mots ou signes représentant des choses toujours singulières. Contredit ainsi le réalisme* de type platonicien et le conceptualisme*.

◆ Le nominalisme apparaît dès l'Antiquité chez les cyniques dans leur critique de Platon (« je vois bien le cheval, mais non la chevalité »), mais on devrait en réserver l'appellation à l'école du Moyen Âge (Roscelin, Ockham*) qui s'appuie sur cette élimination des essences superflues pour ne retenir que deux sources de la connaissance : l'expérience et la logique.

« Il ne faut pas multiplier les êtres sans nécessité », énonce Ockham (on appelle ce principe d'économie de la pensée « rasoir d'Ockham »).

◆ Aussi ses retombées ultérieures sont-elles décelables chez certains empiristes (Hume*) ou logiciens (Condillac*). Au XXe siècle, le nominalisme reparaît notamment dans l'interprétation de la science selon laquelle les lois et théories sont davantage des constructions de l'esprit qu'une représentation des choses ; de son côté, l'empirisme logique en participe pleinement en affirmant que la science porte, non sur les choses, mais sur les énoncés à propos des choses.

➤ CERCLE DE VIENNE, UNIVERSAUX.

NON-VIOLENCE

Attitude de résistance (à l'oppression, à la colonisation, au pouvoir, etc.) qui refuse l'exercice de la violence* et s'appuie sur une maîtrise de soi s'ouvrant en amour de l'humanité et comptant sur sa force de contagion.

NORMAL, NORME, NORMATIF

◆ L'adjectif **normal** est ambigu, dans la mesure où il est à la fois descriptif et normatif. Le premier cas se rencontre notamment dans son usage un peu flou en morale (le normal, étant tel qu'il doit être, désigne alors ce qui est bon ou juste), ou en sociologie, où il se réfère à une moyenne observable dans une société.

L'usage de « **normal** » devient beaucoup plus délicat dès qu'on aborde le comportement individuel. Si la psychiatrie classique, s'inspirant d'un modèle médical, l'oppose franchement au pathologique*, la psychanalyse, après avoir indiqué combien la frontière entre les deux notions est fragile, montre dans ses développements récents que le normal ne saurait dépendre d'une simple adaptation au milieu social, puisqu'il serait alors synonyme de conformisme*, et risquerait de conduire à des aberrations par sa dépendance à l'égard des circonstances : « En avril 1945, la tâche d'un psychiatre allemand était accomplie le jour où son patient adhérait au parti nazi ; en mai 1945, elle s'achevait le jour où son patient s'engageait dans le parti chrétien-démocrate (s'il vivait à Francfort-sur-le-Main) ou dans le parti communiste (s'il vivait à Francfort-sur-l'Oder) » (G. Devereux). C'est pourquoi psychanalyse et antipsychiatrie* s'accordent plutôt à reconnaître comme normal l'individu capable de contester ce qui semble socialement « normal » (parce qu'admis ou majoritaire), pour proposer de nouvelles valeurs, elles-mêmes destinées à la caducité.

◆ La **norme** paraît devoir être définie dans une optique semblablement dynamique : qu'elle soit morale, esthétique ou juridique, l'histoire, l'ethnologie, l'anthropologie culturelle n'en finissent pas de prouver sa relativité.

◆ Est **normatif** ce qui prescrit une norme*. En philosophie, on qualifie traditionnellement de sciences normatives la logique*, la morale et l'esthétique.

➤ BEAU.

NOUMÈNE

Réalité intelligible, objet de la raison *(Nous)* par opposition à la réalité sensible.

Pour **Kant***, le noumène est l'aspect par lequel la chose en soi échappe à notre aperception sensible dont les possibilités ne vont pas au-delà du phénomène*, qui est donc seul connaissable. En conséquence, les noumènes échappent à la connaissance – en particulier lorsqu'il y va des concepts fondamentaux de la métaphysique (Dieu, liberté, âme), à propos desquels nous ne pouvons élaborer une pensée cohérente que grâce à l'aspect pratique de la raison, c'est-à-dire dans le prolongement de la morale. Inconnaissable en elle-même, la liberté peut par exemple être néanmoins affirmée comme une réalité dans la mesure où nous faisons l'épreuve de l'autonomie* de notre volonté – en quelque sorte la version phénoménale du noumène qu'est la liberté en soi.

➤ MÉTAPHYSIQUE, POSTULAT.

O

OBJECTIF, OBJECTIVATION, OBJECTIVITÉ, OBJET

◆ Étymologiquement, le mot **objet** signifie « ce qui est jeté devant », d'où : ce qui s'oppose au sujet* comme étant susceptible d'expérience, et différent de l'acte par lequel le sujet le saisit.

Moins techniquement : toute réalité concrète identifiable ; mais aussi le but ou la fin que l'on vise en agissant ou réfléchissant (objet d'une science, d'un texte, d'une passion...).

◆ On appelle **objectif** ce qui a rapport à l'objet et qui est placé devant celui qui regarde – au sens étymologique. Ainsi pour les scolastiques* et également pour Descartes*, une représentation en tant qu'« objet » de pensée est qualifiée d'objective bien que non réelle.

Au sens moderne – depuis Kant* – le terme s'oppose à subjectif* et désigne ce qui existe indépendamment du sujet et de la connaissance que celui-ci peut en avoir. En ce sens, « l'espace n'est pas quelque chose d'objectif ou de réel, mais de subjectif » (Kant).

Sur le plan épistémologique, le monde objectif deviendra le monde réel, celui qui – s'appuyant sur l'expérience externe – relèvera d'un savoir objectif que l'on peut définir, en opposition avec l'arbitraire de la construction imaginative du sujet, par l'*impersonnalité* d'une connaissance *universellement* valable.

◆ L'**objectivité** concerne tout ce qui est objectif. Sur le plan métaphysique, elle caractérise ce qui existe en dehors de notre pensée (les Idées* platoniciennes par exemple). D'autre part, l'objectivité de la connaissance est réalisée quand l'esprit constitue un objet de pensée pouvant faire en droit l'accord des esprits *(universalité).* En ce sens, la notion est synonyme de *rationalité.* Opposée à la subjectivité, elle requiert l'*impartialité* du sujet connaissant et exige la mise en œuvre de procédures d'observation et d'expérimentation garantissant la *validité* des opérations relevant de l'investigation scientifique dont l'objectivité ne sera précisément méritée qu'à ce prix.

◆ Le processus par lequel la conscience extériorise ses sensations en objets – ce qui suppose en général la médiation du langage – est appelé **objectivation.**

En psychopathologie : confusion entre une image et un objet réel.

OBLIGATION

Lien juridique par lequel une personne est tenue d'accomplir certaines prestations à l'égard soit d'une autre personne, soit d'une autorité constituée. Ou bien, la matière même de l'obligation, ou la prestation qu'impose le droit objectif ou même les coutumes. En morale, caractère impératif qui, constituant la forme de la loi morale, s'impose à la conscience sans contrainte physique.

➤ AUTONOMIE, DURKHEIM, IMPÉRATIF CATÉGORIQUE, KANT.

OBSERVATION

Moment fondamental du raisonnement expérimental, qui enregistre les phénomènes afin de susciter une hypothèse* ou d'énoncer directement une loi, dans les cas des sciences dites d'observation où l'expérimentation est impossible (astronomie).

On distingue l'observation **empirique,** qui est entièrement passive devant le déroulement des faits, de l'observation **scientifique,** dont Claude Bernard* a souligné la complexité : tout en étant libre d'idées préconçues, elle doit être à même de faire naître un raisonnement hypothétique.

L'observation **provoquée** (synonyme d'expérience*) vérifie la loi.

OBSTACLE ÉPISTÉMOLOGIQUE

Expression formée par G. Bachelard* pour désigner – autant sinon plus que ce qui s'oppose socialement à la formation de l'esprit scientifique, puis au progrès de la connaissance (par exemple, les systèmes idéologiques ou les thèses religieuses) – les éléments internes à la mentalité du chercheur lui-même qui lui interdisent d'accéder à une démarche objective et rigoureuse (par exemple, l'attention au qualitatif ou une exigence prématurée de précision excessive ne correspondant pas aux moyens de mesure).

OCCASIONNALISME, OCCASIONNELLE (CAUSE)

Dans la doctrine de Malebranche* – de nature théologique –, la **cause occasionnelle** est la cause naturelle ou cause antécédente observable qui, loin de produire l'effet que l'entendement lui attribue, n'est que l'« occasion », c'est-à-dire la circonstance qui permet à Dieu d'exercer sa propre causalité, seule productrice de l'effet. Cette doctrine s'appelle **occasionnalisme.**

OCKHAM

(Guillaume d', vers 1290-vers 1349.) Franciscain d'origine anglaise. Il n'enseigne que six ans à Oxford, avant d'être convoqué en Avignon par le pape, tant ses leçons paraissent peu conformes à l'orthodoxie. Impliqué dans les rivalités de l'époque entre franciscains et dominicains, il prend également parti contre le pape Jean XXII, puis contre son successeur Benoît XII, au nom d'un retour à la règle de son ordre et de l'« évidente raison ». Cet activisme politique lui vaut une excommunication en 1330, mais il consacre la fin de sa vie, en Allemagne, à la publication de nombreux pamphlets politiques.

◆ La philosophie d'Ockham prend appui sur une conception logique nouvelle, qui consiste à clairement distinguer le langage des choses, c'est-à-dire l'univers des signes que nous utilisons, de celui des singularités que nous percevons. Se voulant dans la continuité d'Aristote, c'est la tradition platonicienne qu'Ockham met à mal : pour lui, les « universaux »* n'ont aucune existence, et le vrai problème à résoudre concerne, non la manière dont un universel pourrait s'incarner dans une singularité, mais bien les relations existant entre des singularités, leur rassemblement dans une série et la façon dont nous pouvons désigner efficacement cette dernière. Dans ce contexte, la distinction entre essence et existence disparaît : **il n'y a d'essence que de et dans ce qui existe.**

◆ Cette contestation des ambitions de la métaphysique a des conséquences en théologie : Dieu n'a créé, avec une liberté absolue, que des êtres séparés, et puisque la connaissance humaine s'établit nécessairement à partir de ce qui est perçu, toute tentative pour « prouver » l'existence de Dieu est frappée d'incertitude. Même l'argumentation *a posteriori* (cf. saint Thomas*), qui prétend remonter de la diversité des « choses conservées » à la nécessité d'un « premier conservant », est douteuse : elle suppose une compréhension de la perfection qui nous est impossible. Le domaine de la foi se révèle ainsi plus étendu que chez saint Thomas, et ouvre la possibilité d'une attitude mystique.

ŒDIPE (COMPLEXE D')

Désigne dans les théories freudiennes la configuration triangulaire qui lie l'enfant à ses parents entre trois et cinq ans : c'est un ensemble de désirs amoureux et hostiles – désir de mort à l'égard du parent de même sexe perçu comme un rival et désir sexuel pour le parent de sexe opposé (forme positive). Dans la forme négative, les relations affectives sont inversées.

Ce complexe fait normalement partie de l'histoire de l'inconscient, et son déclin marque le début de la période de latence. On admet qu'il équivaut à une sorte de seconde naissance (sociale, cette fois), puisque l'enfant y fait l'apprentissage de l'interdit (par la prohibition de l'inceste*) et de la loi.

Le complexe d'Œdipe est, pour Freud, **universel.** D'autres théoriciens admettent au contraire qu'il ne se rencontrerait que dans une culture déterminée, analogue à celle que connut Freud dans la société viennoise.

➤ DELEUZE.

ŒUVRE

Résultant du travail* ou de l'activité artistique, l'œuvre doit être distinguée du simple produit. Déjà **Hegel** en souligne la dimension spirituelle, et la façon dont l'esprit s'y révèle à lui-même par le biais de son inscription dans le sensible ; ce qui est vrai de toute invention technique (le marteau ou le clou, qui se distinguent immédiatement de la production naturelle) se confirme pleinement dans l'invention de l'œuvre d'art, qui est par définition « manifestation sensible de l'Idée ».

En philosophie contemporaine, c'est **H. Arendt*** qui a repris la distinction entre les produits ordinaires, notamment industriels, qui confirment l'enfermement d'un sujet dans l'alternance répétitive de la production-consommation, et les œuvres véritables, qui éloignent de la stricte nécessité en signalant la possibilité d'un univers avec lequel l'homme puisse se trouver en accord, dans la mesure où c'est ce que *La Condition de l'homme moderne* nomme « aptitude à penser » qui se déploie dans l'œuvre d'art.

On peut toutefois se demander, notamment à partir des remarques de Benjamin* sur la perte d'*aura* qu'implique la reproductibilité technique des œuvres d'art, si ces dernières ne tombent pas, au moins partiellement, dans le domaine de la consommation et ne se trouvent pas ainsi ravalées, par la société contemporaine, au rang de simples produits.

➤ ART, BAUDRILLARD, BOURDIEU.

« ON »

Ce pronom indéfini représente, en philosophie, la puissance anonyme et impersonnelle de l'opinion* commune, les croyances et les comportements stéréotypés du plus grand nombre. **Heidegger*** dénonce la dictature du « on » : l'existence-en-commun, observe-t-il, risque d'engendrer l'existence inauthentique du « on » qui se traduit par l'introduction de la banalité quotidienne, le nivellement général et finalement la dissolution de l'individu dans le groupe.

ONIRIQUE, ONIRISME

On qualifie d'onirique ce qui tient au rêve, à l'activité du rêve, ou ce qui peut y être comparé. On parle ainsi d'état onirique, de visions oniriques, d'ambiance onirique, etc.

En psychiatrie, on nomme **onirisme** tout état de la conscience comparable au rêve. Le terme couvre un champ très large, puisqu'il peut désigner indifféremment certaines formes de rêveries (éventuellement hallucinatoires) ou certains aspects de l'invention artistique (notamment lorsqu'y intervient l'automatisme inconscient).

➤ RÊVE, SURRÉALISME.

ONTIQUE, ONTOLOGIE, ONTOLOGIQUE

◆ Étymologiquement, l'adjectif **ontique** qualifie ce qui se rapporte à l'être. Mais la philosophie actuelle, à la suite de Heidegger, l'utilise surtout pour désigner ce qui se rapporte aux étants.

◆ En philosophie classique, l'**ontologie** (le terme date du XVIIe siècle) est la science de l'être en général, c'est-à-dire de l'« être par où il est être » (Aristote) : équivalent de la métaphysique ou « philosophie première » (qui se distingue chez Aristote des « philosophies secondes », consacrées à la connaissance des étants). Heidegger souligne que, dès lors que l'être est assimilé à l'Être suprême, c'est-à-dire Dieu, l'ontologie devient, au sens strict, une onto-théologie, et se condamne à « oublier » la question initiale portant sur la nature de l'être, puisque Dieu « a » de l'être, et n'est en conséquence qu'un étant – même si l'on admet qu'il est la condition de tous les autres.

Dans la philosophie contemporaine, le mot désigne l'étude ou les conceptions de l'existence en général, telles qu'on les rencontre notamment dans les différentes versions de l'existentialisme*.

Parallèlement, l'adjectif **ontologique** présente un double sens comparable.

➤ ÉTANT, ÊTRE, EXISTENCE, MÉTAPHYSIQUE.

OPINION

Échappant à l'examen critique, l'opinion est une croyance ou un assentiment qui, d'une part, comporte des degrés allant de la simple impression à la certitude, et qui, d'autre part, porte sur la réalité ou la vérité d'une chose selon une plus ou moins grande probabilité. On distingue l'opinion *privée* de l'opinion *publique* en tant que celle-ci est la prise de position communément adoptée dans un groupe social au sujet des problèmes d'ordre politique, moral ou religieux notamment.

Platon* fixe définitivement le statut philosophique de l'opinion *(« doxa »)* comme type de connaissance inférieure, bien qu'il admette l'existence de l'**opinion droite,** connaissance vraie mais qu'on ne peut justifier. L'opinion apparaît soit comme la croyance illusoire à la valeur des sens et de l'imagination, soit comme une connaissance vraisemblable, mélange impur d'erreur et de vérité à la manière de la connaissance pratique et empirique. Elle s'oppose alors à la science, c'est-à-dire à la pensée intelligible de la connaissance critique *(épistémé)* et rationnelle en général *(noèsis)* et par conséquent à tout discours philosophique *(logos).*

OPPOSITION

En **logique,** deux termes sont dits opposés lorsqu'ils sont corrélatifs, contraires ou contradictoires ; deux propositions opposées peuvent différer en quantité, en qualité, ou des deux points de vue à la fois.

OPTIMISME

Outre son sens vulgaire qui traduit la tendance à prendre les choses du bon côté et à avoir confiance dans l'avenir, ce terme caractérise des doctrines philosophiques différentes. Alors que pour le stoïcisme* et le spinozisme*, tout est bien, le mal n'étant qu'une apparence, chez Leibniz*, le monde créé par Dieu* n'est que le meilleur possible. La critique polémique de Voltaire* qui, dans *Candide,* vise Leibniz, s'adresse en fait à l'autre conception de l'optimisme métaphysique.

➤ INDIFFÉRENCE, LEIBNIZ, PESSIMISME.

ORDRE

Une des idées fondamentales de l'intelligence, qui paraît universellement rebelle au chaos et à l'aléatoire, en privilégiant en tous domaines la disposition rationnelle, que ce soit dans l'espace et dans le temps, par l'emploi des nombres et des séries ou dans la société elle-même.

On nomme plus particulièrement :

◆ ordre **logique** l'enchaînement des propositions ou des idées selon les règles de la déduction. Descartes fait de son respect un des éléments de la méthode ;

◆ ordre **mathématique** l'existence, dans une série de termes homogènes, d'une relation transitive asymétrique. Exemple : la suite des nombres entiers ;

◆ ordre **social** l'ensemble des lois et institutions qui doivent garantir l'équilibre d'un groupe et sa durée.

Le terme s'utilise également pour désigner un ensemble d'êtres ou de faits, auquel on attribue une valeur particulière (ordre de la nature, ordre de la grâce).

On notera qu'un sens polémique peut apparaître lorsqu'il s'agit, en faisant allusion à certaines théories socio-politiques ou morales, d'y déplorer un attachement exclusif à l'ordre, qui empêche toute modification ou évolution.

ORGANE, ORGANICISME, ORGANISME

◆ Le mot **organe** provient du grec *organon,* instrument. Instrument de musique d'abord, puis d'une machine et enfin du corps. En tant qu'élément d'un être vivant, l'organe est l'instrument d'une fonction déterminée. Au sein des êtres vivants complexes, une organisation apparaît ainsi qui régit les organes et leurs fonctions.

◆ L'**organisme** est l'ensemble des éléments ou organes interdépendants constitutifs de l'être vivant. La finalité interne* qui régit ses différents éléments ainsi que la présence d'un milieu intérieur font la spécificité de l'organisme en le distinguant de la simple machine. Il en résulte que l'organisme possède une certaine autonomie (auto-conservation, autoreproduction) et qu'il demeure relativement indépendant du milieu extérieur (par exemple constance de la température interne du corps ou homéothermie en dépit des variations externes) sans exclure pour autant des échanges (alimentation et élimination des déchets).

◆ Le terme **organicisme** s'applique à un ensemble de doctrines qui, de l'Antiquité à nos jours, ont pour point commun de comparer le fonctionnement du corps social à celui du corps biologique.

S'opposant au vitalisme depuis Descartes et le développement des sciences physiques, l'organicisme utilise le modèle de la machine pour concevoir l'organisme comme un tout cohérent dans lequel chaque organe occupe une fonction spécialisée solidairement avec les autres (Bichat, Cl. Bernard*).

L'application de ce schéma à la société, notamment chez Comte*, Durkheim* (notion de solidarité organique) et Espinas, traduit un conservatisme social qui, au lendemain de la Révolution, tend à lutter contre l'individualisme. Au XXe siècle, l'interdépendance des différentes parties de la société, mise en lumière par les **fonctionnalistes,** justifie toujours, d'une certaine manière, mais avec prudence, l'analogie avec l'organisme biologique.

➤ COMTE, DURKHEIM, SOLIDARITÉ, VITALISME.

ORGANON

Ou *organum.* Étymologiquement, « instrument » (de pensée), l'*Organon* désigne l'ensemble des ouvrages qu'Aristote* consacre à la logique : *Catégories, De l'interprétation, Analytiques, Topiques, Des sophismes.* Chez F. Bacon*, le *Novum Organum* – qui s'oppose à la déduction aristotélicienne – expose la méthode inductive appropriée à l'étude des sciences expérimentales.

ORIGÈNE

(185-251.) Succédant aux « Pères apostoliques » du premier siècle du christianisme, Origène appartient à une génération d'écrivains chrétiens dont la culture intellectuelle est nettement supérieure. Savant bibliste et philosophe, il fait partie de l'École d'Alexandrie, qui témoigne de l'acculturation progressive du christianisme au monde intellectuel gréco-romain.

◆ Origène démontre notamment que la foi chrétienne n'est pas en opposition avec l'idéal de l'hellénisme – dont la part de vérité, affirme-t-il, trouve son origine dans la révélation biblique. Il lutte contre les gnostiques* et réfute les auteurs païens, spécialement **Celse** (IIe siècle), philosophe d'inspiration platonicienne, selon lequel la religion chrétienne ne serait qu'un ensemble de grossières superstitions. Contre ces allégations, Origène affirme que la foi chrétienne ne relève ni de la magie, ni de la crédulité des chrétiens, mais que, donnant lieu à des témoignages variés, elle demeure néanmoins toujours digne de confiance.

Les attaques de Celse contre la religion chrétienne et les réponses d'Origène serviront de base et de modèle aux penseurs ultérieurs, dans leurs polémiques au sujet du christianisme.

Œuvre principale : *Contre Celse* (248).

ORIGINE

Ce terme présente deux significations, que l'on a intérêt à ne pas confondre, si l'on veut éviter la multiplication de faux problèmes, ou le mélange du fait et du droit.

◆ Il désigne, d'une part, l'apparition initiale d'un phénomène ou d'un événement (on peut ainsi s'interroger sur l'origine du monde) ; d'autre part, l'ensemble des conditions ou circonstances permettant de rendre compte de la formation ou du développement historique d'un phénomène (on évoque ainsi les origines de la Révolution française).

◆ L'interrogation philosophique sur l'origine ouvre sur la métaphysique lorsqu'elle est voisine de celle sur les causes premières : si le scientifique élabore des théories pour rendre compte de l'apparition du monde ou de l'homme (il répond ainsi à des questions en « comment ? »), le philosophe a la possibilité de poser des questions en « pourquoi ? ». De la sorte, une réflexion sur les dimensions spécifiques de l'existence humaine ajoute, à ce que peuvent enseigner les sciences, des considérations sur la fin des phénomènes ou sur leur valeur : une telle séparation permet notamment de maintenir, à côté des informations livrées par les sciences sociales, l'exigence d'une réflexion proprement philosophique, seule susceptible de faire la part de l'éthique et du droit.

➤ BIOÉTHIQUE.

ORTEGA Y GASSET

(José, 1883-1955.) Philosophe espagnol, né à Madrid, professeur à l'Université de Madrid. Rompant avec le néo-kantisme* dont il s'inspire au départ, Ortega y Gasset cesse de voir dans la réalité un système de relations et critique la raison logique, dans la mesure où la rationalité positive de la science, avec son modèle physique, échoue à étudier l'homme. Il considère la vie comme « réalité radicale » et va promouvoir une « raison vitale », un **« ratiovitalisme »** capable d'interpréter l'homme dans son instabilité et son devenir, tout en mesurant les limites d'une telle entreprise. Cette raison vitale se mue « en raison historique » ou « raison narrative » relatant le passé, car « l'homme n'a pas une nature, mais il a une histoire ».

Dans son ouvrage *La Révolte des masses*, l'auteur réfléchit à la situation morale de l'Europe de l'entre-deux-guerres. Refusant l'habituelle référence économique aux classes sociales, il fait une distinction entre deux types d'hommes, les « élites » et les « masses » : les premiers bénéficient de qualités d'ordre intellectuel, spirituel et esthétique, les seconds (« hommes-masses »), quelle que soit leur appartenance sociale, sont incultes, refusent l'exemple des élites et tombent ainsi dans l'hédonisme et la vulgarité. Cette critique rejoint, d'une part, celle du pouvoir et du monde de l'argent, et de l'autre, celle du technicien hyperspécialisé, stigmatisant l'oubli des valeurs humanistes.

Œuvres principales : *La Révolte des masses* (1930) ; *L'Évolution de la théorie déductive, l'Idée de principe chez Leibniz* (1958).

OUBLI

Défaillance normale de la mémoire qui ne parvient pas à rappeler un souvenir. Certains théoriciens (Bergson* notamment) admettent toutefois que ce dernier serait en réalité conservé – sauf dans les cas pathologiques d'amnésie* où la capacité même de fixer les souvenirs peut être atteinte.

Nietzsche* conçoit l'oubli comme pouvoir actif chargé de maintenir l'équilibre et la tranquillité de l'esprit et capable de faire table rase dans notre conscience : sans cette faculté positive d'oubli, nulle jouissance de l'instant présent ne saurait exister. Ainsi, chez l'homme, « animal nécessairement oublieux », l'oubli serait le signe d'une santé robuste.

On considère, en **psychanalyse** également, que l'oubli est un phénomène normal – qui n'en relève pas moins de la cure : c'est qu'il résulte d'un **refoulement*** et témoigne d'une défense du **surmoi*** contre des phénomènes désagréables. Les troubles névrotiques trouveraient pour leur part leur origine dans l'oubli durable de traumatismes : dès lors, le retour à la conscience de ces derniers (grâce aux associations libres, aux analyses de rêves, etc.) serait la clef de la guérison.

OUTIL

Alors que l'animal s'adapte à la nature, l'homme est condamné à adapter la nature, d'où l'apparition d'outils, c'est-à-dire d'instruments fabriqués pour prolonger le corps – le premier et le plus naturel instrument de l'action humaine – en vue d'accroître son pouvoir sur le monde extérieur. Au contraire de la machine*, l'outil reste étroitement soumis à l'activité manuelle et offre à son utilisateur la possibilité de manifester sa souplesse et son habileté.

➤ HOMO FABER, MACHINE, TECHNIQUE.

OUVERTE (MORALE)

Expression employée par Bergson* dans *Les Deux Sources de la morale et de la religion* pour désigner – en opposition avec « l'âme close », repliée sur ses préjugés – « l'âme ouverte », celle des héros et des saints, apte à la communication généreuse et à l'élan créateur, la « morale ouverte », celle de l'aspiration, contrairement à la « morale close » faite d'obligations et de tabous. « La société close est celle dont les membres se tiennent entre eux, toujours prêts à attaquer ou à se défendre [...] la société ouverte est celle qui embrasserait en principe l'humanité entière » (Bergson).

➤ BERGSON, POPPER.

P

PAIX

Une définition purement négative de la notion, comme simple absence de guerre*, paraît insuffisante, ainsi que le remarque Spinoza*. Loin d'être le résultat de la soumission ou de l'apathie générale, la paix véritable suppose positivement la concorde entre les hommes par l'accord des cœurs et des esprits.

➤ GUERRE.

PALINGÉNÉSIE

Étymologiquement, renaissance, régénération. Le terme a été employé dans des contextes différents. Par exemple, dans le stoïcisme* de Marc Aurèle*, il désigne l'éternité cyclique au cours de laquelle réapparaissent périodiquement les mêmes événements. À l'époque moderne, le mot signifie soit la régénération cyclique des êtres vivants, selon certains auteurs, soit le rythme cyclique qui caractériserait le devenir historique des civilisations (Spengler).

PANLOGISME

Doctrine selon laquelle l'ensemble du réel est intelligible. Professée par divers philosophes dont Leibniz* qui affirme que la « réalité est entièrement pénétrable à la raison » (Couturat), elle s'applique surtout à la pensée de Hegel* pour lequel tout ce qui est rationnel est réel et tout ce qui est réel est rationnel : la rationalité absolue (qui se confond avec Dieu*) se manifeste par le développement dialectique* de l'Idée*.

➤ DIALECTIQUE, HEGEL, HUSSERL, LEIBNIZ, LOGICISME.

PANTHÉISME

Terme apparu au début du XVIIIe siècle, qui désigne toute conception selon laquelle Dieu et le monde ne font qu'un, soit que l'on admette que tout ce qui est est en Dieu ou en procède (Plotin* ou Spinoza*), soit que Dieu soit conçu comme immanent au monde lui-même (Diderot* ou certains hégéliens de gauche).

PARADIGME

Modèle. L'**Idée platonicienne** est un paradigme de la réalité. c'est-à-dire un **type exemplaire,** immuable et parfait dont participe la chose sensible d'une manière imparfaite. Réciproquement, le paradigme constitue dans les Dialogues un exercice destiné à entraîner l'esprit à la méthode qu'il devra suivre pour l'analyse des concepts fondamentaux : il s'agit, à partir d'un objet assez simple, de découvrir une structure qui se retrouvera dans un objet plus élevé (ainsi, dans le *Ménon,* on doit par exemple comprendre l'existence d'une Vertu unique par-delà la diversité apparente des vertus en comprenant d'abord que, malgré leurs différences sensibles, toutes les abeilles appartiennent à une même espèce).

En **linguistique,** ce terme désigne techniquement l'ensemble des unités entretenant entre elles un rapport virtuel de substituabilité.

➤ PARTICIPATION.

PARADOXE

Proposition ou discours opposé à l'opinion dominante ou à la vraisemblance. Le terme peut être pris péjorativement lorsqu'il implique une simple volonté de choquer ou d'amuser. Mais la critique contemporaine voit aussi dans le paradoxe une tactique efficace pour attirer l'attention ou réveiller des consciences assoupies (c'est dans cette optique que Socrate* y a recours). Si l'on entend ainsi par *doxa,* comme le fait R. Barthes*, le conformisme majoritaire mal fondé, on peut affirmer que toute avant-garde artistique ou intellectuelle commence par être nécessairement paradoxale.

◆ Dans la mesure où la philosophie se méfie, par principe, de l'opinion, et entend critiquer la *doxa,* elle est par définition paradoxale ; ce qui la distingue toutefois de l'activité critique ordinaire, c'est qu'elle réfléchit de surcroît à son propre statut.

PARALOGISME

Raisonnement faux, énoncé sans volonté de tromper. Chez **Kant***, les « paralogismes transcendantaux » désignent les raisonnements par lesquels la psychologie rationnelle prétend démontrer la substantialité, la simplicité et la personnalité de l'âme, ainsi que le fait que toute existence autre que celle d'un sujet pensant serait douteuse.

PARANOÏA, PARANOÏAQUE

Terme utilisé dès la fin du XVIIIe siècle, pour désigner d'abord toute forme d'aliénation mentale.

La **psychiatrie contemporaine** en restreint le sens : psychose* dans laquelle le sujet est atteint de délire et d'un sentiment de persécution, énonçant des jugements faux qui témoignent d'égocentrisme*, de méfiance et d'agressivité. Le **paranoïaque** s'imagine être victime de la méchanceté d'autrui, et il peut rationaliser cette crainte en devenant lui-même persécuteur de façon à provoquer des réactions de défense – qu'il interprète immédiatement comme des attaques – à son égard.

PARI DE PASCAL

Argument par lequel Pascal, en utilisant le langage même de l'incroyant (qui a l'habitude du jeu), l'invite à parier pour l'existence de Dieu (*Pensées,* 233) : à défaut de preuves rationnelles, il convient de choisir entre les deux hypothèses contradictoires en fonction des conséquences que ce choix implique éventuellement sur le plan du salut éternel. Or, « si vous gagnez, vous gagnez tout, si vous perdez, vous ne perdez rien. Gagez donc qu'il est sans hésiter ».

PARMÉNIDE

(Vers 540-vers 450 av. J.-C.) Le plus célèbre des penseurs éléates. Des fragments qui nous restent de son poème *De la nature,* on déduit qu'il fonde une distinction entre la vérité et l'opinion, trompeuse parce que liée aux apparences. En généralisant comme principe métaphysique une tautologie grammaticale, Parménide affirme que la seule vérité consiste à séparer radicalement l'être et le non-être : « Jamais tu ne feras que du non-être naisse quelque chose. » Seul, l'être est, indivisible et immuable. La tradition oppose dès lors, un peu schématiquement, cette pensée à celle d'Héraclite*, comme l'immobilité au mouvement.

◆ Dans *Le Sophiste,* Platon exerce à l'égard de Parménide ce qu'il nomme lui-même un « parricide » : confronté au cas du menteur qui n'en finit pas de mélanger ce qui est et ce qui n'est pas, il doit admettre que, contrairement à ce qu'affirme le présocratique, « le non-être est d'une certaine façon ». Il n'en reste pas moins que la thèse platonicienne de la séparation entre la vérité de l'Idée* et le caractère fallacieux du monde du devenir paraît d'origine parménidienne.

PAROLE

Manifestation vocale du langage articulé. C'est en tant que parole que le langage est dit naturel à l'homme, sous la forme soit de la **parole intérieure** – articulation et prononciation ébauchées qui accompagnent la pensée –, soit du **dialogue** qui permet la communication entre les hommes et l'apparition des sociétés culturelles.

La **linguistique** oppose, depuis F. de Saussure, la parole comme « acte individuel de volonté et d'intelligence » à la langue se définissant comme « le langage moins la parole », c'est-à-dire « l'ensemble des habitudes linguistiques » (transmises par la société) « qui permettent à un sujet de comprendre et de se faire comprendre ».

➤ ÉCRITURE, LANGAGE.

PARTICIPATION

Union de la partie au tout, d'un être fini à l'infini ou du moins à ce qui le dépasse. C'est, par exemple, chez Platon* le rapport qui lie, d'une part, les réalités sensibles aux Idées* qui en sont le modèle ou paradigme* et, d'autre part, les Idées entre elles.

En **ethnologie,** chez Lévy-Bruhl*, la participation désigne l'aspect de la pensée prélogique* qui caractérise la mentalité primitive* et selon laquelle les objets, les êtres et les phénomènes « peuvent être à la fois eux-mêmes et autre chose qu'eux-mêmes ». En tant que principe de la pensée « archaïque », elle s'opposerait au principe d'identité qui régit la pensée occidentale.

PARTICULIER

Employé comme substantif, synonyme d'individu*. L'adjectif qualifie soit ce qui n'appartient pas à tous les membres d'une espèce mais seulement à quelques-uns ou même à un seul (une tournure d'esprit particulière), soit ce qui s'élève au-dessus de la moyenne ou sort de l'ordinaire (alors synonyme de singulier*).

En **logique,** une proposition particulière est celle qui ne concerne que quelques individus (au moins ou exclusivement) d'une classe.

PASCAL

(Blaise, 1623-1662.) Philosophe et savant français. Il écrit à seize ans un *Essai sur les coniques,* invente à dix-huit une machine à calculer, étudie ensuite le problème du vide, démontre la pression de l'air et fait d'importantes découvertes mathématiques. Après une période de vie mondaine, il prend parti pour les jansénistes contre les Jésuites (*Les Provinciales,* 1656-57), et prépare une apologie de la religion chrétienne que la mort l'empêche d'achever.

◆ Contre l'autorité des Anciens, Pascal défend la légitimité du raisonnement et de l'expérience dans la recherche de la vérité scientifique : de même que l'individu, l'humanité progresse en accumulant des connaissances. Mais la conquête de la vérité ne reposera pas sur une méthode universelle comme chez Descartes*. Respectant les trois ordres de réalités (les corps, les esprits, les cœurs), la pensée devra se faire, selon les cas, **esprit de géométrie** – déductif et démonstratif – ou **esprit de finesse** – capable de voir par intuition, d'un seul regard.

◆ ***Les Pensées***

Pensées de M. Pascal sur la religion et quelques autres sujets – qui ont été trouvées après sa mort parmi ses papiers (1670), tel est le titre de la première édition du célèbre ouvrage : il s'agissait de notes, de liasses en désordre destinées à la rédaction d'une apologie du christianisme. De cette apologie, où Pascal reproduit sa propre évolution et dont le plan n'est connu que dans ses grandes lignes, seule la première partie, *Misère de l'homme sans Dieu,* a été rédigée pour l'essentiel, tandis que la seconde, *L'homme avec Dieu,* demeure plus courte et très fragmentaire.

Pascal s'adresse aux libertins – d'où la recherche d'une méthode (distinction des deux « esprits », rôle du cœur, mise au point d'un art de la persuasion) propre à les convaincre. Il s'attache à décrire l'incomplétude et la contradiction de la nature humaine. Situé entre deux infinis, l'homme est faible : son imagination « maîtresse d'erreur », son amour-propre ainsi que le « divertissement » sont autant d'obstacles à la réflexion ; mais en même temps, il aspire à la grandeur et a soif d'absolu (« roseau pensant »). La solution au problème métaphysique n'est ni dans le pyrrhonisme* de Montaigne*, ni dans le stoïcisme* d'Épictète*, mais dans les « vérités » du christianisme, à partir du dogme biblique de la chute de l'homme, créature déchue qui se souvient de sa grandeur passée et dont l'espérance du salut se trouve justifiée par la rédemption du Christ.

Comparable en bien des points aux *Confessions* de saint Augustin*, les *Pensées* connaissent un succès immédiat et constant – malgré les critiques de Voltaire* et de Condorcet* notamment – jusqu'à notre époque. L'ouvrage, indépendamment de son impact théologique, fait de Pascal l'un des plus authentiques précurseurs de l'existentialisme* contemporain.

➤ EXISTENTIALISME, PARI.

PASSÉ

Dimension du temps* écoulé dans son irréductible irréversibilité. Qu'il soit d'ordre biologique, pulsionnel, social, historique ou psychologique, le passé pèse sur l'homme empirique dans le sens du déterminisme, mais, en même temps, il sert à structurer la personnalité sans laquelle il n'y a pas de liberté possible, liberté qui peut d'ailleurs s'exercer à l'égard du passé psychologique ou social lui-même, dans la mesure où je le choisis ou le rejette sciemment en décidant qu'il inspire ou non mes actes présents (Sartre*).

Par sa nature même, la connaissance du passé humain (tradition orale, histoire, ethnologie, psychanalyse...) reste, selon les cas, occultée, aléatoire, partielle, subjective, soumise au moment social ; elle laisse ainsi souvent une marge d'indétermination propice aux illusions et à l'action de l'imaginaire.

➤ AVENIR, TEMPS, PRÉSENT.

PASSION

Au sens primitif, l'une des dix catégories* d'Aristote, qui désigne le fait de **subir** l'action d'un agent extérieur.

Au XVIIe siècle, les « passions de l'âme » rassemblent tous les états où l'âme connaît des modifications – déterminées selon les cartésiens par les « esprits animaux » (plaisir, douleur, etc.) : bonnes dans la mesure où elles disposent l'âme à vouloir ce qui lui est bon, elles ne peuvent devenir mauvaises que si on les suit avec excès.

◆ La **condamnation de la passion,** d'origine chrétienne (les moralistes grecs veulent plutôt en mesurer les effets que les supprimer), est particulièrement nette chez Kant* qui y voit une victoire du pur sensible sur le rationnel. À l'opposé, le romantisme, à travers sa diversité, va l'exalter durablement : c'est le mobile de l'activité pour Fourier*, la volonté de puissance de Nietzsche, ou, avant eux, la « ruse de la raison » pour Hegel.

Du point de vue psychologique, on distingue la passion de la simple émotion* par sa durée, son amplitude et sa capacité à dominer la vie intellectuelle au point d'être perçue comme un élément de la destinée.

➤ ATARAXIE.

PATHOLOGIQUE

La pathologie est la discipline médicale qui étudie les maladies. Est patholo-

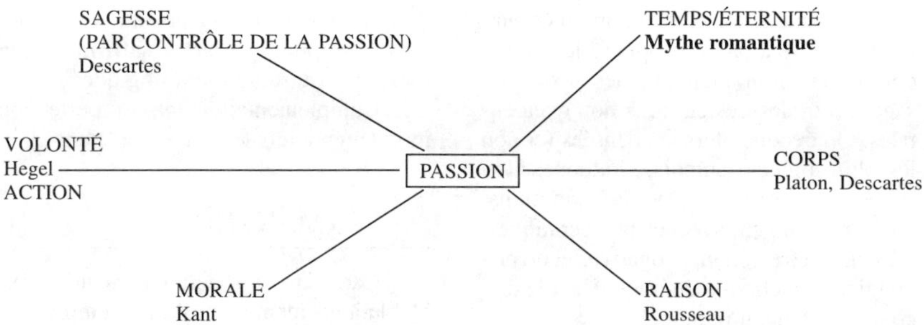

gique, tout ce qui correspond à un état morbide, à une désadaptation biologique ou psychologique – contraire à la finalité vitale et génératrice de souffrances.

Alors que Comte* considérait les phénomènes pathologiques d'un point de vue strictement quantitatif « comme un prolongement des phénomènes de l'état normal, exagérés ou atténués au-delà de leurs limites ordinaires de variation », on les envisage volontiers de nos jours sous l'angle qualitatif d'une structure spécifique pour chaque maladie.

◆ Est pathologique chez Kant* ce qui relève de la partie passive de notre nature (sentiments et passions). L'amour pathologique d'autrui se distingue ainsi de l'amour moral ou pratique, qui relève d'une décision du vouloir rationnel et désintéressé.

➤ NORMAL.

PAVLOV

(Ivan Petrovitch, 1849-1936.) Physiologiste et médecin russe, qui établit l'existence et les lois du réflexe conditionné ou acquis. Après avoir travaillé sur les animaux, il a généralisé ses thèses à la psychologie humaine, qui se caractériserait par l'apparition d'un second système de signalisation, de type symbolique (le langage), se superposant au système nerveux. Les recherches de Pavlov ont fortement influencé le behaviorisme.

Œuvre principale : *Le Réflexe conditionné* (1935).

➤ COMPORTEMENT, RÉFLEXE.

PEINE

Au sens étymologique (du latin *poena*), rançon en vue de racheter un meurtre. D'où : compensation, vengeance, châtiment. Sur le plan juridique, c'est la **sanction,** prévue par le Code pénal, que le tribunal inflige à un individu pour punir une infraction.

PENSÉE

◆ Au sens le plus large, la pensée enveloppe tous les phénomènes de l'esprit. C'est dans cette acception que Descartes* utilise le mot, même s'il sous-entend que l'âme connaît simultanément les phénomènes en question.

Par opposition aux sentiments et volitions, la pensée est alors synonyme d'intelligence*.

◆ Au sens le plus strict, elle désigne l'entendement* et la raison comme capacités de comprendre la matière de la connaissance et de faire une synthèse plus élevée que la perception, la mémoire ou l'imagination.

◆ Les rapports entre la philosophie et la pensée ne sont pas aussi simples que pourraient le faire supposer ces acceptions ; dans la ligne de Heidegger*, certains admettent en effet que la philosophie n'est rien d'autre que « l'aventure occidentale de la pensée » (J. Beaufret), ce qui revient à reconnaître en celle-ci la capacité d'interprétation qui prend en charge, d'une autre façon que la philosophie, la compréhension du monde et de l'existence. Dans cette optique, il faudrait qualifier de pensée toute réflexion antérieure ou extérieure à la philosophie : les présocratiques* aussi bien que les textes ou sagesses orales des cultures non occidentales. On évoque alors les pensées (et non les philosophies) chinoise, hindoue, africaine, etc., dont les points communs, qu'elles partagent avec les présocratiques, seraient d'être non interrogatives et de privilégier le poético-noématique* sur le discours strictement rationnel.

PERCEPTION

Au sens ancien, s'applique chez Descartes* à tous les actes de l'intelligence. Elle constitue l'une des deux façons de penser, l'autre étant la détermination par la volonté.

On a nommé **perception interne** la connaissance consciente que le moi prend de ses états.

Pour la **psychologie,** c'est l'acte par lequel l'esprit organise ses sensations* et reconnaît un objet extérieur. Désigne aussi le résultat de cet acte.

PERFECTION

Caractère de ce qui est parfait, c'est-à-dire de ce qui est complètement achevé et n'est par conséquent susceptible d'aucun progrès. La perfection en soi ou possession de la plénitude de l'être sous tous les rapports est attribuée par la métaphysique classique à Dieu*, être absolu. C'est en analysant l'idée d'un être parfait, ou absolu, que saint Anselme, puis Descartes* affirment son existence (argument ontologique*).

Complémentairement, la perfection morale tend vers le Souverain Bien*.

PERMANENCE

Caractère de ce qui demeure semblable à lui-même à travers le temps.

Kant* nomme « principe de la permanence de la substance » la première analogie de l'expérience *(Critique de la raison pure),* selon laquelle « tous les phénomènes contiennent le permanent (substance), comme étant l'objet lui-même, et la variable, comme simple détermination de celui-ci, c'est-à-dire une manière d'être de l'objet ».

En **épistémologie,** les principes de permanence concernent les grandeurs qui restent invariables à travers des transformations observables (masse, énergie).

PERSONNALISME

Le mot est employé pour la première fois, en 1903, par le néo-criticiste* Renouvier, à la suite de Kant qui voulait défendre l'éminente dignité de la personne humaine. Mais – si l'on excepte notamment la phénoménologie de Max Scheler* qui, en Allemagne, combat l'individualisme – il faut attendre les années 30 avec Mounier*, en France, pour que le statut philosophique du personnalisme se précise en réaction non seulement contre l'indi-

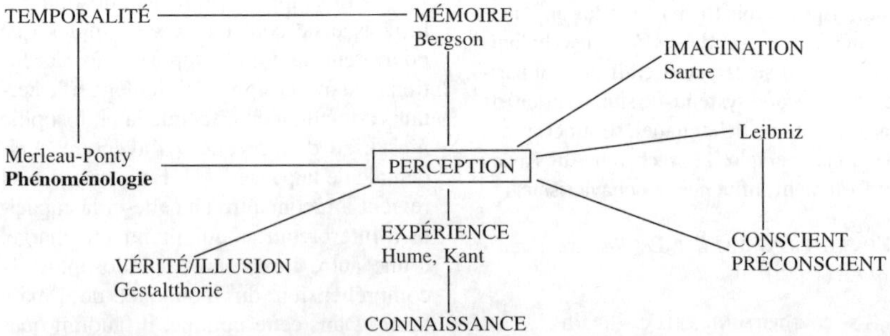

vidualisme bourgeois, mais aussi contre le collectivisme et le totalitarisme triomphant.

◆ S'inspirant de la tradition chrétienne, **Mounier** affirme l'originalité et l'intimité du sujet personnel irréductible à l'objet et rebelle à l'explication objective, si bien que le personnalisme se traduit par une invitation à dépasser les conditionnements du moi empirique pour s'engager dans un mouvement de **personnalisation,** c'est-à-dire, essentiellement d'auto-création, en suivant par exemple « l'appel du héros et du saint » (Bergson*). Le personnalisme insiste sur la dimension « collégiale » de la personne qui, ayant pour vocation de mener une existence communautaire, pratiquera la communication avec autrui grâce à la « réciprocité des consciences » unies par l'amour.

➤ KANT, MOUNIER, PERSONNE.

PERSONNALITÉ

Au sens ordinaire, la personnalité est l'objet d'un jugement de valeur : tel individu a (ou non) une forte personnalité, ce qui désigne sa capacité à se distinguer de la moyenne par son énergie, son efficacité ou quelque autre qualité.

◆ Du point de vue psychologique, au contraire, tout homme a sa personnalité : il s'agit de l'ensemble structuré et structurant des caractères qui le distinguent des autres. On admet que la personnalité résulte d'une évolution dialectique où sont en jeu des dispositions innées (constitution héréditaire) et les acquis provenant de l'influence des milieux traversés et des réactions à cette influence. La personnalité peut être globalement appréciée par des tests* (comme celui de Rorschach).

◆ Certains anthropologues (Kardiner, Linton) nomment **personnalité de base** l'ensemble des attitudes et valeurs fondamentales que chaque individu intériorise nécessairement en provenance de son groupe culturel.

PERSONNE

Du latin *persona,* masque de théâtre, d'où personnage, c'est-à-dire rôle que l'on tient dans la société. Cependant la personne ne se confond pas avec le personnage car elle ne s'appréhende pas de l'extérieur : le personnage qu'autrui voit de moi est éventuellement (selon Sartre*) un objet plus ou moins néantisé, mais jamais il ne coïncide avec ce que je devine en moi comme mouvement d'auto-créa-

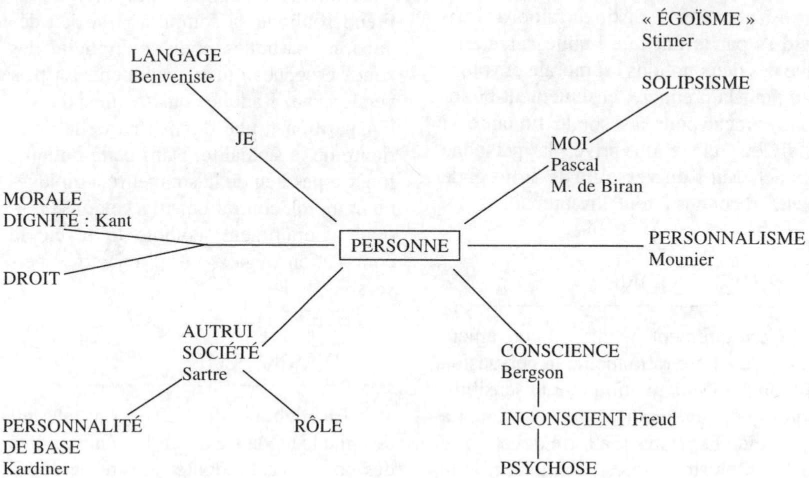

tion et de personnalisation. Il n'y a personne que là où se ressent une **intériorité.** Mais loin d'être acquise une fois pour toutes, elle est construite par un dynamisme interne qui ne cesse d'aller plus avant dans la recherche de l'authenticité. Ce à quoi la personne s'oppose le plus franchement est donc **l'objet,** le spécimen d'une série dont tous les éléments sont à peu près interchangeables.

◆ Comme l'a montré Marcel Mauss*, la notion de personne est l'objet d'une véritable élaboration historique. Elle apparaît à Rome comme forme **juridique :** par la suite, d'ailleurs, la pensée juridique distinguera la **personne physique,** celle d'un individu soumis à la loi et en bénéficiant, de la **personne morale,** être de raison ou sujet juridique représenté par un ou plusieurs individus (par exemple une société commerciale).

◆ La « personne » devient morale et métaphysique avec le christianisme ; le Moyen Âge, la Renaissance et même Descartes* ne considèrent encore dans l'âme que la faculté de penser. Il faut attendre le XVIIIe siècle pour en venir à concevoir une conscience individuelle dotée de liberté et respectable par les droits particuliers qui lui sont reconnus. Ainsi, Kant* oppose la dignité de la personne considérée comme **fin en soi** à la valeur relative et marchande de la chose qui n'est qu'un **moyen.**

La personne se distingue alors de **l'individu*** par le fait que l'unité caractéristique des deux notions est morale et volontaire pour la première, et seulement biologique et reçue pour la seconde. En outre, si l'individu relève du privé, la personne débouche sur **l'universalité** de droits et de valeurs reconnus à tout être humain.

PERSUASION

Contrairement à l'art de convaincre qui est de nature rationnelle, la persuasion fait appel à l'imagination et à la sensibilité du sujet pour emporter son adhésion. La maîtrise de la persuasion a été développée par les sophistes* grecs par l'usage de la **rhétorique,** qui est l'art de bien parler et de persuader par l'habileté du discours.

➤ CONVAINCRE.

PERVERSION

En psychopathologie : comportement anormal traduisant une anomalie pathologique des tendances, aussi bien physiologiques que morales ou affectives.

Plus précisément, la **psychanalyse** définit la perversion par rapport à la seule sexualité. Elle consiste dans ce cas à obtenir le plaisir sexuel avec des objets inhabituels (bestialité, pédophilie) ou dans certaines conditions qui paraissent aberrantes aux sujets « normaux » (fétichisme, voyeurisme, exhibitionnisme, sadomasochisme...).

◆ L'étude systématique des perversions commença indépendamment de Freud* avec les travaux de Krafft-Ebing et Havelock Ellis. Mais l'originalité de Freud consiste à montrer dans les perversions des variantes d'une vie sexuelle elle-même conçue comme non naturelle, beaucoup plus que des déviations par rapport à une norme.

Les perversions peuvent avoir pour origine la fixation ou la régression* de la libido du sujet sur un stade infantile : en définissant la sexualité infantile comme « disposition perverse polymorphe », Freud souligne sa soumission au jeu des pulsions partielles et la multiplicité des zones érogènes qui la sollicitent. La perversion chez l'adulte consiste ainsi dans la réapparition d'une donnée partielle antérieure de la sexualité. Dans cette optique, il n'y a pas lieu de la soumettre à un jugement moral, contrairement à ce qui se pratique couramment, comme le révèle la connotation négative de l'adjectif « pervers ».

PESSIMISME

En dehors du sens courant qui désigne la tendance à voir le mauvais côté des choses et à redouter le pire, le pessimisme est une doctrine selon laquelle les maux de l'existence l'emportent sur les biens : conception radicalisée par Schopenhauer* qui voit dans la souffrance la racine du vouloir-vivre, et en fait l'essence même du monde.

➤ LEIBNIZ, OPTIMISME.

PÉTITION DE PRINCIPE

Faute de raisonnement ou paralogisme* dénoncé par Aristote*, qui consiste à prendre pour point de départ d'une démonstration ce qu'il s'agit de prouver.

➤ CERCLE LOGIQUE.

PHÉNOMÈNE

(Du verbe grec signifiant apparaître.) C'est de façon générale ce qui apparaît, aussi bien aux sens qu'à la conscience. D'où : les données de l'expérience telles qu'elles peuvent être saisies par l'observation et l'expérimentation, et qui sont objets de sciences.

Kant* nomme phénomène tout « objet d'expérience possible », par opposition au noumène* : c'est alors l'aspect de la chose en soi qui correspond à notre appréhension sensible et s'intègre dans nos intuitions *a priori* de l'espace et du temps – en tant que tel il est susceptible d'être authentiquement connu.

Pour **Husserl*** et la description phénoménologique, le phénomène n'implique aucun arrière-monde : il est « vécu en quoi réside l'apparaître de l'objet ». C'est pourquoi « les phénomènes ne nous apparaissent pas, ils sont vécus ».

PHÉNOMÉNOLOGIE

Au sens général, étude descriptive d'un ensemble de phénomènes.

En philosophie moderne, mouvement philosophique inauguré par **Husserl*** pour fonder la philosophie comme une science rigoureuse, capable de fonder à son tour les sciences elles-mêmes dans leurs démarches spécifiques. Il s'agit de revenir « aux choses mêmes » afin d'en saisir les essences* au terme de la réduction eidétique*. L'*épochè* saisit complémentairement le moi transcendantal*.

◆ La phénoménologie a influencé divers auteurs (Sartre*, Merleau-Ponty*, Levinas*...) dans l'élaboration de leur propre système. Husserl toutefois ne voulait pas construire un système, mais seulement décrire ce qu'on peut voir en suivant une certaine méthode : cet éparpillement de la phénoménologie dans des philosophies différentes peut donc être considéré comme une trahison des intentions de son fondateur.

PHILOSOPHE

Terme dont la tradition attribue la paternité à Pythagore, qui aurait par modestie renoncé à se dire « sage » pour se contenter d'être « ami de la sagesse ». C'est en insistant sur l'aspect moral de cette « amitié » que Socrate* lui-même se déclarait philosophe.

◆ Jusqu'au XVIIIe siècle, le terme est synonyme de savant, au sens très général. Au XVIIIe siècle, il se particularise pour désigner celui qui ne reconnaît comme autorité que celle de la raison. Mais, au pluriel, « les philosophes » sont le groupe des écrivains (Voltaire, d'Alembert, Diderot, etc.) partisans des Lumières et plus ou moins hostiles aux institutions religieuses (au Moyen Âge, la même expression désignait les alchimistes).

◆ Sens non spécialisé : qui prend la vie en patience, ou du bon côté, ou qui se fait de l'existence une vague idée « personnelle ».

◆ Plus techniquement, synonyme de métaphysicien, en ce qu'il cherche les raisons premières des choses.

Sens technique le plus fréquent : celui qui pratique la philosophie – et qui la plupart du temps en écrit – en exerçant sa réflexion critique sur tous les problèmes concevables.

PHILOSOPHE MASQUÉ

Expression désignant Descartes, d'après une phrase écrite dans l'un de ses textes de jeunesse, où il souligne qu'il « s'avance masqué » *(larvatus prodeo).* Symbolise désormais tout ce qui touche aux « stratégies de la raison », parfois contrainte à employer des voies détournées pour triompher de l'irrationnel.

PHILOSOPHIA ANCILLA THEOLOGIAE

« La philosophie est la servante de la théologie. » Principe propre à la philosophie scolastique*, selon lequel le cheminement de la raison (la philosophie) est soumis à la logique et aux vérités de la théologie.

PHILOSOPHIA PERENNIS (PHILOSOPHIE PÉRENNE)

Expression désignant une conception de la philosophie qui la situe au-dessus des contingences humaines, des vicissitudes de l'histoire et des contraintes de la société. Cette conception de la philosophie pérenne, de l'étude des vérités intemporelles et historiques de la métaphysique, s'oppose à toutes les visions du philosophe engagé dans son temps et reflet de son époque.

PHILOSOPHIE, PHILOSOPHIE GÉNÉRALE, PHILOSOPHIE PREMIÈRE

◆ Dans ses sens non spécialisés, le mot **philosophie** peut être synonyme vague de sagesse, aussi bien modeste et résignée que témoignant d'un jugement équilibré à l'égard de toute chose, et désigner aussi une certaine vision du monde, mais non explicitée, et souvent peu explicitable.

◆ Historiquement, synonyme (depuis Aristote jusqu'au XVIIIe siècle) de science, au sens le plus général du mot. En français, l'expression **philosophie naturelle** a été employée en ce sens jusqu'au XIXe siècle.

◆ Au sens technique, système de réflexion critique sur les questions relatives à la connaissance et à l'action. Dans cette optique, la philosophie peut revenir sur ce que chaque science appréhende directement (par exemple : philosophie de l'histoire). L'étymologie (amour de la sagesse) ne doit pas induire en erreur : l'amour dont il est question est de l'ordre d'un désir ou d'une nostalgie, et la philosophie ne peut être confondue avec la sagesse*. On la caractérise en général par son attitude interrogative et non dogmatique, inaugurée par Socrate* ; mais on peut noter qu'à évoquer « la philosophie » de tel auteur, on vise cependant un ensemble d'affirmations ou de thèses. Ce qui revient à constater que la philosophie, pour être appréhendée dans toute son extension, doit être comprise comme au-delà de chaque philosophe qui en actualise momentanément une certaine « mort ». Ainsi la philosophie est-elle inséparable, comme l'a particulièrement souligné Hegel* (et même si c'était dans son cas pour en annoncer la fin), de son histoire.

◆ L'expression **philosophie générale** est approximativement synonyme de métaphysique*, et est utilisée depuis 1907 dans l'enseignement français pour désigner les problèmes relatifs à la connaissance, à Dieu, à l'âme, aux rapports entre la matière et la conscience, etc.

◆ Quant à la **philosophie première,** Aristote* (qui la qualifie plus précisément de « théologique ») l'oppose à la philosophie « seconde » ou « physique » en ce qu'elle s'intéresse aux premières causes et aux premiers principes (Dieu, les substances, les vérités éternelles...). L'expression se retrouve dans ce sens dans la scolastique et jusque chez Descartes*.

➤ MÉTAPHYSIQUE, PENSÉE.

PHRÉNOLOGIE

Théorie du médecin allemand F. J. Gall (1758-1828) d'après laquelle les fonctions du cerveau et leur localisation pourraient être étudiées par l'examen des saillies ou bosses du crâne où elles se traduisent. Aujourd'hui abandonnée, cette conception eut une certaine influence – notamment sur Auguste Comte*, qui voyait dans le repérage des localisations cérébrales* une des deux seules voies offertes à la psychologie (l'autre consistant à étudier l'influence du social sur la pensée) pour accéder à un statut scientifique.

PHYSIOLOGIE

Partie de la biologie ayant pour objet l'étude des fonctions des organismes vivants, végétaux et animaux. Elle se distingue de l'anatomie qui étudie la structure des organes. Déjà présente à l'intérieur de la médecine de l'Antiquité, elle n'acquiert de statut scientifique qu'au XIXe siècle, avec Cl. Bernard* qui, à partir de son examen, va fixer puis étendre à l'ensemble des sciences biologiques les règles de la méthode expérimentale.

PHYSIQUE

◆ L'adjectif désigne de façon générale ce qui concerne la nature. Plus spécialement, il désigne, par opposition à métaphysique*, ce qui appartient au monde phénoménal et peut être objet d'expérience. Par opposition à moral ou psychologique, il désigne ce qui appartient à la matière soit en ce qu'elle est contraire à la liberté de l'esprit en général, soit dans la mesure où le corps de l'individu est distinct de son esprit. Dans ce dernier cas, qualifie en particulier les phénomènes psychologiques qui concernent spécialement le corps (excitation, plaisir…).

Par opposition à mathématique, « physique » désigne ce qui concerne des corps réels.

◆ La physique fut d'abord (chez Aristote, mais aussi chez les stoïciens ou les épicuriens) l'étude philosophique de la **nature ;** à ce titre, c'est une des trois grandes parties de la philosophie, dont elle ne se distingue clairement, en tant que science des corps réels, qu'à la fin du XVIIIe siècle. Fréquemment jointe à la chimie pour former les « sciences physiques » ou « de la matière », par opposition aux sciences « naturelles » ou biologiques.

Avant l'apparition du terme sociologie* chez A. Comte, on parlait de « physique sociale » pour désigner l'étude des faits sociaux.

PIAGET

Jean Piaget, biologiste, psychologue et épistémologue, est né à Neuchâtel, en Suisse, en 1896. Fondateur de la **psychologie** et de l'**épistémologie génétiques,** il a enseigné dans les universités de Genève, Lausanne et Paris. Il est mort en 1980.

◆ La contribution de Piaget à la psychologie contemporaine est décisive. Il montre comment l'univers mental de l'individu **se construit** dialectiquement, dans un équilibre structural toujours remis en cause : l'intelligence façonne et assimile le monde qui, de son côté, par la résistance qu'il oppose, déclenche un processus d'accommodation, préparant ainsi un nouveau travail d'assimilation – et ainsi de suite. S'efforçant de retracer la genèse de ce qu'il appelle une « embryologie de la raison », il a le mérite (comme l'avait fait à sa façon Rousseau*) d'établir la **spécificité de l'enfant,** trop souvent considéré, à tort, comme un « petit adulte » ; il distingue ainsi plusieurs niveaux dans l'évolution psychologique, depuis le stade sensori-moteur jusqu'aux formes les plus élevées de la pensée logique, ce qui le conduit à étudier la **genèse de la pensée scientifique.**

◆ La pensée philosophique de Piaget n'apparaît que si l'on saisit la totalité de son œuvre, comme effort unique pour résoudre un problème initial : « La raison peut-elle évoluer dans sa structure même ? Y a-t-il fixité ou non des "catégories" de la pensée ? » Si elle appartient à la philosophie classique par sa problématique, la rationalité de son architecture et son usage critique de la réflexion, elle inaugure une démarche neuve : la réflexion n'y est plus productrice ni fondatrice des réponses, mais fait place, pour la découverte et la vérification des assertions, à des procédures de type expérimental. Par exemple, l'interrogation sur le principe d'identité* trouve sa traduction sous la forme : « Comment un sujet, en chair et en os, en vient-il à éprouver la nécessité de l'identité logique ? » – traduction qui rend possible l'observation scientifique de l'émergence de cette norme et de ses conséquences sur la conduite de la pensée.

Toute la « psychologie » de l'École de Genève ne constitue en droit que le moment où la réflexion confie à l'expérimentation la charge de décider entre diverses assertions possibles. Des recherches sur le temps ont été entreprises à l'instigation d'Einstein, inquiet de savoir si la genèse de cette notion confirmait notre vision galiléenne, qui fait de la vitesse une grandeur dérivée de l'espace et du temps, conçus comme primitifs et décrits par Kant* comme formes *a priori** de la sensibilité.

◆ La réflexion épistémologique et philosophique de Piaget s'exprime en des ouvrages collectifs (les trente-six tomes des *Études d'épistémologie génétique*) et en de nombreux textes personnels, dont la célèbre *Introduction à l'épistémologie génétique*.

Un certain nombre de thèmes regroupent les différents apports. D'une part, les sciences implicatives et les sciences explicatives ne peuvent être totalement disjointes, car expliquer, pour le sujet connaissant comme pour le « sujet épistémique » qui produit la science, revient à mettre en correspondance « l'ordre des raisons dans les choses avec l'ordre des implications dans la pensée ». D'autre part, le progrès de la pensée scientifique ne se fait pas par adjonction continue de nouveaux résultats mais par la construction de totalités de plus en plus intégratives, chacune représentant, au moment où elle paraît, une forme d'équilibre éventuellement précaire entre l'activité constructive du savant et une réalité que cette activité s'efforce de dégager. Enfin, l'ordre de la clarification des notions dans le développement de la science inverse l'ordre des constructions génétiques ; Piaget cite ainsi Aristote : « ce qui est premier dans la genèse est dernier dans l'analyse ».

Le constructivisme de Piaget écarte délibérément à la fois l'innéisme et le positivisme* dont il discute avec soin les formes les plus modernes, comme dans ses célèbres dialogues avec Noam Chomsky*.

Œuvres principales : *Le Langage et la pensée chez l'enfant* (1923) ; *La Représentation du monde chez l'enfant* (1926) ; *La Psychologie de l'intelligence* (1947) ; *Introduction à l'épistémologie génétique* (1950) ; *Sagesse et illusions de la philosophie* (1965) ; *Le Structuralisme* (1968) ; *L'Épistémologie génétique* (1970).

➤ ÉPISTÉMOLOGIE, ÉPISTÉMOLOGIE GÉNÉTIQUE, RAISON, STRUCTURALISME.

Pic de la Mirandole

(Giovanni della Mirandola, 1463-1494.) Savant italien, intellectuel d'une grande érudition, doué d'une mémoire prodigieuse, il conçut le projet de mettre fin aux querelles philosophiques en créant une œuvre qui démontrerait la vérité du christianisme conçu comme l'aboutissement et la synthèse des traditions culturelles de son époque. Ses thèses furent finalement condamnées par la Curie romaine. La hardiesse de sa pensée, ennemie de toute autorité, préfigure l'humanisme de la Renaissance.

Œuvres principales : *Les Neuf Cents Thèses* (1486) ; *Apologie* (1487) ; *Heptaplus ; De l'Être et de l'Unité ; De la dignité de l'homme* (1496).

PITIÉ

Sentiment de commisération en présence du malheur d'autrui.

◆ Rousseau*, qui définit la pitié comme « un sentiment naturel qui, modérant dans chaque individu l'activité de l'amour de soi-même, concourt à la conservation mutuelle de toute l'espèce », lui confère un statut philosophique : à l'état de nature*, elle tient lieu de lois et de vertu, constitue avec l'instinct de conservation le fondement de la vie morale et sociale, et répond à la maxime : « Fais ton bien avec le moindre mal d'autrui qu'il est possible. »

◆ Dans son Mémoire sur *Le Fondement de la morale* (1840), Schopenhauer*, après avoir dénoncé dans le système de Kant* l'influence inavouée de la théologie, réaffirmera à sa façon que « la pitié, étant le seul motif pur d'égoïsme, est aussi le seul vraiment moral... avec elle, il n'est pas besoin de casuistique* ».

PLAISIR

État affectif agréable d'ordre physique au sens strict et, en ce sens, synonyme de jouissance ou de volupté. Par extension, satisfaction morale où prédominent sur les éléments sensibles ou physiologiques des éléments d'ordre intellectuel ou spirituel.

Le plaisir – qu'il soit physique ou moral – est inséparable de l'exercice d'une tendance et comme tel, il est lié à la satisfaction d'un besoin puis d'un désir. Il est conçu négativement par certains : ainsi chez Platon* il est toujours plus ou moins associé à la douleur (« hydre bicéphale du plaisir et de la douleur »), tandis que le pessimisme* de Schopenhauer* le récuse en affirmant que la souffrance est la compagne de la vie. Toujours est-il que, si l'on excepte l'épicurisme, bien rares sont les doctrines qui font du plaisir – du moins physique – la recherche exclusive et le souverain bien.

➤ ARISTOTE, CYRÉNAÏQUES, DOULEUR, HÉDONISME.

PLAISIR (PRINCIPE DE)

Partiellement deviné par Fechner sous le nom de « principe de plaisir de l'action », et d'abord nommé par Freud* principe de déplaisir, il s'agit pour la théorie psychanalytique d'un des deux principes fondamentaux qui régissent le fonctionnement psychique, en ayant pour fin d'éviter le déplaisir et de procurer le plaisir par réduction des quantités d'excitation.

➤ PSYCHANALYSE.

PLATON

(428-348 av. J.-C.) Aristoclès, dit Platon à cause de sa large carrure, est le plus célèbre des philosophes grecs. Né à Athènes d'une famille aristocratique, le « divin Platon » – selon l'expression de ses commentateurs – est d'abord l'élève des sophistes* et de Cratyle, disciple d'Héraclite* avant de s'attacher à Socrate dès l'âge de vingt ans. Profondément marqué par l'injuste condamnation et la mort de son maître, Platon comprend que les États sont mal gouvernés et que, pour restaurer l'ordre et la justice, il convient de demander à la philosophie les fondements de la politique. Il entreprend alors un voyage en Égypte et en Grande Grèce (sud de l'Italie actuelle), où il rencontre les pythagoriciens*. Il va en Sicile près de Denys l'Ancien, tyran de Syracuse, dans l'espoir de faire de cette cité un État gouverné par la philosophie. Expérience malheureuse, au terme de laquelle il revient à Athènes pour y fonder son école dans les jardins d'Académos (d'où le nom d'Académie*). Après de nouvelles tentatives infructueuses à Syracuse auprès de Denys le Jeune, il passe à Athènes les dernières années de sa vie, entouré de ses disciples.

Créateur du **dialogue**, véritable drame philosophique, Platon y incarne souvent sa pensée dans le personnage de Socrate, si bien qu'il est assez difficile de distinguer la doctrine du disciple de celle de son maître, qui n'a rien écrit. La rédaction de ses vingt-huit dialogues s'étale sur une quarantaine d'années : des premiers, dits « socratiques », aux dialogues de la maturité et de la vieillesse, la figure de Socrate s'idéalise tandis que se précise la théorie des « Idées » et que des problèmes plus concrets sont abordés dans les derniers textes.

◆ La métaphysique platonicienne de l'être distingue deux mondes : le monde sensible, celui de la multiplicité où se succèdent générations et corruptions ; situé entre l'être et le non-être, il est source d'illusions (allégorie de la Caverne*) et sa réalité est d'emprunt car il ne trouve le principe de son existence que dans le monde véritable des **Idées** intelligibles, archétypes* dont les objets sensibles ne sont que d'imparfaites copies. Les choses n'existent que par imitation et participation, et leur existence est le résultat de l'opération effectuée par un démiurge, *ouvrier divin* qui a donné une forme à la matière, elle-même incréée et éternelle *(Timée)*.

Le monde intelligible est composé d'idées mathématiques (Cercle, Triangle) et d'idées « anhypothétiques » (Prudence, Justice, Beauté...) qui constituent entre elles un ordre harmonieux, un univers architectonique et hiérarchique grâce au principe unificateur de l'Idée suprême, « source de l'être et de l'essence des autres Idées », qui est celle du Bien.

◆ Comment dépasser le monde des apparences et accéder à la connaissance des Idées ? Dans le *Phèdre*, Platon explique la chute de l'âme humaine qui, après avoir vécu dans le monde d'« en haut », est tombée dans celui du sensible en s'unissant à un corps. Cependant, à la vue des choses sensibles, l'âme est capable de rentrer en elle-même pour retrouver, à la manière d'un souvenir oublié, l'essence intelligible contemplée lors de son existence antérieure : c'est la théorie de la **réminiscence***, particulièrement illustrée dans le *Ménon* par l'interrogation d'un jeune esclave qui, guidé par les questions et remarques de Socrate, parvient à « retrouver » en lui une loi de géométrie qu'il n'a pourtant jamais « apprise ».

L'art du dialogue et de la discussion, ou **dialectique***, permet ainsi à l'âme de s'élever des objets multiples et changeants au monde intelligible des Idées. Par cette dialectique ascendante, la pensée accède à la science en partant de l'opinion* qui est la connaissance vulgaire, faite d'imagination et de croyance et mélange de vérité et d'erreur. Les mathématiques, science pythagoricienne des nombres et des figures, sont une propédeutique, car lorsqu'on les étudie « pour connaître et non point pour faire du négoce », elles peuvent « ouvrir l'âme [...] à la contemplation de la vérité », le degré supérieur du savoir, au terme de l'ascension dialectique, étant la connaissance intuitive des *choses intelligibles*.

◆ L'homme – qui appartient à deux mondes – doit s'affranchir du corps et vivre selon la vie de l'esprit, dont la nature est d'être immortelle comme le suggère la théorie de la réminiscence et tendent à le prouver les arguments du *Phédon*. Pour ce faire, l'homme a pour vocation de vivre d'une manière aussi parfaite que possible. Or la connaissance du bien évite de faire le mal – car « nul n'est méchant volontairement » – et la vertu, qui entraîne le bonheur véritable, consiste fondamentalement à faire régner la justice, c'est-à-dire l'harmonie dans l'âme quand la sensibilité se subordonne au cœur, lui-même soumis à la sagesse de la raison. Sur le plan collectif, le but de l'État est de gouverner une cité elle-même hiérarchisée de telle sorte qu'il conduise les citoyens à la vertu.

Le communisme platonicien inspirera de nombreuses doctrines sociales et politiques depuis, notamment, les utopies de Thomas More* et de Campanella* jusqu'aux modernes doctrines socialistes qui subissent plus ou moins son influence. Plus généralement, Platon a exercé une action profonde sur l'ensemble de la pensée occidentale aussi bien dans le domaine de la théologie (juive, musulmane et chrétienne) que dans celui de la philosophie rationaliste dont il offre le premier grand modèle.

◆ ***Le Banquet***

Ce dialogue, composé vers 384 avant J.-C., montre que l'accès à la vérité peut se faire par d'autres voies que la seule intelligence : il existe aussi une sorte de réminiscence du « cœur », qui permet de passer de la beauté sensible à la beauté parfaite de l'idée intelligible.

Le poète Agathon donne chez lui un banquet pour fêter son premier succès théâtral. Les convives – dont Socrate – boivent, et chacun d'eux est invité à prononcer un discours en l'honneur du dieu Amour – notamment Aristophane qui développe le mythe de l'androgyne* initial. À partir de l'éloge de la beauté, Socrate, quant à lui, va essayer de cerner la nature de l'amour en évitant la rhétorique pour s'en tenir à la vérité. Rapportant les paroles de Diotime, prêtresse de Mantinée, il affirme que l'amour est un « démon », intermédiaire entre les hommes et les dieux ; fils de Pauvreté – car désir de ce qui manque – et de Richesse – car « brave, résolu, ardent...

plein de ressources » –, il cherche à posséder le bien et la félicité par des voies diverses, qui vont de la génération charnelle à l'activité la plus haute de l'esprit. Or la dialectique ascendante nous élève de l'amour des beaux corps à celui des belles âmes puis finalement à celui de la science. Désir d'immortalité et aspiration au Beau en soi, l'amour terrestre conduit à l'amour céleste. Tel est d'ailleurs le sens de l'amour dit « platonique », amour véritable selon la démarche du *Banquet*.

L'importance de ce dialogue – l'un des plus beaux – ne s'est pas démentie au cours des siècles à travers l'histoire de la philosophie : on en trouve, par exemple, un écho dans la doctrine chrétienne de saint Augustin* si, comme le pense cet auteur, tout amour signifie secrètement amour de Dieu.

◆ ***Phédon, ou De l'âme***

L'entretien se déroule dans la cellule où Socrate attend la mort. Comme il affirme qu'un vrai philosophe ne saurait craindre la mort, il est invité par les assistants à démontrer l'immortalité de l'âme. Quatre arguments sont développés.

Le premier s'appuie sur l'existence des contraires : dans le devenir permanent des choses, il semble qu'on ne puisse en connaître une (par exemple, le sommeil) qu'en prenant appui sur l'opposée (la veille) ; puisque « mourir » indique le passage de la vie à la mort, il est logique de penser que « renaître » signale inversement le passage de la mort à la vie. Si l'âme renaît, c'est que la métempsycose* est une réalité.

Le second argument tire parti de la connaissance des idées définie comme « souvenir ». Dans le monde sensible, nous pouvons être en présence d'objets beaux, mais non de la Beauté ; c'est pourtant à travers les premiers que nous appréhendons celle-ci, dont l'évocation renvoie nécessairement à un moment de vie extraterrestre au cours duquel notre âme a pu se trouver en contact direct avec sa pureté.

Troisième argument : tout ce qui existe peut être classé en deux catégories ; d'un côté ce qui est composé (donc, décomposable) appartient à la matière ; de l'autre ce qui est simple (donc indécomposable) participe de l'intelligible. Telle est l'âme.

Comme Cébès fait remarquer que Socrate a bien établi que l'âme peut passer d'un corps à un autre, mais non qu'elle est à proprement parler immortelle, Socrate lui répond par un long développement sur la théorie des Idées, au terme duquel il apparaît que l'âme est incompatible avec la mort parce qu'elle fait partie des éléments qui ne peuvent changer de nature.

La fin du dialogue est consacrée à une longue évocation de l'au-delà et du destin qu'y peuvent connaître les âmes : les plus parfaites s'élèvent vers un monde supérieur, les coupables stagnent dans les régions souterraines. Les dernières paroles de Socrate sont pour rappeler qu'il doit un coq à Asclépios – indiquant symboliquement par là qu'il convient de remercier le dieu de l'avoir libéré de la maladie de la vie.

◆ ***République, ou De la justice***

Dialogue en dix livres, écrit sur plusieurs années (entre 389 et 369), c'est le principal ouvrage de philosophie politique de Platon.

Socrate commence par évoquer la définition de la justice donnée par le poète Simonide : « dire la vérité et donner à chacun son dû » ; c'est pour en contester la pertinence, car on serait amené à nuire à ses ennemis, donc à les rendre plus méchants et encore plus injustes. Il écarte également la définition du sophiste* Thrasymaque, pour lequel le « juste » est ce qui profite au plus fort.

On en vient alors à examiner la nature de l'État juste – « l'homme en plus grand ». Fondé sur la communauté des biens et des femmes (les unions ne sont pas livrées aux caprices individuels, mais dictées par des considérations eugéniques), soumis à une saine pauvreté et donc ennemi du luxe, cet État idéal verra régner en son sein une harmonie qui sera l'expression d'un ordre hiérarchique et d'une séparation rigoureuse entre ses trois classes sociales constitutives – philosophes dirigeants, soldats, artisans – à l'image de l'équilibre qui doit régner entre les trois parties de l'âme individuelle. On notera que la classe inférieure échappe au collectivisme dans la mesure où elle n'en comprendrait pas la justification.

À la tête de l'État, il convient de placer

les meilleurs, d'où la nécessité d'une longue éducation qui leur permette d'accéder à la connaissance philosophique du Bien, qui répand la lumière du vrai à la manière du soleil illuminant les choses (allégorie de la Caverne).

L'injustice altère plus ou moins toutes les autres formes d'État : la timocratie (violence et ambition), l'oligarchie (soif de richesses), la démocratie (appétits sans frein et dictature de la foule) et enfin la tyrannie, le tyran étant lui-même esclave de ses passions et donc soumis à l'injustice.

La sanction de la justice se situe dans la vie future, ainsi que le décrit le mythe d'Er : après avoir subi le châtiment ou éprouvé la joie qu'elles méritent, les âmes se réincarnent, ayant perdu le souvenir de leur vie passée.

Liste des autres dialogues (dans la chronologie proposée par Robin et Moreau) : *Hippias majeur ; Hippias mineur ; Ion; Protagoras ; Apologie de Socrate ; Criton ; Alcibiade ; Charmidès ; Lachès ; Lysis ; Euthyphron ; Gorgias, Ménexène ; Ménon ; Euthydème ; Cratyle ; Phèdre ; Théétète ; Parménide ; Le Sophiste ; Le Politique ; Critias ; Philèbe ; Les Lois.*

➤ Académie, caverne, dialectique, idéalisme, néo-platonisme.

Plotin

(204-270.) Philosophe grec et principal représentant du néo-platonisme*. Sa formation s'effectue dans un milieu traversé par les influences orientales, et il suit pendant dix ans les leçons d'Ammonius Saccas, le fondateur du néo-platonisme à Alexandrie. Mais il connaît aussi les textes stoïciens ou gnostiques. C'est en 244 qu'il commence à enseigner à Rome, où il aura un succès considérable, rassemblant des disciples fidèles à ses cours. L'empereur Gallien envisagea même de construire pour lui une cité idéale : Platonopolis.

Son œuvre unique, les ***Ennéades,*** a été titrée et organisée (en six groupes de neuf livres) par son élève Porphyre à partir de cinquante-quatre traités initialement dispersés.

Plotin y affirme l'existence, par-delà le monde sensible, de trois hypostases* fondamentales :

◆ Il y a, au-dessus de tout et même de l'Être, l'**Un** lui-même – assez identique au Bien dans *République* – qui est le point de départ de la « procession » des deux autres hypostases : il les laisse émaner de sa propre surabondance. Cet Un parfait, au-dessus des vertus, ineffable, est le « proto-père », aussi bien non-être que sur-être.

◆ En second vient le ***Logos,*** l'Intellect, dont le principal caractère est de se connaître soi-même, d'être conscience de soi. En contradiction avec Platon*, Plotin affirme que les Idées, les intelligibles, ne lui sont pas supérieurs, ni même extérieurs. En fait, les Idées ne font qu'un avec l'Intellect, qui s'auto-découvre en les parcourant, étant radicalement « un-multiple ».

◆ La troisième hypostase est l'**Âme** qui, soucieuse d'action, « ne reste pas en repos » . Facteur d'harmonie, elle « n'a pas oublié les réalités d'en haut ». Mais d'un autre point de vue, parce qu'elle contient tous les corps et anime toutes les âmes d'un monde sensible lié au mal, elle est aussi audace.

L'âme individuelle, quant à elle, doit se remémorer sa « noble origine », c'est-à-dire son rapport initial à la troisième hypostase, pour ne pas s'égarer en vain dans le monde. Par un mouvement de conversion (et non de réminiscence comme chez Platon – avec lequel Plotin est là aussi en désaccord), elle peut, prenant appui sur sa participation à l'Âme du monde, triompher des passions et du corps (d'après Porphyre, Plotin « avait honte d'être dans un corps ») et faire en sorte que son versant « raisonnable » l'emporte sur le « déraisonnable ».

L'intelligence ne doit pas être conçue comme une partie de cette âme personnelle : elle est nôtre quand nous en faisons usage, sinon nous ne la possédons pas. Mais en faire usage, c'est-à-dire penser conformément à elle, c'est se trouver « transporté dans la région intelligible, et... attirant la meilleure partie de l'âme », jouir d'une pensée intuitive qui exclut la raison discursive.

Ainsi, tant que l'âme cherche à s'unir à

l'Âme universelle, elle exerce son pouvoir sur les choses. Mais si à l'inverse elle s'attache à un corps singulier par suite d'une fascination naturelle, elle s'y perd. Toutefois il lui reste possible de se purifier à travers des vies successives, puisqu'elle est immortelle, pour s'unir finalement à l'Un-Dieu. Une telle doctrine influencera fortement le mysticisme occidental (J. Boehme*, peut-être saint Augustin), mais aussi, de diverses façons, des philosophes comme Leibniz, Schopenhauer ou Bergson.

PLURALISME

Doctrine opposée au monisme* et même au dualisme*, selon laquelle les êtres qui constituent l'univers sont multiples, indépendants et irréductibles à une substance* unique. C'est le cas, notamment, de l'empirisme anglo-saxon : « Le pluralisme permet aux choses d'exister individuellement ou d'avoir chacune sa forme particulière » (W. James). Sur le plan sociologique, le pluralisme introduit la diversité des attitudes (politiques ou religieuses) au sein d'une collectivité.

PLUS-VALUE

Concept qui permet à **Marx** de préciser l'exploitation imposée au prolétaire par le propriétaire des moyens de production. Dans la mesure où ce dernier ne peut réaliser de bénéfices sur l'outillage ni sur les matières premières – mais seulement sur le travail fourni par l'ouvrier, la plus-value (ou selon la traduction proposée par J.-P. Lefèvre, « survaleur ») consistera en « travail prolongé ».

Le prolétaire est obligé, pour s'intégrer dans la société capitaliste-marchande, de vendre sa *force de travail* (seule marchandise dont il dispose). La valeur de celle-ci est déterminée par la valeur des produits nécessaires à sa reproduction (logement, nourriture et vêtements de l'ouvrier et de sa descendance) ; mais la force de travail a la particularité de pouvoir produire plus de valeur qu'elle n'en consomme. Aussi le contrat de travail prévoira-t-il un nombre d'heures de travail tel que l'ouvrier y produira davantage de valeur d'échange qu'il n'en récupérera sous la forme de son salaire. Ce surproduit, ou plus-value, bien que produit par l'ouvrier, lui échappe donc, et marque son exploitation.

Classiquement, la plus-value peut être augmentée soit par l'introduction de machines plus perfectionnées (qui produiront davantage de valeur pour un nombre d'heures inchangé), soit par un contrôle renforcé de la production individuelle (importance de l'encadrement), soit par une augmentation des cadences. On parle alors de plus-value relative.

Le seul moyen de mettre fin à la plus-value est, selon le marxisme, de remplacer la propriété privée par la propriété collective des moyens de production.

POÉTICO-NOÉMATIQUE

Expression qualifiant, dans la ligne de Heidegger, la spécificité des textes présocratiques, où s'unissent indissolublement la pensée et la forme poétique, de telle sorte que celle-ci n'y apparaît nullement superficielle, mais au contraire essentielle pour la constitution même du pensable.

Cette union est rompue par la philosophie (par exemple lorsque Platon cite des textes poétiques pour en donner une « explication » en prose) dans la mesure où le texte philosophique s'attache plus au contenu à transmettre qu'à la forme, tenue pour simplement littéraire.

Certains auteurs ont toutefois tenté de le retrouver : c'est notamment le cas de Nietzsche*, dans *Ainsi parlait Zarathoustra,* ou de Heidegger* lui-même (dans certains textes de *Chemins qui ne mènent nulle part*). Schiller (1759-1805), auteur des *Poèmes philosophiques,* se définissait comme un « produit hybride flottant entre le concept et la contemplation », et ajoutait : « Le poète me devance quand je veux philosopher, et l'esprit philosophique quand je veux versifier. »

POINCARÉ

(Henri, 1854-1912.) Mathématicien français. Son conventionnalisme signifie que les lois scientifiques n'expriment pas des vérités expérimentales mais seulement des définitions choisies arbitrairement. Substituant le critère de **commodité** à celui de la **vérité**. Poincaré prétend que le savant doit choisir librement, entre plusieurs théories possibles, celle qui permettra de classer et de prédire les phénomènes de la manière la plus commode et la plus « économique ».

ŒUVRE PRINCIPALE : *La Science et l'hypothèse* (1902).

➤ CONVENTION, DUHEM.

POLITIQUE

◆ Le sens étymologique (du grec *polis* : la cité) de l'adjectif, qualifiant ce qui concerne la vie collective d'un ensemble de citoyens, est aujourd'hui peu usité – sauf dans quelques expressions comme « économie politique ».

Plus généralement, l'adjectif vise ce qui touche au gouvernement et à l'État, par opposition aux autres formes de vie sociale (administration, justice, art, etc.).

La **philosophie politique** prend ainsi pour but l'analyse des différentes formes de pouvoir, des rapports entre ce dernier et les citoyens, des systèmes de gouvernement, ou, dans un sens plus restreint, la défense d'une conception particulière de l'histoire et de l'État (cas du marxisme).

◆ Le substantif féminin désigne la science ou l'art de gouverner (si l'on admet qu'une telle science existe), mais aussi l'action politique elle-même, lorsqu'elle vise en particulier la conquête du pouvoir. Le simple fait que, dans ce dernier cas, le mot soit souvent pris avec une nuance péjorative suffit à indiquer l'écart existant entre l'ensemble des citoyens et ses hommes politiques – souvent perçus comme des « spécialistes » simplement avides de pouvoir –, ce qui pose des problèmes (d'information, de participation, etc.) apparemment insolubles, en particulier aux démocraties.

➤ CITÉ, POUVOIR, SOUVERAIN, TECHNOCRATIE.

POLITZER

(Georges, 1903-1942.) Philosophe français d'origine hongroise. Marxiste, hostile au spiritualisme bergsonien et à la psychologie idéaliste (aussi bien expérimentale que d'introspection), il fut sensible à la psychanalyse, tout en jugeant trop « abstrait » le concept d'inconscient freudien. Il a essayé de mettre au point une psychologie « concrète », capable d'étudier l'homme dans ses relations avec le milieu, non seulement physique, mais aussi social.

ŒUVRES PRINCIPALES : *Le Bergsonisme, une mystification philosophique* (1926) ; *Critique des fondements de la psychologie* (1930).

POLYTHÉISME

Système religieux (ou philosophique) admettant l'existence de plusieurs dieux, éventuellement hiérarchisés.

POPPER

(Karl, 1902-1994.) Philosophe, logicien et épistémologue né à Vienne, il a fortement marqué la philosophie anglo-saxonne.

Extérieur au Cercle de Vienne réuni autour de Carnap qui entend unifier la science en examinant, avec la logique mathématique, les énoncés qui la constituent, Popper s'oppose dès la première version (1934) de *La Logique de la découverte scientifique* à la « philosophie analytique » (il sera même très hostile à Wittgenstein*). De son point de vue, la métaphysique n'a pas à être supprimée sous prétexte qu'elle ne serait constituée que d'énoncés « dénués de sens » ; c'est au contraire en s'appuyant sur des intuitions métaphysiques que peuvent apparaître les découvertes scientifiques, à la faveur de « conjectures » audacieuses. De plus, la science ne se repère pas à ses énoncés, mais à ses théories, et c'est la falsifiabilité* de ces dernières qu'il s'agit d'interroger.

◆ La première notoriété de Popper est toutefois due à ses prises de position politiques (sa *Logique de la découverte scientifique* ne sera traduite en anglais qu'en 1959, dans une version augmentée, et en français qu'en 1973). Avec *Misère de l'historicisme* (séminaire de 1936, publié en 1943 et 1945), il s'en prend en effet au marxisme, où il voit une pseudo-science.

Cette hostilité se confirme en 1945, dans *La Société ouverte et ses ennemis* : il y situe la pensée de Marx dans une tradition métaphysique favorisant le totalitarisme, dont l'origine remonte à la *République* de Platon et dont le sommet serait à trouver chez Hegel. L'ouvrage connaît un énorme succès en Angleterre et aux États-Unis, mais en France (où il n'est traduit qu'en 1979), il n'alerte que R. Aron*. L'expression « société ouverte », empruntée à Bergson*, correspond à une défense de la démocratie, réformable dans un esprit libéral par les effets de la discussion libre, et qui autorise chaque citoyen à se protéger de la tendance qu'a l'État à vouloir tout contrôler.

◆ Dans ses ouvrages ultérieurs, Popper se montre préoccupé par l'unification de ses recherches. Il envisage notamment la confirmation de sa conception des démarches scientifiques (qui procèdent par essais et erreurs) par la théorie de l'évolution, qui montrerait l'émergence progressive d'organismes capables d'anticipation. En 1977, il publie avec le neurophysiologiste J. Eccles *The Self and its Brain,* qui récuse le réductionnisme biologique, et assimile la conscience à une capacité de choix rationnel. Popper est en effet hostile à la psychanalyse, qui constitue au même titre que le marxisme un modèle de pseudo-science.

POSITIVISME

◆ Doctrine d'**A. Comte*** qui, reposant sur la loi des « trois états »*, ne déclare recevables que les vérités positives, c'est-à-dire scientifiques, à l'exclusion de toute investigation axée sur l'essence des choses (métaphysique).

Cinq sciences sont privilégiées à cause de leur caractère expérimental : l'astronomie, la physique, la chimie, la physiologie et la physique sociale (sociologie) qui, parvenues – dans cet ordre en raison de leur complexité croissante – à l'état positif, permettront d'aborder ensuite les réformes sociales. Mais la politique et la religion positivistes (religion de l'Humanité) que Comte croit pouvoir établir – à partir de sa rencontre avec Clotilde de Vaux – sont les parties les plus fragiles de la doctrine dont la cohérence initiale est alors mise en péril, comme l'estime Littré, qui quitte en 1852 la Société positiviste. Plus tard, Durkheim* et son école édifieront la sociologie sur des bases positives débarrassées du culte du Grand-Être.

◆ Plus généralement, le positivisme désigne les doctrines qui, renonçant à tout *a priori*, affirment le caractère inaccessible des « choses en soi » et n'admettent que des certitudes de type expérimental, c'est-à-dire des vérités scientifiques faites de relations et de lois.

L'esprit du positivisme a animé les recherches scientifiques de la fin du XIXe siècle, éveillé le goût pour l'histoire des sciences et inspiré l'épistémologie* naissante – bien que cette dernière, lorsqu'elle conteste la linéarité du progrès scientifique ou la valeur absolue attribuée à la science, cherche à s'en détacher depuis quelques décennies.

➤ CERCLE DE VIENNE.

POSSIBILITÉ, POSSIBLE

La possibilité est le caractère de ce qui peut être (ou être réel) ou ne pas être (ou ne pas être réel).

Le possible englobe donc :

– ce qui n'est pas en contradiction avec les lois de l'expérience ou de l'existence en général (possibilité **physique**) ;

– ce qui n'implique pas de contradiction (possibilité **logique,** qui ne préjuge pas de la réalité de l'objet en d'autres circonstances) ;

– ce qui n'est pas contraire à une loi (juridique, morale, sociologique...) ;

– ce qui est indécidable du point de

vue de celui qui parle (« il est possible que je me casse la jambe dans six mois ») ;

– ce qui est en puissance* et non en acte* (sens particulier aux commentateurs d'Aristote).

◆ En fait, cette multiplicité d'acceptions s'articule sur deux types de réflexion : soit qu'on étudie la possibilité du point de vue des probabilités, soit qu'on l'intègre dans du déjà connu par une déduction. De toute façon, la possibilité logique est plus facilement dominable que le possible comme éventualité floue.

POSTULAT, POSTULATS DE LA RAISON PRATIQUE

◆ Étymologiquement et pour les mathématiques classiques, un **postulat** est une proposition première que l'on demande d'admettre parce qu'elle n'est ni évidente (ce qui la différenciait de l'axiome*) ni démontrable. Exemple : le cinquième postulat d'Euclide (par un point pris hors d'une droite on ne peut mener à celle-ci qu'une parallèle et une seule). L'évolution des mathématiques et l'apparition des géométries non euclidiennes ont montré qu'en fait le postulat a la même fonction que l'axiome et c'est pourquoi on rassemble aujourd'hui les deux types d'énoncés dans une même axiomatique*.

La langue courante retient de l'ancienne acception une apparence d'arbitraire, et désigne comme postulat toute prise de position, plus ou moins implicite, sur laquelle s'appuie une argumentation à première vue discutable.

◆ Kant* dénomme **postulats de la raison pratique** les trois énoncés concernant l'existence de Dieu, l'immortalité de l'âme et la liberté qui, bien que non démontrables, sont nécessaires pour assurer le sens même de la loi et de l'existence morales *(Critique de la raison pratique)*.

POTLATCH

Échange* ritualisé pratiqué par certaines tribus du Nord-Ouest américain : par l'intermédiaire de leurs chefs ou de membres des castes supérieures, deux clans rivalisent en dons et contre-dons ruineux dans le seul but d'exhiber leur richesse et d'affirmer leur supériorité symbolique. Qualifié par M. Mauss* de « prestation totale », le potlatch a inspiré à G. Bataille* ses réflexions sur la nécessité de la dépense et l'**économie généralisée.**

POUR-SOI

C'est, de manière générale, le caractère de l'être ayant conscience de son existence. Mais Hegel* en précise le sens : le pour-soi est séparé de l'en-soi*, il s'y oppose par sa conscience d'être soi et en refuse toute influence sur son mode d'être.

Chez Sartre*, l'expression désigne avant tout la façon d'être du sujet humain, toujours en devenir et comme tel producteur du « rien par quoi il y a des choses » : sécrétant du néant, le pour-soi est incapable de se figer dans l'en-soi qui lui demeure impossible à atteindre.

POUVOIR

Le verbe est synonyme d'avoir la possibilité, le droit ou la permission.

Le substantif a un sens plus fort : à peu près synonyme de **puissance,** il désigne la capacité (en particulier légale ou morale) d'agir, ou l'exercice d'une autorité (qui, lorsqu'on évoque un pouvoir *personnel,* tend vers l'arbitraire). D'où, au sens concret, l'institution exerçant cette autorité. C'est pour concilier son poids avec la liberté des citoyens que Montesquieu énonce le principe de la **séparation des pouvoirs,** au terme duquel les pouvoirs législatif, exécutif et judiciaire doivent être soigneusement distingués.

PRAGMATISME

Le mot, d'abord employé par l'Américain Peirce, désigne une doctrine qui se développa à la fin du XIXe siècle et qui connut un grand succès aux États-Unis.

L'anti-intellectualisme, qui anime les

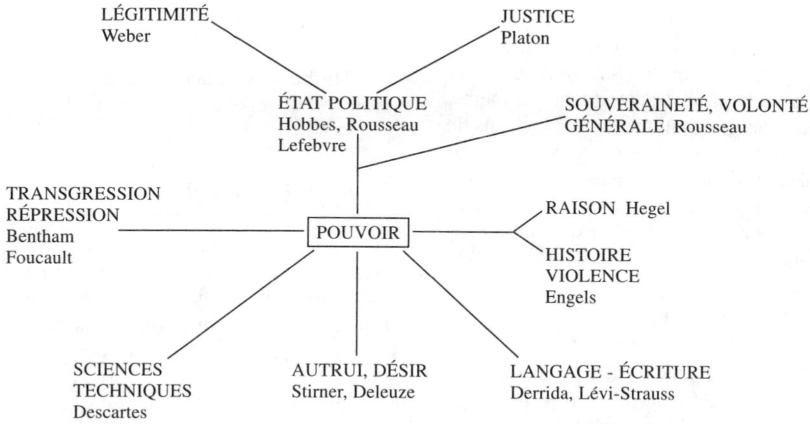

tenants du pragmatisme, s'inspire notamment de l'attitude de Nietzsche* pour lequel « il n'existe d'autre critère de la vérité que l'accroissement du sentiment de puissance ». Notons, en outre, que le pragmatisme est issu partiellement d'une conception positiviste* qui tient les théories scientifiques moins pour un progrès dans la connaissance de la nature des choses que pour des **énoncés commodes** permettant de coordonner des lois qui semblent éloignées les unes des autres.

◆ Selon les pragmatistes, le critère de la vérité réside dans la **valeur pratique,** dans le succès et l'efficacité. Ainsi, ce sont les applications pratiques qui font la vérité d'une loi, d'une théorie scientifique ; de même, c'est le pouvoir de réconfort dont elle est capable qui fait la vérité d'une religion. En un mot, ce sont « des idées qui paient » selon la formule du plus important des philosophes pragmatistes américains, W. James*, qui déclare par ailleurs : « Le vrai consiste simplement dans ce qui est avantageux pour notre pensée. »

D'où le caractère prospectif de la connaissance tournée vers l'action donc vers l'avenir, en opposition avec la conception rationaliste pour laquelle c'est l'utile qui dépend étroitement du vrai, conçu comme l'accord de la pensée et du réel.

➤ JAMES, NIETZSCHE, POSITIVISME.

PRATICO-INERTE

Qualifie dans la philosophie de Sartre* le résultat de l'objectivation du projet* humain dans les choses. Comme tel, le pratico-inerte entretient une relation dialectique avec la praxis* : il la fige, mais il n'existerait pas sans elle.

PRATIQUE, PRAXIS

◆ L'adjectif **pratique** qualifie de façon générale tout ce qui concerne l'action (plus spécialement morale), en particulier comme conséquence de connaissances acquises (« travaux pratiques ») ou d'un projet.

◆ Le substantif, qui définit chez Kant* la morale comme « ce qui est à faire », s'oppose classiquement à la théorie : il désigne alors l'exercice d'une action volontaire visant la mise en application d'une connaissance, d'une technique, d'une religion, etc. On peut, en un sens plus faible, y comprendre un simple savoir-faire dérivant d'une expérience répétée (« pratique médicale »).

Le **marxisme,** réfléchissant des relations dialectiques* entre la pratique et la théorie, utilise le terme de façon plus particulière pour évoquer le processus de transformation d'une matière par le travail humain dans un but déterminé.

◆ **Praxis** est un terme grec dérivé du

verbe *prattein,* agir. Pratique, ou ensemble de pratiques qui, chez Marx*, permettent à l'homme, par son travail, de transformer la nature en se transformant lui-même, dans une relation dialectique*. Dans le marxisme*, théorie et praxis sont inséparables : les vrais problèmes qui se posent à l'homme sont d'ordre pratique et toutes les théories trouvent leur explication dans la praxis humaine.

PRÉCISION

En épistémologie*, la précision qualifie ce qui est déterminé avec un degré connu d'approximation. Elle se distingue de l'exactitude qui, excluant toute approximation, ne convient qu'aux rapports mathématiques.

PRÉCONSCIENT

(Souvent noté Pcs.) Système de l'appareil psychique que **Freud** commence par situer entre le conscient et l'inconscient proprement dit dans la mesure où ses représentations ne sont pas présentes en permanence dans la conscience mais ont toujours la possibilité d'y entrer.

Le préconscient est ainsi constitué par du latent : connaissances acquises, souvenirs non actualisés, langage, etc. Comme tel, il est séparé de l'inconscient par la censure*, qui nécessite la transformation des contenus inconscients pour qu'ils accèdent au préconscient, et, de là, à la conscience.

PRÉDESTINATION

Conception théologique selon laquelle Dieu choisit par un libre décret et d'une manière élective de sauver l'homme indépendamment de ses mérites. Elle prend de l'importance à l'intérieur de doctrines où se manifeste le souci de défendre le principe de la grâce divine contre l'action des seuls mérites moraux. Tel est le cas de la tradition augustinienne et du jansénisme, ainsi que de la religion réformée, avec Calvin* notamment.

➤ AUGUSTIN, CALVIN, LIBERTÉ, LUTHER.

PRÉDICAT

Attribut d'un sujet* dans une proposition* ou un jugement*.

« PRÉLOGIQUE »

Néologisme inventé par Lévy-Bruhl* pour désigner la mentalité primitive, essentiellement mystique*, de ceux qui, étrangers à la civilisation occidentale, seraient imperméables à la logique et notamment insensibles au principe de non-contradiction. Par la suite, Lévy-Bruhl reconnut que la distinction entre « primitifs » et « civilisés » procède d'une différence qui affecte non pas la nature de leurs structures logiques mais leurs niveaux culturels respectifs.

➤ PARTICIPATION, PRIMITIF.

PREMIER

Dans son sens général : qui n'est précédé par rien. Outre le domaine strictement chronologique, l'adjectif est utilisé dans des contextes différents.

Est premier, en **psychologie,** le syncrétisme* qui correspond aux stades initiaux de la pensée enfantine.

En **ethnologie,** ce qui s'applique aux civilisations primitives ou mieux archaïques (les sociétés sans écriture).

En **logique mathématique,** ce qui est à l'origine d'une relation de principe à conséquence et qui la commande, par exemple les axiomes* mathématiques.

Du point de vue de la **théorie de la connaissance,** les notions ou vérités qui sont à la base de toute connaissance (les principes premiers de la raison).

Dans l'**ordre ontologique***, est premier ce qui a en soi-même sa raison d'être sans qu'on puisse remonter au-delà pour l'expliquer, par exemple la cause* première.

Enfin l'adjectif désigne en **morale** ou en **esthétique** ce qui est fondamental ou ce qui a la plus grande valeur.

PRÉMISSES

Principes d'un raisonnement.

➤ SYLLOGISME.

PRÉNOTION

Ce terme, utilisé par F. Bacon* pour désigner une idée encore imprécise qui permet à l'esprit d'orienter sa recherche dans la direction souhaitée, est employé par l'auteur dans une acception péjorative qui a finalement prévalu : « fantômes qui nous défigurent le véritable aspect des choses et que nous prenons pourtant pour les choses mêmes ». Issue de l'expérience superficielle, la prénotion est un préjugé, une idée toute faite, c'est-à-dire antérieure à toute réflexion. « Formées par la pratique et pour elle », les prénotions – comme le montre Durkheim* – peuvent avoir une finalité apparente ; mais constituées avant tout examen scientifique, elles représentent, par l'intermédiaire du langage courant, un « obstacle épistémologique* » (Bachelard) dont le savant doit se débarrasser.

➤ BACHELARD, BACON, DURKHEIM.

PRÉSENCE, PRÉSENT

◆ La **présence** caractérise ce qui se trouve à un endroit donné. Chez Plotin*, le terme désigne l'union de l'âme à l'Un dans l'extase : « La présence est meilleure que la science. » Dans la philosophie contemporaine le terme est utilisé pour définir la « réalité religieuse » sous la forme d'un sentiment ou bien ce qu'on appelle l'*Umwelt* ou « champ de présence » qui, pour chaque conscience, s'articule à celui des autres consciences pour constituer un univers commun.

La présence, conçue comme « présence intentionnelle », correspond chez Heidegger* au Dasein*, à « l'être-là » de l'homme en tant que réalité humaine singulière au sein d'un monde qu'elle projette et qu'elle explique du fait de son existence même.

◆ L'adjectif **présent,** par opposition à absent, se dit de tout ce qui est actuellement appréhendé par une conscience, ou, dans un sens voisin, de ce qui est immédiatement manifeste à l'esprit.

Appliqué au temps*, le substantif désigne le moment actuel situé entre le passé et le futur : au présent conçu comme une ligne idéale ou un instant ponctiforme qui, en tant que tel, n'a pas de réalité propre, on oppose le présent réellement vécu par une conscience dans son épaisseur de durée.

➤ BERGSON, INSTANT, PHÉNOMÉNOLOGIE, TEMPS.

PRÉSOCRATIQUES

Le mot doit être pris dans un sens purement chronologique, et non généalogique : datant des VIe et Ve siècles avant J.-C., les penseurs présocratiques sont simplement antérieurs à Socrate, mais ils n'annoncent en rien ses idées – bien au contraire. Il est d'ailleurs symptomatique que leurs systèmes s'élaborent à la périphérie du monde grec : en Asie Mineure et dans le sud de l'Italie.

◆ Longtemps occultés et falsifiés par les interprétations de Platon (qui reconnaît bien, dans son *Sophiste,* accomplir un véritable « parricide » à l'égard de Parménide) et d'Aristote (pour qui ils sont, au mieux, des « balbutiants »), ils n'ont été estimés qu'à partir de Hegel – et surtout depuis Nietzsche* et Heidegger*. Ce dernier, pour qui ils constituent des énigmes que nous devons scruter avec patience si nous voulons arriver à comprendre d'où nous venons, a en particulier montré que la forme fréquemment poétique de leurs textes – dont ne nous sont parvenus que des fragments rassemblés pour la première fois par Hermann Diels en 1903 – n'est aucunement accessoire, mais que le **« poético-noématique »*** constitue au contraire un mode particulièrement aigu de la pensée.

◆ On peut discuter de l'appartenance complète des présocratiques à la philosophie : si l'on exige, pour qu'existe cette dernière, une démarche purement rationnelle, alors ils n'en font en effet pas partie car leurs énoncés sont fréquemment indifférents à ce que nous nous sommes habitués à considérer comme des exigences logiques minimales. On ne trouve pas chez Héraclite, Parménide, Empédocle ou Anaximandre le souci constant de n'accorder qu'un seul sens à chaque mot, ni le refus de l'ambiguïté sous prétexte d'éviter ce qui apparaîtra à partir d'Aristote comme contradiction*. On rencontre en revanche dans leurs écrits, outre des énoncés concernant des problèmes inlassablement reposés depuis lors soit par la science (cosmogonie), soit par la philosophie elle-même (place de l'homme dans l'univers, nature de l'être et de la vérité, etc.), une assurance, un apparent « dogmatisme » qui s'oppose aux interrogations plus modestes de la méthode philosophique : c'est par la vigueur même de leurs affirmations que les présocratiques nous questionnent aujourd'hui, témoignant à leur façon du fond de mythes et de « savoirs » dont la philosophie, pour se constituer, a dû se détacher lors de son transfert dans l'Athènes de Socrate.

Éditions : *Les Penseurs grecs avant Socrate* (Garnier-Flammarion) ; *Les Présocratiques,* éd. J.-P. Dumont (Gallimard, « La Pléiade », et « Folio »).

➤ Anaxagore, Anaximandre, Empédocle, Héraclite, Parménide, Pythagore, Thalès.

PREUVE

Ce qui conduit de façon indubitable et, en droit, universellement convaincante, l'esprit à admettre la vérité d'une proposition (par la démonstration* logique ou mathématique) ou d'une loi (par la vérification expérimentale) .

Chez Kant*, la preuve s'applique au monde phénoménal, contrairement à la **démonstration** qui vise les noumènes*.

➤ absurde.

PRIMITIF

Qui est chronologiquement le plus ancien. Par suite, ce dont autre chose est dérivé (par exemple, le postulat* ou l'axiome, mais aussi bien le Cogito* dans la philosophie de Descartes*).

Qui présente, du point de vue qualitatif, un caractère affirmé de simplicité au moins relative.

◆ L'adjectif est utilisé en sociologie et ethnologie (éventuellement sous forme substantivée : **« les primitifs »**) comme synonyme d'archaïque ou de simple. On notera toutefois qu'il n'existe pas de **société primitive** au sens strict du terme, dans la mesure où toute société possède une culture complexe, où aucune ne représente l'état initial de l'humanité et où l'on ne peut affirmer que les sociétés dites « primitives » représentent un état antérieur de la société occidentale.

On peut cependant maintenir l'usage du terme pour désigner les sociétés sans écriture, dont les cultures apparaissent relativement les plus « simples », et indifférentes aux notions d'économie rationnelle ou de philosophie politique qui sont fondamentales pour les sociétés industrialisées.

◆ En **esthétique,** on nomme volontiers « arts primitifs » (au début du siècle « arts sauvages ») les arts des sociétés archaïques telles que définies ci-dessus. Mais l'adjectif s'applique aussi aux artistes qui précèdent le moment de maturité d'un style ou d'une technique ; plus particulièrement, en Europe, aux peintres et sculpteurs qui ont précédé la Renaissance.

➤ prélogique.

PRIMUM VIVERE, DEINDE PHILOSOPHARI

« Vivre d'abord, philosopher ensuite. »

Ce proverbe souligne que la réflexion philosophique ne peut s'instaurer qu'une fois acquis un minimum de certitudes matérielles permettant à l'homme de penser à autre chose qu'à sa simple survie.

PRINCIPE

Synonyme de commencement. D'où source ou cause, origine d'un effet (par exemple, Dieu comme principe du monde). Par extension, désigne ce qui contient les propriétés essentielles d'une chose (principes d'une constitution politique).

Du point de vue **logique :** proposition initiale d'une déduction, ne pouvant elle-même se déduire d'aucune autre. Synonyme de proposition première.

Désigne en **épistémologie** la proposition qui commande un secteur de la science (principe d'Archimède), toute une théorie (le principe de gravitation universelle) ou même toutes les sciences de la nature (principe de conservation de l'énergie).

Au **sens normatif,** règle ou norme d'action, éventuellement morale, énoncée en une formule simple.

On nomme généralement **principes logiques** les principes d'identité*, de contradiction* et du tiers exclu*.

➤ AXIOME, FONDEMENT, VITALISME.

PRISE DE CONSCIENCE

Acte de la conscience intellectuelle par lequel le sujet réalise la découverte de soi, c'est-à-dire se libère d'un comportement aveugle et irréfléchi – en dégageant les mobiles profonds et implicites qui en étaient la cause – pour lui substituer une conduite libre et rationnelle. La prise de conscience, inséparable de la réflexion philosophique, est distincte de la découverte scientifique du monde des objets.

En un autre sens, l'expression désigne, de nos jours, dans le domaine moral ou politique, la prise en compte d'une situation de fait dont il convient de tirer les conséquences.

PROBABILISME, PROBABILITÉ

◆ Intermédiaire entre le dogmatisme* et le scepticisme*, la doctrine **probabiliste** est professée dans l'Antiquité par les philosophes de la Nouvelle Académie* (Carnéade), qui affirment que l'esprit ne peut atteindre que des vérités plus ou moins probables.

Le probabilisme moral est illustré par la casuistique*, qui soutient que la conduite morale peut se contenter de reposer sur une opinion plausible.

Le probabilisme scientifique, en microphysique, remet en cause la validité des lois applicables seulement au domaine de la macrophysique, et leur substitue des relations d'incertitude liées au déterminisme statistique.

◆ La **probabilité** désigne en mathématiques le rapport du nombre de cas favorables au nombre total des événements (la probabilité de tirer une carte définie d'un jeu de trente-deux cartes est de 1/32e). En microphysique, les lois scientifiques ne sont que des lois de probabilité : elles n'ont qu'une valeur statistique.

PROBLÉMATIQUE

L'adjectif qualifie en logique un énoncé qui peut être vrai, mais que l'on n'affirme pas explicitement comme tel.

Le substantif désigne soit l'ensemble des problèmes qui spécifient le domaine d'une recherche scientifique ou d'un système philosophique, soit la façon dont on pose les problèmes que détermine une question philosophique.

PROCESSUS

(Du latin *procedere,* « s'avancer », « aller de l'avant ».) Le terme, utilisé au départ en chimie et en physiologie, désigne une succession de phénomènes ou d'événements formant un tout et donnant lieu à un résultat déterminé.

En psychanalyse, Freud* distingue le **processus primaire** qui caractérise le système inconscient régi par le principe de plaisir*, et le **processus secondaire** – qui recouvre progressivement le premier au cours de la vie –, celui du contrôle conscient soumis au principe de réalité*.

PROCHAIN

Dans le Nouveau Testament, le prochain ne désigne plus mon frère de sang ou celui qui appartient à un même groupe comme dans le judaïsme, mais tout homme qui s'approche de moi, même un ennemi. Ce qui compte, ce n'est plus le moi, mais l'autre.

L'éthique d'inspiration chrétienne se réfère au prochain, c'est-à-dire à une relation proche impliquant le contact personnel et l'expérience de la rencontre directe avec l'autre personne dans une perspective de fraternité.

La notion de prochain induit donc, d'abord, une morale de proximité, même si, par extension, tous les hommes sont nos semblables et membres de la famille humaine.

PRODUCTION

Désigne en économie classique l'une des trois fonctions principales de l'économie, aux côtés de la distribution et de la consommation.

Le terme acquiert une importance particulière avec Marx* puisque l'être humain se définit historiquement par la production de ses moyens d'existence, ce qui détermine l'importance de l'économique dans la constitution et la connaissance de la société.

PROFANE

Du latin *profanus,* en avant de l'enceinte consacrée, d'où profane, qui n'est pas ou plus sacré, donc qui n'a pas, ou a été dépouillé, de caractère religieux. Par extension, personne ignorante d'un savoir réservé aux seuls initiés.

◆ Dans la pensée de G. Bataille*, le monde profane est délimité par les interdits grâce auxquels l'homme diffère la violence de la nature ; c'est pourquoi il peut être consacré au travail régulier et laisse le champ libre à l'extension de la rationalité.

➤ SACRÉ.

PROGRÈS

(Du latin *progressus,* action d'avancer, accroissement.) Indépendamment de tout jugement de valeur*, il s'agit – en parlant du déplacement d'un mobile – de la diminution de la distance qui sépare ce mobile d'un point vers lequel il se dirige ; le progrès se réduit, dans ce cas, à une **progression ;** en ce sens on parlera, par exemple, d'une armée qui progresse sur le terrain. Par extension, c'est tout développement ou accroissement quantitatif (par exemple, le progrès de telle maladie).

Mais le plus souvent la notion s'entend en fonction d'une échelle des valeurs, le développement se faisant d'une manière positive dans le sens d'une amélioration, que le processus se fasse ou non selon des étapes déterminées, et qu'il vise une fin précise ou non. La notion s'applique alors au domaine de la connaissance, de la morale, de la politique, des arts, etc.

Dans l'absolu, le **progrès** désigne le mouvement en avant de la civilisation lié au progrès des sciences et des techniques. La croyance au Progrès, qui prend souvent l'allure d'un mythe*, risque constamment d'être démentie – même si elle s'appuie sur une philosophie de l'histoire* – dans la mesure où aucune liaison nécessaire n'est observée entre le progrès intellectuel et technique d'une part et le progrès moral et politique de l'autre.

➤ POSITIVISME.

PROJECTION

C'est, en psychologie générale, le fait, pour un sujet, de percevoir les objets extérieurs en les déformant en fonction de ses intérêts ou, plus globalement, de sa personnalité.

Les **tests projectifs** se fondent sur ce phénomène pour cerner les traits de la personnalité à travers les déformations et interprétations provoquées par des images soit « abstraites » (test de Rorschach), soit floues (test d'aperception thématique de Murray).

◆ La **psychanalyse** nomme plus précisément projection l'opération par laquelle le moi* déplace vers l'extérieur (choses ou personnes) des sentiments ou désirs qu'il méconnaît ou refuse en lui. Ce type de défense est particulièrement net dans la paranoïa* – mais il peut aussi se rencontrer chez des sujets « normaux » (donnant alors naissance, par exemple, à certaines formes de superstition).

PROJET

Ce terme ajoute à son sens ordinaire une signification ontologique* dans les **philosophies existentielles.** Pour Heidegger*, il désigne, dans le Dasein*, la capacité d'être sans cesse jeté-en-avant de lui-même et de vivre ainsi dans le souci. Sartre* y transcrit quelque chose de l'intentionalité* de Husserl : c'est l'individu humain lui-même, et pas seulement sa conscience, qui est tout entier projet, c'est-à-dire façon de répondre à la situation où il se trouve en lui donnant un sens.

L'**anthropologie** contemporaine retient au moins de ces analyses que le projet humain signale l'inscription spécifique de l'homme dans la temporalité.

➤ TRAVAIL.

PROLÉGOMÈNES

D'après l'étymologie grecque, c'est ce qui est dit auparavant : introduction ou exposé préliminaire avant le développement d'une théorie. Les *Prolégomènes* sont le début du titre d'un ouvrage de Kant* (1783) où l'auteur veut prouver l'impossibilité de « toute métaphysique future » qui pourra se présenter comme science.

PROPHÈTE

Selon l'acception commune actuelle, le prophète serait celui qui annonce ou prédit l'avenir. En fait, ce sens n'est ni premier ni le plus important. Au lieu de vouloir transcender le temps – à la manière du mage et du devin – en usant de son initiative personnelle ou en s'efforçant de maîtriser les lois du cosmos, le prophète est d'abord, selon sa racine grecque, celui qui parle au nom de Dieu. Élu de Dieu (prophètes d'Israël), il est avant tout un médiateur.

Le **prophétisme,** c'est-à-dire l'activité du prophète, qui consiste essentiellement à délivrer un message prophétique, se propose de réveiller une spiritualité capable d'animer l'expérience humaine et il s'appuie sur l'interprétation, voire la réinterprétation, selon les cas, d'une Révélation divine destinée à être communiquée aux hommes.

PROPOSITION

Au sens propre : énoncé verbal susceptible d'être qualifié de vrai ou faux, dont on peut considérer qu'il sous-entend un jugement* au moins virtuel.

On appelle *calcul des propositions* la partie de la logique qui traite des propositions et de leurs modes de composition de telle sorte que la valeur de vérité du composé soit immédiatement connue en tenant compte de celle des composants et de leurs relations.

PROPRIÉTÉ

Ce qui est propre, c'est-à-dire appartient à un individu ou à tous les individus d'une espèce.

En droit, se distingue de la **possession,** qui n'est qu'un état de fait : la propriété signifie au contraire le droit de posséder et de revendiquer la possession d'une chose.

◆ La philosophie politique perçoit dans l'existence de la propriété une des sources de l'inégalité entre les hommes, et la question de sa légitimation et de son organisation apparaît capitale pour les théoriciens de la démocratie (Rousseau*) ou du socialisme (cf. la fameuse formule de Proudhon : « La propriété, c'est le vol. »)

PROSPECTIVE

Du verbe latin *prospicere,* regarder devant soi. La prospective désigne, selon G. Berger, les recherches qui portent sur le devenir des sociétés. Plus précisément, elle consiste à organiser le présent en fonction de l'avenir, alors que la **prévision** détermine à l'avance – et sans référence explicite au présent – les événements du futur à partir de l'analyse du passé ou, en un autre sens, par le truchement des lois scientifiques : « savoir afin de prévoir pour pouvoir » (A. Comte*). La prospective est devenue une science humaine appliquée, particulièrement importante pour les économistes.

PROUDHON

(Pierre Joseph, 1809-1865.) Socialiste français. Typographe, puis journaliste de combat à Paris, cet autodidacte est le principal représentant français du socialisme libertaire dont l'influence demeure importante.

◆ La pensée de Proudhon, qui se veut « pratique et populaire », a pour objet la lutte pour la justice et l'égalité. Il convient de prolonger l'œuvre de la Révolution, qui s'est contentée de détruire la féodalité. L'organisation saine de la société commence par la résistance au capitalisme sauvage, qui implique la propriété privée. Proudhon entreprend une critique « scientifique » de la propriété et du système social de son époque. Il voit ainsi dans la « contrainte morale » de Malthus* – pour limiter les naissances – la conséquence du libéralisme économique qu'il condamne.

◆ Ennemi des contraintes imposées de l'extérieur, Proudhon défend la thèse de l'anarchie positive, refusant particulièrement les autorités transcendantes (État et Église). Pour la même raison, il s'élèvera contre le communisme étatique de Marx. L'absence de maître et de souverain ne conduit pas pour autant au désordre : la formule retenue repose sur le **fédéralisme** – avec décentralisation – et sur le **mutualisme,** association de travailleurs instruits et libres de leur destin.

Œuvres principales : *Qu'est-ce que la propriété ?* (1840) ; *De la création de l'ordre dans l'humanité* (1843) ; *Philosophie de la misère* (1846); *De la justice dans la révolution et dans l'Église* (1858) ; *La Guerre et la Paix* (1861) ; *Du principe fédératif* (1863).

➤ ANARCHISME, ÉTAT, MARXISME, PROPRIÉTÉ, RÉVOLUTION, SOCIALISME.

PROVIDENCE

(Du latin *providentia,* prévision.) Action que Dieu exerce sur le monde, non seulement par des interventions particulières (miracles) mais aussi par des lois stables qui déterminent le devenir de l'univers et de chaque créature, selon un plan et en vue d'une fin que conçoit la sagesse divine.

Le **providentialisme** est la doctrine qui, comme celle de Bossuet* dans *son Discours sur l'histoire universelle,* prétend tout expliquer dans l'univers par l'intervention de la Providence.

PRUDENCE

(Du latin *prudentia,* prévoyance et de *prudens,* sage.) Dès Platon*, le terme est synonyme de sagesse*, c'est-à-dire de savoir dirigeant l'action, et désigne l'une des quatre vertus* cardinales avec la tempérance, le courage et la justice*. Vertu intellectuelle, la prudence est, chez Aristote*, la capacité de juger avec discernement, l'habileté de l'homme vertueux qui sait mettre en œuvre les moyens propres à réaliser le bien.

➤ SAGESSE, VERTU.

PSYCHANALYSE

Discipline fondée par Freud* à partir de sa pratique thérapeutique, dans laquelle il distinguait lui-même trois niveaux :

1. Une technique d'investigation des divers phénomènes (paroles, gestes, rêves...) où peut s'effectuer une détermi-

FREUD (1856-1939)

RETOMBÉES EXTÉRIEURES À LA PSYCHANALYSE

Dès 1902, la « Société psychologique du mercredi » rassemble, chez Freud, quelques proches :

L. Jekels (1861-1954) ; W. Steckel (1868-1940), qui rompt en 1912 ; P. Federn (1871-1950) ; E. Hitschmann (1871-1958) ; H. Sachs (1881-1947) ; O. Rank (1884-1939), qui se sépare de Freud en 1924 ; A. Adler (1870-1937), qui rompt en 1911 .... « psychologie individuelle »

1908 : constitution de l'Association psychanalytique de Vienne.
1910 : constitution de l'Association psychanalytique internationale.

DISCIPLES MAJEURS

- **E. Bleuler** (1857-1939), édite avec Freud, de 1919 à 1916, le premier périodique psychanalytique.
- **C. G. Jung** (1875-1961) rompt en 1914 .... inconscient collectif et « psychologie des profondeurs »
- **O. Pfister** (1873-1956)
- **M. Eitington** (1881-1943), fonde, en 1920, la première clinique psychanalytique à Berlin ; fonde en 1933 la Société psychanalytique de Palestine.
- **E. Jones** (1879-1958), fondateur de la British Psycho-Analytical Society.
- **A. Brill** (1874-1948), fonde en 1921 l'Association psychanalytique de New York.
- **L. Binswanger** (1881-1966) .... psychanalyse existentielle
- **K. Abraham** (1877-1925), fonde en 1910 la Société psychanalytique de Berlin.
- **S. Ferenczi** (1873-1933), fonde en 1913 l'Association psychanalytique hongroise.
- **G. Groddeck** (1866-1934), rallié à Freud en 1917, à l'origine de la .... médecine psychosomatique
- **W. Reich** (1897-1957), adhère en 1920 à la Société psychanalytique de Vienne, exclu en 1934 de l'Association psychanalytique internationale .... freudo-marxisme

DIFFUSION INTERNATIONALE ET NOUVELLES ORIENTATIONS

ANGLETERRE

(influence majeure de Abraham et Ferenczi). Dès 1952, Anna Freud dirige la Hampstead Child-Therapy Clinic (recherches en psychanalyse des enfants)

↓

M. Klein (1882-1960)

↙ **H. Segal** ↘ **D. Winnicott** (1896-1971)

ÉTATS-UNIS

École de Chicago (sous l'influence de A. Freud) :
- H. Hartmann
- Lewenstein (Egopsychology)

Courant culturaliste :
- E. Fromm
- K. Horney
- A. Kardiner
- Hors école : Th. Szasz

Freudo-marxisme :
- H. Marcuse

FRANCE

Initiateurs : R. Laforgue ; Saussure ; Marie Bonaparte (1882-1962)

1953
Société française de psychanalyse

1963
Éclatement de la Société française : trois courants principaux :
- S. Nacht (1901-1977) et la Société psychanalytique de Paris (R. Diatkine, S. Lebovici, B. Grunberger)
- l'Association psychanalytique de France (D. Lagache, J. Laplanche, J.-B. Pontalis, D. Anzieu)
- J. Lacan (1901-1981) et dès 1964 l'École freudienne de Paris, qu'il dissout en 1980.

Bibliographie : R. Jaccard, *Histoire de la psychanalyse* (Hachette).
E. Roudinesco, *Histoire de la psychanalyse en France* (Éd. du Seuil).

nation par l'**inconscient** du sujet. Cette technique, qui s'appuie principalement sur les libres associations* que peut produire le sujet lui-même (ce qui garantit la validité de l'interprétation), révèle les structures du psychisme inconscient ; elle peut s'étendre à des domaines (littérature, expressions artistiques) dans lesquels on ne dispose pas de libres associations.

2. Une méthode psychothérapique, fondée sur cette investigation, qui vise une guérison définie par le retour, dans la conscience, de ce qui était refoulé dans l'inconscient (cf. transfert). « Psychanalyse » (ou « analyse ») est alors synonyme de **cure psychanalytique.**

3. Un ensemble de **théories** psychologiques et psychopathologiques qui réunit les principales données théoriques apportées par les méthodes d'investigation et de thérapie. On admet en général que ces apports théoriques – qui ont fortement ébranlé la psychologie classique – concernent l'existence de l'inconscient lui-même, celle d'une sexualité* infantile, la distinction du principe de plaisir* et du principe de réalité*, et, plus radicalement, le principe que le comportement humain dans son ensemble relève d'une herméneutique*.

◆ C'est en particulier par ce dernier aspect que la psychanalyse concerne la philosophie, dans la mesure où elle peut s'intéresser, comme cette dernière, aux différents aspects de l'existence humaine et se propose de les expliquer – qu'il s'agisse de la religion, de l'art, de l'affectivité ou de la morale. Mais on notera que la psychanalyse ne saurait être confondue avec une philosophie (Freud se méfiait des philosophes) ni *a fortiori* avec la philosophie.

Du vivant même de Freud, la psychanalyse a connu ses dissidences (cf. Adler, Jung) ; longtemps tournée en dérision en France (on lui reprochait en particulier l'importance attribuée à la sexualité), mais vulgarisée aux États-Unis jusqu'à n'être rien de mieux qu'une technique d'adaptation aux exigences sociales (ce qui a provoqué le « retour à Freud » prôné par Lacan*), son originalité ne peut, semble-t-il, être maintenue que par un refus de l'institutionnalisation.

➤ COMPLEXE, ŒDIPE, REFOULEMENT.

PSYCHIATRIE

Branche de la médecine qui examine et traite les variétés de ce que l'on appelait autrefois l'« aliénation mentale », notion qui sera progressivement remplacée par celle de maladies mentales.

L'originalité de la psychiatrie procède du fait que son champ d'analyse porte sur les troubles tant du comportement que de l'expérience vécue du malade. L'observation de ces troubles a permis de déterminer des syndromes (corrélations stables entre les symptômes) correspondant à la physionomie clinique ainsi dégagée de chaque type de maladie.

Les limites, voire les relatifs échecs thérapeutiques de la psychiatrie en tant que spécialité médicale, ainsi que l'idéologie qu'elle véhicule (souvent à son insu) allaient déclencher un mouvement de réflexion contestatrice connu sous le nom d'antipsychiatrie.

➤ ANTIPSYCHIATRIE, PSYCHOPATHOLOGIE.

PSYCHISME

Ensemble des phénomènes mentaux d'un individu. Se substituant peu à peu aux termes d'âme et d'esprit, le psychisme est devenu l'objet d'une approche scientifique dont celle de Freud nous offre un exemple particulièrement significatif, avec sa distinction – devenue classique – entre faits psychiques conscients et inconscients.

PSYCHOLOGIE

Discipline étudiant les faits psychiques et leurs lois. Le terme s'utilise dans ce sens depuis le XVIIIe siècle (Wolff). Classiquement confondue avec la seule description des faits conscients au moyen de l'introspection*, la psychologie ne s'affirme comme « science », indépendante de la philosophie et objective, que dans la seconde moitié du XIXe siècle. Ce mouvement se confirme avec la mise au point progressive des différentes méthodes quantitatives et des tests*, et la constitution de diverses théories (behaviorisme, théorie de la Forme) – cependant que la découverte de l'inconscient* par la psychanalyse* pose la question de la continuité (ou non) entre l'objet de la psychologie générale et celui de la psychanalyse.

◆ Georges Canguilhem a souligné dans *Qu'est-ce que la psychologie ?* (1952) que l'unité de la psychologie reste problématique du double point de vue des méthodes et des objets. Ainsi, ce qui est matériau d'observation pour la psychologie expérimentale, par exemple les phénomènes psychopathologiques, devient un but pour la psychologie clinique ; en revanche, la « psychologie animale » demeure entièrement du côté expérimental.

Le fait que les principaux courants de la psychologie renvoient à des origines philosophiques inavouées (Aristote, Descartes, Maine de Biran) permet de reprocher à la psychologie son syncrétisme, en même temps que la confusion qu'elle effectue entre différents systèmes normatifs, comme celui du médecin, du juge, voire du confesseur. En revanche, lorsque aucune référence philosophique n'est décelable (c'est notamment le cas pour la psychologie appliquée à l'orientation – qu'elle soit scolaire ou industrielle), il apparaît que la psychologie sous-entend une conception « instrumentaliste » de l'être humain, dont le moins qu'on puisse dire est qu'elle n'est pas idéologiquement neutre.

PSYCHOMÉTRIE, PSYCHOPHYSIQUE, PSYCHOTECHNIQUE

◆ La **psychométrie** est l'ensemble des procédés de mesure destinés, en psychologie expérimentale, à établir l'intensité, la durée, la fréquence, etc., des faits psychiques. Les techniques de laboratoire utilisées sont généralement des tests* étalonnés qui permettent au psychotechnicien de déterminer, par exemple, le quotient intellectuel.

◆ Créée par Fechner, la **psychophysique** est l'étude expérimentale des rapports de l'esprit et du corps. En pratique, cette étude s'est limitée à celle des relations entre l'intensité d'un stimulus et la sensation qui en dépend.

◆ Psychologie appliquée qui, à l'aide des données de la psychophysiologie et de la psychologie expérimentale, étudie le comportement et les aptitudes de l'individu devant une tâche à accomplir, la **psychotechnique** utilise des procédés scientifiques de nature généralement psychométrique, et sert essentiellement à orienter et à sélectionner les individus dans la vie professionnelle.

PSYCHOPATHOLOGIE, PSYCHOTHÉRAPIE

◆ La discipline psychologique et médicale qui étudie les maladies mentales est appelée **psychopathologie.** Elle a pour objet de les décrire et de les classer ainsi que de préciser leur mécanisme et leur évolution. Les observations qu'elle élabore peuvent éventuellement présenter un grand intérêt pour la connaissance du psychisme normal* lui-même.

◆ La **psychothérapie** est une thérapeutique destinée à traiter les troubles psychiques – névroses et affections psychosomatiques – par des moyens psychologiques, à la différence de la psychiatrie* proprement dite. Les procédés utilisés sont principalement l'entretien, la suggestion ou la psychanalyse*, qui est une psychothérapie en profondeur. Il existe aussi une psychothérapie de groupe avec le psychodrame et le sociodrame.

➤ PSYCHIATRIE.

PSYCHOSE

Contrairement à la névrose*, la psychose implique une désorganisation grave de la personnalité : cet état pathologique enferme le malade dans un univers qui ne communique pratiquement plus avec celui des autres. Le psychotique est fréquemment délirant ou autistique, mais il n'a pas conscience de son anormalité.

Bien que la question soit toujours débattue, certains théoriciens admettent que toute psychose dépendrait d'une origine organique.

Freud reconnaissait l'impuissance de la psychanalyse à traiter de tels états, provenant selon lui de l'emprise du ça* sur le principe de réalité, le moi* élaborant un monde conforme aux seuls désirs de l'inconscient.

PUISSANCE

La notion comporte des acceptions courantes diverses et elle est fréquemment synonyme, selon les contextes, de faculté, de possibilité, de pouvoir ou de force.

◆ En **métaphysique,** chez Aristote*, la puissance s'oppose à l'acte* et désigne l'être en devenir ou à l'état virtuel* : **puissance active** de l'être qui se développe comme le vivant, par exemple, qui passe de l'enfance à l'âge adulte ; **puissance passive** désignant la possibilité – parmi d'autres – qui s'offre au devenir d'un être (par exemple, celle d'un bloc de marbre de devenir telle statue). En outre, la notion signifie force active, causalité efficace, pouvoir d'agir.

◆ Cette dernière signification se retrouve en **théologie** (puissance de Dieu) et dans le domaine politique avec l'idée de souveraineté, de pouvoir politique et d'autorité liée à l'exercice de ce pouvoir.

PULSION

En **psychanalyse,** processus dynamique orientant (par une *poussée*) l'organisme vers un but. La pulsion a sa source dans une excitation corporelle, qui détermine un état de tension ; elle est donc d'origine somatique ; son but consiste à supprimer l'état de tension qui la caractérise et il implique la rencontre d'un objet qui puisse la satisfaire.

◆ Chez Freud*, la théorie des pulsions reste toujours dualiste : dès le début de ses travaux, il oppose la pulsion sexuelle aux pulsions d'autoconservation (la faim, par exemple). Ultérieurement, l'opposition se fera entre **pulsions de vie** (ou *Éros,* où se rassemblent libido et pulsions d'autoconservation) et **pulsions de mort** (ou *Thanatos,* tournées d'abord vers l'intérieur et l'autodestruction, puis vers l'extérieur et se manifestant comme pulsion agressive ou de destruction) qui tendent à la réduction complète des tensions, c'est-à-dire à ramener l'être vivant vers un état inorganique.

➤ AGRESSIVITÉ, ÉROS ET THANATOS, LIBIDO.

PUR

Au sens ordinaire, qualifie ce qui est sans mélange (aussi bien un corps chimique que le plaisir, totalement indemne de peine), les sciences indépendamment de leurs applications ou une faculté mentale isolable des autres.

Kant* utilise l'adjectif pour qualifier la Raison lorsqu'elle n'emprunte rien à l'expérience. C'est dans le même sens qu'il repère les intuitions pures de l'espace et du temps.

PYRRHON, PYRRHONISME

(Philosophe grec, né v. 340 av. J.-C.) Figure majeure du scepticisme, Pyrrhon fut peut-être amené à affirmer la nécessité du doute* à cause des luttes qui divisaient les disciples de Platon et ceux d'Aristote. Il semble n'avoir rien écrit, mais a néanmoins exercé une grande influence.

◆ En affirmant que l'abstention du jugement (ou *épochè*) est la seule conduite possible, il s'oppose à la fois aux dogmatiques et aux sceptiques antérieurs. Cette *épochè*, qui lui interdit de nier comme ses prédécesseurs la possibilité de la vérité, épargne toutefois la conscience puisqu'elle ne peut se mettre elle-même en question. Elle aboutit dans la pratique à une indifférence totale envers toutes les opinions aussi bien qu'à l'égard des circonstances du quotidien. On nomme en conséquence **pyrrhonisme** toute forme de scepticisme plus ou moins prononcé.

➤ SCEPTICISME.

PYTHAGORE

(582-500 av. J.-C.) Philosophe et mathématicien grec, né à Samos (Asie Mineure). Ayant émigré à Crotone (Italie du Sud), il y fonde une communauté religieuse et donne un enseignement de caractère initiatique.

◆ Pythagore est essentiellement le philosophe de l'**âme** – immortelle et d'essence divine – conçue comme la vraie substance, radicalement distincte d'un corps périssable où elle se réincarne successivement pour subir le châtiment de ses fautes. La pratique de la vertu, considérée comme une purification, délivre l'âme de cette « roue des naissances » (cf. la première partie du *Phédon* de Platon). Elle est inséparable de la science que Pythagore nomme – pour la première fois – **philosophie**, et qui trouve son achèvement dans la connaissance de l'harmonie gouvernant l'univers, dont l'expression est le nombre, capable de rendre toutes choses intelligibles.

◆ Pythagore ramène, en fait, toute réalité au nombre – ce que semble justifier l'ordre qui règne dans l'immuable révolution des astres : il fonde d'ailleurs la science du nombre, découvre, outre le théorème qui porte son nom, la table de multiplication et le système décimal, et fait de l'arithmétique une discipline théorique. Quant au monde « sublunaire » des choses périssables, partiellement soumis au désordre, il contredit l'harmonie des nombres et recèle de l'irrationnel, bien que continue d'y briller la flamme immortelle de l'âme toujours en mouvement.

Le pythagorisme représente le premier effort philosophique pour pénétrer le monde de l'esprit, au-delà du sensible, et il revit, non seulement dans le platonisme, mais aussi chez ceux qui, tel Descartes, veulent soumettre l'univers à la loi du nombre mathématique.

➤ ÂME, IRRATIONNEL, NOMBRE, PLATON, VERTU.

Q

QUALITATIF, QUALITÉ

◆ Le **qualitatif** concerne la qualité. Du point de vue de la psychologie génétique, la **connaissance qualitative** précède la connaissance conceptuelle puis scientifique. Le qualitatif, qui caractérise notamment les différents aspects psychologiques de la sensibilité, s'oppose au domaine de la quantité, échappe à la mesure et même à la science comme le soutient Bergson*.

Cependant, comme le remarquent déjà les sophistes* de l'Antiquité, la détermination qualitative n'est pas complètement étrangère à la quantité et à la mesure ; par exemple, combien de gouttes de colorant faut-il pour qu'un liquide ait telle couleur ?... La pensée pythagoricienne reprise par Platon* introduit la notion de **mesure qualitative** (l'octave, en musique). On sait par ailleurs qu'au-delà d'une dimension-limite une réalité donnée se modifie qualitativement en changeant de nature ou de manière d'être : ce passage de la quantité à la qualité est particulièrement souligné dans la dialectique* hégélienne et marxiste.

◆ Dans son acception la plus courante – mais la moins philosophique – le terme **qualité** désigne soit la fonction sociale, soit la valeur en général (une œuvre de qualité) et en particulier, la valeur morale.

La qualité est, chez Aristote*, une des dix catégories* fondamentales de la pensée, en tant que manière d'être d'une réalité (blanc, noir, chaud, froid, etc.). Elle varie en intensité, mais, n'étant pas mesurable, elle s'oppose à la quantité*. Elle devient chez Kant* une des catégories de l'entendement*.

◆ On entend par **qualité sensible** les propriétés sensibles de la perception (sons, couleurs, odeurs, etc.), données élémentaires à partir desquelles – selon les empiristes* – s'élabore la connaissance.

On distingue (Descartes*, Locke*) les **qualités premières** des **qualités secondes :** les premières, sans lesquelles le monde des corps serait inconcevable, sont l'étendue, le mouvement, l'impénétrabilité ; leur action sur nos sens produit les qualités secondes (couleurs, odeurs, etc.) qui – subjectives – ne sont pas constitutives des choses.

QUANTIFICATION, QUANTITÉ

◆ La **quantification** est, au sens général, l'attribution à une chose d'une certaine quantité mesurable.

En **logique,** Hamilton a proposé, sous le nom de **quantification des prédicats***, de formuler explicitement la quantité des prédicats de façon que la copule « est » (classiquement irréversible) devienne symétrique – c'est par exemple ce qui a lieu lorsqu'on énonce : « Quelques oiseaux sont (tous) les moineaux. »

◆ En **logique,** on nomme **quantité** d'un terme ou d'une proposition le fait que ce terme ou le sujet de la proposition est pris dans toute son extension* (universel) ou dans une partie seulement de celle-ci (particulier).

Mais la quantité, au sens général, est l'une des catégories fondamentales de la pensée, considérant la grandeur en tant que mesurable et indépendamment de toute appréciation qualitative : c'est ainsi qu'Aristote* la range au nombre de ses dix catégories et que pour Kant* également elle sera une catégorie de l'entendement.

➤ CATÉGORIE.

QUELCONQUE

En logique, un élément d'une classe est dit quelconque soit qu'il possède les mêmes propriétés que tout autre élément de cette classe, soit – en un sens relatif – qu'il ne se singularise pas par rapport à l'ordre de choses qui le concerne. Ainsi, dans le premier cas, un caractère qui appartient à un mammifère quelconque appartient aussi à l'homme, alors que dans le second, l'homme n'est pas un mammifère quelconque.

QUESTION

Ce qui est mis en discussion ou en interrogation. Si l'on admet avec Platon que la philosophie est « fille de l'étonnement », la question correspond à sa démarche fondamentale, explicitement revendiquée à l'âge moderne par des penseurs comme Heidegger ou Michel Serres.

QUIDDITÉ

Terme qui, dans la philosophie scolastique*, répond à la question *quid ?* Qu'est-ce que c'est ? Il correspond à la définition aristotélicienne de l'essence et ne concerne pas le problème de l'existence. La **quiddité spécifique** désigne les caractères de l'espèce.

QUIÉTISME

Du latin *quies,* quiétude ou repos complet, le quiétisme est une forme de mysticisme* chrétien qui désigne la totale passivité de l'âme heureuse d'être unie à Dieu et transformée par Lui et en Lui.

Cette théorie – soutenue au XVIIe siècle par Mme Guyon et Fénelon – aboutit notamment à la suppression de la responsabilité par refus de toute initiative individuelle. Elle a été condamnée par l'Église catholique dès 1687.

QUINE

(Willard Van Arman, né en 1908.) Logicien et philosophe américain. Il s'inscrit au début des années 30 dans la tradition du positivisme logique, mais il s'en distingue par son intérêt pour l'ontologie, et par une conception particulière de l'application de la logique à la connaissance de la réalité. Pour lui, la bonne philosophie est celle « qui explore les traits fondamentaux du réel », d'où son indifférence à Husserl* ou à Sartre*, et son hostilité à ce qui se réclame des pratiques de « déconstruction » inspirées de Derrida*.

S'affirmant empiriste, Quine se sépare à la fois de l'empirisme* classique et de sa version moderne, dont il conteste la distinction entre vérités analytiques* et vérités synthétiques ainsi que l'analyse de la signification au niveau des propositions isolées.

À ses yeux, la signification d'un énoncé est toujours en relation avec un contexte, et aucun savoir ne peut se constituer par la simple juxtaposition de propositions isolées ou « atomiques ».

Dans cette optique, c'est la notion même d'expérience qui demande à être redéfinie : elle serait à comprendre en termes de comportement, et non comme simple apport de données indépendantes de l'esprit – d'où l'intérêt porté par Quine aux recherches sur le mécanisme physiologique de la vision et aux développements de la psycholinguistique. Pas plus que l'apport de l'expérience, la signification d'un mot n'est isolable d'une situation globale, en l'occurrence constituée par l'approbation, au moins implicite, de la

communauté linguistique qui accorde au terme prononcé sa portée et son efficacité.

QUINTESSENCE

Cinquième essence* ou substance éthérée (constitutive du ciel) que certains auteurs, notamment Aristote*, ajoutaient aux quatre éléments d'Empédocle* (terre, eau, air, feu). Au Moyen Âge, le terme prend des significations variées : par exemple chez Paracelse (1493-1541) l'homme est considéré comme la quintessence, c'est-à-dire le microcosme ou le modèle de l'organisme universel. Cependant, d'une manière générale, prévaut l'idée d'essence la plus pure.

QUOTIENT INTELLECTUEL

(Souvent écrit en abrégé Q.I.) Indication quantifiée de l'intelligence, obtenue en divisant l'**âge mental** du sujet (tel qu'on peut l'apprécier par les questions d'un test, en particulier du Binet-Simon) par son âge réel, le résultat étant multiplié par cent pour éviter les décimales. L'intelligence « normale » correspond ainsi à un Q.I. de 100 ; si ce dernier est compris entre 70 et 55, on diagnostique un cas de débilité, inférieur à 50, un cas d'imbécillité, inférieur à 20, un cas d'idiotie.

R

RACE, RACISME

◆ On appelle **race** l'ensemble des caractères héréditaires communs (morphologiques, anatomiques, etc.) qui, au sein d'une espèce, distinguent une variété particulière.

La notion est scientifiquement moins applicable à l'homme qu'aux autres espèces animales. Certes, à partir de certains critères (couleur de la peau, type de chevelure, répartition des groupes sanguins) on peut distinguer trois races principales donnant lieu elles-mêmes à des races locales dues à l'isolement géographique prolongé, mais la notion de **race pure** est **illusoire** du fait des croisements. La notion culturelle d'**ethnie** convient mieux pour désigner des caractéristiques différentielles dont l'origine est à chercher dans le milieu physique et le milieu social.

◆ Le **racisme** repose sur la croyance en une inégalité des races humaines, la race étant généralement confondue ici avec la notion d'ethnie ou de communauté de culture, et en une perversité morale liée à l'infériorité raciale. Les idées racistes cherchèrent au XIXe siècle une caution scientifique, surtout avec Gobineau, écrivain français. Mais c'est principalement en Allemagne qu'elles trouvèrent un terrain favorable, sous le régime nazi. Loin d'exprimer une vérité objective, le racisme s'appuie sur des différences biologiques d'autant plus illusoires que le concept de race s'applique mal aux hommes. Les rationalisations qui accompagnent l'attitude raciste masquent, en fait, des motivations peu avouables et ne sont que la justification d'une agressivité incoercible associée le plus souvent à la peur de l'Autre.

➤ ETHNOCENTRISME.

RAISON

(Du latin *ratio,* calcul, compte.) Signe distinctif de l'humanité (Aristote* définit l'homme comme un animal raisonnable), la raison est d'abord l'aptitude à calculer et à présenter des justifications relatives à l'exactitude de ce qui est calculé.

◆ Faculté de **bien juger,** « de discerner le bien et le mal, le vrai et le faux », la raison est chez **Descartes*** – qui la nomme aussi **bon sens** – « naturellement égale en tous les hommes » ; menacée par ses ennemies naturelles que sont la passion et la folie, elle doit se méfier des pièges que lui tend l'affectivité confortée par l'imagination.

◆ Faculté de **raisonner,** c'est-à-dire de se développer discursivement en combinant les concepts et les propositions selon les règles logiques du raisonnement, elle peut devenir aussi un instrument de **justification** quand elle se dégrade et repose sur des bases incertaines.

◆ Faculté des **principes***, la raison se réfère aux structures de la pensée en tant que celle-ci s'appuie sur des principes directeurs qui permettent une mise en ordre du donné de l'expérience. Kant* la définit comme « l'ensemble des principes qui président à la connaissance dont la vérité ne dépend pas de l'expérience ».

Les expressions *« raison constituante »* et *« raison constituée »* (Lalande) se rapportent aux exigences permanentes d'un esprit rationnel engendrant un corps de principes qui, bien qu'opérationnels à une époque donnée, ne sont pas pour autant intangibles.

◆ Le devenir de la science prouve l'historicité de la raison, avec l'apparition, au XXe siècle, d'un « nouvel esprit scientifique » (Bachelard*) en réaction contre les principes qui fondent la géométrie d'Euclide* et la physique de Newton*.

À ces motifs relevant de l'épistémologie*, il est habituel d'en ajouter d'autres, fournis par l'anthropologie, qui montrent la coexistence, à un moment de l'histoire, de mentalités différentes selon les cultures – ou même à l'intérieur d'une même culture, sinon d'un même individu : on en vient ainsi à penser la raison, non plus en terme d'universalité selon une conception statique, mais d'un point de vue dynamique, comme l'ensemble des règles qui assurent, dans un ensemble culturel donné (historique ou géographique), la compréhension commune et l'intercommunicabilité.

➤ ENTENDEMENT, RATIONALISME, SCIENTIFIQUE (ESPRIT).

RAISON D'ÉTAT

Principe invoqué par une nation ou un État pour se justifier lorsqu'il doit violer des règles morales pour parvenir à ses fins ou assurer son intégrité.

RAISON SUFFISANTE

Le principe de raison suffisante est lié à l'optimisme leibnizien selon lequel rien n'arrive sans raison : il serait toujours possible à celui qui en saurait assez de « rendre une raison qui suffise pour déterminer pourquoi il en est ainsi et non pas autrement ». Un tel postulat est totalement étranger à l'existentialisme, qui fait, au contraire, de l'angoisse devant l'absurdité le fondement de son approche.

RAISONNABLE

Doué de raison. Une tradition philosophique qui va d'Aristote* aux cartésiens définit l'homme comme un animal raisonnable, c'est-à-dire, capable de « bien juger et de discerner le vrai d'avec le faux » (Descartes*).

Plus précisément, le raisonnable s'applique au domaine de l'action (morale) – et le **rationnel*** à celui de la connaissance – pour qualifier une conduite sage ou un homme qui agit conformément au bon sens*.

RAISONNEMENT

Opération de la pensée qui, partant d'une ou plusieurs propositions admises (prémisses), aboutit à établir la vérité, la fausseté ou la probabilité de leur conclusion.

Le raisonnement est semblable à l'inférence*, mais il est en général plus développé.

➤ ABSURDE, DÉDUCTION, DÉMONSTRATION, HYPOTHÉTICO-DÉDUCTIF, INDUCTION, SYLLOGISME.

RANK

(Otto Rosenfeld, dit O. Rank, 1884-1939.) Psychanalyste autrichien qui s'opposa à Freud* dès 1923 dans *Le Traumatisme de la naissance.* Il s'installe à New York en 1934 et, naturalisé américain, il va adapter la psychanalyse aux besoins de la société industrielle, admettant que, au cours d'une cure raccourcie, la volonté du patient doit intervenir et installer une confiance active à l'égard de l'idée de guérison.

En déplaçant l'origine des névroses de la sexualité sur le moment de la naissance, Rank se trouve à l'origine de courants thérapeutiques américains plus récents – mais aussi de plus en plus éloignés de la théorie freudienne stricte.

Œuvres principales : *Le Mythe de la naissance du héros* (1909) ; *Le Traumatisme de la naissance* (1924) ; *L'Art et l'artiste* (1930) ; *Don Juan et le double* (1932).

➤ PSYCHANALYSE, TRAUMATISME (DE LA NAISSANCE).

RAPPORT

Terme de sens vague qui recouvre pourtant une des opérations fondamentales de l'esprit : lien de deux ou plusieurs objets qu'embrasse un même acte de la pensée, en particulier lorsqu'ils sont unis par une même catégorie.

➤ RELATION.

RASOIR D'OCKHAM

Appellation donnée au principe d'économie de la pensée soutenu par le nominaliste Guillaume d'Ockham (1270-1347) : « Il ne faut pas multiplier les êtres sans nécessité » – ce qui signifie que les essences* ne sont que des entités inutiles et illusoires, la connaissance ne s'élaborant qu'à partir de l'expérience et de la logique.

RATIONALISME

Peut nommer toute doctrine qui affirme, du point de vue métaphysique, qu'il n'existe rien sans raison d'être, et donc que rien n'est inintelligible en droit.

◆ Le rationalisme fait procéder la connaissance de principes *a priori**. On distingue dans ce cas entre un **rationalisme absolu** (Platon, Descartes*) ne laissant pratiquement aucune place à l'expérience, et le **rationalisme critique** de Kant*, selon lequel aux *a priori* de la raison correspond une expérience qu'ils prédéfinissent et organisent.

Pour le rationalisme, la pensée rationnelle est capable d'atteindre la vérité absolue dans la mesure où ses lois sont également celles auxquelles obéit le réel. C'est la position, notamment, de Hegel* (« Tout ce qui est rationnel est réel et tout ce qui est réel est rationnel »).

Le rationalisme contemporain, s'il abandonne l'idée de l'absolu, maintient pour la raison la possibilité d'atteindre le réel, notamment par la connaissance élaborée scientifiquement. Mais il s'agit volontiers d'un rationalisme **ouvert** ou **dialectique** (G. Bachelard*) qui tient compte de l'évolution historique de la raison elle-même.

◆ Dans le vocabulaire de la **théologie,** le terme est souvent péjoratif : il désigne alors l'attitude qui ne veut admettre des dogmes religieux que ce qui est compatible avec les exigences de la raison ou « lumière naturelle », et se défie de toute révélation.

RATIONNEL

Qui appartient à la nature de la raison ou lui est conforme.

Qui procède par des opérations relevant de la seule raison, indépendamment du recours à l'expérience (par exemple : les mathématiques comme sciences rationnelles).

RAWLS

(John, né en 1921.) Philosophe américain. C'est avec sa *Théorie de la justice* (1971) qu'il provoque des débats et s'attire des critiques de tous horizons.

◆ Pour remplacer l'utilitarisme*, qu'il repère comme fondement constant de la pensée politique anglo-saxonne, Rawls élabore une hypothèse proprement philosophique (ce qu'il nomme la « position originelle », dont la fonction est assez comparable à celle de l'état de nature tel qu'il intervient chez Rousseau*) et élabore un concept de la **« justice comme équité »,** capable de guider la pratique et les choix, notamment politiques.

Si l'on considère un groupe de personnes devant choisir les principes de répartition des biens et avantages fondamentaux à distribuer dans une éventuelle société, on doit admettre que, en raison de leur ignorance quant à leur futur statut personnel, elles ne peuvent chercher à favoriser qui que ce soit. C'est pourquoi leur accord ne pourrait se faire que sur deux principes : chacun doit bénéficier d'un droit égal au système le plus étendu de « libertés de base » équivalentes pour tous et qui soit compatible avec le même sytème pour tous les autres. Il apparaît ainsi que la **liberté** est le bien fondamental, qui ne peut être sacrifié en aucun cas. Le second principe concerne l'organisation de **nécessaires inégalités,** aussi bien sociales qu'économiques : elle doit être faite « à l'avantage de chacun », et concerner des positions et fonctions « ouvertes à tous ».

L'inégalité est ainsi tolérable, à condition d'être avantageuse globalement (elle stimule par exemple l'activité économique). Surtout, elle doit être accompagnée par une **égalité confirmée des chances,** et elle doit pouvoir profiter, au moins virtuellement, aux moins favorisés.

L'égalité démocratique se définit ainsi par les principes de liberté, d'égalité des chances, et de différence - posée comme possibilité initiale. Du point de vue de Rawls, une telle conception évite les écueils du simple libéralisme, qui supporte un accroissement des inégalités, du marxisme, qui sacrifie des libertés et de l'utilitarisme, capable de violer des droits individuels sous prétexte d'augmenter le bien-être collectif.

◆ L'exigence morale (comparable au projet kantien d'universalité) à l'œuvre dans *Théorie de la justice* ouvre ensuite, avec *Libéralisme politique*, sur une tentative réaliste d'application des points acquis en fonction du **« pluralisme »** (de valeurs et de choix, organisés en différentes « doctrines compréhensives ») qui existe dans toute société constituée démocratiquement. Le libéralisme politique admet que les oppositions entre les différents points de vue, philosophiques, politiques ou religieux, constituent un bien pour la démocratie, et qu'il s'agit de rechercher un « consensus par recoupement » pour élaborer une conception politique (et non métaphysique) de la justice qui puisse être admise par tous les points de vue sans qu'aucun doive renoncer à ce qui le différencie des autres.

C'est donc par la discussion rationnelle que doivent être repérées des **« idées communes »**, ultérieurement traduites dans des institutions. Cette confiance accordée à une raison se révélant dans le **débat,** et capable de faire passer ce qui est juste pour tous avant ce qui est bien pour moi, a relancé les débats, dans la mesure où Rawls s'y montre soucieux de ne pas sembler incarner une simple légitimation de l'« État-providence » ou, à l'opposé, du libéralisme économique. Elle rejoint les préoccupations d'Habermas*, et les deux philosophes cosignent un *Débat sur la justice politique* qui montre, indépendamment de ce qui les sépare, combien la réflexion sur la justice reste complexe, qui touche à tous les secteurs de la philosophie.

RÉALISME

◆ Désigne globalement, en métaphysique, toute doctrine affirmant l'existence de l'être indépendamment de la connaissance que peut en prendre la pensée.

On nomme ainsi **réalisme ontologique** la thèse platonicienne selon laquelle les idées sont plus réelles que les choses sensibles, qui n'en constituent que des copies dégradées.

Au Moyen Âge, cette forme particulière d'idéalisme* aboutit au **réalisme des Universaux***, admettant qu'il demeure hors de l'esprit quelque chose correspondant aux concepts* universels.

Le **réalisme critique** de Kant* affirmera l'existence (connaissable *a posteriori**) des objets dans l'espace et dans le temps, indépendamment de l'esprit humain pour lequel ils prennent l'aspect de phénomènes*.

◆ En **mathématiques,** on nomme également réalisme la thèse d'après laquelle les objets et relations sont, non pas créés, mais simplement découverts par le mathématicien (Hermitte, Russell*).

◆ En **esthétique,** la doctrine réaliste, particulièrement vigoureuse au XIXe siècle mais qui constitue peut-être une tentation quasi permanente pour l'art (au moins occidental) affirme que l'œuvre doit n'être qu'une représentation fidèle de la réalité, sans l'enjoliver ni en dissimuler aucun aspect, même les moins séduisants.

NOMINALISME, SURRÉALISME.

RÉALISME SOCIALISTE

Doctrine esthétique qui fut dominante en Union soviétique dès les dernières années de Lénine*, puis sous Staline, et enfin dans les démocraties populaires et en Chine.

Pour son théoricien, Jdanov, l'œuvre d'art doit être au service du « peuple » et de l'idéologie* officielle : elle ne doit donc illustrer que les aspects « positifs » du socialisme et de la société, en ayant une fonction pédagogique et enthousiasmante ; sa portée critique ne s'exercera qu'aux dépens des « ennemis de classe ».

Critiqué par Trotski*, le réalisme socialiste aboutit à des œuvres stylistiquement conformistes, dénuées de toute invention et finalement aux antipodes du réel puisqu'elles l'évoquent, non comme il est, mais comme il devrait être. Dans la mesure où le contenu y prend le pas sur toute recherche formelle, rien ne distingue d'ailleurs de telles œuvres de celles que favorisèrent les régimes fascistes.

RÉALITÉ, RÉEL

(Du latin *res,* la chose.) L'adjectif « réel » concerne les choses et qualifie ce qui est donné, ce qui existe effectivement. En conséquence, il s'oppose d'une part à ce qui est **apparent** et **illusoire** et, d'autre part, à ce qui est **abstrait,** conceptuel ou intelligible dans la mesure où il requiert une existence de fait fournie par l'expérience.

En **logique,** il s'oppose au **possible*** comme au **nécessaire***. On distingue la simple définition nominale de la **définition réelle** qui intéresse la chose elle-même en la décomposant en ses éléments constitutifs.

◆ Le substantif s'emploie dans l'expression « fonction (ou sens) du réel », qui est la faculté non seulement de percevoir correctement mais de s'adapter à la réalité perçue. En opposition avec cette fonction qui est confortée par les souvenirs, « instruite par le passé », Bachelard* distingue la **fonction de l'irréel** ou fonction de l'imaginaire, tout aussi positive que la première, grâce à la puissance de l'image poétique qui nous ouvre sur l'avenir.

◆ La réalité ou ensemble des choses qui existent donne lieu à des **jugements de réalité** qui portent sur des faits observables ou sur des rapports entre les faits.

Mais il existe des **niveaux de réalité.** Ce qui s'impose aux sens peut être conçu comme ayant moins de réalité métaphysique que ce qui s'impose à l'esprit : ainsi pour Descartes*, l'idée dans l'esprit a plus de réalité que le corps matériel existant ; ou encore, la réalité phénoménale n'est que **relative** par rapport à la réalité **absolue** mais inconnaissable des choses en soi (Kant*).

RÉALITÉ (PRINCIPE DE)

Énoncé par Freud* à partir de 1911, son action modifie, dans le fonctionnement psychique, celle du principe de plaisir* en régulant la recherche des satisfactions sur les exigences du milieu social ; il concerne ainsi essentiellement l'ensemble préconscient-conscient.

RÉCIPROQUE

Qualifie une relation entre deux termes ou deux objets lorsqu'elle s'effectue dans les deux sens (de A vers B et de B vers A).

La réciprocité des actions entre l'infrastructure* et les superstructures* distingue le matérialisme dialectique* du matérialisme mécaniste ou primaire.

➤ DIALECTIQUE.

RÉCURRENCE

Caractère de ce qui se répète plus ou moins périodiquement, ou de ce qui revient sur soi comme c'est souvent le cas par exemple dans les sciences sociales, où la connaissance d'un fait peut modifier celui-ci.

On parle en mathématiques de la **démonstration par récurrence :** il s'agit d'établir un théorème pour $n = 1$, et de montrer que s'il est vrai de $n - 1$, il est vrai de n ; on en conclut alors qu'il est vrai pour tous les nombres entiers. Cette démarche implique une certaine généralisation, dans laquelle H. Poincaré voyait le moyen, pour le raisonnement mathématique, d'échapper à la stricte déduction* et donc à la tautologie*. Goblot a cependant montré qu'une telle démonstration, si sa conclusion semble bien pratiquer une induction*, inclut malgré tout une déduction.

RÉDUCTION

Transformation d'une donnée (en particulier logique) en une forme plus utilisable ou plus simple.

La réduction à l'absurde désigne particulièrement le raisonnement qui rejette une proposition en montrant qu'elle entraîne une conséquence fausse.

RÉDUCTION EIDÉTIQUE

Chez Husserl*, opération visant l'essence pure des objets par élimination des éléments empiriques du donné. Husserl emploie le terme *épochè* (suspension) pour désigner cette « mise entre parenthèses » de tout jugement (aussi bien scientifique que naïf) sur les objets.

➤ HUSSERL, PHÉNOMÉNOLOGIE.

RÉFLEXE

Réaction automatique de l'organisme à une excitation (par exemple, un choc sur la rotule provoque l'extension de la jambe). Les expériences de Pavlov* ont montré la possibilité de substituer un stimulus artificiel au stimulus originel.

RÉFLEXION

Retour de la pensée sur elle-même, en particulier pour développer davantage ses analyses. Peut ainsi être pris comme synonyme d'introspection*.

REFOULEMENT

Opération qui repousse et maintient hors de la conscience* les représentations (images, pensées, souvenirs) liées à une pulsion* dont la satisfaction serait incompatible avec les exigences morales.

« La théorie du refoulement est la pierre d'angle sur quoi repose tout l'édifice de la **psychanalyse** » (Freud*) : en effet, non seulement ce processus psychique est à l'origine de la constitution de l'inconscient*, mais, dans la mesure où le refoulé reste actif et peut resurgir après transformation (notamment dans le rêve* ou dans des symptômes pathologiques – constituant le « retour du refoulé »), il rend compte de l'influence de l'inconscient sur la conduite individuelle.

RÈGLE

Toute formule prescrivant ce qui doit être fait, qu'il s'agisse de la morale, de la pratique, d'un jeu ou des démarches intellectuelles (cf. chez Descartes*, les règles de la méthode).

En **esthétique***, la stricte obéissance aux règles admises pour un art risque d'aboutir à l'**académisme.**

En **anthropologie,** la prohibition de l'inceste* est une règle universelle (cf. Lévi-Strauss*).

RÈGNE

En dehors de son sens usuel (domination) ou de son sens politique (exercice du pouvoir monarchique), le terme désigne les trois grandes divisions de la nature, les « trois règnes » (minéral, végétal et animal).

◆ Par opposition au règne de ces seules déterminations physiques, on parle du **« règne des fins »** pour désigner, avec Kant*, le monde de la morale, celui de la Raison pratique consistant en une « liaison systématique » des êtres raisonnables qui ne doivent jamais se traiter eux-mêmes ni traiter les autres « comme des moyens mais toujours en même temps comme des fins en soi ». Dans le règne des fins, tout être raisonnable est une personne*, c'est-à-dire un être ayant une valeur inestimable.

RÉGRESSION

Indique de façon générale un mouvement de retour en arrière. En logique, c'est la démarche par laquelle l'esprit remonte des effets aux causes, des conséquences au principe, du composé au simple. En biologie, c'est le retour d'un être vivant ou d'un organe à un type antérieur ou à une fonction plus élémentaire ; parfois synonyme de dégénérescence. En sociologie, c'est une transformation de sens inverse au progrès*.

En **psychanalyse,** le processus ramène le sujet à un stade antérieur de son développement ; il peut avoir pour origine une frustration, ou un traumatisme*. Le concept de régression va donc de pair avec les théories freudiennes sur la succession normale de différents stades de maturation (par exemple en ce qui concerne la libido*).

REICH

(Wilhelm, 1897-1957.) Représentant majeur du **freudo-marxisme.** Psychanalyste en 1920, il adhère au parti communiste allemand et milite dans ses organisations culturelles et para-médicales. Il s'aperçoit que, parallèlement à l'aliénation socio-économique analysée dans le marxisme, il en existe une autre, sexuelle, et sévissant particulièrement dans les classes défavorisées. Sa double appartenance lui attire des déboires : il est exclu du mouvement psychanalytique en raison de son engagement politique, et du parti communiste à cause de ses positions libertaires sur la sexualité... L'accession d'Hitler au pouvoir l'oblige à quitter l'Allemagne et, après un séjour au Danemark, il s'installe aux États-Unis, où il va orienter ses travaux en fonction de la notion d'**orgone,** par laquelle il désigne l'énergie biologique dont il affirme avoir découvert le secret, en même temps que le moyen de guérir toute maladie. Cette recherche se termine mal : après deux procès pour exercice illégal de la médecine, il est condamné à deux ans de prison (où il meurt), ses livres sont retirés de la vente, leur diffusion ou réimpression étant interdite aux États-Unis.

◆ Même si ses dernières thèses semblent contestables, l'œuvre de Reich est depuis quelques années l'objet d'une sérieuse réestimation. Outre ses intuitions sur les liaisons possibles entre situation économique et inconscient, on apprécie dans ses ouvrages l'appel inlassable à une nouvelle morale qui garantisse à l'individu une plus grande liberté et une sexualité plus harmonieuse, sa liberté à l'égard de l'orthodoxie freudienne (il conteste l'universalité de l'Œdipe), mais aussi ce qui constitue **la première tentative d'application rigoureuse de la psychanalyse à la politique,** avec son analyse du phénomène fasciste : contrairement à l'opinion commune, qui admet trop aisément que le fascisme, et en particulier le nazisme, fut imposé par un petit nombre à la plus grande masse, Reich admet qu'il correspondait (et correspondrait, dans tous les cas) à un véritable désir de cette dernière. Ce désir, presque masochiste, serait le résultat de l'éducation traditionnelle, dont les retombées politiques vont nécessairement dans le sens de la pire réaction. La « psychologie de masse » est toute prête à suivre un pouvoir dont l'apparat public lui-même a pour fonction de la maintenir dans une situation de permanent assisté.

ŒUVRES PRINCIPALES : *Matérialisme dialectique et psychanalyse* (1929) ; *L'Irruption de la morale sexuelle* (1932) ; *L'Analyse caractérielle ; Psychologie de masse du fascisme* (1933) ; *La Sexualité dans le combat culturel* (1932-1933).

ALIÉNATION, FREUDO-MARXISME.

RÉIFICATION

Au sens le plus large, c'est la tendance à transformer en véritables choses des représentations mentales : elle se manifeste notamment dans le langage ou dans certains comportements pathologiques, où des notions abstraites sont conçues comme des objets.

RELATIF, RELATIVISME, RELATIVITÉ

◆ **Relatif :**

– qui se rapporte à un objet (les débats relatifs à la grâce) ;

– qui n'est pas absolu, donc, plus particulièrement, qui ne se suffit pas à soi-même et dépend d'un autre terme ou objet ;

– est également relatif ce qui constitue ou concerne une relation entre deux ou plusieurs termes distincts ;

– qualifie éventuellement la connaissance, y compris scientifique, lorsqu'on veut signifier qu'elle n'est qu'une représentation du réel.

◆ La **relativité** désigne le caractère de ce qui est relatif. On évoque ainsi la relativité de la connaissance pour signifier, soit qu'on ne peut connaître que des phénomènes, et non les choses en soi, soit que toute connaissance est relative à l'organisation physique et mentale de l'être humain (cadres de l'espace et du temps, limites de l'entendement...).

La **théorie de la relativité,** constituée par Einstein à partir de 1905 (« relativité restreinte ») et prolongée à partir de 1913 (« relativité généralisée ») établit qu'il n'existe pas de système fixe et universel relativement auquel on pourrait mesurer un mouvement. Ce dernier est toujours relatif par rapport à un point de référence, mais « la totalité des phénomènes physiques est d'un caractère tel qu'elle ne fournit pas de base pour introduire le concept de mouvement absolu » (Einstein).

◆ On appelle **relativisme** toute doctrine qui, niant l'existence d'une vérité absolue ou la possibilité pour l'esprit de la connaître, admet la relativité de la connaissance.

Le criticisme* kantien aboutit au relativisme, c'est-à-dire à l'impossibilité d'atteindre l'absolu (les choses en soi) et de dépasser les limites qu'impose à la connaissance la structure *a priori* de l'esprit humain.

Le relativisme – qui s'oppose au dogmatisme* et au scepticisme* – se rencontre dans plusieurs domaines de la pensée. En dehors de l'aspect plutôt littéraire qu'il prend par exemple chez Montaigne et chez Pascal* – où il se fonde sur la diversité des opinions – le relativisme s'observe notamment dans la pensée anthropologique quand celle-ci considère les différentes civilisations comme des variétés culturelles équivalentes quant à leur valeur.

Le **relativisme moral,** prenant acte de la pluralité des ensembles de prescriptions et d'interdictions morales, refuse toute morale théorique qui proposerait des règles universellement valables.

Le **relativisme scientifique** considère que, dans les sciences, la vérité n'est pas définitive, mais constitue une approche progressive, une construction intelligible du monde sans cesse remise en question.

RELATION, RELATIONS D'INCERTITUDE

Caractère unissant une chose à une ou plusieurs autres (causalité, succession, différence...), qui peut être un lien tel que toute modification de la première entraîne une modification de la ou des autres.

◆ Initialement, la **relation** est l'une des dix catégories* d'Aristote* : celle qui permet de comprendre deux ou plusieurs objets dans un acte intellectuel unique (identité, simultanéité, causalité, etc.). Pour Kant*, c'est l'une des quatre catégories unifiant les représentations dans un jugement selon les rapports de substance à accident, cause à effet ou action réciproque (auxquels correspondent les jugements catégoriques, hypothétiques et disjonctifs).

◆ En logique, on nomme **jugements de relation** ceux qui, au lieu d'affirmer qu'un prédicat* appartient à un sujet, établissent entre deux termes une relation, abstraction faite de ces termes eux-mêmes. Exemple : A est plus grand que B, X est à la droite de Y.

◆ Les **relations d'incertitude** constituent un principe de microphysique, énoncé en 1932 par Heisenberg : il est impossible de connaître simultanément la position d'une particule et sa vitesse. On a momentanément admis qu'il y avait là une brèche dans le déterminisme universel, mais les progrès ultérieurs des théories ont montré qu'une telle déduction était pour le moins hâtive.

RELIGION

Étymologiquement, le mot dériverait soit du latin *relegere* (respecter et, par extension, vouer un culte), soit du verbe *religare* qui signifie relier : la religion constitue alors un lien qui unit l'homme à Dieu comme à la source de son existence, notamment selon la tradition chrétienne.

◆ La religion se manifeste d'abord sous la forme d'un phénomène intérieur, le sentiment religieux qui, s'appuyant généralement sur le sentiment du sacré*, suppose, sauf exception (bouddhisme par exemple), la croyance en des êtres surnaturels ou en un Dieu personnel (grandes religions monothéistes comme le christianisme ou l'islam) avec la reconnaissance de la transcendance* divine impliquant une attitude d'adoration et de soumission à l'égard de Dieu.

◆ On distingue la **religion naturelle** – qui prétend accéder à la connaissance de Dieu et à l'action morale qui en découle, par le seul recours à la raison* (déisme*) comme le professent par exemple les Encyclopédistes au XVIIIe siècle – de la **religion révélée** qui se fonde sur une révélation divine à partir de textes sacrés (Bible, Coran).

Les religions révélées donnent généralement lieu à des religions instituées ou **religions positives** (judaïsme, christianisme, islam) dont Durkheim* nous fournit la définition sociologique : « Système de croyances (dogmes*) et de pratiques (rites) relatives à des choses sacrées [...] qui unissent, en une même communauté morale appelée Église, tous ceux qui y adhèrent. »

Le contenu spécifiquement religieux qui vise le salut* surnaturel de l'homme – et dont aucune religion instituée ne peut se passer – s'appuie sur un corps de doctrine de nature métaphysique (analyse des causes premières et finales par exemple), morale, voire politique et sociale, destiné à en assurer les moyens théoriques et pratiques.

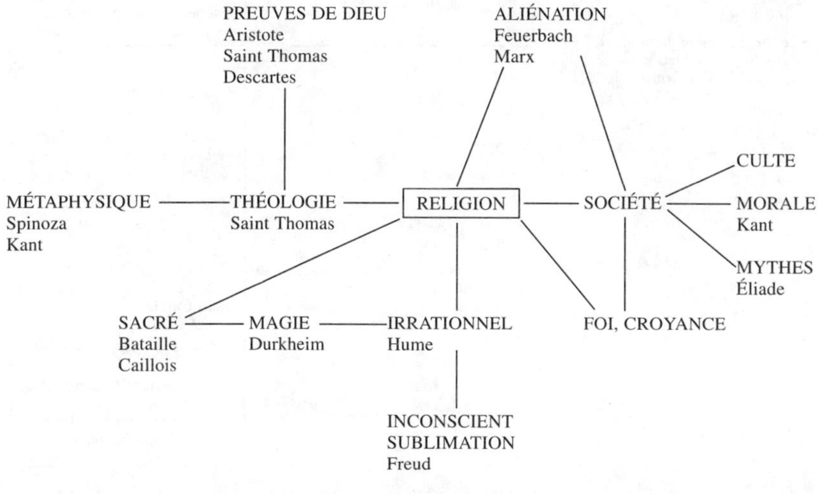

PHILOSOPHIES DE LA RENAISSANCE

Nicolas de Cues (1401-1464) : du Moyen Âge à la Renaissance
• constat des limites de la raison humaine et instauration d'une nouvelle logique fondée sur le passage à la limite pour penser l'infini
La Docte Ignorance (1440)

LA NOUVELLE IMAGE DU MONDE

« Du monde clos à l'univers infini »
(critique de la cosmologie aristotélicienne)

Nicolas Copernic
(1473-1543)
• abandon du géocentrisme au profit de l'héliocentrisme
• les mouvements de la Terre

Giordano Bruno
(1548-1600)
• infinitisation de l'univers : des milliers de systèmes se déploient dans l'espace homogène

Galilée
(1564-1642)
• justification de la théorie de Copernic et fondement des sciences sur l'expérimentation

→ révolution dans les arts : perspective picturale **(Masaccio, Piero della Francesca)** et confiance dans l'expérience et dans les mathématiques **(Léonard de Vinci)**

L'HUMANISME
École de Florence

→ **Marsile Ficin**
(1433-1499)
• synthèse du platonisme et de l'enseignement théologique
• l'existence précède l'essence

→ **Pic de la Mirandole**
(1463-1494)
• paganisation de la foi et affirmation du volontarisme
• refus de l'astrologie qui exclut la liberté humaine

→ **Érasme**
(1469-1536)
• soutient la thèse de la liberté contre la prédestination
Essai sur le libre arbitre (1523)

ÉCOLE DE PADOUE

Pietro Pomponazzi
(1462-1525)
• autonomie de la philosophie par rapport à la religion : foi et raison étant distinctes, la synthèse est illusoire.

Savonarole
(1452-1498)
• la purification par tous les moyens.

La querelle
du libre arbitre
(1524)
(← Érasme ; → Martin Luther)

Martin Luther
(1483-1546)
• nie le libre arbitre au profit de la foi, dimension extérieure à l'homme
Du serf-arbitre (1525)
↓
RÉFORME
(retour à la Bible, irréductibilité de la foi)
↓
Jean Calvin
(1509-1564)
• Dieu seul possède la liberté absolue
• négation de la responsabilité humaine face à la volonté divine qui désigne les Élus
Institution chrétienne (1541)

LES ANABAPTISTES
« rebaptiseurs »
• nécessité de baptiser à l'âge adulte, au nom de la liberté de choix
— condamnés par →

LES RÉFLEXIONS POLITIQUES		
Nicolas Machiavel (1469-1527) • recherche d'une politique positive pour affermir l'État • le Prince réunit en lui *virtu* et fortune, ruse et force *Le Prince* (1513)	**Thomas More** (1478-1535) • critique de la concentration des richesses • la propriété privée comme essence du mal *L'Utopie* (1516)	**Bartolomé de Las Casas** (1474-1566) • critique de la colonisation de l'Amérique et revendication du droit des indigènes
Étienne de La Boétie (1530-1563) • réflexion sur l'oppression : pourquoi l'homme né libre se laisse-t-il dominer par la société ? La veulerie des hommes	**Jean Bodin** (1530-1596) • l'harmonie de l'État réalisée par la royauté légitime	**Tommaso Campanella** (1568-1639) • suppression de la propriété privée et de l'argent • pouvoir absolu aux mains d'un métaphysicien

Montaigne
(1533-1592)
• prise de conscience de l'effondrement du monde antique
• le « moi » est le seul objet de connaissance, et la sagesse consiste à suivre la nature
Essais (1588)

RÉMINISCENCE

Au sens général, c'est le retour d'un souvenir qui n'est pas perçu comme tel. Par exemple, on peut trouver dans une œuvre d'art des réminiscences d'une œuvre antérieure alors même que l'artiste croit en être l'inventeur intégral.

Chez **Platon***, la théorie de la réminiscence affirme que l'âme, avant son séjour terrestre, a eu toute connaissance et, dès lors, que le savoir n'est rien d'autre qu'un ressouvenir, l'ignorance résidant dans l'oubli. Elle est introduite dans le *Ménon* sous l'invocation des devins et des poètes : elle n'est donc pas intégralement démontrable et participe plutôt d'un mythe rationnel. Toutefois l'interrogation d'un jeune esclave par Socrate, qui lui permet de « retrouver » une loi géométrique, en constitue une sorte de preuve expérimentale. On notera que, dans le *Ménon,* la réminiscence implique l'immortalité de l'âme, alors que dans le *Phédon* elle est un argument en faveur de cette même immortalité.

REMORDS

Souffrance morale vive et obsédante semblable à une morsure, provoquée par le sentiment d'avoir commis une faute irrémédiable.

À l'inverse du remords qui conduit parfois à une tragique impasse morale (le remords de Judas le pousse au suicide*), le **repentir** – sentiment de culpabilité ouvert au désir d'expiation et de perfectionnement individuel – offre une solution morale positive.

REPRÉSENTATION

Fait d'être à la place ou de tenir le rôle d'une chose ou d'une personne. D'où, dans le vocabulaire politique, l'idée qu'un élu représente ses électeurs et leur opinion.

Ce qui est présent à l'esprit : toute image ou pensée se formant dans le psychisme conscient (sens vieilli).

◆ En esthétique, la notion a été très critiquée au XXe siècle pour ce qu'elle implique d'attitude réaliste et d'un simple travail de reproduction. L'art moderne privilégie dès lors, tant en littérature qu'en arts plastiques, une esthétique de la production, dans laquelle on insiste davantage sur l'aspect innovant de l'œuvre.

RÉPUBLIQUE

Au sens étymologique *(res publica),* c'est la « chose publique », c'est-à-dire l'État, quelle qu'en soit la forme. Aujourd'hui, désigne de façon plus limitée tout État non monarchique, le plus souvent de type représentatif.

RÉSISTANCE

Désigne en **psychanalyse** tout ce qui, au cours de la cure, fait obstacle à son déroulement (des retards aux rendez-vous aux tentatives de maquillage des rêves, en passant par le mutisme) et empêche le retour des souvenirs refoulés dans la conscience, et donc l'accès du patient à son inconscient.

Moins techniquement, Freud* a également nommé résistance à la psychanalyse les oppositions diverses à ses théories, responsables de la relative lenteur de leur diffusion (en particulier en France) : réactions du rationalisme ou de l'humanisme classiques (cf. Alain : « la psychanalyse n'est qu'une psychologie de singe »), accusation de « lourdeur germanique » (Hesnard, dans un petit ouvrage paru en 1924 : *La Psychanalyse. Théorie sexuelle de Freud*) ou d'hypersexualisme, assimilation de la cure à une entreprise traduisant une curiosité malsaine ou concurrençant la confession catholique, dénégation du symbolisme sexuel des rêves, etc.

RESPECT

Le respect est, chez Kant*, le seul sentiment compatible avec le devoir moral. Ce n'est pas un sentiment « pathologique » qui relève de la sensibilité – comme tous les autres –, c'est-à-dire de la partie passive de notre être, mais la « représentation d'une valeur qui humilie mon amour-propre » et qui exprime la conscience que j'ai « de la subordination de ma volonté à une loi » émanant de la raison. En conséquence, le respect s'adresse aux personnes et non aux choses, dans la mesure où la personne est le support virtuel ou réel de cette loi morale.

RESPONSABILITÉ

Situation de celui qui peut être appelé à « répondre de » ses actes ou d'un fait. Peut s'entendre au sens juridique ou pénal (elle peut alors entraîner poursuites et jugement) aussi bien qu'au sens moral : elle implique alors un principe de liberté.

◆ L'autonomie* de la volonté telle que la conçoit Kant confère à la responsabilité une ampleur nouvelle, dès lors que la loi formulée par un sujet est aussi celle de l'humanité tout entière : c'est aussi bien devant cette dernière que devant ma propre conscience que je suis responsable. Dans la réflexion contemporaine (notamment chez Levinas*) émerge la question d'une responsabilité, non seulement par rapport à soi-même et à ses actes, mais aussi pour autrui ; il s'agit de mieux cerner à l'égard de qui la responsabilité peut être établie. Dans l'« éthique de la responsabilité » qu'élabore Jonas*, le champ de la responsabilité inclut, en raison de l'efficacité à long terme que procure à l'homme le progrès technique, un avenir lointain : c'est à l'égard de la biosphère et des générations ultérieures que doivent être conçues de nouvelles obligations.

◆ Il est cependant à remarquer que, au point de vue moral, la responsabilité est souvent – en particulier au XXe siècle – déléguée à une autorité supérieure à l'agent, que ce dernier soit collectif ou individuel (cas des guerres, des génocides, etc.), au point que, toujours affirmée en principe, la notion n'a, en pratique, d'efficacité que dans les relations directes entre personnes. Lorsque le sujet fait valoir qu'il a obéi à des ordres impossibles à contester, l'hétéronomie* apparaît comme une sorte d'excuse morale qui limite sa responsabilité ; mais on peut alors s'interroger, comme l'a fait Jasper*, sur l'existence d'une responsabilité collective ou nationale.

RESSENTIMENT

Chez **Nietzsche***, sentiment de rancune et de haine propre aux faibles à l'égard des maîtres et des créateurs de valeurs : la morale du ressentiment est à l'origine de l'inauthenticité des sentiments moraux imposés par les sujets qui ont une âme d'esclave (charité chrétienne, égalité démocratique) à l'encontre de la libre activité des forts.

RÊVE

Période de sommeil caractérisée par un abaissement du tonus musculaire et du **niveau mental** en même temps que par la production de phénomènes psychiques ou images de rêve dont le sujet garde un souvenir plus ou moins précis au réveil. Du point de vue psycho-physiologique, on a vérifié que l'activité onirique* est essentielle à l'équilibre, sa durée pouvant occuper 20 à 30 p. cent du temps du sommeil.

◆ Dans toutes les sociétés, on a tenu les rêves pour dotés de sens, soit qu'on leur accorde une vertu prémonitoire (d'où les nombreuses et contradictoires « clefs des songes » rédigées dès l'Antiquité), soit qu'on admette – c'est le cas dans certaines sociétés traditionnelles – que ce qui est vécu en rêve l'est par une sorte de double spirituel du rêveur, ce dernier devant alors assumer la responsabilité des actes rêvés.

◆ Au XIXᵉ siècle, on découvre l'influence des stimuli externes (bruits, contacts, odeurs) et internes (postures, digestion, respiration) sur la matière du rêve (observations de H. de Saint-Denis et A. Maury). Mais c'est la psychanalyse qui donne véritablement au rêve une signification. Trouvant dans celui-ci la voie royale vers l'inconscient*, **Freud** montre qu'il résulte d'un travail d'élaboration au terme duquel les désirs ayant fait l'objet d'un refoulement* dans la vie diurne parviennent à s'exprimer, mais en se déguisant pour déjouer la censure* et être acceptés par la conscience (lorsque le déguisement est insuffisant ou sur le point de cesser, comme dans certains cauchemars, la conscience réveille le dormeur, d'où la formule de Freud : « le rêve est le gardien du sommeil »).

On doit dès lors soigneusement distinguer le **contenu manifeste** et le **contenu latent** du rêve : le premier correspond au récit que fera le rêveur au réveil, le second au sens que les éléments oniriques ont pour l'inconscient, « en deçà » du travestissement. Le « travail du rêve », qui permet de passer du contenu latent au contenu manifeste, s'effectue selon deux processus : la condensation, par laquelle un élément du contenu manifeste sera porteur de plusieurs sens du contenu latent, et le déplacement, grâce auquel la représentation manifeste, empruntant aux résidus de la vie diurne plus ou moins proche, prend souvent un aspect insolite ou « amusant », l'énergie propre au désir inconscient étant ainsi déplacée vers une représentation anodine et rendue supportable.

Le rêve est ainsi symbolique, mais d'un symbolisme complexe, qui déjoue toute « clef des songes », et où n'existe pas de correspondance univoque ou terme à terme. L'analyse du rêve aura donc pour but de retrouver le contenu latent en devinant derrière la clôture apparente du récit manifeste, une effervescence qui correspond au dynamisme même de l'inconscient.

◆ En montrant que déplacement et condensation correspondent à des procédés rhétoriques (respectivement la métaphore* et la métonymie*), J. Lacan* a rappelé fortement la similitude existant entre l'activité onirique et la création artistique, en particulier poétique.

➤ CENSURE, HERMÉNEUTIQUE, SURDÉTERMINATION, SURRÉALISME, SYMBOLE.

RÉVÉLATION

Le terme a essentiellement un sens religieux et désigne soit l'illumination surnaturelle opérée par Dieu pour manifester une vérité à l'intelligence humaine, soit l'ensemble des vérités d'origine divine contenues dans les Écritures. En vertu d'une certaine ambiguïté étymologique, le mot n'est guère employé en philosophie : on lui préfère le terme de dévoilement.

➤ DÉVOILEMENT, RELIGION.

RÉVERSIBILITÉ

Qualité de ce qui peut être renversé. S'applique en particulier à certaines opérations ou relations logiques (dites réversibles) qui restent valables quand on en inverse les termes.

RÉVOLTE

Sursaut de la conscience par refus de l'injustice subie ou perçue. Sur le plan social, elle peut donner lieu à une insurrection contre l'ordre établi, mais en tant que telle, son efficacité risque d'être assez faible, par manque d'organisation, voire de projet politique précis.

Le sens moral et existentiel de la révolte est souligné par Camus*, qui, l'opposant à la révolution*, voit en elle une vertu sociale grâce à laquelle, dans l'épreuve quotidienne, l'homme est tiré de la solitude pour accéder à l'existence communautaire : « Je me révolte, donc nous sommes. »

➤ RÉVOLUTION.

RÉVOLUTION

Mouvement circulaire par lequel un mobile revient à son point de départ (par exemple, des planètes).

◆ En **sociologie politique,** changement brusque, profond et souvent violent de régime en vue de substituer un ordre nouveau (politique, social ou économique) à l'ordre ancien.

Selon Camus*, alors que la **révolte** procède de la générosité, la révolution est l'expression du ressentiment, et se traduit par la mise en place d'une nouvelle structure administrative et politique qui brime la liberté individuelle : dans cette optique, il faudrait admettre qu'en deçà de l'acception politique vibre toujours le sens astronomique, où s'affirme un retour périodique à la même situation. Pour échapper à cette stagnation cyclique, il faut supposer un progrès de et dans l'Histoire, par exemple dans le sens d'une libération progressive de l'humanité : c'est ce qu'affirme le marxisme*, lorsqu'il fait de la révolution prolétarienne un événement capable d'outrepasser les contradictions auxquelles aboutit la révolution bourgeoise (dont le modèle est fourni par celle de 1789) et d'annoncer en complément l'avènement d'une société sans classes.

➤ MACHINISME, RÉVOLTE.

RÉVOLUTION (SCIENTIFIQUE)

◆ Selon **Kant***, il s'agit de la transformation soudaine d'une recherche tâtonnante et d'une connaissance imprécise, en savoir scientifique. L'accomplissement de cette révolution – généralement par un seul homme pour chaque discipline comme c'est le cas de la « révolution copernicienne » – met fin définitivement aux errements et donne un caractère scientifique à la connaissance, désormais vouée au progrès cumulatif et continu.

◆ En revanche, pour **Kuhn***, la science ne progresse pas toujours par accumulation linéaire. Quand le modèle (paradigme) de croissance de la connaissance perd sa fécondité et laisse apparaître des « anomalies » qui résistent aux efforts des savants, on se voit contraint de changer de paradigme pour expliquer d'une manière satisfaisante les phénomènes qui ne s'adaptaient pas au système précédent. La science progresse grâce à ces révolutions, c'est-à-dire à ces passages d'un paradigme à un autre.

RICARDO

(David, 1772-1823.) Financier et économiste anglais. Reprenant la théorie du libéralisme d'A. Smith*, il n'en partage pas l'optimisme et essaie de la débarrasser de ses aspects les moins scientifiques.

On lui doit en particulier la définition de la rente foncière différentielle (part de profit dépassant le profit moyen lorsque les conditions de production sont favorables en raison de l'accroissement de la population, mais qui aboutit à augmenter les différences de revenus entre catégories de population), qui anticipe sur l'analyse marxiste de la plus-value*. Il affirme comme A. Smith les avantages du libre-échange et de la division internationale du travail. Il met au point la théorie de la valeur-travail (la valeur d'une marchandise est déterminée par son coût global de production) ainsi que celle du « salaire naturel » (minimum nécessaire à l'entretien de l'ouvrier et des siens) – où Marx* verra un des rouages de l'exploitation du prolétariat.

Ses *Principes d'économie politique* (1817) auront une influence durable, aussi bien sur les théoriciens marxistes que sur ceux du libéralisme ultérieur ou néo-libéralisme.

RICŒUR

(Paul, né en 1913.) Philosophe français. Il enseigne en Sorbonne, puis aux États-Unis. Ses premiers travaux s'effectuent sous le triple parrainage de la théologie protestante (Karl Barth), de l'existentialisme chrétien (G. Marcel*) et de la phénoménologie de Husserl* : élaborant une *Philosophie de la volonté*, il s'intéresse à l'agir humain.

◆ Mais c'est très vite le langage et le statut ambigu des signes le composant qui le sollicitent. Il devient ainsi le représentant majeur d'une **herméneutique*** dont la tâche est complexe, dans la mesure où un texte n'est pas seulement disponible à une lecture interprétative : il est d'abord invention d'une façon d'être, et rédigé pour la préciser. L'autobiographie, la narration romanesque, le récit historique, la poésie se proposent à une lecture dialectique au cours de laquelle le sens perçu est simultanément prêté à l'auteur et révélateur d'un lecteur. Toute lecture est ainsi production de sens, aussi bien par rapport au texte que par rapport au lecteur qui enrichit sa propre conception de lui-même. La fiction littéraire apparaît dès lors aussi efficace que l'histoire pour structurer ce que Ricœur nomme notre **« identité narrative ».**

◆ Ce « détour » par l'herméneutique prépare l'approfondissement de la méditation sur l'action. Après avoir été partisan d'une séparation entre les domaines de la philosophie, de l'éthique et du politique, Ricoeur en vient à fonder l'**engagement éthique** sur la promesse et la parole tenues, qui sont l'écho d'un don engendrant toute obligation. La vraie vie ne peut se dérouler qu'avec l'autre et pour l'autre, dans le cadre d'institutions justes ; et la justice doit être encouragée (selon l'exemple d'interpellations d'origine religieuse) à tendre vers l'universalité en même temps que vers la singularisation, pour dépasser toute limitation par les préjugés nationaux ou ethniques, et résister à la tentation de ne penser l'individu que sous une norme universelle. De ce point de vue, il n'y a pas opposition entre charité et justice : la charité est une demande de plus de justice.

ŒUVRES PRINCIPALES : *Histoire et vérité* (1955) ; *Le Conflit des interprétations* (1969) ; *La Métaphore vive* (1975) ; *Temps et récit* (1983-1985) ; *Du texte à l'action* (1986).

ROBINSONNADES

Nom ironique donné par Marx aux conceptions du XVIIIe et du XIXe siècles exposant des fictions d'hommes vivant absolument isolés, sans la moindre relation sociale. Robinson Crusoé est pour Marx l'image même d'une fiction trompeuse, ignorant le caractère avant tout social et politique de l'homme.

ROMANTISME

Outre le mouvement littéraire qui se répand en Europe du dernier tiers du XVIIIe siècle au milieu du XIXe siècle, on désigne par ce mot une doctrine philosophique qui, à la même époque, en réaction contre la philosophie des Lumières*, déprécie les valeurs rationnelles (comme le fera encore Nietzsche*), et fait l'apologie de l'**imagination,** de l'**intuition,** de la spontanéité et de la passion.

Le romantisme privilégie les analogies reliant l'homme à l'univers par un jeu de correspondances étrangères au principe de contradiction : l'être humain y est concu comme « reflet de Dieu ou de l'âme du monde » (C. Pichois) et, s'il existe un savoir romantique (à distinguer de la science), il est peu compatible avec la recherche de la stricte efficacité.

Le romantisme philosophique, qui fait une large place au **sentiment de la nature** (Rousseau*) et à une certaine forme de **religiosité,** se développe surtout en Allemagne avec notamment Schlegel, Fichte* et Schelling*. Par-delà ses avatars strictement historiques, il semble que l'allusion au romantisme soit un recours, au XXe siècle en particulier, dans les moments de crise du rationalisme et d'effondrement des grands systèmes totalisateurs.

➤ SURRÉALISME.

ROUSSEAU

(Jean-Jacques, 1712-1778.) Né à Genève d'un père horloger, Rousseau mène jusqu'à sa mort une vie vagabonde. Ayant quitté très tôt sa famille, il pratique d'abord divers métiers ; à vingt ans, il rencontre Mme de Warens qui devient sa bienfaitrice : chez elle, il lit, s'initie au latin et à la musique. Il s'installe à Paris en 1741 et y connaît Diderot*. En 1750, son *Discours sur les sciences et les arts* lui apporte une notoriété de scandale, et ses écrits ultérieurs, où il continue à attaquer la société de son temps, lui vaudront de nombreux ennemis (certains Encyclopédistes, Voltaire) et l'hostilité des pouvoirs établis. En 1756, il séjourne dans une propriété de Mme d'Épinay près de la forêt de Montmorency et y travaille dans le calme. Mais dès la publication en 1762 de l'*Émile,* l'hostilité de ses ennemis se réveille et il doit s'enfuir, d'abord en Suisse, puis en Angleterre chez Hume* avec lequel d'ailleurs il se brouille rapidement. Revenu à Paris, il y compose ses dernières œuvres, notamment autobiographiques *(Les Confessions)* et meurt à Ermenonville.

◆ L'expérience de ses différents échecs fortifie Rousseau – jusqu'à la paranoïa dans ses dernières années – dans sa conviction que la société de son époque est mauvaise. D'où sa volonté de découvrir l'origine du malheur contemporain et, pour cela, l'élaboration d'une **histoire de l'homme** qui – indépendamment de la recherche de documents attestant l'existence concrète d'un état premier de l'humanité – va insister sur la bonté antérieure de cette dernière. Mais on simplifie sa pensée en répétant que pour lui « l'homme est né bon et la société le corrompt » : il y a en fait trois étapes, qui permettent de distinguer « l'originaire de l'artificiel ».

Il n'en reste pas moins vrai que c'est bien parce que la société du XVIIIe siècle lui paraît mauvaise pour l'homme en général (puisqu'elle l'est à son égard) que Rousseau se montrera méfiant envers tout ce qui la caractérise : au règne de la raison, il préférera les voies du **cœur** et du **sentiment,** trouvant dans ces derniers le moyen de corriger les excès toujours à craindre de la sèche logique ; aux apparences mondaines, il opposera la vérité intérieure des êtres – à commencer par la sienne, peu soucieuse de plaire mais simultanément avide de reconnaissance et de succès. D'où les scandales qu'il multiplie au cours de sa trajectoire, et le caractère très singulier de sa philosophie, où l'unique critère de vérité se trouve fondamentalement dans ses propres réactions et certitudes personnelles.

◆ Après la dénonciation des symptômes du mal social, qui s'effectue notamment dans les deux *Discours,* le *Contrat social* et l'*Émile* suggéreront conjointement des remèdes. Puisque la société s'est éloignée de la nature, il ne saurait être question d'y faire retour (c'est pourtant ce que feint de comprendre Voltaire...), mais c'est par une fuite en avant, dénaturation complète de l'homme, que l'on pourra recomposer artificiellement (ce qui signifie aussi à un niveau supérieur, et donc dialectiquement) les qualités perdues. Conscient de l'insuffisance de l'individualisme pur, Rousseau va chercher une solution politique : association qui garantisse la sécurité et – contraignant chacun à renoncer à son intérêt personnel en l'obligeant à s'unir à tous – lui permette de n'obéir qu'à lui-même et de rester « aussi libre qu'auparavant » – bien que ce soit d'une liberté nouvelle.

◆ Violemment attaqué de son vivant en raison de son antirationalisme et de son apparente hostilité au « progrès », mais aussi profondément admiré par Kant*, Rousseau apparaît comme un philosophe majeur et trop longtemps sous-estimé. Sa vision anthropologique anticipe sur celles de Hegel* et de Marx*, l'ethnologie contemporaine le salue comme un précurseur, et *Du contrat social* demeure un élément incontournable de la réflexion politique.

◆ ***Discours sur l'origine et les fondements de l'inégalité parmi les hommes*** (1755).

L'histoire de l'humanité que propose ce texte n'est pas à proprement parler « scientifique » : il s'agit plutôt pour Rousseau d'une histoire vraisemblable, c'est-à-dire capable d'expliquer comment le malheur a surgi et s'est généralisé. Elle offre trois moments principaux.

Le premier (l'homme de la nature) concerne un animal présociable, vivant seul, sans pensée ni langage, exclusivement animé par l'amour de soi (sorte d'instinct de conservation) et trouvant à satisfaire immédiatement ses quelques besoins dans les productions naturelles. Privé de toute communication avec autrui, un tel être n'aurait pu évoluer (même opérée par hasard, « l'invention périt avec l'inventeur ») s'il n'était pourvu – par Dieu, et c'est ce qui le distingue du pur animal – de *perfectibilité :* capacité à changer en fonction des circonstances. C'est précisément en raison de modifications de son environnement (climat, végétation : Rousseau esquisse à ce propos une explication matérialiste) que vont se former les premières sociétés, par la nécessité où se trouvent les hommes de s'unir pour survivre. L'homme naturel (second moment) acquiert alors toutes ses qualités – sentiments (le premier est la pitié), langage, pensée – et vit en harmonie avec autrui, fondant la famille et des rapports sociaux équilibrés dans la mesure où le travail justifie initialement la possession du sol.

Mais ce véritable âge d'or, moment de transparence complète entre des individus qui n'ont rien à dissimuler, n'a pu durer car une inégalité strictement physique existe aussi entre les hommes, qui va entraîner la dégénérescence des relations et la perversion généralisée des qualités humaines. Ainsi, c'est parce que les hommes n'ont pas contrôlé les effets négatifs de la nature elle-même qu'on aboutit à la troisième période, celle de « l'homme social » et de la société du paraître, moment d'une aliénation entièrement négative où le langage devient mensonge (il peut s'institutionnaliser comme tel, d'où la haine de Rousseau pour le théâtre), la pensée, possibilité de comparer et donc de jalouser, le raisonnement, capacité à justifier n'importe quoi ; la propriété illégitime remplace la juste possession, l'amour-propre se substitue à l'amour de soi enrichi de la pitié, l'inégalité devient « de convention » et les riches oppriment les pauvres. Le pouvoir tyrannique n'est que la sanction politique de cette décadence.

En dépit des critiques de Marx* qui voit dans le naturalisme de Rousseau une fiction idéologique d'origine bourgeoise, le *Discours* constitue une étape capitale dans le développement de l'**anthropologie moderne.** C'est ainsi que Engels* y discerne le début d'une histoire dialectique (au sens hégélien) : à l'égalité initiale succède, dans la société civile, l'inégalité qui sera elle-même surmontée, d'abord par l'état d'égalité où se trouveront les hommes tenus en esclavage par le despote, et ensuite par l'égalité supérieure du *Contrat social* enfin réalisé. À notre époque, Lévi-Strauss, considérant le *Discours* comme le « premier traité d'ethnologie générale », salue en Rousseau le premier auteur qui ait posé le problème des rapports entre nature et culture.

◆ ***Du contrat social, ou Principes du droit politique*** (1762).

Rousseau s'y propose d'établir la légitimité du pouvoir politique, dont le fondement ne reposera ni sur l'autorité paternelle, ni sur la volonté divine, ni sur la force, mais sur un **pacte d'association** – et non de soumission comme chez Hobbes* dont il contredit vigoureusement les thèses – où chacun s'engagera envers tous, renonçant à sa liberté individuelle naturelle au profit de la communauté qui lui assurera, en retour, la dignité du citoyen, c'est-à-dire l'égalité juridique et morale et la liberté civile. Cette « aliénation totale de chaque associé avec tous ses droits à toute la communauté » assure le passage de l'indépendance originelle à la liberté politique en même temps que la possibilité d'une morale véritable, exprimant la volonté générale – qui est, non pas la somme des volontés individuelles et des intérêts particuliers, mais bien l'expression de la souveraineté du peuple – par le biais d'un « législateur » qui en est l'interprète. La souveraineté demeure inaliénable et indivisible ; c'est pourquoi les pouvoirs, dans la cité, ne doivent être que l'émanation du corps social.

Étudiant les différentes formes de souveraineté, Rousseau considère que le risque de tout gouvernement est de substituer la volonté particulière à la volonté générale ; or, aucune forme de gouvernement ne semble mettre à coup sûr l'État à l'abri de la corruption – pas même la démocratie qui, concevable dans les petites communautés, paraît finalement assez utopique. Fondation de la démocratie véritable selon les uns, des régimes totalitaires selon d'autres (Rousseau prévoit en effet que soient exclus les moindres « dissidents »), *Du contrat social* – qui fut lu avec soin par certains dirigeants de la révolution française, mais aussi par Kant, Fichte ou Hegel – ne propose pas, en fait, un modèle politique, s'attachant plus radicalement à chercher un principe de légitimité du pouvoir.

◆ ***Émile ou De l'éducation*** (1762).

Cet ouvrage est souvent présenté comme un traité de pédagogie « naturelle » alors qu'en fait, Rousseau y place l'enfant à éduquer dans des situations généralement artificielles, organisées ou contrôlées par le précepteur. L'importance historique du livre vient beaucoup plus de ce que Rousseau y affirme une **spécificité de l'enfance** et de sa mentalité qui n'avait pas été admise jusque-là, et dont la conséquence, notamment dans le domaine de la religion, sera l'inutilité d'une éducation prématurée (l'enfant étant incapable de la comprendre) et l'accès à Dieu par les seules voies du cœur (c'est la fameuse « Profession de foi du vicaire savoyard ») indépendamment des textes et intermédiaires consacrés – ce qui entraînera la condamnation de l'ouvrage par l'archevêque de Paris.

Rousseau distingue en effet quatre grandes périodes dans l'éducation :

– jusqu'à cinq ans, il s'agit avant tout d'assurer le développement physique de l'enfant ;

– de cinq à douze ans, c'est le moment des expériences par rapport au monde extérieur. Le pré-adolescent est ici « un bel animal », dont la croissance physique se poursuit harmonieusement à la campagne, et que la curiosité pousse seule à ses premiers apprentissages intellectuels ;

– de douze à quinze ans, cette curiosité sera satisfaite par quelques lectures *(Robinson Crusoé)* et beaucoup d'expériences directes. Les connaissances acquises visent, non pas à briller dans le monde, mais à former un individu sain et équilibré. Aussi doit-on ajouter, aux sciences naturelles, à la géographie et aux mathématiques, l'apprentissage d'un métier manuel ;

– après quinze ans, l'éducation se prolonge sur le plan moral et religieux. L'amour de soi-même évoluera ainsi en amour des autres.

L'*Émile* relève, comme le second *Discours*, d'une histoire conjecturale. Le texte doit de surcroît être mis en relation avec celui du *Contrat social* (paru la même année) comme le prouve la présence, en dernière partie, d'un résumé de ce dernier : l'homme, une fois correctement éduqué, sera capable de s'insérer dans une authentique société politique. L'ouvrage a véritablement révolutionné la pédagogie. C'est que Rousseau y a bien, selon la formule d'E. Fisher, « découvert, à l'orée du monde moderne, le royaume de l'enfance ».

AUTRES ŒUVRES PHILOSOPHIQUES : *Discours sur les sciences et les arts* (1750) ; *Lettre à d'Alembert sur les spectacles* (1758) ; *Discours sur l'origine des langues ; La Nouvelle Héloïse* (1761) ; *Dialogues* (1775).

RUSE DE LA RAISON

Désigne chez Hegel* le fait que les hommes et les événements sont souvent les instruments inconscients de la Raison incarnée dans l'Histoire, Ainsi, la Raison régit le cours de l'Histoire à l'aide de ruses qui consistent à faire agir les hommes, en apparence pour atteindre leurs fins particulières, en fait pour réaliser et accomplir la fin de l'Histoire.

RUSSELL

(Bertrand, 1872-1970.) Mathématicien, logicien et philosophe anglais.

◆ Très tôt passionné par la philosophie des mathématiques, c'est dans les *Principia Mathematica* (1910-1913) rédigés en collaboration avec A.N. Whitehead, qu'il affirme la logique comme base des notions et développements mathématiques : son ambition est alors la mise au point d'un système permettant la reconstruction complète des mathématiques en partant d'un nombre restreint de concepts logiques premiers (en fait, le théorème de Godel* montre qu'un tel programme est irréalisable).

À la suite de son néo-réalisme initial, qui affirme que l'existence des objets logico-mathématiques est indépendante aussi bien du monde empirique que de l'esprit humain, il élabore dans les *Principia* une théorie de la déduction* et les principes d'une logique extensionnelle (où la vérité des propositions* complexes ne dépend que de celle des propositions simples initiales) qui, en raison de la rigueur dans la méthode et dans l'écriture symbolique utilisée, serviront de référence aux travaux des logiciens ultérieurs (il faut toutefois préciser que cette influence sera peu sensible en France, en raison des critiques énoncées par Poincaré* à l'égard d'un tel travail ; mais à Cambridge où travaille Russell, il aura pour élève, d'ailleurs difficile et rapidement critique, Wittgenstein*). En échappant aux ambiguïtés du langage courant par la logique symbolique, Russell montre d'autre part que la « description » usuelle ne peut être tenue sans équivoque pour le sujet grammatical de propositions strictes.

◆ Ses travaux sur les sciences modernes l'amèneront peu à peu à renoncer à son platonisme initial (seuls les êtres logiques, échappant au temps, possèdent l'*être*, les objets empiriques ou sensibles n'étant voués qu'à l'*existence*) pour se rapprocher du néo-positivisme. Mais, tout en accordant toujours la place centrale à la logique (on peut pour cette raison le qualifier de « philosophe logicien »), son œuvre déborde largement les seules préoccupations formelles, dans la mesure où il entend maintenir la place éminente de la philosophie : « Notre époque, écrit-il, est, à bien des égards, une époque qui n'a pas beaucoup de sagesse et qui profiterait par conséquent grandement de ce que la philosophie a à enseigner. »

Quant à ce qu'il entend lui-même enseigner, ce sera fréquemment au prix du scandale : il affirme son antimilitarisme au cours de la Première Guerre mondiale ; effectue en 1920-1921 un voyage en Russie au terme duquel il critiquera le bolchevisme tout en restant proche des socialistes anglais, qui lui paraissent plus soucieux de respecter ce qu'il tient pour les libertés fondamentales de l'être humain ; se déclare hostile aux tabous sexuels, prend position en faveur de l'union libre, et s'affirme systématiquement antireligieux. Esprit fondamentalement sceptique, individualiste et anarchiste, il prit toute sa vie à cœur de lutter contre les nationalismes et la guerre : en 1961, il organise un tribunal international d'intellectuels (dit « Tribunal Russell ») dont le rôle fut de « juger » les activités de guerre américaines au Viêt-nam.

Pour Russell, qui apparaît aujourd'hui comme un philosophe déjà classique (si la logique postérieure a « dépassé » ses propres travaux, ses prises de position morale en font une conscience représentative de l'époque), la tâche de la philosophie consiste radicalement à nous apprendre « comment vivre sans certitude ». Elle « est de fonder théoriquement la certitude totale ou partielle, là où c'est possible, de détruire les certitudes sans fondement ni nécessité et de rendre l'incertitude supportable, partout où elle est inévitable ».

Œuvres principales : *Problèmes de philosophie* (1912) ; *Introduction à la philosophie des mathématiques* (1919) ; *Le Mariage et la morale* (1927) ; *Éducation et ordre social* (1932) ; *Recherches sur la signification et la vérité* (1940) ; *Histoire de la philosophie occidentale* (1946) ; *Mon autobiographie philosophique* (1959) ; etc.

RYTHME

Fait d'alternance périodique et régulière, le rythme – rompant la monotonie de la durée – introduit l'ordre dans le temps. Il s'observe notamment dans l'art (danse, musique, poésie).

Confondu plus ou moins par les Grecs avec la **cadence,** il s'en distingue néanmoins quand on l'applique aux phénomènes vitaux et, par extension, à l'activité humaine. Le travail à la chaîne, en usine, est dénaturé dans la mesure où il répond à la définition de la cadence, qui repose sur un « enchaînement ininterrompu » (S. Weil*) et mécanique comme le tic-tac d'une horloge ; au contraire, l'activité, qui respecte la nature et la dignité de l'homme, est faite d'une succession de gestes où sont ménagés des « instants d'arrêts, brefs comme l'éclair, qui constituent le secret du rythme » *(ibid.).*

S

SACRÉ

Qualifie, par opposition au profane*, ce qui se repère à sa séparation du monde ordinaire : à ce titre, le sacré est objet aussi bien de fascination que de répulsion.

Dans le vocabulaire spécifiquement **religieux,** se réfère au culte et participe du divin, par opposition à l'ordre simplement humain.

Dans un sens atténué, synonyme de respectable, notamment en morale. On évoque, par exemple, les droits « sacrés » de la personne humaine.

➤ BATAILLE, INTERDIT, TABOU.

SACRIFICE

La notion s'articule autour de deux sens principaux.

D'une part, en vertu de son étymologie latine (*sacrum* et *facere,* accomplir un acte sacré*, faire un sacrifice), il s'agit d'une **offrande :** offrande rituelle – de nature surtout religieuse – qui se comprend comme une manipulation du sacré ou comme une opération dont le but est de rendre sacré un objet profane ; elle se spécifie en rites divers selon la nature du sacrifice (sacrifices d'actions de grâce, expiatoires, de communion, etc.).

D'autre part, en un sens affaibli, le sacrifice exprime la privation de ce que l'on offre et il peut donner lieu, à la limite, à la morale ascétique du renoncement volontaire aux plaisirs (corporels essentiellement).

➤ SACRÉ.

SADE

(Donatien Alphonse François, marquis de, 1740-1814.) Écrivain et philosophe français. Sa réputation de libertin, plus ou moins fondée, mais qui lui valut trente ans d'internement sous tous les régimes politiques qui se succédèrent de son vivant, empêcha de le lire avec sérieux pendant plus d'un siècle, entraînant une confusion entre les opinions prêtées à ses personnages et les siennes propres (on sait, par exemple, qu'il était hostile à la peine de mort).

◆ Lecteur des matérialistes du XVIIIe siècle, Sade s'oppose à l'optimisme des Encyclopédistes en affirmant que c'est la Nature même qui enseigne à l'homme que le mal et la violence, sous toutes leurs formes, font partie de la normalité, pouvant même procurer un bonheur paroxystique. Ses romans constituent l'inlassable illustration d'une position farouchement matérialiste et athée. La souffrance, généralement d'origine érotique, infligée à autrui est à la fois occasion de jouissance et revendication individualiste face à la société et à Dieu ; mais lorsqu'elle est subie, elle peut aussi conférer le bonheur – celui de connaître en soi la destruction qui est la grande loi naturelle : dans sa soif de généraliser le mal, le personnage sadien en arrive à mettre sa propre existence en jeu. Il faut donc admettre que le « sadisme », tel qu'il est généralement compris comme simple volonté de faire souffrir autrui, affaiblit considérablement la pensée du « divin marquis ».

◆ Redécouvert au début du XXe siècle par M. Heine, attentivement lu et commenté de divers points de vue par M. Blanchot, P. Klossowski ou G. Bataille*, le texte sadien concerne la philosophie par sa quête d'une humanité excédant ses limites admises, aussi bien que par la solution qui s'y esquisse, par l'alternance des descriptions et des dissertations, au problème de la conscience de la violence*. De surcroît, il anticipe sur les recherches qui formeront la psychopathologie sexuelle.

Œuvres principales : *La Philosophie dans le boudoir* (1795) ; *Les 120 Journées de Sodome ; Justine* (1797).

SAGESSE

◆ Pour la tradition philosophique qui va de l'Antiquité grecque aux cartésiens, la sagesse est synonyme de savoir, de **connaissance parfaite,** c'est-à-dire de philosophie et de science. Elle est alors chez Platon* – dans la mesure où la connaissance commande l'action – l'une des quatre vertus* cardinales. Le **sens moral** de la notion – comme condition d'accès au bonheur – s'accentue avec les épicuriens* et devient chez les stoïciens* maîtrise de soi par connaissance des mécanismes qui régissent le monde.

◆ De là, plus tard, une conception vulgaire de la sagesse en tant que prudence et habileté dans l'action, modération dans les désirs (cf. Molière dans *Le Misanthrope :* « La parfaite raison fuit toute extrémité et veut que l'on soit sage avec sobriété. ») Ainsi le sage désigne-t-il tantôt chacune des grandes figures de la philosophie classique (spécialement grecque), tantôt l'homme prudent qui, sachant modérer ses désirs, se conduit convenablement dans la vie grâce à son expérience.

◆ Dans le système hégélien, le sage – dont Hegel* lui-même réaliserait la première figure – serait celui qui succède aux philosophes, dans la mesure où l'histoire et le discours philosophiques seraient achevés.

➤ PHILOSOPHIE, SAVOIR, SCIENCE.

SAINT, SAINTETÉ

Dans le christianisme, le saint est celui qui, sacrifiant (généralement dans la souffrance) la vie du corps à celle de l'esprit, va s'élever vers un idéal de perfection morale et spirituelle dont il trouve le modèle dans la personne et dans la vie du Christ.

La sainteté implique un détachement du monde et constitue un mode de vie distinct de celui du **héros*** – qui marque son époque par ses exploits et par son activité créatrice exceptionnelle – bien que, dans les deux cas, l'adjectif héroïque puisse qualifier les vertus requises. Le saint et le héros, créateurs l'un et l'autre de valeurs culturelles, bénéficient d'une puissance de rayonnement telle qu'ils sont parfois capables de faire progresser l'humanité selon les principes de la **morale ouverte*** (Bergson).

SAINT-SIMON

(Claude-Henry de Rouvroy, comte de, 1760-1825.) Il est l'un des fondateurs historiques de la sociologie, et admet que la société repose sur deux forces antagonistes : celle de **l'habitude** avec les institutions, et celle du **changement.**

Périodes « organiques » stables et périodes « critiques » alternent au cours de l'histoire. La société industrielle – qui succède aux sociétés théologique et militaire – doit mettre un terme à la période de crise révolutionnaire que vient de connaître la France. En rupture avec l'ordre politique ancien marqué par la noblesse et le clergé va naître un **nouvel ordre social et économique** qui permettra l'accomplissement optimal des vertus humaines, grâce à l'œuvre des élites de l'avenir (savants, industriels, artistes), qui se substitueront aux classes dirigeantes de l'Ancien Régime, vestiges de l'âge militaire désormais périmé : ainsi, finalement, le gouvernement des personnes sera-t-il remplacé par l'administration des choses. L'influence de Saint-Simon est déterminante sur la pensée d'A. Comte*, et elle s'exerce également sur les socialistes du XIXe siècle.

Œuvres principales : *Le Système industriel* (1820-1823) ; *Le Nouveau Christianisme* (1825).

➤ Comte, socialisme.

SALUT

Au sens religieux, dans le christianisme, mais aussi dans le judaïsme et l'islamisme, accès à l'état de béatitude éternelle après la mort.

En philosophie, la notion de salut est utilisée par Spinoza* pour désigner la joie, c'est-à-dire la participation à la béatitude divine, dont bénéficie en cette vie le sage qui accède à la connaissance du troisième genre.

➤ Spinoza.

SARTRE

(Jean-Paul, 1905-1980.) Philosophe et écrivain français. Ancien élève de Normale Supérieure, il est d'abord professeur au Havre, puis à Paris. Il connaît la célébrité dès 1944, date à partir de laquelle il se consacre entièrement à son œuvre. Chef de file de l'existentialisme en France après avoir subi dans ses premiers textes l'influence de la phénoménologie, il fonde la revue *Les Temps modernes* en 1944. Romancier, dramaturge, critique littéraire et philosophe, il se voit attribuer en 1964 le prix Nobel, mais le refuse.

◆ Le point de départ de la philosophie existentielle de Sartre – qui s'accompagna à la fin des années 40 d'une véritable « mode », tant vestimentaire que littéraire – semble être la **« nausée »**, ce sentiment (ou malaise) qu'il attribue à son personnage romanesque Antoine Roquentin. Véritable sentiment ontologique*, la nausée révèle la contingence* de l'être des choses défini comme en-soi*, et l'absurdité de son existence qui ne saurait se justifier, alors que mon être m'apparaît comme un pour-soi*, avec la conscience, et surtout la liberté, qui le caractérise fondamentalement .

Certes, « il n'y a de liberté qu'en situation », laquelle est constituée de l'ensemble des conditions et facteurs antérieurs à l'acte libre, mais c'est le **projet** qui est à la **racine de la liberté**, dans la mesure où il donne une signification à la situation soit pour l'accepter, soit pour la modifier dans tel ou tel sens. Par mes projets, je suis également libre à l'égard de moi-même, car je crée ma nature et la remets en question par mes choix renouvelés. Tandis qu'une chose **est**, en conformité avec une essence donnée, l'homme **existe** (*ek-sistere :* sortir de), c'est-à-dire échappe, grâce à sa liberté absolue, aux déterminations naturelles qui ne manqueraient pas de le figer en objet : tel est le sens de l'existentialisme sartrien qui exprime cette primauté, chez l'homme, de l'existence sur l'essence.

◆ Cependant, ma **liberté** est constamment **menacée** par la présence d'autrui – qui existe comme sujet de même que moi –, par son regard qui me ravale au niveau des choses ou me néantise*. Le duel des consciences qui cherchent à s'asservir mutuellement entraîne l'échec de la communication avec l'autre. La dépendance aliénante à l'égard d'autrui trouve également son expression dans son « infernalité » – « l'Enfer, c'est les autres » *(Huis clos)* – ; elle n'est pourtant pas systématique, ne se produisant que si mes rapports avec autrui sont viciés, tordus ; alors je me vois et je me juge comme je crois que les autres me voient et me jugent, et je suis malheureux : « ma chute originelle, c'est l'existence de l'autre ».

La négation de la liberté peut également s'opérer dans l'illusion de l'essence : tel est le refuge trompeur dans un rôle social (exemple fameux du garçon de café) qui n'exclut pas la mauvaise foi, car nous le jouons à la façon d'une comédie. Plus grave est l'attitude de celui qui prétend essentialiser les autres en les réduisant aux fonctions qu'on leur assigne et en niant ainsi leur liberté (thème du salaud).

La morale sartrienne est fondée sur la liberté de l'homme **pleinement responsable**, et même responsable de toute l'humanité – car en se choisissant, il choisit pour les autres : choix volontairement seul (thème du délaissement) et choix engagé, politiquement.

◆ La philosophie politique de Sartre se précise (après une période de compagnonnage avec les théories communistes) dans son dernier grand ouvrage philosophique : la *Critique de la raison dialectique*. Alors que, dans *L'Être et le Néant*, l'homme n'est encore qu'une « passion inutile », c'est-à-dire un pour-soi dont l'aventure se solde finalement par l'échec et la mort, dans la *Critique*, en revanche, Sartre situe l'homme dans l'histoire et s'efforce de concilier le matérialisme dialectique* avec la liberté des consciences individuelles. La **praxis**, ou action des individus libres mais en situation, permet à l'homme englué dans le pratico-inerte* (matérialité des institutions et des faits quotidiens) de surmonter l'aliénation dont il est victime. La fusion nécessaire de ces praxis s'opérera dans la foule révolutionnaire – qui empêchera l'enlisement dans le pratico-inerte grâce à un projet collectif – dont la force organisatrice reposera sur le serment demandé à chacun. Dans la mesure où elle procédera de ce serment, expression de la liberté, l'autorité collective restera légitime.

◆ Sartre n'a cessé, depuis les années 40, de montrer l'exemple d'un engagement politique permanent pour les causes qui lui paraissaient garantir un accroissement de liberté dans le monde. Certains de ses choix furent confirmés par l'histoire (contre l'antisémitisme ou le colonialisme, pour la révolution algérienne), mais il en fut de plus douteux (appui systématique – même s'il fut passager – à toute politique s'affirmant « révolutionnaire », fascination pour le régime cubain) qu'il ne tardait pas lui-même à critiquer (ainsi, vice-président de France-U.R.S.S. en 1954, il quitte cette association deux ans plus tard après avoir condamné l'intervention soviétique en Hongrie). On lui a en conséquence reproché ses erreurs et ses revirements. Mais Sartre fut jusque dans ses dernières années (à travers les événements de mai-juin 1968 en France et l'aide qu'il apporta ultérieurement à des publications d'extrême gauche) le modèle de l'**intellectuel engagé** dans son siècle et ses contradictions – un peu à la façon d'un Voltaire au XVIIIe siècle. C'est d'abord à ce titre que sa présence et son action permanente fascinèrent un large public (à l'étranger comme en France) éventuellement peu familiarisé avec la philosophie.

Œuvres principales : *L'Imagination* (1936) ; *La Transcendance de l'ego* (1938) ; *Esquisse d'une théorie des émotions* (1939) ; *L'Imaginaire* (1940) ; *L'Être et le Néant* (1943) ; *L'existentialisme est un humanisme* (1945) ; *Réflexions sur la question juive* (1946) ; *Critique de la raison dialectique* (1960), différents volumes des *Situations*, dont *Qu'est-ce que la littérature ?*

Saussure

(Ferdinand de, 1857-1913.) Linguiste suisse qui, après des recherches sur les langues indo-européennes et un enseignement de linguistique historique, notamment à Paris, jeta les bases de la **linguistique** contemporaine par son cours de linguistique générale professé à Genève à partir de 1907.

◆ C'est à lui que l'on doit en effet les oppositions entre langue* et parole*, diachronie* et synchronie*, signifiant* et signifié*. En définissant la langue comme système de différences, il demande que l'on renonce aux recherches traditionnelles et oiseuses sur l'origine du langage pour se consacrer à l'étude, *hic et nunc*, du fonctionnement. Cette attitude influencera, outre la linguistique (où il faut attendre Chomsky* pour passer à un autre point de vue), la philosophie elle-même (Merleau-Ponty*) et les sciences humaines (Lévi-Strauss*, Lacan*), où elle sera une référence majeure pour le **structuralisme***.

Œuvre principale : *Cours de linguistique générale* (1916, reconstitué par des élèves).

SAVOIR

Synonyme général de la connaissance ou de la science (« savoir scientifique »). Ne devrait, au sens strict, s'utiliser que pour désigner un ensemble systématique de connaissances, éventuellement distinct de la science : ce serait alors la philosophie, et plus précisément, lorsqu'il est spécifié comme « savoir absolu », le but reconnu du système de Hegel*.

SCEPTICISME

Doctrine selon laquelle l'esprit ne peut atteindre la vérité. Le sceptique qui prétend qu'on ne peut rien connaître avec certitude, se contente de suspendre son jugement et adopte l'attitude du doute permanent et universel.

On peut distinguer – avec Hegel* – le **scepticisme antique** (les sophistes*, Pyrrhon*), qui doute de la validité de nos connaissances relatives au monde extérieur, et le **scepticisme moderne** qui, depuis Hume*, nie la possibilité d'atteindre l'absolu de la connaissance métaphysique et, se confondant avec l'agnosticisme* et le positivisme*, admet, contrairement au premier, la possibilité d'une connaissance scientifique du monde extérieur.

➤ DOGMATISME, PYRRHONISME, RELATIVISME.

SCHELER

(Max, 1874-1928.) Philosophe allemand. D'origine israélite, il est baptisé très jeune, et une certaine conception du catholicisme, qui accorde la plus grande importance au cœur et à la grâce, influence son parcours à partir de 1906.

◆ De la phénoménologie*, il retient la nécessité d'une **réflexion** sur les **intuitions**, dont la vérité ne se révèle que si l'esprit, délivré du vouloir et d'une visée pragmatiste sur la nature, redevient capable de s'ouvrir au monde et de reconnaître les choses dans leur mode d'être particulier. La connaissance ultime coïncide avec l'amour de Dieu, et fonde, entre les personnes, la sympathie*.

◆ Scheler critique l'interprétation kantienne, jugée trop formaliste, du devoir (*Le Formalisme en éthique et l'éthique matérielle des valeurs*, 1916). Il considère que les états affectifs, intentionnels en eux-mêmes, saisissent des valeurs indépendantes de la seule subjectivité. Ces dernières donnent sens aussi bien à l'action qu'aux objets, et s'organisent hiérarchiquement, du couple agréable-désagréable aux valeurs religieuses en passant par les valeurs vitales et les valeurs spirituelles. Les **valeurs morales** sont indépendantes de cette hiérarchie : à chaque niveau, ce sont elles qui permettent de réaliser ce qui est le plus noble. Scheler décrit très subtilement des expériences morales diverses, néanmoins proches des valeurs sociales ou culturelles.

◆ C'est dans *Nature et formes de la sympathie* (1923) qu'il montre comment les vécus d'autrui deviennent objets : la connaissance d'autrui ne s'instaure pas sur l'analogie avec le moi, car la **sympathie** (ou l'amour, ou la haine) permet une compréhension lucide d'un sujet extérieur. Elle doit également comprendre les communautés, au même titre que les individus : Scheler, affirmant une relation fondamentale entre la personne et la communauté où elle se déploie dans une solidarité avec les autres, cherche à analyser les idées comme des expressions de classes ou de périodes, et apparaît comme un des pionniers de la sociologie de la connaissance.

AUTRES ŒUVRES : *L'Homme du ressentiment* (1923) ; *La Situation de l'homme dans le monde* (1928) ; *Le Sens de la souffrance* (1936).

SCHELLING

(Friedrich Wilhelm Joseph von, 1775-1854.) Philosophe allemand. Il est à Tübingen le condisciple de Hegel, qui sera plus tard son « rival abhorré », et dont le système masque souvent – au moins en France – les analyses subtiles. D'abord influencé par Fichte*, il s'interroge sur la possibilité de concevoir la philosophie comme science, et tente dans cette optique d'aller au-delà du criticisme de Kant*. L'absolu lui apparaît initialement sous l'aspect du moi, saisi dans sa double capacité à se poser lui-même et à poser en face de lui l'ensemble de ce qui existe.

◆ Passant à partir de 1801 **de l'idéalisme du moi à l'idéalisme de la nature,** il affirme leur identité : le monde de l'esprit et le monde de la nature, que la conscience ordinaire croit devoir opposer, n'en font, philosophiquement parlant, qu'un, parce que c'est une force unique (assez comparable à la « nature naturante » de Spinoza, que Schelling a beaucoup lu) qui forme la nature et s'exprime dans l'univers spirituel. Dans une telle approche, l'art occupe une place de choix : grâce à sa nature symbolique, il peut devenir représentation de la philosophie.

◆ En 1809, Schelling fait paraître ses ***Recherches sur la liberté humaine,*** qui inaugure une autre étape de sa philosophie, en rappelant que la liberté est pouvoir de choisir le mal, qui, plus qu'un manque ou défaut, est une « perversion positive ». Cela l'amène à concevoir Dieu comme coexistence éternelle de lumière et de ténèbres, qui autorise l'émergence d'une histoire, dont Schelling, dans *Les Âges du monde* (1815), voudrait percer le mystère. Ce dernier réside dans la Création, à partir de laquelle la nature « désire » Dieu, vers lequel l'homme doit la ramener.

La religion vise ainsi à retrouver l'unité « de notre être et de l'Être ». La philosophie elle-même, considérée comme « l'antidote du péché » (Jankélévitch), s'efforce de surmonter « la dislocation de l'équilibre originel » et de retrouver les synthèses enfuies, à commencer par celle du moi et de la nature.

Offrant de l'idéalisme allemand une autre version que celle promue par Hegel, la philosophie de Schelling sera saluée par Kierkegaard* et par Heidegger*. C'est qu'elle préfigure certains aspects de la pensée existentielle, dans la mesure où elle tente de penser l'irruption première de l'existence sans la fixer dans une essence dépendant de Dieu.

AUTRES ŒUVRES : *Premiers Écrits* (1794-1795) ; *Idées pour une philosophie de la nature* (1797) ; *Philosophie de l'art* (1803) ; *Philosophie et religion* (1804).

SCHÉMA

Figure simplifiée représentant les éléments et articulations essentiels d'un objet, d'un mécanisme, d'un raisonnement, etc., qui peut intervenir soit pour exprimer brièvement des connaissances déjà acquises, soit pour faciliter l'invention.

Bergson* nomme plus précisément **schéma dynamique** l'état d'esprit orienté qui intervient dans le rappel d'un souvenir, la compréhension d'un texte ou l'invention : des éléments antérieurs y sont organisés pour se trouver au service de l'action.

SCHÉMATISME

Ce terme n'a de sens philosophique propre que dans la formule : « schématisme des concepts purs de l'entendement », qui désigne chez Kant* la fonction intellectuelle par laquelle les concepts purs de l'entendement, comme tels inapplicables à des objets de l'expérience, sont remplacés, pour que cette application devienne possible, par des **schèmes** – intermédiaires entre l'entendement et la sensibilité. C'est par exemple une telle schématisation qui produit les concepts mathématiques : puisque aucune image sensible ou aucun dessin du triangle ne peut correspondre à son concept, « le schème du triangle ne peut exister que dans la pensée ».

SCHIZOPHRÉNIE

(Du grec *schizein* : fendre, et *phrén-* : esprit.) Terme mis au point par Bleuler en 1911 pour nommer plus précisément l'ancienne « démence précoce ». Le malade est séparé du réel dans la mesure où son rapport aux choses et aux êtres est perturbé, mais aussi parce qu'il peut, dans les cas les plus graves, finir par perdre tout schéma corporel et ne plus reconnaître son propre visage dans un miroir. Le schizophrène privilégie le monde intérieur sur les relations sociales : incapable d'assurer un travail régulier, il s'isole de plus en plus nettement dans son univers, sans même chercher à le faire connaître.

◆ On a pu affirmer que la schizophrénie était la maladie mentale du XXe siècle, notamment parce qu'elle semble devenir fréquente, non seulement dans les pays industrialisés, mais également dans les pays en voie de développement (où les individus sont en particulier confrontés aux normes de deux cultures divergentes). On lui a cherché en vain des causes physiologiques ; il semble qu'elle puisse avoir pour origine une carence affective dans l'enfance du sujet – mais elle est de plus en plus perçue comme un indice fondamental de mal être social.

L'antipsychiatrie* admet en particulier que le réputé schizophrène pourrait bien être le seul individu radicalement « sain », puisque sa rupture par rapport aux exigences de la société signifierait d'abord son refus de les accepter, comme insupportablement aliénantes.

➤ DELEUZE.

SCHLEIERMACHER

(Friedrich, 1768-1834.) Philosophe et théologien allemand. Il développe une philosophie **romantique** de la religion laquelle, selon lui, ne relève ni de la connaissance, ni de l'action, mais de l'intuition et du sentiment. Il s'agit de l'intuition et du sentiment de l'Univers et de son Unité. Toute religion procède du « sentiment de l'Infini », à partir du fini, et de l'Éternel, à partir du temporel.

Les concepts religieux et les dogmes sont secondaires : les religions particulières ont certes des intuitions distinctes de l'Univers, mais, ce faisant, elles expriment, chacune à sa manière, l'essence de la religion.

Sur le plan esthétique, Schleiermacher affirme que la production effective de l'œuvre d'art compte moins que le caractère spirituel de son élaboration, qui permet de manifester l'originalité et l'indépendance de la conscience.

ŒUVRE PRINCIPALE : *Discours sur la religion* (1799).

SCHOPENHAUER

(Arthur, 1788-1860.) Philosophe allemand né à Dantzig. Il passe une partie de sa jeunesse à voyager en Europe, notamment en France et en Angleterre. Sa formation philosophique doit beaucoup à Platon*, à Kant* et au livre sacré de l'Inde, les *Upanishad.* De 1820 à 1831, il enseigne à l'université de Berlin, puis il se retire définitivement à Francfort où il poursuit l'élaboration de son œuvre.

◆ En premier lieu, « le monde est ma représentation », mais représentation illusoire, car il est perçu à travers le « voile de Maya », ce tissu de phénomènes soumis aux formes *a priori* de l'espace et du temps, comme l'affirmait Kant*. Substituant aux catégories kantiennes le *« principe de raison »* sous ses quatre aspects (causalité, lois logiques, lois mathématiques et motivations) Schopenhauer se distingue surtout de Kant lorsqu'il prétend que nous pouvons atteindre la chose en soi ; cette réalité nouménale, il va la découvrir grâce à une expérience intime, celle que nous révèle notre organisme qui nous permet de vivre ce qu'est la tendance, le désir, la volonté, en un mot, le *« vouloir-vivre »* qui sera élevé à la dignité de principe métaphysique. Ce vouloir-vivre, placé à l'origine de toutes les formes d'existence et conçu comme l'essence de l'univers, constitue la « clef de l'énigme du monde ». Ainsi le monde n'est pas seulement « représenté » dans l'apparence, il existe aussi comme « volonté ».

La volonté – qui fait que chaque être tend « à persévérer dans son être » selon l'expression de Spinoza* – est une puissance aveugle qui travaille sans but et sans repos, d'où l'absurdité fondamentale du monde. Le désir qui est l'expression consciente du vouloir-vivre, est vécu comme manque et engendre la souffrance qui seule est positive – tandis que le plaisir, né de la satisfaction d'un besoin, se réduit à une simple transition entre deux souffrances (le manque et la satiété). L'égoïsme de chaque individu en lequel s'opère le vouloir-vivre conduit d'ailleurs à la guerre.

Mais en fait l'intelligence réalise un artifice quand elle sépare ou individualise le vouloir-vivre et quand elle le situe dans une illusoire succession temporelle, puisque le temps n'est pas une chose en soi, contrairement à ce que pensent Hegel* et les philosophes de l'Histoire. Le vouloir-vivre se déploie dans une sorte d'éternel présent, ainsi que le suggère notamment l'immutabilité des espèces vivantes. À cet égard, l'amour des sexes est, chez l'être humain, une duperie quand il prétend faire intervenir des motivations « objectives » (rôle attribué à la beauté dans le choix du partenaire) alors qu'il obéit secrètement au vouloir-vivre qui, par-delà les individus, tend à la reproduction de l'espèce avant tout.

◆ Le salut pour l'homme consiste à s'affranchir du vouloir-vivre et donc de la douleur qui en est l'expression. La solution peut être trouvée dans l'*art*, qui transforme en spectacle l'objet du désir ; la contemplation esthétique désintéressée arrête « la roue du temps » (la musique surtout) et nous arrache à la douleur. Mais la libération est fugitive car elle ne supprime pas le vouloir-vivre. En faisant tomber la barrière de l'individualité et de l'égoïsme, la morale, celle de la *pitié* – « principe réel de toute justice spontanée et de toute vraie charité » – opérera plus sûrement l'affranchissement à l'égard du vouloir-vivre dont la négation trouvera son achèvement dans la résignation et l'ascétisme, selon la conception bouddhique du salut qui préconise la fusion dans le néant, dans le Nirvâna. C'est cette négation finale de l'individu qui vaudra à Schopenhauer – d'abord lu avec admiration – les sarcasmes violents de Nietzsche*.

ŒUVRES PRINCIPALES : *La Quadruple Racine du principe de raison suffisante* (1813) ; *Le Monde comme volonté et comme représentation* (1818) ; *Les Deux Problèmes fondamentaux de l'éthique* (1841) ; *Parerga et Paralipomena* (1851).

➤ PESSIMISME, VOLONTÉ.

SCIENCE, ESPRIT SCIENTIFIQUE, SCIENTISME

◆ Toute connaissance rationnelle élaborée à partir de l'observation, du raisonnement ou de l'expérimentation est appelée **science.** Elle s'oppose notamment à l'opinion ou à la connaissance immédiate. L'objet de la science est ainsi de découvrir et d'énoncer des lois* auxquelles obéissent les phénomènes et de les rassembler dans des théories*.

Désigne au singulier (« une science ») un ensemble de connaissances se rapportant à un domaine défini (la physique, la biologie) ; ou, lorsqu'on évoque **la** science, l'ensemble des sciences positives.

La philosophie a pris depuis longtemps pour tâche de réfléchir sur les méthodes propres à chaque science (méthodologie*) aussi bien que sur les enjeux ou les présupposés de la science en général : c'est alors l'épistémologie*, qui peut également être pratiquée par les scientifiques eux-mêmes.

◆ L'interprétation vulgaire de l'expression **« esprit scientifique »** désigne traditionnellement la déontologie* du savant qui dans l'exercice de sa profession doit posséder d'une part des **qualités morales** (désintéressement, probité) et, d'autre part, des qualités **intellectuelles** (curiosité intellectuelle, esprit critique, esprit de soumission aux faits, sens du problème et croyance aux principes directeurs de la science).

Or l'épistémologie* contemporaine observe que la rationalité du savant ne consiste pas à respecter – dans l'exercice d'une méthode rigoureuse et universelle – les lois du fonctionnement général de l'esprit indépendamment de tout contexte culturel, car il n'y a pas de Raison immuable. Les conditions d'intelligibilité variant d'une époque à l'autre, l'esprit scientifique désignera précisément l'ensemble des catégories mentales ou le corps de concepts – valides à une époque historique donnée – que le savant sera amené à utiliser dans sa pratique d'homme de science : c'est en ce sens que Bachelard* parle de « nouvel esprit scientifique ». Le caractère transitoire du corps de concepts formant le contenu de l'esprit scientifique du moment est souligné par l'invitation faite au savant de se livrer à un travail négatif de **rectification** du savoir précédent, si bien que le progrès de la connaissance scientifique est lié à la notion de rupture épistémologique.

◆ On entend par **« scientisme »** l'attitude dogmatique qui – dans le prolongement du mouvement positiviste du XIXe siècle – faisait de la science un système clos et absolu capable de résoudre tous les problèmes qui se posent à l'homme. C'est ainsi que le chimiste Marcelin Berthelot (1827-1907) assignait aux sciences la mission d'organiser les sociétés humaines, et que Renan (1823-1892), animé d'une foi profonde dans le progrès du savoir rationnel, prophétisait l'époque où la science se substituerait à la philosophie, à la religion et à la poésie : le « merveilleux de la nature » une fois dévoilé par la science « constituera une poésie mille fois plus sublime » que le « merveilleux de la fiction ».

◆ On nomme **sciences humaines** les disciplines qui ont pour objet exclusif l'homme dans ses différentes dimensions (histoire*, sociologie*, psychologie*, ethnologie*, etc.). Leur prétention à l'indépendance relativement à tout postulat philosophique, pour mieux affirmer leur scientificité, a pu faire momentanément admettre que la philosophie voyait se restreindre ses possibilités de réflexion sur l'homme et devenait à la limite impossible. Il appartient au contraire à la philosophie d'apprécier la réalité de leur autonomie, reprenant de surcroît son projet permanent (de Socrate* à Hegel*) d'englober comme matériau d'une pensée réflexive la diversité des connaissances partielles (cf. classification).

➤ POSITIVISME.

SCOLASTIQUE

Nom sous lequel on désigne la philosophie médiévale « de l'École », c'est-à-dire telle qu'elle était enseignée dans les écoles ecclésiastiques et les universités européennes du IXe au XVIIe siècle environ. Malgré la diversité de ses auteurs et de ses courants, la scolastique se caractérise par son rattachement à la théologie (son problème majeur étant de concilier la foi et la raison, c'est-à-dire la Bible et Aristote* – seul philosophe grec d'abord reconnu), par l'importance qu'on y accorde au raisonnement mis en forme (syllogisme*) et à la lecture des auteurs anciens (ce qui débouche sur le principe d'autorité*).

◆ On peut distinguer, chronologiquement, une scolastique primitive (IXe-XIIe siècle) qui, n'ayant recueilli d'Aristote que de vagues échos, est surtout influencée par le néo-platonisme et saint Augustin ; la grande scolastique (XIIIe siècle) qui redécouvre un Aristote plus authentique et plus complet, ainsi que ses interprètes alexandrins, par l'intermédiaire des éditeurs et commentateurs juifs ou arabes ; la scolastique tardive, qui finira par être discréditée à force de raffiner dans les discussions abstraites et laissera place à la philosophie « moderne », notamment avec Descartes*.

Volontiers traitée de « faillite » (L. Rougier) ou de philosophie bâtarde en raison de sa double référence au christianisme et à la pensée grecque, la scolastique n'en a pas moins influencé la problématique de toute la philosophie ultérieure – ne serait-ce qu'en faisant de Dieu une présence ou une question obligatoire dans tout système.

◆ C'est en raison des caractères caricaturaux de la scolastique tardive que l'adjectif est volontiers utilisé pour qualifier péjorativement un raisonnement inutilement complexe ou sophistiqué, ou une pensée qui se scléroserait en révérant son fondateur sans se renouveler et s'éloignerait ainsi de plus en plus du réel (on a ainsi évoqué, d'un point de vue polémique, une scolastique freudienne ou marxiste).

➤ SAINT ANSELME, SAINT AUGUSTIN, DUNS SCOT, SAINT THOMAS, UNIVERSAUX.

SECTE

D'acception souvent péjorative, la secte est constituée par un groupe d'individus qui professent une doctrine différente

LES ÉTAPES DES

	ETHNOLOGIE	HISTOIRE	SOCIOLOGIE
1850	1871 Tylor, *La Culture primitive*	1856-1885 Mommsen *Histoire romaine* 1864 Fustel de Coulanges *La Cité antique*	
1875	1877 Morgan, *La Société archaïque* 1890 Frazer, *Le Rameau d'or*	1883 Dilthey *Introduction à l'étude des sciences humaines*	1877-1896 Spencer *Principes de sociologie* 1894 Durkheim *Les Règles de la méthode sociologique*
1900	1910 Lévy-Bruhl *Les Fonctions mentales dans les sociétés inférieures* 1922 Malinowski *Les Argonautes du Pacifique occidental* 1922 Lévy-Bruhl *La Mentalité primitive*		1920 *Weber* *L'Éthique protestante et l'esprit du capitalisme*
1925	1926 Mauss, *Essai sur le don* 1936 Leroi-Gourhan *La Civilisation du renne* 1947 Mauss *Manuel d'ethnographie* 1949 Lévi-Strauss *Les Structures élémentaires de la parenté* (⟶ **Structuralisme**)	1929 Fondation des *Annales d'histoire économique et sociale* par Marc Bloch et Lucien Febvre (⟶ **« École des Annales »**) 1938 Aron *Introduction à la philosophie de l'histoire* 1941 Dumézil *Jupiter, Mars, Quirinus* 1949 Braudel *La Méditerranée et le monde méditerranéen à l'époque de Philippe II*	
1950	1952 Radcliffe-Brown *Structure et fonction dans la société primitive* 1953 Eliade, *Aspects du mythe* 1957 Balandier, *Afrique ambiguë* 1958 Lévi-Strauss *Anthropologie structurale* 1964 Malson *Les Enfants sauvages* 1964-1971 Lévi-Strauss *Mythologiques I, II, III, IV*	1961 Foucault *Histoire de la folie à l'âge classique* 1966 Foucault *Les Mots et les Choses* 1968 Moscovici *Essai sur l'histoire humaine de la nature*	1957 Barthes, *Mythologies* 1968 Baudrillard *Le Système des objets*
1975			

SCIENCES HUMAINES

ÉCONOMIE POLITIQUE	PSYCHOLOGIE/PSYCHANALYSE	LINGUISTIQUE
1851-1854 Comte *Système de politique positive*		
	1860 Fechner *Éléments de psychophysique*	
1867 Marx, *Le Capital* (livre I)	1870 Ribot *La Psychologie anglaise contemporaine* 1873-1874 Wundt *Éléments de psychologie physiologique* 1878 W. James, *Principes de psychologie* 1879 Ribot *La Psychologie allemande contemporaine*	
	1889 Janet *L'Automatisme psychologique*	
1896-1897 Pareto *Cours d'économie politique*		
	1900 Freud *L'Interprétation des rêves* 1903 Pavlov, *Les Réflexes conditionnels* 1905-1908 Binet *L'Échelle métrique de l'intelligence* 1912 Freud, *Totem et tabou*	1915 Saussure *Cours de linguistique générale*
1916 Lénine *L'Impérialisme, stade suprême du capitalisme*	1913 Watson *La Psychologie du comportement* **(= behaviorisme)** 1917 Köhler *L'Intelligence des singes supérieurs* (**= Gestalttheorie** ou **psychologie de la forme)** 1916-1917 Freud *Introduction à la psychanalyse*	1921 Sapir, *Le Langage*
	1930 Freud *Malaise dans la civilisation*	1931 Jakobson *Principes de phonologie historique* 1933 Bloomfield *Le Langage*
1936 Keynes *Théorie générale de l'emploi, de l'intérêt et de la monnaie*		1939 Troubetzkoy *Principes de phonologie* **(⟶ « Cercle de Prague »)**
	1941 Wallon *L'Évolution psychologique*	1943 Hjelmslev *Prolégomènes à une théorie du langage* **(⟶ « Cercle de Copenhague »)**
		1955 Martinet *L'Économie des changements phonétiques*
	1957 Piaget (sous la direction de) Premier volume des *Études de psychologie génétique* **(= épistémologie)** 1960 Zazzo *Les Jumeaux, le couple, la personne* 1963-1966 Fraisse et Piaget *Traité de psychologie expérimentale* 1966 Lacan, *Écrits*	1957 Chomsky *Les Structures syntaxiques* **(⟶ « Grammaire générative »)** 1960 Martinet *Éléments de linguistique générale* 1963 Jakobson *Essais de linguistique générale* (trad. fr.) 1966 Chomsky *La Linguistique cartésienne* 1966 Benveniste *Problèmes de linguistique générale*
1968 Althusser et Balibar *Lire le Capital*	1969 Lorenz, *L'Agression* 1971 Cooper, *Mort de la famille* **(= antipsychiatrie)** 1972 Deleuze et Guattari *L'Anti-Œdipe* 1976 Bettelheim *Psychanalyse des contes de fées*	

de la doctrine jugée orthodoxe et majoritaire. C'est le cas par exemple des hérétiques en matière de religion ; mais lorsqu'elle s'institutionnalise et prend de l'ampleur, la secte finit par constituer une Église : tel fut le destin, notamment, des Églises protestantes.

Comme le montre Durkheim*, c'est d'abord au « système de forces collectives » représentées par la secte que veut participer l'adepte, avant de se rallier à la doctrine elle-même.

➤ DURKHEIM, RELIGION.

SÉCURITÉ

◆ La véritable sécurité est, pour le sage, la paix intérieure **(Spinoza*),** l'absence de crainte, c'est-à-dire l'absence d'inquiétude d'un danger ou d'un mal à venir.

◆ Cependant, dans la vie sociale, la sécurité demeure une exigence pour tous et dépend de l'État, selon Spinoza lui-même : « les infractions effectives aux lois sont bien plus imputables aux défauts d'un État donné qu'à la méchanceté des hommes ».

La société doit ainsi garantir la sécurité de ses membres, car celle-ci est « le plus vital de tous les intérêts ». Comment pourrions-nous attacher du prix à un plaisir durable, se demande **Stuart Mill***, si nous risquons d'être dépouillés à l'instant suivant de ce que nous possédons, par quiconque serait plus fort que nous ?

Mais la sécurité n'a pas que des vertus. Elle risque d'exposer au découragement l'activité des uns et des autres. Elle serait même, pour **Nietzsche,** un signe de décadence.

SÉMANTIQUE

Le substantif désigne la partie de la linguistique qui s'occupe de la signification* des mots – soit d'un point de vue historique, soit d'un point de vue synchronique.

L'adjectif s'applique à tout ce qui concerne la signification des mots.

SÉMIOLOGIE, SÉMIOTIQUE

◆ Étymologiquement, la **sémiologie** est la science des signes – et le premier usage du terme fut médical : il désigne alors l'étude des symptômes. Mais Saussure* en prévoyait la constitution comme « science des **signes** au sein de la vie sociale... (qui) nous apprendrait en quoi consistent les signes, quelles lois les régissent », une telle science ayant un domaine plus vaste que la stricte linguistique.

R. Barthes* en a précisé les méthodes, affirmant que « toute culture tombe sous le coup d'une science des significations » et que « les objets les plus utilitaires en apparence – la nourriture, le vêtement, le logement – et à plus forte raison ceux qui ont le langage comme support, comme la littérature – bonne ou mauvaise – les récits de presse, la publicité, etc., appellent une analyse sémiologique » ; mais il semble avoir ensuite renoncé à en poursuivre le développement. Depuis quelques années, la **sémiotique** en a pris la suite.

◆ Son fondateur, le logicien américain Charles S. Pierce, entendait étudier tous les systèmes de signes créés par l'homme, indépendamment – du moins à l'origine – du modèle linguistique. De nos jours, la sémiotique s'intéresse surtout aux rapports qu'entretiennent signes et symboles (au sens le plus large) avec l'inconscient et la production littéraire. Le terme est en français souvent synonyme de sémiologie et désigne parfois une sémiologie particulière (sémiologie de l'image, par exemple).

SÉNÈQUE

(4 av. J.-C.-66.) Homme politique et philosophe romain né à Cordoue en Espagne. Brillant avocat, il fut exilé en Corse de 41 à 49 avant de revenir à Rome pour être le précepteur puis le ministre de Néron, qui finit par le disgracier et lui ordonna de se suicider.

La morale stoïcienne que développe Sénèque s'applique pour une large part à la pensée et à l'action politiques : dans la lutte contre les passions humaines – sources de tous les maux –, le souverain a un rôle déterminant à jouer pour le maintien de l'ordre et par l'exemple de la sagesse qu'il doit offrir à ses sujets.

ŒUVRES PHILOSOPHIQUES PRINCIPALES : *De la constance du sage ; De la tranquillité de l'âme ; Lettres à Lucilius.*

SENS

Terme aux acceptions multiples, il désigne en psychologie et en physiologie une fonction psycho-physiologique qui, en contact avec des stimuli spécifiques, permet d'éprouver les sensations propres à un organe récepteur. Les cinq sens sont classiquement (depuis Aristote) la vue, l'ouïe, l'odorat, le goût et le toucher, bien que les recherches contemporaines aient distingué dans le premier et le dernier notamment, des sensations hétérogènes.

Par extension, signifie au pluriel les besoins de l'existence animale, en particulier les désirs sexuels.

◆ Faculté de connaître de façon immédiate (cf. intime), généralement tenue pour bien orientée (bon sens, avoir le sens du comique...) et s'appliquant particulièrement aux problèmes pratiques de l'existence.

Sens moral : synonyme de conscience* morale lorsqu'elle est admise comme innée.

Synonyme de signification*.

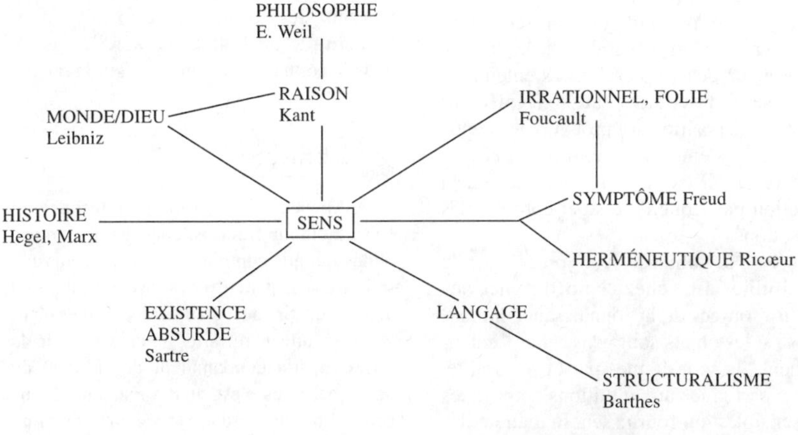

SENS COMMUN

La première acception de la formule, qui dérive d'Aristote*, est d'origine scolastique* et désigne l'organe central (et la fonction correspondante) qui, d'une part, surmonte la diversité sensorielle et combine les impressions pour constituer l'unité de l'objet perçu, et qui, d'autre part, conservant les images, est apte à retrouver à partir d'éléments partiels les données sensorielles absentes relatives à l'objet. De là, on passe au sens intellectuel – et vulgaire – de l'expression : le sens commun devient l'aptitude à avoir du bon sens et à juger selon les normes traditionnelles, fréquemment liées à l'exercice d'une raison grossière et spontanément complaisante à l'égard du milieu culturel.

➤ BON SENS.

SENSATION

Donnée brute et élémentaire provoquée par une excitation physiologique, c'est-à-dire par la modification d'un sens externe ou interne. Jamais donnée à la conscience en tant que telle, la sensation est théoriquement la matière première et la condition nécessaire de toute perception. Elle enveloppe – en proportion variable – une tonalité affective et des éléments représentatifs. D'où la distinction courante entre sensations **représentatives** à vocation cognitive (couleurs, formes, sons et impressions tactiles), et sensations **affectives** plus subjectives (cénesthésie, sensations algiques, sensations de plaisir, etc.).

➤ PERCEPTION, SENSIBILITÉ.

SENSIBILITÉ

En physiologie, elle est synonyme d'excitabilité et désigne la propriété qu'ont les tissus vivants de recevoir des impressions de l'extérieur et d'y réagir d'une manière spécifique.

Pour le psychologue, la sensibilité qui, sur le plan général, est la faculté d'éprouver des impressions, s'entend en deux sens différents : au sens **affectif,** c'est la disposition à éprouver des sentiments et des émotions ; au sens **représentatif** (et aussi passif), la sensibilité est la fonction par laquelle le sujet éprouve des sensations.

◆ Du point de vue précédent, la sensibilité est, chez **Kant***, une des « deux sources de la connaissance humaine » ; si les objets sont pensés par l'entendement, ils sont donnés par la sensibilité, d'une part grâce aux intuitions empiriques ou sensibles qui fournissent la matière des phénomènes, et d'autre part grâce aux intuitions pures, ou formes *a priori,* de la sensibilité (espace et temps) qui prédéterminent le cadre dans lequel cette matière est ordonnée.

SENSUALISME

Nom donné – avec une connotation péjorative fréquente – à l'empirisme* radical de Condillac* ou théorie de la « sensation transformée » : d'après cet auteur, toutes nos connaissances et facultés trouveraient leur origine dans la sensation qui, rencontrant d'autres sensations et se transformant avec elles, engendrerait finalement – avec le concours privilégié du langage – toutes nos fonctions intellectuelles, selon le célèbre apologue de la « statue ».

➤ CONDILLAC.

SENTIMENT

État affectif en général, par opposition à la connaissance ; de façon plus stricte, émotion ayant des causes morales ou spirituelles plutôt qu'immédiatement organiques (sentiment religieux, esthétique).

Sens ancien : synonyme de conscience*, d'où : connaissance immédiate et intuitive ; opinion ou avis (« mon sentiment est que... »).

Au sens moral, inclination altruiste. Les **morales du sentiment** postulent ainsi l'antériorité de l'altruisme sur l'égoïsme, et de la connaissance intuitive sur la raison.

SERRES

(Michel, né en 1930.) Philosophe et épistémologue français. Concevant le travail philosophique comme « une dure navigation solitaire », sans maîtres ni disciples, il prend acte de la fin des grandes idéologies pour affirmer une « retraite » nécessaire de la réflexion, indépendamment de l'État et du politique. Mais c'est qu'il appartient à une génération élevée dans la violence de l'histoire européenne. Dès lors, il s'agit de « repenser les conditions de la connaissance, du pouvoir, de la science, pour aller au-delà » d'une « histoire débile » et débilitante sanctionnée par Hiroshima.

◆ La réflexion sur la science contemporaine ne peut que constater en particulier son articulation avec le pouvoir (intra ou extrascientifique) et l'aide qu'elle apporte plus ou moins volontairement à la **thanatocratie :** il est alors essentiel de réfléchir sur le « passage » qui peut unir les idées scientifiques les plus rigoureuses et ce que nous pouvons savoir de l'homme. Cette réflexion n'a plus à être hiérarchisante ou centralisatrice : au savoir organisé autour d'un point ou d'un concept central (tel que le concevait l'*Encyclopédie**) doit succéder une conception plus « leibnizienne » de l'espace de la connaissance, où les traductions d'un savoir à l'autre, d'une théorie à une œuvre d'art, d'un langage à une pratique, ne valent que ponctuellement, en dehors de toute possibilité d'unification-conception par rapport à laquelle l'épistémologie de Bachelard* paraît encore trop proche du positivisme*.

◆ M. Serres, tenant compte de l'importance qu'ont dans l'univers contemporain les techniques de communication, mène son travail sous le signe d'Hermès, abandonnant la survalorisation de la production* au profit des notions d'échange, de mélange, de parasitisme, de multiple, de chaos même : « Il ne peut y avoir de vérités que selon des territoires locaux, des singularités. »

Ce **pluralisme** – magistralement appliqué dans des études sur la science, la bande dessinée, la peinture ou la littérature – doit être distingué d'un banal scepticisme* : il affirme que les vérités sont plurielles – alors que pour le sceptique il n'y a pas de vérité du tout – et que « la culture est désormais l'avenir de la science ».

Œuvres principales : *Hermès I à V ; Esthétiques sur Carpaccio* (1975) ; *Le Parasite* (1979) ; *Genèse* (1982) ; *Rome, le Livre des fondations* (1983) ; *Les Cinq Sens* (1985) ; *Le Contrat naturel* (1990).

SEXUALITÉ

Ensemble des phénomènes organiques et psychiques liés à l'exercice des fonctions sexuelles. La sexualité humaine se distingue de l'animale en ce qu'elle n'est pas obligatoirement liée à la reproduction.

◆ Pour Freud*, la sexualité, qui est la forme principale de la pulsion de vie et dont l'inscription dans le psychisme constitue l'objet de la psychanalyse, commence dès la naissance et s'exprime de diverses façons indépendamment des seuls organes génitaux, notamment par l'excitation des zones érogènes ; son développement normal durant l'enfance passe par un certain nombre de **stades,** caractérisés par un équilibre relatif et temporaire entre la maturation de la pulsion et les attitudes du milieu familial et social (stade oral, anal ou sado-masochiste, œdipien, période de latence, sexualité génitale), dont la succession, plus ou moins heureuse et éventuellement perturbée, définit la structure de l'inconscient de l'individu et peut être pathogène.

➤ Éros, libido, Œdipe (complexe d'), pulsion.

SIGNE

◆ Perception déterminant une information qui concerne quelque chose de non directement perçu ou perceptible (par exemple, la sirène comme signe d'incendie).

◆ Geste ou attitude communiquant un désir ou un ordre (faire signe de venir) ou, plus généralement, un état affectif (un signe amical).

◆ Liaison entre une signification* et un élément (phonique ou graphique) de communication. Exemple : l'image ou le nom par rapport à l'objet désigné.

On peut distinguer les signes naturels (le rapport à la chose signifiée dépend des seules lois de la nature : la fumée comme signe du feu) des signes artificiels ou conventionnels.

➤ arbitraire, signifiant, signifié.

SIGNIFIANT

Désigne en **linguistique,** depuis F. de Saussure, la forme phonique (sensible) ou « image acoustique » du signe* linguistique.

SIGNIFICATION

Sens* lié à un signe ou groupe de signes particuliers, que ces derniers soient naturels ou artificiels.

SIGNIFIÉ

Terme introduit en **linguistique** par F. de Saussure pour désigner, dans son alliance avec le signifiant*, ce que l'on nomme traditionnellement le concept* tel qu'il est énoncé par le signe ou mot. La relation du signifié au signifiant est arbitraire* dans chaque langue.

SILENCE

Ce n'est pas l'absence de bruit qui constitue le silence au regard de la philosophie, mais l'absence ou l'abolition de la parole. Le silence, apanage de la **nature,** est rompu par la **culture,** c'est-à-dire par l'apparition du langage. Il comporte des degrés : du point zéro du langage (silence absolu) au discours philosophique (suppression du silence) en passant par les différentes formes du discours non philosophique. Si le silence renvoie à l'inintelligibilité, certaines conséquences en découlent : par exemple, parler pour ne rien dire est alors un aspect du silence et – à la limite – dans l'hypothèse où le langage serait conçu comme inadéquat au réel, nous serions condamnés à nous taire et à désigner du doigt les objets.

◆ Le silence peut être l'expression paradoxale de ce qu'il y a d'inhumain dans l'homme : d'une part, notamment, le « silence de l'innommable » (Grimaldi) et de l'incommunicable qui caractérise l'aliénation mentale, et, d'autre part, le « silence » de la *violence* – dont le déroulement est incompatible avec la conscience et la logique – qui fait basculer celui qui s'y livre dans un monde où le langage ne peut plus avoir cours ; le silence devient alors « l'abstention de toute communication avec les autres hommes » (E. Weil).

◆ Mais il y a aussi l'expérience positive d'une certaine qualité de silence non dépourvue de richesse. Au-delà de l'expérience métaphysique du silence générateur éventuel d'angoisse – « le silence des espaces infinis m'effraie » (Pascal) – il convient d'observer l'expérience intérieure enrichissante du silence : lié à la prière, à l'ascétisme* et à la solitude, le silence conçu comme l'enveloppe d'une présence cachée, est pour les mystiques, le chemin de la rencontre avec l'Autre et avec Dieu.

SIMPLE

Qualifie ce qui est indécomposable, soit comme substance (la monade de Leibniz*) soit comme objet de connaissance (les « natures simples » de Descartes* : figure, mouvement, étendue), soit comme corps naturel (les corps simples en chimie).

Peut aussi désigner ce qui est d'un accès facile ou, plus particulièrement chez Kant*, ce qui ne présente pas d'éléments additionnels (cf. *« La religion dans les limites de la simple raison »*).

➤ COMPLEXE.

SIMULACRE

Terme utilisé dans la traduction des textes épicuriens (en particulier Lucrèce*) pour désigner les « images » que dégagent en permanence les objets et qui, en venant frapper de leurs assemblages d'atomes nos organes sensibles, nous les font percevoir.

Dans ce contexte, les simulacres qui restent disponibles entreraient en combinaison pour produire nos rêves.

SINGULIER

Au sens général, c'est un individu ou ce qui le concerne (en **logique,** une proposition singulière ne s'applique qu'à un sujet déterminé).

Par extension, qualifie ce qui est rare, étrange et étonnant, soit parce que dépassant la normale (sens laudatif), soit à l'inverse parce que en rupture avec les habitudes (sens péjoratif).

SMITH

(Adam, 1723-1790.) Philosophe et économiste écossais, traditionnellement considéré comme le fondateur de l'économie

politique libérale en raison de ses *Recherches sur la nature et les causes de la richesse des nations* (1776) – malgré quelques intuitions antérieures des physiocrates et l'*Essai sur le commerce* de Condillac*, également paru en 1776, et bien que le texte ne soit pas l'exaltation systématique du capitalisme qu'on a souvent voulu y voir.

◆ Fondamentalement optimiste – il a publié en 1759 une *Théorie des sentiments moraux* où, sous l'influence de Hutcheson, la sympathie* devient le fondement de la moralité – A. Smith fait de l'économie politique une science acquérant un statut d'autonomie en coïncidant avec le discours de la moralité. Il pense que la vraie source de la richesse est dans le travail*, dont la quantité nécessaire à la production d'une marchandise détermine la valeur d'échange de celle-ci, et admet que la poursuite de l'intérêt individuel concourt au bonheur commun de la société : le système économique ne dépend pas, selon lui, de la bonne volonté, mais des avantages que tout individu est en droit d'attendre de son propre travail. Il affirme – contrairement aux physiocrates – que la division internationale du travail, le libre-échange et la concurrence favorisent la production, mais il en équilibre les effets par une dénonciation vigoureuse des monopoles (en particulier coloniaux) et de toute forme de concentration – où il devine un moyen d'augmenter artificiellement les prix.

◆ Ce système économique aura une grande influence sur les théoriciens postérieurs du libéralisme (Ricardo*, J.-B. Say, etc.). **Marx** en critiquera radicalement la thèse concernant la « valeur du travail » – réciproque de la détermination de la valeur de la marchandise par la quantité de travail – en lui substituant une analyse de la « force de travail ».

➤ LIBÉRALISME, PLUS-VALUE.

SOCIABILITÉ

Caractère de celui qui aime vivre dans la société des autres, ou aptitude à vivre en société. En philosophie, caractère propre à l'homme, ce qui fait que celui-ci vit naturellement en société, comme l'affirment les auteurs qui s'opposent notamment à la thèse du contrat social*.

◆ Dans la quatrième proposition de son *Idée d'une histoire universelle,* Kant souligne cependant l'existence, parmi les hommes, d'une « insociable sociabilité », qui désigne l'antagonisme entre l'inclination à entrer en société et la répulsion à le faire pour « toût diriger dans son sens ». Cette insociabilité est très positive : c'est grâce à elle que l'homme développe ses talents enfouis.

➤ ARISTOTE, MONTESQUIEU, ROUSSEAU.

SOCIALISME

Conception politique et économique qui, animée par un idéal de justice* et de fraternité, tend à subordonner l'individu à la société, laquelle, soumise à une organisation fonctionnelle, se donnera pour fin le triomphe du bien général sur l'intérêt individuel. Le socialisme s'oppose à la fois à l'individualisme* et au libéralisme* économique (capitalisme*) par son refus de la propriété privée des moyens de production et de la libre concurrence, alors que la **socialisation** vise la mise en commun des moyens de production et la répartition égalitaire des biens de consommation.

◆ La notion recouvre en fait des réalités – et des idées – très diverses qui souvent s'opposent quant à leurs objectifs et leurs moyens. Les socialistes associationnistes (Proudhon*, Saint-Simon* ou Fourier*) préconisent l'appropriation collective des moyens de production sans passer par l'État, contrairement à Marx*, chez lequel le socialisme désigne la phase historique de consolidation définitive de cette même appropriation, pendant que l'État commence à devenir « superflu », préparant le passage au communisme* et à la société sans classes. De son côté, la social-démocratie veut aller au collectivisme* en transformant graduellement le système capitaliste par la voie des réformes.

➤ MARXISME.

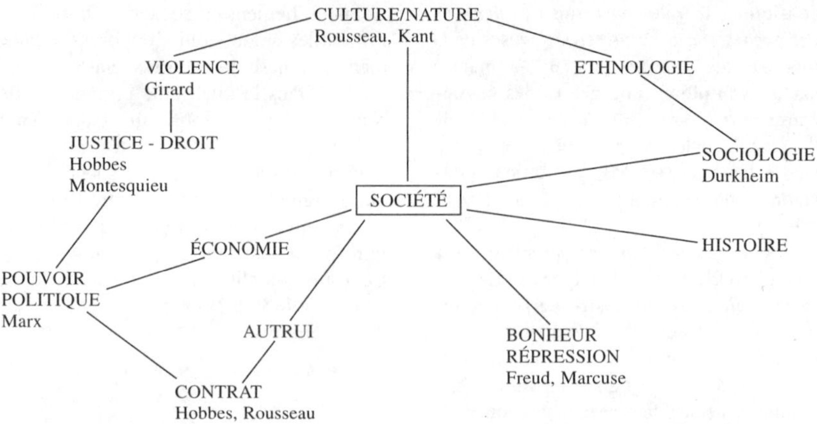

SOCIÉTÉ

◆ Au sens large, désigne tout ensemble d'individus dans lequel on constate des rapports réglés et des services réciproques. Peut, dans cette acception, s'appliquer aux collectivités animales (abeilles, fourmis, termites...) bien que ces dernières soient organisées par les instincts*, et non par convention.

◆ Au sens plus strict (tel qu'utilisé notamment en **sociologie**), ensemble d'êtres humains dont les relations sont organisées par des institutions et éventuellement garanties par des sanctions (explicites ou diffuses) qui font ressentir à chaque membre le poids du collectif. Cette organisation juridique des individus constitue la **société civile.**

◆ Philosophiquement, la société se distingue de la nature* dans la mesure où elle se caractérise par une culture (même primitive*) et une histoire.

SOCIOLOGIE, SOCIOLOGISME

◆ Science des faits sociaux, la **sociologie** est ainsi nommée depuis Auguste Comte*, qui la divisait en une statique sociale, étudiant les lois de constitution et d'organisation des différents groupes humains, et une dynamique sociale, se préoccupant des lois de transformation de ces groupes.

Durkheim* en a défini les méthodes, en reprenant le projet positiviste qui consistait à prévoir (et mieux maîtriser) les bouleversements sociaux, mais il est évidemment possible de lui trouver des antécédents philosophiques, de Platon à Montesquieu.

Comme dans le cas de la psychologie l'unité de la sociologie fait aujourd'hui problème : riche en observations de détails, c'est la totalisation de ses recherches et de ses buts qui paraît difficile.

◆ On appelle **sociologisme** la doctrine ou la tendance qui explique tous les phénomènes intellectuels et culturels par les formes d'organisation sociale.

➤ GURVITCH, MARXISME.

SOCRATE

(469-399 av. J.-C.) Considéré comme le père de la philosophie occidentale, Socrate demeure un personnage énigmatique car il n'a laissé aucun écrit. Connu soit par ses détracteurs (Aristophane, *Les Nuées*) qui en font un être ridicule ou un dangereux sophiste*, soit par ses disciples souvent enthousiastes (Xénophon*, Platon, Aristote), il apparaît, dans la tradition, comme un exceptionnel éveilleur d'esprit. Platon, qui reçut son enseignement, exprime généralement sa doctrine par le truchement de Socrate, meneur de jeu de la plupart de ses dialogues. Parmi ceux-ci, l'*Apologie de Socrate*, le *Criton* et le *Phédon* nous donnent des renseignements sur sa vie et sa mort. Notons qu'à la fin du *Banquet*, Alcibiade, opposant la laideur physique de Socrate à sa beauté morale, le compare à la statue d'un Silène grotesque qui cache un dieu.

Né à Athènes d'un sculpteur et d'une sage-femme, il pratique d'abord l'art de son père et mène une existence simple auprès de Xanthippe, son insupportable épouse, jusqu'à un événement qui suscitera sa vocation philosophique : la Pythie, oracle de Delphes, ayant déclaré à un de ses amis qu'il était le plus sage des hommes, Socrate, d'abord incrédule, voulut éclairer le sens de ces paroles et commença une vie d'enquêtes auprès des Athéniens, pour découvrir en quoi résidait sa supériorité. « Tout ce que je sais, conclut-il, c'est que je ne sais rien, tandis que les autres croient savoir ce qu'ils ne savent pas. » Mais cette lucidité dérangeait le conformisme intellectuel de beaucoup, et si les interminables discussions de Socrate intéressaient passionnément les jeunes gens, elles vont bientôt inquiéter les nantis, qui l'accuseront d'impiété et de corruption de la jeunesse. Il sera finalement condamné à mort au terme d'un procès où il déploiera en vain les arguments de sa défense *(Apologie)*.

◆ La philosophie de Socrate est d'abord, en un sens, une réponse à Anaxagore* qui prétendait que l'homme n'est intelligent que parce qu'il a des mains. En réalité, la supériorité de l'être humain est à chercher dans son **âme intelligente**, qui gouverne le corps et participe du **divin**. D'où un certain nombre de prescriptions. Si l'homme possède en effet une âme d'origine divine (contrairement aux croyances établies, Socrate soutient que les dieux ne souffrent pas des passions humaines), on comprendra la nécessité de la mieux connaître et l'exigence du « Connais-toi toi-même », formule inscrite au fronton du temple de Delphes. D'autre part, la maîtrise du corps sera confortée par la croyance en l'immortalité de l'âme (cf. le *Phédon* de Platon). Ajoutons l'exemple de courage et de sérénité que nous donne Socrate lui-même avant de boire la ciguë : il se compare au cygne qui, au moment de mourir, chante, non de douleur, mais de joie et d'espérance.

◆ Mais la véritable dignité de l'âme procède de la science, qui est son patrimoine authentique. Une science qui ne porte pas, comme de nos jours, sur les phénomènes du monde extérieur : Socrate prend même position contre les théoriciens de la nature qui n'ont pas le sens de l'humain – et aussi, d'ailleurs, contre les sophistes* qui ne possèdent pas, à l'inverse, le sens de la science. En combinant les principes acceptables de la physique et de la sophistique – la forme scientifique de la première et le souci des choses humaines de la seconde – il constitue la **sagesse** ou **science morale** qui est au centre de sa démarche. Renonçant à comprendre l'univers, l'esprit doit descendre en lui-même pour dégager les vérités qui sommeillent en lui à l'état de virtualités (théorie platonicienne de la réminiscence*), et il sera ainsi capable de maîtriser le savoir sans soumission aux choses extérieures (comme le montreront Descartes et Kant). Rejetant ce qui émane des sens et des passions individuelles, la science portera sur la nature humaine dans ce qu'elle a d'universel, en un mot sur les **concepts***, dont Socrate est le véritable découvreur. Par induction, on parvient de la sorte à dégager des essences et à les exprimer par des définitions : ainsi Socrate – préparant la théorie platonicienne de l'Idée* – s'efforce-t-il de définir par exemple le courage *(Lachès)* ou l'amitié *(Lysis)*.

◆ Or, l'art de bien vivre qui donne accès au bonheur (selon la tradition antique, le bien, c'est le bonheur) dépend de la science de l'âme qui, déjouant l'habileté des sophistes, démasque l'aveuglement des hommes, trop souvent préoccupés de choses futiles (richesse, réputation, etc.) et se désintéressant de l'essentiel, c'est-à-dire de la vérité dont leur âme est porteuse. Cette science commence par un travail de **purification** (déjà proposé par les orphiques et les pythagoriciens) qui consiste à se dépouiller des opinions reçues ; elle met alors en évidence diverses qualités (tempérance, justice, etc.) qui se transformeront en vertus si l'on en use convenablement. En fait, la connaissance exacte du bien (qui est en même temps l'avantageux) déclenchant une tendance irrésistible à son accomplissement, conduit nécessairement à la vertu : « Nul n'est méchant volontairement », sinon par ignorance.

La méthode utilisée exclut toute révélation extra-intellectuelle – le démon socratique est force de dissuasion, non de création – et obéit à la **dialectique.** À travers ses deux étapes, l'ironie et la maïeutique* ou art d'accoucher les esprits, la dialectique permet à Socrate de dégager – dans un climat d'amitié – les points d'accord entre interlocuteurs, c'est-à-dire les vérités reconnues universellement selon l'exigence de la raison.

◆ Fondateur de la philosophie morale et premier théoricien de l'intellectualisme (ce qui lui vaudra l'hostilité de Nietzsche*), apôtre de la liberté de jugement et de la réflexion personnelle, Socrate a servi d'exemple à l'ensemble de la tradition philosophique.

SOI

Forme réfléchie du je* : désigne l'aspect le plus profond de la personnalité comme continuité.

Parfois synonyme, dans les textes psychanalytiques, du ça*.

➤ EN-SOI, POUR-SOI.

SOLIDARITÉ

(Du latin *solidus,* massif.) Dépendance réciproque des éléments d'un tout, qu'il s'agisse d'un organisme vivant ou d'une société.

◆ Durkheim* distingue la **solidarité mécanique,** qui caractérise les sociétés peu différenciées et s'exerce entre individus semblables les uns aux autres, de la **solidarité organique** qui se rencontre dans les sociétés complexes en vertu de la division du travail* entre individus remplissant des fonctions différentes et complémentaires. Quand elle se traduit par des échanges fructueux entre les hommes ou les nations, la solidarité est d'ailleurs facteur de liberté (Proudhon*).

◆ La solidarité désigne aussi une dépendance unilatérale : telle est l'hérédité biologique ou l'héritage culturel. En ce sens on parlera de la « dette » des générations présentes à l'égard des générations passées, en fonction d'une solidarité verticale et historique qui fait dire à Comte* que l'humanité est davantage faite de morts que de vivants.

Notion morale, la solidarité est un devoir qui découle non seulement de ce qui précède mais encore de la prise de conscience des obligations réciproques qui lient tout homme à ses semblables.

SOLIPSISME

Attitude généralement conçue comme le cas limite de l'idéalisme*, selon laquelle le sujet pensant constituerait la seule réalité.

Si aucune philosophie ne se fonde sur le solipsisme définitif, par contre un solipsisme momentané peut accompagner une attitude de doute systématique, comme c'est le cas de Descartes* au début de ses *Méditations,* lorsque le philosophe, récusant les évidences communes, pose le Cogito*.

➤ COGITO, DESCARTES, IDÉALISME.

SOMA, SOMATIQUE

Terme d'origine grecque, le soma désigne le corps, c'est-à-dire l'ensemble des tissus organiques, susceptibles d'une relative adaptation, à l'exclusion des cellules reproductrices *(germen)* soustraites à l'influence du milieu.

L'opposition du somatique et du psychique n'est que théorique : en fait une interaction entre les deux termes est observable, comme en témoignent, par exemple, les maladies psychosomatiques : d'origine psychique, elles se traduisent par des troubles organiques.

SOPHISME, SOPHISTE

Un **sophisme** est un argument apparemment conforme à la logique, mais qui aboutit à une conclusion inacceptable soit par absurdité, soit par un emploi volontairement faussé des règles de la déduction. Classiquement, on admet que le sophisme se distingue du paralogisme* par sa volonté de tromper. Toutefois, il peut également être utilisé dans le but de choquer l'auditeur et donc de le pousser plus avant dans la réflexion.

◆ À l'origine, le nom **« sophiste »,** qui désigne un homme de métier, n'a rien de péjoratif – mais Platon imposera durablement aux sophistes une réputation de charlatans, simples « amis des apparences » et donc peu soucieux de la vérité, ce qui pour lui les distingue des philosophes. Cette distinction correspond à la fondation même du discours philosophique, et continue jusqu'à nos jours à désigner le sophiste comme l'autre du philosophe. Il aura fallu attendre la critique moderne pour constater que l'œuvre des sophistes ne fut pas méprisable, notamment dans le domaine du langage : ils créent l'étymologie et la grammaire, étudient les différents types d'arguments, analysent la nature des preuves, etc.

Indépendamment de leurs connaissances dans tel ou tel domaine, les sophistes furent d'abord maîtres dans l'art de bien parler et, comme tels, capables de vendre (cher, semble-t-il) des discours composés – éventuellement en versions contradictoires – sur n'importe quel sujet : ils furent ainsi les initiateurs de la rhétorique. N'hésitant pas à emprunter des arguments ou des exemples aux penseurs antérieurs ou à la mythologie (que Prodicos soupçonna, favorisant la critique religieuse, de n'être que des biographies enjolivées), transformant tout en prétexte à beaux discours, les sophistes développèrent sans doute une attitude critique, non conformiste, qui leur valut la protection des politiciens, mais aussi l'hostilité de la société athénienne et de Socrate (pourtant confondu avec eux !). Parmi les plus célèbres, on retiendra Gorgias (v. 485-380 av. J.-C.), plutôt influencé par Empédocle*, et Protagoras d'Abdère (v. 480-411 av. J.-C.) qui, s'inspirant d'Héraclite*, admet un changement perpétuel et nie la vérité absolue, l'homme seul étant « la mesure de toute chose ».

➤ « Épiménide le Crétois »

SOUVENIR

Désigne à la fois l'acte par lequel un élément du passé revient (volontairement ou non) à la conscience d'un sujet et le « contenu » de cet acte.

➤ Mémoire, oubli.

SOUVERAIN, SOUVERAINETÉ

Alors que l'adjectif signifie tantôt « suprême » (souverain bien*), tantôt « absolument indépendant » (cas d'un jury, d'un homme ou d'un peuple libre), le substantif désigne classiquement (chez Rousseau* par exemple) l'instance qui, dans une société, détient en droit le pouvoir politique, qu'il s'agisse d'un homme, ou, le plus souvent, d'une assemblée représentative de la communauté. En fait, comme l'a montré Jean Bodin dans sa *République* (1576), le souverain n'est pas réductible à une personne. Il préexiste aux individus, qui n'en constituent que des dépositaires provisoires et peuvent ainsi « avoir » la souveraineté, sans jamais l'« être » intégralement.

◆ Dans la pensée de G. Bataille*, qui s'inspire sur ce point à la fois de Hegel* et de Nietzsche*, l'homme ne peut connaître la souveraineté réelle que lorsqu'il est libéré aussi bien de l'ordre des choses (le travail) que des lois sociales : dépensant l'énergie dont il dispose « en pure perte », il sort de l'organisation rationnelle du monde profane et accède à un certain sacré*, à la façon des héros de Sade*. Ne conservant rien, la souveraineté ainsi conçue n'affirme l'indépendance absolue que par la mise en jeu de la vie même de l'individu.

SOUVERAIN BIEN

Le bien suprême, celui qui, étant supérieur à tous les autres, doit constituer le but dernier de l'homme. Chez Kant*, il réalise l'accord du bonheur et de la vertu par l'intermédiaire du « mérite ».

SPÉCULATION

◆ Pensée ayant pour seule fin de connaître ou d'expliquer. S'oppose à la pensée ayant pour but la pratique, y compris morale.

◆ Pris dans un sens péjoratif, devient synonyme de réflexion trop abstraite et éloignée du réel.

Kant qualifie de *spéculatifs* les objets inaccessibles à l'expérience.

SPENGLER

(Oswald, 1880-1936.) Penseur allemand, Spengler développe une « morphologie de l'histoire universelle » conçue sur le mode organique : il n'y a pas d'histoire de l'humanité, les seules unités organiques réelles sont les **cultures** qui, sans communiquer entre elles, ont chacune une âme propre. Ainsi chaque peuple existe concrètement avec ses éléments constitutifs, à savoir sa race, sa langue et sa culture, laquelle se développe, puis entre dans une phase de décadence (sous forme de « civilisation »), avant de mourir.

◆ Spengler oppose, comme Nietzsche, la culture apollinienne et la culture dionysienne : la première aime la clarté et la mesure (culture antique avec la géométrie euclidienne, la cité-État...) ; la seconde, qu'il appelle « faustienne », vise le démesuré et caractérise l'Occident tourné vers l'avenir. Ennemi d'un progrès symbolisé par la science et la raison, Spengler estime, d'un point de vue pessimiste et très conservateur, que le déclin de l'Occident a pour causes le mélange des cultures, l'esprit démocratique et le matérialisme. Oubliant la spontanéité de la vie, l'Occident moderne, pense-t-il, s'est éloigné de la nature et des valeurs qu'elle incarne, favorisant ainsi l'apparition de l'homme prométhéen et la domination technicienne. Au règne des philosophes s'est substitué celui des marchands, des politiques et des militaires. Symboliquement, l'« œil » qui détermine le vrai a laissé la place à la « main » qui appréhende l'univers pour le dominer.

Œuvres principales : *Le Déclin de l'Occident* (1918) ; *L'Homme et la technique* (1931).

SPINOZA

(Baruch d'Espinoza, dit Benedictus de, 1632-1677.) Philosophe hollandais d'origine juive (sa famille venait du Portugal et appartenait à la communauté des Marranes). Sa formation inclut aussi bien des études talmudiques que latines. Il entre très tôt en contact avec des milieux divers : protestants, libertins, juifs libéraux – qui se côtoient dans une Hollande à l'époque réputée (en bien comme en mal) pour la liberté intellectuelle dont on y jouit. Bien qu'il n'ait encore rien publié, il est excommunié par les autorités juives dès 1656, déjà célèbre pour ses positions peu orthodoxes. Après avoir travaillé dans la maison de commerce paternelle, il vivra jusqu'à la fin de sa vie de la taille des verres optiques.

En 1660, il forme un cercle d'études avec des protestants non calvinistes et publie trois ans plus tard ses *Principes de philosophie cartésienne.* En 1670, alors qu'il travaille déjà à *L'Éthique*, il fait paraître anonymement le *Tractatus theologico politicus :* le scandale est suffisant pour qu'il renonce à faire imprimer *L'Éthique*, qui paraîtra, avec ses autres textes importants, seulement quelques mois après sa mort.

◆ Spinoza est le type même de l'esprit épris de rigueur et d'une indépendance dans tous les domaines (philosophique, religieux, politique) telle qu'elle lui attirera l'hostilité de tous les milieux (catholique, juif, calviniste et même philosophique). La richesse de sa formation intellectuelle l'amène rapidement à se séparer du cartésianisme strict sur des points notables : pour en vaincre le dualisme, il conçoit Dieu comme totalement immanent dans l'univers, l'étendue et la pensée devenant ses attributs, ou formes essentielles, désormais unifiés dans sa substance infinie. En outre, il entend étendre à tous les domaines le modèle mathématique de la connaissance rationnelle (l'expérience ne recelant pas en elle de critère permettant de distinguer réel et imaginaire), substituant ainsi le quantitatif au qualitatif, qui lui paraît toujours relever d'une approche du réel trop influencée par l'imagination – dont dépendent aussi bien le finalisme* que la croyance en la liberté.

Si l'idée que le monde obéit globalement à une intention est pour Spinoza le préjugé le plus répandu, c'est parce qu'elle est produite par la conscience humaine corrélativement à sa croyance au libre arbitre* : il s'agit de remplacer ces deux erreurs par l'exploration de l'enchaînement universel des causes et des effets, la connaissance de l'homme lui-même relevant du déterminisme (ce qui autorise des commentateurs à voir en Spinoza l'initiateur des sciences humaines). Parce qu'il est ainsi toujours déterminé par des causes extérieures – même sans le savoir – l'homme s'imagine également que les valeurs (le Bien, le Beau, etc.) sont dotées d'une existence substantielle. En fait, il n'en est rien ; la valeur est toujours relative à une situation donnée – son étude participe donc à la fois d'une généalogie et d'une ontologie, c'est-à-dire qu'il faut trouver dans l'homme un principe d'existence qui donne sens à ce qu'il peut vivre : ce sera le **désir** (« essence de l'homme »), qui affecte simultanément le corps et l'esprit et affirme une tendance à persévérer dans l'être *(conatus)*. Dès lors, le Bon, par exemple, n'est rien d'autre que « ce que nous savons avec certitude qui nous est un moyen de nous rapprocher de plus en plus du modèle de la nature humaine que nous nous proposons » (*L'Éthique*, V).

Mais le désir, dans l'homme, c'est-à-dire au niveau de la singularité, est l'exact semblable de la substance dans l'Être, c'est-à-dire au-delà de toute détermination : dans Dieu ou dans la Nature, puisque ces deux concepts sont pour Spinoza synonymes. De part et d'autre, on trouve la puissance d'exister – et, par le désir, de jouir de cette existence, dans la Substance, d'en disposer.

Si l'ontologie fonde ainsi une anthropologie philosophique, cette dernière à son tour rend possible une éthique (qui permettra de passer de la servitude à l'égard des passions à la liberté) – dont l'actualisation doit être facilitée par une politique, dans la mesure où des institutions correctement organisées doivent faciliter la libération humaine en s'éloignant de la violence naturelle.

Une telle pensée, assez inclassable (ni idéaliste, ni réaliste, ni utopiste...), et qui ambitionne d'accéder à la sagesse et à la joie par la conscience de l'intégration de l'individu dans la totalité, valut à son auteur les accusations d'athéisme aussi bien que de panthéisme. Mais elle ne tarda pas à irriguer la philosophie, qu'il s'agisse du matérialisme français du XVIIIe siècle ou de l'idéalisme allemand du XIXe siècle : Hegel* saluera en Spinoza le philosophe majeur des temps modernes.

◆ Le ***Traité sur la réforme de l'entendement*** (publié dans les œuvres posthumes en 1677, il a été rédigé avant *L'Éthique*), bien qu'inachevé, peut être lu comme une justification de *L'Éthique*.

L'ouvrage commence par une sorte de confession où Spinoza raconte comment il en est venu à concevoir que la jouissance des biens finis représentait pour lui un péril, et qu'il vaut mieux risquer la conquête du salut éternel par l'amour d'un bien infini.

En attendant de le gagner, on observera une « morale provisoire », qui prêche modestie et modération.

Le *Traité* distingue quatre modes de connaissance hiérarchisés :

– par ouï-dire ;

– par l'expérience simplement empirique ;

– rationnelle (par la causalité) ;

– intuitive, qui saisit la chose dans son essence ou sa cause immédiate.

Si la connaissance rationnelle est évidemment préférable à l'empirique, elle reste malgré tout liée à la connaissance de l'esprit lui-même, et demeure en danger de s'égarer dans une série infinie de causes, sauf si elle accède intuitivement à une raison génératrice nous permettant de saisir comment les effets découlent des causes.

Spinoza montre ensuite comment l'idée que nous avons de l'Être infiniment parfait nous offre un critère pour reconnaître la vérité. Mais pour cerner cette idée, une méthode est nécessaire, afin de séparer les idées vraies des perceptions fallacieuses, d'énoncer des définitions précises (qui assurent que l'on comprenne clairement la cause de la chose et ses propriétés), et d'éviter les pertes de temps avec les idées inutiles.

Bien que le *Traité* s'interrompe au début de sa seconde partie, il montre que la fonction première de la philosophie est d'épurer l'idée qui est au fondement de toutes les autres : celle de Dieu. Démarche d'autant plus nécessaire que « nous ne pouvons rien comprendre à la Nature sans une connaissance plus large de la Cause première, c'est-à-dire de Dieu ».

◆ ***L'Éthique***

Rédigé à partir de 1661 et longuement remanié, cet ouvrage capital se présente, ainsi que le précise son titre complet, sous une forme originale : l'Éthique est ici *démontrée suivant l'ordre géométrique et divisée en cinq parties*. C'est évidemment le premier caractère qui fait problème, révélant combien Spinoza tient à présenter sa pensée sous l'aspect d'un système cohérent et parfaitement logique – en déduisant ses théorèmes et corollaires des définitions et axiomes préalablement énoncés. Mais surtout, les concepts n'y renvoient jamais à autre chose qu'à la définition qui en est fournie dans le livre même, bien qu'ils puissent recourir à des appellations traditionnelles (« éternité », « béatitude », etc.). Ainsi, « Dieu » par exemple n'est pas pris au sens classique (chrétien ou juif) : il est au contraire employé comme le synonyme exact de la Nature (*Deus sive Natura* : Dieu, c'est-à-dire la Nature).

C'est de Dieu et de la nature de l'âme que traitent les deux premières parties : « être absolument infini », Dieu est ***substance*** (« ce qui est en soi et est conçu par soi »), constituée par une infinité d'***attributs*** (que l'entendement perçoit comme constituant son essence) : c'est par eux qu'il se livre à l'intelligence de l'homme, en particulier comme Étendue et comme Pensée. La classique « transcendance » de Dieu doit dès lors n'être interprétée que comme l'infinité des attributs qui le composent dans l'absolu. Quant aux êtres singuliers, ils sont déterminés par les *modes* ou affections de cette Substance.

C'est par rapport à ce système ternaire de l'Être que l'on peut distinguer la ***Nature naturante*** et la ***Nature naturée*** : la première désigne la substance divine comme productrice (de soi et de tout le reste), la seconde cette même substance considérée dans ses produits mêmes, c'est-à-dire dans les choses.

C'est au Livre III *(De l'origine et de la nature des affections)* que se trouve l'analyse du désir, sans doute le moment clef de *L'Éthique*. Alors que les philosophes définissent traditionnellement le désir par le manque et l'absence d'être, il est pour Spinoza un mouvement positif : effort à persévérer dans l'être qui fait exister l'homme comme matière et comme esprit, puisqu'il renvoie simultanément aux idées de l'esprit et aux mouvements du corps. De plus, ce **désir** fait écho à la **Substance** et à ses deux attributs (Pensée et Étendue) : ainsi, l'homme participe de la totalité de la Nature par ce qui le fait exister. Comme mouvement vers l'être, le désir est fondamentalement désir de la joie – ou de la saisie de l'existence propre comme accroissement. Mais il peut dévier vers la tristesse – qui sanctionne la déception du désir. C'est ce qui se produit lorsque l'imagination entraîne la servitude (Livre IV) : précisément parce que l'homme s'efforce d'imaginer ce qui accroît sa puissance, le désir peut se laisser piéger par des fins inadéquates, des « affects passifs » déterminant une servitude passionnelle dans laquelle l'individu ne saisit le monde que par rapport à lui.

À l'inverse, si la conscience de soi s'oriente vers la connaissance véritable (celle du déterminisme), elle peut accéder aux idées adéquates par rapport au monde et ainsi à la vraie liberté : le sage, l'homme libre, se réfère à la totalité de l'univers (Livre V). Puisque le bien se définit par rapport au désir (et non le contraire), la réorientation de ce dernier signifie son approfondissement et sa re-définition : « l'Amour intellectuel de Dieu, qui naît du troisième genre de connaissance, est éternel », il apporte « la béatitude », qui « n'est pas le prix de la vertu, mais la vertu elle-même ».

Ainsi la transition de l'asservissement à la liberté peut s'opérer sans référence à une transcendance classique : elle dépend du recentrement du désir lui-même et de l'homme qui, passant des illusions produites par l'imagination à la saisie adéquate de soi par rapport à la totalité de l'univers, fait accéder à une connaissance réflexive de soi qui mène à la sagesse.

◆ ***Traité politique (Tractatus politicus)***

Le titre complet de l'ouvrage, rédigé par Spinoza peu avant sa mort, en explicite les intentions : *Traité politique dans lequel on démontre de quelle manière on doit instituer une société où le gouvernement monarchique est en vigueur, de même que celle où les Grands gouvernent, pour qu'elle ne dégénère pas en tyrannie, et que la Paix et la Liberté des citoyens demeurent inviolées.* La démonstration y est systématique, à l'inverse du *Traité théologico-politique* de 1670, plus marqué par les débats politiques du moment.

Sur le plan individuel, Spinoza admet que chaque homme « a autant de droit qu'il a de force », pourvu qu'il agisse selon les lois de la nature, c'est-à-dire qu'il obéisse à sa propre tendance à persévérer dans son être. Toutefois, le droit naturel ne se réalise authentiquement que si l'individu s'intègre dans une société qui en constituera la garantie : le droit du gouvernement lui donne la possibilité de prendre appui sur la force collective, d'autant plus importante que le droit ainsi déterminé sera plus universel.

Ainsi l'État ne détruit pas les passions individuelles : il en modifie les orientations ; quand les passions se déploient dans une société organisée par les lois, elles peuvent devenir positives. C'est donc l'articulation des désirs et des lois qui confère au corps politique une stabilité maximale, et à ses membres une véritable souveraineté. Dans leur évolution historique, les États gagnent en rationalité pendant que leurs sujets se transforment en citoyens de plus en plus nombreux. L'État le meilleur n'a pas à être imaginé au-delà des formes déjà existantes, dans l'utopie : il doit travailler à conférer le pouvoir au plus grand nombre dans le cadre de la loi, à assurer la conversion des passions et la paix – qui n'est pas une simple absence de conflit, mais une **concorde productive.**

La tyrannie et la monarchie absolue sont incompatibles avec de tels objectifs ; en revanche, une monarchie tempérée, une aristocratie dotée d'un patriarcat nombreux, et une démocratie inspirée par le droit, telles qu'elles sont historiquement attestées, peuvent les réaliser, puisqu'elles ont en commun, entre autres caractères positifs, l'exercice de l'autorité par des assemblées représentatives et la liberté de pensée. Spinoza en conçoit le modèle de telle façon que l'intérêt général puisse y être déterminé le plus librement possible, alors que les intérêts particuliers s'y trouvent impuissants.

La politique à son tour fait ainsi l'objet d'une analyse quantitative à partir de laquelle peuvent se percevoir les différences qualitatives : plus l'inégalité diminue (c'est-à-dire plus est laissée à chacun, dans le cadre déterminé par le droit, la possibilité de développer son être), plus la liberté, la puissance et la stabilité augmentent.

Cette conception, qui substitue au pessimisme de Hobbes* une solution contractuelle imprégnée de rationalité, aura une influence sur toute la réflexion politique du XVIIIe siècle.

AUTRE ŒUVRE : *Court Traité sur Dieu, l'homme et sa félicité* (1658-1660).

SPIRITUALISME

Doctrine qui caractérise de nombreuses philosophies de Platon* à Descartes* et Leibniz* puis à Bergson*, en passant par la philosophie chrétienne. Portant sur la nature de l'être, elle affirme la réalité substantielle de l'esprit ou de l'âme autonome par rapport à la matière et au corps, ce qui entraîne, sur le plan psychologique, l'irréductibilité de l'esprit aux processus physiologiques. En morale, le spiritualisme place la vie et les valeurs de l'esprit au-dessus des biens matériels.

➤ IDÉALISME, MATÉRIALISME.

STAGIRITE

On désigne fréquemment Aristote* sous ce nom de Stagirite (originaire de Stagiros).

STIMULUS

Excitant, c'est-à-dire agent physique ou chimique qui, à l'intérieur ou à l'extérieur de l'organisme, produit une réaction spécifique.

➤ RÉFLEXE.

STIRNER

(Johann Kaspar Schmidt, dit Max, 1806-1856.) Philosophe allemand, qui fit brièvement partie des néo-hégéliens ; dans son ouvrage principal, *L'Unique et sa propriété* (1844), il défend l'**individualisme anarchiste** selon lequel l'individu est source de valeur : rien ne vaut le moi qui est originel, « l'unique, le néant dont nous tirons tout ». La société telle qu'elle existe – dominée par l'État écrasant l'individu – impose des idéaux (Dieu, humanité, vérité, liberté) abstraits et trompeurs ; de même, elle commande un amour impersonnel qui s'inverse aisément en haine. En revanche, la libre association permettra de nouer des relations interhumaines qui resteront sous le contrôle des individus la constituant : elle reposera sur l'amour « égoïste », autrui étant une nourriture offerte aux passions individuelles. Alors seront assurées l'unicité et la disponibilité du moi, appelé à répondre au précepte *Fais-toi valoir toi-même !*, en développant ses virtualités créatrices.

◆ Cette apologie de la conscience individuelle fut critiquée dès 1845 par Marx et Engels *(L'Idéologie allemande)*, soucieux de passer à la praxis. Cependant, l'Unique stirnérien a inspiré aux XIXe et XXe siècles les philosophies qui exaltent l'individu, ou qui valorisent la personne humaine et sa responsabilité face au néant qui le cerne, comme c'est le cas de l'existentialisme*. D'une manière générale, il sert de référence, non seulement à certains mouvements de révolte (Mai 1968), mais à toute philosophie de la créativité.

➤ HÉGÉLIANISME.

STOÏCISME

La doctrine stoïcienne qui retient du cynisme* l'idée que le bonheur réside dans l'indépendance à l'égard de toute circonstance extérieure, est une création collective. L'ancien stoïcisme prend naissance avec Zénon de Citium* (335-264 av. J.-C.), Chypriote venu à Athènes, où après avoir été l'élève d'un philosophe cynique, il donne son enseignement sous un portique, d'où le nom de stoïcisme ou *Philosophie du Portique*. Puis se succèdent Cléanthe (331-232 av. J.-C.) qui écrit un *Hymne à Zeus* et surtout son élève Chrysippe (280-204 av. J.-C.) qui systématise la doctrine et que l'on considère comme le second fondateur du stoïcisme. Les plus grands stoïciens des deux premiers siècles de l'ère chrétienne (nouveau stoïcisme), avec Sénèque*, Épictète* et l'empereur Marc Aurèle*, furent des latins qui développèrent surtout une sagesse fondée sur l'effort et sur la valeur morale de l'intention.

◆ Selon la canonique ou **logique** stoïcienne toute connaissance vient des sens ; mais l'esprit actif va élaborer les premières données : accordant son assentiment à la sensation, il saisit l'existence de l'objet, puis, avec la représentation compréhensive, il forme des idées générales avant d'aboutir à la science qui est un savoir systématique.

◆ La **physique,** ou philosophie de la nature, se caractérise par un panthéisme* naturaliste : le monde et Dieu sont les deux aspects d'une même réalité. L'univers matériel est mis sous l'autorité d'une raison immanente (Dieu) et il est animé d'une vie universelle qui obéit à un destin providentiel auquel l'homme – parcelle de cet immense organisme – doit se soumettre.

◆ Le sage stoïcien, vivant en harmonie avec la raison, c'est-à-dire avec la nature, trouvera la paix de l'âme (**ataraxie***) en éloignant de lui tout ce qui pourrait le troubler, essentiellement les passions, considérées comme des mouvements antinaturels, des maladies de l'âme. La vertu – qui repose précisément sur l'absence de passion ou **apathie** – implique une commune maîtrise de la volonté et du jugement pour accepter le destin en se montrant détaché à l'égard des choses et des hommes, ainsi que l'affirment avec force les stoïciens romains.

La sagesse stoïcienne eut une influence immense à travers les siècles : les thèmes issus du stoïcisme ont inspiré, outre de grands écrivains – Montaigne, Corneille, A. de Vigny, Maeterlinck – des philosophes, parmi lesquels Descartes et Kant. Notons enfin que la morale stoïcienne a eu un écho considérable sur l'éthique chrétienne en infléchissant parfois celle-ci dans le sens de la sévérité, notamment en matière de sexualité.

STRAUSS

(Léo, 1899-1973.) Philosophe d'origine allemande, il quitte l'Allemagne en 1932, vit à Paris et Cambridge, et s'installe définitivement en 1938 aux États-Unis, où il enseigne à la New School for Social Research, puis à l'université de Chicago.

◆ Léo Strauss est par excellence le philosophe qui entend repenser **le politique** dans sa réalité propre, et qui, pour cela, fréquente assidument les auteurs classiques, d'Aristote ou Xénophon à Machiavel ou Rousseau. Hostile au positivisme, qui ramène la vie politique à de simples confrontations de faits et en efface les débats concernant les valeurs, mais aussi à l'historicisme, auquel il reproche de supprimer la possibilité de penser le juste et l'injuste en termes universels, il entend maintenir la dignité spécifique du politique contre la menace d'un État universel se présentant – chez Hegel ou chez Marx – comme solution politique définitive, et supprimant par là même la nécessité de la réflexion (*De la tyrannie*, 1950).

◆ S'il est vrai que la société accède à l'humain en instaurant un ordre politique, il apparaît que sortir du politique, c'est retourner vers l'animalité. Le recours au « droit naturel » doit permettre d'échapper à une telle régression, car il autorise une réflexion sur la **justice** – que la modernité, telle qu'elle s'est instaurée progressivement à travers Machiavel, Rousseau et Nietzsche, a fini par occulter sous une approche scientifique ou nihiliste. Dans cette optique la fréquentation des Anciens (Socrate, Platon, Aristote) constitue une façon de résister à la domination des « sciences sociales », et c'est ce qui justifie la réactivation de la « querelle » entre Anciens et Modernes à laquelle s'emploie Léo Strauss – pour réaffirmer le sérieux de la chose politique et la nécessité de la penser.

Œuvres principales : *Droit naturel et histoire* (1953) ; *Pensées sur Machiavel* (1958) ; *Qu'est-ce que la philosophie politique ?* (1959) ; *La Cité et l'homme* (1963).

STRUCTURALISME, STRUCTURE

◆ Une **structure** constitue un ensemble d'éléments tel que chaque élément n'ait de sens que par les relations qu'il entretient avec les autres, et que la modification d'un seul élément entraîne une modification de l'ensemble.

On rencontre la notion en mathématiques et en biologie aussi bien que dans les sciences humaines – où elle est en général empruntée à la linguistique. Mais on peut admettre que la **finalité interne,** au sens kantien*, la préfigure.

La structure n'est pas dans l'objet étudié à proprement parler : elle constitue bien plutôt un **modèle abstrait d'intelligibilité,** élaboré à partir de l'analyse de l'objet, et tel que ses éléments correspondent terme à terme à ceux qui résultent de cette analyse.

◆ Le **structuralisme** est une méthode d'analyse et d'étude qui privilégie la recherche des structures organisant un domaine.

Dans les disciplines contemporaines, c'est en empruntant surtout au modèle fourni par la linguistique de F. de Saussure* (davantage qu'à la psychologie de la forme*) que le structuralisme est apparu comme une méthode féconde, aussi bien en ethnologie (Lévi-Strauss*) qu'en psychologie (Piaget*), dans le marxisme (Goldmann, Althusser*), en critique littéraire (Barthes*) ou pour effectuer une relecture de Freud (Lacan*).

On a pu également évoquer un structuralisme épistémologique ou philosophique (Foucault*), qui amena dans les années 1960-1970 une véritable mode, entretenue par la diffusion de formules simplistes sur la « fin de l'histoire » ou la « mort de l'homme ».

Dans la mesure où le structuralisme privilégie la **synchronie*** sur la diachronie*, certains marxistes ou J.-P. Sartre* lui reprochèrent de ne constituer rien de mieux que le dernier avatar d'une idéologie* bourgeoise aboutissant à minorer l'action humaine et la liberté.

R. Barthes* a judicieusement rappelé que le structuralisme constitue aussi une fructueuse méthode d'invention artistique, que ce soit en musique, en littérature ou en peinture.

➤ FINALITÉ (INTERNE), FORME (PSYCHOLOGIE DE LA -), LINGUISTIQUE, SYSTÈME.

STYLE

Désigne en **esthétique** l'ensemble des caractères singularisant l'œuvre d'un artiste, quel que soit son domaine.

Parmi les théories que la stylistique a élaborées, en ce qui concerne la littérature, pour rendre compte des effets propres à un style, on retiendra en particulier celle qui relie le style à l'**élaboration** du texte, par opposition au texte neutre ou « normal » (malgré toute la difficulté qu'il y a à définir celui-ci). Une autre thèse affirme que le style est produit par les connotations* propres à chaque écrivain, provenant de sa culture propre et de sa biographie, consciente et inconsciente. C'est ce dernier aspect que, de diverses façons, la stylistique génétique tente d'explorer, en s'appuyant sur divers emprunts à la psychanalyse, au marxisme ou aux sciences humaines.

De façon moins précise, le style se réfère aussi au type d'art qui caractérise un pays, une époque, une région (style gothique, Louis XVI, breton, etc.).

SUBCONSCIENT

Désigne en psychologie ce qui est faiblement conscient, ou ce qui échappe à la conscience* réfléchie. Utilisé en psychopathologie* à la fin du XIXᵉ siècle (notamment par Janet* ou Myers), le terme n'est repris par Freud* que dans ses premiers textes, comme synonyme d'inconscient* (au sens latent), avant d'être rejeté à cause de son ambiguïté.

SUBJECTIF, SUBJECTIVISME, SUBJECTIVITÉ

◆ Est **subjectif** ce qui appartient à un sujet* : en tant qu'il est **conscient** (on peut ainsi nommer psychologie subjective celle qui procède par introspection*) ; en tant qu'il **diffère** des autres (le terme peut alors être péjoratif).

Chez Kant, en tant que **transcendantal*** : le subjectif qualifie alors les propriétés de l'entendement humain par opposition aux choses en soi ; ou en tant que **moral :** le principe subjectif, dans la mesure où il n'est valable que pour une seule volonté, ne permet pas à celle-ci d'accéder à l'universalité de la loi.

◆ Toute tendance ou théorie privilégiant le subjectif sur l'objectif est appelée **subjectivisme.** Fréquemment péjoratif, le terme peut s'appliquer à différents domaines : en métaphysique, où il évoque l'idéalisme absolu ; en logique, où il nie que la différence entre le vrai et le faux existe objectivement ; en morale, en esthétique et en psychologie.

◆ Au sens ordinaire, la **subjectivité** couvre l'ensemble des particularités psychologiques n'appartenant qu'à un sujet. Plus philosophiquement, « subjectivité » est synonyme de vie consciente, telle que le sujet peut la saisir en lui, et où il cerne sa singularité.

➤ OBJECTIF.

SUBLIMATION

C'est, selon la **psychanalyse,** la « capacité d'**échanger** le but qui est à l'origine sexuel contre un autre qui n'est plus sexuel mais qui est psychiquement parent avec le premier » (Freud).

Un tel processus rend compte d'activités correspondant à des buts socialement valorisés (création artistique, activités intellectuelles), apparemment sans rapport avec la sexualité, mais qui trouvent cependant leur source dans la pulsion sexuelle. Cette dernière, sous la pression du refoulement, change d'orientation et choisit des objets de valeur « supérieure ». C'est ainsi qu'en se livrant au déchiffrement d'œuvres de Léonard de Vinci, Freud montre que l'artiste réussit à éviter l'écueil de la névrose en déplaçant son énergie pulsionnelle vers une faculté créatrice.

➤ PSYCHANALYSE, REFOULEMENT.

SUBLIME

◆ Dans l'esthétique de Kant*, alors que le beau procure du plaisir, le sublime est plutôt en relation avec le déplaisir, entendu non comme douleur, mais comme sentiment de ses propres limites. En effet, le sublime met en jeu l'**idée de l'infini***, sous les deux modes que lui attribue la *Critique de la faculté de juger* : le sublime mathématique (de la grandeur) nous étonne par la performance technique qu'il implique (les pyramides, Saint-Pierre de Rome), il nous renvoie à notre finitude dans la mesure où il est d'abord « ce en comparaison de quoi tout le reste est petit » ; quant au sublime dynamique (de la puissance), il nous dérange en montrant les effets d'une causalité sans commune mesure avec la volonté humaine – c'est pourquoi il se rencontre plutôt dans la nature (tremblement de terre, profondeur d'une gorge entre deux montagnes...) nous invitant à apprécier la puissance divine elle-même. La perception du sublime implique donc toujours une relation conflictuelle entre l'entendement et l'imagination.

◆ On a postérieurement banalisé le terme pour y entendre simplement une beauté de qualité telle qu'elle exalte le spectateur et lui donne le sentiment d'être attiré « vers le haut » pour communier avec l'objet admiré.

Parallèlement, l'usage **moral** de l'adjectif qualifie une action qui paraît dépasser les dimensions habituelles du comportement humain (en charité, courage, amour du prochain, etc.).

SUBLIMINAL

Synonyme de subconscient*. S'applique particulièrement aux perceptions trop brèves pour être consciemment et distinctement perçues.

F.W. Myers nommait « moi subliminal » l'équivalent d'un moi inconscient plongeant ses racines dans une sorte d'inconscient commun à l'humanité tout entière.

Le terme n'est pas utilisé en psychanalyse, en raison de ses connotations peu scientifiques ou métaphysiques.

SUBSTANCE

(Du latin *substare,* se tenir dessous et *substantia,* ce qui est dessous, soutien, support.) Ce qui subsiste **en soi** et en permanence, fondamentalement sous les apparences. Opposée à l'**attribut***, la substance sert de support aux modifications que sont les qualités* et les accidents*. En ce sens, elle est synonyme de **substrat.**

Aristote distingue la **substance première,** qui correspond au sujet* individuel, et la **substance seconde,** c'est-à-dire le genre* et l'espèce* en tant qu'ils peuvent être – par analogie avec la première – le sujet d'une proposition.

◆ La notion signifie également ce qui est par soi, c'est-à-dire « une chose [...] qui n'a besoin que de soi-même pour exister » (Descartes), sans le concours d'une causalité externe.

C'est le cas de Dieu seul, selon Spinoza*, tout le reste étant attribut ou mode de la substance divine.

Descartes* applique en outre la notion de substance aux individus et il explique l'ensemble des phénomènes en fonction d'un principe dualiste en ramenant toute réalité à la **substance étendue** et à la **substance pensante.**

➤ SUJET.

SUBSUMER

C'est penser un individu comme compris dans une espèce*, ou une espèce comme comprise dans un genre*.

SUGGESTION

(Du latin *suggestio,* addition, suggestion.) Action d'inspirer une opinion ou de provoquer un acte sans que celui ou ceux qui la subissent en aient vraiment conscience. Les moyens utilisés sont le plus souvent la parole ou les images, comme c'est le cas, notamment, avec la publicité.

Avant la découverte de la psychanalyse*, on se servait, en psychiatrie, de la suggestion en état d'**hypnose*** à des fins thérapeutiques (notamment pour soigner des cas d'hystérie). On parle d'autosuggestion pour désigner des cas où une personne, ayant par exemple lu la description d'une maladie mentale, se persuade qu'elle en éprouve les symptômes.

SUICIDE

Acte volontaire par lequel on se donne la mort, le suicide est résolument condamné par le christianisme et diversement apprécié par la philosophie, qui y discerne le point de rencontre où se nouent dans le drame, la liberté et le sens de la vie humaine.

◆ Conçu par **Platon*** comme un acte impie contraire à la volonté des dieux *(Phédon, les Lois)* le suicide est en revanche considéré avec faveur par les **stoïciens,** à condition que la recherche de la mort ne se transforme point en passion : « c'est parfois la peur de la mort qui pousse les hommes à la mort » (Sénèque), tandis que « le sage ne s'enfuit pas de la vie, il en sort » *(ibid).* La valeur morale du suicide repose ici sur l'appréciation des critères qui le légitiment.

Mais dans la morale de **Kant***, le suicide ne peut jamais être admis, dans la mesure où la disparition volontaire du sujet moral équivaut à « faire disparaître du monde la moralité même ».

Signalons que le surréalisme* voit volontiers dans le suicide un acte libérateur – à la suite du romantisme – un « élan mortel » (René Crevel) qui, à l'opposé de l'élan vital* bergsonien, porte vers un au-delà des réalités terrestres, tandis que Camus* le condamne car il empêche d'accepter la vie avec lucidité et courage à l'instar de Sisyphe.

Au XXe siècle, le suicide a été l'objet de l'une des premières applications de la méthode objective en sociologie avec Durkheim*, qui l'analyse comme un phénomène anomique traduisant le relâchement des liens sociaux.

➤ STOÏCISME.

SUJET

La notion est utilisée en des sens différents. Dans la métaphysique traditionnelle, elle est opposée à attribut* et – synonyme de substance* ou de substrat – elle désigne l'être auquel on rapporte les transformations et les accidents*.

Le sujet logique – opposé à prédicat – est ce dont on affirme ou nie quelque chose dans une proposition.

◆ Pour le psychologue et le clinicien, le sujet est l'individu soumis à une observation ou à une expérience. Par extension, c'est ce dont il est question, et en ce sens il devient synonyme d'objet (sujet de réflexion).

◆ Dans son sens politique, le sujet est opposé à souverain* et désigne l'individu soumis à l'autorité absolue de l'État.

◆ Du point de vue de la **théorie de la connaissance,** le sujet s'oppose à l'objet (ou à la chose connue) et il représente l'esprit connaissant. Il s'agit soit du **sujet empirique** (le moi individuel) dont la connaissance est dite subjective, soit du **sujet universel** dont la pensée est identique en tout homme (Descartes*), soit du **sujet transcendantal** (sujet pur) qui concerne, chez Kant*, l'ensemble des lois universelles *a priori* de la pensée.

◆ La philosophie du sujet – ou philosophie de la conscience – tend à définir l'homme par l'intériorité pure, c'est-à-dire comme un individu libre et responsable, capable en dernière instance d'expliquer le monde et de lui donner un sens.

➤ STRUCTURALISME, SUBSTANCE, TRANSCENDANTAL.

SUPERSTITION

État d'esprit où l'on attribue – en raison d'une crédulité provoquée par le flottement de la pensée privée d'appui rationnel – une puissance magique à certaines pratiques ou à certains actes qui auraient une influence bénéfique ou, plus fréquemment, néfaste.

◆ La superstition relève d'une mentalité archaïque pouvant d'ailleurs coexister avec la pensée rationnelle. Elle concerne particulièrement certains cultes religieux fondés sur la crainte : « La religion honore les dieux, la superstition les outrage » (Sénèque*). Dans les temps modernes, avec l'apparition d'une religion naturelle, toute religion révélée apparaît à certains comme une superstition (Voltaire*). Pour le rationalisme contemporain, appartient au domaine de la superstition toute opinion non fondée scientifiquement.

➤ MAGIE.

SUPERSTRUCTURE

Désigne dans le **marxisme** tout élément (intellectuel, moral, juridique, esthétique, politique, philosophique, etc.) qui, alors même qu'il peut paraître indépendant et n'évoluer qu'en fonction d'une histoire qui lui serait propre, est en réalité déterminé par l'infrastructure* économique de la société.

➤ IDÉOLOGIE.

SUPPOSITION

Implication* nécessaire ou affirmation d'une hypothèse*.

SURDÉTERMINATION

Désigne en **psychanalyse** le fait qu'une production de l'inconscient* (rêve, symptôme délirant...) est déterminée par plusieurs facteurs, dont chacun possède initialement sa propre cohérence. Dans le rêve*, la surdétermination résulte ainsi de la condensation.

SURHOMME

Terme emprunté à Goethe par Nietzsche* pour désigner un type supérieur d'homme, forgé par la volonté de puissance dont l'exercice sera rendu possible avec la « mort de Dieu », c'est-à-dire la fin de la mentalité chrétienne et la transmutation de toutes les valeurs. « L'homme n'existe que pour être dépassé » : le surhomme, dont Zarathoustra est seulement le héraut, sera indifférent à la plate moralité, pleinement conscient de son unicité et de sa liberté créatrice.

SURMOI

L'une des trois instances – avec le ça* et le moi* – qui constituent la personnalité selon la seconde théorie de l'appareil psychique de Freud*.

Le surmoi – ou moi idéal –, héritier du complexe d'Œdipe*, intériorise dans la conscience de l'enfant l'autorité du père et les exigences et interdits parentaux ; jouant le rôle de juge, il œuvre à la formation de la conscience morale par le refoulement* qu'il provoque en exerçant une censure* sur les pulsions du ça. Par la transformation du refoulement en sublimation*, le surmoi est à l'origine de « toutes les réalisations culturelles supérieures », en même temps qu'il intègre l'être humain à la société, vécue (inconsciemment) sur le modèle de l'autorité parentale.

SURNATUREL

Ce qui, échappant à l'entendement humain, dépasse l'ordre naturel des êtres créés. Les théologiens chrétiens distinguent, d'une part, le surnaturel modal ou préternaturel qui fait intervenir l'action de Dieu, par mode de miracle, dans le cours naturel des choses, et, d'autre part, le surnaturel essentiel (quant à la chose) qui caractérise précisément, au-dessus de l'ordre naturel, l'essence des choses divines (la grâce* divine, par exemple).

➤ DIEU.

SURRÉALISME

Mouvement intellectuel et artistique international, officiellement fondé en 1924 (publication du premier *Manifeste du surréalisme*) par André Breton* (1896-1966).

Bien qu'il ne soit pas à proprement parler de portée directement philosophique, le surréalisme concerne, au-delà de l'histoire de la sensibilité (redécouverte de textes et d'auteurs négligés, intérêt pour l'art océanien ou l'art brut*, élection de l'« amour fou » contre les formes dégradées de la vie sentimentale, etc.), l'**évolution des idées :** il constitue en effet un sursaut majeur contre les excès desséchants d'un rationalisme* devenu caricatural et contre les conceptions étriquées du « réalisme ».

◆ Réclamant une conception élargie de l'homme et de la raison qui accorde une place légitime au rêve, à l'inconscient (Breton est l'un des premiers lecteurs sérieux de Freud en France) et à l'imagination, le surréalisme renoue avec l'inspiration du romantisme allemand pour jeter des ponts entre science et poésie ou entre délire et rigueur. Par ses réalisations artistiques et littéraires, il lutte en permanence pour une « raison ardente », capable de tirer son profit aussi bien de la folie que des pouvoirs polymorphes de l'invention humaine – de telles « synthèses » se réclamant de la dialectique* hégélienne tenue pour incontournable. Il a de plus réintroduit des préoccupations morales dans la vie quotidienne et relativement au statut de l'« intellectuel » ; sur le plan politique, ce mouvement, à travers un engagement communiste momentané, et, surtout, un intérêt profond pour les versions « utopiques » (Fourier* notamment) du socialisme, a prouvé que les préoccupations sociales ne sauraient être étrangères à l'artiste lucide – toujours préoccupé d'annoncer un avenir exaltant de plus grande liberté.

SURRÉPRESSION

Terme utilisé par certains auteurs du freudo-marxisme* (Marcuse*) : dans la mesure où le principe de plaisir* doit s'effacer totalement, dans la société industrielle, devant les exigences de la rentabilité économique, même le temps libre doit être « enrégimenté » et finalement contrôlé par l'État de la même façon que le temps de travail, faute de quoi la répression « ordinaire » du ça ne paraîtrait pas supportable.

SYLLOGISME

Type de raisonnement déductif tel que, de deux propositions initiales (les **prémisses*** : une majeure et une mineure, ainsi nommées parce qu'un même terme y est pris dans son acception d'abord la plus large, puis particulière), une troisième (la **conclusion**) est logiquement tirée en ce qu'elle y était implicite. Le modèle du syllogisme est « Tout A est B, or C est A, donc C est B », où A est le **moyen terme,** celui qui sert d'intermédiaire entre B et C.

◆ Le syllogisme est ainsi rigoureusement **formel :** il n'enrichit pas la connaissance, mais donne à ce qui était antérieurement acquis une présentation nouvelle. En ce sens, on peut avoir un syllogisme formellement vrai (c'est-à-dire logiquement correct) élaboré à partir de prémisses absurdes. Par exemple : « Toutes les girafes sont mauves, or mon cousin germain est une girafe, donc mon cousin germain est mauve », est un enchaînement inattaquable puisqu'il ne fait rien de plus qu'extraire de l'ensemble « girafes » un individu pour lui appliquer plus explicitement un attribut appartenant à l'ensemble.

◆ La logique classique distingue depuis Aristote trois (ou, postérieurement, quatre) figures du syllogisme (la figure étant déterminée par la place du moyen terme dans les prémisses), ayant chacune seize modes (forme que prend le syllogisme selon la qualité* et la quantité* des prémisses). Sur les quarante-huit ou soixante-quatre modes ainsi définis, il n'y en a que quatorze ou dix-neuf corrects, traditionnellement résumés dans quelques vers mnémotechniques (« Barbara, Celarent, Darii, Ferio... ») qui ne sont plus utilisés que chez les spécialistes de la logique traditionnelle .

Bacon* affirme que, en raison de son caractère formel, le syllogisme ne permet aucune invention. Il n'en reste pas moins que tout raisonnement devrait pouvoir s'y ramener, et c'est dans ce sens qu'Aristote* affirmait déjà que les mathématiques ne sont qu'une suite de syllogismes.

SYMBOLE

C'est initialement un **signe de reconnaissance** formé par les deux moitiés d'un objet brisé que l'on rapproche. D'où, plus généralement, un **signe*** désignant autre chose que lui-même en vertu d'une **analogie* naturelle** ou par **décision conventionnelle.** Sont ainsi d'ordre symbolique l'usage de la balance pour évoquer la justice, mais aussi le langage dans son ensemble ou les signes abstraits utilisés en mathématiques.

◆ Hegel nomme **art symbolique** la première époque de l'art, au cours de laquelle la matérialité de l'œuvre excède sa signification précise : le symbole est pour lui équivoque (l'image du lion peut ne représenter que le lion lui-même, mais peut aussi signifier la royauté, ou autre chose).

◆ En **psychanalyse,** l'activité inconsciente est reconnue comme fondamentalement symbolique, puisque tout élément conscient manifeste un élément inconscient, notamment dans le rêve*, à la suite des condensations et déplacements qui régissent le travail onirique.

SYMPATHIE

(Du grec *pathos,* souffrance, et *sun,* avec.) Au sens large, affinité, que ce soit entre certains êtres ou certaines idées. Vulgairement, le terme désigne l'attachement spontané ou objectivement fondé pour quelqu'un.

Plus précisément, la notion psychologique de sympathie correspond à une contagion soit physiologique – quand un individu reproduit mécaniquement les attitudes d'un autre –, soit mentale, quand se crée entre deux ou plusieurs individus une communauté de sentiment qui peut aller jusqu'à la fusion affective.

◆ Quelques philosophes, tels Hutcheson (1694-1746) dans son *Système de philosophie morale* ou A. Smith*, ont fait de la sympathie le fondement de la morale, dans la mesure où elle pousserait les individus à se dévouer les uns pour les autres. Pour Kant, un tel fondement, hétéronomique puisqu'il fait dépendre l'existence morale du sentiment, est tout à fait insuffisant.

◆ Scheler* conçoit la sympathie, non comme une participation affective entre deux êtres, mais comme un mode de connaissance, une intelligence du sentiment, c'est-à-dire une **compréhension** de l'état d'autrui, sans qu'il soit pour autant nécessaire de l'éprouver.

SYMPTÔME

En médecine, phénomène observable généralement lié à une maladie et grâce auquel on peut établir un diagnostic.

En psychanalyse, indice pathologique d'un conflit névrotique (sous forme d'angoisse ou d'obsession) dont l'origine remonte à un traumatisme psychique lié à l'enfance et dont le sujet ne garde aucun souvenir conscient : « Un symptôme se forme à titre de substitution à la place de quelque chose qui n'a pas réussi à se manifester au-dehors » (Freud).

➤ FREUD, PSYCHANALYSE.

SYNCRÉTISME

« Réunion factice d'idées ou de thèses d'origine disparate » (Lalande).

En psychologie, le syncrétisme comme appréhension globale et confuse d'un ensemble constitue le premier stade de la perception enfantine (Piaget*) ou le premier état de la connaissance humaine (Renan).

En philosophie, on a parfois désigné sous ce nom les **synthèses abusives** de doctrines antérieures opérées par certains philosophes néo-platoniciens.

◆ Le syncrétisme religieux – outre l'amalgame populaire du christianisme et de croyances antérieures – est un avatar de l'œcuménisme. Il consiste à gommer plus ou moins les différences dogmatiques entre religions, pour ne retenir que ce qui semble les concilier sur le plan doctrinal.

➤ ÉCLECTISME.

SYNTHÈSE

Contraire de l'**analyse*** **:** démarche intellectuelle qui, par expérience (en chimie par exemple) ou logiquement, va des notions ou énoncés les plus simples aux plus composés. Se pratique à ce titre dans la plupart des sciences (notamment en histoire) ou même, au sens large, dans les activités artistiques, lorsque le peintre ou l'écrivain organise en un tout structuré les éléments qu'il a sélectionnés pour son œuvre. **Descartes** en fait la troisième règle de sa méthode.

Dans la philosophie de **Hegel,** la synthèse désigne le troisième moment de la **dialectique***, qui unit en les « dépassant » la thèse et sa négation. On notera que cette « négation de la négation » équivaut à l'affirmation d'une nouvelle thèse, qui doit à son tour être niée.

➤ AUFHEBUNG.

SYSTÈME

Ensemble structuré constituant un tout organisé dont les éléments sont interdépendants ou obéissent à une loi unique (exemple : système solaire, système nerveux, système de défense).

◆ En linguistique et en ethnologie, la notion s'applique aux structures que forme l'ensemble des éléments d'une langue ou d'un groupe social.

◆ Pour trouver son sens* et sa justification, la pensée scientifique et philosophique fait effort pour se systématiser en élaborant des ensembles d'idées liées entre elles avec rigueur et formant un tout organisé (système de Newton*, système de Descartes*). Dans ce sens, le **système hégélien** pourrait être admis comme le plus accompli de l'histoire de la philosophie : non seulement porteur d'une organisation interne sans faille, mais également capable de construire un panorama lui-même systématique de toute la philosophie antérieure.

Kierkegaard* affirmera à l'inverse que l'existence*, dans son ouverture permanente, est rebelle à toute mise en système.

Pour leur part, des auteurs comme Nietzsche* ou G. Bataille* se montreront hostiles à l'**esprit de système,** pour eux synonyme de censure ou de mutilation de l'exubérance de la pensée la plus extrême.

En outre, le traitement pédagogique des connaissances nécessite la mise en ordre systématique de celles-ci à partir d'un certain nombre de principes.

➤ ARCHITECTONIQUE, STRUCTURE.

T

TABLE

Tableau synoptique ou liste ordonnée de noms, valeurs, titres, etc. (« table des matières »). Par allusion aux Tables de la Loi divine, le terme désigne parfois l'ensemble des valeurs morales fondamentales.

TABOU

Du polynésien *tapu,* sacré. Le terme désigne des objets (choses ou personnes) investies d'une puissance sacrée (ou impure) réputée dangereuse, entraînant des interdits rituels que le profane n'a pas le droit de transgresser.

Par extension, toute prohibition imposée par la morale ou la coutume, notamment les tabous sexuels et plus précisément le tabou de l'inceste – universellement répandu –, dont la transgression a toujours été, chez les populations traditionnelles, ou bien punie ou sévèrement réglementée.

➤ SACRÉ.

TABULA RASA

Au départ Aristote* comparait l'esprit, avant qu'il ne s'exerce, à une table rase, c'est-à-dire à une tablette de cire sur laquelle rien n'est écrit.

La formule, reprise par Locke* (et critiquée par Leibniz*) pour désigner l'esprit avant son accès à la connaissance du monde extérieur, suggère l'idée centrale de l'empirisme selon laquelle toute connaissance dérive de l'expérience.

Cette expression désigne également la volonté fréquemment exprimée par les philosophes de « faire table rase du passé », et de partir de zéro. Descartes* en offre un exemple dans ses *Méditations* (même si Étienne Gilson* a pu montrer tout ce que Descartes doit à l'enseignement scolastique), et Nietzsche* exprime souvent la nécessité de casser l'Histoire en deux, de promouvoir un nouveau et radical départ. Au sens large, on parle de « jacobinisme » (du nom du mouvement jacobin sous la Révolution française) pour désigner ces tentatives de rénovation radicale.

TAUTOLOGIE

◆ Désigne en **logique** une proposition dont le prédicat répète le sujet – en termes identiques ou non. Exemple : le vivant est ce qui vit. On prend dès lors le terme de façon péjorative pour évoquer une apparence d'explication ou de définition qui se contente d'utiliser des termes différents pour dire deux fois la même chose – par exemple : l'opium fait dormir parce qu'il a des vertus dormitives.

◆ Certains logiciens contemporains (Wittgenstein*, Russell*, le Cercle de Vienne*) nomment tautologie toute expression qui **reste formellement vraie,** quelle que soit la valeur de vérité de ses énoncés constitutifs. Dès lors, la logique elle-même devient la recherche et l'étude des tautologies, c'est-à-dire des transformations que peut subir un énoncé conformément aux conventions de langage adoptées. Dans cette optique, les disciplines formelles (logique et **mathématiques**) sont dites tautologiques, toute démonstration consistant simplement à expliciter ce qui est déjà dans les axiomes* initiaux.

La question de savoir si le raisonnement mathématique est réductible à un enchaînement de tautologies se pose depuis Aristote* et oppose les philosophes sensibles à la rigueur formelle (de Leibniz* à Russell*) à ceux qui se soucient de préserver une part d'invention en mathématiques (Kant* ou H. Poincaré*).

TECHNIQUE, TECHNOCRATIE, TECHNOLOGIE

◆ Au sens ancien, le substantif **technique** désigne l'ensemble des procédés d'un métier ou d'un art, codifiés et transmissibles, qui permettent d'obtenir un effet jugé utile.

Dans la philosophie moderne, la technique évoque plutôt un ensemble de procédés déduits d'une connaissance scientifique et permettant d'en opérer des applications. Plus spécifiquement, c'est, en esthétique, l'ensemble des procédés relatifs à une certaine forme d'art ou à un artiste.

Parallèlement, l'adjectif s'applique à ce qui est relatif au **métier** (manuel en particulier), par opposition à la connaissance théorique, ou, en esthétique, au sujet de l'œuvre. Il qualifie également ce qui, dans le langage, se distingue du vocabulaire courant (par exemple, on évoque le vocabulaire technique de la philosophie).

◆ On appelle **technologie** l'étude des procédés techniques (outillage, matériaux, etc.) dans leur relation avec le développement d'une civilisation. Plus précisément, c'est l'approche théorique d'une technique particulière (agriculture, électronique, informatique...).

◆ Historiquement, la **technocratie** fut, aux États-Unis, une théorie socio-politique d'après laquelle les personnes compétentes pour prendre des décisions concernant l'ensemble d'une société devraient être les spécialistes des différentes formes de savoir scientifique, en particulier les économistes – cf. James Burnham : *The Managerial Revolution* (1941), traduit sous le titre *L'Ère des organisateurs*.

De là, le terme a pris un sens fréquemment péjoratif, pour désigner plus généralement le pouvoir effectif exercé, soit au niveau de l'entreprise, soit à celui de l'État, par les hauts fonctionnaires ou par les coordinateurs des techniciens.

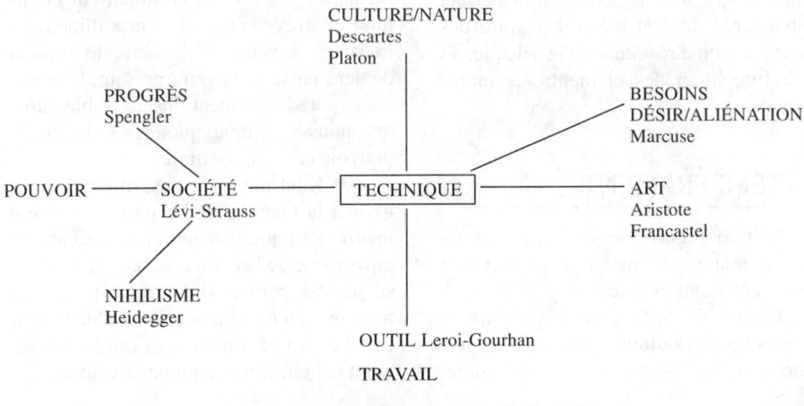

TECHNOSTRUCTURE

Ensemble du personnel qui, dans une entreprise, assure le fonctionnement juridique, financier et les compétences techniques correspondantes. Ainsi dans l'industrie moderne, le véritable pouvoir passerait des possesseurs du capital aux différents ingénieurs et techniciens membres de la technostructure.

TÉLÉOLOGIE

(Du grec *telos,* fin, et *logos,* discours.) Science ou étude de la finalité. Quand il est synonyme de finalisme*, le terme s'oppose à mécanisme*.

Selon Kant, l'usage de la téléologie se justifie dans l'étude de l'être vivant ou de l'œuvre d'art, car dans les deux cas, l'explication téléologique, qui envisage les parties en fonction du tout, est seule éclairante.

➤ FINALISME, FINALITÉ.

TÉLÉONOMIE

Interprétation philosophique de l'évolution, telle que J. Monod – qui n'accepte pas pour sa part le « darwinisme social » – l'a notamment introduite dans son ouvrage *Le Hasard et la Nécessité :* tout en reconnaissant que la sélection du code génétique s'effectue au hasard, on postule que ce dernier va dans le sens d'une adaptation sélective, qui permet globalement de considérer l'histoire des sociétés comme résultant de la sélection et de l'élimination des éléments les moins adaptés.

TEMPÉRAMENT

L'étymologie indique une modification, obtenue par mélange convenable avec un élément extérieur.

La théorie des tempéraments trouve en **psycho-physiologie** son origine chez Hippocrate* (IVe siècle av. J.-C.) qui admet l'existence de quatre types humains fondamentaux (sanguin, flegmatique, bilieux et mélancolique). Galien (IIe siècle ap. J.-C.) distinguera après lui neuf tempéraments. Ces doctrines auront cours, avec des modifications de détail, jusqu'au XVIIIe siècle.

TEMPORALITÉ

Caractère de ce qui est temporel, en opposition avec l'éternité.

Inséparable du passé et *pro-jet* vers l'avenir, la temporalité est, dans la phénoménologie*, conscience du temps et liée à l'activité de cette conscience. Caractère du Dasein*, de l'être de l'existant humain, « être-pour-la-mort », la temporalité est, pour Heidegger* la marque même de notre finitude : chaque instant ne coïncidant jamais avec lui-même, la conscience du temps enveloppe une sorte de jeu dialectique ou de tension mutuelle entre le passé, le présent et l'avenir, où chaque dimension temporelle peut être traitée non pas séparément, mais « comme autre chose qu'elle-même, dans une permutation incessante » qui se traduit par un cheminement inéluctable vers la mort.

➤ TEMPS.

TEMPS

Qu'il soit appréhendé comme une **période** qui s'écoule entre deux événements, ou comme un **changement** continuel et irréversible selon une dimension linéaire en vertu de laquelle le présent devient passé et l'avenir présent, le temps reste paradoxalement insaisissable alors que nous y sommes plongés sans jamais pouvoir nous en abstraire.

◆ Kant fait du temps, **milieu homogène** à la manière de l'espace, le cadre *a priori** de notre perception et la condition universelle de la connaissance. Cette thèse se justifie par sa visée utilitaire, car la mesure du temps passe par celle de l'espace parcouru par un mobile dont le mouvement est uniforme, comme le veut la phy-

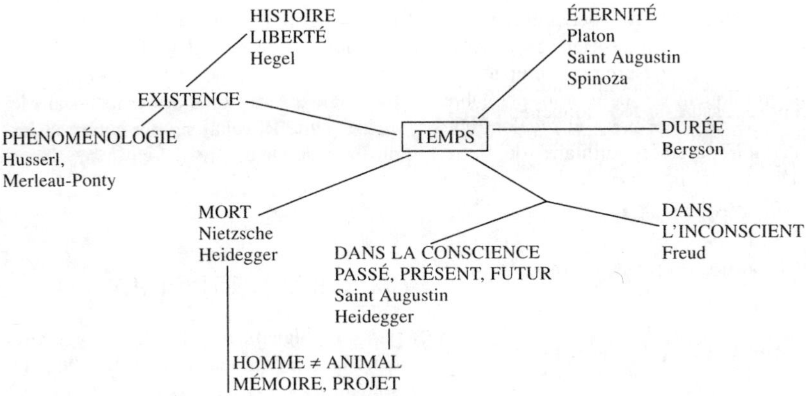

sique classique, selon la référence au temps astronomique. Mais l'évolution des sciences et la logique contemporaine obligent à penser qu'en fait, la conception du temps – et donc la façon dont il est vécu – est toujours historique ou culturelle, de même que la façon dont on le mesure : au temps (et à l'espace) kantien a succédé celui de la relativité...

◆ Bergson observait d'ailleurs que ce temps, qui repose sur un « concept bâtard dû à l'intrusion de l'espace », n'est pas le « temps vrai », lequel se confond avec la **durée*** **vécue,** immédiatement donnée à la conscience avec des caractères **qualitatifs,** à la manière d'une mélodie ininterrompue qu'il serait artificiel de découper en instants séparés.

◆ La **continuité,** mais aussi la **succession** constituent la nature du temps ainsi que l'avait remarqué Leibniz* : « Le temps est l'ordre des successifs mais qui ont entre eux de la connexion. » La connaissance du temps selon une succession d'instants privilégiés autorise quelques auteurs à concevoir, à la suite de Descartes*, une **discontinuité** essentielle du temps.

La phénoménologie* contemporaine associe volontiers le temps à l'activité de la conscience, soit pour en faire le fondement de la liberté* grâce au *pro-jet** (Sartre*) qu'il permet de mettre en œuvre, soit pour justifier l'inquiétude* de l'homme « être-pour-la-mort » (Heidegger*, citant Nietzsche*).

TENDANCE

À peu près synonyme de **pulsion** en psychanalyse, le terme désigne en psychologie générale toute force ou énergie endogène orientant l'organisme vers un but sans être nécessairement intégralement actualisée. À ce titre, le concept rassemble aussi bien le tropisme que l'instinct*, le besoin* organique que le réflexe* ou l'inclination.

Philosophiquement, le terme désigne chez certains auteurs (Spinoza*, Schopenhauer*, Nietzsche*) le caractère fondamental de l'existant, qui fonde tous ses autres aspects (*conatus,* vouloir-vivre, volonté de puissance).

TENSION

Concept stoïcien désignant le principe interne actif qui maintient la cohérence de chaque être.

TEST

Toute épreuve standardisée permettant de repérer les aptitudes ou les traits principaux de la personnalité d'un sujet. Les tests permettent de classer un individu par rapport à une population admise comme homogène.

Leur utilisation intensive en psychologie appliquée (orientation et sélection des individus, tout spécialement en milieux scolaire et industriel), est souvent critiquée dans la mesure où la plupart des tests impliquent la définition préalable d'un individu « normal » et révèlent une conception purement utilitaire de l'être humain, repéré par sa seule fonction dans le corps social et ses capacités productives.

➤ NORMAL, PROJECTION, TYPOLOGIE.

THALÈS DE MILET

(Fin du VIIe-début du VIe siècle av. J.-C.) Philosophe, géomètre et astronome grec. Le plus célèbre des « Sept sages », reconnu par Aristote* comme l'initiateur de la philosophie ionienne, il aurait montré le premier (en s'enrichissant grâce à ses connaissances en météorologie) que le savoir *a priori* désintéressé est lui-même source de richesse. On lui attribue un certain nombre de découvertes en géométrie – dont il aurait ramené les premiers fondements d'Égypte : inscription du triangle dans le cercle, propriétés des triangles semblables, mesure de la hauteur d'un objet à partir de son ombre. Comme astronome, il aurait prédit une éclipse de soleil (– 585), ce qu'il dut sans doute au hasard, mais témoigne de la vérité de ses recherches dans ce domaine.

◆ Son système cosmogonique, dont l'influence fut considérable, admet que tout provient de l'élément aquatique, aussi bien la vie que les autres éléments. La Terre, disque trois fois plus large qu'épais, flotte sur un océan qui remplit la moitié d'une sphère l'entourant : au-dessus de l'eau s'agitent l'air et les nuées, au-delà de la sphère (percée de trous) il y a du feu. De telles conceptions dérivent sans doute de mythes antérieurs, mais Thalès aurait essayé d'en démontrer la validité – ce qui ferait de lui le précurseur d'une science rationnelle du monde.

THÉISME

Croyance en un Dieu* unique et personnel comme cause première et transcendante du monde. Le théisme trouve sa véritable expression dans les représentations religieuses, par le truchement de la théologie qui s'efforce de cerner – dans le cadre d'une Révélation – la nature et les attributs de Dieu.

➤ ATHÉISME, DÉISME, MONOTHÉISME, PANTHÉISME.

THÉMA, THÉMATA

Témoignant du rôle de l'imaginaire dans la création scientifique, les thémata sont des invariants, des structures immuables à la base des théories scientifiques. Présupposés inconscients mais présents dans la pensée de l'homme de science, ils se présentent généralement sous la forme d'alternatives : simplicité-complexité, continu-discontinu, évolution-involution, invariance-variance, constance-changement, etc.

Ils ont pour caractéristiques essentielles leur ancienneté et leur pérennité, ainsi que leur nombre restreint : on n'en dénombre que quelques dizaines dans l'histoire des sciences.

Il en résulte que la science, malgré ses mutations, conserve un minimum d'unité et d'identité.

THÉOCRATIE

Système politique où le pouvoir est détenu par la classe sacerdotale qui exerce sa souveraineté non seulement dans le domaine spirituel et religieux, mais aussi dans celui de la vie civile et temporelle comme ce fut le cas chez les Incas ou dans l'Égypte des Pharaons.

Plus généralement, la théocratie qualifie la conception de l'État qui est soumis au pouvoir religieux.

THÉODICÉE

Ce terme désigne chez Leibniz* (*Essais de théodicée,* 1710) la partie de la métaphysique qui, partant du principe de la **bonté** de Dieu, disculpe celui-ci du mal qui règne dans le monde : ce mal doit s'interpréter en posant la nécessité de la liberté de l'homme (et en ce sens, il existe une théodicée chez Rousseau* ou chez Kant*).

Au XIXe siècle, dans l'éclectisme* de Cousin, la théodicée se confond avec la théologie* naturelle, qui traite des problèmes relatifs à Dieu avec le seul appui de la raison.

➤ DIEU, LEIBNIZ, THÉOLOGIE.

THÉOLOGIE, THÉOLOGIE NÉGATIVE

◆ (Du grec *theos,* Dieu, et *logos,* discours.) La **théologie** est la discipline intellectuelle ayant Dieu pour objet. La **théologie naturelle** ou rationnelle (théodicée) est la partie de la métaphysique qui traite de l'existence et de la nature de Dieu en ayant uniquement recours à la raison. Dans le cadre d'une religion, la **théologie révélée** se fonde sur des textes sacrés, tandis que la **théologie positive** – du moins dans le christianisme – s'appuie en outre sur la tradition de l'Église. Les parties essentielles de la théologie sont la **théologie dogmatique,** qui porte sur l'étude des dogmes, et la **théologie morale,** qui s'attache à déterminer les conduites morales à partir des principes religieux.

La théologie scolastique*, qui s'efforçait de concilier les données de la foi avec la raison en s'appuyant le plus souvent sur la philosophie d'Aristote*, aboutit fréquemment à déformer ce dernier – ce qui est aisément compréhensible dans la mesure où, pour le philosophe grec, la notion de création *ex nihilo* est par exemple impensable. Heidegger y verra en conséquence le modèle d'une pensée « bâtarde ».

Pour sa part, la théologie contemporaine tente d'intégrer à sa problématique les caractéristiques de l'homme actuel dans le domaine de la science, de la technique et de la vie sociale – mais elle n'en reste pas moins attachée à des principes moraux qui peuvent contredire les revendications portant sur des formes nouvelles de liberté (à propos du divorce, par exemple, ou de l'avortement).

◆ La **théologie négative** est un mode d'approche de Dieu qui consiste à lui appliquer des propositions négatives. Au lieu de lui attribuer des qualités positives ou de procéder par analogie, la méthode négative, ou *apophatisme,* consiste à dire ce que Dieu n'est pas, à lui refuser tout prédicat. En usage dès les premiers siècles de notre ère chez des auteurs formés à l'école platonicienne, elle fut ensuite assez largement utilisée par les théologiens chrétiens comme Thomas d'Aquin. Bien que se voulant rationnelle, la méthode apophatique est liée au mysticisme – saint Jean de La Croix par exemple pratiqua la théologie négative –, c'est-à-dire à l'intuition qui livre une réalité transcendante excédant les possibilités du langage.

THÉORÈME

Le sens purement étymologique (ce qu'on peut contempler) ne se rencontre pratiquement pas (sauf chez Leibniz*, où il désigne une proposition spéculative).

En **mathématiques,** c'est un énoncé dont on démontre qu'il est conséquence d'autres propositions déjà démontrées ou des axiomes du système, et qui pourra éventuellement être utilisé pour démontrer des énoncés ultérieurs. Par extension, le terme se rencontre chez quelques philosophes (Descartes*, Spinoza*) pour désigner des propositions déduites d'affirmations antérieures ou initiales.

THÉORIE

La notion suppose tout d'abord la présence d'une activité de **l'esprit,** ce que ne suggère pas l'étymologie grecque (*théoria,* contemplation).

◆ Au sens général, elle désigne une **connaissance spéculative,** abstraite et désintéressée, et s'oppose classiquement à « pratique », c'est-à-dire à ce qui est réalisé : on distingue ainsi la physique théorique de ses applications pratiques.

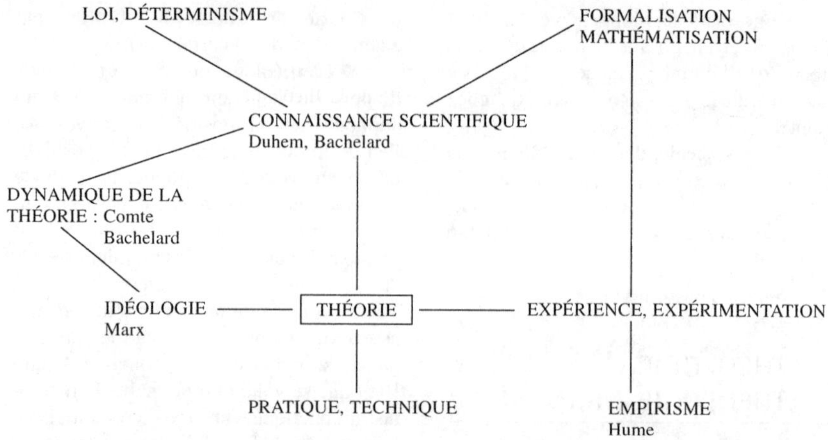

Mais elle peut également désigner un **ensemble de règles** destinées à conduire l'action (théorie révolutionnaire), et, de façon générale, la pensée dialectique moderne s'efforce de penser avec davantage de précision les relations entre la théorie et la pratique, admettant en principe que toute avancée théorique peut avoir des répercussions dans la pratique à plus ou moins longue échéance, pendant que toute difficulté rencontrée dans la pratique suscitera un effort nécessaire d'élaboration théorique.

La notion peut aussi être utilisée dans le sens d'hypothèse ou d'opinion personnelle, avec une nuance péjorative, surtout quand elle s'éloigne de la réalité : on observe que pendant fort longtemps, l'humanité s'est contentée – avant d'accéder à l'ère scientifique – de forger des théories imaginaires, ou, comme l'écrit F. Bacon*, des « fantômes qui nous défigurent le véritable aspect des choses et que nous prenons pour les choses mêmes ».

◆ D'autre part, conçue comme un ensemble systématiquement organisé reposant sur des hypothèses générales qui visent à rendre intelligible un sujet déterminé, elle correspond – quand elle s'applique au domaine des **sciences expérimentales** – à l'achèvement de la construction scientifique. Dans ce cas, la théorie, ou bien se contente de synthétiser les lois particulières en les reliant à un principe d'où elles se déduisent mathématiquement, sans prétendre pousser plus avant l'explication (selon la conception néo-positiviste*), ou bien, elle se propose – sous forme de « grande hypothèse » – de rechercher au-delà des lois la cause profonde des phénomènes.

◆ En mathématiques, enfin, la théorie est un système hypothético-déductif* reposant sur une axiomatique*.

THÈSE

Au sens général, c'est la position (grec : *thésis*) d'une doctrine que l'on est éventuellement prêt à défendre dans une polémique. D'où l'usage du mot pour désigner l'avis d'un philosophe ou d'un écrivain (roman ou pièce « à thèse ») sur un point particulier et, dans le vocabulaire universitaire, l'ouvrage rédigé pour obtenir un doctorat.

◆ Chez Kant*, la thèse est le premier terme d'une antinomie* : elle affirme, contrairement à l'antithèse*, qu'il existe un terme dernier à la recherche (par exemple un être nécessaire par lui-même, dont le repérage mettrait un terme à la série des êtres contingents).

◆ Dans la philosophie de Hegel*, la thèse constitue le « moment positif » de la pensée, premier temps de la dialectique*.

THOMAS D'AQUIN, THOMISME

(Saint Thomas, 1225-1274.) Théologien et philosophe italien, saint Thomas a fait ses études chez les Bénédictins avant d'entrer dans l'ordre des Dominicains vers 1243. Élève d'Albert le Grand à Cologne, il vient ensuite à Paris – le centre intellectuel le plus prestigieux d'alors – où il enseigne, ainsi que dans plusieurs villes d'Italie.

◆ Thomas d'Aquin, le « Docteur angélique », est le plus célèbre penseur d'une Europe unifiée par le christianisme triomphant. Le problème essentiel qui préoccupe alors les théologiens est celui des **rapports entre la raison et la foi**. Le cadre conceptuel que va choisir Thomas pour le résoudre sera celui d'**Aristote***, dont la pensée se propage au début du XIIIe siècle, par l'intermédiaire des philosophes arabes, puis de Maïmonide*.

La doctrine d'Aristote est cependant loin d'être toujours compatible avec le christianisme, comme l'ont d'ailleurs compris les théologiens franciscains qui, à la suite de saint Augustin*, refusent de la suivre : la morale aristotélicienne demeure étrangère à la notion de péché, et la *Métaphysique* contredit les vérités de la foi, affirmant par exemple l'éternité du monde ou l'impossibilité d'une approche de Dieu conçu comme cause finale, et non comme cause efficiente de l'univers.

Empruntant néanmoins à Aristote sa théorie de l'abstraction*, Thomas d'Aquin va combattre la thèse franciscaine (et augustinienne) de l'illumination et affirmer que l'idée prend sa source dans la réalité sensible – où elle existe déjà en puissance* – grâce à l'intellect qui l'actualise. Défendant l'autonomie et les pouvoirs de la raison et de la philosophie en ce qui concerne les réalités de l'expérience ou le domaine des démonstrations (en cela il annonce la philosophie moderne), il a le souci de respecter une hiérarchie dans l'ordre du savoir. Ainsi, il distingue les sciences qui se suffisent à elles-mêmes, telles les mathématiques, de celles qui dépendent d'une discipline supérieure, comme la musique subordonnée à l'arithmétique. Quant aux vérités révélées, il estime que, s'il n'y a aucune contradiction entre leur enseignement et celui de la raison, la philosophie doit demeurer la servante de la théologie, qui conserve la primauté absolue.

L'impuissance de la raison est certes manifeste pour connaître les dogmes du christianisme, comme celui de la Trinité, ou bien pour démontrer que l'univers n'est pas éternel, mais la foi n'est pas l'unique mode de connaissance en la matière : par exemple, la création* du monde *ex nihilo* peut être démontrée et surtout, même si une connaissance de Dieu par analogie est seule possible, les preuves de son existence sont du ressort de la raison et viennent conforter la Révélation. Refusant l'argumentation de saint Anselme*, il expose cinq **preuves de l'existence de Dieu** en partant des réalités sensibles : Dieu, *premier moteur* immobile de l'univers en mouvement et *cause efficiente* de cet univers ; être *nécessaire* par opposition à la contingence du monde ; être *absolu* par rapport aux choses qui présentent seulement des degrés de perfection ; *ordonnateur* et *fin* suprême de l'Univers.

Dieu donnant ainsi sens et finalité à l'univers, il représente le **Souverain Bien** et oriente l'activité des créatures dans le cadre d'une nature harmonieuse. Certes, le cas de l'homme est spécifique : son intelligence lui permet de parvenir à une connaissance explicite du Bien en établissant une échelle hiérarchique authentique des valeurs ; ce n'est d'ailleurs pas toujours aisé en vertu des sollicitations diverses qui, l'induisant parfois en erreur, lui font choisir un bien médiocre ou illusoire et le font tomber dans la faute morale.

◆ Malgré l'opposition des disciples de Duns Scot* et d'Ockham*, le **thomisme** déborda le cadre de l'ordre des Dominicains et se développa à partir du XVIe siècle. La philosophie de saint Thomas fut imposée en 1879 par le pape Léon XIII, qui voulait lutter contre la médiocrité du niveau intellectuel dans les séminaires. Mgr Mercier, à Louvain, et surtout ses disciples, adopteront la doctrine en tenant compte des apports de la philosophie et de la science modernes. C'est alors qu'apparaît le **néo-thomisme,** qui poursuit sa carrière en essayant d'intégrer, notamment, des éléments provenant de la phénoménologie* et de l'existentialisme*. Parmi ses représentants en France, citons, outre Étienne Gilson*, Jacques Maritain* (1882-1973), qui fut le champion de la réconciliation entre la philosophie et le christianisme, dans l'optique d'un strict respect de l'orthodoxie.

◆ Le ***Commentaire sur Aristote*** a été composé entre 1265 et 1273, parallèlement à la *Somme théologique.* Saint Thomas y expose en détail les raisons pour lesquelles la pensée chrétienne doit admettre la philosophie aristotélicienne – au prix du redressement de quelques « erreurs ». Bien entendu, ce commentaire ne pouvait prendre en charge toutes les œuvres du philosophe grec, mais l'échantillonnage des œuvres retenues est symptomatique des différentes dimensions du système : passages de l'*Organon* sur l'interprétation et le syllogisme* ; de la *Physique* sur la discussion aristotélicienne des conceptions présocratiques, mais aussi sur la définition d'un principe divin comme premier moteur immobile (la démonstration d'Aristote sera déployée en cinq voies différentes dans la *Somme théologique*).

En ce qui concerne la cosmologie (les quatre livres du *Traité du ciel*), saint Thomas adopte les thèses d'Aristote – mais avec une certaine prudence, admettant qu'elles pourront éventuellement être corrigées en fonction d'observations nouvelles. Avec les deux livres *De la génération et de la corruption,* il insiste à nouveau sur la façon dont Aristote « dépasse » les pensées antérieures.

Évoquant le traité *De l'âme,* saint Thomas souligne, en discutant l'interprétation adverse, que le Stagirite affirme bien l'immortalité de l'âme – et se trouve donc sur ce point également en accord avec les exigences du dogme chrétien. L'apport psychologique d'Aristote est complété avec les commentaires des textes exposant la nature des sens et de la mémoire.

Viennent ensuite les lectures de la *Métaphysique,* de l'*Éthique de Nicomaque* et de la *Politique.* Quant au premier ouvrage, on sait que pratiquement toutes les analyses d'Aristote seront admises ; du point de vue moral, saint Thomas fait le détail des différentes vertus et il approuve enfin globalement la description de la société et des différentes formes de gouvernement.

Dans son ensemble, ce *Commentaire* constitue ainsi une sorte d'aide-mémoire : si le lecteur contemporain est surtout tenté d'y trouver les indices d'un abâtardissement de la philosophie aristotélicienne, il est, à l'époque, un exemple évidemment majeur et durable de l'influence de la pensée grecque sur la scolastique.

AUTRES ŒUVRES : *Somme contre les gentils* (1255-1264) ; *Contre Averroès* (1270); *Somme théologique* (1266-1274).

➤ ACTE, ARISTOTE, FOI, PUISSANCE, RELIGION, THÉOLOGIE.

THOREAU

(Henry David, 1817-1862.) Écrivain américain, qui passa son existence, à de rares déplacements près, dans son village natal de Concord, Massachusetts. Sa vie et son œuvre illustrent le « transcendantalisme » d'Emerson (1803-1882). Ce dernier, qu'il côtoie, lui conseille de rédiger le monumental *Journal* qu'il tient jusqu'à la fin de sa vie, et lui prête le terrain sur lequel il s'installe pour deux ans le 4 juillet 1845, dans une cabane où il rédige une première version de son ouvrage principal, *Walden.*

◆ D'une manière générale, le **transcendantalisme,** qui accueille diverses influences (des pensées romantiques aux sagesses orientales) défend l'individu et la communion intuitive avec la nature. *Walden,* dont la lecture peut dérouter par son mélange de métaphores poétiques, d'observations sur la nature et les animaux et de soucis domestiques quotidiens, illustre parfaitement le choix d'une existence en marge des préoccupations sociales et du progrès industriel, pressenti comme nocif, tout entière tournée vers la communion avec la nature et une exploration de soi-même qui autorise la jouissance pleine de chaque instant.

◆ Bien qu'il soit encore absent de *Walden,* l'**engagement** politique n'a en conséquence de sens que relativement à la conscience individuelle : parce qu'il n'approuve pas la politique de son État, Thoreau refuse de payer ses impôts, ce qui lui vaut un bref séjour en prison. Il rédige alors *La Désobéissance civile* (1846), qui énonce la nécessité, pour le citoyen, de rester vigilant à l'égard du pouvoir et sa capacité à enrayer la machine de l'État.

Ce sursaut se prolonge dans le *Plaidoyer pour John Brown*, où Thoreau prend la défense d'un abolitionniste anarchiste récemment condamné à mort et affirme le droit à la révolution si la gravité des événements politiques, par la violence qu'ils infligent aux consciences morales, l'exige. Passant de la résistance passive au militantisme, Thoreau retrouve, sur un plan philosophique, l'**optimisme politique** des pères fondateurs de la démocratie américaine.

C'est ce résistant politique qu'admireront Gandhi, Martin Luther King ou les libertaires, mais le mode de vie de Thoreau aura aussi une influence, plus épisodique, sur le phénomène hippie.

TIERS EXCLU

On nomme en logique classique (bivalente) principe du tiers exclu (ou du milieu exclu) l'un des principes fondamentaux de la pensée rationnelle, d'après lequel deux propositions contradictoires ne peuvent être simultanément vraies, la vérité de l'une impliquant la fausseté de l'autre.

➤ CONTRADICTION.

TOCQUEVILLE

(Charles Alexis Clérel de, 1805-1859.) Homme politique et historien français. Chargé d'une enquête sur le système pénitentiaire aux États-Unis, il en ramène l'ouvrage auquel il doit sa célébrité, *De la démocratie en Amérique* (1835-1840), que l'on considère encore comme une analyse, non seulement précise et pénétrante, mais d'une certaine façon prophétique, de la civilisation et du système politique américains.

◆ Très sensible à l'égalité entre les individus, Tocqueville admet que la démocratie court le risque de se transformer en tyrannie d'une majorité médiocre. D'où l'importance qu'il attache à deux facteurs susceptibles de garantir la liberté réelle : la liberté de la presse et l'indépendance judiciaire. Il leur adjoint le droit et la liberté d'association, où il voit le moyen d'éviter les effets d'atomisation du corps social qui pourraient résulter de la reconnaissance de l'égalité.

S'inspirant partiellement de la méthode de Montesquieu, Tocqueville est ainsi le premier analyste qui souligne l'importance de ce qui sera nommé le « quatrième pouvoir » (par allusion au principe de séparation des trois pouvoirs classiques : législatif, exécutif et judiciaire) : la presse, ou plus généralement tous les moyens de communication, dont l'influence sur la formation de l'opinion publique apparaît à la fois capitale et difficilement maîtrisable.

TOLÉRANCE

Terme apparu au XVIe siècle (pendant les guerres de religion) qui fut pris parfois en un sens péjoratif (comme synonyme d'indifférence à la vérité des dogmes religieux ou de trop large accueil fait aux hérésies). On y entend aujourd'hui (depuis au moins le XVIIIe siècle – où la lutte contre le fanatisme* put se développer) la disposition d'esprit (individuelle ou collective) qui laisse à tout individu ou tout groupe la liberté d'exprimer ses opinions ou de vivre selon des habitudes que l'on ne partage pas.

Ce mot demeure cependant ambigu du point de vue moral dans la mesure où la tolérance peut n'être aussi que la conséquence d'un scepticisme* admettant que toutes les opinions se valent et qu'il n'existe pas de vérité ou de valeur digne d'être farouchement défendue. Cette difficulté est particulièrement illustrée chez Locke* dont le *Traité de la tolérance* (1685-1686) affirme que poser la tolérance c'est poser ses limites.

➤ DOGMATISME.

TOPIQUE

Aristote* a composé sous le titre *Topiques* un ouvrage de rhétorique recensant les « lieux » ou « lieux communs », c'est-à-dire les classes générales où peuvent se ranger tous les arguments – dont la connaissance est utile pour faciliter l'invention. De là, on utilise en **logique** le terme (au singulier) pour désigner une telle étude théorique.

L'adjectif peut qualifier un argument, une objection, une réflexion, etc., qui vient bien à sa place et en tire son efficacité maximale.

En **psychanalyse,** le terme topique désigne une articulation de l'appareil psychique en plusieurs systèmes dotés de fonctions différentes ; on peut donc les considérer métaphoriquement comme des « lieux psychiques » et en donner une figuration spatiale. La « première topique » de Freud* distingue de la sorte inconscient*, préconscient* et conscient ; la seconde le ça*, le moi* et le surmoi*.

TOTALITARISME

Ce terme – dont l'emploi est généralement péjoratif – désigne la conception politique selon laquelle les hommes sont soumis à la toute-puissance des instances sociales ou politiques (classe, race, État) qui exercent un contrôle autoritaire sur les personnes et les activités des individus, selon le principe de la raison d'État et au mépris des droits individuels.

Les moyens utilisés par les régimes totalitaires reposent notamment sur l'existence d'un parti unique, et sur la fusion des pouvoirs exécutif, législatif et judiciaire, contrairement aux régimes qui s'inspirent du libéralisme politique.

TOTEM, TOTÉMISME

◆ Emprunté à la langue ojibway (Amérique du Nord), le mot « totem » désigne l'être (le plus souvent animal, parfois végétal) que l'on considère dans certaines sociétés traditionnelles (Australie, Amérique) comme l'ancêtre mythique du clan. Comme tel, le totem est l'objet d'interdits (notamment alimentaires), on lui rend un culte particulier et il détermine un certain nombre de conduites se transmettant d'une génération à l'autre.

◆ Pour Durkheim*, le totémisme représenterait la forme élémentaire ou primitive de la religion – les interdits qu'il détermine instaurant pour leur part la morale. En ethnologie contemporaine (Lévi-Strauss*), on y voit plutôt un véritable système de pensée déterminant une classification logique des objets et des êtres du monde, dans la mesure où il implique un jeu d'oppositions (entre clans, familles, villages) et de relations complexes (notamment de parenté) entre les individus.

TRADITION, TRADITIONALISME

◆ Tradition : héritage social et culturel, c'est-à-dire institutions, croyances et coutumes communes à un groupe, véhiculées à travers les âges et transmises par voie sociale (orale ou écrite). Spécifique de l'espèce humaine, la tradition constitue un acquis culturel essentiellement précaire qui ne possède pas la solidité de la transmission héréditaire (ou biologique).

Dans la mesure où l'homme ne peut être coupé de son passé, la tradition est vitale en assurant la continuité et le progrès de la société : « Les morts gouvernent les vivants » (A. Comte*). Cependant la tradition peut ne pas remplir cette fonction si elle bloque toute innovation : Durkheim* observe, par exemple, que dans les sociétés dites traditionnelles, l'individu ne réussit à acquérir une personnalité plus riche que grâce à la division du travail* qui l'émancipe des routines sociales.

◆ Le **traditionalisme,** en un sens péjoratif, est l'attachement exclusif aux valeurs du passé, accompagné d'une méfiance à l'égard du changement.

En philosophie, le traditionalisme est une doctrine qui, récusant la raison, invite

– en matière religieuse et politique – à suivre la tradition, c'est-à-dire un enseignement dont l'excellence est fondée sur l'argument d'autorité*.

➤ AUTORITÉ.

TRANSCENDANCE, TRANSCENDANT

Caractère de tout ce qui dépasse une moyenne. Au sens plus strictement philosophique, la transcendance implique une nature absolument **supérieure** aux autres, ou d'un ordre radicalement **différent :** c'est donc plus particulièrement Dieu, par rapport au monde et aux êtres immanents* (ce qui exclut toute conception panthéiste).

Chez **Kant***, est transcendant ce qui est au-delà de toute expérience possible.

Dans la **phénoménologie** et, à la suite, dans l'existentialisme, le transcendant caractérise ce que vise la conscience, c'est-à-dire ce vers quoi (être ou objet) elle tend tout en en restant distincte.

TRANSCENDANTAL

Le terme – qui s'oppose à empirique – désigne chez **Kant***, ce qui dans la connaissance objective est *a priori** et la conditionne. Indépendant de l'expérience, le transcendantal n'a pourtant que celle-ci pour seul domaine légitime d'application. Le système kantien est un idéalisme* transcendantal, c'est-à-dire une « doctrine d'après laquelle nous regardons les phénomènes dans leur ensemble comme de simples représentations et non comme des choses en soi ».

Le **sujet transcendantal** – opposé au sujet empirique – est chez Kant le principe qui, ne procédant jamais lui-même d'aucune expérience, unifie la diversité de l'expérience. Il désigne chez Husserl* la conscience* en tant que fondement dernier de toute connaissance, après la mise entre parenthèses *(épochè)* du monde empirique.

➤ CATÉGORIE.

TRANSFERT

Au sens psychologique, c'est le phénomène par lequel la tonalité affective initialement attachée à un élément (objet, individu) se communique à d'autres éléments.

Plus spécifiquement, on nomme transfert en **psychanalyse** le déplacement, sur une nouvelle personne, de sentiments initialement relatifs à un parent ou une personne de l'entourage infantile.

➤ PROJECTION.

TRANSFORMISME

Doctrine qui, s'opposant au fixisme de Cuvier*, affirme **l'évolution des espèces vivantes** – au cours des périodes géologiques – des organismes les plus simples aux plus complexes. Selon les auteurs, la « transformation » des êtres vivants serait due soit au changement de milieu, soit à une lente évolution interne de l'espèce, soit encore à des mutations brusques. Déjà en germe chez Lucrèce*, la doctrine se précise au XVIIIe siècle avec Diderot* et s'applique tout particulièrement aux théories de Lamarck* et de Darwin*.

➤ DARWIN, ÉVOLUTIONNISME, LAMARCK.

TRAUMATISME

Trouble déterminé par une blessure, une maladie ou une émotion intense. Dans la psychanalyse freudienne, il s'agit d'un **choc sexuel** antérieur à la puberté et doué d'une **force traumatique** suffisante pour mettre en échec les mécanismes naturels de défense. Le traumatisme donne alors lieu à des **névroses*** dont les symptômes condensent des expériences émotives qui n'ont pu s'exprimer normalement. Au lieu d'appartenir à l'histoire individuelle du sujet, le choc traumatique peut être lié à la structure générale du psychisme* comme le pense Rank* quand il parle du **traumatisme de la naissance.**

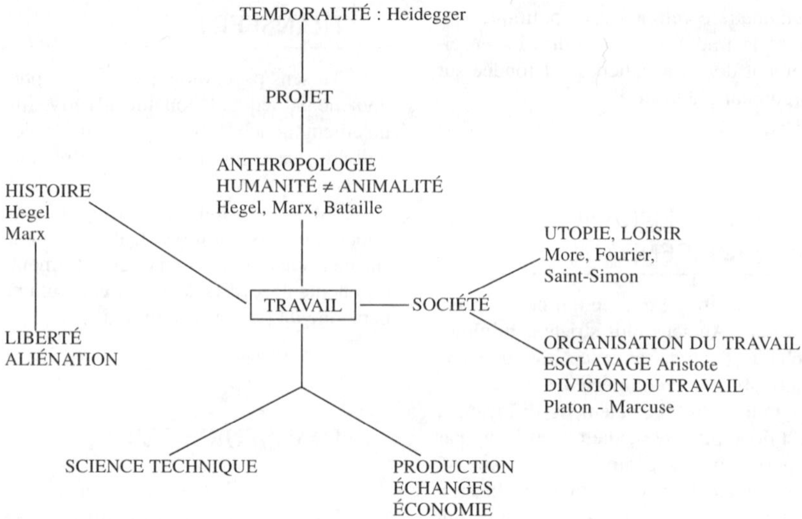

TRAVAIL

(Du latin *tripalium,* instrument de torture.) La notion désigne d'abord, en opposition avec celle de jeu, une activité pénible et contraignante ; la double tradition grecque et chrétienne en fait d'ailleurs une **souffrance** et une punition, voire une malédiction (Bible).

◆ Mais la philosophie s'apercevra plus tard que le travail **définit l'homme :** refus à la fois de l'animalité et du donné de la nature (Hegel*), le travail a pour objet de satisfaire les besoins fondamentaux de l'homme dont il constitue une activité spécifique, car – comme le montre Marx* – « ce qui distingue dès l'abord le plus mauvais architecte de l'abeille la plus experte, c'est qu'il a construit la cellule dans sa tête avant de la construire dans la ruche ».

Le travail humain s'est d'abord appliqué à produire des objets consommables de peu de durée et qui périssent très vite, mais qui sont indispensables à la vie, comme le remarque **Locke.** Le travail, en ce sens, est alors un processus biologique du corps humain. **H. Arendt,** quant à elle, le distingue de l'**œuvre :** « L'œuvre de nos mains par opposition au travail de nos corps. » L'*homo faber* (opposé à l'animal *laborans*) « ouvrage », fabrique un monde artificiel d'objets plus ou moins stables, solides et relativement indépendants du monde de la nature.

◆ Cependant la signification du concept est inséparable des circonstances culturelles et il faut attendre le XVIIIe siècle pour que le travail soit intégré à l'économie politique avec Adam Smith* qui en fait la notion centrale de son système, alors qu'auparavant on admettait que la richesse provenait seulement des quantités d'or et d'argent disponibles.

En Occident, les efforts pour rationaliser le travail industriel (taylorisation) sont interprétés comme des excès négatifs aboutissant à une insupportable aliénation* du travailleur et à sa pure et simple déshumanisation. Là où Hegel, dans sa fameuse dialectique du Maître et de l'Esclave, faisait du travail le moyen, pour l'homme, de construire l'Histoire et d'accéder ainsi à sa plus haute liberté, les philosophes ultérieurs ne trouvent que des formes plus ou moins subtiles d'esclavage, comme c'est le cas des tâches d'exécution – par opposition aux activités épanouissantes, beaucoup plus rares, qui, reposant généralement sur une vocation, font appel à la créativité.

➤ ARENDT, BERGSON, ŒUVRE.

TROISIÈME HOMME

Argument évoqué par Platon dans son *Parménide*, et utilisé par Aristote* contre la théorie platonicienne des Idées : s'il doit exister une Idée dès que l'on rencontre quelque chose de commun entre deux ou plusieurs choses, les Idées seront en nombre infini. En effet, si l'Idée d'homme et les hommes ont quelque chose en commun, c'est qu'il existe là un « troisième homme assurant leur jonction, et ce troisième homme aura lui-même quelque chose en commun avec les autres termes, d'où un quatrième homme, et ainsi à l'infini.

« L'argument du troisième homme » évoque ainsi le problème de la remontée à l'infini d'un raisonnement, et celui du rapport entretenu par les concepts (ou les Idées) et le réel.

TROTSKI

(Lev Davidovitch Bronstein, dit Léon, 1879-1940.) Homme politique et théoricien de la révolution. Né dans une famille petite-bourgeoise, il fait des études de droit et ne tarde pas à militer dans le mouvement révolutionnaire russe. Il participe à la Révolution de 1905, fonde en exil *La Pravda* (1908) et rejoint les bolcheviks en 1917. Commissaire aux affaires étrangères, puis à la guerre, il organise l'Armée rouge (1918-1920). Dès la mort de Lénine, son opposition à Staline est de plus en plus marquée : elle lui vaudra d'être exilé (à partir de 1929) et finalement assassiné au Mexique.

◆ L'apport de Trotski à la théorie marxiste tient d'abord en l'expression de **« révolution permanente »** : elle signifie sa méfiance à l'égard de la bureaucratie dirigeante et son désir de voir se produire une révolution interne au prolétariat lui-même, devenant capable de balayer toutes les oppressions, y compris celle de ses représentants officiels. D'où sa critique incessante du stalinisme.

Mais Trotski est aussi un des rares auteurs marxistes qui ait réfléchi sur le destin de l'art en régime socialiste puis en période communiste. Ses textes à ce propos (les articles rassemblés dans *Littérature et Révolution*, mais aussi le manifeste *Pour un art révolutionnaire indépendant*, rédigé avec André Breton*) prouvent son scepticisme radical à l'égard du réalisme socialiste*, mais aussi son attachement au principe selon lequel le pouvoir politique ne doit en aucun cas superviser ou censurer la production artistique : « Toute licence en art. »

En tant que philosophie révolutionnaire, le trotskisme dispose toujours d'une influence non négligeable.

ŒUVRES PRINCIPALES : *Lénine* (1924) ; *Ma vie* (1930) ; *La Révolution permanente* (1931) ; *La Révolution trahie* (1937) ; *Leur morale et la nôtre* (1938).

TYPE, TYPOLOGIE

◆ (Du grec *tupos* : empreinte.) Le type est, originellement, le moule déterminant la forme des objets qui en sortent. Mais le terme s'emploie généralement au figuré : ensemble de caractères permettant de rassembler dans un même groupe des êtres ou des objets. D'où : être représentatif de la classe à laquelle il appartient (l'adjectif *typique* est toujours pris dans ce sens).

En sociologie, on nomme ainsi *type idéal* (Weber*) un concept qui, sans correspondre à une réalité observable, est obtenu en accentuant les caractères des faits observés pour classer ou ordonner plus clairement ces derniers.

◆ La typologie désigne, notamment en biologie, la description et la classification des types. En **caractérologie,** c'est la classification des êtres humains en fonction de certains types biologiques, morphologiques, pathologiques ou psychologiques.

TYRAN, TYRANNIE

(Du grec *turannos,* maître absolu.) Le tyran est d'abord, dans la Grèce antique, celui qui s'empare dans la cité du pouvoir absolu par la violence ou grâce à son éloquence. La tyrannie désigne tout pouvoir despotique exercé arbitrairement et maintenu par la force.

Ainsi apparaissent la fragilité de la tyrannie et surtout la précarité du tyran, usurpateur qui ne fait pas réellement ce qu'il veut puisqu'il obéit au caprice et est possédé par la passion qui affaiblit constamment sa puissance.

U

UNAMUNO

(Miguel de, 1864-1936.) Philosophe espagnol, professeur à l'université de Salamanque. Estimant que l'homme concret est le véritable objet de la philosophie, il s'oppose à l'esprit cartésien et se révèle sensible aux arguments relevant du cœur. D'où l'antithèse raison/cœur incarnée par l'opposition Sancho Pança et Don Quichotte : le premier représente le sens commun, tandis que le second exprime la folie généreuse et l'espérance de l'homme en l'**irrationnel.** Contre toutes les formes de scientisme, la grandeur morale est la condition première de la transformation du monde.

◆ Ses méditations sur l'existence de l'homme concret, où l'on retrouve l'influence de Pascal* et de Kierkegaard*, font de Unamuno le **précurseur de l'existentialisme** contemporain. Le sens premier de la vie se traduit par une « soif d'immortalité » que ne saurait satisfaire la science. Or, le sentiment humain de finitude lié à l'envie « d'être-tout » engendre une conscience tourmentée et tragique.

Finalement, c'est au cœur même de sa finitude que l'homme – du moins le croyant – trouve l'espoir, dans un combat qui donne un sens à sa vie : « La lutte pour la vie est la vie même. »

ŒUVRES PRINCIPALES : *La Vie de Don Quichotte et de Sancho Pança* (1905) ; *Le Sentiment tragique de la vie chez les hommes et chez les peuples* (1913) ; *L'Agonie du christianisme* (1926).

UNICITÉ, UNIQUE, UNITÉ

L'**unicité** est le caractère de ce qui est unique (Dieu par exemple dans la théologie chrétienne ou dans l'Islam).

Stirner* appelle l'**Unique** l'individu, irréductible à tout concept.

Abstraitement, l'**unité** est le caractère de ce qui est un, par-delà la diversité de ses constituants (unité du monde, des sentiments, du moi...).

Concrètement, c'est un membre de tout ensemble lorsqu'on le considère comme tel. En mathématiques, le nombre un, ou la grandeur finie qui sert de base à la mesure des autres grandeurs de même espèce (gramme, centimètre...).

UNIVERS

Le terme désigne l'ensemble de tout ce qui existe dans l'espace et dans le temps. On entend aussi par univers – en un sens restreint – le monde propre à chaque espèce ou à chaque individu avec les significations qui s'en dégagent pour l'une ou pour l'autre.

➤ COSMOS, DISCOURS, ENVIRONNEMENT, MONDE.

UNIVERSAUX

Désigne dans la scolastique les termes universels de la logique, c'est-à-dire les genres* et les espèces* définis par Aristote.

◆ La **Querelle des Universaux** opposa les partisans du nominalisme*, tel Ockham*, pour qui les concepts universels (l'Homme) ne correspondaient à aucune réalité, aux tenants du réalisme*, de tradition platonicienne, qui admettaient au contraire qu'ils possédaient une existence réelle (par exemple dans l'esprit de Dieu) à titre d'essences séparées et antérieures aux choses qui en dépendaient.

Abélard* proposa une solution critique (le conceptualisme*) consistant à admettre que l'ensemble des caractères d'une espèce existait bien, mais seulement comme une réalité mentale, comme un concept.

UNIVERSEL

L'adjectif qualifie au sens propre ce qui s'étend à l'univers entier, ou, relativement à une collectivité, à l'ensemble des hommes la composant.

◆ En **logique,** une proposition est universelle lorsque le sujet, pris dans toute son extension, s'applique à tous les individus (par exemple : tous les hommes sont mortels, ou en forme négative : aucun homme n'est immortel).

◆ Chez **Hegel***, l'Universel concret désigne l'unité « finale » qui s'instaure au terme du mouvement dialectique*, synthèse qui est souvent donnée par le concept : universel parce que susceptible d'une infinité d'applications et concret parce qu'étant une totalité nouvelle et indivisible de nature.

UNIVOQUE

(S'oppose à équivoque*.) Caractérise en logique, depuis la scolastique, un mot qui conserve le même sens dans deux ou plusieurs emplois différents. On dit aussi monosémique.

Caractérise aussi une relation dans laquelle chaque antécédent détermine un seul conséquent. Lorsque cette relation est réciproque, chaque conséquent n'ayant qu'un seul antécédent, on la dit bi-univoque.

UTILITARISME

Contrairement à la conception kantienne – selon laquelle la valeur morale de l'action ne se règle pas sur ses résultats mais sur l'intention qui l'anime – l'utilitarisme, s'inscrivant dans une tradition qui remonte à Hobbes* et qui s'inspire d'Épicure*, est une doctrine qui pose l'utilité comme critère ou principe de l'activité du point de vue moral : la morale utilitariste est la théorie rationnelle qui permet de déterminer les techniques assurant le **maximum de bonheur individuel.**

◆ Il s'agit en premier lieu de la doctrine de Bentham*, laquelle se réduit pour l'essentiel à une **arithmétique des plaisirs,** c'est-à-dire à un calcul égoïste de la plus grande quantité possible de bonheur individuel, ce qui conduit d'ailleurs – par un calcul intelligent – à viser le maximum de bonheur pour le plus grand nombre.

◆ L'utilitarisme altruiste de Stuart Mill* prend de plus en considération la **qualité** des plaisirs, et conclut que l'individu, par intérêt, doit finalement vouloir le bonheur de tous.

Le **libéralisme* économique** s'inspire de l'utilitarisme. En vertu du principe selon lequel l'homme n'est mû que par son intérêt – le bien consistant dans la recherche de cet intérêt – est admis ce qui est censé concourir à la prospérité générale, à savoir la liberté individuelle ainsi que les lois du marché et de la concurrence, alors que le rôle de l'État dans le jeu économique est refusé ou réduit à son strict minimum.

À partir des principes de **Bentham,** qui voulait favoriser les intérêts de tous les êtres doués de sensibilité, l'utilitarisme contemporain, particulièrement en honneur dans les pays anglo-saxons, réclame le droit des animaux au bien-être. En conséquence, l'universitaire australien Peter Singer revendique la fin de l'anthropocentrisme* et des privilèges accordés à l'espèce humaine.

➤ PRAGMATISME, RAWLS.

UTOPIE

◆ (Du grec *ou* : ne pas, et *topos* : lieu.) Ce terme, qui signifie étymologiquement « nulle part », a été forgé par Thomas More (*L'Utopie ou Sur la meilleure constitution d'une république,* 1516) pour désigner une cité « parfaite » mais imaginaire, dont la description – où l'on relève des souvenirs de Platon* – sert aussi bien à critiquer la monarchie anglaise et française contemporaine qu'à élaborer le tableau d'une société à l'envers : l'or y est méprisé et l'on y vit selon une sorte de communisme heureux. Dès ce premier exemple, il est symptomatique que la construction utopique ne puisse se faire que sur une île, c'est-à-dire dans un espace à la fois isolé et préservé.

◆ Par extension : toute société chimérique et irréalisable, mais pouvant servir de stimulant à la pensée politique (la cité idéale de Platon, la Cité du Soleil de Campanella*, le phalanstère de Fourier* par exemple).

On peut distinguer, d'une part l'utopie qui vise un système politique fonctionnant sur le modèle d'un mécanisme d'horlogerie mais au détriment de l'individu et de sa liberté, de l'autre la **contre-utopie** qui, elle aussi, construit des cités idéales, mais à base de désir et de rêverie.

V

VALEUR

Terme dont le premier sens technique s'est formé en économie politique, où il désigne la propriété que présente un objet de répondre au besoin d'un individu. On y distingue classiquement la **valeur d'usage** (fondée subjectivement sur l'utilité attribuée à une chose) et la **valeur d'échange,** calculée pour des raisons de facilité par rapport à une monnaie conventionnelle et déterminée en fonction du travail nécessaire à la production de l'objet.

◆ En philosophie, le mot est généralement pris dans une acception **morale,** pour désigner **ce qui donne des normes à la conduite.** La nature des valeurs est conçue différemment selon les systèmes philosophiques : transcendantes chez Platon*, historiquement variables chez Nietzsche*, créées à tout moment par la liberté radicale du sujet dans l'existentialisme* sartrien.

➤ AXIOLOGIE, JUGEMENT.

VALEUR DE VÉRITÉ

Caractère qu'a une proposition (ou un symbole formel) d'être vraie ou fausse. La logique classique (bivalente) n'envisage que ces deux valeurs contradictoires. En logique moderne, on introduit d'autres valeurs (possible, indéterminé, probable, etc.) pour constituer des logiques polyvalentes.

VALIDITÉ

Le terme désigne d'abord le fondement juridique d'un acte et par extension, son fondement moral.

En logique, il s'agit de la cohérence formelle d'une démonstration sans référence à la vérité ou à la fausseté des prémisses ou de la conclusion.

VELLÉITÉ

Contrairement à la volonté*, la velléité en reste à la conception et au projet, voire à l'ébauche d'actes désirés mais que l'on est incapable d'exécuter réellement ou complètement.

La velléité se distingue de **l'aboulie** qui, elle, est une maladie de la volonté.

VÉRACITÉ

Caractère moral de celui qui, ayant l'habitude de dire la vérité, mérite la confiance. C'est ainsi que Descartes* fait reposer sur la véracité de Dieu, qui ne peut nous tromper, la validité de nos connaissances relatives à l'existence du monde qui ne saurait être une illusion.

Par extension, la notion de véracité s'applique au discours lui-même ou au comportement de celui qui est investi de cette qualité.

◆ Le **devoir de véracité.** La subordination de la véracité à l'efficacité est parfois affirmée dans le cadre de l'action politique, comme c'est le cas de **Platon,** qui admet que les dirigeants de la cité peuvent mentir lorsque l'exige l'intérêt de l'État (*République* L. III, 589 ad). **Machiavel***, quant à lui, considère le mensonge comme une arme de choix dans le combat politique *(Le Prince),* au même titre que la violence et la ruse que le prince seul a le droit d'employer pour maintenir l'État. **Benjamin Constant,** dans la polémique qui l'oppose à **Kant*** prétend, de son côté, qu'on ne doit pas la vérité à n'importe qui : loin d'être un devoir absolu, la véracité demeure un devoir relatif subordonné à la valeur morale de l'interlocuteur.

En revanche, Kant affirme que la véracité est un devoir moral excluant le moindre mensonge, car le mensonge sape le fondement des droits qui reposent sur des contrats. En toutes circonstances, il faut donc être véridique.

➤ COHÉRENCE, MENSONGE.

VERBALISME

Caractère d'un discours où les mots, prenant une importance abusive, se séparent de la pensée et cessent de signifier réellement : par exemple la « vertu dormitive » du pavot. Relèvent notamment du verbalisme les mots creux et vides de sens de l'explication « métaphysique » telle que la dénonce A. Comte à l'aide de sa « loi des trois états* ».

VÉRIFICATION

Acte de vérifier, c'est-à-dire de contrôler, soit par confrontation avec les faits la vérité d'une proposition, d'une hypothèse, d'un argument, ou le fonctionnement d'un appareil ; soit la validité d'un raisonnement par son analyse formelle.

Plus précisément, on appelle vérification **expérimentale** l'ensemble des opérations permettant de démontrer la validité d'une hypothèse* en comparant les déductions qu'elle autorise avec l'expérience.

VÉRITÉ

Caractère de ce qui est vrai* soit du point de vue formel*, soit parce qu'existant. Une proposition vraie peut également être nommée une vérité.

◆ La relation entre la vérité et ce qui a lieu est particulièrement claire lorsqu'on évoque la vérité d'un témoignage ou d'une étude historique. On ne doit cependant pas oublier qu'on signifie par de telles expressions qu'il existe une conformité entre un discours, les symboles qu'il utilise et son contenu, et un ensemble d'événements empiriques – faute de quoi

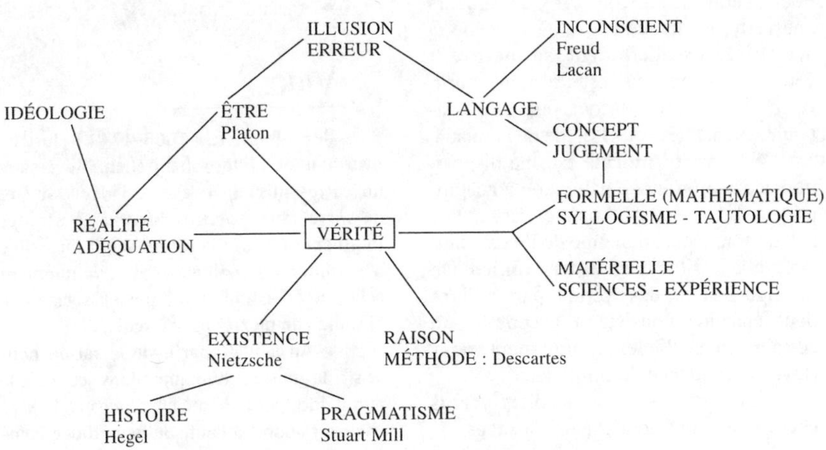

on risque de confondre la vérité et la réalité*. Il est en effet préférable d'appliquer la notion à des énoncés et non à des faits.

Dans cette optique, l'opposition habituelle, en logique contemporaine, entre **vérité formelle** et **vérité matérielle** distingue, d'un côté un énoncé démontrable et doté de cohérence logique indépendamment de toute analyse de son contenu (c'est le cas en logique et en mathématiques), de l'autre un énoncé dont les termes tels qu'ils ont été définis correspondent bien aux phénomènes expérimentaux dont on prétend rendre compte (c'est le cas dans les sciences expérimentales ou sociales) : toute vérité scientifique (expérimentale) est dès lors nécessairement temporaire.

VERTU

(Du latin *vir, virtus.)* La notion exprime d'abord la puissance et plus généralement la **force de la volonté** (Alain* observe qu'il n'y a pas de vertu faible). En ce sens, les conceptions qui ramènent la vertu à la maîtrise de soi, en la liant au mérite, sont plus proches de l'étymologie que la thèse épicurienne ou utilitariste qui l'associe à une quête du bonheur*.

La vertu désigne aussi et par extension, l'**efficacité** ou **aptitude réelle à agir** qui appartient en propre à un objet : la vertu d'un médicament, par exemple. Pour Platon* et Aristote*, il y a d'ailleurs une vertu de chaque chose quand celle-ci **accomplit excellemment sa nature :** vertu du cheval, qui est de bien courir, vertu de l'homme, surtout, qui est d'épanouir ses facultés sous l'égide de la raison.

◆ La **vertu morale** est une disposition acquise ou innée habituelle à accomplir le bien, selon Aristote. Le même auteur ajoute que, ennemie de l'excès nuisible, elle se situe dans le **juste milieu.** On distingue alors des vertus particulières dont chacune consiste à accomplir un certain type d'actes moralement bons (loyauté, prudence, humilité, etc.).

Les vertus principales, dites **vertus cardinales,** sont pour Platon, la sagesse*, le courage, la tempérance et la justice*. Le problème de la valeur respective des vertus se pose selon les circonstances de leur exercice : ainsi les vertus « guerrières » ou celles du héros ne sont guère compatibles avec les vertus qu'exige la vie morale quotidienne.

◆ On entend par **vertus théologales** les vertus qui, dans le contexte religieux, ont Dieu pour objet (foi, espérance et charité).

➤ ARISTOTE, BONHEUR, JUSTICE, PLATON, SAGESSE.

VICE

La notion, qui signifie tare ou défaut d'après l'étymologie, désigne notamment la contradiction ou le non-respect des règles dans les opérations logiques (vice de raisonnement), ou bien le défaut qui rend nulle une procédure de justice.

Mais c'est surtout en **morale** qu'elle prend sa véritable signification pour désigner une **disposition au mal,** acquise, habituelle et permanente. Considéré comme une « seconde nature », le vice détourne le besoin* de son objet propre ou de la fonction à laquelle il semble normalement destiné – au sein du milieu culturel où il s'exerce – pour réaliser un ordre aberrant. Rebelle au changement, le vice – sans être irrémédiable – agit comme un rituel par son caractère répétitif, et aliène la liberté du sujet.

➤ PERVERSION, VERTU.

VICO

(Jean-Baptiste, 1668-1744.) Juriste, historien et philosophe italien. Adversaire du cartésianisme, il réserve l'idée claire et distincte* aux sciences les plus abstraites (mathématiques) : la raison serait incapable d'exprimer les réalités vécues, notamment celles de l'histoire politique et sociale où l'infinie complexité est de règle.

◆ Au lieu de partir de la raison pour saisir la nature humaine dans ce qu'elle aurait de permanent et d'universel, Vico cherchera donc, à l'aide de la méthode comparative, des identités que révèle l'examen attentif du devenir historique des différents peuples, c'est-à-dire des manières de sentir et de penser communes, indépendantes de toute démarche réflexive. Par induction*, en utilisant tous les documents disponibles, il s'efforce d'établir une loi de développement historique qui, au lieu d'englober l'humanité entière – comme chez Condorcet* ou Comte* – porterait sur le tout que constitue chaque nation particulière durant son existence.

Vico envisage ainsi, pour chaque société, une évolution en trois étapes : successivement, l'âge des dieux, des héros et des hommes. Chacun de ces états développe un type spécifique de civilisation, en particulier dans les domaines juridique et politique : les premiers pouvoirs sont théocratiques (d'essence divine), les seconds aristocratiques (gouvernement des plus forts) et les troisièmes humains, en tant qu'ils garantissent l'égalité des droits.

◆ Abandonnant l'interprétation biblique chère à saint Augustin* et à Bossuet*, le penseur napolitain élabore une **philosophie de l'histoire** qui, en dehors de toute réflexion *a priori*, voit le sens du devenir dans l'évolution cyclique *(« corsi et ricorsi »)* du temps qui recommence avec chaque nation. Il a surtout l'originalité, pour son époque, de montrer que la formation de la société n'est pas le produit de la concertation d'hommes raisonnables (comme le pensaient par exemple Hobbes* et Locke*), mais le fruit d'une lente maturation qu'il s'agit d'observer pour en dégager les lois. En cela, J.-B. Vico apparaît comme le précurseur de la sociologie moderne.

ŒUVRES PRINCIPALES : *Origine de la poésie et du droit* (1721) ; *La Science nouvelle* (1725).

VIE

Dans le langage courant, s'oppose à la mort, mais désigne aussi les différents aspects de l'existence humaine (vie sociale, religieuse, morale, domestique, etc.) ou l'histoire d'un individu.

Plus techniquement, c'est l'ensemble des manifestations de croissance, d'assimilation et de reproduction des organismes végétaux et animaux, telles que les étudie la biologie.

◆ Sa définition générale a longuement opposé **matérialistes** et **spiritualistes :** pour les premiers, on pourrait justifier l'organisation de la matière vivante par les seules lois physicochimiques ; les seconds dotent plus volontiers la vie d'un principe métaphysique (« élan vital », « esprit », etc.). La biologie contemporaine tend plutôt à reconnaître que, sinon la vie, du moins les organismes vivants en tant que systèmes, ajoutent à la matière inerte, non pas de la matière ou de l'énergie, mais de l'**information.** Ce qui distinguerait en effet la matière vivante de la matière inanimée constituée des mêmes éléments, c'est **l'organisation** de ces éléments et les relations qu'ils opèrent entre eux.

➤ VITALISME, VOLONTÉ DE PUISSANCE.

VIOLENCE

Acte s'exerçant avec force contre un obstacle. D'où : comportement d'une personne contre une autre qu'elle considère comme un obstacle à la réalisation de son désir.

◆ La violence fait problème à la philosophie dans la mesure où elle nie la conscience et donc le pouvoir même de philosopher. Aussi la conçoit-on alternativement comme d'origine purement naturelle (Hobbes*, Nietzsche*) ou comme provenant d'une vie sociale mal organisée (Rousseau*, Proudhon*, Stirner*). D'où également l'ambiguïté du point de vue moral à son sujet : on la rejette comme oppression et absence de droit (Rousseau) ou bien on exalte ses vertus libératrices en la présentant comme une réponse à une violence toujours antérieure (Marx*).

Dans la pensée contemporaine, G. Bataille*, partant en particulier de Nietzsche et des textes de Sade*, suggère que le mutisme de la violence est celui même d'une nature sans règles – mais qu'elle constitue un caractère fondamental du sacré* primitif.

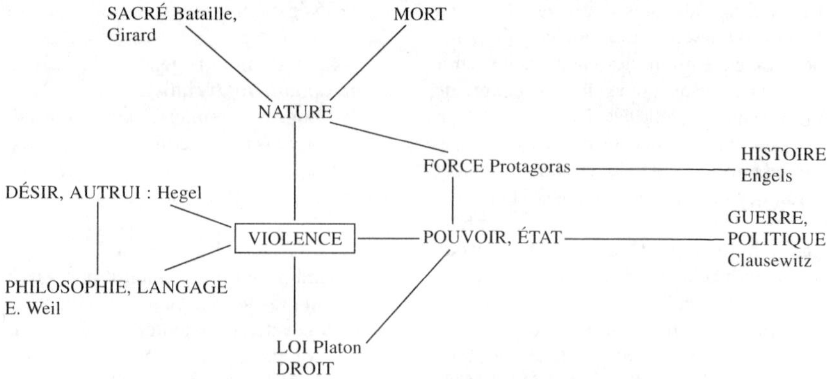

VIRTUALITÉ

Distinct de la simple possibilité* logique, la virtualité désigne, chez Aristote*, ce qui tend à se réaliser et qui n'existe qu'en puissance* et non en acte*. Sur le plan intellectuel, elle est synonyme d'implicite (ou même d'inné) quand elle désigne des connaissances dont nous ne prenons pas encore conscience.

➤ ACTE, ARISTOTE, PUISSANCE, RÉMINISCENCE.

VISAGE

Le visage désigne la face humaine avec toutes les expressions dont elle est le siège, et telle qu'elle se distingue de la face animale. Malgré les relations souvent supposées entre la vie de l'esprit et ses manifestations extérieures, il demeure que le visage est initialement de l'ordre de l'apparence, même si les platoniciens prétendent que la beauté intérieure de l'âme se reflète dans la beauté d'un visage – Socrate faisant cependant exception à la règle.

◆ La théologie occidentale affirme le caractère spécifique du visage humain : puisque Dieu a créé l'homme « à son image », le visage procède de Dieu. Mais une telle origine, qui amène à voir dans le visage, au Moyen Âge, l'image même du Christ, ne suffit pas pour protéger le visage d'investigations et de transformations qui se multiplient dans la peinture et l'histoire du portrait : des têtes composites d'Arcimboldo aux dessins de Lebrun et à la physiognomonie, ce qui est révélé, c'est aussi la participation de l'être humain à l'univers des choses et des animaux.

◆ Ce n'est donc qu'en se référant à la réalité vécue ou empirique du visage, telle qu'elle s'éprouve dans le face-à-face, que la conjonction du regard et de la voix y acquiert sa pleine portée, séparant la présence humaine de la présence animale et invitant à trouver dans l'autre l'équivalent de soi-même.

Levinas peut alors considérer que la rencontre du visage d'autrui fonde, en deçà de toute considération d'un groupe ou d'une communauté où le sens du visage risque de se diluer, la relation authentiquement éthique – sa fragilité équivaut à une sommation : « Tu ne tueras point. »

VITALISME

◆ Doctrine philosophique qui – d'Hippocrate à Leibniz*, en passant par Aristote* et les scolastiques* – fait de la vie une entité*, ou prétend l'expliquer par une entéléchie* c'est-à-dire un principe vital.

◆ Plus généralement, toute conception (cf. Schopenhauer* ou l'élan vital* de Bergson) selon laquelle les phénomènes vitaux procèdent d'un dynamisme irréductible à toute interprétation causale matérialiste – qu'il s'agisse du mécanisme* cartésien ou du marxisme* contemporain.

En tant que doctrine biologique, le vitalisme a été soutenu notamment par Barthez (1734-1806), selon lequel les phénomènes biologiques s'expliquent par un principe vital présent en chaque individu.

◆ Relève également du vitalisme, au sens large, toute conception scientifique ou philosophique qui admet la spécificité de la vie – en ce sens que les données physico-chimiques ne sauraient rendre compte de l'ordre et de la finalité* qu'on observe à l'intérieur des êtres vivants –, sans pour autant soutenir que la vie échappe au déterminisme que révèle la méthode expérimentale (Cl. Bernard*).

➤ MÉCANISME, VIE, VIOLENCE.

VOLONTARISME

◆ Doctrine qui affirme, contrairement à l'intellectualisme*, la prééminence de l'activité sur l'intelligence dans la vie de l'esprit, ou qui admet plus précisément que la volonté* est la fonction psychologique majeure et que son rôle est primordial dans tout acte de connaissance, notamment dans les opérations de l'entendement.

◆ Théorie selon laquelle tout jugement* est pour l'esprit un engagement et un acte de liberté puisque l'esprit affirme là où il pourrait se contenter de « suspendre son jugement » (Descartes*).

◆ Enfin, doctrine métaphysique, comme celle de Schopenhauer*, qui fait de la volonté ou du vouloir-vivre* l'essence de l'univers et la substance de toute réalité.

➤ JUGEMENT, VOLONTÉ, SCHOPENHAUER.

VOLONTÉ

◆ Activité hautement consciente, la **volonté** s'efforce de mettre en œuvre les moyens appropriés à l'obtention d'un résultat poursuivi en fonction d'un choix délibéré.

Tandis que, selon l'acception courante, la volonté se réduit le plus souvent à une tendance dominante, la psychologie se contente en général de décrire comme activité volontaire le contraire de l'activité réflexe et automatique. Opposée à l'impulsion et à toute motivation organique, la volonté exprime cependant le désir. Mais s'appuyant sur un pouvoir de négation que souligne la philosophie hégélienne, le volontaire « procède de haut en bas et non de bas en haut » (Ricœur).

Le schéma intellectualiste décompose l'acte volontaire en quatre phases : la conception du projet à réaliser, la délibération au cours de laquelle sont appréciés les motifs et les mobiles, la décision* qui met fin à la délibération par un choix et l'exécution qui est le passage à l'acte.

Selon Sartre*, qui dénonce le caractère artificiel de ce schéma (« quand je délibère, les jeux sont faits », la décision est déjà prise), la volonté ne peut être assimilée avec la pensée elle-même si la liberté est fondatrice de toutes les attitudes : elle n'est plus origine, mais conséquence d'un choix premier qui privilégie telle version de l'existence, c'est-à-dire la pensée rationnelle par rapport à la pensée magique de l'émotion*, par exemple. Cela suppose que l'on distingue entre un niveau ontologique*, qui est celui de la liberté, et un autre, plus superficiel, psychologique ou pratique, où est située la volonté.

En affirmant que la volonté est toute-puissante et que rien d'extérieur ne peut venir la contraindre, le stoïcisme*, de son côté, a inauguré une tradition durable qui fait de cette notion une qualité morale synonyme de fermeté de caractère.

◆ La **bonne volonté** est le concept essentiel de la morale, chez Kant*. Si la volonté se sert de la raison pour faire prévaloir une inclination, il y a alors obéissance à un impératif hypothétique* de l'intérêt qui fait dépendre le but visé des moyens propres à l'atteindre. L'action, dans ce cas n'a pas de caractère moral. En revanche, la bonne volonté, consistant à choisir ce que la raison reconnaît comme bon indépendamment de l'inclination, se soumet à l'impératif catégorique* du devoir qui concerne non la matière de l'action ni ses résultats « mais la forme et le principe d'où elle résulte elle-même ». En définitive, la bonne volonté « n'est déterminée objectivement que par la loi morale et subjectivement par le respect pour cette loi ». Obéissant à la loi morale – c'est-à-dire à la raison – la volonté devient ainsi autonome,

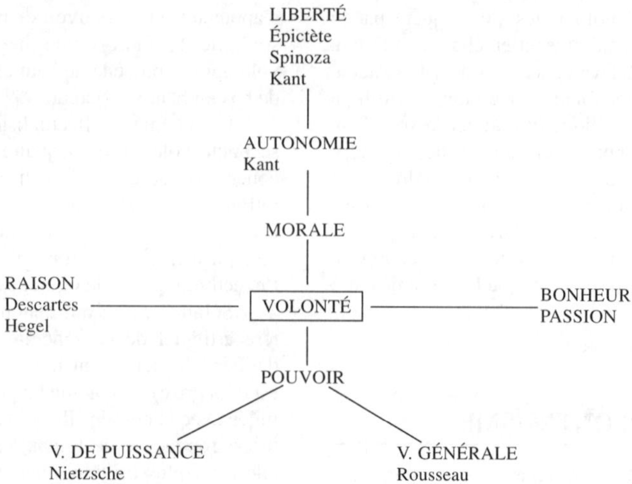

car délivrée des désirs du moi empirique, et par conséquent libre.

Dirigée vers le mal, la **mauvaise volonté** provient selon Kant* d'un « détraquement » originel de la liberté (dont l'Ancien Testament donne un équivalent avec le péché originel), qui choisit de ne pas obéir à la loi morale.

Dans le langage quotidien, le sens est affaibli et désigne simplement la résistance ou le peu d'enthousiasme montré par un sujet pour accomplir ses obligations*.

◆ C'est surtout avec Rousseau* que l'expression **volonté générale** acquiert un sens fort en philosophie politique : la volonté générale est celle du corps social uni par et dans le contrat social, considéré non comme un agrégat d'individus isolables, mais comme l'équivalent d'une personne morale et soucieux uniquement de l'intérêt commun. C'est pourquoi la volonté générale ne saurait se définir par la simple addition des volontés individuelles des citoyens (ce que Rousseau nomme « volonté de tous ») : par nature, elle transcende cette juxtaposition. C'est elle qui fonde toute décision du souverain*, à condition qu'elle concerne une question d'intérêt commun, qu'elle soit établie par la majorité des citoyens après consultation de tous et que la décision « oblige ou favorise également tous les citoyens » sans faire acception des personnes. Ainsi la volonté générale tend-elle à l'égalité.

➤ AUTONOMIE, IMPÉRATIF, KANT, RAISON, RESPECT.

VOLONTÉ DE PUISSANCE

Dans la pensée de **Nietzsche***, l'expression (retenue comme titre pour un ouvrage que certains éditeurs lui attribuent, mais qu'il n'a pas composé) s'oppose au **vouloir-vivre*** pessimiste de **Schopenhauer***. Elle désigne la volonté de dominer propre à toute vie, et plus spécialement, **l'énergie conquérante** des hommes les plus doués qui seront capables de créer de nouvelles valeurs après avoir renversé les valeurs traditionnelles – illustrées surtout par le christianisme à l'intérieur duquel se rassemble, selon l'auteur, la masse des faibles atteints d'une « anémie de la volonté ».

➤ NIETZSCHE, SCHOPENHAUER.

VOLTAIRE

(1694-1778.) Écrivain français, l'une des principales figures de la philosophie française du XVIIIe siècle, qui en montre à la fois les ambitions et les limites. Son œuvre couvre tous les genres (histoire, littérature,

philosophie, théâtre, sans oublier une monumentale correspondance) et lui valut, de son vivant même, une célébrité durable en Europe.

◆ Le **rationalisme** voltairien, sensible à l'esprit expérimental et partisan de la diffusion des Lumières, s'oppose aux postulats métaphysiques (il ridiculise Leibniz* – non sans caricaturer sa pensée – dans *Candide*, 1759) et au dogmatisme religieux, en affirmant un **déisme*** qui garantit l'ordre du monde et la loi morale. En fait, il n'existe pas de système philosophique propre à Voltaire, qui emprunte aux pensées antérieures selon les besoins du moment : à l'épicurisme abâtardi du *Mondain* (1736) succèdent le relativisme libéral et l'appel durable à la tolérance (*Traité de la tolérance*, 1763, *Dictionnaire philosophique*, 1764) – le tout soutenu par un style séduisant, alerte et souvent malicieux.

◆ Mais surtout, Voltaire est l'un des premiers à donner l'exemple du « philosophe engagé », prenant parti aussi bien sur le plan politique ou social (il est partisan d'une monarchie libérale où seules régneraient des lois justes) que dans les affaires judiciaires de son temps (affaires Calas, Sirven, La Barre, etc.) par une série de vigoureux pamphlets.

◆ Comme historien, Voltaire est convaincu que l'humanité va vers le progrès : s'opposant aussi bien à l'explication par la Providence (cf. Bossuet) qu'à l'histoire strictement diplomatique ou militaire, il est partisan d'une histoire de la civilisation (*Essai sur les mœurs et l'esprit des nations*, 1756) fondée sur la documentation la plus large possible. *L'Histoire de Charles XII* (1731) et surtout *Le Siècle de Louis XIV* (1751) sont de ce point de vue deux ouvrages qui inaugurent de nouvelles attitudes pour l'historien.

VOLUPTÉ

À l'origine, ce terme désignait dans le langage théologique la jouissance sexuelle. Plus généralement, il s'agit d'un plaisir particulièrement intense, d'ordre physique mais aussi moral (plaisir esthétique) en relation avec un désir profond, voire avec la personnalité entière du sujet.

VOULOIR-VIVRE

Principe métaphysique et unique « chose en soi » reconnue par **Schopenhauer***, le vouloir-vivre serait à l'origine de toutes les formes d'existence, en tant que « poussée aveugle et irrésistible ». Chez l'homme, le vouloir-vivre apparaît d'abord comme une force aveugle et incoercible qui désigne nos désirs les plus profonds, notamment le désir sexuel, véritable « ruse de l'espèce » destinée à la perpétuer sans égards pour l'individu qui est finalement sacrifié. De ces considérations, Schopenhauer tire des conclusions pessimistes : la vie comporte plus de maux que de bien et la sagesse consiste à se libérer du vouloir-vivre, comme tente de le montrer l'auteur.

➤ SCHOPENHAUER, VOLONTÉ, VOLONTÉ DE PUISSANCE.

VRAI

L'adjectif qualifie les énoncés qui s'imposent à l'assentiment par suite soit de leur rigueur logique, soit de leur correspondance avec ce qui est perçu. Du point de vue métaphysique, peut être pris comme synonyme de réel ou existant – d'où, plus vulgairement : tel que cela doit être, conforme à sa nature.

De même, le substantif désigne classiquement – même au prix de confusions gênantes – le réel.

➤ VÉRITÉ.

WXYZ

Weber

(Max, 1864-1920.) Sociologue allemand. D'abord juriste, puis sensible aux idées marxistes ; on lui doit l'introduction dans les sciences sociales de la **compréhension*** et de la notion de **type idéal** permettant de caractériser les périodes historiques et les grandes structurations sociales.

◆ Dans ***Le Savant et le politique*** (1919), il définit les frontières des deux activités : si le savant est en quête d'une vérité qui représente une valeur, le politique s'en distingue dans la mesure où il doit adhérer à une croyance, et à des valeurs qui sont posées comme fondement de son action, et non comme but de son activité. Complémentairement, la science ne peut enseigner ce que les hommes doivent faire, ni ce que peut être l'avenir de l'humanité : les sciences sociales elles-mêmes ont pour but de comprendre les comportements en fonction des systèmes de valeurs qui les déterminent.

◆ Contrairement à la thèse classique qui liait l'apparition du capitalisme au judaïsme, Weber a montré, dans *L'Éthique protestante et l'esprit du capitalisme* (1920), que la rationalisation économique et le sens de l'épargne avaient été diffusés par l'éthique calviniste qui, en supprimant les dépenses somptuaires (faites pour la gloire de Dieu et pour se garantir l'entrée au Paradis) dans la mesure où elles perdaient toute signification en raison de la prédestination des âmes, a imposé une mentalité nouvelle, d'après laquelle l'homme doit durant son existence terrestre s'attacher à faire fructifier les richesses que Dieu lui a confiées.

◆ Dans ses travaux ultérieurs, Weber prolonge ses recherches sur les caractères du rationalisme occidental. Il analyse notamment les trois principes de la **légitimité politique**, que l'on peut décrire isolément, même s'ils ne se présentent jamais à l'état pur dans la réalité sociale : le pouvoir peut être fondé sur la tradition, le charisme particulier du dirigeant ou l'affirmation de la légalité des règles à suivre et de la compétence des dirigeants. Dans la mesure où le pouvoir se réserve le monopole de la violence légitime, il est cependant à craindre que même la démocratie aboutisse, par exemple en raison d'un poids croissant de la bureaucratie qui prétend maîtriser une organisation rationnelle, à de nouvelles formes d'irrationalité. Pour Weber, le politique doit alors être réglé selon un modèle libéral, qui garantisse la possibilité de compromis entre des valeurs en concurrence.

Autres œuvres : *Sociologie des religions* (recueil) ; *Écrits de sociologie religieuse* (1921) ; *Écrits de sociologie et de politique sociale ; Écrits sur la méthode et la théorie de la connaissance ; Économie et société* (1922).

Weil

(Éric, 1904-1977.) Philosophe d'origine allemande et ancien élève de E. Cassirer*, E. Weil fuit le nazisme en 1933. Naturalisé français, il sera l'un des cofondateurs de la revue *Critique*, enseignant à l'École des hautes études, à Lille et à Nice.

◆ Dans la lignée de **Hegel** qu'il a longuement commenté, Weil admet que la philosophie doit être systématique et circulaire. Concevant l'homme comme partagé entre la **violence** (la nature) et la **raison** (le dialogue, le sens, la liberté), il définit **le philosophe** comme celui qui, en développant la totalité du sens, **choisit la raison et la sagesse.** Mais cette dernière, loin de rester abstraite, doit s'incarner dans l'action, catégorie suprême où se rejoignent vérité et liberté.

Dans cette optique, la politique, ou l'histoire, équivaut à la réalisation progressive de la morale, orientée vers l'universel qui ne pourrait se manifester que grâce à la formation d'un État constitutionnel mondial, également capable d'affirmer les diversités et de favoriser l'universalité.

ŒUVRES PRINCIPALES : *Logique de la philosophie ; Hegel et l'État* (1950) ; *Philosophie politique* (1956) ; *Philosophie morale* (1962) ; *Problèmes kantiens* (1963).

WEIL

(Simone, 1909-1943.) Philosophe française. Professeur de philosophie, elle décide d'aller travailler en usine pour partager le sort des ouvriers, puis s'engage aux côtés des républicains dans la guerre d'Espagne, et finalement rejoint les combattants de la « France Libre » en Angleterre où elle meurt d'épuisement.

◆ Cette vie ardente et passionnée se traduit sur le plan de la pensée par l'analyse lucide de la crise morale que traverse l'Occident et dont le nazisme sera l'illustration, et par la dénonciation des malheurs de la condition ouvrière. L'oubli de soi, que Simone Weil incarne d'une manière pathétique, se retrouve – transposé au niveau spirituel – avec son interprétation malebranchiste de l'attention conçue comme une disponibilité de l'âme à l'égard de la vérité qui exige une connaissance surnaturelle dans la mesure où elle dévoile la relation essentielle entre l'humain et le divin. Les ouvrages de S. Weil – tous posthumes – expriment un mysticisme nourri à la source grecque mais d'inspiration chrétienne pour l'essentiel – le Dieu de la Bible étant récusé car jugé trop sévère.

ŒUVRES PRINCIPALES : *La Pesanteur et la Grâce* (1947) ; *L'Enracinement* (1949) ; *Attente de Dieu ; La Connaissance surnaturelle* (1950) ; *La Condition ouvrière* (1951) ; *La Source grecque* (1953) ; *Écrits historiques et politiques* (1960).

WELTANSCHAUUNG

Mot allemand qui signifie « vision du monde ». Il désigne l'appréhension globale mais non rationnelle du monde et de la vie. De caractère existentiel, la *Weltanschauung* apparaît chez tout individu, en dehors d'une philosophie explicite, ou bien se profile derrière la pensée abstraite et réfléchie d'une doctrine philosophique.

WITTGENSTEIN

(Ludwig Josef, 1889-1951.) Logicien et philosophe anglais d'origine autrichienne. Né dans une famille de la grande bourgeoisie, il fait des études d'ingénieur et s'intéresse à la question philosophique du fondement des mathématiques. Il rencontre Frege en 1921 et suit les cours de Russell*. Engagé volontaire dans l'armée autrichienne après avoir vécu plus d'un an dans une hutte norvégienne, il écrit pendant la guerre le seul ouvrage publié de son vivant (en 1921) : le *Tractatus logico-philosophicus.* Après la guerre, il abandonne la philosophie, devient instituteur, puis jardinier.

Alors qu'il est un auteur universellement connu, il reprend ses études, rédige des textes qu'il ne publie pas ; nommé professeur à Cambridge en 1939, il démissionne après la Seconde Guerre mondiale et part en 1948 vivre dans une hutte de la côte irlandaise, d'où il fera avant de mourir quelques voyages aux États-Unis ou en Norvège.

◆ « Œuvre d'ingénieur... parce qu'on finit par voir qu'elle contient toutes les instructions nécessaires à la comprendre » (J.T. Desanti), le *Tractatus* entend guérir la philosophie de ses maladies de langage. Écrit de façon discontinue, sous forme aphoristique, il admet qu'il existe une correspondance entre la structure logique du monde (ensemble de liaisons entre les faits) et la structure formelle du langage. Les propositions élémentaires de ce dernier représentent un état du monde existant ; en revanche les énoncés complexes sont uniquement des combinaisons logiques de propositions élémentaires : leur vérité dépend simplement de la vérité de celles-ci. Dans cette optique, les énoncés logiques sont vides de sens (tautologiques) : ne disant rien du réel, ils forment le cadre *a priori* de toute connaissance scientifique – par rapport auquel les questions philosophiques traditionnelles apparaissent souvent comme des énoncés mal construits, reposant sur des ambiguïtés et des erreurs de grammaire. Dès le *Tractatus*, l'activité philosophique est ainsi redéfinie comme la volonté de débarrasser la pensée des pièges que ne cesse de lui tendre le langage.

◆ Dans ses textes ultérieurs, le « second » Wittgenstein, prenant ses distances à l'égard de tout projet de langue idéale unifiée (comme l'entend Russell*), va insister sur la spécificité des différents langages et sur leurs conditions effectives d'exercice. Analysant plus volontiers le langage naturel, il interroge les divers « jeux du langage » – chacun ayant son système de règles propre. De telles recherches ont eu une influence déterminante sur le néopositivisme, et Wittgenstein a fortement modelé, avec Russell, le paysage philosophique anglais, pour le centrer sur un travail de dénonciation des pseudo-problèmes en concevant la philosophie comme une thérapeutique fondamentale.

AUTRES ŒUVRES : *Les Carnets* (1914-1916) ; *Le Cahier brun et le cahier bleu* (1933-1935) ; *Investigations philosophiques* (1936-1949) ; *Fiches ; De la certitude.*

XÉNOPHON

(Vers 430-vers 355 av. J.-C.) Historien, chef militaire et essayiste grec. Cet homme d'action qui conduisit la retraite des « Dix Mille » voulut être historien comme Thucydide et philosophe comme Platon*, mais sans réussir à les égaler. Ses récits socratiques nous montrent un Socrate* (dont il fut l'élève) un peu terre à terre mais ils constituent, avec les dialogues de Platon, l'un des rares témoignages directs sur le père de la philosophie occidentale.

ŒUVRES : Récits socratiques : *Apologie de Socrate ; Banquet.*

ZÉNON DE CITIUM

(Vers 335-vers 264 av. J.-C.) Philosophe grec, d'origine phénicienne, fondateur (vers 300 av. J.-C.) de l'école stoïcienne. Son enseignement fut admiré au point que les Athéniens lui élevèrent une statue de bronze. Il aurait mis fin à sa vie après avoir justifié le suicide dans sa morale. Mais on ne connaît celle-ci qu'à travers ses disciples, ses textes ne nous étant parvenus que par quelques fragments recueillis par les compilateurs.

➤ STOÏCISME.

ZÉNON D'ÉLÉE

Philosophe grec né vers 490 av. J.-C. S'inspirant de Parménide* dont il systématisa les énoncés, il s'applique à montrer que le **mouvement** est illusoire. Aristote* rapporte dans sa *Physique* ses principaux arguments, dont le plus célèbre reste celui d'Achille et la Tortue : admettant que l'espace est divisible à l'infini, Zénon affirme que jamais Achille ne rattrapera une tortue à la course, puisque, lorsqu'il arrive au point où elle était, elle est déjà plus loin, et ainsi de suite à l'infini.

E. Goblot a fait justement remarquer qu'il arrive fréquemment à de jeunes élèves de reconstituer ce paradoxe lorsqu'ils sont confrontés à des problèmes de mobiles animés de vitesses différentes.

Parallèlement, Zénon ajoute que mouvement et repos sont identiques, puisqu'une flèche en mouvement est toujours là où elle est, semblable à elle-même, c'est-à-dire au repos. De plus, dans la mesure où le mouvement est changement, il est impossible puisque ce dernier n'existe pas, consistant à n'être ni ce qu'on était ni ce qu'on sera. Il semble en fait que cette obstination à nier le mouvement avait pour but de révoquer le témoignage des sens pour mieux affirmer la permanence de la **substance.**

ZÉTÉTIQUE

(Du grec *zetesis* : recherche.)

◆ Adjectif qualifiant toute **méthode de recherche.** Historiquement, s'applique spécialement à la démarche de **Pyrrhon*** et des sceptiques : on peut dans ce cas parler de « philosophes zététiques ».

◆ En **mathématiques,** désigne depuis Viète (1540-1603) la méthode algébrique consistant à supposer le problème résolu, et à introduire des quantités inconnues pour aboutir, par élimination, à une relation soluble présentant un minimum d'inconnues.

BIBLIOGRAPHIE

Cette liste recense les ouvrages d'accès facile, et les commentaires également accessibles sans difficulté. Elle propose aussi quelques anthologies, signalées par un astérisque. La plupart de ces titres existent en éditions de poche ; seules sont donc mentionnées les autres éditions. Lorsqu'une édition scolaire offre des annotations efficaces, elle est signalée.

Alain
Propos sur le bonheur.
Le Système des beaux-arts.
A. Bridoux, *Alain* (P.U.F.).

Aristote
Éthique de Nicomaque. De l'Âme.
J. Moreau, *Aristote et son école* (P.U.F.).
F. Wolff, *Aristote et la politique* (P.U.F.).
P. Grenet, *Aristote* (Seghers).

Bachelard
Le Nouvel Esprit scientifique (P.U.F.).
Psychanalyse du feu. L'Air et les songes (José Corti).
F. Dagognet, *Bachelard* (P.U.F.).

Bergson
Le Rire (P.U.F.). *L'Évolution créatrice* (P.U.F.).
* *Bergson, Mémoire et Vie* (éd. G. Deleuze, P.U.F.).
G. Deleuze, *Le Bergsonisme* (P.U.F.).

Berkeley
Principes de la connaissance humaine.
* *Berkeley, l'immatérialisme* (éd. A.-L. Leroy, P.U.F.).
M. Guéroult. *Berkeley* (Aubier-Montaigne).

Claude Bernard
Introduction à l'étude de la médecine expérimentale.

Comte
Discours sur l'esprit positif.
Leçons de sociologie.
* *Comte, Philosophie des sciences* (éd. J. Laubier, P.U.F.).
J. Lacroix, *La Sociologie d'Auguste Comte* (P.U.F.). – P. Macherey, *Comte, la philosophie et les sciences* (P.U.F.).

Condorcet
Esquisse d'un tableau des progrès de l'esprit humain (Éditions Sociales).

Descartes
Discours de la méthode (Nathan, « Intégrales de Philo »). *Méditations philosophiques.*
* *Descartes, Lettres* (éd. M. Alexandre, P.U.F.).
F. Alquié, *Descartes* (Hatier). – M. Beyssade, *Descartes* (P.U.F.). – G. Rodis-Lewis, *La Morale de Descartes* (P.U.F.).

Diderot
Le Rêve de d'Alembert.
Lettre sur les aveugles.
* *Diderot, Opinions et paradoxes* (éd. C. Khodoss, P.U.F.).
E. de Fontenay, *Diderot ou le Matérialisme enchanté* (Grasset).

Épictète
Manuel.
* *Les Stoïciens* (éd. J. Brun, P.U.F.)
J. Brun, *Le Stoïcisme* (P.U.F.). – J. Moreau, *Épictète* (Seghers).

Épicure
Lettre à Hérodote, Lettre à Ménécée (Nathan, « Intégrales de Philo »).
* *Épicure et les épicuriens* (éd. J. Brun, P.U.F.).
J. Brun, *l'Épicurisme* (P.U.F.). – J. Salem, *Tel un dieu parmi les hommes. L'éthique d'Épicure* (Vrin).

Freud
Introduction à la psychanalyse.
Le Rêve et son interprétation. Trois Essais sur la théorie de la sexualité.
* *Freud, Psychanalyse* (éd. D. Dreyfus, P.U.F.).
D. Lagache, *La Psychanalyse* (P.U.F.).
M. Robert, *La Révolution psychanalytique.*

Hegel
La Raison dans l'histoire.
Leçons sur l'histoire de la philosophie.
Principes de la philosophie du droit.
* *Hegel, Esthétique* (éd. C. Khodoss, P.U.F.).

F. Châtelet, *Hegel* (Le Seuil). – J.-P. Lefebre et P. Macherey, *Hegel et la société* (P.U.F.). – K. Papaioannou, *Hegel* (Seghers).

Heidegger

Qu'est-ce que la philosophie ? (Gallimard). *Chemins qui ne mènent nulle part. Lettre sur l'humanisme* (Aubier).
G. Steiner, *Heidegger* (Flammarion). – P. Trotignon, *Heidegger* (P.U.F.).

Hobbes

Le Citoyen ou les Fondements de la politique. Léviathan (chap. XIII, XVIII, XXI, XXX, Sirey).
A.-L. Angoulvent, *Hobbes et la morale politique* (P.U.F.).

Hume

Enquête sur l'entendement humain (Nathan, « Intégrales de Philo »). *Enquête sur les principes de la morale.*
* *Hume, l'homme et l'expérience* (éd. D. Dreyfus et C. Khodoss, P.U.F.).
G. Deleuze, *Empirisme et subjectivité* (P.U.F.). – J. Pucelle, Hume (Seghers).

Husserl

Méditations cartésiennes (Vrin).
La Crise de l'humanité européenne et la philosophie (Hatier, « Profil »).
J.-F. Lyotard, *La Phénoménologie* (P.U.F.).
L.Kelkel et R. Sherer, *Husserl* (P.U.F.)

Kant

Qu'est-ce que les Lumières? (dans les *Opuscules sur l'histoire*). *Fondements de la Métaphysique des mœurs.* Préface pour la deuxième édition de la *Critique de la raison pure* (Nathan, « Intégrales de Philo »).
**Kant, La raison pure* (éd. F. Khodoss, P.U.F.).
**Kant, La raison pratique* (éd. F. Khodoss, P.U.F.).
**Kant, Le jugement esthétique* (éd. F. Khodoss, P.U.F.).
M. Alexandre, *Lecture de Kant* (P.U.F.). – G. Deleuze, *La Philosophie critique de Kant* (P.U.F.). – J. Lacroix, *Kant et le kantisme* (P.U.F.).

Kierkegaard

Traité du désespoir
* *Kierkegaard, l'existence* (éd. J. Brun, P.U.F.).
Collectif, *Kierkegaard aujourd'hui* (Gallimard). – G. Gusdorf, *Kierkegaard* (Seghers).

Leibniz

Discours de métaphysique (articles I, IV, VIII et XIII, Vrin).
Essais de Théodicée.
* *Leibniz, l'entendement humain* (éd. L. Guillermit, P.U.F.).
Y. Belaval, *Pour connaître la pensée de Leibniz* (Bordas). – A. Robinet, *Leibniz* (P.U.F.).

Locke

Lettre sur la tolérance.
Traité du gouvernement civil. Essai philosophique concernant l'entendement humain (livre I, Vrin).
E. Naert, *Locke* (Seghers).

Lucrèce

De la Nature.
* *Épicure et les épicuriens* (éd. J. Brun, P.U.F.).
M. Conche, *Lucrèce* (Seghers). – J. Salem, *La mort n'est rien. Lucrèce et l'éthique* (Vrin).

Machiavel

Le Prince (Nathan, « Intégrales de Philo »).
* *Machiavel, le politique* (éd. M.-C. Lepape, P.U.F.).
E. Barincou, *Machiavel par lui-même* (Éd. du Seuil).

Malebranche

Recherche de la vérité (livre III, 2).
Traité de morale.
* *Malebranche, Lumière et mouvement de l'esprit* (éd. J. Costilhes, P.U.F.).
P. Ducassé, *Malebranche* (P.U.F.).

Marc-Aurèle

Pensées pour moi-même
* *Les Stoïciens* (éd. J. Brun, P.U.F.).
G. Rodis-Lewis, *La Morale stoïcienne* (P.U.F.).

Marx et Engels

L'Idéologie allemande (I, Éd. Sociales).
Manifeste du parti communiste (Nathan, « Intégrales de Philo »).
* *Karl Marx, Œuvres choisies* (éd. N. Guterman et H. Lefebvre, Gallimard).
L. Althusser, *Pour Marx* (Maspéro). – H. Arvon, *Le Marxisme* (A. Colin). – P. et M. Favre, *Les Marxismes après Marx* (P.U.F.). – E. Renault, *Marx et l'idée de critique* (P.U.F.).

Merleau-Ponty
Éloge de la philosophie.
Sens et non-sens (Nagel). *L'Œil et l'esprit.*
A. Robinet, *Merleau-Ponty* (P.U.F.).

Montaigne
Les Essais.
M. Conche, *Montaigne* (Seghers). – J. Starobinsky, *Montaigne en mouvement* (Gallimard).

Montesquieu
De l'esprit des lois (I, 1 à 8, III, 14 à 19).
* *Montesquieu. De l'esprit des lois. Les grands thèmes* (éd. J.-P. Mayer, Gallimard).
L. Althusser, *Montesquieu, la politique et l'histoire* (P.U.F.). – J. Starobinsky, *Montesquieu par lui-même* (Éd. du Seuil).

Nietzsche
La Généalogie de la morale.
Par-delà le Bien et le Mal.
L'Antéchrist.
* *Nietzsche, vie et vérité* (éd. J. Granier, P.U.F.).
Collectif, *Nietzsche aujourd'hui* (U.G.E., 10/18). – G. Deleuze, *Nietzsche et la philosophie* (P.U.F.). – J.-N. Vuarnet, *Le Philosophe-artiste* (U.G.E., 10/18).

Pascal
Les Pensées. Opuscules philosophiques.
A. Béguin, *Pascal par lui-même* (Éd. du Seuil).
A. Forest, *Pascal* (Seghers).

Platon
Apologie de Socrate. Phédon. Ménon (Nathan, « Intégrales de Philo »).
Le Banquet. Gorgias. La République (I, VI, VII et X).
* *Platon par lui-même* (éd. L. Guillermit, Garnier-Flammarion).
J. Brun, *Platon et l'Académie* (P.U.F.). – F. Châtelet, *Platon* (Éd. du Seuil). – M. Alexandre, *Lecture de Platon* (Bordas). – V. Descombes, *Le Platonisme* (P.U.F.).

Présocratiques
Les Penseurs grecs avant Socrate (Garnier-Flammarion).
Les Présocratiques (Gallimard).
G. Legrand, *Pour connaître la pensée des Présocratiques* (Bordas). – J. Burnet, *L'Aurore de la philosophie grecque* (Payot).

Rousseau
Discours sur l'origine et les fondements de l'inégalité parmi les hommes (Nathan, « Intégrales de Philo »). *Du contrat social. Essai sur l'origine des langues* (Hatier, « Profil »). *Profession de foi du Vicaire savoyard.*
* *Jean-Jacques Rousseau. Le citoyen* (éd. F. Khodoss, P.U.F.).
J.-L. Lecercle, *Rousseau* (Larousse). – J. Starobinsky, *La Transparence et l'obstacle* (Gallimard).

Saint Augustin
Les Confessions (X et XI). *La Cité de Dieu.*
H. I. Marrou, *Saint Augustin et l'augustinisme* (Éd. du Seuil).

Saint Thomas d'Aquin
L'Être et l'essence (Vrin).
L. Renault, *Dieu et les créatures selon Saint Thomas* (P.U.F.).

Sartre
L'existentialisme est un humanisme (Nagel). *Esquisse d'une théorie des émotions* (Hermann). *Questions de méthode. L'Imaginaire.*
M. Froment-Meurice, *Sartre et l'existentialisme* (Nathan). – F. Jeanson, *Sartre par lui-même* (Éd. du Seuil).

Spinoza
Traité de la réforme de l'entendement.
Principe de la philosophie de Descartes.
Traité théologico-politique.
* *Spinoza. Philosophie et politique* (éd. L. Guillermit, P.U.F.).
Alain, *Spinoza* (Gallimard). – G. Deleuze, *Spinoza, philosophie pratique* (P.U.F.). – E. Balibar, *Spinoza et la politique* (P.U.F.).

Wittgenstein
De la certitude.
Tractatus logico-philosophicus.

N° Éditeur : 10099992-(I)-6- OSBS 80°-TC - Décembre 2002
Imprimé en France par I.M.E. - 25110 Baume-les-Dames - N° imprimeur : 16470